AWS 공인
솔루션스 아키텍트
올인원
어소시에이트 2/e

AWS 공인
솔루션스 아키텍트
올인원
어소시에이트 2/e

■

조이지트 배너지 지음   동준상 옮김

¡!¡
에이콘

에이콘출판의 기틀을 마련하신 故 정완재 선생님 (1935-2004)

나의 구루, 파라마한사 요가난다(Paramahansa Yogananda),
내게 지혜를 주신 나의 어머니, 아버지,
나의 사랑스러운 아내 수치스미타(Suchismita),
나의 여동생 조이타(Joyeeta)와 티야(Tiya) 그리고 처남 사가르(Sagar)와 리우(Riju),
나의 귀여운 조카 사니(Saanjh), 마나브(Manav)에게
이 책의 영광을 돌립니다.

지은이 소개

조이지트 배너지 Joyjeet Banerjee

AWS의 엔터프라이즈 솔루션 아키텍트로서 높은 수준의 가용성, 유연성, 보안성을 지닌 아키텍처를 이용해 고객의 비즈니스 니즈를 충족시킨다. 클라우드 도입 기업 및 기관을 위해 고급 클라우드 솔루션 구현을 위한 베스트 프랙티스를 전파하고, 기존의 워크로드를 클라우드로 이전하는 사업을 돕고 있다.

AWS로 이직하기 전 캘리포니아 오라클Oracle 본사에서 Engineered System 팀의 엔터프라이즈 아키텍트로 일했으며, 오라클 제품 지원 부서인 Oracle Consulting 에서도 일했다. 오라클에 재직하는 동안 Oracle Database, Oracle Applications, Exadata 등에 대한 다수의 책을 집필했다.

AWS re:Invent, AWS Summit, AWS Pop-up Loft, AWS Webinars, OAUG, Collaborate, Oracle OpenWorld 등 다양한 콘퍼런스와 세미나의 게스트 스피커로 활동해 왔다. 또한 Oracle University의 전문위원으로서 Oracle Database, RAC과 Oracle Applications에 대한 OCP 훈련 코스 콘텐츠 및 평가 검수자로 활동했다.

시스템 및 운영 관리학 MBA 학위를 취득했으며, Oracle Innovator로 선정되기도 했다.

감수자 소개

단라지 폰디체리^{Dhanraj Pondicherry}

AWS Solution Architect 팀 매니저로서 AWS에 대해 더 많은 것을 알고 싶어하는 고객, 파트너, 개발자 커뮤니티를 지원하고 있다. 대학교에서 컴퓨터 과학을 전공한 뒤 17년간 데이터베이스 및 데이터베이스 애플리케이션 분야에서 일해 왔다. 2014년에 AWS에 입사했으며, 고객과 파트너가 AWS의 다양한 서비스를 활용할 수 있도록 지원하는 업무를 맡고 있다.

감사의 글

이 책의 출간을 위해 기여한 모든 분께 감사의 인사를 전합니다. 여러분의 도움이 있어서, 이 책을 완성할 수 있었습니다.

먼저 이 책의 출간을 위해 열정적으로 지지하고 끊임없이 동기부여를 해준 McGraw-Hill Education의 시니어 에디터 리사 맥클레인Lisa McClain에게 감사드립니다. 그녀는 크고 작은 문제가 발생했을 때 집필 일정을 조절해주고 이 책이 빛을 볼 수 있도록 모든 노력을 다 해줬습니다.

다음으로 출간 프로젝트 관리 및 업무 조정을 도맡아 준 McGraw-Hill Education의 코디네이터 에밀리 월터스Emily Walters에게 감사드립니다. KnowledgeWorks Global Ltd의 레바티 비스와나단Revathi Viswanathan은 이 책의 출간 단계에서 많은 도움을 줬고, 편집 감독 패티 몬Patty Mon과 바트 리드Bart Reed는 책의 편집에, 리사 맥코이Lisa McCoy는 교정에 도움을 줬습니다.

이 책의 기술 감수를 맡아준 아마존 웹 서비스Amazon Web Services의 시니어 매니저 단라지 폰디체리Dhanraj Pondicherry에게 감사의 인사를 전합니다. 그의 소중한 피드백과 조언은 이 책의 집필에 큰 도움이 되었습니다.

아마존 웹 서비스Amazon Web Services의 디렉터 프란체스카 바스케즈Francessca Vasquez와 매튜 멘즈Matthew Menz 그리고 아마존Amazon 법률 및 PR 팀의 아낌없는 지원에 감사드립니다.

마지막으로 이 책을 출간할 수 있도록 격려해준 나의 모든 친구와 동료에게 감사의 인사를 전합니다.

옮긴이 소개

동준상(naebon1@gmail.com)

클라우드, 인공지능 부문 강연자이자 컨설턴트로, AWS 테크놀로지 파트너, 한국생산성본부 인공지능 전문위원이다. 한국생산성본부, 서울대학교, 삼성전자, 고려대학교, 국가정보자원관리원, 포항공대에서 관련 주제로 강연을 했다. 소프트웨어 엔지니어링과 오픈소스에 관심이 많으며, 에이콘출판사에서 출간한 『Great Code Vol.3』 (2021), 『기업용 블록체인』(2019), 『자바 머신 러닝 마스터』(2019), 『스위프트 데이터 구조와 알고리즘』(2017) 외 십여 권을 번역했다.

- 웹페이지: http://www.nxp24.com/
- 링크드인: https://www.linkedin.com/in/junsang-dong/

옮긴이의 말

디지털 전환의 시대, 필수불가결의 요소 – 클라우드

클라우드는 급변하는 글로벌 시장에서 가장 중요한 컴퓨팅 환경으로 자리잡았다. 온프레미스로 부르는 전통적인 중앙화된 전산센터는 빠르게 클라우드화되고 있고, 프라이빗과 퍼블릭 클라우드가 각 기업과 기관의 필요에 맞춰 조율된 하이브리드 클라우드가 한국 기업에도 빠르게 적용되고 있다. 클라우드는 컴퓨팅, 스토리지, 데이터베이스, 네트워크, 보안 등 복잡한 기업 컴퓨팅 환경을 자동화한 것은 물론, 산업 인공지능과 블록체인 등 첨단의 혁신 기술 또한 신속하게 서비스화해 제공하고 있다.

퍼블릭 클라우드에서 가장 영향력 높은 브랜드 – AWS

2006년 이후, 프라이빗과 퍼블릭 클라우드 시장을 통틀어 가장 영향력 높은 브랜드는 AWS다. 아마존의 퍼블릭 클라우드 서비스가 AWS라는 이름으로 세상에 소개된 후 AWS는 클라우드 산업의 대표 키워드이자 지속적인 혁신과 경쟁우위 요소로 시장을 압도하는 선도기업으로 각인되기에 이르렀다. 2015년 이후 프라이빗과 퍼블릭 클라우드 시장에는 최소 2개의 프라이빗 클라우드와 5개 이상의 퍼블릭 클라우드가 있지만 AWS만큼의 영향력과 인지도를 확보한 브랜드는 존재하지 않는다.

클라우드의 전문성을 공인받을 수 있는 방법 – AWS 솔루션 아키텍트

현대적인 IT 전문가로 인정받길 원하는가? 클라우드 전문가로 인정받길 원하는가?

AWS 솔루션 아키텍트 스터디는 그런 바람을 현실로 바꿀 수 있는 좋은 출발점이다. AWS는 상용화된 서비스로 회원가입만 하면 누구나 AWS 서비스를 둘러보고 이용할 수 있지만 수천 가지 이상의 애플리케이션과 수백 가지 이상의 서비스가 융합된 복잡한 AWS의 구조를 이해하려면 좀 더 체계적이고 전문적인 접근이 필요하다. 이 책은 AWS의 큰 그림을 볼 수 있는 안목, 나아가 현대 클라우드 컴퓨팅의 현주소를 파악할 수 있는 통찰을 제공한다. 이 책은 AWS 공인 솔루션스 아키텍트 인증을 확보하고 AWS 커뮤니티와 링크드인 등을 통해 클라우드 전문가와 교류하는 즐거움 또한 크다.

기술 변화, 시대 변화를 반영한 AWS 솔루션스 아키텍트 최신 수험서

팬데믹 사태 이후, 클라우드에 대한 수요가 급증하고 세분화하면서 이미 우리가 잘 알고 있던 영역에 새로운 서비스가 추가되거나, 성능 부족 또는 호환성 부족 요소들이 새로운 요소로 대체되는 전환기를 맞고 있다. 이번 2판은 최신의 시험 출제 기준을 충족하는 것 외에, 전세계 클라우드 사용자의 변화된 요구를 반영하고 있으며, 솔루션 아키텍트가 필수적으로 알아야 할 내용을 일목요연하게 정리했다.

과거에 비해 솔루션 아키텍트가 되기 위해 공부해야 할 것은 많아지고 난이도 또한 높아졌다. 대신 그만큼 솔루션 아키텍트 자격의 가치가 더 높아졌다.

최고의 수험서와 함께 오늘 바로 시작해 보자.

차례

들어가며

AWS 공인 솔루션스 아키텍트 시험 준비를 위해 올바른 선택을 한 여러분 모두 축하한다!

AWS 공인 솔루션스 아키텍트 자격은 현재 클라우드 산업계에서 가장 인기 높은 인증 자격으로 Global Knowledge의 연례 보고서인 IT Skills and Training Report에 실린 2020년 '15 Top Paying IT Certifications for 2020' 기사를 보면, AWS 공인 솔루션스 아키텍트 - 어소시에이트는 연간 급여 수준이 두 번째로 높은 14만9,466 달러를 기록하고 있다(https://www.globalknowledge.com/us-en/content/articles/top-paying-certifications/#2).

AWS는 지난 10여년 간 퍼블릭 클라우드 시장의 최강자 자리를 유지하고 있으며, 그에 따라 AWS 전문 인력(특히 인증 자격을 보유한 전문 인력)에 대한 수요가 나날이 증가하고 있다. 이 책은 AWS 공인 솔루션스 아키텍트 인증 시험을 준비 중인 독자 여러분에게 실용적이며, 실행 가능 예제 중심의 지식을 제공한다.

AWS 자격 인증 시험 개요

아마존^{Amazon}은 2020년 3월부터 AWS 공인 솔루션스 아키텍트 - 어소시에이트 시험에 SAA-C02라는 새로운 출제 가이드를 도입했다. 인증 시험에 통과하려면 AWS와 관련된 신규 주제 및 서비스에 대한 폭 넓은 이해가 필요하다. 최신 AWS 솔루션 아키텍트 인증 시험은 4년 전부터 제공된 기존 시험에 비해 최근 클라우드 업계에서 아키텍트에게 요구하는 역할과 관련된 내용을 다수 반영하고 있다.

AWS 공인 솔루션스 아키텍트 - 어소시에이트 인증 시험은 65개 문항을 130분 동안 푸는 방식으로 진행되며, 아키텍트로서의 지적 역량을 효과적으로 발휘할 수 있는 능력과 AWS 기술을 기반으로 안전하고 견고한 애플리케이션을 배포하는 방법에 대한 이해도를 평가한다. 시험은 다지선택형의 객관식으로 출제되고, 정답의 개수는 1개, 2개, 또는 3개가 될 수 있으며, 평가 항목 옆에 정답 개수가 표시된다.

자격 인증 시험은 아래와 같은 수험자의 능력을 평가한다.

- AWS의 아키텍처 설계 원칙을 근거로 고객 요구 사항에 대한 해법 제시 능력
- 프로젝트 라이프사이클 측면에서 AWS의 베스트 프랙티스를 반영한 구현 가이드 제시 능력

AWS Certification 웹사이트에서 AWS 공인 솔루션스 아키텍트 – 어소시에이트의 수험 자격은 AWS 플랫폼에서 분산화 애플리케이션 및 시스템에 대한 설계 경험이 있는 개인으로 정의돼 있으며, 수험자에 대한 요구 사항 및 시험 출제 내용은 다음과 같다(https://aws.amazon.com/certification/certifiedsolutions-architect-associate/).

- AWS에서 1년 이상 가용성, 비용효율성, 내오류성, 확장성을 갖춘 시스템을 설계한 경험
- AWS의 컴퓨트, 네트워킹, 스토리지, 데이터베이스 서비스 활용 경험
- AWS의 배포 및 관리 서비스 활용 경험
- AWS 기반 애플리케이션 개발을 위한 기술적 요구 사항의 구체화 및 업무 정의
- 클라이언트가 제시한 기술적 요구사항에 적합한 AWS 서비스 선택
- AWS 플랫폼의 안전성, 신뢰성 기반 애플리케이션을 개발하기 위한 베스트 프랙티스 이해
- AWS 클라우드에서 애플리케이션을 개발하기 위한 기본적인 아키텍처 원칙 이해
- AWS의 글로벌 인프라 이해
- AWS와 관련된 네트워크 기술 이해
- AWS가 제공하는 보안 기능 및 도구와 다른 전통적인 서비스와의 관계 이해

출제 영역은 네 가지로 영역별 비중은 다음과 같다.

출제 영역	비중
출제 영역 1: 견고한 아키텍처 설계	30%
출제 영역 2: 고성능 아키텍처 정의	28%
출제 영역 3: 안전한 애플리케이션 및 아키텍처 구현 방법	24%
출제 영역 4: 비용효율적인 아키텍처 설계	18%
합계	100%

이 책에서 다루는 내용

인증 시험에 합격하기 위해 알아야 할 모든 주제를 다룬다. 각 장을 학습하면서 AWS의 공유 책임 모델에 대해 알게 될텐데, 공유 책임 모델은 AWS는 클라우드의 보안을 책임지고, 고객은 클라우드 내의 보안을 책임진다는 의미다.

이번 시험에 합격하기 위해 여러분은 이 책의 공유 학습 모델을 이해해야 한다. 이 책은 이론 지식을 제공하고, AWS 관리 콘솔은 실무 지식을 제공하므로, 시험에 합격하려면 이론 지식은 물론 실무 지식을 함께 연마해야 한다.

시험 공부를 하는 동안 AWS 관리 콘솔은 여러분의 가장 좋은 벗이 돼 줄것이다. 먼저 원활한 실습을 위해 AWS 관리 콘솔에서 계정을 생성해야 한다(https://aws.amazon.com/console/).

AWS는 1년간 프리 티어 조건으로 무료 클라우드 서비스를 제공하며, 실습에 사용하는 대부분의 서비스는 무료로 사용할 수 있다.

이 책을 활용하는 가장 좋은 방법은 각 주제마다 AWS 관리 콘솔에서 직접 실습을 해 보는 것이다. 책에서 설명한 것 이외의 내용을 확인해 가면서 더 많은 것을 배우게 될 것이다.

아마존은 모든 임직원을 위한 14가지 원칙을 제시하며, 이 중 2가지 원칙은 이번 시험을 준비하는 여러분에게도 도움이 될 수 있다. 바로 '늘 배우고 늘 궁금해하라'와 '더 깊이 파악하라'는 원칙이다.

이 책에서 어떤 서비스를 배웠다면 콘솔에서 열어보고 다양한 옵션을 사용해 보자. 특정 옵션이 어떤 역할을 하는지, 사용 목적은 무엇인지 궁금해하라. 모든 서비스를 이와 같이 섭렵하다보면 시험에서도 자연스럽게 좋은 성과를 거두게 될 것이다.

집필 시점 현재, AWS에는 175여개 이상의 서비스가 있으며, 이미 솔루션스 아키텍트가 된 전문가에게도 각 서비스를 깊이 파악하는 일은 결코 쉽지 않다. AWS 서비스 가운데는 클라우드에서 어떤 작업을 하든 거의 항상 사용하게 되는 핵심 서비스가 있다. 이들 핵심 서비스를 AWS는 기초 또는 토대가 되는 서비스라는 의미로 Foundational Services라 부르며, 리전, AZ, Amazon VPC, Amazon EC2 서버, ELB, AWS Auto Scaling, 스토리지, 네트워킹, 데이터베이스, AWS IAM, 보안 등이 포함된다.

여러분은 이들 핵심 서비스에 대한 깊이 있는 지식을 쌓아야 한다. AWS는 핵심 서비스 외에도 분석, 머신러닝, 애플리케이션 서비스 등 다양한 서비스를 제공한다. 이들 서비스에 대해 깊이 있는 지식까지는 아니더라도 서비스를 활용해 보고, 이들 서비스에 대한 보편적인 사용 사례를 파악하고, 특정 상황에서 어떤 서비스를 선택하는 것이 더 나은지 알 필요가 있다.

이 책은 총 아홉 개의 장으로 이뤄져 있다.

1장, 클라우드 컴퓨팅과 AWS의 개요에서는 아마존 웹 서비스의 개요를 중심으로 클라우드 컴퓨팅의 개요, 클라우드 컴퓨팅과 AWS 도입에 따른 장점, AWS 인프라의 구성 요소, AWS의 주요 서비스를 알아본다.

2장, AWS 스토리지 서비스에서는 AWS의 주요 스토리지 서비스인 Amazon Simple Shared Storage'(S3), Glacier, Elastic Block Store(EBS)', Elastic File System'(EFS), AWS로의 데이터 마이그레이션 방법을 알아본다. 2장을 읽고나면 AWS의 주요 스토리지 서비스르를 명확하게 이해할 수 있을 것이다.

3장, Amazon VPC에서는 AWS의 핵심 서비스 중 하나이자 AWS 네트워킹 서비스를 대표하는 Amazon Virtual Private Cloud(VPC)를 소개하며, 클라우드에서의 네트워크 생성 방법, AWS의 다양한 네트워크 서비스를 알아본다.

4장, Amazon EC2에서는 AWS의 핵심 서비스 중 하나인 Amazon Elastic Compute Cloud(EC2)를 알아보며, AWS가 제공하는 다양한 인스턴스 타입, 인스턴스 생성 방식, 인스턴스에 스토리지를 추가하는 방법을 알아본다.

5장, IAM과 AWS에서의 보안에서는 AWS의 핵심 서비스 중 하나인 IAM을 중심으로 클라우드에서의 보안 및 AWS의 공유 책임 모델을 소개하며, 클라우드에서의 신분(계정) 관리, IAM 유저, 그룹 생성 방법, 페더레이션을 이용해 기존 계정을 AWS에 통합하는 방법을 알아본다. 또한 AWS에서 제공하는 최신 보안 도구 및 서비스도 살펴본다.

6장, AWS Auto Scaling에서는 AWS의 핵심 서비스 중 하나인 Elastic Load Balancer(ELB)와 Auto Scaling을 중심으로 애플리케이션 로드 밸런서, 네트워크 로드 밸런서, 클래식 로드 밸런서 등 다양한 로드 밸런서의 특징과 클라우드에서의 확장성 관리 서비스인 Auto Scaling을 알아본다. Auto Scaling은 사용자의 수요에 따라 클라우드 리소스를 스케일업 또는 스케일다운할 수 있도록 돕는다.

7장, 애플리케이션 배포 및 모니터링에서는 AWS에서 제공하는 다양한 애플리케이션 배포 및 모니터링 기법을 소개한다. 예를 들어, 사용자는 AWS의 애플리케이션 배포를 위한 전통적인 방법인 EC2, RDS, EBS 서버, VPC 조합을 이용할 수 있고, Elastic Beanstalk를 이용하여 간편하게 애플리케이션을 배포할 수 있으며, 아예 서버 설정 및 관리 작업의 필요성을 제거한 서버리스 기법으로 애플리케이션을 배포할 수 있다. 애플리케이션을 배포하기 위한 각각의 방법은 나름의 장점 및 단점을 지니며, 사용자는 각 방법의 견고성, 유지보수성, 성능, 보안, 비용 측면을 비교해 자신에게 맞는 아키텍처를 선택하는 것이 좋다.

또한 이번 장은 AWS에 배포한 애플리케이션의 모니터링 기법도 소개한다. 다양한 모니터링 도구의 세부적인 내용까지 알아야 할 필요는 없지만 각 모니터링 도구별 주요 기능, 사용 방식, 차이점을 이해하는 것이 좋다.

이번 장에는 실습 예제가 포함되지 않았는데, 이는 이번 자격 인증 시험에서 배포와 모니터링에 대한 세부 내용은 묻지 않기 때문이다. 하지만 미래의 솔루션 아키텍트 여러분은 AWS 관리 콘솔에서 배포와 모니터링을 위한 주요 도구와 서비스를 직접 경험해 보길 바란다.

예를 들어, Amazon Kinesis Firehose에 대한 깊이 있는 이해를 위해 콘솔을 열고 딜리버리 스트림을 생성한 뒤 인풋 소스의 모든 데이터를 탐색하고, (Amazon S3, Amazon Redshift, Amazon Elasticsearch Service, Splunk 등 네 가지) 데스티네이션 소스를 살펴보길 권한다. 기출 문제로 나온 내용은 네 가지 대상 소스에 대한 것이었으며, 딜리버리 스트림의 활용 경험까지 묻지는 않았다. 이번 장에서 요구하는 실습 지식의 수준과 질문의 방법을 충분히 이해하게 됐으리라 생각한다.

8장, AWS 데이터베이스 서비스에서는 AWS의 핵심 서비스 중 하나인 Amazon RDS를 소개한다. EC2 서버에 데이터베이스를 호스팅해야 할 때와 RDS에 데이터베이스를 호스팅해야 할 때를 구분해서 설명할 수 있어야 하며, 또 다른 데이터베이스 서비스이자 AWS의 핵심 서비스인 Amazon Aurora, Amazon Redshift(데이터 웨어하우스), Amazon DynamoDB(NoSQL 데이터베이스), Amazon ElastiCache(인 메모리 데이터 스토어) 등도 알아본다.

9장, AWS 웰 아키텍처 프레임워크에서는 지난 수 년간 AWS 및 클라우드 산업계를 통해 검증된 아키텍처 구현의 베스트 프랙티스를 알아본다. 이번 장은 시험 출제 방식에 따라 다섯 개의 영역으로 나눠져 있으며, 여러분이 솔루션 아키텍트로서 아키텍처를 설계할 때 알아야 할 다섯 가지 중요한 설계 전략을 알아본다.

출제영역표

각 장과 공인 시험의 출제영역을 하나의 표로 만든 출제영역표는 부록 A에서 확인할 수 있다. 출제영역표를 통해 SAA-C02의 4대 출제 영역과 세부 구성 요소가 어떤 장과 관련이 있는지 간편하게 확인할 수 있다.

클라우드 컴퓨팅과 AWS의 개요

1장에서 살펴볼 내용은 다음과 같다.

- 클라우드 컴퓨팅의 개요
- AWS 기반 클라우드 컴퓨팅의 이점
- 클라우드 컴퓨팅의 3대 모델
- 클라우드 컴퓨팅의 3대 배포 모델
- AWS의 태동 및 발전
- AWS의 리전과 가용영역
- AWS의 보안 및 준수해야 할 원칙
- AWS의 주요 제품과 서비스

미국 국립표준기술연구소^{NIST}는 클라우드 컴퓨팅을 "어디서나 접속 가능하고, 편리하며, 온디맨드 방식으로 신속하고 간편하게 검증 및 배포된 공유 컴퓨팅 자원에 접근할 수 있는 컴퓨팅 기술"로 정의하고 있다. 즉, 인터넷을 통해 온디맨드 방식으로 사용량에 따른 과금 모델을 따르는 IT 자원을 사용할 수 있는 컴퓨팅 기술이며, 다음과 같은 클라우드의 세 가지 특성을 따른다.

- **온디맨드**: 클라우드 컴퓨팅 기술을 통해 필요에 따라 언제든 접근할 수 있는 IT 인프라를 필요한 만큼 사용할 수 있다. 예를 들어, 집에서 전등을 켤 때 전기가 어디에서 오는지 상관없이 사용할 수 있는 것과 비슷한 개념이다. 전등을 켜려고 집에서 전기를 생산할 필요는 없으며, 필요한 만큼 언제든지 전기를 사용할

수 있고, 사용한만큼 비용을 부담하면 된다. 클라우드 컴퓨팅 또한 필요한 만큼의 IT 자원을 언제든 쓸 수 있는 기술이다.

- **인터넷을 통한 자원 접근**: 클라우드에 배포한 모든 자원은 인터넷을 통해 접근 가능하므로 전 세계 어디에서나 해당 자원에 접속해 어떤 자원이든 활용할 수 있다. 인터넷이 아닌 회사의 전용 네트워크로만 접속을 원하는 경우에도 선택할 수 있는 옵션이 있으며, AWS와 같은 클라우드 서비스를 통해 보안성이 강화된 네트워크로 우회할 수 있다. 이에 대한 내용은 2장에서 설명한다.

- **사용량별 과금 모델**: 집에서 전기를 사용한다면 실제 사용량에 따라 전기료를 지불할 것이다. 클라우드 컴퓨팅 또한 실제 사용량에 따라 사용료를 지불한다. 예를 들어, 2시간 동안 서버를 사용하고자 한다면 그 2시간에 대해서만 비용을 지불하면 된다. 대부분의 클라우드 자원은 시간당 과금이 기본이지만 일부 자원은 별도의 과금 체계가 적용되기도 한다.

클라우드 컴퓨팅을 이용하면 자체 데이터 센터를 운영하거나 별도의 서버를 구입할 필요가 없어진다. 필요한 서버, 스토리지, 네트워크, 데이터베이스, 기타 서비스를 활용하고, 필요에 따라 이들 자원을 확장하거나 축소하기만 하면 된다. AWS는 인터넷 또는 보안 전용 접속을 통해 제공되는 클라우드 컴퓨팅 서비스를 위한 기술과 인프라를 관리 및 유지한다. 클라우드를 사용하는 이유는 다양하다. 예를 들어 기업의 경우, 모든 애플리케이션을 클라우드에서 제공하려 할 때 기존의 애플리케이션을 모두 클라우드로 이전하거나 아예 특정 클라우드 환경에 맞춰 새로운 애플리케이션을 배포할 수 있다. 스타트업의 경우, 아이디어 구현 및 검증에만 집중하고 하드웨어 구매 및 관리에 소모되는 능력을 아낄 수 있다. 즉, 클라우드 컴퓨팅은 기업은 물론 스타트업과 개인 모두에게 유용성을 제공한다.

그렇다면 과연 얼마나 신속하게 기업의 자원을 클라우드에서 활용할 수 있을까? AWS와 같은 클라우드 서비스 제공사는 여러분이 요청하는 즉시 관련 하드웨어 인프라를 제공할 준비가 돼 있다. 사실 AWS는 전 세계 주요 대륙과 국가에 다수의 데이터 센터를 운영하며 최적의 사용자 경험을 제공할 수 있을 정도로 가까이 있으며, 여러분이 원하는 순간 해당 자원을 제공할 수 있다. AWS의 리전과 가용성 지역은 1장에서 다시 설명한다.

AWS 기반 클라우드 컴퓨팅의 이점

AWS 기반 클라우드 컴퓨팅의 이점은 다음과 같다.

- **민첩성 확보**: 여러분이 새 프로젝트를 시작하려 한다고 하자. 이 때 가장 먼저 해당 프로젝트를 위한 하드웨어를 확보해야 한다. 기존의 IT 모델을 따를 경우 실제 프로젝트에 착수하기까지 수 개월간의 준비기간이 필요하다. 하지만 클라우드를 이용하면 원하는 거의 모든 자원을 즉각적으로 확보할 수 있다. 서버 등 하드웨어의 구매 절차는 매우 복잡해서 해당 서버가 지정 위치에 설치되기까지 수개월이 소요되곤 한다. 하지만 클라우드에 배포할 경우 이런 시간을 아끼고 신속히 프로젝트 업무를 시작할 수 있다. 인프라의 확장이 필요한 경우 또한 거의 즉시 원하는 수준으로 확장할 수 있다.

- **용량에 대한 걱정 불식**: 전통적인 기업에서 서버 등 인프라를 구매하려면 가장 먼저 서버의 용량을 결정해야 한다. 서버의 용량을 결정하기 위해서는 사용자의 수, 기간당 데이터 전송의 크기, 적절한 응답속도, 예상되는 서버 요청 성장률, 서비스 합의서(SLA) 등 다양한 요소를 근거로 의사결정을 해야 한다. 대규모 프로젝트를 수행하는 기업이라면 하드웨어 용량 결정에 수개월이 소요되기도 한다. 또한 일단 구매했다면 데이터 센터에 최소 3년 이상 보유해야 투자비용을 회수할 수 있다. 그래서 그 기간 동안 해당 애플리케이션에 대한 요구 수준이 변경되더라도 하드웨어를 바꿀 수 없는 상황이 된다. 요구 수준은 낮은데 하드웨어를 너무 고용량으로 도입한 경우 자원의 낭비가 되고, 요구 수준은 높은데 하드웨어를 너무 저용량으로 도입한 경우 시장의 니즈에 제대로 반응할 수 없게 된다. 예를 들어, 고객의 주문을 받을 수 있는 포털 서비스를 준비한다고 해보자. 평소엔 적정한 용량 계획이 통하겠지만 블랙 프라이데이와 같은 시즌에는 평소의 20배에 해당하는 요청 사항이 폭주할 것이다. 그렇다고 평소의 20배 요청을 처리할 수 있는 하드웨어를 도입하면 낭비 가능성이 너무 높아져 문제고, 평소 요청에 맞는 하드웨어를 도입하면 연간 매출의 30% 이상이 발생할 수 있는 블랙 프라이데이를 놓치게 되는 문제가 발생한다. 하지만 클라우드라면 용량에 대한 걱정을 할 필요가 없어진다. 클라우드는 트래픽 증대 등 요구 수준에 따라 인프라를 확장 및 축소할 수 있는 탄력성을 제공하므로 원하는

시점의 수요에 맞춰 클라우드 인프라를 확보하면 된다. 이후 요구 수준이 높아지면 인프라를 확장하고 반대의 경우라면 인프라를 축소하면 된다. 블랙 프라이데이에 대응해야 하는 경우, 1년 내내 평소의 수준을 유지하다가 시즌 당일 수요에 맞춰 20배로 인프라를 확장하고 시즌 종료일에 다시 평소 수준으로 축소하면 된다. 이런 방식으로 미사용 자원에 대한 비용 지출을 줄이고 사용자의 요구 수준에 항상 적절히 대응할 수 있다.

- **대규모 자본적 비용에서 소규모 유동 비용으로 전환**: 클라우드 컴퓨팅은 자본적 비용을 유동 비용으로 전환할 수 있는 방법을 제공한다. 하드웨어를 구매하는 경우 즉각적으로 대규모 자본적 비용이 발생하게 마련인데 이는 기업 경쟁력 강화를 위한 혁신 등에 유리한 방식이 아니다. 즉, 어떤 비즈니스 실험을 하려고 우선 값비싼 하드웨어를 사고 보는 것과 비슷하다. 그렇게 비싼 인프라를 구축하고 몇 달이 지나 당초 사업 계획이 잘못된 것으로 드러나더라도 이미 투자한 비용은 회수할 수 없다. 또한 기업 내에서 신규 사업을 위해 대규모 자본을 지출하는 계획을 설득하는 것은 결코 쉬운 일이 아니다. 하지만 일상적으로 발생하는 사업 운영비용 형식으로 처리할 수 있다면 위와 같은 자본적 비용은 지출할 필요도, 어렵게 승인받을 필요도 없게 된다. 결과적으로 신규 사업 착수 결의가 쉬워지고 사업이 잘 안 된 경우에도 해당 인프라의 사용료 외에는 회수불능 고정 비용이 발생하지 않는다. 유동 비용 방식으로 비즈니스 실험을 좀 더 자주 할 수 있고 기업 혁신 또한 가능성이 커진다.

- **규모의 경제 달성**: 코스트코에 가면 대부분의 제품을 시중가보다 10~15% 할인된 가격으로 판매한다. 이는 코스트코가 대량으로 구매하고 대량으로 판매하기 때문에 가능한 것인데 이것이 바로 규모의 경제에 의한 가격 경쟁력 확보 방식이다. 클라우드 업계에서도 마찬가지로 수십 만의 사용자가 몰린 서비스에서 저렴한 비용으로 이용할 수 있는 규모의 경제가 나타나며, 저렴한 사용량별 과금 또한 가능해진다.

- **데이터 센터 구축 비용 절약**: 클라우드 컴퓨팅을 이용하면 더 이상 대규모 데이터센터를 보유하지 않아도 된다. 데이터 센터를 보유하려면 엄격한 시설기준 준수, 서버 랙 구축, 고압 전력망 구축은 물론 대규모 전용 공간 장기 임대, 운영인력 고용, 물리적 보안 체계 확보 등 이루 헤아릴 수 없이 많은 리스크 요인을

감수해야 한다. 클라우드 컴퓨팅을 통해 데이터 센터 보유에 따른 고정 비용을 절약하고 비즈니스의 본질적인 측면에 집중할 수 있다.

- **기술 혁신성의 유지**: AWS는 혁신성을 유지하기 위해 지속적으로 노력하고 있으며, 고객은 첨단의 제품 및 기술을 필요에 따라 이용하기만 하면 된다. 새로운 기술이 나왔다고 힘들여 업그레이드하거나 뭔가를 바꿀 필요가 없는 것이다. 업계에 새로운 기술이 등장하면 거의 즉각적으로 해당 기술을 활용할 수 있다.

- **단기간 내 세계화 가능**: 모든 인프라를 하나의 데이터 센터에 집중해 뒀는데 재난 시나리오에 맞춰 또 다른 지역에 복구 인프라를 확보하려는 경우 또는 사업 확장을 위해 다른 국가에 새 데이터 센터를 추가하는 경우를 생각해 보자. 재난 복구용 인프라 또는 타 국가에 데이터 센터를 세우는 데 시간이 얼마나 걸릴까? 3개월? 6개월? 전통적인 모델의 경우 다른 지역에서 데이터 센터가 가동되는 데는 최소 3~6개월이 걸린다. 하지만 클라우드 컴퓨팅이라면 다른 지역에서 인프라를 운영하기 위해 단 며칠도 기다릴 필요가 없다. 몇 분 동안 몇 번의 마우스 클릭만 하면 세계 어느 지역에든 데이터 센터 기능을 구현할 수 있다. 즉, 전 세계 어느 국가에서든 애플리케이션을 배포하거나 재난 복구 인프라를 가동하고 싶다면 클라우드를 이용해 거의 즉시 임무를 완수할 수 있다.

클라우드 컴퓨팅의 3대 모델

클라우드 컴퓨팅에는 세 가지 모델이 있으며 비즈니스 니즈, 통제성, 관리성 수준에 따라 그중 한 가지를 선택하거나 세 가지 모두를 선택할 수 있다. 클라우드 컴퓨팅의 3대 모델은 서비스로서의 인프라(IaaS), 서비스로서의 플랫폼(PaaS), 서비스로서의 소프트웨어(SaaS)다.

- **IaaS**: IaaS 모델은 컴퓨팅, 네트워킹, 스토리지, 데이터 센터용 공간 등 클라우드 IT 환경 전반을 제공하며, 자체 데이터 센터를 운영하듯 클라우드 인프라를 운영하게 된다. IaaS는 높은 유연성을 제공하며 확보한 모든 자원에 대한 완벽한 통제성을 제공한다. IaaS는 클라우드에 나만의 데이터 센터를 구축하는 개념 모델이다.

- **PaaS:** IaaS 모델은 전반적인 인프라 모두를 직접 관리한다는 개념이다. 관리 업무가 부담스럽게 느껴지고 비즈니스에 필수적인 애플리케이션 배포와 관리에만 집중하고 싶다면 PaaS 모델이 적합하다. PaaS 모델에서 AWS와 같은 클라우드 기업은 전반적인 IT 인프라 관리 업무를 전담하므로 인프라 관리, 용량 계획, 소프트웨어 업그레이드 관리 등의 업무는 잊고 비즈니스 니즈에만 집중할 수 있다.

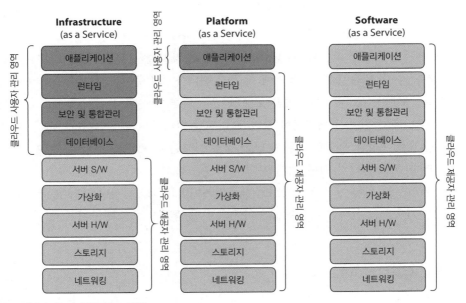

그림 1-1 세 가지 클라우드 모델

- **SaaS:** SaaS 모델은 PaaS 모델보다 훨씬 간단한데, 인터넷을 통해 애플리케이션을 제공하기만 하면 된다. SaaS 제공자는 관련된 모든 서비스 요소를 전적으로 호스팅하고 관리하며 여러분은 제품을 어떻게 제공할지만 고려하면 된다. 서버 소프트웨어의 호스팅 방식과 위치를 몰라도 되고 관리 방식, 업그레이드 주기, 유지보수 기간도 관여할 필요가 없어진다. 가장 대표적인 SaaS 소프트웨어로는 세일즈포스가 있다.

그림 1-1은 세 가지 클라우드 컴퓨팅 모델을 보여주고 사용자와 제공자의 관리 영역을 설명한다.

클라우드 컴퓨팅의 3대 배포 모델

다음은 클라우드 컴퓨팅의 3대 배포 모델이다.

- **올 인 클라우드**: AWS와 같은 클라우드 서비스 제공자를 통해 애플리케이션을 배포하는 방식을 퍼블릭 클라우드 또는 올 인 클라우드All-in cloud라고 부른다. 퍼블릭 클라우드의 이용 방식은 크게 두 가지가 있는데, 하나는 클라우드에서 새 애플리케이션을 개발 및 제공하는 방법이고, 다른 하나는 기존의 애플리케이션을 클라우드로 이전하는 방법이다. 클라우드 기반의 애플리케이션은 로우 레벨 인프라를 조합하는 방식이나 주요 인프라의 관리 기법, 아키텍처, 확장 전략 등을 구현한 하이 레벨 서비스를 이용하는 방식으로 구현할 수 있다. 대표적인 사례는 넷플릭스로 모든 데이터 센터와 스트리밍 콘텐츠 서비스를 AWS에서 제공한다. 오늘날 많은 기업은 올 인 클라우드 전략을 도입 중이다. 대부분의 스타트업과 새로 시장에 진입한 기업은 올 인 클라우드 전략으로만 인프라를 운영, 관리한다.

- **하이브리드 클라우드**: 애플리케이션 중 일부는 퍼블릭 클라우드에서, 나머지는 온프레미스 환경에서 제공하는 방식이다. 이들 두 가지 환경을 긴밀하게 연결하면 기존 데이터 센터의 확장 개념에서 퍼블릭 클라우드를 이용할 수 있고 클라우드 전환을 위한 가장 신속한 방법이기도 하다. 현대 기업 대부분은 이미 데이터 센터에 방대한 인프라와 데이터를 축적해 뒀기 때문에 이를 일시에 클라우드로 이전하기는 어렵다. 이 때 하이브리드 클라우드 전략을 이용하면 새로 출시할 애플리케이션은 클라우드에 구현하고 기존의 IT 시스템은 일정 기간 동안 클라우드로 이전할 수 있다. AWS 등 클라우드 사업자는 퍼블릭은 물론 하이브리드 클라우드 모델도 지원한다.

- **온프레미스 또는 프라이빗 클라우드**: 가상화나 자원 관리도구를 이용해 자체 데이터 센터에 애플리케이션을 배포하는 경우를 가리킨다. 일부 현대적인 클라우드 아키텍처를 구현할 수는 있으나 첨단의 퍼블릭 클라우드 기술 중 일부는 수용하기 어려운 형태다. 기업에 속한 자회사 또는 개별 부서는 프라이빗 클라우드를 통해 기업의 보안 자원에 접속하고 사용량에 따른 비용을 내부 데이터 센터에 지불한다. 일반적인 기업이라면 온프레미스에서 프라이빗 클라우드로 전환

하면서 기존의 비가상화 서버를 가상화 서버로 변경해 자동화 및 과금 일원화 목표를 달성한다. 가상화 기법을 이용하면 프로젝트 단위로 서버를 마련할 필요 없이 컴퓨트 노드만 할당하면 되는데, 대표적인 사례로는 솔라리스^{Solaris}의 존/컨테이너, IBM의 서버 파티셔닝, VMware ESX 등이 있다. 프라이빗 클라우드는 프로비저닝, 서버 작동/중지/용량 조절, 과금과 같은 셀프 서비스 기능을 가상화 기술로 구현한 것이라 할 수 있다.

AWS의 태동과 발전

아마존은 혁신의 아이콘이라 할 수 있다. 솔루션 아키텍트로서 IT 산업의 혁신을 늘 경험해 왔지만 AWS의 신규 제품과 서비스 개발 속도는 미처 따라가기 힘들 정도로 빠르다는 느낌을 준다. 아마존 기업 문화에서 가장 돋보이는 것은 실험 정신이라 할 수 있다. 아마존이 모든 도전에서 성공한 것은 아니지만 상당수의 도전이 치열한 경쟁을 뚫고 성공에 이르렀다. AWS의 실험 정신이 현대 클라우드 컴퓨팅 기술 경쟁에서 상대를 압도하는 비법이라 할 수 있다.

Amazon.com의 역사는 거의 이십여 년 전으로 거슬러 올라간다. 초기 아마존은 자체 애플리케이션의 운영과 프로비저닝을 위해 인프라를 자동화하기 시작했다. 하지만 이내 대규모 확장 기술과 데이터 센터 기술을 융합해 서비스로 제공하는 것이 새로운 시대를 여는 핵심 경쟁력임을 깨닫게 됐다. 아마존은 잉여 컴퓨팅 용량을 서비스화해 제공함으로써 현대적이고 세련되며 확장성 높은 애플리케이션을 만들 수 있는 AWS의 초기 모델을 만들어 2006년에 공식 출범했다. 광범위한 기술 영역에서 175가지 이상의 클라우드 제품 및 서비스를 제공하는 AWS는 글로벌 리서치/컨설팅 기관인 가트너로부터 9년 연속 우수기업^{Gartner's Magic Quadrant}으로 선정됐다(2019년 7월 기준).

AWS 글로벌 인프라

AWS는 190여 개 국가에 100만명 이상의 고객을 확보하고 있으며, **리전**^{Region}, 가용성 지역^{AZ, Availability Zones}, 상호접속위치^{POP, Points Of Presence} 등으로 구성된 글로벌 클라우드

인프라를 지속적으로 확장하고 있다. 이들 고객에게 안정적인 서비스를 제공하기 위해 AWS는 24개 리전과 5개 대륙에 각각 하나의 로컬 리전을 두고 있으며, 향후 3개 리전을 추가할 계획이다. 리전은 AWS의 클라우드 서비스용 데이터 센터 클러스터가 위치한 물리적인 장소이며, 지리적으로 분산돼 데이터에 대한 국가별 정책을 준수하는 데도 기여한다. 한 마디로 리전은 AWS 서비스가 제공되는 지리적 위치를 나타낸다.

 NOTE 리전에 속한 데이터는 AWS 고객의 명시적인 동의 없이 리전 외부로 이동할 수 없다.

AWS를 사용하려면 먼저 해당 서비스를 호스팅하게 될 리전을 선택해야 하며, 필요에 따라 데이터가 저장될 리전을 여러 개 선택할 수 있다.

AWS는 미국에서 GovCloud 리전을 운영 중이며, 이는 미국 행정부의 애플리케이션을 제공하기 위해 만들어졌지만 다른 일반 사용자도 해당 리전을 이용할 수 있다.

각 리전에는 **AZ**라 부르는 **가용영역**Availability Zones이 존재한다. 하나의 AZ는 한 개에서 여섯 개의 데이터 센터로 구성되며 전력공급망과 네트워크망이 중첩적으로 구현된다. (번역 시점인 현재) 76개의 AZ가 있으며, 각각의 AZ는 서로 다른 층에 위치한다. 전력망 또한 해당 지역의 자연재해 등에 영향받지 않도록 AZ별로 분산되도록 설계한다. 또한 복수의 전력공급원을 통해 중첩적인 전력망을 구성하고, 정전 대비용 발전기를 갖추고 있어 하나의 AZ가 셧다운되더라도 인접한 다른 AZ에 동일한 피해가 가지 않도록 한다. 동일 리전의 AZ는 저비용성, 고응답성, 고보안성의 조건을 충족하는 광케이블 네트워크로 연결한다. 동일 리전 내 AZ 간의 응답성은 매우 높은 수준이며 동기적으로 AZ 간에 데이터 복제 인스턴스를 생성할 수 있다. 고응답성의 효과는 클라우드 사용자가 다수의 AZ에서 작동하는 애플리케이션을 디자인할 때 크게 나타나며, 특정 AZ가 자연재해 등으로 작동을 멈춘 경우에도 애플리케이션 작동에는 문제가 없게 된다. 또 하나의 AZ가 셧다운되면 자동으로 다른 AZ가 가동되는 아키텍처를 구성할 수도 있다.

AWS는 기존의 AZ 외에도 사용자는 많지만 리전이 없는 지역에 로컬 존Local Zones을 추가해 서비스를 제공한다. 로컬 존은 인근 (부모) 리전과 초고속 보안 네트워크로 연결돼 기존에는 접속할 수 없었던 AWS의 다양한 서비스를 활용할 수 있도록 지원한다. 원래 로컬 존은 기존의 AWS 리전을 보조하기 위해 설계됐으며, 그림 1-2는 로컬 존과 AWS 리전 내 AZ와의 관계를 보여준다.

AWS 데이터 센터는 항상 가동되고 있으며, 전 세계의 사용자가 늘 접속해 있는 상태다. 각각의 데이터 센터에는 수천 대의 서버가 가동 중이며 각 서버는 보안 수준과 회선 속도에 따라 커스터마이징된 네트워크를 통해 고객에게 서비스를 제공한다.

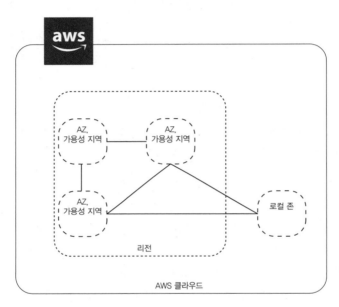

그림 1-2 AWS 리전, AZ, 로컬 존

AWS는 리전과 AZ 외에도 엣지 로케이션 또는 POP[Points Of Presence]이라 부르는 접속 지점을 통해 고객에게 더 나은 사용자 경험을 제공한다. 엣지 로케이션은 전 세계 주요 도시에 위치하며 현재 216개의 POP가 존재한다. 엣지 로케이션은 주로 CDN, 즉 콘텐츠 배포 네트워크로 사용되며 인근 사용자에게 고성능의 서비스를 제공할 수 있게 한다. 예를 들어, 아마존 비디오를 시청하는 경우 엣지 로케이션에 해당 비디오 데이터를 캐시해 다른 지역 고객이 동일한 비디오를 시청할 때 지연과 끊김이 없는 고품질의 영상 서비스를 제공할 수 있다. AWS에서 엣지 로케이션은 Amazon CloudFront 서비스와 Amazon Route 53 서비스를 제공하는 데 활용된다.

최근 AWS는 엣지 로케이션 외에 메인 서버와 엣지 로케이션 사이에 리전별 엣지 캐시 로케이션Regional Edge Cache Locations을 추가하고 있다. 특정 객체에 일정 시간 이상 접속할 수 없는 경우 캐시의 도움을 받을 수 없지만, 리전별 엣지 캐시는 대규모의 캐시를 유지하므로 객체는 훨씬 오랫동안 캐시 데이터를 저장해 둘 수 있다. 이를 통해 애플리케이션이 해당 객체에 다시 접속할 때 접근 권한을 요청하고자 다시 메인 서버로 이동해야 하는 불편함이 줄어들며, 접속 빈도가 낮은 객체의 성능을 높여주는 효과가 있다. 즉, 하나의 POP은 엣지 로케이션과 리전별 엣지 캐시로 구성된다.

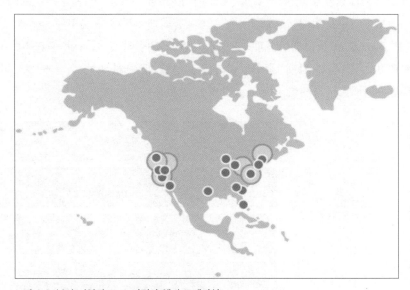

그림 1-3 북미 지역의 AWS 리전과 엣지 로케이션

기업 자체 데이터 센터에서 AWS 서비스를 실행하려는 경우 1장 후반에서 소개할 AWS Outposts를 활용하면 된다.

EXAM TIP 번역 시점에 AWS는 24개의 리전과 76개의 AZ를 보유하고 있지만 지속적으로 수를 늘리고 있으므로 AWS 웹사이트에서 최신 수치를 확인하기 바란다.

그림 1-3은 북미 지역의 리전과 엣지 로케이션을 보여준다. 큰 원은 개별 리전을, 작은 원은 리전에 포함된 엣지 로케이션의 수를 나타낸다.

AWS의 보안과 준수해야 할 원칙

AWS는 **공유 보안 모델**을 따르고 있는데 이는 클라우드 자체의 보안은 AWS가 맡고, 클라우드 내의 보안은 고객이 맡는다는 의미다. 즉, AWS는 데이터 센터, 비디오 감시, 하드웨어, 서버, 스토리지, 가상화 자원, 네트워킹 등 물리적 보안을 책임지고, 고객은 애플리케이션과 호스팅하는 데이터에 대한 보안을 책임진다.

Amazon RDS, Amazon Redshift, Amazon DynamoDB 등 관리형 서비스의 경우, AWS가 **보안 환경 설정**에 대한 책임도 지게 된다. 그림 1-4는 이와 같은 공유 보안 모델을 나타낸다. 이 모델에서 고객은 자신의 애플리케이션에 요구되는 수준의 보안을 선택하면 되므로 애플리케이션과 데이터 보안에 유연하게 대처할 수 있다. 고객은 공유 보안 모델을 통해 자체 데이터 센터를 운영할 때 지게 되는 책임과 유사한 수준의 책임을 부담한다. 자세한 내용은 5장에서 살펴본다.

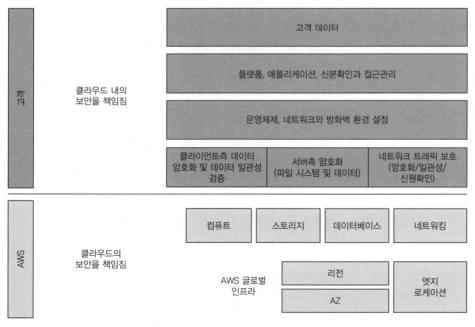

그림 1-4 AWS의 공유 보안 모델

AWS는 고객이 클라우드 내에서 자신의 데이터가 안전하게 보호되고 있음을 알 수 있도록 다양한 산업영역에서 각종 **보안인증**을 획득했다. 주요 인증 내역은 다음과 같다.

- SOC 1/SSAE 16/ISAE 3402(formerly SAS 70)
- SOC 2
- SOC 3
- FISMA, DIACAP, FedRAMP
- DOD CSM Levels 1-5
- PCI DSS Level 1
- ISO 9001/ISO 27001
- ITAR
- FIPS 140-2
- MTCS Level 3
- Cloud Security Alliance(CSA)
- Family Educational Rights and Privacy Act(FERPA)
- Criminal Justice Information Services(CJIS)
- Health Insurance Portability and Accountability Act(HIPAA)
- Motion Picture Association of America(MPAA)

AWS의 주요 제품과 서비스

AWS는 클라우드 서비스의 거의 전 영역에서 지속적으로 신제품 및 서비스를 출시해 왔으며 현재는 175개 이상의 컴퓨트, 스토리지, 네트워킹, 데이터베이스, 애널리틱스, 애플리케이션 서비스, 배포 서비스, 관리 서비스, 모바일 서비스를 제공한다. 이번 절에서는 AWS의 주요 제품과 서비스의 개요를 알아보고 2장부터 상세한 내용을 파악한다.

그림 1-5는 AWS의 서비스 체계를 한눈에 보여준다. 그림 하단에는 리전, AZ, POP 등 AWS의 글로벌 인프라가 있고, 그 위로 코어 서비스가 표시돼 있다. 코어 서비스는 AWS의 핵심 서비스로 고객 대부분이 사용하는 서비스이기도 하다. 주요 코어 서비스는 다음과 같다.

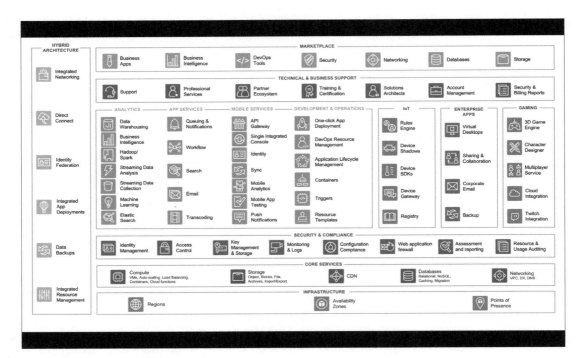

그림 1-5 AWS 제품과 서비스

컴퓨트

AWS 컴퓨트 서비스에는 클라우드에서 확장성 높은 컴퓨팅 파워를 제공하기 위한 다양한 제품과 서비스가 포함돼 있다. 컴퓨트 서비스에는 서버 기반 및 서버리스 기반의 환경 설정 기능이 제공되며, 리소스 확장의 자동화 도구와 애플리케이션의 신속한 배포를 돕는 도구 등이 포함돼 있다. 컴퓨트 부문의 주요 제품은 다음과 같다.

Amazon Elastic Compute Cloud

Amazon Elastic Compute Cloud(이하 EC2)는 클라우드에서 인스턴스로 부르는 가상화 서버를 제공하며, 고객은 광범위한 인스턴스 중에서 선택할 수 있다. 여기에는 CPU 파워를 강화한 것부터 메모리 업그레이드, GPU 강화, 스토리지 최적화, 입출력 성능 강화, 범용성 강화 등 다양한 목적으로 설계된 인스턴스가 포함된다. 고객은 각자의 사용 목적에 따라 인스턴스를 선택하면 된다. 예를 들어, 높은 수준의 메모리가 필요한 데이터베이스를 실행해야 하는 경우 메모리 집약형 인스턴스를 선택하고, 머신러닝을 활용해야 할 경우 GPU 강화 인스턴스를 선택하면 된다.

Amazon EC2 Auto Scaling

Amazon EC2 Auto Scaling(이하 Auto Scaling)은 미리 정의한 용량 정책에 따라 EC2 인스턴스의 용량을 확대하거나 축소할 수 있다. EC2와 Auto Scaling을 결합해 고가용성 아키텍처를 구현할 수 있으며, 언제든 원하는 수만큼의 인스턴스를 운용할 수 있다. 트래픽에 비해 인스턴스의 처리 용량이 부족해지면 Auto Scaling이 자동으로 새로운 인스턴스를 추가한다. 또한 Amazon EC2 Auto Scaling을 통해 다양한 성능 지표와 헬스 체크 전략을 사용할 수 있다.

예를 들어, CPU 활용도를 70%로 설정해두면 트래픽 부하에 따라 서버 인스턴스가 자동으로 해당 수준에 맞춰 추가되거나 제거된다. 또 응답성 등 서버의 헬스 지표가 일정 수준 이하인 경우 헬스 체크 기능을 이용해 해당 서버를 삭제할 수 있다. EC2 오토 스케일링에는 별도의 비용이 부과되지 않으며 일래스틱 로드 밸런서와 통합 제공된다.

AWS Lambda

AWS Lambda는 작성한 코드를 각종 서버나 인프라에 별도의 프로비저닝 또는 관리 작업을 거치지 않고 배포할 수 있게 해주며, 어떤 종류의 애플리케이션 또는 백엔드 서비스용으로 작성된 코드라도 실행 가능하다. 애플리케이션 또는 백엔드 서비스의 코드를 작성한 뒤 AWS Lambda 서비스로 이벤트 트리거만 정의하면 된다. 그러면 AWS Lambda가 코드 실행에 필요한 리소스 프로비저닝, 결과 생성, 코드 분할 등 이후의 작업을 처리한다. 예를 들어, Amazon S3 업로드나 DynamoDB 업데이트, Kinesis 스트리밍, API 게이트웨이 요청 등을 위한 이벤트 트리거를 Lambda로 구현해 즉시 실행할 수 있다. AWS Lambda의 가격 정책은 단순하다. 코드가 실행되는 동안의 컴퓨팅 시간에 대해 비용을 지불하면 된다. AWS Lambda는 오토 스케일링 기능을 포함하고 있으므로 코드만 업로드하면 확장성은 자동으로 관리된다. 코드가 실행되면 고가용성 또한 자동으로 관리된다.

Amazon EC2 Container Service

Amazon EC2 Container Service(이하 ECS)는 아마존 EC2 인스턴스에서 도커 컨테이너를 실행할 수 있는 서비스다. 아마존 ECS는 확장성을 겸비한 고성능 컨테이너 관리 서비스라 할 수 있고, 컨테이너 설치, 확장성 관리, 운영 등의 업무를 자동으로 처리한다. 또한 API 호출을 통해 도커 애플리케이션을 론칭하고 관리할 수 있다. 비즈니스 니즈에 맞춰 서비스에 내장된 스케줄러를 이용하거나 직접 스케줄러를 구현해서 사용해도 되며, 서드 파티 스케줄러도 사용할 수 있다. 아마존 ECS는 ELB 및 EBS와 통합 제공되는데, 아마존 ECS에 대한 별도의 과금은 없으며 EC2 인스턴스 또는 EBS의 사용량에 대한 비용만 지불하면 된다.

Amazon Elastic Kubernetes Service

Amazon Elastic Kubernetes Service(이하 EKS)는 완전관리형 쿠버네티스 서비스로 쿠버네티스 제어판이나 워커 노드의 설치 및 조작 없이 AWS에서 컨테이너 관리 코드를 실행할 수 있게 해준다. 쿠버네티스는 컨테이너화된 애플리케이션을 대규모로 배포하거나 관리할 수 있게 해주는 오픈소스 소프트웨어다. EKS는 API 서버, 백엔드 지속형 레이어 등이 포함된 쿠버네티스 제어판을 프로비저닝하고 고가용성 및 내오류성을 위해 다수의 AWS AZ에 배포한다.

AWS Fargate

AWS Fargate는 Amazon ECS나 Amazon EKS에서 모두 사용할 수 있는 컨테이너용 서버리스 컴퓨트 엔진이다. AWS Fargate를 이용하면 컨테이너 실행하기 위해 서버를 프로비저닝하거나 관리할 필요 없이 애플리케이션 빌드에만 집중하면 된다. ECS와 EKS는 Fargate로 프로비저닝된 컨테이너를 사용해 자동으로 확장, 로드밸런싱할 수 있으며, 가용 컨테이너의 스케줄 관리 등을 통해 컨테이너화된 애플리케이션을 좀 더 간편하게 빌드하고 운영할 수 있다.

AWS Elastic Beanstalk

AWS Elastic Beanstalk는 실행 환경 등에 대한 고민 없이 웹 애플리케이션을 실행 및 관리할 수 있는 서비스로 Apache, Nginx 등 서버에 Java, .NET PHP, Node.js, Python, Ruby, Go, Docker 기반의 애플리케이션을 배포할 수 있다. 작성한 코드를 업로드하면 AWS Elastic Beanstalk가 배포, 로드 밸런싱, 오토스케일링, 헬스 모니터링 등 제반 업무를 처리한다. 또한 콘솔을 이용해 AWS에 업로드된 모든 리소스를 세부적으로 관리할 수 있다. AWS Elastic Beanstalk는 별도의 이용료 없이 애플리케이션 실행에 사용되는 리소스에 대한 비용만 부담하면 된다.

Amazon Lightsail

Amazon Lightsail은 간단하게 가상화된 보안 서버(VPS)를 사용하고자 하는 소규모 사업자, 개발자, 학생을 위한 서비스다. 여기에는 클라우드에서 웹사이트 또는 웹 애플리케이션을 관리하기 위한 스토리지, 네트워크 용량, 컴퓨팅 파워 등이 포함돼 있다. 또한 가상화된 컴퓨트 서버, DNS 관리, SSD 기반 스토리지, 데이터 전송, 정적 IP 어드레스를 예상 가능한 비용 범위 내에서 사용할 수 있다. Amazon Lightsail은 즉각적인 프로젝트 론칭을 위한 원스톱 쇼핑과 같은 서비스라 할 수 있다.

AWS Batch

AWS Batch는 AWS에서 수십만 건의 배치 컴퓨팅 작업을 효율적으로 처리하기 위한 서비스다. 이를 위해 메모리 최적화 인스턴스, CPU 강화 인스턴스, 스토리지 최적화 인스턴스, 처리 용량 등 요소를 최적 조합해 동적으로 프로비저닝한다. 사용자는 배치 작업에 필요한 별도의 설치, 배포, 관리 업무, 작업 수행을 위한 서버 클러스터 등에 신경 쓸 필요 없이 오직 문제 해결과 결과 분석에만 집중할 수 있다.

AWS Outposts

AWS Outposts는 AWS 서비스를 다른 데이터 센터로 확장해 사용하는 데 도움을 준다. Outposts를 통해 파트너 데이터 센터 또는 코로케이션 시설에서 AWS의 모든 서비스, API, 도구를 사용할 수 있다. 완전 관리형 서비스인 Outposts는 온사이트는 물론 클라우드 환경에서도 동일한 하드웨어 인프라와 서비스를 이용해 애플리케이션을 빌드할 수 있게 해주며, 특히 하이브리드 클라우드 플랫폼 구현에 이상적이다. 사용자는 최인접 AWS 리전과 연결된 Outposts를 통해 클라우드 서비스를 이용하듯 관리 콘솔을 이용해 작업을 수행할 수 있다. Outposts는 AWS 클라우드의 온프레미스 버전이라 할 수 있다.

네트워킹

네트워킹은 AWS의 핵심 서비스 중 하나로 기업의 클라우드 인프라를 다른 요소와 격리시킬 수 있는 방법을 제공한다. AWS는 네트워킹에 대한 다양한 옵션을 제공하며 이를 통해 애플리케이션 아키텍처를 최적화할 수 있다. 일반적인 인터넷 접속을 통해 애플리케이션에 접속하도록 할 수도 있고 인터넷이 아닌 별도의 접속 방식으로 접속하도록 할 수 있다.

Amazon Virtual Private Cloud

Amazon Virtual Private Cloud(이하 VPC)를 통한 전용 가상 네트워크로만 클라우드 인프라에 접근하게 할 수 있다. Amazon VPC는 클라우드에 자체 데이터 센터를 운영하는 것과 흡사하며 네트워킹 기법으로 다양한 리소스에 대한 완벽한 통제권을 지닐 수 있다. 자체 IP 주소를 이용하거나 서브넷을 정의할 수 있고 라우트 테이블, 네트워크 게이트웨이 등을 통해 네트워크를 관리할 수 있다. 아마존 다이렉트 커넥트를 이용하면 기존의 데이터 센터에 직접 클라우드 인프라를 연결할 수 있고, 클라우드에 데이터 센터의 확장 버전을 만들 수 있다. 여러 개의 VPC를 운영할 경우 VPC 피어링 기법으로 접속할 수 있다.

Amazon Route 53

Amazon Route 53은 DNS^{Domain Name System} 웹 서비스로 고가용성, 고확장성, SLA 상 100%의 연결성을 보장한다. IPv4는 물론 IPv6 표준 어느 것이든 사용할 수 있으며 아마존의 글로벌 DNS 서버 네트워크를 통해 고속 연결성을 제공한다. Amazon Route 53은 www.amazon.com 이라는 도메인 네임을 192.0.1.1과 같은 IP 주소로 변환한다. EC2 인스턴스, S3 버킷, ELB, CloudFront 등 다른 AWS와 연결해 사용할 수 있으며, 라우팅 서비스 사용자가 AWS 외부 인프라를 사용하는 데도 사용된다. 또한 DNS 헬스 체크 기능을 통해 트래픽을 적절한 단말로 연결시킬 수 있으며, 애플리케이션의 1차 호스팅 연결을 2차 호스팅으로 변경하는 데도 사용된다. 아울러 도메인 네임 등록 기능도 제공한다.

Elastic Load Balancing

Elastic Load Balancing(이하 ELB)은 다수의 EC2 인스턴스에 가해지는 작업 부하 load를 자동으로 분산하는 기능을 담당한다. EC2 인스턴스에 연결된 HTTP, HTTPS, TCP 트래픽을 분산시키는 것은 물론, 오토 스케일링과 연결해 트래픽 부하에 따라 EC2 인스턴스를 확장하거나 축소할 수 있다. ELB의 헬스 체크 기능을 이용해 저성능/무응답 인스턴스를 제거할 수 있으며 애플리케이션에 대한 내오류성fault tolerance 수준을 설정할 수 있다. 동일 리전 내에 있는 다른 AZ간에도 ELB를 통해 부하를 분산할 수 있다.

AWS Direct Connect

AWS Direct Connect를 통해 데이터 센터와 AWS 인프라를 프라이빗 네트워크 또는 전용 보안 네트워크로 연결할 수 있다. 데이터 센터, 오피스, 코로케이션 어디든 연결할 수 있으며 고용량 데이터 전송 및 일관된 네트워크 성능으로 데이터 전송 비용을 절약할 수 있다. AWS Direct Connect는 모든 AWS 서비스와 호환성이 있으며 1Gbps에서 10Gbps까지의 연결 성능을 제공하고 더 높은 성능을 위해 다수의 커넥션 설정을 추가할 수 있다.

AWS App Mesh

AWS App Mesh는 서비스 간의 모니터링, 디버깅, 커뮤니케이션 추적 기능을 제공하며 EC2에서 실행 중인 서비스는 물론, Amazon ECS, Amazon EKS, AWS Fargate, Kubernetes 등에 의해 관리되는 마이크로서비스 컨테이너와 함께 사용할 수 있다. App Mesh는 AWS 서비스 외에도 다수의 인기 서드 파티 도구와 통합해 사용할 수 있고 오픈소스인 Envoy 서비스를 기반으로 한다.

AWS Global Accelerator

AWS Global Accelerator는 글로벌 차원의 애플리케이션 사용자를 위해 가용성과 성능을 높여주는 도구다. 배포한 애플리케이션의 고정 엔트리 포인트 역할을 할 수 있도록 일련의 정적 IP 주소를 제공해 전 세계 AWS 엣지 네트워크를 활용할 수 있게 하며, 다수의 AWS 리전 및 AZ와 관련된 복잡한 IP 주소 체계를 간편하게 관리할 수 있도록 돕는다. 위치, 애플리케이션 헬스 체크 상태, 성능, 환경 설정 정책 등에 따라 이상적인 엔드포인트로 사용자 트래픽을 전송할 수 있도록 한다.

보안 및 준수규정

클라우드 보안은 AWS의 최우선순위 요소다. 고객의 데이터와 인프라를 보호하기 위한 다양한 보안 레이어가 제공되고, 인프라와 관련된 다수의 준수규정 프로그램 또한 제공된다. AWS의 보안 및 준수규정은 다음과 같다.

AWS Identity and Access Management

AWS Identity and Access Management(이하 IAM)는 AWS의 사용자, 그룹, 역할 생성 업무와 AWS 서비스 및 리소스에 대한 접근 권한의 관리 서비스다. IAM은 AWS에 구축한 기업용 리소스에 대한 사용 승인 등의 업무를 관장하고, 기업용 디렉터리 및 기업용 싱글 사인온 시스템과 클라우드 접근 관리 시스템을 통합해 사용자, 그룹, 역할 등 기존 식별체계를 이용해 AWS 리소스에 접근할 수 있게 한다.

Amazon Inspector

Amazon Inspector는 자동화된 보안 검증 서비스로 애플리케이션 배포 시 발생할 수 있는 위험 요인 또는 기존 시스템에 존재하는 위험 요인을 파악한다. 또한 베스트 프랙티스 관점에서 애플리케이션의 보안 편차를 평가해 전반적인 보안 수준을 관리한다. Amazon Inspector에는 수백 가지의 사전정의 보안 규정이 마련돼 있으며, 이를 이용하려면 각 EC2 인스턴스에 AWS 에이전트를 설치하면 된다. 이후 에이전트는 EC2 인스턴스를 모니터링하며 데이터를 수집해 각 인스턴스 서비스에 전송한다.

AWS Certificate Manager

AWS Certificate Manager(이하 ACM)는 AWS 서비스의 SSL^{Secure Sockets Layer} 인증서를 관리한다. ACM을 통해 SSL 및 TLS^{Transport Layer Security} 인증서를 생성, 배포, 관리할 수 있다. 또 ACM을 이용해서 인증서를 발행, 재발행, 임포트할 수 있고, ELB와 CloudFront를 통해 ACM에 저장된 인증서를 사용할 수도 있다. AWS Certificatie Manager를 이용한 SSL/TLS 인증서 이용료는 없으며 AWS 리소스에 대한 비용만 부담하면 된다.

AWS Directory Service

AWS Directory Service는 마이크로소프트 액티브 디렉터리^{Microsoft Active Directory} 기반의 서비스로 싱글 사인온, EC2 인스턴스 및 서비스에 대한 클라우드 정책을 활용할 수 있어 편리하다. 스탠드 얼론은 물론 기존 디렉터리와의 통합 사용 모두 가능하다.

AWS Web Application Firewall

AWS Web Application Firewall(이하 WAF)은 웹 애플리케이션 방화벽으로 악성 트래픽을 감지하며, 일반적인 트래픽 공격인 SQL 인젝션이나 스크립트 공격에 대한 대응 정책을 생성할 수 있다. 방화벽 정책을 통해 특정 IP 주소의 트래픽을 차단하거나 특정 지역에서 오는 트래픽을 필터링할 수 있다.

하나의 로케이션에서 다수의 AWS 계정 및 리소스에 대해 AWS WAF을 적용하려면 AWS Organizations와 통합된 AWS Firewall Manager를 이용하면 된다. AWS Firewall Manager를 이용하면 하나의 로케이션에서 기업의 전사적인 규칙을 적용할 수 있으며, 모든 애플리케이션에 대한 AWS WAF의 보안 수준을 강화할 수 있다. AWS Firewall Manager는 보안 정책 준수를 위해 추가된 새로운 리소스 및 계정을 즉각적으로 모니터링할 수 있다.

AWS Shield

AWS Shield는 웹 애플리케이션에 대한 DDoS 공격Distributed Denial-of-Service Attacks을 막기 위한 방화벽 서비스로 Standard와 Advanced 두 가지 타입이 있다. Shield Standard는 알려진 거의 대부분의 DDoS 공격을 방어할 수 있는 무료 서비스이며, Shield Advanced는 웹 애플리케이션에 대한 공격은 물론 ELB, CloudFront, Route 53 등에 대한 공격까지도 방어할 수 있는 기능을 제공한다.

Amazon GuardDuty

Amazon GuardDuty는 보안 위협 감지 서비스로 AWS 계정 및 워크로드를 지속적으로 모니터링하며, AWS 계정, 워크로드, 데이터 보안에 위협이 될 수 있는 공격자 감시, 인스턴스 변조, 계정 변조 행위를 탐지한다. 이를 위해 AWS CloudTrail Events, Amazon VPC Flow Logs, DNS 로그 등 계정 및 네트워크에서 생성되는 모든 데이터를 모니터링하고 분석한다. 또한 위협을 정확하게 식별하기 위해 이미 알려진 악성 IP주소, 이상 데이터 감지, 머신러닝 기법 등을 결합한 통합 보안 지능 시스템을 사용한다. Amazon GuardDuty는 기존 이벤트 관리 및 워크플로우 시스템과 쉽게 통합할 수 있는 상세하면서도 대응 가능한 보안 위협 경고 메시지를 제공한다.

Amazon Macie

Amazon Macie는 데이터 분류, 데이터의 비즈니스 가치 평가, 특정 데이터에 대한 접속 등 행동 관리를 통해 Amazon S3에 저장된 데이터 보호 업무를 돕는다. 이를 위해 AWS 내에 있는 데이터의 발굴, 분류, 보호 등 작업에 자동화된 머신러닝 기법을 적용한다. Amazon Macie는 개인 식별 가능 정보[PII, Personally Identifiable Information] 또는 지적 재산의 발견, 사업적 가치 부여, 해당 데이터의 저장 위치 및 조직에서의 활용 방법을 시각화해 제공하는 데 머신러닝 기술을 사용한다. 지속적으로 데이터와 관련된 이상 행동을 모니터링하고, 비인가 접근 또는 부적절한 데이터 누출 등이 발생하면 경고 메시지를 전달한다. Amazon Macie를 이용해 데이터 및 계정의 안전성을 지속적으로 모니터링하고 보안 위협으로부터 기업 자산을 보호할 수 있다. 경고 메시지가 생성되면 Amazon CloudWatch Events를 이용해 즉각적으로 전사적인 데이터 보호 작업에 착수할 수 있다.

AWS Secrets Manager

AWS Secrets Manager는 애플리케이션, 서비스, IT 리소스 등을 침해 행위로부터 보호하기 위한 기밀 정보 관리 서비스다. Secret Manager를 이용해 데이터베이스 접근 정보, 온프레미스 리소스 접근 정보, SaaS 애플리케이션 접근 정보, 서드 파티 API 키, Secure Shell(SSH) 키 등 기밀 정보를 관리할 수 있다. 이를 통해 사용자는 인프라와 관련된 기밀 보호를 위해 별도의 고정비 및 유지보수비 지출 없이 애플리케이션, 서비스, IT 리소스 등을 보호할 수 있다.

AWS SSO

AWS Single Sign-On(이하 SSO)는 Microsoft Active Directory의 접근 정보를 그대로 이용해 AWS 계정 및 비즈니스 애플리케이션(Office 365, Salesforce, Box 등)에 접속할 수 있게 하는 서비스다. AWS SSO를 이용해 AWS Organizations으로 관리되는 모든 AWS 계정을 위한 SSO 접속 및 사용자 접근 권한을 통합해 관리할 수 있다. AWS SSO는 기존의 AWS 계정 및 비즈니스 애플리케이션과 관련된 접근 권한 관리를 위해 사용했던 커스텀 SSO 솔루션의 복잡성을 효과적으로 제거한다.

AWS CloudHSM

AWS CloudHSM 서비스는 AWS 클라우드에서 기업 전용 하드웨어 보안 모듈Dedicated Hardware Security Module(이하 HSM)을 제공하며, 계약 이행 및 법규 준수 요구사항과 관련된 모든 보안 수준을 충족할 수 있도록 지원한다. HSM은 보안 키 스토리지 및 암호화 작업을 지원하는 침해 저항성 하드웨어로 AWS 클라우드에서 직접 키를 생성하고 관리하는 데 도움을 준다. 데이터베이스 암호화, 문서 서명, 디지털 재산권 관리 등 다양한 목적으로 활용할 수 있다.

AWS KMS

AWS Key Management Service(이하 KMS)는 암호화 작업에 사용되는 키 생성 및 제어를 위한 관리형 서비스로 AWS 서비스 및 애플리케이션 통합 환경에서 키 관리 및 일관된 정책을 정의할 수 있는 단일 제어 지점을 제공한다. KMS는 키 보호를 위해 하드웨어 보안 모듈을 제공하며, 사용자는 KMS를 이용해 데이터 접근용 암호화 키를 중앙화된 기법으로 관리할 수 있다. KMS는 개발자의 비대칭 키를 이용한 디지털 사인 또는 데이터 검증 작업에도 활용할 수 있다.

스토리지와 콘텐츠 딜리버리

AWS는 방대한 데이터 저장 서비스를 제공하고, 고객은 각자의 비즈니스 니즈에 따라 스토리지 솔루션을 선택할 수 있다. AWS에서 선택할 수 있는 스토리지, 콘텐츠 제공 서비스는 다음과 같다.

Amazon Simple Shared Storage

Amazon Simple Shared Storage(이하 S3)는 2006년에 처음 소개된 AWS의 최초 서비스 중 하나로 AWS 서비스의 근간이며 다른 많은 서비스가 S3와 연동돼 제공된다. 용량, 시기, 장소에 상관 없이 어떤 유형의 인터넷 기반 데이터든 저장할 수 있는 스토리지로 오브젝트 저장에도 사용된다. S3는 고확장성, 고신뢰성, 고보안성을 자랑하며 99.999999999%의 신뢰성을 보장한다. 암호화 기능을 통해 스토리지 객체를 암호화해 저장할 수 있고 각 파일 크기 5TB 이내 범위에서 무제한 용량으로 저장할 수 있다. 기본 사용료는 없으며 종량제로 부과된다.

Amazon Glacier

Amazon Glacier는 저비용, 장기 저장 백업 서비스로 S3처럼 보안성 및 신뢰성이 높고 저장 용량 또한 무제한이지만 S3보다 훨씬 저렴하고 S3와 통합 사용이 가능하다. S3 라이프 사이클 정책을 기반으로 데이터의 저장 연한에 따라 S3에서 Amazon Glacier로, 혹은 그 반대로 데이터를 이동시켜 비용을 최적화할 수 있다.

Amazon Elastic Block Store

Amazon Elastic Block Store(이하 EBS)는 이름처럼 EC2 인스턴스를 위한 블록 스토리지 서비스를 제공한다. EBS 볼륨으로 마그네틱 또는 SSD를 선택할 수 있으며, 고장 방지 및 고가용성을 위해 동일 AZ 내에서 자동으로 복제된다. EBS는 저장 중인 데이터의 암호화는 물론 EC2 인스턴스와 EBS 볼륨 사이를 이동하는 데이터의 암호화 기능을 제공한다. 또 언제든 S3에 EBS 스냅샷을 저장할 수 있고 필요에 따라 IOPS(Input/Output Operations Per Second) 사전 생성 기능도 지원한다.

Amazon Elastic File System

Amazon Elastic File System(이하 EFS)는 클라우드에서 EC2 인스턴스를 활용하기 위한 쉽고 확장성 높은 공유 파일 스토리지 서비스다. 간소한 파일 시스템 인터페이스를 통해 수천 개의 EC2 인스턴스에 동시에 접속할 수 있다.

AWS Storage Gateway

AWS Storage Gateway는 온프레미스 스토리지와 AWS 클라우드 스토리지의 통합 게이트웨이 서비스로 온프레미스 데이터 센터에 가상 머신 형태로 설치해 활용한다. 이를 통해 파일 서버와 연결하거나 로컬 디스크, 가상 테이프 라이브러리로 연결할 수 있다. S3, EBS, Glacier 등의 서비스와 통합 사용되며 압축, 암호화, 전송 관리 기법을 통해 최적화된다.

Import/Export Options

AWS 임포트/익스포트 서비스는 물리적 저장 장치를 통해 AWS에 방대한 데이터를 전송하는 방법을 제공하며, 인터넷을 통해 데이터를 안전하게 전송할 수 있게 돕는다. AWS는 클라우드에 해당 데이터를 로딩한 뒤 지정한 기기에 다시 전송한다. 물리적 저장 장치에서 온프레미스 환경으로 데이터를 전송하려는 경우 AWS Snowball

서비스를 이용할 수 있다. 이때 Snowball은 데이터를 저장하는 물리적 기기를 의미하며, 80TB와 50TB 두 가지 타입이 제공된다. 또 다른 데이터 전송 방법인 AWS Direct Connect를 이용해 데이터를 전용 가상 네트워크로 전송할 수 있고, Amazon Kinesis Firehose를 이용해 S3로 스트리밍 데이터를 자동으로 포착하거나 전송할 수 있다.

Amazon CloudFront

Amazon CloudFront는 AWS의 글로벌 CDN$^{Content\ Delivery\ Network}$ 서비스로 웹사이트에 있는 사진, 동영상, 기타 웹 리소스를 빠른 속도로 전송할 수 있게 한다. 이 외에도 동적 콘텐츠 등 웹사이트에 존재하는 모든 콘텐츠의 배포를 돕는다. 또한 고급 CDN 기능인 SSL 지원, 접속지역 제한, 프라이빗 콘텐츠 설정 등이 가능하다. Amazon CloudFront 서비스는 다른 AWS 서비스와 쉽게 연결 및 통합할 수 있어 콘텐츠 배포 속도를 높여줄 수 있으며, (집필 시점) 현재 100개 이상의 Amazon CloudFront 스폿이 제공되고 있다.

데이터베이스

AWS는 관계형(RDBMS) 및 비관계형(NoSQL) 데이터베이스 서비스와 웨어하우징 서비스, 인메모리 캐싱 서비스를 제공한다. AWS의 주요 데이터베이스 서비스는 다음과 같다.

Amazon Relational Database Service

Amazon RDS$^{Relational\ Database\ Service}$는 관계형 데이터베이스 서비스다. 클라우드에서 다양한 RDBMS 엔진을 호스팅 및 활용할 수 있으며, 상용 버전 및 오픈소스 버전의 엔진을 모두 지원한다. Amazon RDS는 MySQL, Oracle, SQL Server, PostgreSQL, Maria DB를 지원하며 자체 데이터베이스인 Aurora를 지원한다. 용량 변경 기능을 통해 비즈니스 니즈에 맞춰 언제든 데이터베이스의 크기를 확장 및 축소할 수 있다. 완전 관리형 서비스이므로 데이터베이스 패치, 업그레이드, 백업 등 전 과정을 간편하게 관리할 수 있고, 고장 방지 및 견고성 확보를 위해 고가용성 옵션을 사용할 수 있다.

Amazon DynamoDB

Amazon DynamoDB는 AWS의 완전 관리형 NoSQL 데이터베이스 서비스로 고확장성, 고견고성, 고가용성을 지니며 데이터 볼륨의 크기에 상관없이 일관성 높고 전송 지연 없는 서비스가 가능하다. SSD에서 구동되는 완전 관리형 서비스이므로 데이터베이스 관리에 대한 부담을 덜 수 있다. 고가용성 데이터의 경우 세 가지 방식으로 자동 복제되며, 도큐먼트 모델 및 키 밸류 모델을 모두 지원하고, 모바일, 웹, 게임, 사물인터넷 등 어떤 서비스에도 적용할 수 있다.

Amazon Redshift

Amazon Redshift는 완전 관리형의 페타바이트 급 확장성을 지닌 데이터 웨어하우스 서비스로 칼럼 포맷으로 데이터를 저장해 더 나은 I/O 효율성을 제공한다. 불과 몇 분만에 Redshift 클러스터를 생성할 수 있으며 백업 등 업무는 자동으로 처리된다. 마그네틱 또는 SSD 드라이브에 데이터를 저장하며 비즈니스 니즈 및 프로세싱 니즈에 따라 용량을 확대하거나 축소할 수 있다. ODBC 또는 JDBC를 통해 Amazon Redshift 클러스터에 접속할 수도 있다.

Amazon ElastiCache

Amazon ElastiCache는 클라우드에 있는 인메모리 캐시 또는 데이터 스토어를 배포하는 데 사용되며 Redis와 Memcached, 두 가지 오픈소스 인메모리 엔진을 지원한다. Amazon ElastiCache를 이용하면 웹 애플리케이션의 성능이 월등히 향상되며, 패치, 모니터링, 실패 복원, 백업 등이 자동으로 관리된다. 잠시 후 소개할 아마존 CloudWatch와 아마존 SNS 등 서비스와 통합해 사용할 수 있다.

Amazon Aurora

Amazon Aurora는 클라우드 전용으로 설계된 아마존의 관계형 데이터베이스로 MySQL과 PostgreSQL 두 개의 오픈소스 RDBMS 엔진을 지원한다. 최대 용량은 64TB이며 고가용성, 고견고성, 고확장성을 제공한다. 기본 설정에 의해 세 개의 AZ에 복제되고 총 여섯 개의 데이터 사본이 저장되며, 최대 15개의 읽기 복제[Read Replicas]를 생성할 수 있다. 완전 관리형 서비스로 데이터베이스 관리업무는 자동화돼 처리되며, S3에 지속적으로 저장돼 매우 세분화된 수준의 복원이 가능하다.

Amazon Neptune

Amazon Neptune은 데이터 세트와 밀접하게 연결되는 애플리케이션의 빌드와 실행을 돕는 완전 관리형 그래프 데이터베이스^{Graph Database} 서비스다. 연결된 데이터에 대한 강력한 쿼리 기능을 제공하는 오픈소스 기반 그래프 쿼리 언어 환경을 제공한다. Amazon Neptune은 오픈소스 Apache TinkerPop Gremlin 그래프 순회 언어 및 W3C 표준 Resource Description Framework(RDF) SPARQL 쿼리 언어를 지원하므로, 추천 엔진, 지식 그래프, 사기행동 감지, 네트워크 보안 등 다양한 그래프 데이터 시나리오에 활용할 수 있다.

Amazon QLDB

Amazon QLDB는 다양한 목적에 맞춘 렛저 데이터베이스^{Ledger Database}로 애플리케이션 데이터의 모든 변경 이력을 암호화해 완벽하게 기록한다. 또한 금융 기관 등 중앙화된 신용 기구를 위한 투명하고, 수정 불가능하며, 암호화된 이력 추적 로그를 제공한다. Amazon QLDB는 애플리케이션 데이터의 모든 변경 이력을 추적하며, 시간 흐름에 따른 변경 이력을 완벽하게, 검증 가능한 방법으로 기록한다. Amazon QLDB의 데이터는 오직 추가만 가능한 장부^{Append-Only Journal}에 기록되며, 개발자는 시간순으로 정리된 데이터 변경 이력에 접근할 수 있다.

Amazon DocumentDB

Amazon DocumentDB는 MongoDB를 위한 신속성, 확장성, 고가용성을 지닌 완전 관리형 데이터베이스 서비스로 JSON 데이터의 저장, 쿼리, 인덱스 작업을 할 수 있다. DocumentDB는 MongoDB와 호환되므로 기존의 MongoDB 애플리케이션 코드, 드라이버, 도구를 그대로 사용할 수 있다. Amazon DocumentDB에서 스토리지와 컴퓨트 요소는 별도로 존재하므로 각 요소는 필요에 따라 개별적으로 확장하거나 축소할 수 있다. DocumentDB의 데이터는 세 개의 AZ에 총 6개의 복제물이 만들어지며, 99.99%의 가용성을 제공한다.

Amazon Keyspaces

Amazon Keyspaces는 확장성 및 고가용성을 지닌 관리형 Apache Cassandra 호환 데이터베이스 서비스다. 사용자는 AWS에서 Cassandra Query Language(CQL)

코드, Apache 2.0 라이센스 드라이버, 최신 도구를 활용해 Cassandra 워크로드를 실행할 수 있다. Amazon Keyspaces는 서버리스 서비스이므로 프로비저닝, S/W 패칭, 서버 관리를 할 필요가 없으며, 소프트웨어 설치, 유지, 운영 부담도 없다. 아울러 테이블은 사용량에 따라 자동으로 확대 또는 축소된다.

분석 도구

AWS는 빅데이터를 신속하고 효율적으로 분석할 수 있는 서비스를 제공하며, 데이터 크기에 따라 높은 확장성을 제공하고 비용 효율성 또한 높다. AWS의 주요 분석 도구는 다음과 같다.

Amazon Athena

Amazon Athena는 서버리스 기반의 인터랙티브 쿼리 서비스로 표준 SQL 문법을 이용해 S3에 저장된 데이터를 쉽게 분석할 수 있다. 별도의 인프라 설정 및 관리 업무가 필요 없으며 S3에 저장된 데이터를 즉시 분석할 수 있다. 표준 SQL 문법을 지원하는 Presto 질의 엔진을 이용해서 JSON, ORC, CSV, Arvo, 아파치 Parquet 등 표준 데이터 포맷 데이터를 분석할 수 있다.

Amazon EMR

Amazon EMR은 빅데이터를 일반 사용자, 경영자, 데이터 분석가, 개발자 등이 쉽고 빠르게 분석할 수 있도록 돕는 분석 도구로 S3와 EC2 기반 웹 인프라에서 구동할 수 있는 하둡^{Hadoop} 프레임워크 서비스다.

Amazon Elasticsearch

Amazon Elasticsearch는 AWS 클라우드 내에 Elasticsearch 클러스터를 생성, 운영, 배포, 확장할 수 있도록 만든 완전 관리형 웹 서비스다.

Amazon CloudSearch

Amazon CloudSearch는 애플리케이션 또는 웹사이트에 쉽고 간편하게 적용할 수 있는 완전 관리형 검색 서비스로 34개국 언어로 자동완성, 강조기능, 위치/공간 검색 서비스를 제공한다.

AWS Data Pipeline

AWS Data Pipeline은 다른 AWS 컴퓨팅 및 스토리지 서비스는 물론 온프레미스 데이터 소스를 처리, 변환, 이동시키기 위한 도구로 지정된 시간에 따라 효율적으로 제반 업무를 처리할 수 있도록 돕는다.

Amazon Kinesis

Amazon Kinesis는 스트리밍 데이터를 실시간으로 수집, 분석, 처리하기 위한 완전 관리형 서비스로 새로운 데이터로부터 시기적절하게 인사이트를 추출할 수 있게 돕는다. s어떤 크기의 데이터든 비용 효율적으로 분석할 수 있으며 애플리케이션의 요구사항에 맞춰 선택할 수 있는 다양한 옵션을 제공한다. 웹사이트 클릭스트림, 애플리케이션 로그, IoT 데이터를 실시간으로 수집해 데이터베이스, 데이터 웨어하우스, 데이터 레이크 등의 애플리케이션에 전송한다.

AWS Glue

AWS Glue는 완전 관리형 ETL^{Extract, Transform, Load} 서비스로 데이터를 자동으로 찾아서 Glue Data Catalog로 데이터 프로필을 생성하고, ETL 코드를 생성해 타깃 스키마에 맞춰 소스 데이터를 변환한다. Apache Spark 환경에서 ETL 잡을 실행하고 타깃 속에 데이터를 로딩한다. AWS Glue Data Catalog는 중앙 메타데이터 저장소로 스칼라(Scala) 또는 파이썬(Python) 코드를 자동으로 생성하는 ETL 엔진 역할을 하며, 의존성 해소, 잡 모니터링, 재실행 등의 작업을 위한 유연한 일정 관리자 역할을 수행한다. 아울러 사용자를 위해 복잡한 데이터 플로우의 설정, 역할 조정, 모니터링과 같은 기능을 제공한다.

Amazon MSK

Amazon MSK는 관리형 Apache Kafk 인프라 관리 및 운영 서비스다. Apache Kafka는 실시간 (스트리밍) 데이터 파이프라인 및 애플리케이션 빌드를 위한 오픈소스 플랫폼으로 스트리밍 데이터를 생성하는 애플리케이션(Producers)과 스트리밍 데이터를 소비하는 애플리케이션(Consumers)을 데이터 스토어와 별도로 관리하며, 스트리밍 데이터의 분석 및 대응에 주로 활용된다. Amazon MSK는 관리형 서비스이므로 사용자는 Apache Kafka 클러스터 관리를 신경 쓸 필요가 없다. Amazon MSK

가 사용자를 대신해 Apache Kafka 클러스터를 운영 및 관리하며, 사용자는 불과 수 분 내에 스트리밍 데이터 기반 애플리케이션을 빌드할 수 있다. 또한 사용자는 기존 Apache Kafka 워크로드를 Amazon MSK로 손쉽게 이전할 수 있다.

AWS Lake Formation

AWS Lake Formation를 이용하면 며칠 안에 안전한 데이터 레이크$^{Data Lake}$를 구축할 수 있다. 데이터 레이크는 다양한 종류의 데이터를 위한 중앙 데이터 저장 플랫폼이 며, 구조화 데이터 및 비구조화 데이터 모두 저장할 수 있다. 사용자는 데이터 레이 크를 이용해 데이터의 전 생애주기를 관리할 수 있다. 데이터 레이크 구축을 위한 첫 번째 단계는 다양한 데이터 원천에서 데이터를 가져오고^{Ingesting}, 유입된 데이터를 카 탈로그화^{Cataloging}하는 것이다. 데이터 인제스트 작업은 실시간으로 혹은 일괄적으로 처리할 수 있다.

다음으로 분석에 앞서 유입시킨 데이터를 강화, 결합, 정련해 머신러닝은 물론 쿼리, 시각화 등의 후속 작업이 용이하도록 준비한다.

데이터 레이크 구축 작업은 다양한 원천에서 데이터를 로딩하는 일부터, 데이터 플 로우 모니터링, 파티션 설정, 암호화 및 접근 키 관리 기능 활성화, 변환 작업 정의, 작업 모니터링, 칼럼 포맷으로 데이터 구조 변경, 접근 제어 설정, 반복구현 데이터 삭제, 연결 레코드 대조, 데이터 세트에 대한 접근 권한 승인, 접근 내역 감사 등 셀 수 없이 다양한 작업으로 인해 상당히 까다로운 일이 될 수 있다.

AWS Lake Formation 서비스를 이용하면 데이터 레이크 구축과 관련된 여러 작업 을 좀 더 쉽고 안전하게 수행할 수 있다. 사용자가 데이터 소스 및 데이터 접근권한, 보안 정책 등을 정의하면 Lake Formation은 데이터베이스 및 객체 스토리지에서 데이터 수집 및 카탈로그화, 새 Amazon S3 데이터 레이크에 데이터 이전, 머신러닝 알고리즘을 이용한 데이터 정련 및 분류, 민감한 데이터에 대한 안전한 접근 권한부 여 등의 업무를 처리한다. 이후 사용자는 각자의 목적에 맞게 가공된 데이터를 분석 서비스 또는 머신러닝 서비스에 적용혜 활용하면 된다.

Amazon QuickSight

Amazon QuickSight는 쉽고 간편하게 사용할 수 있는 완전 관리형 비즈니스 분석 서비스로 데이터 시각화, 애드 혹 분석 기능을 제공하고 신속하게 인사이트를 추출할 수 있도록 돕는다.

애플리케이션 서비스

AWS는 클라우드에서 애플리케이션을 실행하기 위한 다양한 옵션을 제공한다. 이번 절에서는 API 실행, 분산 애플리케이션 컴포넌트 간의 역할 분담 및 조정, 마이크로 서비스 실행 등 AWS의 애플리케이션 서비스를 알아본다.

Amazon API Gateway

Amazon API Gateway는 애플리케이션의 백엔드 서비스 구현에 필요한 API 개발, 배포, 운영을 위한 쉽고, 간단하고, 확장성 높고, 유연하며, 사용량에 따른 비용만 지불하면 되는 완전 관리형 서비스로 AWS 람다, EC2 기반 애플리케이션, 기타 웹 애플리케이션의 구현을 돕는다. 트래픽 관리, 접근 제어, 권한 인증, 이벤트 모니터링, API 버전 관리 등 수십만 건의 동시다발적인 API 호출을 처리한다.

AWS Step Functions

AWS Step Functions은 비주얼 워크플로우를 이용해 분산화된 애플리케이션 및 마이크로서비스의 다양한 컴포넌트의 역할을 안전하고 효율적으로 조절하기 위한 완전 관리형 서비스다. 그래픽 인터페이스는 애플리케이션 컴포넌트를 더욱 쉽게 시각화하고 조절할 수 있게 해주며 다수의 레이어 스텝을 지닌 애플리케이션을 좀 더 쉽게 개발하고 실행할 수 있도록 돕는다.

Amazon Simple Workflow Service

Amazon Simple Workflow Service(이하 SWS)는 분산 애플리케이션 컴포넌트의 작동 방식을 효과적으로 조절할 수 있는 웹 기반 클라우드 서비스다. 백엔드, 미디어 프로세싱, 비즈니스 프로세스 워크플로우, 데이터 분석 파이프라인 등 다양한 업무를 조절할 수 있는 기능을 제공한다.

Amazon Elastic Transcoder

Amazon Elastic Transcoder는 저렴하고 쓰기 쉬운, 고가용성의 비디오 및 오디오 변환^{Transcode} 기능을 제공한다. 스마트폰, 데스크톱, 텔레비전, 태블릿, PC 등 다양한 디바이스에서 실행할 수 있는 파일 포맷으로 변환하기 위한 서비스다.

개발자 도구

AWS는 개발 환경 설정과 같은 부수적인 업무에서 벗어나 좀 더 신속하게 목표하는 코드를 개발 및 배포할 수 있는 다수의 서비스를 제공한다. 소프트웨어 개발 생애주기 동안 해야 할 다양한 업무를 연속적으로 처리할 수 있도록 돕는다. AWS는 다양한 개발 언어 및 플랫폼에서 사용할 수 있는 여러 SDK 및 도구를 제공하며, AWS 도구를 이용해 작성한 코드를 즉시 배포할 수 있다. AWS의 주요 개발자 도구는 아래와 같다.

AWS CodeCommit

AWS CodeCommit은 완전 관리형 소스 컨트롤 서비스로 고확장성의 프라이빗 Git 저장소 호스팅 서비스다. 자체 소스 컨트롤 시스템을 구축할 필요가 없으며 인프라 확장 또한 고민할 필요가 없다.

AWS CodePipeline

AWS CodePipeline은 신속하고 안정적인 애플리케이션 및 인프라 업데이트를 위한 완전 관리형 연속적 통합, 연속적 배포 서비스다. 릴리스 프로세스 모델에 따른 코드 수정, 업데이트, 체크 등 제반 업무 수행 시 코드 개발, 테스트, 배포를 돕는다.

AWS CodeBuild

AWS CodeBuild는 소스 코드 빌드 및 컴파일, 실행 테스트, 배포 등을 위한 완전 관리형 빌드 서비스다. 신속한 배포를 돕고, 별도의 프로비전 과정을 생략할 수 있으며 빌드 서버를 자동으로 확장할 수 있게 한다.

AWS CodeDeploy

AWS CodeDeploy는 EC2, 온프레미스 환경 등 어떤 형태의 서버 인스턴스에서도 코드 배포를 자동화할 수 있는 완전 관리형 서비스다. 새로운 기능을 신속하고 간편하게 배포할 수 있으며 애플리케이션 배포와 관련된 지연 업무를 효과적으로 제거할 수 있다.

관리 도구

AWS는 시스템 통합 관리, IT 인프라 관리를 위한 다양한 서비스와 개발자가 하이브리드 또는 클라우드 인프라 및 자원을 쉽게 관리하고 모니터링할 수 있는 서비스를 제공한다. AWS 및 온프레미스 자원을 자동화된 프로비전, 운영, 환경 설정, 관리할 수 있는 다양한 서비스가 있다. 실시간 대시보드로 시스템 로그 및 성능 지표를 모니터링하고 보안 이슈가 발생할 경우 경고 메시지를 전파한다. 하이레벨에서 사용할 수 있는 AWS의 관리 도구는 다음과 같다.

AWS CloudFormation

AWS CloudFormation은 사전 정의된 템플릿과 리소스 스택을 이용해 자동으로 리소스를 프로비전할 수 있는 서비스로 개발자와 운영 담당자가 AWS 리소스를 쉽게 생성하고 관리할 수 있도록 돕는다. 미리 정의된 클라우드 포메이션 샘플 템플릿을 이용하거나 직접 작성한 템플릿으로 리소스를 관리할 수 있으며, 템플릿의 전반적인 내용은 유지한 채 필요한 부분만 수정해 인프라를 최적화할 수 있다. 다른 AZ 또는 리전에 있는 리소스 관리에도 기존의 템플릿을 사용할 수 있어 편리하다.

AWS Service Catalog

AWS Service Catalog는 IT 관리자가 최종 사용자용 제품 카탈로그를 생성, 관리, 배포할 수 있는 서비스다. 최종 사용자는 개인화된 포털에 있는 카탈로그를 통해 필요한 서비스를 즉시 이용할 수 있다. 관리자는 카탈로그를 통해 조직의 규정에 맞는 접근권한을 부여할 수 있으며 승인된 리소스를 배포하기 위해 AWS Service Catalog에 접속한 사용자에게 필요한 IAM 규칙을 적용할 수 있다. 카탈로그는 조직의 민첩성을 높이고 사용자가 필요로 하는 서비스에만 접속하게 되므로 불필요한 비용을 줄이는 효과도 있다.

AWS OpsWorks

AWS OpsWorks는 Chef Automate를 위한 완전 관리형 Chef 서버이자, 지속적인 배포 자동화 도구이자, 보안과 규정의 준수 여부를 확인할 수 있는 테스트 자동화 도구 그리고 노드의 상태 정보를 제공하는 시각과 인터페이스다. Chef 서버는 소프트웨어 및 운영체제 환경 설정, 패키지 설치, 데이터베이스 설정 등 제반 업무 수행을 위한 풀스택 자동화 도구로 중앙에서 환경 설정 내역을 저장하고 수 대에서 수천 대에 이르는 컴퓨팅 노드에 관련 내용을 전달한다. Chef Automate용 AWS OpsWoks는 Chef 커뮤니티에서 배포한 도구 및 쿡북과 완벽하게 호환되며 Chef 서버에 새로운 노드를 자동으로 등록한다.

AWS OpsWorks 스택은 AWS 및 온프레미스에 있는 애플리케이션 및 서버의 관리를 돕는다. 또한 애플리케이션을 스택으로 하는 모델을 통해 로드 밸런싱, 데이터베이스, 애플리케이션 서버 레이어 등 서로 다른 요소를 손쉽게 관리할 수 있다. 각 레이어에 있는 EC2 인스턴스를 배포 및 관리하거나 RDS 데이터베이스 등 리소스에도 연결할 수 있다.

Amazon CloudWatch

Amazon CloudWatch는 AWS 리소스와 애플리케이션의 모니터링 서비스로 각종 성능 지표와 로그 데이터를 수집 및 분석하고, 경고 메시지를 설정할 수 있다. EC2 인스턴스, DynamoDB 테이블, RDS DB 인스턴스 등과 같은 리소스를 모니터링할 수 있으며, 리소스와 애플리케이션에 대한 커스텀 성능 지표를 정의, 수집, 분석할 수 있다. Amazon CloudWatch로 리소스 활성화 수준, 애플리케이션 성능, 운영 헬스 상태를 시각화할 수 있고, 이렇게 수집된 인사이트를 다시 애플리케이션 운영에 적용할 수 있다.

AWS Config

AWS Config는 보안 관리 및 거버넌스를 위해 AWS 리소스 인벤토리, 환경 설정 히스토리, 환경 설정 변경 알림 등을 설정할 수 있는 완전 관리형 서비스다. 기존 AWS 리소스 발견, 제반 환경 설정 사항이 모두 포함된 리소스 인벤토리 추출, 특정 시점의 환경 설정 변경 내역 확인 등 기능을 제공하고, 이를 통해 운영규정 감사, 보안 분석, 리소스 이력 추적, 문제점 발굴 등의 업무를 수행할 수 있다.

AWS CloudTrail

AWS CloudTrail은 계정 내 API 호출 내역과 사용자 액티비티 기록 서비스로 S3를 통해 로그 파일을 제공한다. API 호출 기록 방식으로 사용자 액티비티를 시각화하는 것은 물론, API 명칭, 호출자 이름과 시간, 요청 파라미터, AWS 서비스에 의해 전송된 내용 등 각 호출의 중요 정보를 기록해 제공한다.

메시징

AWS는 클라우드로부터의 노티피케이션 수신, 애플리케이션에서 메시지 발송, 구독자에 배포, 메시지 큐 관리 등 메시징을 위한 폭 넓은 서비스를 제공한다.

Amazon Simple Notification Service

Amazon Simple Notification Service(이하 SNS)는 확장성, 유연성, 비용 효율성을 지닌 웹 서비스로 노티피케이션 설정, 운영, 발송 등 제반 업무를 손쉽게 처리할 수 있게 한다. 이를 통해 애플리케이션에서 메시지를 생성하면, 그 즉시 구독자 또는 다른 애플리케이션에 해당 메시지를 전달한다.

Amazon Simple Email Service

Amazon Simple Email Service(이하 SES)는 확장성, 유연성, 비용 효율성을 지닌 웹 서비스로 이메일 설정, 운영, 발송 등 제반 업무를 손쉽게 처리할 수 있게 한다. SES는 자체 이메일 계정 및 도메인을 이용해 이메일을 효율적이고 신뢰할 수 있는 방법으로 관리할 수 있는 이메일 플랫폼이다.

Amazon Simple Queue Service

Amazon Simple Queue Service(이하 SQS)는 처리되길 기다리는 메시지를 저장할 수 있는 메시지 큐 관리 서비스다. 어떤 컴퓨팅 환경에서도 실행할 수 있는 메시지 큐 애플리케이션을 신속하게 생성하고, 다수의 컴퓨터 간에 주고받을 수 있는 메시지를 저장하기 위한 확장성 높은 메시지 큐 서비스다.

마이그레이션

AWS는 기존의 애플리케이션, 데이터베이스, 워크로드, 데이터를 AWS로 이전하기 위한 다양한 서비스를 제공한다. 주요 마이그레이션 서비스는 다음과 같다.

AWS Application Discovery Service

AWS Application Discovery Service는 온프레미스 데이터 센터에서 실행되는 애플리케이션을 자동으로 파악하고 관련 디펜던시 요소와 성능 프로필을 맵핑하기 위한 서비스다.

AWS Database Migration Service

AWS Database Migration Service는 온프레미스 데이터베이스를 AWS로 이전하기 위한 서비스다. 이전이 진행되는 동안에도 해당 데이터베이스는 완벽하게 작동하므로 손실 시간이 최소화되며, 널리 사용되는 기업용 및 오픈소스 데이터베이스를 동질적, 비동질적 방식으로 이전할 수 있다.

AWS Snowball

AWS Snowball은 AWS 클라우드 안팎으로 페타바이트 규모의 데이터를 전송할 수 있으며, 고속 네트워크 이용에 따른 추가비용, 보안 이슈, 긴 전송 시간 등의 문제점을 제거할 수 있다. 쉽고 빠르며 안전한 방법일 뿐만 아니라 데이터 전송 비용은 기존 고속 인터넷의 ? 수준이다.

AWS Server Migration Service

AWS Server Migration Service는 대규모 서버 마이그레이션을 위한 업무 조정, 자동화, 스케줄 설정 등의 업무를 지원한다. 쉽고 빠르게 수천 대 규모의 온프레미스 워크로드를 AWS로 이전할 수 있다.

인공지능

아마존은 인공지능과 관련해 네 가지 서비스를 제공한다. 현재까지는 이들 서비스에 대한 출제가 이뤄지지 않았으나 AWS의 주요 인공지능 서비스는 알아둘 필요가 있다.

Amazon Lex

Amazon Lex는 음성 및 텍스트 기반의 대화형 챗봇을 구현하기 위한 완전 관리형 서비스로 고품질의 언어 이해 능력과 음성 인식 기능을 제공한다.

Amazon Polly

Amazon Polly는 텍스트를 음성으로 변환하는 완전 관리형 서비스다. 챗봇은 물론 자동차 서비스, 모바일 앱, 디바이스, 웹 기반 기기 등 음성 출력이 가능한 새로운 서비스를 개발하는 데 기여할 수 있다.

Amazon Rekognition

Amazon Rekognition은 완전 관리형의 딥러닝 기반 이미지 및 영상 인식 서비스다. 지난 수년 간 아마존 컴퓨터 비전 팀이 발전시켜온 첨단 기능을 활용할 수 있으며, 현재도 매일 수십억 장의 이미지가 분석되고 있다. Amazon Rekognition의 API는 수천 여 개 이상의 장면, 객체를 감지하며, 얼굴을 분석해 유사성을 비교하고, 다수의 얼굴 이미지 속에서 특정인을 파악하기도 한다.

Amazon SageMaker

Amazon SageMaker는 완전 관리형 머신러닝 서비스로 다양한 목적의 머신러닝 모델을 신속하게 빌드, 훈련, 배포할 수 있다. 사용자는 TensorFlow 인스턴스 및 Apache MXNet 인스턴스를 이용해 좀 더 간편하게 자신만의 머신러닝 알고리즘을 생성 및 훈련시킬 수 있다.

사물인터넷

IoT, 사물인터넷은 영국의 엔지니어이자 RFID 분야의 선구자인 캐빈 애쉬튼이 처음 사용했으며, 인터넷을 기반으로 각종 사물을 편재적으로 연결한 센서 및 시스템을 의미한다. IoT의 3대 핵심요소는 사물, 인터넷, 연결성이며, 실존하는 물리적 세계와 디지털 세계를 연결하기 위한 자기 강화, 자기 개선 시스템이다. AWS는 다양한 IoT 서비스를 제공하며 이 부분은 시험 범위에 포함되지 않는다.

AWS IoT Platform

AWS IoT Platform은 디바이스와 클라우드 애플리케이션의 안전하고 효율적인 연결을 지원하는 완전 관리형 클라우드 플랫폼이다. 수십억 개의 디바이스 간에 오가는 수억 회의 메시지를 관리할 수 있으며 AWS 엔드포인트에서 다른 기기로 안전하고 신속하게 메시지를 전파할 수 있다.

AWS Greengrass

AWS Greengrass는 IoT 디바이스를 안전하고 효율적으로 연결하는 데 필요한 로컬 컴퓨팅, 메시징, 데이터 캐싱 기능을 제공한다. 또한 기기에서 AWS 람다 함수의 실행, 데이터 동기화, 다른 기기와의 커뮤니케이션 등을 지원하고, 인터넷 연결이 끊어진 상태에서의 지원 기능을 제공한다.

AWS IoT Button

AWS IoT Button은 와이파이(Wi-Fi) 연결성을 제공하는 아마존 대시 버튼을 기반으로 하는 프로그래밍이 가능한 버튼으로, AWS IoT, AWS Lambda, Amazon DynamoDB, Amazon SNS 등을 이용해 손쉽게 관련 웹 서비스를 개발할 수 있도록 돕는다. 클라우드에서 작동하는 기기의 로직을 코딩해 버튼 클릭, 아이템 추적, 알림 발송, 특정 기능의 시작 및 종료, 주문, 피드백 제공 등 다양한 기능을 구현할 수 있다. 예를 들어 버튼이 있는 기기를 이용해 방의 온도를 조절하거나 음식을 주문하고, 가정용 가전기기를 원격으로 조절하는 애플리케이션을 쉽게 만들 수 있다.

모바일 서비스

AWS는 모바일 서비스 구현과 관련된 하이레벨의 다양한 기능을 제공한다. 이 부분은 시험 범위에 포함되지 않는다.

Amazon Cognito

Amazon Cognito는 모바일 및 웹 앱에 대한 회원가입 및 로그인 기능을 제공하며, 트위터, 페이스북, 아마존 등 소셜 신분을 통한 인증 기능과 다른 SAML 신분 솔루션, 다른 커스텀 신분 확인 시스템을 지원한다. 또 오프라인 상태에서도 신분 확인이 가능하도록 사용자 기기의 로컬 저장 기능을 활용할 수 있다.

AWS Mobile Hub

AWS Mobile Hub는 모바일 애플리케이션 생성, 테스트, 배포, 사용량 모니터링 등 클라우드 서비스를 구현하기 위한 환경 설정, 리소스 발굴, 접근권한 관리 등의 기능을 통합적으로 제공한다. 모바일 앱에 필요한 기능을 선택적으로 추가할 수 있고, 다른 AWS 서비스, 클라이언트 SDK, 클라이언트 코드를 통합해 모바일 앱에 새로운 기능을 추가할 수 있도록 돕는다.

AWS Device Farm

AWS Device Farm은 실제 모바일 기기와 태블릿에 설치된 모바일 앱의 테스트를 돕는다. 다수의 타깃 사용자가 iOS, 안드로이드, 웹 기반의 앱을 사용하고 테스트할 수 있다.

Amazon Mobile Analytics

Amazon Mobile Analytics는 앱 사용량과 매출액을 측정하기 위한 웹 서비스다. 신규 회원과 기존 회원의 가입 비중, 사용자 유보율, 앱 매출액, 인앱 이벤트에 대한 반응 등을 측정할 수 있도록 돕는다.

1장 정리

1장에서는 인터넷을 통한 주문형 및 사용량별 과금 모델이 적용되는 IT 리소스 서비스로서 클라우드 컴퓨팅의 개요를 알아봤다.

AWS 기반의 클라우드 컴퓨팅의 주요 장점은 아래와 같다.

- 민첩성 확보
- 용량에 대한 부담 경감
- 자본 비용에서 변동 비용으로 이동
- 규모의 경제 효과 기대
- 데이터 센터 투자비 절감
- 혁신성의 지속적 유지 가능

- 글로벌 마켓에 즉시 접근 가능

클라우드 컴퓨팅의 세 가지 모델은 아래와 같다.

- 서비스로서의 인프라
- 서비스로서의 플랫폼
- 서비스로서의 소프트웨어

클라우드 컴퓨팅의 세 가지 배포모델은 아래와 같다.

- 올 인 클라우드
- 하이브리드 클라우드
- 온프레미스 또는 프라이빗 클라우드

AWS는 190개국에 백만명 이상의 사용자를 확보하고 있으며, 고객을 지원하기 위해 5개 대륙에 24개의 리전을 확보하고 있다. 각 리전에는 AZ, 즉 가용지역이 있으며, AZ에는 1~6개의 데이터 센터가 있어서 전력 및 네트워크 자원을 중복 구현해 서비스의 안정성 및 신뢰성을 높이고 있다.

AWS의 보안 정책은 공유 보안 모델로 클라우드의 보안은 AWS가 책임지고, 클라우드 내부 요소의 자원은 고객이 책임을 나눠서 지는 방식으로 운영된다.

AWS는 서비스 개시 이래 지속적으로 클라우드 자원을 가상화해 서비스 범위를 확대하고 있으며, 175개 이상의 컴퓨팅, 스토리지, 네트워킹, 데이터베이스, 분석 서비스, 애플리케이션 서비스, 배포 및 관리 서비스, 모바일 서비스를 제공한다.

1장 평가

1. AWS 클라우드에서 관계형 데이터베이스를 사용할 경우, 필요한 서비스는 무엇인가?

   A. Amazon DynamoDB

   B. Amazon Redshift

C. Amazon RDS

D. Amazon ElastiCache

2. HTML, CSS, 이미지, PHP 파일을 이용해 정적 및 동적 웹 콘텐츠를 배포하려는 경우, 필요한 서비스는 무엇인가?

A. Amazon S3

B. Amazon EC2

C. Amazon Glacier

D. Amazon CloudFront

3. 기존의 데이터 센터와 AWS를 연결하기 위한 방법으로 적당한 것은 무엇인가?

A. AWS Direct Connect

B. 광 케이블 연결

C. 인피니밴드 케이블 연결

D. SKT, KT 등 주요 통신사의 인터넷 서비스 활용

4. AWS가 전 세계에 설치한 지역별 데이터 센터 클러스터를 가리키는 말은 무엇인가?

A. 리전

B. AZ, 가용지역

C. 접속거점

D. CDN, 콘텐츠 배송 네트워크

5. AWS에 애플리케이션을 배포하고 싶지만, 이를 배포할 서버가 없는 상태다. 이때 선택할 수 있는 방법은 무엇인가? (2개 선택)

A. Amazon ElastiCache

B. AWS Lambda

C. Amazon API Gateway

D. Amazon EC2

6. 클라우드 인프라 가운데 오작동이 발생하면 알림을 받고 싶을 때, 어떤 서비스가 도움이 될 수 있는가?

   A. Amazon SNS

   B. Amazon SQS

   C. Amazon CloudWatch

   D. AWS Config

7. API 호출 내역을 기록함으로써 사용자 액티비티를 시각화할 수 있는 방법은 무엇인가?

   A. Amazon API Gateway 활용

   B. Amazon CloudWatch 활용

   C. AWS CloudTrail 활용

   D. AmazonInspector 활용

8. AWS 클라우드로 페타바이트 급 데이터를 전송하려 할 때, 가장 효율적인 방법은 무엇인가?

   A. Amazon S3에 업로드

   B. AWS Snowball 활용

   C. AWS Server Migration Service 활용

   D. AWS Database Migration Service 활용

9. 기업 내 온프레미스에서 실행 중인 애플리케이션 디렉터리를 AWS와 통합하기 위한 방법은 무엇인가?

   A. AWS Direct Connect 활용

   B. VPN 활용

   C. AWS Directory Service 활용

   D. 인터넷으로 직접 연결

10. 여러 개의 Amazon EC2 인스턴스에 존재하는 파일 시스템을 공유하기 위한 방법은 무엇인가?

   A. Amazon S3 활용

   B. 다수의 아마존 EC2 서버에 Elastic Block Storage 추가

C. Amazon EFS 활용

D. Amazon Glacier 활용

1장 해답

1. **C.** Amazon DynamoDB는 NoSQL 서비스고, Redshift는 데이터 웨어하우스 서비스이며, ElastiCache는 Redis 또는 Memcached 프로토콜 서버 노드를 클라우드에 배포하기 위한 서비스다.

2. **D.** Amazon S3는 객체 저장에 사용되며, 운영 속도를 높여주지 못한다. EC2는 컴퓨팅 서비스고, Glacier는 아카이브 스토리지 서비스다.

3. **A.** 광 케이블 또는 인피니밴드 케이블은 코로케이션 또는 MPLS 제공자가 주로 사용한다. 인터넷을 통한 연결이 필요한 경우 VPN을 사용한다.

4. **A.** AZ는 리전 내에 있으며, AWS만의 특징은 아니다. POP과 CDN은 콘텐츠의 전달 속도를 높이기 위해 사용한다.

5. **B, C.** Amazon ElastiCache는 Redis 또는 Memcached 프로토콜 서버 노드를 클라우드에 배포하기 위한 서비스이며, EC2는 서버 서비스다.

6. **A.** Amazon SQS는 메시지 큐 서비스이고, CloudWatch는 클라우드 리소스 모니터링 서비스이며, AWS Config는 리소스의 평가, 감사, 성능검증, 환경 설정 기능을 제공한다.

7. **C.** Amazon API Gateway는 개발자가 좀 더 쉽게 API를 생성, 배포, 관리, 모니터링, 보안 관리를 하기 위한 서비스이며, CloudWatch는 클라우드 리소스 모니터링 서비스다. AWS Config는 리소스의 평가, 감사, 성능검증, 환경 설정 기능을 제공하며, Inspector는 AWS에 배포된 애플리케이션의 보안 수준을 개선하기 위한 자동화된 보안 검증 서비스다.

8. **B.** S3에도 데이터를 업로드할 수 있지만, 페타바이트급 데이터를 가장 신속하게 올릴 수 있는 방법은 AWS Snowball이다. AWS Server Migration Service는 서버 마이그레이션 분담, 자동화, 스케줄 설정, 이력 추적 등을 위한 서비스이고, AWS Database Migration Service는 관계형 데이터베이스 또는 데이터 웨어하우스에 있는 데이터의 마이그레이션 서비스다.

9. C. AWS Direct Connect와 VPN은 기업 데이터 센터와 AWS를 연결하는 데 활용된다. 디렉터리 통합 작업에 범용 인터넷을 사용할 수는 없으며, 온프레미스 디렉터리를 AWS에 통합하기 위한 서비스를 이용해야 한다.

10. C. Amazon S3는 객체 저장 서비스이고, EBS는 다수의 서버와 연결해 사용할 수 없으며, Glacier는 S3의 기능 확장판 서비스라 할 수 있다.

AWS 스토리지 서비스

2장에서 살펴볼 내용은 다음과 같다.
- AWS의 스토리지 서비스
- Amazon S3 사용 방법
- Amazon Glacier 사용 방법
- Amazon Elastic Store 사용 방법
- Amazon Elastic File System 사용 방법
- 대량의 데이터를 AWS로 옮기는 방법

AWS의 스토리지 서비스는 그림 2-1과 같이 세 개의 카테고리로 나눌 수 있다.

- **객체 스토리지** 여기서 객체란 문서, 이미지, 비디오 등 비교적 단순한 구조에 메타데이터를 포함하고 있는 데이터 조각을 의미하며, 인터넷으로 연결된 API를 통해 데이터를 애플리케이션에 제공한다. 객체 스토리지의 활용 방법은 간단하다. 예를 들어, Amazon S3 위에서 작동하는 웹 애플리케이션을 만들어 인터넷으로 요청받은 API 호출에 따라 사용자에게 콘텐츠를 제공할 수 있다.

- **블록 스토리지** 블록 스토리지에서 데이터란 서버 인스턴스에 디스크 볼륨 형태로 제공되는 데이터를 의미하며, 이를 통해 EC2 인스턴스에 포함된 볼륨에 고속으로 접근할 수 있다. 블록 저장의 대표적 서비스인 EBS^{Elastic Block Store}는 EC2 인스턴스를 위한 부트 볼륨 및 데이터베이스로 널리 사용된다.

- **파일 스토리지** 파일 스토리지에서 데이터란 서버 인스턴스에 파일 시스템 인터페이스 또는 파일 시스템 시멘틱스 방식으로 제공되는 데이터를 의미하며, 서버 인스턴스에 파일 스토리지를 추가하면 로컬 파일 시스템처럼 작동한다.

EFS^{Elastic File System}은 고속으로 다수의 EC2 인스턴스를 통해 데이터에 접근할 수 있도록 한다.

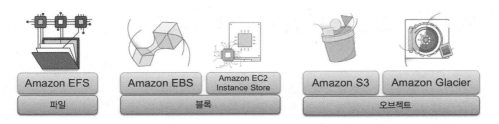

그림 2-1 AWS 스토리지 플랫폼

Amazon Simple Storage Service(S3)

아마존의 대표적인 스토리지 서비스인 S3는 2006년에 소개됐으며, 객체 스토리지이자 아마존의 주요 서비스를 연결하는 핵심 요소다. 전 세계 어디에서나 대규모 데이터를 저장하고 인출할 수 있는 인터페이스를 제공한다. S3의 저장 용량은 무제한이며, 99.99999999999%에 이르는 고신뢰성을 제공한다. 이는 연평균 0.000000001%의 객체 데이터가 손실될 확률 수준을 의미한다.

예를 들어, S3에 10,000개의 객체를 저장했다면 10,000,000년에 한 번 하나의 객체가 손실될 수 있는 확률이다. S3는 두 개의 저장 시설에서 동시다발적인 손실 상황을 견디도록 설계됐다.

S3는 다른 저장소와 근본적으로 다른 방식의 설계를 따르고 있는데, 바로 파일 시스템이 존재하지 않고 모든 객체는 S3 버킷^{Bucket}에 단순한 네임스페이스만으로 저장된는 점이다. 또한 S3는 지역별 서비스로서 지역별 재난 상황에 대처할 수 있도록 자동 반복 저장된다. S3는 현시점을 기준으로 인터넷에서 가장 널리 사용되고 있는 객체 스토리지이며, 이후 절에서는 사용자에게 높은 인기를 얻고 있는 S3의 주요 장점을 알아본다.

⊙ Amazon S3의 주요 장점

Amazon S3의 주요 장점은 다음과 같다.

- **간편성** S3는 사용하기 편리하며, 직관적인 웹 기반 콘솔을 이용해 데이터 업로드, 다운로드, 관리 등의 업무를 수행할 수 있으며, S3를 관리하기 위한 다수의 모바일 앱도 제공한다. S3는 서드 파티와의 통합을 위해 REST API와 SDK도 제공하며, 리눅스Linux 스타일의 인터페이스인 AWS CLI를 제공한다.

- **확장성** S3는 무제한의 확장성을 지니며, 별도의 준비 작업 없이도 무제한의 데이터를 저장할 수 있다. S3에 페타바이트급 데이터를 저장하는 작업도 쉽고 간단하다. 또한 비즈니스 니즈에 맞춰서 언제든 저장 용량을 확장 및 축소할 수 있다. S3는 무제한으로 확장할 수 있도록 설계됐다.

- **신뢰성** S3는 99.999999999%의 신뢰성으로 객체를 저장할 수 있는 유일한 서비스로 이를 위한 아마존만의 인프라 설계 및 운영 능력이 발휘되고 있다. 데이터는 반복 방식으로 다수의 데이터 센터와 다수의 스토리지 기기에 저장되며, 두 개 시설에서 동시에 재난 상황이 발생해도 데이터가 안전하게 보관되도록 한다.

- **보안성** S3는 암호화 기능을 제공하며, 모든 데이터는 업로드될 때 자동으로 암호화된다. 또한 SSL을 통한 데이터 전송을 지원하고 아마존의 신분확인 및 접근관리 서비스인 IAM을 통해 S3 버킷에 대한 매우 세심한 접근권한 관리기능을 제공한다.

- **고성능** S3는 네트워크 성능을 최대한 활용할 수 있는 멀티파트 업로드 기능을 지원하고, 지역별 네트워크 지연을 최소화할 수 있도록 최종 사용자의 인접 리전을 고객이 선택할 수 있게 한다. 또한 S3와 CloudFront를 연계해 고정 비용 없이 최종 사용자에게 고속으로 콘텐츠를 전송할 수 있도록 한다.

- **가용성** S3는 객체 저장과 관련해 연간 99.99%의 가용성을 지니도록 설계됐으며, SLA[1] 상의 99.99% 활용성 및 가용성은 아래와 같은 비활용성 및 비가용성 수준을 의미한다.

---

1 클라우드의 서비스 수준 합의서 - 옮긴이

일간: 8.6초

주간: 1분 0.5초

월간: 4분 23.0초

연간: 52분 35.7초

- **저비용** S3는 높은 비용대비효율성을 제공하며 대량의 데이터를 저비용으로 저장할 수 있다. 최소 약정 비용 및 고정 비용은 없으며 사용자는 오직 사용량에 대해서만 비용을 지불하면 된다. 볼륨 할인을 이용하면 더 많은 데이터를 저장할수록 더 높은 할인율을 적용받을 수 있다. S3의 저비용 옵션인 접속 횟수 제한 또는 반복 구현 제한 등을 이용하거나 데이터 수명주기에 따라 단계적으로 S3 Glacier로 이전하는 방식으로 비용을 절약할 수 있다.

- **관리 용이성** S3의 스토리지 관리 기능을 이용하면 스토리지를 최적화하고 보안 및 관리의 효율성을 증대시킬 수 있다. 결과적으로 데이터에 대한 인사이트를 높이고 더 개인화된 메타데이터를 활용할 수 있다.

- **연계성** S3는 다른 서드 파티 도구와 손쉽게 연계할 수 있으며, S3 기반의 다양한 애플리케이션을 신속하게 개발 및 배포할 수 있다. S3는 다른 AWS 서비스와의 연계성도 높으므로 다양한 AWS 제품군과 결합해 우수한 서비스를 구현할 수 있다.

Amazon S3의 실무 활용 방법

Amazon S3의 활용 방법은 아래와 같다.

- **데이터 백업** Amazon S3는 기업용 데이터 백업 파일 저장 방식으로 널리 활용된다. 99.999999999%의 신뢰성을 제공하므로 데이터 손실 가능성이 매우 희박하며, S3 Standard, S3 Standard-Infrequent Access, S3 Glacier 스토리지 클래스 모두 리전 내 여러 개의 AZ로 분산돼 세 개의 복제물로 관리되므로 특정 AZ가 자연재해 등으로 파괴돼도 데이터는 안전하게 보관된다. 또한 버전별 관리 기능을 제공하므로 인간의 행동 오류에 의한 손실 가능성 또한 매우 낮다.

- **테이프 저장 장치 대체** 오늘날 S3의 주요 용도 중 하나는 전통적인 테이프 저장 장치의 대체물이다. 다수의 기업이 기존의 테이프 드라이브 또는 테이프 인프라를 S3로 대체하고 있다.

- **정적 웹사이트 호스팅** S3만 있으면 웹 서버 설정이나 스토리지에 대해 고민할 필요 없이 정적 웹사이트 호스팅이 가능하다. 또한 S3는 필요에 따라 언제든 확장 가능하므로 트래픽 제한이나 용량 제한을 고민할 필요가 없다. 예를 들어, S3에 *.html 파일을 저장하면 사용자는 웹 서버 없이 웹 브라우저만으로 접속 가능하다. 이는 읽기만 가능한 데이터에 대해 특히 유용한 기능이다.

- **애플리케이션 호스팅** S3는 고가용성 스토리지로서 다수의 고객이 모바일 앱 또는 인터넷 기반 앱을 호스팅하는 데 이용할 수 있다. 또한 S3는 전 세계 어디에서나 접근 가능하므로 애플리케이션을 세계 어디에서나 접근 및 배포할 수 있다.

- **재난 복구** S3는 재난 복구 전략으로도 활용되며, 크로스 리전 복제 전략으로 각각의 S3 객체를 서로 다른 리전, 서로 다른 버킷에 자동으로 복제할 수 있다.

- **콘텐츠 배포** S3는 인터넷을 통한 콘텐츠 배포 방법으로도 활용되며, 기업의 모든 스토리지 인프라를 클라우드로 이전해 S3의 고확장성, 사용량에 따른 비용 부담의 혜택을 누릴 수 있다. 이때 콘텐츠는 사진과 영상 등 미디어 등 어떤 유형의 파일이라도 가능하며, 기업의 소프트웨어 제공 플랫폼으로 설계해 고객이 원하는 소프트웨어를 다운로드하는 창구로 활용할 수 있다. S3 또는 CloudFront를 통해 직접적으로 배포할 수 있다.

- **데이터 레이크** S3는 최근 데이터 레이크로서의 인기가 급증하고 있다. 데이터 레이크는 기업에서 처리, 분석, 소비되는 막대한 양의 데이터를 보관하는 중앙 저장소라 할 수 있다. S3는 로 데이터$^{Raw Data}$, 반처리 데이터, 처리 데이터 등 다양한 단계의 기업 데이터를 저장할 수 있으며, 온갖 종류의 데이터가 망라된 빅데이터 저장소로 활용되고 있다. S3는 빅데이터로 분류할 수 있는 의약 데이터, 금융 데이터, 사진과 영상 등 멀티미디어 데이터 등을 모두 저장할 수 있으며, AWS의 다양한 서비스 포트폴리오를 통해 이와 같은 빅데이터의 관리 비용을 절감하고, 수요에 따라 확장하며, 혁신의 속도를 높일 수 있다. 또한 S3는 EMR, Redshift, Redshift Spectrum, Athena, Glue, QuickSight 등 빅데이터 분석 도구와 연계해 사용할 수 있다.

- **프라이빗 저장소** S3를 이용해 Git, Yum, Maven과 같은 프라이빗 저장소를 구현할 수 있다.

Amazon S3의 기본 개념

이번 절에서는 S3의 기본 용어와 개념을 알아본다.

실생활에서 물을 양동이에 담듯, 클라우드에서는 객체 데이터를 버킷에 담는다. S3에서 버킷은 객체를 저장하는 컨테이너 역할을 하며, 컴퓨터로 비유하자면 파일을 담는 폴더 역할을 수행한다. 폴더에 여러 개의 폴더를 담을 수 있듯, 버킷에도 여러 개의 폴더를 생성할 수 있다. 버킷 사용 시 주의점은 버킷의 이름을 붙일 때 여러 리전에서 유일무이한 이름을 사용해야 한다는 것이다. 그러면 사용자는 버킷 URL을 통해 해당 데이터에 접근할 수 있다. 예를 들어, newringtones라는 버킷에 ringtone.mp3 객체를 저장하면 아래와 같은 URL이 생성된다.

http://newringtones.s3.amazonaws.com/ringtone.mp3

버킷은 다음과 같은 목적으로 사용된다.

- S3 네임스페이스의 최상위 레벨
- 비용을 부담하는 계정을 표시
- 액세스 컨트롤에서 역할 수행
- 사용량 보고서에서 누적 유닛 표시

버킷은 어떤 리전에서도 생성할 수 있으며, 명시적으로 복제 작업을 수행하거나 크로스 리전 복제를 수행하지 않는 한 다른 리전에 특정 버킷의 데이터가 복제되지 않는다. 또한 S3 버킷은 버전 부여 기능을 제공하므로 객체가 버킷에 추가될 때마다 해당 객체에 유일한 ID가 할당된다.

S3에서 객체는 가장 기본적인 요소로 버킷에 저장한 모든 것은 객체라 부르고, 각 객체는 데이터와 메타데이터를 지닌다. 이때 데이터는 S3에 저장되는 것이고, 메타데이터는 해당 객체를 설명하는 네임 밸류 쌍으로 표시한다. 메타데이터에는 최종 수

정일, 파일 타입 등 부가 정보가 기록된다. 버킷 내에서 객체는 이름, 키, 또는 버전 ID를 통해 식별할 수 있다.

객체는 키를 통해 버킷에서 유일한 것으로 식별될 수 있으며, 버킷에 존재하는 모든 객체는 단 하나의 키를 지닌다. 따라서 S3 내에서 버킷, 키, 버전 ID를 통해 특정 객체를 파악할 수 있다. 예를 들어, 아래와 같은 객체 URL이 있다고 하자.

http://s3.amazonaws.com/2017-02/pictures/photo1.gif

여기서 객체의 키는 2017-02/pictures/photo1.gif가 된다. 이때 키와 파일의 버전 (photo1.gif) 정보를 함께 사용하면 유일무이한 특정 객체를 지정할 수 있다.

S3 버킷은 어떤 리전에도 생성할 수 있지만, 데이터 전송 최적화와 더 나은 사용자 경험을 제공하고자 가까운 지역의 리전을 선택하고 싶을 수 있다. 또한 데이터 보안 정책 및 비용 최소화 측면에서 리전을 선택해야 하는 경우도 있다. 어느 경우라도 원치 않는 리전에 데이터가 복제되는 일은 발생하지 않는다.

예를 들어, US East 리전에 파일을 저장한 경우 명시적으로 파일을 옮기거나 크로스 리전 복제를 하지 않는 한 US West 리전에 복제되는 경우는 없다. 집필 시점에서 사용할 수 있는 S3 리전은 다음과 같다.

- US East(N. Virginia) 리전은 Northern Virginia에 위치
- US East(Ohio) 리전은 Columbus, Ohio에 위치
- US West(N. California) 리전은 Northern California에 위치
- US West(Oregon) 리전은 Oregon에 위치
- Canada(Central) 리전은 Canada에 위치
- Asia Pacific(Mumbai) 리전은 Mumbai에 위치
- Asia Pacific(Seoul) 리전은 Seoul에 위치
- Asia Pacific(Singapore) 리전은 Singapore에 위치
- Asia Pacific(Sydney) 리전은 Sydney에 위치
- Asia Pacific(Tokyo) 리전은 Tokyo에 위치
- EU(Frankfurt) 리전은 Frankfurt에 위치

- EU(Ireland) 리전은 Ireland에 위치

- EU(London) 리전은 London에 위치

- EU(Paris) 리전은 Paris에 위치

- EU(Stockholm) 리전은 Stockholm에 위치

- South America(São Paulo) 리전은 São Paulo에 위치

S3는 API를 통해 접근할 수 있으며, 개발자는 S3 기반의 애플리케이션을 개발할 수 있다. S3의 기본 인터페이스는 REST API이며, HTTPS 모드에서 SOAP API를 지원한다(HTTP 기반의 SOAP는 더 이상 지원하지 않는다). 하지만 새로운 S3에서는 SOAP를 지원하지 않을 계획이므로 REST 방식을 사용할 것을 권장한다.

REST API는 스테이트리스^{Stateless}, 클라이언트 서버 기반, 캐쉬 커뮤니케이션 프로토콜, HTTP 프로토콜 기반의 API다. 이를 통해 S3 버킷에서 파일 생성, 읽기, 갱신, 삭제, 목록 조회 등 모든 작업을 수행할 수 있고, 표준 HTTP/HTTPS 요청과 관련된 모든 작업도 수행할 수 있다. HTTP보다 HTTPS가 안전한 방법이므로 S3에서 API 요청을 할 때는 가급적 HTTPS를 사용하는 것이 좋다.

HTTP에서 우선적으로 많이 사용되는 명령은 POST, GET, PUT, PATCH, DELETE이며, 이는 각각 생성, 읽기, 갱신, 삭제를 뜻하는 CRUD 작업에 대응된다. S3에서 이들 HTTP 명령에 대응되는 동작은 표 2-1과 같다.

API 외에도 브라우저, 안드로이드^{Android}, iOS 등 모바일 기기 그리고 Java, .NET, Node.js, PHP, Python, Ruby, Go, C++ 등 다양한 언어를 지원하는 SDK를 제공하고, 모바일 SDK와 IoT SDK도 제공한다. 애플리케이션에서 AWS 서비스를 좀 더 쉽게 활용하기 위해 이들 SDK와 API를 함께 적용할 수 있다.

AWS 명령줄 인터페이스^{CLI, Command-Line Interface}는 전통적인 텍스트 기반 명령어 인터페이스이며, 모든 AWS 서비스를 통합 관리할 수 있다. 터미널에서 명령어를 통해 다수의 AWS 서비스를 활용할 수 있고, 특히 개발자 입장에서 REST API와 SDK를 효율적으로 사용할 수 있다. 컴퓨터에 AWS CLI를 설치하고 환경 설정한 후 명령어 입력창에서 aws 키워드 입력으로 시작한다. S3 작업은 aws s3 명령으로 실행시킬 수 있다. 예를 들어, 버킷 생성 명령은 aws s3 mb이며, 버킷 삭제 명령은 aws s3 rb이다.

```
$ aws s3 mb s3://bucket-name
$ aws s3 rb s3://bucket-name
```

표 2-1 HTTP 명령과 그에 대응되는 S3 REST API 명령

HTTP Verb	CRUD Operations in Amazon S3
GET	Read
PUT	Create
DELETE	Delete
POST	Create

AWS CLI는 리눅스Linux, 윈도우Windows, macOS에 설치할 수 있으며, 가장 기본적인 설치 방법은 pip, 즉 파이썬 패키지 인스톨러를 이용하는 것이다. 이를 통해 AWS CLI를 포함, 파이썬으로 구현된 패키지와 의존요소를 손쉽게 설치하고, 업그레이드 및 삭제할 수 있다.

Amazon S3 데이터 일관성 모델

Amazon S3는 특정 OS 기반의 파일 시스템이 아닌 웹 기반의 데이터 저장소이라는 점을 명심하자. S3 서비스는 기본적으로 '한 번 기록하고 여러 번 읽는' 서비스이므로 S3의 아키텍처는 전통적인 파일 시스템 또는 SAN 아키텍처와는 차이가 있다는 점을 기억해야 한다.

S3 인프라는 기본적으로 복수의 AZ 위에 다수의 로드 밸런서, 웹 서버, 스토리지로 구성된다. 전체 아키텍처는 신뢰성을 위해 중복 구현되며, 각 데이터는 위치가 다른 복수의 AZ에 저장된다. 그림 2-2는 S3 인프라를 나타낸다.

그림 2-2는 데이터가 S3에 기록되는 과정을 보여준다. 위 그림에서는 두 개의 AZ 가 사용됐지만, 실제 상황에서는 그보다 많은 수가 사용될 수 있다. 예를 들어, S3 Standard에서는 최소 세 개의 AZ가 사용되며, 그에 따라 더 많은 로드 밸런서와 스 토리지가 적용될 수 있다.

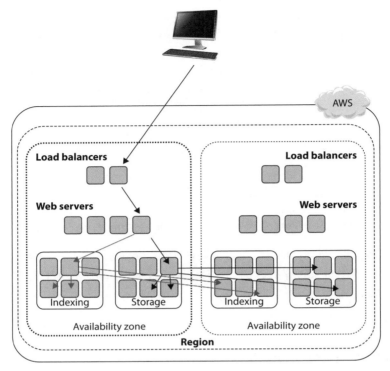

그림 2-2 Amazon S3 인프라 구조

객체를 작성하면 가장 먼저 로드 밸런서와 연결되고, 다음으로 웹 서버의 API에 연결되며, 마지막으로 다수의 AZ에 있는 다수의 스토리지에 중복 저장된다. 이에 대한 예외는 S3-One Zone Infrequent Access 서비스가 있으며, 여기서는 단일 AZ에만 데이터를 저장한다.

저장이 되면, 인덱싱 작업이 진행되고, 그 내용 또한 다수의 AZ와 스토리지에 중복 저장된다. 이때 어떤 이유에서든 로드 밸런서 또는 웹 서버가 다운되면, S3는 중복 구현된 또 다른 로드 밸런서 또는 웹 서버에 요청을 보내고, 스토리지 유닛 또는 인덱싱 스토리지가 다운되면, 중복 구현한 또 다른 스토리지에 저장된다.

연동된 전체 AZ가 다운돼 시스템 페일오버Failover가 발생하면, 전체 시스템이 복제돼 있는 또 다른 복수의 AZ를 통해 해당 서비스를 제공하게 된다. 이것이 바로 '한 번 기록하고 여러 번 읽는' 아키텍처의 작동방식이다.

이제 S3의 일관성 모델을 본격적으로 알아보자. 새 객체를 작성하면 데이터는 동기적으로 다수의 클라우드 설비에 저장된다. 이는 기록 후 판독 일관성^{read-after-write} consistent을 제공한다.

S3는 (새 객체와 별개로) 기존의 다른 모든 객체를 위해 종국적 일관성^{eventually consistent} 모델을 제공한다. 종국적 일관성 모델에서는 데이터가 자동으로 복제돼 동일 리전 내 다수의 시스템 및 다수의 AZ에 확산되므로 최신 내용으로 변경한 내용이 즉각적으로 반영되지 않거나 업데이트 직후 데이터를 읽으려 할 때 변경된 내용을 확인할 수 없게 될 가능성이 있다.

예를 들어, PUT 요청이 성공하면 데이터는 안전하게 저장된 것이고, 해당 데이터가 사라질 걱정은 할 필요가 없어진다. 일관성 모델을 이해하기 위해 아래 사례를 살펴보자.

- S3에 새 객체를 작성하고, 즉시 이에 대한 읽기를 시도해 보자.

  변경 사항이 완전히 확산되기 전까지 S3는 key does not exist라는 메시지를 출력할 것이다.

- S3에 새 객체를 작성하고, 즉시 버킷의 키 리스트를 출력해 보자.

  변경 사항이 완전히 확산되기 전까지 해당 객체가 리스트에 나타나지 않을 것이다.

- 기존의 객체를 대체한 뒤, 즉시 이에 대한 읽기를 시도해 보자.

  변경 사항이 완전히 확산되기 전까지 S3는 기존의 데이터를 반환할 것이다.

- 기존의 객체를 삭제한 뒤, 즉시 이에 대한 읽기를 시도해 보자.

  변경 사항이 완전히 확산되기 전까지 S3는 삭제를 명령한 데이터를 반환할 것이다.

- 기존의 객체를 삭제한 뒤, 즉시 버킷의 키 리스트를 출력해 보자.

  변경 사항이 완전히 확산되기 전까지 S3는 삭제를 명령한 객체도 리스트로 출력할 것이다.

업데이트의 경우 단일 키에 대한 업데이트는 아토믹^{Atomic} 특성을 보인다.[2] 예를 들어, 기존 키를 PUT할 경우 최종 읽기 실행 결과는 업데이트 전 데이터 또는 업데이트 후 데이터만 나타날 수 있으며, 일부만 수정될 가능성은 없다.

S3 사용 시 또 하나의 주의점은 객체 잠금^{Object Locking} 기능을 지원하지 않는다는 것이다. 동일 파일에 대해 동시다발적으로 업데이트(PUT) 요청이 있는 경우, 최종 타임스탬프를 지닌 요청을 따른다. S3 자체적으로는 객체 잠금 기능을 제공하지 않지만, 애플리케이션 레벨에서 해당 기능을 구현할 수 있다.

데이터 랙 또는 전송 지연 현상은 (수 분, 수 시간이 아닌) 수 초 내에 해소될 수 있다. 따라서 애플리케이션에 의한 재접속을 시도하거나, DynamoDB에 애플리케이션 레벨 메타데이터를 저장해 S3에서 접속 가능한 모든 정보에 접속할 수 있게 하는 등 새로운 전략을 고려해볼 필요가 있다. 예를 들어, 사진 앱을 만들면서 사용자가 업로드한 모든 사진을 화면에 표시해야 하는 경우 DynamoDB에 사진 목록을 유지하고, 사진은 S3에 저장해 둘 수 있다. 이렇게 하면 사용자의 사진을 표시할 때 DynamoDB에서 모든 파일 이름 목록을 가져온 뒤, S3에서 사진을 가져온다.

Amazon S3 성능 고려

S3 버킷에 초당 100회 이상의 PUT/LIST/DELETE 요청을 하거나 300회 이상의 GET 요청을 해야 한다면, 해당 작업의 워크로드를 적절히 파티셔닝, 즉 분산할 수 있는 방법을 고려해야 한다. 이번 절에서는 저장과 관련된 병목현상을 최소화할 수 있는 버킷 워크로드의 파티셔닝 가이드를 제시한다. 이를 통해 고객에게 더 나은 사용자 경험을 제공하고, 목표로 하는 수준의 확장성을 확보할 수 있다. Amazon S3는 매우 높은 수준의 요청 처리능력을 제공하며, 이를 위해 S3는 모든 버킷을 자동으로 파티셔닝한다.

앞서 소개한 것처럼 S3 버킷의 이름은 유일무이한 것이어야 하며, 버킷 이름과 객체 이름(키)를 통해 전 세계에서 단 하나뿐인 주소를 갖게 된다. 이때 객체 키는 해당 버킷에서 유일무이해야 하며, 최대 1,024 바이트 용량의 UTF-8 바이너리 코드로 저장된다. 예를 들어, awsbook이라는 이름의 버킷에 chapter2/image라는 이름의 폴더를

---

2 0 또는 1은 가능하지만 0.5와 같은 중간 단계가 없음 – 옮긴이

만들고, image2.1.jpg 파일을 저장하면 아래와 같은 버킷 객체 키가 생성된다.

버킷 이름 **객체 키**
awsbook chapter2/image/image2.1.jpg

여기서 객체 키는 image2.1.jpg가 아닌 chapter2/image/image2.1.jpg 라는 점을 기억하자. S3는 이와 같은 키 프리픽스 또는 키 전치사를 기준으로 저장 위치를 파티셔닝한다.

예를 들어, awsbook 버킷에 다음과 같이 20개의 이미지 객체를 저장하는 경우를 생각해 보자. 기본적으로는 키 프리픽스에 따라 파티셔닝을 한다. 즉, 객체 키의 시작 단어인 chapter의 첫 번째 프리픽스인 c를 기준으로 파티셔닝한다.

```
chapter2/image/image2.1.jpg
chapter2/image/image2.2.jpg
chapter2/image/image2.3.jpg
chapter3/image/image3.1.jpg
chapter3/image/image3.2.jpg
chapter3/image/image3.3.jpg
chapter3/image/image3.4.jpg
chapter4/image/image4.1.jpg
chapter4/image/image4.2.jpg
chapter4/image/image4.3.jpg
chapter4/image/image4.4.jpg
chapter5/image/image5.1.jpg
chapter5/image/image5.2.jpg
chapter6/image/image6.1.jpg
chapter6/image/image6.2.jpg
chapter7/image/image7.1.jpg
chapter7/image/image7.2.jpg
chapter7/image/image7.3.jpg
chapter8/image/image8.1.jpg
chapter8/image/image8.2.jpg
```

이럴 경우 모든 파일이 awsbook/c라는 동일 파티션에 저장되는데 이런 이미지가 수백만 개에 이른다면 이 버킷에 저장된 객체의 저장 관련 성능에 좋지 않은 영향을 주게 될 것이다. 따라서 위와 같은 일반적인 명칭이 아닌 스토리지 친화적인 객체 키를 사용해야 한다.

위 문제를 해결하기 위한 방법 중 하나로 객체 키의 이름을 바꿔 보자. 연속적으로 바뀌는 챕터 번호를 활용해 chapter2, chapter3, chapter4가 아닌 2chapter, 3chapter, 4chapter로 해 보자. 이렇게 하면 버킷의 파티셔닝 기준이 달라진다.

```
2chapter/image/image2.1.jpg
2chapter/image/image2.2.jpg
2chapter/image/image2.3.jpg
3chapter/image/image3.1.jpg
3chapter/image/image3.2.jpg
3chapter/image/image3.3.jpg
3chapter/image/image3.4.jpg
4chapter/image/image4.1.jpg
4chapter/image/image4.2.jpg
4chapter/image/image4.3.jpg
4chapter/image/image4.4.jpg
5chapter/image/image5.1.jpg
5chapter/image/image5.2.jpg
6chapter/image/image6.1.jpg
6chapter/image/image6.2.jpg
7chapter/image/image7.1.jpg
7chapter/image/image7.2.jpg
7chapter/image/image7.3.jpg
8chapter/image/image8.1.jpg
8chapter/image/image8.2.jpg
```

위와 같이 하면 챕터별 이미지가 하나의 파티션에 모이는 대신 아래와 같이 챕터별 숫자를 기준으로 분산된다.

```
awsbook/2
awsbook/3
awsbook/4
awsbook/5
awsbook/6
awsbook/7
awsbook/8
```

또 다른 성능향상을 위한 파티셔닝 방법으로 키 이름을 역순 배열하고 키 이름에 Hex Hash 프리픽스Prefix를 추가하는 방법이 있다. 다음 절에서 자세히 알아보자.

키 이름 문자열의 역순 배열

예를 들어, 애플리케이션을 통해 막대한 양의 파일을 업로드하는데 각 업로드 세트마다 애플리케이션 ID를 1씩 추가하도록 설계했다고 하자. 그러면 다음과 같은 파일이 객체 키가 생성될 것이다.

```
applicationid/5213332112/log.text
applicationid/5213332112/error.text
applicationid/5213332113/log.text
applicationid/5213332113/error.text
applicationid/5213332114/log.text
applicationid/5213332114/error.text
applicationid/5213332115/log.text
applicationid/5213332115/error.text
```

위와 같은 경우 모든 애플리케이션 ID가 5로 시작되며, 객체 키 파티션은 applicationid/5가 되므로 모든 파일이 하나의 파티션에 집중된다. 이럴 때는 객체 키 문자열을 역순 배열해 간단하게 문제를 해결할 수 있다.

```
applicationid/2112333125/log.text
applicationid/2112333125/error.text
applicationid/3112333125/log.text
applicationid/3112333125/error.text
applicationid/4112333125/log.text
applicationid/4112333125/error.text
applicationid/5112333125/log.text
applicationid/5112333125/error.text
```

간단히 키 문자열을 역순 배열하는 것만으로도 S3는 다수의 파티션을 생성하며, 저장 성능 문제 또한 해결할 수 있다.

```
applicationid/2
applicationid/3
applicationid/4
applicationid/5
```

키 이름에 Hex Hash 프리픽스 추가하기

앞서 소개한 객체 키의 일부 내용을 바꾸거나 역순 배열하는 방법은 효과는 있지만, 최적의 파티셔닝 전략이라고 하기는 어렵다. 이번에 소개할 방법은 키 이름에 16진수 계열의 Hex Hash를 프리픽스로 추가해 적절한 무작위성을 반영하는 것이다. 즉, 키 값을 역순 배열해 사용하는 대신 MD5 해시 알고리즘[3]으로 128비트 문자열을 생성하고 이를 각 키 이름의 프리픽스로 할당한다.

키 이름에 Hex Hash 프리픽스를 추가한 결과는 아래와 같다.

```
applicationid/112a5213332112/log.text
applicationid/c9125213332112/error.text
applicationid/2a825213332113/log.text
applicationid/7a2d5213332113/error.text
applicationid/c3dd5213332114/log.text
applicationid/8ao95213332114/error.text
applicationid/z91d5213332115/log.text
applicationid/auw85213332115/error.text
```

이번 해시 키를 사용할 때는 해시 알고리즘 특유의 랜덤 속성에 주의해야 하는데, 특히 객체가 너무 많은 경우 파티션 키가 너무 많이 생성될 수 있다. 예를 들어, 4개 문자열의 헥스 해시를 사용할 경우 무려 65,536개의 문자열 조합이 만들어지며, 이렇게 되면 65,536회의 버킷 리스트 요청을 전송해야 하는 경우가 발생할 수 있다. 실제로는 2~3개의 프리픽스 문자열로 충분하며, 초당 100회의 요청 처리, 파티션별 2,500만 개의 객체 저장 업무를 수행할 수 있다. 4개의 프리픽스 문자열은 초당 수백만 건의 요청을 처리하기 위한 것으로 일반적인 기업용 제품과 서비스 수준을 훨씬 초과하는 수준이다.

---

3   MD5 해시 알고리즘에서 MD는 Message Digest를 의미하며, 128비트 해시 값의 생성을 위해 널리 사용된 해시 함수다. 1991년 MIT 교수이자 암호학자인 로널드 라이베스트(Ronald Rivest)가 MD4를 개선해 만들었다. 2012년 플레임 멀웨어(Flame Malware) 공격을 받으면서 보안에 심각한 문제점이 제기된 후로 암호화 목적으로는 사용되지 않고 있다. 현재는 데이터 일관성 검증 및 파티셔닝된 데이터베이스에서 특정 키를 어느 파티션에 할당할 것인지 결정하는 용도로 활용되고 있다.

Amazon S3의 암호화

Amazon S3에서 데이터를 암호화하는 방법은 크게 두 가지가 있다. 하나는 전송 중인 데이터를 암호화하는 것이고, 다른 하나는 저장된 데이터를 암호화하는 것이다. 전송 중인 데이터의 암호화란 데이터가 한 지점에서 다른 지점으로 이동할 때의 암호화고, 저장된 데이터의 암호화란 데이터 또는 객체가 S3 버킷에 저장돼 대기상태일 때의 암호화를 의미한다.

HTTPS 또는 SSL 암호화 종단점에서 데이터를 업로드하면, 모든 업로드 및 다운로드 데이터는 자동으로 암호화되고 전송 중에도 암호화 상태를 유지한다.

S3 암호화 클라이언트를 이용해 S3 버킷에 업로드하기 전에 암호화를 한 경우 전송 중에도 암호화 상태가 유지된다. S3 암호화 클라이언트는 S3에 안전하게 데이터를 저장하기 위한 클라이언트 측 암호화 방식이며, 데이터는 각각의 S3 객체마다 1회성 랜덤 CEK, 즉 콘텐츠 암호화 키를 이용해 암호화된다. CEK를 보호하기 위해 AmazonS3EncryptionClient 클래스의 구조체 내에 마련된 암호화 로직이 사용되고, 이는 S3 객체와 함께 저장된다.

S3 암호화 클라이언트 소개 링크는 다음과 같다.

http://docs.aws.amazon.com/AWSJavaSDK/latest/javadoc/com/
amazonaws/services/s3/AmazonS3EncryptionClient.html

저장된 데이터의 암호화는 SSE, 즉 Server Side Encryption을 이용하고 데이터를 작성할 때 자동으로 암호화되며, 데이터를 인출할 때 자동으로 복호화된다. 이때는 AES 256-비트 대칭키가 사용되며, 다음과 같은 세 가지 방식으로 키를 관리한다.

- **Amazon S3 키 매니지먼트 기반의 SSE(SSE-SE)** Amazon S3가 저장된 데이터를 암호화하고, 암호화 키 또한 관리하는 방식이다. 각각의 객체는 객체별 키를 통해 암호화된다. 객체별 키는 마스터 키로 암호화되며 S3 키 매니지먼트를 통해 해당 마스터 키를 관리한다. 마스터 키는 월단위로 변경되며, 사용자는 S3 콘솔 또는 커맨드라인, SDK 등을 이용해 키 매니지먼트를 관리하고, 나머지 업무는 아마존이 처리하는 방식이다.

- **고객 자체 생성 키 기반의 SSE(SSE-C)** 고객이 자체 생성한 커스텀 암호화 키로 데이터를 암호화하는 방식이다. 고객이 자체 생성한 커스텀 키를 업로드하면 Amazon S3는 해당 키로 데이터를 암호화한다. 암호화된 데이터를 인출할 때도 고객이 커스텀 키를 제공하면 Amazon S3가 해당 키로 데이터를 복호화한 뒤 인출한다. 이때 Amazon S3는 커스텀 키를 저장하지 않으며 사용된 키는 즉시 삭제된다.
- **AWS KMS 기반의 SSE(SSE-KMS)** AWS의 키 매니지먼트 전문 서비스인 KMS를 이용한다. 마스터 키 사용 맥락에 따라 다양한 퍼미션 설정이 가능하고, S3에 저장된 객체에 대한 비승인 접근을 효과적으로 통제할 수 있는 추가 보안 레이어를 제공한다. KMS의 감사 기능을 이용해 누가, 언제, 어떤 데이터에 접근했는지 확인하거나 암호화된 데이터를 승인 없이 접근하려는 시도가 있었는지 여부 또한 상세히 파악할 수 있다. 또한 산업 보안 표준인 PCI-DSS, HIPAA/HITECH, FedRAMP 등 다양한 요건에 충족하기 위한 추가적인 보안 통제 기능을 제공한다.

Amazon S3의 접근성 통제

액세스 컨트롤, 즉 접근성 통제란 S3 버킷에 누가, 어떻게 접근하도록 할 것인지 정의하는 것이다. S3 버킷에 접근할 수 있는 방법에는 여러 가지가 있으며, 접근성 통제란 다양한 방법 모두를 적절한 방식으로 통제하는 것이다. 액세스 컨트롤을 통해 S3에 저장된 객체를 세분화해 통제할 수 있으며, 이번 절에서는 접근 정책, 버킷 정책, 접근 제어 목록 등 액세스 컨트롤의 세 가지 주요 방식을 알아본다.

접근 정책

IAM, 즉 신분 및 접근 관리 정책으로 S3의 객체를 매우 세분화해 통제할 수 있다. 먼저 유저, 그룹, 롤 등 IAM 정책을 정의한다(상세한 내용은 5장에서 설명한다). 예를 들어, S3 풀 액세스 정책을 생성하고 10명의 회원이 포함된 그룹에 할당한다. 이제 해당 그룹에 속한 10명의 회원 모두 S3 버킷에 대한 풀 액세스 권한에 접근할 수 있다.

IAM과 S3를 이용하면 특정 IAM 유저와 공유되고 있는 버킷을 선택할 수 있고, 특정 유저가 해당 버킷에 접근하도록 허용할 수 있다. 또한 특정 버킷의 내용을 회원 모두 또는 일부 회원이 열람하도록 할 수 있고, 고객 또는 파트너가 특정 버킷에 객체를 추가하도록 허용할 수 있다.

이제 접근 제어 정책의 세부 내용을 알아볼 텐데 이를 위해서 JSON^{JavaScript Object} ^{Notation}에 대한 기본 지식이 필요하다. 정책 작성에 앞서 즉 아마존 리소스 이름^{ARN,} ^{Amazon Resource Name}을 알고 있어야 한다. ARN은 AWS 리소스를 위한 유일무이한 이름 이며, AWS 사용자는 IAM 정책 수립, API 호출 등 특정 리소스에 접근하기 위해 해당 이름을 정확히 알고 있어야 한다. ARN은 다음과 같은 형식을 지닌다.

```
arn:partition:service:region:account-id:resource
arn:partition:service:region:account-id:resourcetype/resource
```

위 형식에서 partition은 해당 리소스가 포함된 파티션을 의미하며, 표준 AWS 리전에서 파티션은 aws이다. 다른 파티션에 리소스가 있을 경우, 해당 파티션은 aws-partitionname이 된다. 예를 들어, 중국(베이징) 리전에 있는 리소스의 파티션은 aws-cn이다.

위 형식에서 service는 AWS 제품(예: Amazon S3, IAM, 또는Amazon RDS 등)을 구분할 수 있는 서비스 네임스페이스다. Amazon S3의 서비스 이름은 s3이며, region은 리소스가 포함된 영역으로 선택적으로 사용할 수 있다. 일부 ARN은 리전을 명시할 필요가 없으므로 생략 가능하다.

위 형식에서 account는 해당 리소스를 소유한 AWS 계정의 ID로 331983991과 같이 표기하고 하이픈 기호는 사용하지 않는다. 이 역시 선택적으로 사용 가능하다.

resourcetype:resource 또는 resourcetype/resource에서 resource는 콘텐츠를 의미하며, 서비스의 종류에 따라 다르게 사용한다. 이는 리소스 유형을 나타내기 위한 방법이며, IAM 유저 또는 Amazon RDS 데이터베이스의 경우 슬래시 또는 세미콜론 기호를 붙이고 리소스 이름을 붙인다.

이제 S3 ARN 표기법 사례를 알아보자. 이때 S3는 ARN내의 계정 또는 리전 정보는 필요로 하지 않는다.

```
arn:aws:s3:::bucket_name
arn:aws:s3:::bucket_name/key_name
arn:aws:s3:::my_bucket_forawsbook
arn:aws:s3:::my_bucket_forawsbook/chapter1.doc
arn:aws:s3:::my_bucket_forawsbook/*
arn:aws:s3:::my_bucket_forawsbook/images/*
```

TIP 좀 더 간결하게 표기하려면 정책 변수를 사용할 수 있다. 예를 들어, 유저네임을 직접 입력하는 대신 ${aws:username}이라는 변수를 사용하면 정책이 실행될 때 유저네임 대신 실제 사용자의 이름이 입력되므로 그룹에 할당한 정책 설정 작업을 좀 더 쉽게 해준다.

이제 실제로 작성된 정책이 어떤 모습인지 확인하자. my_bucket_forawsbook이라는 이름의 S3 버킷에 PUT, GET 권한을 제공하는 내용을 담은 정책 코드는 다음과 같다.

```
{
  "Version":"2017-06-07",
  "Statement":[
    {
      "Effect":"Allow",
      "Action":[
        "s3:PutObject",
        "s3:GetObject"
      ],
      "Resource":"arn:aws:s3:::my_bucket_forawsbook/${aws:username}/*"
    }
  ]
}
```

위 예제 코드에서 Effect는 정책의 효과를 나타내며 Allow 또는 Deny 값을 받을 수 있다. Action 목록에는 정책을 통해 승인 또는 거절할 동작을 입력한다. Resource는 정책이 적용될 AWS 리소스를 의미한다.

2장 후반, '평가'절의 Lab 2-3에서는 AWS Policy Generator를 이용한 버킷 정책 생성을 실습한다(https://awspolicygen.s3.amazonaws.com/policygen.html).

버킷 정책

버킷 정책이란 버킷 레벨에서 생성한 정책을 의미하며, S3 버킷을 세분화된 방식으로 제어할 수 있게 해준다. IAM 없이 버킷 정책만으로도 맥락에 따른 사용자 접근 제한이 가능하며, 심지어 다른 AWS 계정 또는 IAM 유저에게 특정 객체 또는 폴더 속 데이터에 대한 접근 권한을 부여할 수도 있다. 버킷 정책을 생성하면 사용자가 생성한 객체에 대해서만 접근 권한을 통제할 수 있다.

버킷 정책의 대표적인 사례는 특정 버킷에 있는 객체에 대한 익명의 사용자로부터의 리드 온리 접근을 허용하는 것이다. 이는 S3 리소스 기반의 정적 웹사이트를 운영하거나 웹을 통해 불특정다수의 접근을 허용할 때 자주 사용되는 방법으로 버킷에 GetObject 액세스 권한을 부여하면 된다. 다음은 staticwebsite를 위한 S3 버킷 정책이다(S3 기반의 정적 접근에 대한 상세한 내용은 2장 후반에 다시 설명한다).

```
{
  "Version":"2017-06-07",
  "Statement":[
    {
      "Sid":"AddPerm",
      "Effect":"Allow",
      "Principal": "*",
      "Action":["s3:GetObject"],
      "Resource":["arn:aws:s3:::staticwebsite/*"]
    }
  ]
}
```

위 예제 코드에서 Principal 속성을 와일드카드, 즉 "*"으로 설정해 누구나 접근할 수 있도록 했으며, 버킷 정책을 통해 좀 더 세분화된 접근 통제가 가능하다. 예를 들어, 특정 리전에서의 트래픽만 허용하거나 불허하고 싶은 경우 또는 특정 IP 주소 범위의 트래픽을 허용하거나 불허하고 싶을 경우 버킷 정책으로 구현할 수 있다.

```
{
  "Version":"2017-06-07",
  "Statement":[
    {
      "Sid":"AddPerm",
```

```
      "Effect":"Allow",
      "Principal": "*",
      "Action":["s3:GetObject"],
      "Resource":["arn:aws:s3:::staticwebsite/*",
      "Condition": {
        "IpAddress": {"aws:SourceIp": "74.140.213.0/24"},
        "NotIpAddress": {"aws:SourceIp": "74.140.213.188/32"}
      }
    }
  ]
}
```

이 외에도 조건을 추가해 여러 개의 계정에 한꺼번에 접근을 허용하거나, MFA 인증을 반드시 거치게 하거나, Amazon CloudFront를 통한 접근만 허용하는 것 그리고 특정 HTTP 참조기관의 트래픽을 거부하는 것도 가능하다. 또한 버킷에 대한 통제권을 유지한 채 객체 업로드에 대해서는 교차 계정 승인을 거치도록 할 수 있다.

접근 제어 목록

세 번째 접근 제어 방식은 즉 접근 제어 목록ACL, Access Control List을 이용하는 것이다. 각각의 버킷과 그 속에 포함된 객체는 ACL과 연동되므로 ACL을 통해 S3의 버킷 레벨 또는 객체 레벨에서 접근을 제어할 수 있다. IAM 정책과 버킷 정책은 세분화된 제어가 가능했지만 이번 접근 제어 목록 방식은 넓은 범위의 제어에 초점을 맞추고 있으며, 단지 접근 승인을 한 곳과 접근 승인을 받은 곳으로만 나타낼 수 있다. 예를 들어, ACL을 통해 기업 계정에 포함된 직원들 이외의 사용자에게는 기본적인 리드 온리 권한만 부여할 수 있다. 버킷 정책과 접근 제어 목록은 S3 리소스에 부착하는 방식으로 사용하므로 리소스 기반 정책으로 분류된다.

S3 보안의 베스트 프랙티스

Amazon S3에는 온갖 종류의 데이터가 저장돼 있으므로 안전하게 데이터를 보호하는 것이 무엇보다 중요하다. 다음은 S3에서 데이터를 안전하게 보호하는 전략이다.

- S3 버킷에 대한 퍼블릭 액세스를 허용해서는 안 된다. S3 버킷을 퍼블릭 액세스할 수 있다는 말은 모든 파일이 아무에게나 노출될 수 있다는 의미다.

Amazon S3 Block Public Access 기능을 이용해 S3 버킷에 대한 퍼블릭 액세스를 효과적으로 제한할 수 있다.

- '최소한의 접근 권한' 전략을 사용한다. S3 버킷에 접근해야 하는 사람에게도 관련 작업에 해당하는 만큼만 권한을 부여하고, S3 버킷에 접근할 필요가 없는 사람에게는 접근 거부 정책을 적용한다. 기본적으로는 접근 필요 인력 이외의 모든 사람은 접근 거부 정책을 적용해야 한다.

- 다중인증^{MultiFactor Authentication}(이하 MFA) 시스템을 활용한다. MFA Delete 설정을 통해 데이터의 삭제 권한이 없는 사람은 삭제 작업을 할 수 없도록 제한한다.

- S3 버킷에 대한 감사를 수행한다. 감사는 정기적으로 실시해 보안 간극을 줄이도록 한다. AWS Trusted Advisor를 이용해 버킷 접근 허용에 대한 감사를 수행할 수 있다(자세한 내용은 9장에서 설명한다).

- IAM 롤을 활용한다. 관리자는 IAM 롤을 이용해 접근 권한 정보를 관리할 수 있다(IAM 롤은 5장에서 설명한다).

Amazon S3 스토리지 클래스

Amazon S3는 다양한 상황에 대응할 수 있도록 다양한 스토리지 클래스를 제공한다. 기업의 활용 방식 및 비즈니스 니즈에 따라 적합한 스토리지 클래스를 선택할 수 있으며, 상황 변화에 따라 하나의 스토리지 클래스에서 또 다른 클래스로 데이터를 이동시킬 수 있다. 이때 데이터 라이프 사이클 정책 또는 규칙을 자동으로 변경할 수 있다. 새로운 데이터 라이프 사이클 정책을 통해 하나의 스토리지 클래스에서 다른 클래스로 파일을 이동시킬 수 있다.

Amazon S3의 스토리지 클래스는 다음과 같다.

- **Amazon S3 Standard** Amazon S3 Standard는 AWS의 기본형 스토리지로 빈번하게 접근하는 데이터를 위한 고신뢰성, 고가용성, 고성능을 제공한다. S3 클래스 중 가장 많은 사용자가 선택하는 클래스이며, 웹사이트, 콘텐츠 스토리지, 빅데이터 분석, 모바일 애플리케이션 등 다양한 용도로 사용된다.

S3 Standard는 99.999999999%의 신뢰성, 연간 99.99%의 가용성을 보장하고, S3 SLA의 기본 요건을 충족한다. 전송 중 및 저장 후 데이터에 대한 SSL 암호화를 지원하고, 데이터 라이프 사이클 정책, 크로스 리전 복제, 이벤트 알림 등의 기능을 제공한다. Amazon S3 Standard에 있는 파일은 세 개 시설에 비동기적으로 복제돼 저장되며, 두 개 시설에서 데이터가 손실돼도 문제가 없도록 설계됐다.

- **Amazon S3 Standard IA** IA는 Infrequent Access의 약자로 다른 클래스에 비해 상대적으로 접근 빈도가 낮은 데이터를 위한 스토리지 클래스다. Standard와 동일하게 99.999999999%의 신뢰성, 연간 99.99%의 가용성을 보장하고, 동시다발적 재난상황 대응, 전송 중 및 저장 후 데이터에 대한 SSL 암호화 지원, 데이터 라이프 사이클 정책, 크로스 리전 복제, 이벤트 알림 등의 기능을 제공한다. 접근 빈도가 낮은만큼 Standard에 비해 비용이 매우 저렴하므로, 경제성이 중요한 장기저장, 백업, 재해 복구 등의 목적으로 활용된다. 라이프 사이클 정책을 통해 파일을 Standard에서 Standard IA로 이동시킬 수 있다.

TIP 스토리지 클래스는 S3 객체의 다양한 속성에 대응하기 위한 클래스다. 클래스가 다르더라도 S3 버킷이 달라지는 것은 아니며, Standard에서 Standard IA로 이동할 때도 동일한 URL을 사용한다. 따라서 파일을 이동시키고자 애플리케이션 코드를 수정하거나 다른 URL을 설정할 필요는 없다.

- **Amazon S3 One Zone-IA** 최근 추가된 One Zone-IA는 평소에는 낮은 빈도로 접근하지만, 때에 따라서 매우 신속하게 접근할 수 있는 스토리지 클래스다. 세 개의 AZ에 분산 복제되는 Standard 클래스와 달리 One Zone-IA는 말 그대로 단일 AZ에만 저장되지만, Standard나 Standard IA와 동일한 수준의 고신뢰성, 고가용성, 고속전송성을 제공하면서도 Standard IA보다 20% 저렴하다. One Zone-IA 스토리지는 객체 레벨에서 설정되므로 Standard 및 Standard IA와 동일한 버킷에 존재할 수 있으며, S3 라이프 사이클 정책 변경만으로 하나의 파일이 세 가지 클래스를 이동할 수 있다.

- **Amazon S3 Intelligent-Tiering** Amazon S3 Intelligent-Tiering은 데이터에 대한 액세스 패턴에 따라 자동으로 하나의 스토리지에서 다른 스토리지로 이동시켜 비용을 최적화한다. 이 기능을 이용해 Amazon S3에서 액세스 패턴을 모니터링한 뒤, 하나의 스토리지 클래스에서 다른 스토리지 클래스로 데이터를 자동으로 옮길 수 있다. 예를 들어, 특정 객체에 30일 이상 접근하지 않은 경우 S3 Intelligent-Tiering은 자동으로 해당 객체를 좀 더 낮은 티어로 이동시킨다. 이후 파일을 다시 이용하게 되면 상위 티어로 이동시킨다.

- **Amazon S3 Glacier** Amazon S3 Glacier는 데이터 아카이브, 즉 데이터 장기보관을 목적으로 활용된다. 99.999999999%의 신뢰성을 제공하고, 데이터 전송 및 저장 시 SSL 암호화 기능을 제공한다. 기본 목적이 데이터 아카이브인 S3 Glacier에서 데이터를 인출할 때는 촉진, 표준, 벌크 등 소요시간과 비용이 다른 세 가지 옵션 중 하나를 선택할 수 있다. 촉진 인출 옵션은 1~5분이라는 짧은 시간 내에 목적 데이터를 인출할 수 있고, 표준 인출 옵션은 3~5시간, 벌크 인출 옵션은 페타바이트급 데이터를 하루 정도의 시간(5~12시간) 내에 인출할 수 있다. S3 Glacier는 다른 클래스에 비해 무척 저렴하며 2장 후반에서 상세히 설명한다.

- **Amazon S3 Glacier Deep Archive** Amazon S3 Glacier Deep Archive는 장기 아카이브 스토리지다. 예를 들어, 법규에 의해 특정 업무와 관련된 모든 데이터를 7년 또는 10년간 보관해야 하는 경우 유용한 선택안이 될 수 있다. 여러분은 이 데이터를 연간 한 번 또는 두 번 정도 이용하게 될 것이다. Glacier Deep Archive는 자기 테이프 드라이브의 대체재로 이상적이다. S3 Glacier Deep Archive는 3개의 서로 다른 AZ에 데이터를 저장하므로 99.999999999 퍼센트의 내구성을 제공하며, 여기에 보관된 데이터를 복원하는 데는 최대 12시간이 소요될 수 있다.

표 2-2 S3 스토리지 클래스별 성능 특성 비교

특징	S3 Standard	S3 Intelligent-Tiering	S3 Standard-IA	S3 One Zone-IA	S3 Glacier	S3 Glacier Deep Archive
내구성	99.9999999999% (11개의 9)	99.9999999999% (11개의 9)	99.9999999999% (11개의 9)	99.9999999999% (11개의 9)	99.9999999999% (11개의 9)	99.9999999999% (11개의 9)
가용성	99.99%	99.99%	99.99%	99.5%	99.99%	99.99%
가용성 SLA	99.9%	99%	99%	99%	99.9%	99.9%
AZ	23	23	23	1	23	23
객체별 과금 최소 용량	없음	없음	128KB	128KB	40KB	40KB
과금 최소 저장 기간	없음	30일	30일	30일	90일	180일
인출 비용	없음	없음	per GB retrieved	per GB retrieved	per GB retrieved	per GB retrieved
전송 지연	밀리초	밀리초	밀리초	밀리초	수 분~수 시간	수 시간
스토리지 타입	오브젝트	오브젝트	오브젝트	오브젝트	오브젝트	오브젝트
라이프 사이클 전환	가능	가능	가능	가능	가능	가능

표 2-2는 Amazon S3 스토리지 클래스별 성능 특성을 비교한다.

아래의 방법에 따라 파일을 하나의 스토리지 클래스에서 또 다른 클래스로 이동시킬 수 있다.

- S3 라이프 사이클 정책 생성
- AWS CLI에서 S3 복제 명령 (aws s3 cp) 실행
- Amazon S3 콘솔 활용
- SDK 활용

Amazon S3에서의 객체 버전 관리

버저닝^{Versioning} 은 동일한 파일의 다양한 업데이트 상태를 관리하는 방법으로 적절한 버저닝 기법을 통해 동일 파일의 서로 다른 10가지 버전을 업로드할 수 있다. 이들 파일은 모두 S3 버킷에 저장되며, 각각의 파일은 유일무이한 버전 번호를 할당 받는다. 하지만 S3 버킷에서 특정 파일을 찾을 때는 서로 다른 10가지 버전이 아닌 원하는 단 하나의 파일만 찾을 것이다. S3는 하나의 파일에 존재하는 모든 버전을 저장하며, 다양한 버전 옵션을 통해 필요로 하는 파일만을 찾고 다운로드 할 수 있도록 도와준다. 실수로 특정 파일을 삭제하거나 업데이트한 경우 직전 버전의 파일이 필요할 수 있다. 이때 버저닝이 보험과 같은 역할을 담당하며, 이와 같은 어려운 상황에서 필요로 하는 파일을 안전하게 보호해주는 역할도 수행한다. 버저닝을 통해 파일을 보존하고 인출하는 것뿐만 아니라 모든 버전의 파일을 안전하게 복원할 수 있도록 돕는다. S3는 버킷에 있는 기존의 파일에 PUT, POST, COPY, DELETE와 같은 작업이 실행됐을 때도 복원이 가능하도록 버저닝 기능을 지원한다.

GET 요청은 기본 설정에 의해 최신 버전의 파일을 가져오며, 콘솔을 통해 파일을 다운로드한 경우 해당 파일의 최신 버전만 보여준다. 이전 버전의 파일이 필요한 경우 GET 요청 시 세부적인 버전 정보를 추가하면 된다.

버저닝과 라이프 사이클 규칙을 함께 사용해 이전 버전의 파일을 좀 더 저렴하거나 중요도가 낮은 스토리지 클래스로 이동시킬 수 있다. 예를 들어, 30일이 경과한 이전 버전의 모든 파일을 S3 Glacier로 이동시키고, 다시 30일이 지나면 S3 Glacier에서

삭제하도록 할 수 있는데, 이는 60일 단위의 롤백 규칙이다. 일단 버저닝을 활성화하면 다시 비활성화할 수 없으며, 객체 버저닝 작업이 중단되도록 할 수는 있다.

> **TIP** 버저닝은 버킷 레벨에서 실행되는데, 만일 S3 버킷에 수천 개의 객체를 가지고 있다면 일부 파일에 대해서만 버저닝이 필요할 수 있다. 이럴 때는 버전이 필요한 파일만 별도의 버킷에 저장해 버전 관리를 하는 것이 좋으며, 수천 개의 파일이 불필요하게 버저닝되는 것을 피할 수 있다.

Amazon S3의 객체 라이프 사이클 관리

라이프 사이클 매니지먼트를 활용하면 S3의 성능을 극대화하면서 비용은 줄일 수 있다. 스토리지와 관련된 다양한 정책을 생성하고, 파일의 라이프 사이클에 따른 중요도 및 맥락에 따라 하나의 스토리지 클래스에서 다른 클래스로 이동시킬 수 있다. 라이프 사이클 정책을 통해 다음과 같은 두 가지 주요 임무를 수행할 수 있다.

- **파일 이동** 서로 다른 클래스 간에 객체를 이동시키는 규칙을 추가할 수 있다. 예를 들어, 로그 파일 생성 후 일주일이 경과하면 S3-IA 클래스로 이동시키는 것이다.

- **파일 소멸** 객체가 소멸된 후의 사항을 정의할 수 있다. 예를 들어, S3에서 파일을 삭제한 경우 삭제한 파일을 일정 기간 동안 별도의 폴더에 임시 보관하는 규칙을 추가할 수 있다.

스토리지 라이프 사이클 관리가 중요한 이유는 몇 가지가 있다. 예를 들어, 아카이브 스토리지에 보관된 지 7년이 경과한 데이터에 대한 실행 규칙을 정의하거나, 금융 및 헬스케어 분야의 중요 기록에 대한 저장 규칙을 정의할 수 있으며, 정부 기관 등의 강행 규정에 맞춰 데이터베이스의 모든 백업 파일을 몇 년간 보관할지에 대한 규칙을 만들 수 있다. 또한 특정 파일이 하나의 스토리지 클래스에서 다른 스토리지 클래스로 이동하고, 최종적으로 삭제되는 과정을 정의할 수 있다. 예를 들어, 생성된 지 일주일이 된 S3의 모든 로그파일을 S3-IA로 옮기고, 다시 한달 후에는 S3 Glacier로 옮기며, 일년 후에는 Amazon S3 Glacier Deep Archaive로 옮기는 규칙을 작성할 수 있다.

TIP

라이프 사이클 규칙은 버킷에 추가되며, 일부 파일에만 해당 규칙이 적용되기를 원할 경우 특수한 프리픽스를 추가해 해당 프리픽스 요소에만 라이프 사이클 규칙이 적용되도록 한다.

Amazon S3의 복제

S3 복제 기능을 이용해 S3 버킷에 저장된 모든 파일을 복사하고 다른 버킷에 자동으로 저장할 수 있다. 이후 기존 버킷에 새 파일이 추가되면 해당 파일도 다른 버킷에 자동으로 저장된다. 복제를 통해 하나의 계정에서 다른 계정으로, 하나의 스토리지 클래스에서 다른 스토리지 클래스로 그리고 동일 리전에서는 물론, 하나의 리전에서 다른 리전으로 데이터를 옮겨서 저장할 수 있다. S3 복제 작업은 외부에 드러나지 않은 채 비동기적인 방식으로 진행된다. S3 복제 기능 설정하려면 소스 버킷 및 타깃 버킷을 설정하고 복제 작업 수행에 요구되는 롤 퍼미션을 추가한다.

AWS는 S3 복제를 두 가지 유형으로 제공한다.

- **교차 리전 복제**CRR, Cross-Region Replication 서로 다른 리전 간의 객체 복제에 사용된다.
- **동일 리전 복제**SRR, Same-Region Replication 동일 리전 내에서의 객체 복제에 사용된다.

CRR과 SRR 비교

상당수의 기업은 매우 중요한 데이터 복제물을 최소 수십 킬로미터 이상 떨어진 곳에 보관하는데, 이는 해당 기업의 데이터 규정 및 재난복구 대응 정책을 따른 것이다. AWS에서는 이를 위해 S3 버킷의 서로 다른 리전에의 복제 서비스를 제공하고 있으며, 크로스 리전 복제 기능을 통해 모든 객체는 원격의 리전에 있는 S3 버킷에 자동으로 복제 및 저장된다.

CRR(교차 리전 복제)를 이용하면 S3 버킷에 있는 객체를 자동으로 다른 리전에 복제할 수 있다. 하나의 리전에서 또 다른 리전으로 파일을 자동 복제하려면 크로스 리전 복제 기능을 활성화해야 하며, 객체는 비동기적으로 복제돼 전송된다. CRR은 객체의 비동기적 복제 기능을 제공하며, 글로벌 사용자를 대상으로 한 서비스를 운영하는 경우 전송 지연을 최소화할 수 있다. 좀 더 나은 사용자 경험을 위해 S3 CRR 설정 시 하나의 리전에서 해당 사용자와 가장 가까운 리전에 데이터를 복제할 수 있다.

SRR(동일 리전 복제)를 이용하면 동일 리전 내의 서로 다른 S3 버킷에 있는 객체를 자동으로 복제할 수 있다. SRR은 S3 버킷 간의 데이터 복제가 필요한 경우, 상용 환경에서 테스트 또는 개발 환경으로 데이터 복제가 필요한 경우, 여러 계정에 특정 파일을 복제해서 저장해야 하는 경우, 여러 개의 버킷에 있는 객체를 하나의 버킷으로 통합해서 관리하려는 경우에 적합한 데이터 저장 방식이다. SRR은 특히 데이터 레이크 구현에 유용하다. SRR을 이용해 로그 파일을 빠짐없이 저장하고, 분석 실행 시 이들 로그 파일의 복제본을 다시 활용할 수 있기 때문이다.

예를 들어, jbawsbook이라는 이름의 버킷이 있고, 여기에 CRR을 적용하려는 경우를 살펴보자. CRR 적용에 앞서 몇 가지 고려할 사항이 있다.

- 소스와 타깃 버킷에 버저닝 기능이 활성화돼 있어야 한다. 버저닝 기능이 활성화되지 않은 경우 CRR을 사용할 수 없다.
- CRR에서 소스 버킷 오너는 복제에 사용할 타깃 리전을 지정해야 한다. SRR의 경우 이 규칙이 적용되지 않는다.
- Amazon S3 파일 복제를 위한 퍼미션 롤이 있어야 한다.
- 때로는 버킷 오너가 복제할 객체를 소유하지 못한 경우도 있다. 이런 경우 해당 객체 오너가 ACL을 이용해 객체에 READ 및 READ_ACP 퍼미션을 부여해야 한다.
- 소스 버킷에 Object Lock이 활성화돼 있는 경우 타깃 버킷도 Object Lock이 활성화돼 있어야 한다. S3 Object Lock 옵션이 있는 경우 WORM^Write Once Read Many 모델로 객체를 저장할 수 있으며, 사용자는 이 옵션을 이용해 일정 기간 또는 영구적으로 해당 객체의 삭제 또는 덮어쓰기를 방지할 수 있다.
- 소스 버킷 및 타깃 버킷을 서로 다른 계정이 소유하고 있는 경우 타깃 버킷 오너는 소스 버킷 오너에게 객체 복제 퍼미션을 부여해야 한다.

콘솔에서 복제 환경을 설정하자.

1. 콘솔을 열고 S3 버킷을 선택한다.

2. Management 탭을 열고 Replication을 클릭한다. 여기서 CRR 및 SRR 옵션을 선택할 수 있다. 그림 2-3과 같이 Create replication rule 버튼을 클릭한다.

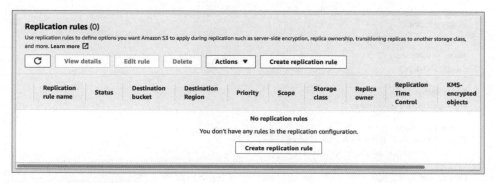

그림 2-3 S3 버킷 복제 시작하기

3. 그러면 그림 2-4와 같이 위 섹션에서 Rule 범위 옵션과 프리픽스 또는 태그 등으로 구분된 객체만 복제하는 Prefix 및 Tags 옵션이 나타난다. AWS KMS 로 암호화된 객체를 복제하려는 경우 Encryption 섹션에서 Replicate Objects Encrypted With AWS KMS를 선택한다.

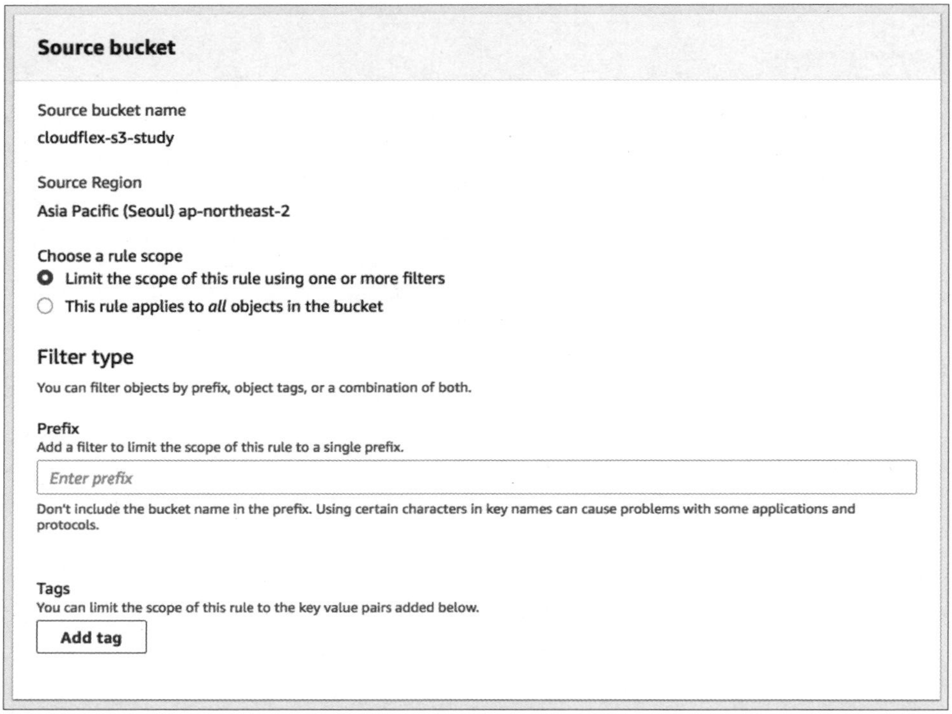

Source bucket

Source bucket name
cloudflex-s3-study

Source Region
Asia Pacific (Seoul) ap-northeast-2

Choose a rule scope
- ● Limit the scope of this rule using one or more filters
- ○ This rule applies to *all* objects in the bucket

Filter type

You can filter objects by prefix, object tags, or a combination of both.

Prefix
Add a filter to limit the scope of this rule to a single prefix.

> Enter prefix

Don't include the bucket name in the prefix. Using certain characters in key names can cause problems with some applications and protocols.

Tags
You can limit the scope of this rule to the key value pairs added below.

Add tag

그림 2-4 Replication Rule 화면에서 소스 설정하기

4. 그림 2-5와 같은 화면에서 Destination bucket을 선택한다. 이때 동일 계정 또 는 다른 계정의 버킷을 선택할 수 있으며, 파일 복제를 위한 다른 스토리지 클 래스도 선택할 수 있다. 기본적으로 동일 스토리지 클래스에서 파일을 복제하 지만 콘솔에서 Standard, Intelligent-Tiering, Standard-IA, One Zone-IA, Glacier and Glacier Deep Archive 등 다양한 옵션 중 선택할 수 있다.

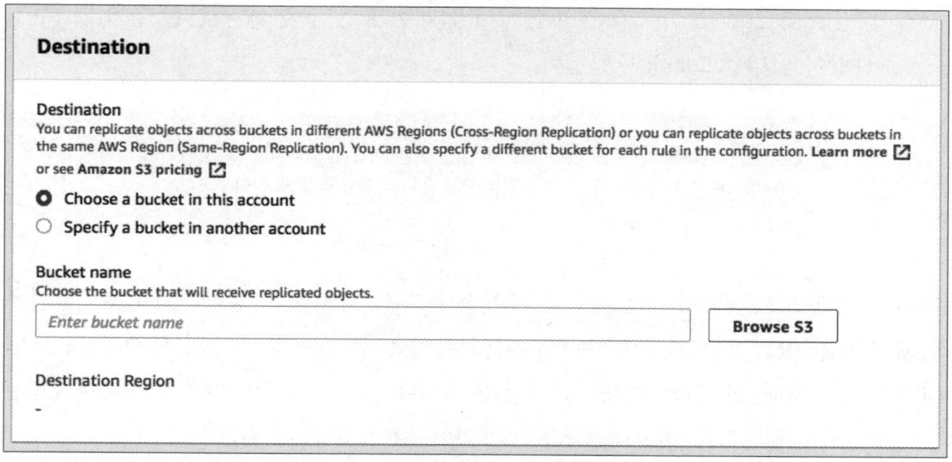

Destination

Destination
You can replicate objects across buckets in different AWS Regions (Cross-Region Replication) or you can replicate objects across buckets in the same AWS Region (Same-Region Replication). You can also specify a different bucket for each rule in the configuration. **Learn more** 🔗 or see **Amazon S3 pricing** 🔗

⦿ Choose a bucket in this account
◯ Specify a bucket in another account

Bucket name
Choose the bucket that will receive replicated objects.

| Enter bucket name | Browse S3 |

Destination Region
-

그림 2-5 Destination bucket 선택 및 Time Control 설정

5. 마지막 옵션은 S3 Replication Time Control이며, 원하는 시간만큼 복제 기간을 설정할 수 있다. 이 옵션이 적용될 경우 Amazon S3의 새 객체의 99.99퍼센트는 15분 주기로 복제된다.

6. 환경설정 규칙 옵션에서 S3가 소스 버킷에서 해당 객체를 가져온 뒤 타깃 버킷에 복제할 수 있도록 IAM role을 선택한다. 롤 설정을 통해 다른 AWS 계정이 소유한 객체도 복제할 수 있다(IAM은 5장에서 살펴본다).

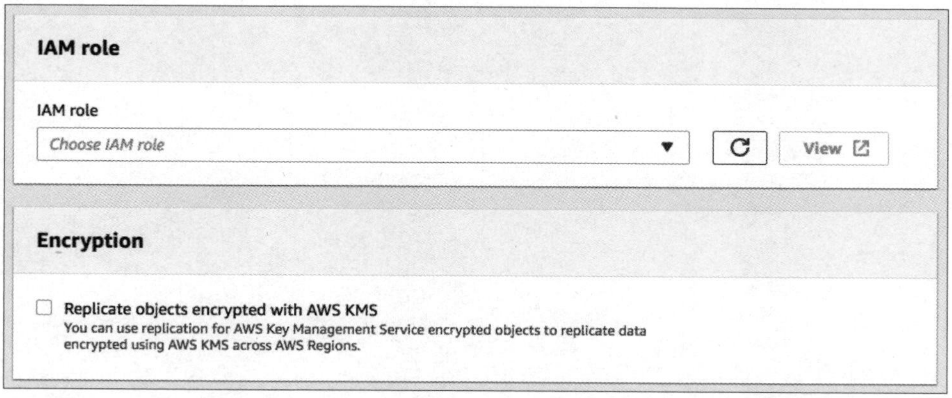

IAM role

IAM role

| Choose IAM role ▼ | C | View 🔗 |

Encryption

☐ Replicate objects encrypted with AWS KMS
You can use replication for AWS Key Management Service encrypted objects to replicate data encrypted using AWS KMS across AWS Regions.

그림 2-6 IAM 내역 설정

7. 다음으로 그림 2-7과 같은 화면에서 선택한 모든 옵션을 확인할 수 있다. 수정
   사항이 있다면 Edit을 클릭한다.

 NOTE 복제본은 새 객체에만 적용된다. 버킷에 있던 기존 파일에 대해서는 복제 작업이 자동으로 이뤄
지지 않으며, 직접 복제하거나 CLI 또는 SDK 등으로 복제 작업을 진행해야 한다.

복제 상태를 모니터링하려면 소스 객체에서 HEAD 작업을 시행한다. HEAD 작업은
객체 자체가 아닌 객체가 지닌 메타데이터를 인출하며, 개별 객체의 복제 상태 모니
터링에 유용하다. HEAD 작업을 위해서는 객체에 읽기 접근을 해야 한다(HEAD 작업
은 이 책에서 다루지 않으므로 Amazon S3 API 가이드를 참고하기 바란다).

그림 2-7 복제 환경 설정 내역

Replication rules

Replication enables automatic and asynchronous copying of objects across buckets in the same or different AWS Regions. A replication configuration is a set of rules that define what options should be applied to a group of objects during replication.

Replication configuration settings
Configuration settings affect all replication rules in the bucket.

Source bucket	IAM role
cloudflex-s3-study	aws-service-role/support.amazonaws.com/AWSServiceRoleForSupport
Source Region	
Asia Pacific (Seoul) ap-northeast-2	

Replication rules (1)
Use replication rules to define options you want Amazon S3 to apply during replication such as server-side encryption, replica ownership, transitioning replicas to another storage class, and more. Learn more

Replication rule name	Status	Destination bucket	Destination Region	Priority	Scope	Storage class	Replica owner	Replication Time Control
cloudflex-srr-0416	Enabled	s3://cloudflex-s3-lab21	Asia Pacific (Seoul) ap-northeast-2	0	Entire bucket	Transition to Standard	Same as source	Enabled

그림 2-8 복제 환경 설정 결과 확인

Amazon S3에서 정적 웹사이트 호스팅하기

Amazon S3에서 정적 웹사이트를 호스팅할 수 있다. 여기서 정적 웹사이트란 콘텐츠가 변경되지 않고 정적으로 유지되는 상태를 의미한다. 이와 같은 정적 웹사이트에도 일부 클라이언트에서 작동하는 스크립트가 사용되기는 하지만 기본적으로는 데이터를 반영해 동적으로 변경되지 않는다. 이와 달리 동적 웹사이트는 PHP, JSP 등 서버측 언어를 사용해 콘텐츠를 동적으로 변경한다. Amazon S3는 서버측 스크립트를 지원하지 않으므로 정적 웹사이트만 호스팅이 가능하다.

Amazon S3에서 정적 웹사이트를 호스팅하는 작업은 간단하다. 다음 절차를 따르면 수 분만에 S3에서 정적 웹사이트를 호스팅할 수 있다.

1. AWS 매니지먼트 콘솔에서 Amazon S3를 선택한다.

   https://console.aws.amazon.com/s3/

2. Bucket Name 목록에서 정적 웹사이트를 호스팅할 버킷을 선택한다.

3. Properties 메뉴를 선택한다.

4. 화면 하단 Static WebSite Hosting을 선택한다. 정적 웹사이트 호스팅 기능을 활성화하면 S3의 웹사이트 호스팅용 버킷 엔드포인트에 누구나 접속할 수 있게 된다.

5. 그림 2-9와 같이 Use This Bucket To Host A Website를 선택한다. Index Document에서 index.html 문서를 설정한다. 버킷을 이용한 정적 웹사이트 설정 시 index.html 문서 설정은 필수 사항이다. Amazon S3는 루트 도메인 또는 서브 폴더에 대한 요청이 있을 때 해당 페이지를 반환한다. 마지막으로 Save를 클릭한다.

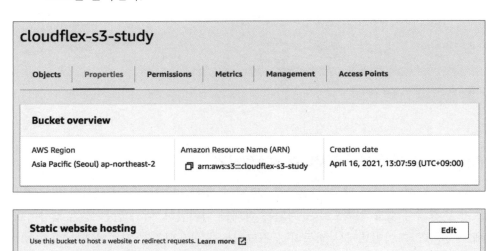

그림 2-9 Static website hosting 옵션 선택

6. 웹브라우저로 접속한 모든 사용자가 버킷의 모든 객체에 접근할 수 있도록 버킷 정책을 추가한다. 웹사이트 호스팅의 목적으로 버킷을 설정할 때는 그에 포함된 객체에 모두가 접근할 수 있도록 해야 한다. 이를 위해 버킷 정책에 s3:GetObject 퍼미션을 추가한다(실습 2-3에서 같이 실습해 보자).

Amazon S3 Glacier

Amazon S3 Glacier는 데이터 아카이브 및 장기보관 백업을 위한 저비용 클라우드 스토리지다. S3 Glacier는 S3의 다른 서비스처럼 높은 신뢰성과 안전성을 제공하지만 가장 큰 특징은 낮은 비용이라 할 수 있다. Amazon S3 Glacier의 데이터 저장 비용은 월간 1테라바이트당 1달러로 매우 저렴하다. 앞서 살펴본 바와 같이 Amazon S3 Glacier는 Amazon S3 Glacier와 Amazon S3 Glacier Deep Archive 두 가지 유형이 있으며, 다양한 산업에서 다음과 같이 활용된다.

- **자기 테이프 스토리지 대체** 테이프 아카이브를 관리하는 것은 무척 어려운 일이며, 규제 정책에 따라 오래된 데이터를 아카이브로 보관해야 하는 경우 어쩔 수 없이 자기 테이프 드라이브를 이용하게 된다. 테이프 라이브러리 운영에는 대규모의 자본적 지출이 발생하며, 관리에도 높은 수준의 주의가 필요하다. 또한 규제 정책에 따른 중복 백업을 구현하기 위해 새로운 장소에 테이프 아카이브를 이동시켜야 하는 경우도 자주 발생한다. 이처럼 테이프 라이브러리는 관리비 외에 이송비 등 예기치 못한 비용 항목이 다수 추가된다. 또한 자기 테이프의 내용을 복원하려는데 테이프가 노후화돼 데이터가 읽어지지 않는 상황도 발생한다.

  반면 Amazon S3 Glacier는 고정 비용이 없고 이를 사용하는 고객은 별도의 지출을 할 필요도 없다. 또한 자기 테이프 방식에서 발생하는 관리비용이 없고, 신뢰성은 S3 수준으로 높으므로 대규모 기업을 운영하는 다수의 고객이 기존의 테이프 라이브러리에서 Amazon S3 Glacier Deep Archive로 넘어오고 있다.

- **헬스케어/생명과학/과학 데이터 저장** 지난 수십 년 간 생명과학은 매우 빠르게 발전해 왔으며, 그중 한 분야인 유전자공학에서 단일 염색체에 대한 정보만 테라바이트 급으로 방대하다. 또한 헬스케어와 같은 다양한 분야에서 엄청나게 많은 데이터가 실시간으로 쏟아지고, 과학자는 이 데이터를 통해 인사이트를 추출하기 위해 노력한다. 모든 데이터는 생성, 분석, 아카이브 등의 과정을 거치며, S3 Glacier는 이 과정의 모든 데이터를 저장하는 데 적합하다. 이런 데이터 가운데 의료 데이터는 생성, 이동, 보관에서 엄격한 규제 정책을 따라야 한다. 특

히 환자의 진료 기록은 페타바이트 급으로 커지고 있으며, 고객은 S3 Glacier를 통해 낮은 비용으로 데이터를 장기 보관할 수 있다.

- **미디어 자산 아카이빙/디지털 보관** 뉴스 방송사나 게임 대회의 영상과 같은 미디어 자산은 짧은 시간 안에 수 페타바이트 급으로 커지곤 하는데, S3 Glacier는 이러한 미디어 자산을 관리하기에 적합하다. 시청자의 요구가 커져서 콘텐츠를 다시 배포하거나 재방영할 경우 해당 데이터를 S3로 옮기기만 하면 된다. S3 Glacier는 비디오 아카이브 외에도 오디오 아카이브, e-북 아카이브에도 활용된다.

- **규제 정책에 따른 아카이빙/장기 백업 보관** 상당수의 기업과 기관은 정부 또는 국제 기구가 정해 놓은 규제 정책에 따라 특정 데이터를 수년간 보관해야 하는 경우가 자주 발생한다. 또한 외부의 규제 정책이 아닌 기업 내부의 정책에 따라 특정 데이터를 장기간 백업해야 하는 경우도 많다. Amazon S3 Glacier 볼트 잠금은 이와 같은 규제 정책 기반 스토리지 환경 설정에 도움을 준다(Amazon S3 Glacier 볼트 잠금은 잠시 후 소개한다).

Amazon S3 Glacier의 주요 용어

Amazon S3 Glacier에서 사용하는 주요 용어에 대한 설명은 다음과 같다.

Amazon S3 Glacier에 데이터를 업로드하는 것은 데이터 아카이브에 저장한다는 의미다. 하나의 파일을 업로드한다면 해당 파일에 대한 아카이브가 생성되는데 이는 비효율적이므로 TAR 또는 ZIP 등의 도구를 이용해 아카이브에 포함시킬 데이터를 압축한 뒤 S3 Glacier에 업로드할 것을 권장한다. 개별 파일마다 아카이브를 구성하는 것보다는 여러 개의 데이터를 하나의 파일로 묶어서 아카이브를 구성하는 편이 훨씬 저렴하다. 다른 S3 스토리지와 마찬가지로 S3 Glacier 역시 저장될 파일 수에 대한 제한은 없다.

하나의 S3 Glacier 아카이브의 용량은 최소 1 byte에서 최대 40TB이며, 업로드 개수 제한은 없다. 아카이브는 기본적으로 write-once 전략을 따르므로 한 번 생성하면 수정이 불가능하다. 아카이브에 저장된 파일은 수정할 수 없으므로Immutable 해당 콘텐츠를 수정해야 한다면 일단 다운로드해서 수정한 뒤 재업로드해야 한다.

100MB 이상의 아카이브를 업로드할 경우 좀 더 작은 단위로 세분화돼 개별적으로 전송되는 멀티파트 업로드 기능을 사용하는 것이 좋다. 여러 개로 나눠진 파일은 업로드 완료 후 다시 하나의 아카이브로 합쳐진다. 단일 업로드 요청이 가능한 최대 아카이브 크기는 4GB고, 각 S3 Glacier 볼트는 아래 형식의 유일무이한 주소를 갖는다.

https://⟨region-specific endpoint⟩/⟨account-id⟩/vaults/⟨vault-name⟩/
archives/⟨archive-id⟩

아카이브는 데이터를 위한 금고 역할을 수행하는 볼트^{Vault}에 저장된다. 여러 개의 아카이브로 하나의 그룹을 만든 뒤, 이를 하나의 볼트에 넣어둘 수 있다. 볼트는 S3의 버킷과 비슷한 개념의 저장소이자 아카이브용 컨테이너라 할 수 있고, S3 Glacier 내부 데이터의 구조를 정리하는 데 활용된다. 또한 볼트마다 서로 다른 접근 권한을 부여할 수 있으며, 다양한 사용자에게 다양한 권한 수준의 볼트에 접근하도록 할 수 있다. 리전당 그리고 계정당 최대 1,000개의 볼트를 생성할 수 있고, 볼트를 관리하는 데 태그를 활용할 수 있다. 볼트를 삭제할 때는 먼저 볼트에 포함된 데이터를 모두 삭제해야 한다.

Amazon S3 Glacier 볼트 잠금^{Vault Lock}은 볼트 잠금 정책을 이용해 좀 더 쉽게 볼트를 배포하고 규제 정책을 반영할 수 있게 한다. 볼트 잠금 정책에 WORM^{Write Once Read Many} 규칙을 추가해 다른 사용자의 편집 또는 수정을 막을 수 있다. 볼트 잠금 정책이 적용되면, 볼트에 대한 수정이 불가능해지며, 규제 정책을 확실하게 적용할 수 있다.

볼트 인벤토리라 부르는 S3 Glacier의 아카이브 인덱스는 24시간마다 갱신된다.

아카이브 또는 볼트 인벤토리에서 데이터를 인출하려면 해당 파일에 대한 인출 요청 내용을 담은 S3 Glacier 잡을 제출해야 한다. 이 작업은 S3 Glacier 내에서 비동기적으로 이뤄지며, 이와 관련한 잡 유형, 잡 생성 날짜, 잡 상태, 완료 날짜 등 연관 정보가 S3 Glacier에 기록된다. S3 Glacier 잡이 종료되면, 원하는 파일인 잡 아웃풋을 다운로드할 수 있다. S3 Glacier는 알림 기능을 제공하므로 잡 종료 시 해당 내용을 알려주도록 설정할 수 있으며, Amazon SNS를 이용해 S3 Glacier 잡이 종료되면 관련 알림을 전송하도록 한다. 볼트에서 하나 이상의 아카이브를 인출하려 할 때는 잡을 제출해 인출에 필요한 준비 작업이 진행되도록 한다.

Amazon S3 Glacier에 접속하기

S3 Glacier는 다음 세 가지 방법으로 접속할 수 있다.

- Amazon S3 Glacier API 또는 SDK를 이용한 직접 접속
- Amazon S3 라이프 사이클 통합 서비스를 이용한 접속. 라이프 사이클 정책 설정을 통한 방법으로 S3에 있는 파일 중 3개월 또는 1년이 경과한 파일을 S3 Glacier로 이동시킨다.
- AWS 서드 파티 도구와 게이트웨이를 이용한 접속

Amazon S3 Glacier에 파일 업로드하기

Amazon S3 Glacier에 파일을 업로드하는 일은 간단하다. 일반적인 인터넷 연결을 통해 업로드할 수 있고, AWS Direct Connect를 이용해 기업 데이터 센터에 있는 데이터를 업로드할 수 있다. 파일의 수나 양이 방대한 경우 AWS Snowball을 이용해 데이터를 이송하고 S3 Glacier로 업로드한다.

처음 S3 Glacier에 데이터를 업로드하는 경우 데이터 컨테이너이자 은행의 금고 역할을 하는 볼트를 먼저 생성한다. 볼트는 리전 내에서 유일무이한 이름을 지니며, 볼트 생성이 완료되면 알림 메시지가 나타난다.

다음으로 볼트에 접근할 수 있는 사람과 볼트에서 이들의 권한을 정의하는 접근 정책을 정의하고 S3 Glacier 볼트 또는 리소스에 추가한다.

마지막으로 아카이브를 생성하고 볼트에 업로드한다. 대규모 아카이브의 경우 멀티파트 업로드 API를 이용해 여러 부분으로 아카이브를 전송한다. 아마존은 S3 Glacier 파일 업로드를 위해 Java와 .NET API를 지원한다. 아카이브를 업로드하면 내부적으로 아카이브 ID를 생성해 해당 아카이브를 식별한다.

Amazon S3 Glacier에서 파일 가져오기

Amazon S3 Glacier에서는 다음 세 가지 방식으로 파일을 가져올 수 있다.

- **스탠다드**Standard 몇 시간이 소요되는 저비용 데이터 인출 방식이다. 인출에 3~5시간이 소요되며, 기가바이트당 $0.01의 비용이 부과된다.
- **엑스퍼다이티드**Expedited 소수의 아카이브에 대한 일시적이고 긴급한 인출 방식이다. 인출에 1~5분이 소요되며, 기가바이트당 $0.03의 비용이 부과된다.
- **벌크**Bulk 페타바이트급 데이터를 위한 최저비용 인출 방식이다. 인출에 5~12시간이 소요되며, 기가바이트당 $0.0025의 비용이 부과된다.

S3 Glacier에서 데이터를 인출하는 작업 또한 간단하며, 다음 4단계를 거친다.

1. 데이터 인출을 위한 리트리벌 잡Retrieval Job을 제출한다. 리트리벌 잡 제출 시 스탠다드, 엑스퍼다이티드, 벌크 타입을 설정할 수 있다. 제출을 완료하면 리트리벌 잡을 모니터링할 수 있는 잡 ID가 생성된다.
2. 리트리벌 잡은 선택한 S3 Glacier 인출 타입에 따라 수 분에서 수 시간이 소요된다.
3. 리트리벌 잡이 완료되면 완료 알림 메시지가 나타난다.
4. 인출한 데이터를 다운로드한다.

S3 라이프 사이클 정책을 활성화하면 라이프 사이클 관리를 통해 데이터를 복원할 수 있다.

Amazon Elastic Block Store(EBS)

Amazon EBS는 Amazon EC2 인스턴스를 위한 영구 스토리지Persistent Storage 기능을 수행한다. 영구 스토리지는 EC2 인스턴스의 수명주기를 넘어서서 존재할 수 있는 스토리지의 의미이며, 신뢰성 높은 블록 레벨의 스토리지를 제공한다. Amazon EBS 볼륨은 네트워크에 부착돼 사용되며, 인스턴스 수명에 영향을 받지 않고 존속할 수 있다.

EBS 볼륨은 고가용성, 고신뢰성 스토리지 볼륨으로 EC2 인스턴스의 부트 파티션으로 사용되거나 실행 중인 EC2 인스턴스의 표준 블록 디바이스로 사용된다. EC2 인스턴스에 EBS 볼륨을 부착하면, EBS 볼륨은 서버를 위한 하드 드라이브와 같은 기능을 수행하게 된다(서버에서 사용하기 전 볼륨을 포맷해야 하는 것도 동일하다).

하나의 EC2 인스턴스에 여러 개의 EBS 볼륨을 부착할 수 있는데, 이렇게 하면 부트 볼륨과 데이터 볼륨을 별도로 관리할 수 있어 편리하다. 이를 위해 하나의 EBS 볼륨은 데이터용으로 만들고, 또 하나의 EBS 볼륨은 부트 볼륨으로 만든 뒤 동일한 EC2 인스턴스에 부착하면 된다. 단, EBS 볼륨은 한 번에 하나씩 EC2에 부착한다. 하지만 다수의 EC2 인스턴스에 동일한 EBS 볼륨은 부착할 수 없다. 유일한 예외 규칙은 다중 연결Multi-Attach 옵션의 EBS 볼륨을 사용하는 것이다. 아마존 EBS 다중 연결은 하나의 Provisioned IOPS SSD(io1) 볼륨을 동일 AZ에 있는 최대 16개의 니트로Nitro 기반 인스턴스에 추가할 수 있다.

EC2 인스턴스에 부착한 EBS 볼륨은 원하면 언제든 분리할 수 있고, 다른 EC2 인스턴스에 부착할 수 있다. EBS 볼륨은 특정 AZ에 속한 자원이기도 하므로 동일 AZ 내에서 서로 다른 EC2 인스턴스에 EBS 볼륨을 붙이거나 뗄 수 있지만, 서로 다른 AZ 간에는 EBS 볼륨 분리 및 부착이 불가능하다.

EBS 볼륨을 EC2 인스턴스에 부착한 뒤 해당 구조를 반영한 파일 시스템을 생성할 수 있다. 파일 시스템을 생성한 뒤에는 서버에서 필요한 어떤 작업이든지 수행할 수 있다. 활성화된 EBS 볼륨에서는 데이터베이스, 애플리케이션, 빅데이터 처리 업무, NoSQL 데이터베이스, 웹사이트 등 어떤 작업이라도 실행할 수 있다.

EBS 볼륨은 부트 파티션으로도 사용할 수 있다. EBS 볼륨을 부트 파티션으로 사용할 때는 EC2 인스턴스가 정지 후 재시동돼 해당 인스턴스 상태를 유지하기 위한 스토리지 리소스로서의 기능만 담당하게 된다. 또한 EBS 볼륨은 서버 재시동 후에도 유지되므로 기존에 저장된 내용은 그대로 남게 된다. EBS 볼륨은 EC2 인스턴스의 로컬 스토리지에 비해 훨씬 높은 수준의 견고성을 제공한다.

Amazon EBS는 볼륨에 대한 특정 시점의 스냅샷을 지속적으로 작성해 S3에 저장하는 방식으로 다수의 AZ에서 자동 복제 기능을 제공한다. 이렇게 생성된 스냅샷은 또 다른 EBS 볼륨 생성을 위한 시작점으로 활용할 수 있으며, 장기간 서버와 관련된 데이터를 안전하게 보호할 수 있다. 이들 스냅샷은 다른 부서의 동료, 개발자, 파트너와 공유할 수 있어 편리하다. 또한 스냅샷은 리전 간에도 복제해 사용할 수 있으므로 서로 다른 리전에서의 재난 복구, 데이터 센터 마이그레이션, 지역 확장 등에 편리하게 사용할 수 있고, 새로운 데이터 센터에 사용할 서버 인프라 구축 시 신속하고 간편하게 프로비저닝할 수 있다.

Amazon EBS의 특징

Amazon EBS의 주요 특징은 다음과 같다.

- **영구 스토리지** Amazon EBS는 EC2 인스턴스의 수명주기와 독립적인 생애주기를 갖는다.
- **범용성** Amazon EBS는 특정 포맷 형식을 따르지 않는 블록 스토리지로 어떤 OS에서도 사용할 수 있다.
- **고가용성 및 고신뢰성** Amazon EBS는 99.999%의 가용성을 제공하고 특정 컴포넌트가 실패할 경우 동일 AZ 내에서 자동으로 복제한다. 이때 주의할 점은 EBS 볼륨은 서로 다른 AZ 간에 복제되지 않는다는 것이며, 동일 AZ내 다른 서버 간에는 복제가 가능하다.
- **암호화 지원** Amazon EBS는 데이터가 EC2 인스턴스와 EBS 볼륨 간을 이동할 때와 저장 상태일 때 암호화를 지원한다.
- **다양한 저장 용량** 볼륨 크기는 1GB에서 16TB까지 가능하며, 사용자는 1GB 단위로 용량을 추가할 수 있다.
- **사용 편의성** Amazon EBS 볼륨은 쉽게 생성, 부착, 백업, 복원, 삭제할 수 있다.
- **실패 대응성** Amazon EBS의 AFR, 즉 연간실패율은 0.1~0.2 퍼센트에 불과하다.

Amazon EBS의 주요 서비스

Amazon EBS는 크게 세 가지 타입의 블록 스토리지 서비스를 제공한다.

- Amazon EC2 인스턴스 스토어
- Amazon EBS SSD-기반 볼륨
- Amazon EBS HDD-기반 볼륨

Amazon EC2 인스턴스 스토어

Amazon EC2 인스턴스 스토어는 EC2 인스턴스의 로컬 스토리지다. EBS 볼륨과는 달리 EC2 인스턴스 스토어는 다른 서버에 부착해서 사용할 수 없다. 또 영구 스토리지로 부르는 EBS와 달리 인스턴스를 위한 일시적인 스토리지로서 EC2 인스턴스를 셧다운하면 여기에 저장된 내용도 사라진다. 저장된 데이터는 영구적이지도, 다른 인스턴스 스토어에 복제되지도 않는다. 또한 스냅샷 기능도 제공되지 않으므로 해당 인스턴스 스토어를 위한 스냅샷을 만들 수 없다. 인스턴스 스토어는 SSD 및 HDD 타입 모두 가능하다.

Amazon EBS 볼륨

Amazon EBS는 실행하려는 워크로드를 위한 성능 및 비용에 따라 최적화된 다양한 옵션을 제공한다. 옵션은 크게 데이터베이스 및 부트 볼륨을 위한 고성능의 SSD와 로그 처리 및 맵리듀스^{MapReduce}와 같은 처리 성능에 집중한 HDD 타입으로 나뉜다.

Amazon EBS 일래스틱 볼륨 일래스틱 볼륨은 아마존 EBS의 특징 중 하나로 동적인 용량 증대, 성능 튜닝, 성능 저하 없이 기존의 볼륨을 변경할 수 있도록 한다. CloudWatch의 성능지표와 Lambda 함수를 이용해 작업을 간단하게 수행할 수 있다(CloudWatch와 Lambda는 후반에 다시 소개한다). 일래스틱 볼륨을 통해 사용자의 성능 요구 수준에 맞는 용량 및 성능을 제공할 수 있다.

Amazon EBS SSD-기반 볼륨 SSD-기반 볼륨은 다시 범용 SSD(gp2)와 프로비전 IOPS SSD(io1)로 구분된다. io1은 전송 지연에 민감한 트랜잭션 워크로드를 처리하기 위한 고성능에 초점을 맞추고, gp2는 다양한 수준의 트랜잭션 데이터를 처리하기 위한 가격 및 성능의 균형에 초점을 맞추고 있다. 블록 스토리지 기기의 성능은 초당 입출력 동작(Input/output Operations Per Second)을 뜻하는 IOPS라는 단위로 측정되며, 7,200 RPM의 드라이브는 75에서 100 IOPS의 성능을 내고, 15,000 RPM의 드라이브는 175에서 210 IOPS의 성능을 낸다. 이때 상세한 성능 수치는 (랜덤 또는 연속형의) 액세스 패턴, 읽기 및 쓰기 동작을 위해 전송되는 데이터의 양과 같은 요인에 따라 달라진다.

범용 SSD 범용 SSD는 밀리초 단위의 전송 지연만 허용하므로 거의 대부분의 워크로드에 적합하다. gp2는 100에서 16,000 IOPS 수준의 성능을 내며, 낮은 비용으로 서버 스토리지의 주요 업무 대부분을 처리할 수 있다. 1GB 당 3 IOPS가 소요되며, 100GB 볼륨을 300 IOPS 성능 수준으로 처리할 수 있다. gp2의 볼륨 크기는 1GB 에서 16TB까지 가능하며, 볼륨당 160Mb의 최대 처리 성능을 제공한다. gp2는 어떤 유형의 워크로드도 처리할 수 있지만 시스템 부트 볼륨, 처리 지연에 민감한 애플리케이션, 가상 데스크톱, 개발 및 테스트 환경 등, gp2에 좀 더 적합한 업무 영역이 존재한다.

1TB 미만의 범용 SSD는 IO 버스트버킷^{Burst Bucket} 기능을 사용할 수 있다. 기업에서 사용하지 못한 IOPS가 있다면, 이를 IO 크레딧의 개념으로 적립해 워크로드가 급상승하는 시점에 IO를 소모하며 성능을 높이는 것이다. 예를 들어, 100GB 용량의 EBS 볼륨을 사용 중이라면 총 300 IOPS를 사용할 수 있고, 비수기를 맞아 300 IOPS를 모두 소비하지 못했다면 미사용 IO를 누적해 IO 크레딧으로 저축할 수 있다. 성수기를 맞아 워크로드가 최고수준으로 올라가면 저축했던 IO 크레딧으로 워크로드를 처리하면 된다. 누적 가능한 최대 IO는 3,000 IOPS이며, 누적된 IO를 모두 소진하면 다시 300 IOPS로 회복된다.

최대 누적 가능치가 3,000 IOPS이므로 1TB 이상의 볼륨은 해당 기능의 혜택을 크게 보기 어렵다. 각 볼륨에 할당된 초기 IO 크레딧은 540만 IOPS이며, 이는 최대치인 3,000 IOPS 성능 수준을 30분간 지속할 수 있는 양이다. 초기 크레딧은 부트 볼륨의 초기 부트 사이클을 통해 제공되므로 사용자는 좀 더 우수한 부트스트래핑 환경을 경험할 수 있다.

프로비전 IOPS SSD 기업용 데이터베이스와 같이 IO 성능이 중요한 워크로드의 경우 IO 성능의 예측가능성 및 일관성이 매우 중요하며, 프로비전 IOPS SSD는 이런 요구사항에 맞는 볼륨 타입이다. 프로비전 IOPS 볼륨을 생성하면 IOPS율을 설정할 수 있고, 프로비전 IOPS중 10% 범위 내에서 연간 99.9%의 성능 수준을 보장한다.

io1 볼륨의 용량은 4GB~16TB이며, 볼륨당 100~20,000 IOPS를 설정할 수 있다. 볼륨 대 프로비전 IOPS의 비율은 1:50이다. 예를 들어, 100GB의 볼륨이 있다면 100GB에 50을 곱한 5,000 IOPS가 제공된다. 볼륨당 20,000 IOPS가 최대치이므로 1TB의 볼륨을 계약하더라도 최대 20,000 IOPS만 사용할 수 있다. 더 많은 프로비전 IOPS가 필요할 경우 워크로드를 여러 개의 EBS 볼륨에 분산 처리한다.

여러 개의 볼륨을 사용할 때는 EBS 볼륨 위에 데이터 미러링 등의 기능을 제공하는 RAID와 같은 기술을 추가해 사용할 수 있다(RAID는 볼륨 타입과 무관하게 사용 가능하다). 볼륨당 최대 처리 성능은 초당 320MB이며, 인스턴스당 최대 IOPS는 75,000이다. 프로비전 IOPS SSD의 비용은 범용 SSD의 비용보다 높고, 볼륨 크기 및 예약된 IOPS 양에 따라 달라진다.

프로비전 IOPS는 Oracle, PostgreSQL, MySQL, Microsoft SQL Server, Mongo DB, Cassandra 등 데이터베이스 워크로드로 사용할 수 있고, 중요한 기업용 애플리케이션, 금융 거래 데이터베이스 등 높은 수준의 IO 성능이 일관되게 요구되는 곳에서 활용된다.

아마존 EBS HDD-기반 볼륨 HDD-기반 볼륨은 크게, 높은 빈도의 입출력 및 처리 성능이 중요한 워크로드를 위한 처리 성능 최적화 HDD(st1)와 낮은 빈도의 입출력 및 저렴한 비용에 초점을 맞춘 콜드 HDD(sc1) 타입 두 가지가 있다.

처리 성능 최적화 HDD 처리 성능 최적화 HDD(st1)는 IOPS 대신 스루풋^{Throughput}, 즉 처리 성능이 더욱 중요한 성능지표인 워크로드에 적합하다. 하드 드라이브는 기본적으로 자기 드라이브이며, 데이터 웨어하우스, ETL, 로그 프로세싱, 맵리듀스와 같은 작업에 적합하다.

이 볼륨 타입은 순차적인 입출력$^{Sequential IO}$ 워크로드에 적합하며, 무작위 입출력 워크로드 처리는 성능대비 가격 측면에서 범용 SSD, 프로비전 IOPS SSD가 유리하다. 범용 SSD처럼 처리 성능 최적화 HDD 또한 급격한 처리 성능 요구에 대응할 수 있는 버스트버킷$^{Burst Bucket}$ 모델을 사용할 수 있다. 이 경우 볼륨의 스루풋 기준선을 결정하는 요소는 볼륨 크기다. 페타바이트별 초당 250MB를 추가할 수 있고 최대 초당 500MB까지 사용할 수 있으며, 볼륨의 범위는 500GB에서 16TB까지다.

콜드 HDD st1와 마찬가지로 콜드 HDD(sc1) 또한 IOPS 대신 스루풋 성능에 초점을 맞춘 볼륨 타입이다. st1에 비해 sc1의 성능이 낮은 편이며 가격도 저렴하다. sc1은 중요성이 높지 않은 콜드 데이터 워크로드에 적합하며 접근 빈도가 낮은 데이터 처리에 적합하다. sc1 또한 버스트버킷 기능을 제공하지만 버스트 용량은 st1에 비해 적다.

EBS는 볼륨 백업을 위한 스냅샷 기능을 제공하며, 사용 중인 볼륨에 대해 언제든 스냅샷을 남겨둘 수 있다. 스냅샷은 EBS 볼륨에 대한 백업에만 사용될 수 있으므로 애플리케이션을 위한 캐시 데이터 등은 스냅샷으로 백업할 수 없다. 일관된 스냅샷 기록 유지를 위해 EC2 인스턴스에서 EBS 볼륨을 분리한 뒤 스냅샷을 생성하고, 다시 해당 인스턴스를 볼륨에 부착하는 방법을 권장한다. 루트 볼륨에 대한 스냅샷 또한 가능한데, 이때는 서버를 셧다운한 뒤 스냅샷을 생성하는 편이 좋다. 이렇게 생성된 스냅샷은 S3에 저장되며, 용량 제한은 없고, 각 스냅샷마다 고유의 이름이 부여된다.

Amazon Elastic File System(EFS)

EFS$^{Elastic File System}$는 Amazon EC2 인스턴스를 위한 파일 시스템 인터페이스 및 파일 시스템 시맨틱 환경을 제공한다. EC2 인스턴스에 EFS를 부착하면 EFS는 마치 로컬 파일 시스템처럼 작동한다. EFS는 공유 파일 시스템으로서 다수의 인스턴스를 위한 공통 파일 시스템 역할을 수행할 수 있으며, 낮은 전송지연율로 다수의 인스턴스를 지원할 수 있다.

EFS의 주요 속성은 다음과 같다.

- **완전관리형** 완전관리형 서비스로 사용자는 파일 시스템을 위한 하드웨어 또는 소프트웨어를 구매하거나 관리할 필요가 없다.
- **파일 시스템 액세스 시맨틱** 일반적인 파일 시스템과 동일하며, 읽기 후 쓰기 일관성, 파일 잠금, 계층적 디렉터리 구조, 파일 조작 명령, 세분화된 파일 명칭 부여, 파일 중간의 특정 블록에 쓰기 등 어떤 작업이든 가능하다.
- **파일 시스템 인터페이스** 표준 OS API와 호환성이 유지되는 파일 시스템 인터페이스를 제공한다. 표준 OS API를 사용하는 애플리케이션이라면 EFS를 통해 기존의 모든 파일 작업을 문제 없이 처리할 수 있다.
- **공유 파일 시스템** 수천 개의 인스턴스와 연결될 수 있는 공유 파일 시스템이다. 다수의 EC2 인스턴스를 EFS로 연결하면 해당 인스턴스는 동일한 데이터세트에 접근할 수 있다.

- **민첩성 및 확장성** EFS를 통해 페타바이트 규모로 민첩하게 확장할 수 있다. 사용자는 프로비전 용량을 걱정할 필요가 없으며, 파일 시스템을 생성해서 사용하면 데이터 크기에 따라 자동으로 확대 및 축소된다.
- **고성능** 다양한 유형의 워크로드에 대응하도록 설계됐다. 높은 일관성, 높은 처리 성능, 높은 IOPS, 낮은 전송지연율을 제공한다.
- **고가용성 및 고신뢰성** EFS의 데이터는 리전 내 다수의 AZ에 자동으로 복제된다. 이를 통해 고가용성, 다중 AZ 접근성, 데이터 손실로부터의 보호를 통한 고신뢰성을 제공한다.

그림 2-10은 EFS의 구현 토대를 보여준다. EFS는 고신뢰성 및 고가용성이라는 기반 위에 간편성, 민첩성, 확장성을 구현한 파일 시스템이다. 데이터는 다수의 AZ에 자동으로 복제되므로 일부 AZ와의 연결이 중단돼도 문제가 없도록 설계됐다. 이와 같이 다수의 AZ를 통한 데이터 보호 철학은 기존의 NAS에 비해 우수하며, 기업의 중요 워크로드를 처리하기에 적합한 것으로 평가받고 있다.

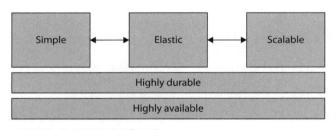

그림 2-10 아마존 EFS의 구현 토대

EFS는 간편성을 제공한다. 누구든 수 초 이내에 EFS 인스턴스를 생성할 수 있으며, 사용자가 관리해야 할 파일 레이어 또는 하드웨어가 없다. EFS는 지속적인 유지보수 필요성을 없애고, 업그레이드 및 갱신 사이클 관리 필요성 또한 제거한다. 기존의 도구 및 앱과는 호환성이 유지되며, NFS 프로토콜을 사용하므로 VPC로 직접 연결하면 NFS 4.1 프로토콜을 통해 온프레미스 서버에 EFS를 부착할 수 있다. 기존의 온프레미스 서버를 AWS 클라우드에 바로 연결할 수 있다는 점에서 매우 큰 편의성 요소라할 수 있다. 또 기존 온프레미스 환경에 컴퓨팅 성능을 추가할 경우 EFS 및 EC2 서버를 통해 워크로드 처리 성능을 극대화할 수 있고, 클라우드 백업 목적으로 EFS를 사용할 수도 있다.

EFS는 탄력성을 제공한다. 파일의 추가 또는 삭제 행동에 따라 파일 시스템의 크기가 자동으로 확대 및 축소되므로 미리 용량 계획을 세우거나 프로비저닝을 걱정할 필요가 없고, 파일 시스템의 용량 제한 여부 또한 신경 쓸 필요가 없다. 사용자는 스토리지 사용량에 따른 비용만 지불하면 되며, 최소 비용 조건이나 최소 사용량 조건 또한 없다.

EFS는 확장성을 제공한다. 파일 시스템의 크기에 따라 처리 성능과 IOPS가 자동으로 조절된다. 페타바이트 규모로 성장하더라도 리프로비전, 성능 요소 재설정 등을 신경 쓸 필요가 없다. 성능 측면은 파일을 추가하면 자동으로 관리되며, 기가바이트 단위로 파일이 추가되면 그에 비례해 처리 성능과 IOPS가 자동으로 추가되므로 성능의 일관성이 유지되고 전송 지연 확률 또한 낮아진다. EFS는 수천개의 NFS 동시접속 환경에 문제 없이 대응할 수 있다.

아마존 EFS 활용하기

EFS를 사용하려면 가장 먼저 파일 시스템을 생성한다. 파일 시스템은 EFS의 파일 저장 및 디렉터리 관리를 위한 핵심 리소스다. 계정당 10개의 파일 시스템을 생성할 수 있으며, 서포트 티켓을 구입해 생성 가능한 파일 시스템의 수를 늘릴 수 있다. VPC에 있는 인스턴스에서 파일 시스템에 접근하려면 VPC에서 마운트 타깃을 생성한다.

마운트 타깃은 VPC에 있는 NFS v4 종단점이며, 마운트 명령에 사용할 수 있는 IP 주소와 DNS 이름이 제공된다. 각 AZ마다 별도의 마운트 타깃을 생성해야 하고, EC2 인스턴스에 부착된 EFS의 마운트 타깃에 접근하기 위한 파일 시스템의 DNS 이름을 사용한다. EFS에 마운트 타깃이 설정되면 파일 시스템은 로컬 디렉터리 또는 로컬 파일과 비슷한 모습으로 나타난다.

EFS 사용 절차는 다음과 같다.

1. 파일 시스템을 생성한다.
2. 각 AZ에서 파일 시스템을 통해 접근하려는 마운트 타깃을 생성한다.
3. EC2 인스턴스에서 EFS 마운트의 DNS 이름으로 마운트 명령을 실행한다.

4. EFS를 사용한다.

그림 2-11은 EFS 인스턴스 생성 프로세스를 보여준다.

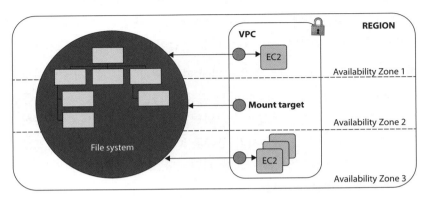

그림 2-11 Amazon EFS 생성 프로세스

EFS 인스턴스는 AWS 매니지먼트 콘솔, AWS CLI 또는 Java, Python, PHP .NET등 언어를 지원하는 AWS SDK를 통해 관리할 수 있다. 또 AWS는 이들 세 가지 옵션을 통해 EFS 파일 시스템을 관리할 수 있는 API를 제공한다.

EFS는 파일 워크로드를 중심으로 병렬처리 및 고도의 처리 성능이 요구되는 빅데이터 애플리케이션에서부터 처리 지연 상황이 발생하지 않아야 할 싱글 스레드 워크로드에 이르기까지 방대한 성능 예측 자료를 제공한다.

EFS는 유전자 분석, 빅데이터 분석, 웹 서비스, 웹사이트 디렉터리, 콘텐츠 관리, 미디어 송출 등 다양한 용도로 사용된다.

Amazon EFS의 성능 모델

Amazon EFS의 기본적인 성능 모델은 범용성 모델로 처리 지연에 민감한 애플리케이션, 범용의 파일 기반 워크로드에 적합하며, 다양한 목적으로 활용될 수 있다.

Amazon EFS의 맥스 I/O 모드는 수천, 수십만 개의 EC2 인스턴스를 위한 파일 시스템이 필요한 대규모의 데이터 집약 애플리케이션에 적합하며 범용성 모델에 비해 높은 수준의 처리성능을 제공한다.

Amazon CloudWatch 매트릭스를 이용해 EFS의 성능을 시각화할 수 있다. Amazon CloudWatch를 통해 애플리케이션에 적용된 맥스 I/O의 효과를 확인할 수 있고, 성능이 기대에 미치지 못할 경우 범용성 모드로 전환할 수 있다.

온프레미스 스토리지와 AWS 통합하기

데이터 센터에서 클라우드로 대량의 데이터를 전송할 계획이라면 S3에 업로드하는 것만으로는 부족할 수 있다. 10TB 이상의 데이터를 전송해야 하는 경우 AWS와 온프레미스 스토리지를 통합하는 방안을 생각할 필요가 있다. AWS는 대규모 데이터 전송을 위한 몇 가지 옵션을 제공하며 솔루션 아키텍트에게는 매우 중요한 내용이 될 수 있다.

AWS Storage GateWay

Amazon Storage GateWay(SGW)는 기존 환경에 가상머신 형태로 배포된다. 이때의 VM을 Storage GateWay라 부르며, 이를 통해 기존의 애플리케이션, 스토리지 시스템, 디바이스를 스토리지에 연결할 수 있다. Storage GateWay는 표준 스토리지 프로토콜 인터페이스를 제공하므로 별다른 변경 작업 없이 기존의 앱에 연결할 수 있다. 게이트웨이를 AWS에 연결해 데이터를 Amazon S3 Glacier에 안전하게 저장할 수 있다.

게이트웨이는 온프레미스에서 AWS로의 데이터 전송을 최적화하며, 로컬 캐시로 전송 속도를 높여 애플리케이션에 원활하게 데이터를 공급할 수 있다. 게이트웨이는 CloudWatch, CloudTrail, IAM 등 다른 AWS 서비스와 통합해 사용할 수 있으며, 온프레미스에서 실행되는 Storage GateWay의 성능을 높일 수 있다. Storage GateWay는 다음 세 가지 스토리지 인터페이스를 지원한다.

- **파일 게이트웨이** 파일 게이트웨이는 산업 표준 파일 프로토콜을 이용해 Amazon S3 객체의 저장과인출을 돕는다. 파일은 S3 버킷에 객체로 저장되며 NFS^{Network File System} 마운트 포인트를 통해 접근할 수 있다. 파일의 소유권, 퍼미션, 타임스탬프 등 메타데이터는 객체와 함께 S3에 저장된다. 객체가 온프레미

스에서 S3로 전송돼 오면 객체는 네이티브 S3 객체처럼 관리되고, 버저닝, 라이프 사이클 관리, 크로스 리전 복제 등의 버킷 정책은 버킷에 저장된 객체에 직접 적용된다. 아울러 Server Message Block(SMB) 및 NFS 파일 공유도 지원한다.

- **볼륨 게이트웨이** 볼륨 게이트웨이는 애플리케이션에 iSCSI 블록 프로토콜 기반의 디스크 볼륨을 제공한다. 이렇게 기록된 데이터는 볼륨에 비동기적인 스냅샷으로 백업되며, 이는 아마존 EBS 스냅샷처럼 저장된다. AWS 매니지먼트 콘솔 또는 API를 통해 생성된 스냅샷을 이용해 데이터 관리 스케줄을 작성할 수 있다. 스냅샷은 블록에 변경사항이 발생했을 때만 기록되는 증분형 백업이라 할 수 있으며, 모든 스냅샷 스토리지는 비용 절감을 위해 압축돼 저장된다.

  블록 인터페이스로 연결된 게이트웨이는 캐시드 모드 또는 스토어드 모드로 실행된다. 캐시드^{Cached} 모드는 프라이머리 데이터는 S3에 저장하고, 자주 접근하는 데이터는 로컬에 저장해 신속하게 참조하는 방식이다. 캐시드 모드를 통해 프라이머리 데이터 스토리지 비용을 절감할 수 있고, 온프레미스 스토리지의 확장 필요성을 최소화할 수 있으며, 빈번하게 접속하는 데이터는 좀 더 빠르게 접근할 수 있다. 게이트웨이당 저장 용량이 32TB인 32개의 볼륨, 총 1PB에 적용할 수 있다. 스토어드^{Stored} 모드에서는 전체 데이터는 로컬에 저장하고 비동기적인 백업 데이터만 S3에 저장하는 방식이다. 로컬 또는 EC2에 저장된 백업 파일을 통해 안전하고 저렴하게 데이터를 복구할 수 있다.

- **테이프 게이트웨이** 테이프 게이트웨이는 기존의 백업 애플리케이션을 위한 산업 표준 iSCSI 기반의 VTL, 즉 가상 테이프 라이브러리^{Virtual Tape Library} 를 제공한다. VTL은 가상 미디어 변환기 및 가상 테이프 드라이브로 구성된다. 기존의 백업 애플리케이션과 워크플로우는 그대로 사용하고 필요에 따라 거의 무한대의 확장성을 지닌 가상 테이프를 추가해 사용하는 방식이다. 가상 테이프는 S3에 저장되며, 즉각적인 접근 또는 빈번한 접근 필요성이 없어질 경우 VTL에 저장된 백업을 S3 Glacier로 이전해 비용을 절감할 수 있다.

AWS Snowball과 AWS

Snowball은 Amazon의 스토리지 디바이스를 이용한 페타바이트 규모의 데이터 이전을 위한 임포트/익스포트 도구다. 기존에는 고객이 직접 데이터 이전을 위한 포터블 스토리지 디바이스를 구입해 데이터를 저장해야 했으나, Snowball을 이용하면 높은 보안성, 내충격성의 아마존 전용 NAS 디바이스를 활용할 수 있다. Snowvall을 배송받은 고객은 Snowball 클라이언트 소프트웨어와 10Gbps 네트워크 인터페이스를 이용해서 최대 80TB의 온프레미스 데이터를 기기에 복제해 이송할 수 있다. 고객은 50TB 또는 80TB인 Snowball 스토리지 중 선택해서 사용할 수 있으며, Snowball에 이송하기 전 모든 데이터는 256-bit GSM으로 암호화해야 한다. 온프레미스 데이터를 모두 복제한 Snowball 디바이스는 AWS 시설로 이송된 뒤 고속의 전용회선을 통해 S3로 옮겨진다.

AWS Snowball Edge도 페타바이트 규모의 데이터 이전을 위한 임포트/익스포트 도구인 점은 같지만, Snowball보다 좀 더 많은 100TB의 데이터를 복제할 수 있다. Snowball Edge는 Snowball Edge Compute Optimized와 Snowball Edge Storage Optimized 두 가지 유형을 제공한다. 또한 클라이언트 소프트웨어가 아닌 파일 서버 호스팅, S3 호환 엔드 포인트, S3 SDK, S3 CLI 등 부가 서비스를 통해 타깃 디바이스에 직접 데이터를 전송할 수 있다. 여러 개의 유닛을 결합해 클러스터화할 수 있고, 데이터 센터에서 별도의 관리용 복제물 생성 없이 임시용 데이터 스토리지로 사용할 수 있다. 데이터 이전 단계에서 스토리지 확장 및 축소가 필요할 경우 로컬 클러스터에서 기기를 추가 또는 제거한 뒤 AWS에 반환할 수 있다.

AWS Snowmobile

AWS Snowmobile은 엑사바이트 규모의 데이터 이전 서비스로 AWS에 대규모 데이터를 임포트/익스포트하는 데 사용된다. Snowmobile 인스턴스는 최대 100PB까지 데이터를 이전할 수 있으며, 고객이 요청하면 AWS 전담 직원이 고객이 요청한 장소에 와서 탈부착 가능한 고속 네트워크 스위치로 로컬 네트워크와 Snowmoblie을 연결한다.

이런 측면에서 Snowmobile은 네트워크 부착형 데이터 스토어라고 할 수 있으며, 스위치로 연결된 뒤에는 안전하게, 고속으로 데이터를 전송한다. 로컬 기기에서 Snowmobile로 데이터를 전송한 뒤 고객이 선택한 S3, Glacier, Redshift 등 옵션에 맞는 AWS 서비스가 가능한 시설로 이송된다.

2장 정리

2장에서는 AWS에서 제공하는 다양한 스토리지를 살펴봤다.

Amazon S3는 99.99999999999%의 신뢰성을 지닌 객체 스토리지로 다양한 목적에 활용된다. 객체란 S3 버킷에 저장된 파일 등을 의미하며, 버킷 이름은 유일한 것이어야 한다. S3에는 다수의 클래스가 존재하는데 S3 스탠다드가 기본 스토리지이고, S3 IA는 접근 빈도가 상대적으로 낮은 데이터를 위한 스토리지이며, Amazon S3 Intelligent Tiering은 데이터 접근 패턴에 따라 하나의 스토리지에서 또 다른 스토리지로 이동하는 일이 빈번한 스토리지 클래스에 적합하다. S3 One Zone-IA는 하나의 AZ에만 저장되며, S3 Glacier는 데이터 아카이브를 위한 스토리지다. Amazon S3 Glacier Deep Archive는 데이터의 장기 보존 및 자기 테이프 드라이브의 대체 저장 방식으로 적합하다.

Amazon EBS는 EC2 인스턴스를 위한 영구 스토리지로 SSD 또는 HDD 타입 중 선택할 수 있다. SSD 볼륨은 범용 SSD(gp2)와 프로비전 IOPS SSD(io1)로 나뉘고, HDD 볼륨은 처리 성능 최적화 HDD(st1)와 콜드 HDD(sc1)로 나뉜다. 일부 EC2 인스턴스는 인스턴스 스토어라는 내장형 로컬 스토리지를 지니며, 임시 스토리지 속성을 따르므로 인스턴스를 삭제하면 인스턴스 스토어의 데이터 또한 사라진다.

Amazon EFS는 다수의 EC2 인스턴스를 위한 공유 파일 시스템으로 여러 개의 EC2 인스턴스가 고속으로 동일한 데이터에 접근할 수 있도록 한다. 애플리케이션에서 공유 파일 시스템을 구현해야 하는 경우 EFS를 활용한다. Amazon Storage Gateway는 온프레미스에서 실행 중인 애플리케이션과 AWS에서 실행 중인 스토리지를 통합할 수 있는 게이트웨이 서비스로 기존 데이터 센터에서 AWS로 데이터를 전송할 수 있다.

AWS Snowball과 AWS Snowball Edge는 물리적 저장장치를 이용해 기존 데이터 센터에서 AWS 시설로 데이터를 이전하기 위한 서비스다. Snowball은 50TB 또는 80TB 디바이스 중 선택할 수 있고, Snowball Edge는 100TB 디바이스를 제공하며, Compute Optimized 또는 Storage Optimized 유형을 제공한다. Snowmobile은 엑사바이트 규모의 데이터 이전 서비스이며, 고객이 지정한 위치로 전담 인력과 함께 100PB급 컨테이너를 보내 데이터 이전을 돕는다.

실습 2-1: Amazon S3에서 객체 생성, 이동, 삭제하기

이번 실습에서는 AWS 콘솔의 구성과 AWS 매니지먼트 콘솔을 이용해 S3 서비스를 활용하는 방법을 이해해본다. 다음 작업을 직접 해보자.

- Amazon S3에서 버킷 생성하기
- Amazon S3에 객체 추가하기
- Amazon S3에서 객체 확인하기
- 하나의 버킷에서 다른 버킷으로 파일 잘라넣기, 복사, 붙여넣기
- 객체를 퍼블릭으로 설정하고 URL을 통해 해당 객체에 접근하기
- Amazon S3 객체를 로컬 머신에 다운로드하기
- Amazon S3에서 객체 삭제하기

아직 AWS 계정이 없다면 실습을 위해 계정부터 생성한다. https://aws.amazon.com/console/에 접속해 Create An AWS Account 메뉴를 클릭하고 이메일 또는 핸드폰 번호로 회원가입한다. 회원가입을 완료하려면 결제를 위한 신용카드 정보가 필요하다. AWS의 서비스 활용을 돕기 위한 프리 티어$^{Free\ Tier}$ 조건에 부합하는 경우 1년 간 무료로 이용할 수 있으므로 회원가입 완료 전 프리 티어와 관련된 조건과 규정을 꼼꼼히 살펴보자. 회원가입 절차는 수 분내로 마칠 수 있다.

1. AWS 계정에 로그인한다. 화면 우측 상단에 기본 설정의 AWS 리전이 표시된다. 리전을 클릭하면 드롭다운 메뉴가 나타난다. 버킷 호스팅을 희망하는 리전을 선택한다.

2. 콘솔에 나타난 AWS 서비스 목록에서 S3를 선택한다.

3. **버킷 만들기** 메뉴를 선택한다.

4. **버킷 이름** 필드에 버킷에서 유일한 이름을 입력한다. 버킷이 생성돼도 요금이 부과되지 않으며, 버킷에 데이터가 저장된 후에 요금이 부과된다(프리 티어라면 제한선만큼 무료로 이용할 수 있다).

5. **Region**에서 **아시아 태평양(서울) ap-northeast-2**를 선택한다.

6. 기존 버킷에서 설정 복사 필드에는 아무 것도 입력하지 않고 다음으로 넘어간다. 아직 버킷을 만들지 않았기 때문에 기존의 버킷도 복제 설정도 존재하지 않는다.

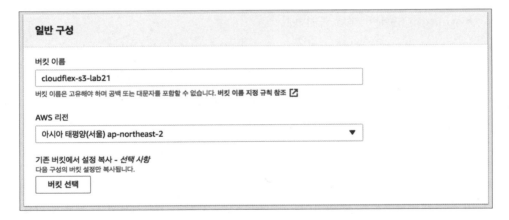

7. 버전 관리, 태그, 기본 암호화 섹션은 그대로 두고, 고급 설정을 확인한다.

버킷 버전 관리

버전 관리는 객체의 여러 버전을 동일한 버킷에서 관리하기 위한 수단입니다. 버전 관리를 사용하여 Amazon S3 버킷에 저장된 모든 객체의 각 버전을 보존, 검색 및 복원할 수 있습니다. 버전 관리를 통해 의도치 않은 사용자 작업과 애플리케이션 장애를 모두 복구할 수 있습니다. **자세히 알아보기** 🔗

버킷 버전 관리

○ 비활성화

● 활성화

태그 (0) - *선택 사항*

버킷에 태그를 지정하여 스토리지 비용 또는 기타 기준을 추적합니다. **자세히 알아보기** 🔗

이 버킷과 연결된 태그가 없습니다.

[태그 추가]

기본 암호화

이 버킷에 저장된 새 객체를 자동으로 암호화합니다. **자세히 알아보기** 🔗

서버 측 암호화

● 비활성화

○ 활성화

8. 고급 설정 섹션에서는 객체 잠금 기능을 제공하지만 이번에는 그대로 두고 화면 하단 **버킷 만들기** 버튼을 누른다. 이로써 버킷이 생성됐다. 다음은 새 버킷에 객체를 추가한다.

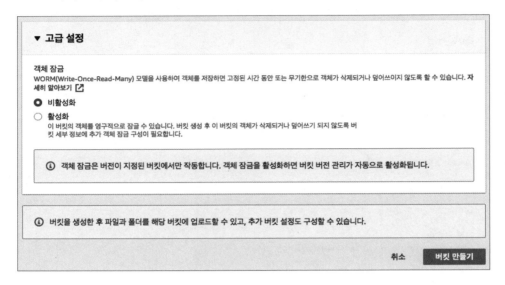

9. 화면에 나타난 새 버킷을 클릭하면 **작업, 폴더 만들기, 업로드** 등의 버킷 옵션이 나타난다.

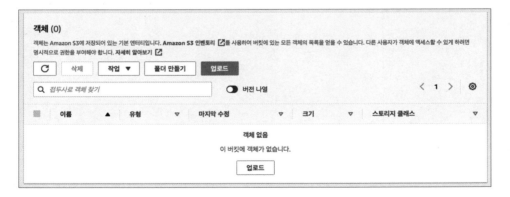

10. 업로드 버튼을 누르고 몇 개의 파일을 업로드해 보자. 이어지는 화면 모두 그대로 넘어가고 파일만 업로드한다.

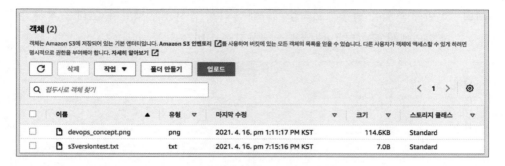

11. 폴더 만들기 버튼을 누르고 원하는 폴더 이름을 입력한다.

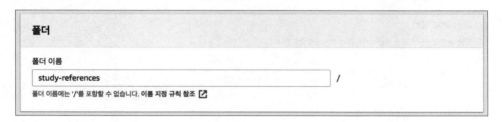

12. 폴더를 열고 몇 개의 파일을 업로드한다.

13. S3 버킷 메뉴로 돌아가 업로드한 파일을 선택한다. 파일이 선택되면 새 화면에서 업로드한 객체의 정보를 보여준다.

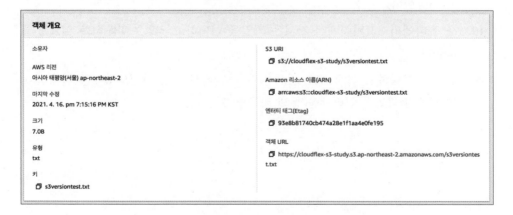

14. 파일을 선택하고 상단의 **작업** 메뉴를 클릭하면 모든 옵션이 나타난다.

15. 폴더에 있는 파일도 선택하고 같은 동작을 실행한다.

16. 첫 번째 파일을 선택하고 **작업** 메뉴에서 복사 옵션을 선택한다. 그다음 복사 상세 화면에서 붙여넣을 대상을 선택하고 **복사** 버튼을 누른다.

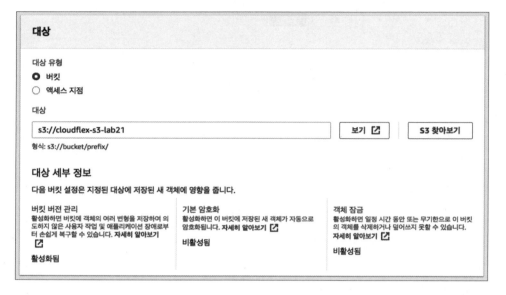

17. 동일한 방법으로 이동 동작을 수행하면 파일이 다른 폴더로 이동한다.

18. 새 폴더로 이동해 파일을 선택한 후 **작업 > 다운로드**를 클릭해 파일을 로컬 머신에 저장한다.

19. 새 폴더에서 S3 버킷에서 가져온 파일을 선택하고, **작업 > 퍼블릭으로 설정**을 클릭한다.

20. 파일을 선택하고 객체 개요 섹션 우측 하단에서 해당 파일의 URL을 선택한다. 이제 해당 파일은 인터넷을 통해 접근할 수 있다.

객체 개요

소유자

AWS 리전
아시아 태평양(서울) ap-northeast-2

마지막 수정
2021. 4. 16. pm 7:39:57 PM KST

크기
114.6KB

유형
png

키
📄 devops_concept.png

S3 URI
📄 s3://cloudflex-s3-lab21/devops_concept.png

Amazon 리소스 이름(ARN)
📄 arn:aws:s3:::cloudflex-s3-lab21/devops_concept.png

엔터티 태그(Etag)
📄 f6954b1b807311621c3277e1169f542d

객체 URL
📄 https://cloudflex-s3-lab21.s3.ap-northeast-2.amazonaws.com/devops_concept.png

---

21. URL을 복사해 브라우저에 입력하면 S3에 로그인하지 않고도 해당 파일을 다운로드할 수 있다. 퍼블릭으로 설정된 파일은 URL을 통해 누구든 접근 가능하다.

22. 파일을 모두 선택하고 **삭제** 메뉴를 클릭하면 S3 버킷에서 모든 파일이 삭제된다.

축하한다! 첫 번째 S3 실습을 성공적으로 마쳤다.

실습 2-2: Amazon S3에서 버전 컨트롤 활용하기

이번 실습에서는 다음 작업을 수행한다.

- Amazon S3 버킷 생성 및 버저닝 기능 활성화
- 동일 파일의 여러 버전 업로드
- 파일 삭제
- 삭제 후 파일 복원

AWS 어드민 콘솔에 로그인해 S3 서비스를 선택한다.

1. 실습 2-1의 1~6번 작업을 수행한다.

2. 버킷 버전 관리 섹션을 확인한다. 사용자는 버킷 버전 관리 비활성화 또는 활성화 버튼 중 하나를 선택할 수 있다.

3. 버저닝 기능을 켜기 위해 **활성화** 버튼을 클릭한다.

버킷 버전 관리

버전 관리는 객체의 여러 버전을 동일한 버킷에서 관리하기 위한 수단입니다. 버전 관리를 사용하여 Amazon S3 버킷에 저장된 모든 객체의 각 버전을 보존, 검색 및 복원할 수 있습니다. 버전 관리를 통해 의도치 않은 사용자 작업과 애플리케이션 장애를 모두 복구할 수 있습니다. 자세히 알아보기 ⤴

버킷 버전 관리

○ 비활성화

● 활성화

4. 다음 섹션은 그대로 넘어간다.

5. **버킷 만들기**를 클릭한다. 이제부터 새로 만드는 버킷은 버저닝 기능이 제공된다. 기존의 버킷에서 버저닝 기능을 켜는 것도 가능하다.

6. 노트 패드 등에서 s3versiontest.text라는 이름의 텍스트 파일을 생성하고 간단한 텍스트를 입력한다. 이번에는 **California**라는 텍스트를 입력하고 저장해 보자.

7. 새 버킷에 파일을 업로드한다.

8. 노트북과 같은 로컬 머신에서 s3versiontest.text 파일의 내용을 Texas로 변경한다.

9. 변경한 파일을 업로드한다.

10. 8번과 9번 작업을 몇 차례 반복하면서 새로운 상태 이름으로 갱신한다.

11. S3 버킷을 열면 s3versiontext.text라는 파일만 보인다.

12. 파일을 선택한 뒤 버전 탭을 클릭하면 하단에 현재 버전을 포함해 모든 버전이 나타난다.

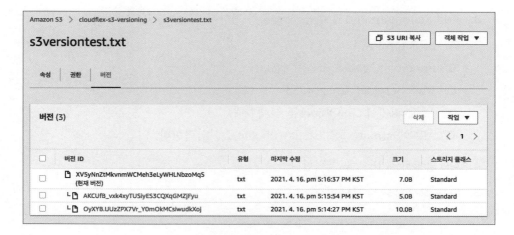

13. 로컬 머신에 서로 다른 버전의 파일을 다운로드한다. 이때 버전은 달라도 파일 이름은 동일하므로 각 파일의 이름을 다르게 해서 다운로드한다. 파일을 열어 보면 California, Texas 등 앞서 입력한 텍스트가 보존돼 있음을 알 수 있다.

14. 파일을 선택하고 **삭제**를 클릭한다.

15. 버저닝 기능이 활성화된 경우에는 버전 나열 탭을 활성화시켜서 삭제되지 않은 기존 버전을 모두 확인할 수 있다. 반면 버저닝 기능이 활성화되지 않은 경우에는 이미 삭제되거나 변경된 파일을 복원할 수 있는 방법은 없다.

이로써 두 번째 실습도 성공적으로 마쳤다!

실습 2-3: Amazon S3의 버킷 정책 생성기 활용하기

이번 실습에서는 AWS Policy Generator, 즉 AWS 정책 생성기를 이용해 버킷 정책을 생성한다. AWS 정책 생성기는 AWS 제품 및 리소스에 대한 접근을 제어하는 다양한 정책을 만들 수 있는 도구다.

1. https://awspolicygen.s3.amazonaws.com/policygen.html로 이동한다.

2. Policy Type 드롭다운 메뉴에서 **S3 Bucket Policy**를 선택한다.

3. Add Statement(s)에서 다음 작업을 수행한다.

   A. Effect: Allow

   B. Principal: *(모두에게 접근 허용)

   C. AWS Service: Amazon S3

   D. Actions에서 GetObject를 선택한다.

   E. ARN에 arn:aws:s3:::staticweb site/*를 입력한다.

4. Add Statement 버튼을 클릭한다.

5. Generate Policy를 클릭한다.

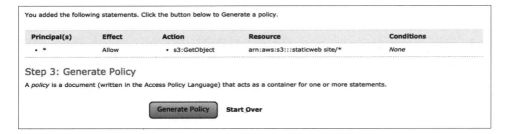

그러면 아래와 같은 정책 코드가 생성된다. 이는 정적 웹사이트에서 모두의 접근을 허용하는 용도로 사용할 수 있다.

```
{
  "Id": "Policy1497312378082",
  "Version": "2012-10-17",
  "Statement": [
    {
      "Sid": "Stmt1497312298007",
      "Action": [
        "s3:GetObject"
      ],
      "Effect": "Allow",
      "Resource": "arn:aws:s3:::staticwebsite/*",
      "Principal": "*"
    }
  ]
}
```

```
Policy JSON Document                                                           ✕

Click below to edit. To save the policy, copy the text below to a text editor.
Changes made below will not be reflected in the policy generator tool.

  {
    "Id": "Policy1618565897108",
    "Version": "2012-10-17",
    "Statement": [
      {
        "Sid": "Stmt1618565818906",
        "Action": [
          "s3:GetObject"
        ],
        "Effect": "Allow",
        "Resource": "arn:aws:s3:::staticweb site/*",
        "Principal": "*"
      }
    ]
  }


This AWS Policy Generator is provided for informational purposes only, you are still responsible for your use of Amazon Web Services technologies and ensuring
that your use is in compliance with all applicable terms and conditions. This AWS Policy Generator is provided as is without warranty of any kind, whether
express, implied, or statutory. This AWS Policy Generator does not modify the applicable terms and conditions governing your use of Amazon Web Services

                                    Close
```

2장 평가

1. Amazon S3 Glacier의 주된 목적은 무엇인가? (모든 정답 선택)

    A. 중요하고 빈번하게 사용되는 데이터

    B. 아카이브 데이터

    C. 역사적, 활용 빈도가 낮은 데이터

    D. 웹사이트의 정적 콘텐츠 저장

    E. Amazon S3의 크로스 리전 버킷 복제

2. Amazon S3에서 의도치 않은 삭제를 방지하기 위한 가장 좋은 방법은 무엇인가?

    A. 파일이 삭제돼도 복구할 수 있도록 다수의 버킷에 파일을 업로드

    B. 다른 버킷 또는 다른 리전에 정기적으로 파일 백업

    C. S3 버킷에서 버저닝 기능 활성화

    D. 삭제 시 MFA 사용

    E. 크로스 리전 복제

3. Amazon S3는 99.999999999%의 신뢰도를 제공합니다. 다음 중 이에 대한 설명으로 옳은 것은 무엇인가? (모든 정답 선택)

    A. 데이터는 리전 내에서 다수의 AZ에 복제된다.

    B. SLA의 신뢰성을 충족하기 위해 다수의 리전에 복제된다.

    C. Amazon S3 스탠다드는 두 개 시설의 동시 재해 상황을 가정해 설계된다.

    D. SLA의 신뢰성을 충족하기 위해 AWS Snowball에 정기적으로 백업된다.

    E. 데이터는 고신뢰성을 위해 자동으로 Amazon S3 Glacier에 복제된다.

4. 크로스 리전 복제를 설정하기 위한 내용으로 옳은 것은 무엇입니까? (모든 정답 선택)

    A. 소스 버킷과 타깃 버킷은 동일 리전이어야 한다.

    B. 소스 버킷과 타깃 버킷은 다른 리전이어야 한다.

    C. 다른 리전에서는 서로 다른 스토리지 클래스를 선택해야 한다.

    D. 복제를 위해 버저닝을 활성화해야 하고 IAM 정책을 수립해야 한다.

    E. 버킷에 최소 10개의 파일이 있어야 한다.

5. 한 달이 지난 모든 파일을 S3 IA로 이전하려 한다. 가장 좋은 방법은 무엇인가?

    A. S3의 copy 명령을 이용해 모든 파일을 복제한다.

    B. 한 달이 지난 모든 파일이 S3 IA로 이전되는 라이프 사이클 규칙을 설정한다.

    C. 한 달 후, 파일을 다운로드해 또 다른 S3 IA 버킷으로 다시 업로드한다.

    D. 모든 파일을 Amazon S3 Glacier로 다운로드하고, 이를 다시 S3 IA에 업로드한다.

6. S3에 저장된 데이터에 대한 접근 권한 관리를 위한 다양한 방법은 무엇인가? (모든 정답 선택)

    A. IAM 정책 활용

    B. ACL 생성

    C. 버킷에서 파일 암호화

    D. 모든 파일을 퍼블릭으로 설정

    E. 파일의 안전을 위해 별도의 폴더 생성

7. S3에 얼마나 많은 데이터를 저장할 수 있는가?

   A. 계정당 1페타바이트

   B. 계정당 1엑사바이트

   C. 리전당 1페타바이트

   D. 리전당 1엑사바이트

   E. 제한 없음

8. Amazon S3 클래스가 제공하는 스토리지 클래스로는 어떤 것이 있는가? (모든 정답 선택)

   A. S3 Standard

   B. S3 Global

   C. S3 CloudFront

   D. S3 US East

   E. S3 IA

9. S3에서 다수의 파일을 삭제하는 가장 좋은 방법은 무엇인가?

   A. 콘솔을 이용해 직접 파일 삭제

   B. 다수의 객체 삭제 기능 사용

   C. 다수의 파일 삭제 정책 생성

   D. 파일을 삭제하기 위해 S3 버킷 자체를 삭제

10. S3에 다수의 파일을 좀 더 높은 성능으로 저장하려 할 때 가장 좋은 방법은 무엇인가?

   A. 각 파일을 위한 별도의 폴더 생성

   B. 다른 리전에 별도의 버킷 생성

   C. 파일 저장을 위해 파티셔닝 전략 활용

   D. 동일 버킷에 최대 100개의 파일을 보관하는 공식 사용

11. EBS 볼륨은 어떤 방식으로 복제되는가?

    A. 다수의 AZ

    B. 다수의 리전

    C. 동일한 AZ

    D. EC2 인스턴스에 마운트된 EFS 볼륨

12. 사용하던 EC2 인스턴스를 셧다운하고 다시 시작했는데, 모든 데이터가 사라졌다. 이렇게 된 이유는 무엇인가?

    A. 데이터가 로컬 인스턴스 스토어에만 저장돼 있었음

    B. EBS에 저장돼 있었지만 S3에는 백업되지 않았음

    C. SSD-기반 EBS를 사용해야 했지만 HDD-기반 EBS를 사용해 문제가 생겼음

    D. 인스턴스 스토어의 스냅샷을 찍는 일을 잊었음

13. 고도의 I/O 수준에서 오라클 데이터베이스를 사용 중이다. 데이터베이스 어드민은 최소 3,600 IOPS를 요구한다. 만일 시스템이 성능 수준에 미치지 못하는 경우 애플리케이션을 최적의 상태로 작동할 수 없다. 애플리케이션이 최적의 성능을 내도록 하려면 어떻게 해야 하는가?

    A. 자동으로 성능을 관리해주는 EFS 사용

    B. IOPS 성능 수준에 맞추기 위해 프로비전 IOPS SSD 사용

    C. SSD-기반 EBS에서 데이터베이스 파일을 사용하고 다른 파일은 HDD-기반 EBS에서 사용

    D. 테라바이트 조건에서 버스트 기능을 활용한 범용 SSD 사용

14. 다른 AZ의 EC2 인스턴스에 접근할 수 있는 애플리케이션의 공유 파일 시스템이 필요한 경우 프로비전은 어떤 방식으로 진행하는가?

    A. 다수의 EC2 인스턴스에 EBS 볼륨 탑재

    B. 다수의 AZ에 있는 다수의 EC2 인스턴스에서 EFS 인스턴스 사용

    C. 다수의 EC2 인스턴스에서 S3에 접근

    D. 프로비전 IOPS 기능이 있는 EBS 사용

15. 중요성이 높지 않은 (빅데이터 분석) 작업을 위해 맵리듀스 잡을 실행하려 한다. 이번 작업의 목표는 비용대비 효율성 최대화이며, 처리 성능에는 민감하지만 작업의 우선순위 및 신속성은 높지 않고 상당한 시간이 소요될 수 있다. 이와 같은 작업에 적합한 스토리지 타입은 무엇인가?

   A. 처리 성능 최적화 HDD(st1)

   B. 콜드 HDD(sc1)

   C. 범용 SSD(gp2)

   D. 프로비전 IOPS(io1)

2장 해답

1. B, C. 중요하며 빈번하게 사용되는 데이터는 Amazon S3에 저장한다. 빈번하게 사용되는 데이터의 캐시를 활용하려면 Amazon CloudFront를 사용한다. Amazon S3 Glacier는 역사적 데이터, 빈번하게 사용되지 않는 데이터의 아카이브 용도로 사용되며, 라이프 사이클 규칙을 통해 사용 빈도에 따라 데이터를 자동으로 이동시킬 수 있다. 웹사이트의 정적 콘텐츠는 Amazon S3에 저장된 데이터를 제공할 수 있는 CloudFront를 이용한다. S3 Glacier는 S3 버킷의 크로스 리전 복제를 위한 용도로는 사용할 수 없다. S3 Standard, S3 IA, S3 RRS 등은 크로스 리전 복제가 가능하다.

2. C. 다수의 블록에 파일을 업로드할 수 있지만 비용 증가 문제가 발생할 수 있다. 같은 파일을 여러 번 관리해야 하는 점도 부담이다. 애플리케이션에 필요한 파일 맵핑 문제도 적지 않다. 따라서 다른 버킷에 정기적으로 파일을 백업하는 방안이 파일 복원에 도움이 된다. 백업한 뒤 새 파일이 지속적으로 업로드되는 경우는 어떻게 해야 할까? 정답은 버저닝을 통한 파일 버전 관리이며, 이를 통해 삭제된 파일도 복원할 수 있다. 삭제 작업에 MFA(#각주: 멀티 팩터인증, ID와 패스워드 액세스 외 모바일 인증 등 복수의 인증방식 사용 – 옮긴이)를 사용할 수 있지만 엉뚱한 파일을 삭제할 가능성은 여전히 남아있다. CRR 전략을 이용하면 DELETE 요청이 들어올 때 객체 버전 ID가 지정되지 않은 경우 S3가 삭제작업 마커를 추가하고, 목표 버킷에 크로스 리전 복제를 실행한다. DELETE

요청이 들어올 때 객체 버전 ID가 지정된 경우 S3는 해당 객체 버전을 삭제하고 복제는 하지 않는다.

3. **A, C.** 데이터는 기본적으로 리전 밖으로 나가지 못한다. 글로벌 리전에 S3 버킷을 생성하면 사용자가 명시적으로 데이터를 다른 리전으로 이전하지 않는 한 항상 제 자리에 머물러 있다. Amazon은 S3에 들어있는 데이터를 임의로 백업하지 않으며, 다수의 시설에서 자동으로 미러링되도록 한다. 아마존의 고객은 필요에 따라 서로 다른 리전에 데이터를 복제할 수 있다. AWS Snowball은 온프레미스 데이터를 S3로 마이그레이션하기 위한 서비스다. S3 Glacier는 아카이브 서비스일 뿐, 자동으로 S3 데이터를 복제하지 않는다. 하지만 라이프 사이클 규칙을 통해 S3의 데이터가 S3 Glacier로 이동되도록 할 수 있다.

4. **B, D.** CRR, 즉 크로스 리전 복제는 동일 리전에서 객체를 복제하는 데는 사용하지 못한다. 대신 S3의 copy 명령을 통해 동일 리전에 있는 하나의 버킷에서 또 다른 버킷으로 객체를 이전시킬 수 있다. 또 CRR에는 다양한 스토리지 클래스를 적용할 수도 있고, 소스 버킷과 동일한 스토리지 클래스를 적용할 수도 있다. 크로스 리전 복제에서 최소 파일 수 제한은 없으며, S3 버킷에 하나의 파일만 있어도 무방하다.

5. **B.** 수백만 개의 객체가 있는 경우 S3 copy 명령을 통한 모든 파일 복제는 그리 좋은 방법이 아니다. 객체가 상당히 많은 상태에서 자동으로 다운로드하고 다시 업로드하는 일은 전혀 권장할 만한 일이 아니다. Amazon S3 Glacier는 아카이브용 스토리지이므로 장기간 보관할 목적이 아니라면 S3 Glacier에 넣지 않는 것이 좋다.

6. **A, B.** 버킷의 파일을 암호화하면 안전하게는 보관할 수 있지만 접근 제어가 되는 것은 아니다. 파일을 퍼블릭으로 설정하면 인터넷을 통해 누구든 접근할 수 있는 상태가 된다. 보안이 필요한 파일을 위해 별도의 폴더를 만드는 방법 또한 추천하고 싶지 않다. 별도의 폴더에 대해 다시 접근 제어를 해야 하기 때문이다.

7. **E.** S3 저장 용량은 무제한이므로 사용자가 필요한만큼 데이터를 저장할 수 있다.

8. A, E. S3 글로벌은 리전의 이름이지 스토리지 클래스의 종류가 아니다. CloudFront는 스토리지 클래스가 아닌 CDN 역할을 수행하는 서비스이며, US East는 리전의 이름이다.

9. B. 콘솔에서 여러 개의 파일을 삭제하면 많은 시간이 소요될 수 있고, 여러 개의 파일을 삭제하기 위한 정책은 만들 수 없으며, 파일을 삭제하기 위해 버킷 자체를 삭제하는 일은 권장하지 않는다.

10. C. 폴더를 추가한다고 성능이 높아지지는 않는다. 수백만 개의 파일을 폴더에 넣는 일 자체도 문제가 된다. 다른 리전에 새 폴더를 추가하는 것 또한 성능 개선과 무관하다. 버킷당 100개 파일 저장과 같은 규칙은 없다.

11. C. Amazon EBS 볼륨에 저장된 데이터는 동일 AZ내 물리적으로 다른 위치에 반복적으로 저장된다. EBS 복제는 동일 AZ내 저장된다.

12. A. 서버가 셧다운됐을 때 데이터가 사라진 이유는 데이터가 로컬 인스턴스 스토어에 저장돼 있었기 때문이다. EBS를 사용했다면 서버가 셧다운돼도 (백업 여부에 상관없이) 데이터가 유지된다. HDD 또는 SSD-기반 EBS 볼륨 여부는 무관하다. 인스턴스 스토어의 스냅샷은 찍을 수 없다.

13. B. 특정 워크로드를 위해 일정 수준 이상의 성능 보장이 필요하다면 프로비전 IOPS를 사용해야 한다. 이를 통해 여러분이 요구하는 애플리케이션 또는 워크로드의 성능 수준을 맞출 수 있다.

14. B. EFS를 사용한다. 하나의 EBS 볼륨은 여러 개의 EC2 인스턴스에 마운트될 수 없다.

15. B. 워크로드의 중요성이 높지 않고 비용 효율성이 중요하다면 콜드 HDD를 사용한다. 해당 워크로드는 스루풋, 즉 처리 성능에 민감하지만, 중요도와 우선순위가 낮다면 st1, gp2, io1과 같은 좀 더 비싼 서비스를 쓸 필요가 없다.

Amazon Virtual Private Cloud(VPC)

3에서 살펴볼 내용은 다음과 같다.

- Virtual Privata Cloud의 개요
- Virtual Privata Cloud의 주요 구성요소
- 다수의 Virtual Privata Cloud 연결 방법
- 기업 데이터 센터와 Amazon Virtual Privata Cloud를 연결하는 방법

대부분의 기업 고객은 자체 데이터 센터를 운영 중이며, 여기서 기업 운영을 위한 다수의 애플리케이션 서비스를 제공한다. 기업의 다양한 애플리케이션 서비스는 서로 통합되거나 상호작용할 수 있어야 한다. 예를 들어, 전형적인 3 티어 애플리케이션은 웹 티어, 앱 티어, 데이터베이스 티어로 구분되는데, 이들 3 티어 요소는 서로 연결되고, 소통할 수 있어야 한다.

기업의 OLTP^Online Transactions Processing 시스템은 데이터 웨어하우스 시스템과 상호작용할 수 있으며, 보고 기능을 포함할 수 있다. 애플리케이션 중 일부는 방화벽 뒤에 은폐돼 있어야 하며, 다른 일부는 인터넷을 통해 공개적으로 접근할 수 있다. 예를 들어, 데이터베이스 티어는 프라이빗 서브넷 속에 있어야 하며, 보통의 인터넷 연결로 접근할 수 없다. 반면 기업 웹 서버나 인터넷 제공사의 서비스는 인터넷을 통해 문제 없이 접근할 수 있어야 한다. 네트워킹은 이들 애플리케이션의 소통 방식을 정하는 데 중요한 역할을 수행하며, 서버의 IP 주소를 바꾸면 다른 서버와의 소통은 불가능해진다.

이런 상황을 고려하면 다양한 궁금증이 생겨난다. 기업 인프라를 어떻게 클라우드로 이전할 것인가? 네트워킹에는 어떤 일이 발생하는가? 기업 데이터 센터에 있는 애플리케이션은 어떤 방법으로 클라우드와 연결될 수 있는가? 클라우드에서 어떻게 네트워크를 분리할 것인가? 어떤 방식으로 애플리케이션 중 일부는 인터넷을 통해 연결하고, 일부는 프라이빗 서브넷을 통해 연결할 수 있는가? 동일한 IP 범위를 클라우드로 확장하는 방법이 있는가? EC2 인스턴스를 론칭하면 32 비트 랜덤 IP 주소를 부여받는데, 기존 데이터 센터의 IP 주소 체계와 비슷하게 유지할 수 있는 방법이 있는가? 이 모든 질문에 대한 해답으로 구현된 것이 바로 Amazon VPC다.

Amazon VPC는 사용자를 위한 Virtual Private Cloud 서비스로 클라우드를 퍼블릭과 프라이빗 영역으로 논리적으로 분리할 수 있게 해준다. 어떤 리소스라도 논리적으로 분리된 영역에 격리할 수 있으며, 네트워크에 대한 완전한 통제권을 가질 수 있다. 아마존 VPC는 기업의 클라우드 데이터 센터 구현 체계이며, VPN, Direct Connect 등과 결합하면 기존 데이터 센터를 클라우드로 확장할 수 있다. Amazon VPC를 통해 네트워크 환경 설정에 대한 완전한 통제권을 가지게 되며, 자체 IP 주소, 자체 IP 범위, 프라이빗 및 퍼블릭 서브넷, 라우트 테이블, 네트워크 게이트웨이 등 모든 기능을 활용할 수 있다.

Amazon VPC는 앞서 언급한 모든 문제를 해결할 수 있으며, 클라우드에서의 애플리케이션 호스팅, 데이터 센터에서 구동 중인 애플리케이션과 클라우드 자원의 긴밀한 연결이 가능하다. 앞서 언급한 3 티어 애플리케이션에서 Amazon VPC의 퍼블릭 서브넷으로 웹 티어를 실행하고, 동일한 VPC에서 프라이빗 서브넷으로 앱과 데이터베이스 티어를 실행할 수 있다. 시큐리티 그룹과 네트워크 액세스 제어 목록과 같은 보안성을 높여주는 추가 레이어를 활용할 수 있다.

VPC로 어떤 일을 할 수 있는지 생각해 보자.

Amazon VPC로 기업의 데이터 센터를 연결하면 클라우드에 해당 기업을 위한 데이터 센터를 구축한 것과 같은 효과를 얻게 된다. 기업 온프레미스 데이터 센터에서 하는 방식대로 클라우드에서 작업을 진행하면 된다. Amazon VPC를 이용해 인터넷에 연결하거나 데이터 센터에만 배타적으로 연결할 수 있다. 또한 자체 네트워크, 자체 서브넷, 자체 라우팅 규칙 등, 모든 작업을 VPC 내에서 할 수 있다. 좀 더 구체적으로는 다음과 같은 일을 할 수 있다.

- 애플리케이션 중 일부는 VPC 내 클라우드에서 실행하고, 일부는 온프레미스에서 실행할 수 있다.
- VPC 내에서 다수의 서브넷을 생성할 수 있다. 인터넷 접근을 위한 퍼블릭 서브넷을 생성하고, 격리된 접근을 위한 프라이빗 서브넷을 생성할 수 있다.
- Direct Connect를 이용해 기업 데이터 센터와 VPN를 전용 회선으로 연결할 수 있고, 암호화된 IPsec 연결을 통해 하드웨어 기반 VPN으로 기업 데이터 센터를 연결할 수 있다.
- 하나 이상의 VPC가 필요하다면 다수의 VPC를 생성한 뒤 VPC 피어링을 통해 서로 연결할 수 있다.
- VPC 엔드포인트를 사용해 S3와 같은 리소스에 연결할 수 있다.

Amazon VPC 구성 요소와 주요 용어

Amazon VPC는 다수의 객체와 기술 개념으로 이뤄져 있다. 이에 대해 설명하기 전에 VPC가 만들어진 배경을 알아보자. VPC가 없었을 때는 클라우드에 있는 리소스를 격리할 수 있는 방법이 없었다. 예를 들어, 수천 대의 서버를 클라우드에 배포한 경우 IP 네임스페이스를 정확히 관리해야 하며, IP 주소 간에 중첩되는 부분이 없어야 온프레미스에서 구동되는 리소스에 빈틈없이 접근할 수 있다. VPC가 없다면 이와 같이 수천 대 서버의 IP 네임스페이스를 관리하는 데만 많은 비용과 노력을 투입해야 할 것이다.

Amazon VPC

Amazon VPC는 클라우드 내 프라이빗 공간을 제공한다. VPC를 생성하면 클라우드에 기업 전용 데이터 센터를 구축할 수 있게 된다. VPC 생성의 첫 번째 단계는 CIDR^{Classless Inter-Domain Routing} 블록을 이용한 CIDR 범위 결정이다. 현재 VPC는 IPv4 및 IPv6 모두를 지원하며, 사용자는 어느 쪽이든 사용할 수 있다. IPv4 CIDR 범위를 선택하면 /16 사이의 범위, 즉 65,536 IP 주소(예: 10.0.0.0/16)를 사용할 수 있고, /28 사이의 범위, 즉 16 IP 주소를 사용할 수 있다. IPv6를 선택하면 아마존이 제공하는 IPv6 CIDR 블록 또는 직접 생성한 IPv6 CIDR 블록을 사용하면 된다. 아마존이 제공하는 IPv6 CIDR 블록을 사용하는 경우 CIDR 블록 크기는 /56으로 고정되며, IPv6 주소의 범위는 아마존에 의해 자동으로 IPv6 주소로 할당된다. 현재는 직접 IPv6의 IP 범위를 선택할 수는 없으며, IPv6 주소 범위는 필요에 따라 선택할 수 있지만 IPv4 주소 범위는 필수 선택 사항이다. 한 번 생성된 VPC는 주소의 크기를 변경할 수 없다는 점에 주의한다. VPC를 생성해 사용하다가 더 큰 주소가 필요하면 새로운 VPC를 생성해야 하고, 이에 따라 애플리케이션도 마이그레이션하는 불편함이 발생할 수 있다.

VPC는 리전에 제한되고, 다른 리전으로 확장할 수 없으며, VPC 내에서 동일 리전의 AZ를 포함시킬 수 있다. 그림 3-1은 동일 리전 내에서 /16인 CIDR 블록으로 세 개의 AZ로 확장하는 모습을 보여주며, 라우트 테이블과 Virtual Private Cloud 영역 또한 볼 수 있다. 라우트 테이블은 3장 후반에 다시 소개한다.

서브넷

서브넷은 서브네트워크Subnetwork의 줄임말로 IP 네트워크의 논리적인 하위 부분을 가리킨다. 서브넷을 통해 하나의 네트워크를 여러 개로 나눌 수 있다. VPC를 이용하면 퍼블릭 서브넷, 프라이빗 서브넷, VPN 온리 서브넷 등 필요에 따라 다양한 서브넷을 생성할 수 있다. 퍼블릭 서브넷은 인터넷을 통해 연결할 수 있는 리소스를 위한 것이고, 프라이빗 서브넷은 인터넷으로 연결하지 않고 보안 유지를 위한 배타적인 연결에 사용하며, VPN 온리 서브넷은 기업 데이터 센터와 Virtual Private Cloud를 연결하는 데 사용한다. 또한 워크로드의 유형에 따라 격리가 필요한 경우 서브넷을 생성하며, 개발 환경을 위한 서브넷, 생산 환경을 위한 서브넷 등이 있다.

 EXAM TIP Amazon VPC와 퍼블릭 서브넷, 프라이빗 서브넷에 대해 다양한 궁금증이 생겼을 것이다. 특히 어떤 워크로드에 어떤 서브넷 타입이 적합한지 알고 싶을 것이다. 3 티어를 예로 들면 웹 티어는 퍼블릭 서브넷이, 데이터베이스 티어는 프라이빗 서브넷이 적합하다.

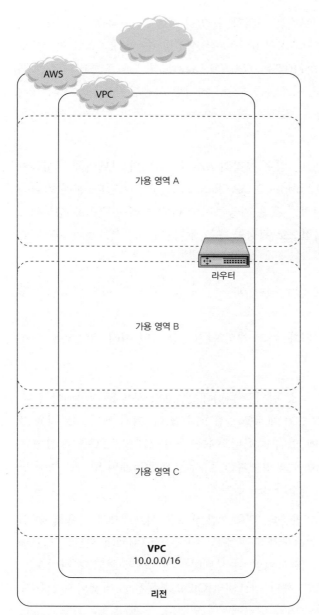

메인 라우트 테이블	
대상 주소	대상
10.0.0.0/16	Local

그림 3-1 세 개의 AZ로 구성된 VPC

VPC의 CIDR 블록을 이용해 서브넷을 정의할 수 있다. VPC로 정의할 수 있는 최소 크기의 서브넷은 /28이며, 이는 16개의 IP 주소를 생성할 수 있다. CIDR 블록으로 IPv6의 /64를 사용하면 무려 18,446,744,073,709,551,616개에 이르는 IP 주소를 생성할 수 있다. 이때 주의할 점은 서브넷은 AZ 당 하나만 사용할 수 있고, 여러 개의 AZ에 연결되는 서브넷은 만들 수 없다는 것이다(VPC는 하나의 리전 내에서 여러 개의 AZ로 연결될 수 있다).

하나의 VPC에 세 개의 AZ가 있는 경우 각각의 AZ마다 별도의 서브넷을 생성해야 하며, AZ1용 Subnet 1, AZ2용 Subnet 2, AZ3용 Subnet 3 등과 같다. 물론 하나의 AZ에 여러 개의 서브넷을 생성하는 것은 가능하지만 VPC는 리전 단위로 생성되므로 하나의 VPC를 여러 개의 리전으로 확장할 수는 없다. 다음은 서브넷의 대표적인 유형이다.

- 서브넷은 AZ 단위로 생성된다. 여러 개의 AZ가 있다면 여러 개의 서브넷을 생성한다.
- VPC는 리전 단위로 생성된다. 여러 개의 리전이 있다면 여러 개의 VPC를 생성한다.

VPC를 생성할 때는 VPC의 IP 주소 범위를 나타내는 CIDR 블록을 정의해야 한다. 65,536개의 IP 주소에 해당하는 /16 체계를 사용할 수 있다. 여러 개의 서브넷을 생성할 때는 VPC의 CIDR 블록에 맞춰야 한다. 예를 들어, /16의 VPC를 생성했고, VPC 내에 /18인 세 개의 서브넷을 생성했다면, 각각은 16,384개의 IP 주소를 지닌다. 이렇게 하면 49,152개의 IP 주소가 소모된다.

이렇게 되면 65,536 ~ 49,152개만큼의 IP 주소만 새로운 서브넷으로 사용할 수 있게 된다. 하지만 이 시점에 32,768개의 IP 주소를 지니는 /17체계의 새로운 서브넷을 생성할 수 없으며, /19에서 /28 사이의 새 서브넷을 생성해야 한다. 하나의 VPC에 하나 이상의 VPC를 생성하면, 해당 서브넷의 CIDR 블록은 오버랩되지 않는다. CIDR 블록의 가용 서브넷 계산은 아래 링크에서 확인한다.

www.subnet-calculator.com/cidr.php

표 3-1은 CIDR 블록과 가용 IP 주소를 나타낸다.

 NOTE AWS가 확보한 서브넷 중 처음 네 개의 IP 주소와 마지막 IP 주소는 인터넷 네트워킹을 위해 예약돼 있다. 서브넷에서 가용 IP 주소를 계산할 때는 항상 이 부분을 기억하고 있어야 한다. 예를 들어, 10.0.0.0/24 체계의 CIDR 블록이 있는 서브넷에서 10.0.0.0, 10.0.0.1, 10.0.0.2, 10.0.0.3, 10.0.0.255 등 5개의 IP 주소는 예약돼 있다.

표 3-1 CIDR 블록과 가용 IP 주소

CIDR 블록	IP 주소의 수
/28	16
/27	32
/26	64
/25	128
/24	254
/23	510
/22	1022
/21	2046
/20	4094
/19	8190
/18	16,382
/17	32,766
/16	65,536

라우트 테이블

라우트 테이블Rroute Table은 트래픽의 전송 방향을 결정하는 라우트와 관련된 규칙을 담은 테이블이며, 목적지를 향한 최적의 경로로 데이터 패킷을 전송하기 위한 모든 정보를 담고 있다. 라우트 테이블은 현실에서의 여정 또는 길과 비교해 생각해 볼 수 있다. 만약 산호세에서 샌프란시스코로 가야 한다면 어떤 길을 택할 것인가? 라우트 테이블은 하나의 지점에서 다른 지점으로 가기 위한 모든 정보를 제공한다.

모든 서브넷은 라우트 테이블을 지닌다. 예를 들어, 특정 VPC의 서브넷이 라우트 테이블에 인터넷 게이트웨이를 포함하고 있다면, 해당 서브넷은 인터넷 액세스 권한 및 정보를 지닌다. 반대로 서브넷에 인터넷 게이트웨이 정보가 없다면, 해당 서브넷과 연결된 서버로는 인터넷에 접속할 수 없다. 각각의 서브넷은 항상 라우트 테이블을 지니고 있어야 하지만, 하나의 라우트 테이블 규칙을 여러 개의 서브넷에 연결하는 것은 가능하다. 서브넷을 생성하고 별도의 라우트 테이블을 생성하지 않으면 클라우드가 자동으로 VPC의 메인 라우트 테이블을 연결한다.

그림 3-1에서 10.0.0.0/16 Local이라는 라우트 테이블의 엔트리 정보를 확인할 수 있다. 10.0.0.0/16 Local은 VPC의 라우트 테이블로 해당 VPC 내에서 서브넷을 추가하면 자동으로 부여된다(10.0.0.0/16은 예시로 여러분의 화면에는 다른 내용이 나타날 수 있다).

VPC의 기본 라우트 테이블(메인 라우트 테이블로 부른다)은 자동으로 생성되며 내용을 수정할 수 없다. VPC는 생성될 때 외부로 드러나지 않는 라우터를 부여받는다. IPv4와 IPv6의 CIDR 블록은 다르므로 이에 대응하는 라우트 또한 별도로 관리된다. 즉, 모든 IPv4 주소를 위한 0.0.0.0/0이라는 대상 주소 라우트는 IPv6 주소의 대상 주소로 사용될 수 없다. IPv6 주소를 위해서는 CIDR ::/0인 대상 주소 엔트리를 추가해야 한다.

VPC를 생성하면 아마존 VPC는 자동으로 메인 라우트 테이블을 생성한다. 메인 라우트 테이블이 필요 없다면 직접 커스텀 라우트 테이블을 생성하고, 이를 메인 라우트 테이블 대신 이용하면 된다. 라우트 테이블 생성의 권장안은 VPC의 메인 라우트 테이블은 로컬 라우트에서 원본 상태를 유지하고, 생성하는 각각의 서브넷은 커스텀 라우트 테이블을 할당하는 것이다. 이렇게 하면 외부로 향하는 트래픽과 관련된 라우트를 효과적으로 통제할 수 있다. VPC 생성 후 VPG, 인터넷 게이트웨이, NAT 디바이스 등을 추가한 경우 라우트 테이블을 갱신해 서브넷에 새롭게 정의된 라우트 정보를 제공하고, 해당 게이트웨이를 최대한 활용할 수 있도록 한다.

표 3-2는 VPC의 전형적인 라우트 테이블의 엔트리 모습이다.

표 3-2 VPC 라우트 테이블 엔트리

대상 주소(Destination)	대상(Target)
10.0.0.0/16	Local
2011:dc8:1234:1c00::/56	Local
172.31.0.0/16	pcx–1d2e1f2c
0.0.0.0/0	igw–11aa33cc
::/0	eigw–aacc1133

라우트 테이블은 대상 주소와 대상, 두 가지 정보로 구성된다. 대상은 트래픽이 향하는 장소고, 대상 주소는 대상으로 향하는 IP 범위를 지정한다. 표 3-2에서 처음 두 개의 엔트리는 Local이며, 이는 트래픽이 해당 CIDR 블록의 IPv4 및 IPv6 주소를 위한 VPC 내부로 향한다는 의미다. 세 번째는 VPC 피어링 옵션으로 트래픽이 172.31.0.0/16 CIDR 블록을 지닌 또 다른 VPC로 이동할 수 있음을 나타낸다. 네 번째는 인터넷 게이트웨이와 관련된 내용이다. 0.0.0.0/0 범위의 IP 주소를 할당함으로써 모든 (IPv4) 트래픽이 인터넷 게이트웨이로 이동할 수 있도록 했다(이는 VPC에 퍼블릭 서브넷을 구현한 것과 같다). 테이블 마지막 줄은 IPv6의 모든 트래픽이 외부 전용 인터넷 게이트웨이로 이동할 수 있도록 한다.

이와 같은 내용 외에도 트래픽과 관련된 또 다른 내용도 추가할 수 있다. 예를 들어, 프라이빗 서브넷의 트래픽이 NAT 게이트웨이로 가도록 하려면, 아래와 같이 라우트 테이블에 엔트리를 추가하면 된다.

```
Destination  Target
10.0.0.0/0   nat-gateway-112a01
```

인터넷 게이트웨이

인터넷 게이트웨이[IG, Internet Gateway]는 VPC가 인터넷으로 연결되도록 하는 요소다. VPC에 IG를 붙이면 라우트 테이블에 정의된 IG를 통해 서브넷에서 인터넷으로 바로 연결할 수 있다. IG는 수평적인 확장성, 반복 구현성, 고도의 가용성을 제공하는 VPC 컴포넌트로 IPv4 및 IPv6 트래픽 모두를 지원한다.

VPC에 IG를 붙이는 방법은 간단하다. 라우트 테이블에 IG와 관련된 엔트리만 추가하면 된다. 위 표에서 0.0.0.0/0 igw-11aa33cc인 엔트리가 바로 라우트 테이블에 IG를 추가하는 내용이다. VPC에 IG를 붙이고 나면 VPC 내의 서브넷에서 인터넷으로 바로 연결될 수 있다. VPC의 라우트 테이블에 IG와 관련된 내용이 없다면 어떤 서브넷에서도 인터넷으로 연결될 수 없다. 예를 들어, 특정 VPC의 CIDR 블록이 10.0.0.0/16(IPv4)과 2600:1f14:880:f400(IPv6)이고, 인터넷으로 연결되기 위한 서브넷의 CIDR 블록을 10.0.0.0/24로 했다고 하자. 이 경우 서브넷에서 인터넷 연결은 IPv4 트래픽만 가능하고, IPv6 트래픽은 불가능하다. 이 내용을 반영한 라우트 테이블 엔트리는 표 3-3, 표 3-4와 같다.

표 3-3 VPC 라우트 테이블

대상 주소	대상
10.0.0.0/16	Local
2600:1f14:880:f400::/56	Local
0.0.0.0/0	igw-11aa33cc
::/00	igw-11aa33cc

표 3-4 서브넷 라우트 테이블

대상 주소	대상
10.0.0.0/16	Local
2600:1f14:880:f400::/56	Local
0.0.0.0/0	igw-11aa33cc

표 3-5 프라이빗 서브넷을 위한 라우트 테이블 엔트리

대상 주소	대상
10.0.0.0/16	Local
2600:1f14:880:f400::/56	Local

또 다른 서브넷으로 CIDR 블록 10.0.1.0/24인 프라이빗 서브넷을 생성하고, 이 서브넷의 IP로는 인터넷 접근을 허용하지 않으려면 표 3-5와 같은 엔트리를 작성하면 된다. 이때 local은 오직 로컬 트래픽만 VPC로 들어올 수 있고, 이외의 트래픽은 허용하지 않는다는 의미다.

IG 삭제도 간단하다. 콘솔에서 IG만 삭제하면 된다. AWS 서비스 목록에서 VPC를 선택하고, 좌측 영역에서 Internet gateway를 선택한 뒤, 삭제하려는 IG를 선택하고 Delete 버튼을 누르면 된다. 이전에는 인터넷 접속을 허용했으나 이후에는 허용하지 않으려면 서브넷 라우트 테이블에서 IG 엔트리를 삭제하면 된다.

네트워크 주소 변환(NAT)

실제 개발 환경에서는 용도에 따라 일부는 퍼블릭 속성으로 다른 일부는 프라이빗 속성으로 서브넷을 생성할 것이다. 프라이빗 서브넷에 데이터베이스를 생성하는 경우 인터넷을 통해서는 해당 데이터베이스에 접근할 수 없다는 의미이며, 외부와 완전히 격리된다는 의미이기도 하다. 그런데 만일 해당 데이터베이스의 펌웨어를 업데이트해야 하거나, 데이터베이스 패치를 다운로드해야 한다면 어떻게 해야 할까? 네트워크 주소 변환, 즉 NAT은 이런 문제를 해결해 준다.

NAT 디바이스를 이용하면 기본적으로는 인터넷 접속 불능으로 설정된 프라이빗 서브넷에 있는 서버 인스턴스를 인터넷에 연결할 수 있다. NAT 디바이스는 프라이빗 서브넷에 있는 서버 인스턴스의 트래픽을 인터넷으로 보내고 그에 따른 응답을 다시 해당 인스턴스로 받을 수 있다. 트래픽이 인터넷으로 전달되면 IPv4 주소의 소스는 NAT 기기의 주소로 대치되며, 응답이 되돌아오면 NAT 기기는 해당 주소를 변환해 서버 인스턴스의 프라이빗 IPv4 주소로 전달한다. 이런 이유로 네트워크 주소 변환기라는 이름으로 부른다. NAT 기기는 IPv4 트래픽에만 사용할 수 있고, IPv6 용으로는 사용할 수 없다.

AWS의 NAT 기기는 아래 두 가지 타입이다.

* NAT 인스턴스
* NAT 게이트웨이

NAT 인스턴스

퍼블릭 서브넷에서 NAT 인스턴스를 이용할 때는 (퍼블릭 서브넷에서 NAT 인스턴스를 생성하면, 퍼블릭 IP 주소 또는 일래스틱 IP 주소가 필요하다. 이는 잠시 후 설명한다) 프라이빗 서브넷에서 인터넷 또는 다른 AWS로 트래픽을 보낼 수 있다. 예를 들어, 퍼블릭과 프라이빗 두 개의 서브넷이 있고, 퍼블릭 서브넷에서 웹 서버를, 프라이빗 서브넷에서 데이터베이스를 실행한다고 하자. 데이터베이스 패치 등의 작업을 위해 데이터베이스가 있는 프라이빗 서브넷에 인터넷을 연결하려면 퍼블릭 서브넷의 NAT 인스턴스가 필요하다. 이렇게 하면 인터넷 트래픽은 퍼블릭 서브넷의 NAT 인스턴스를 통해 데이터베이스 서버로 전송될 수 있다. 데이터베이스 서버는 NAT 인스턴스를 통해 인터넷과 연결될 수 있지만 반대 방향의 트래픽 이동은 불가능하다(인터넷으로 NAT 인스턴스를 통과해 데이터베이스에 접근할 수는 없다).

예를 들어, CIDR 블록 10.0.0.0/16인 VPC를 생성하면 표 3-6과 같은 라우트 테이블 엔트리가 만들어지며, VPC에 부착된 인터넷 게이트웨이를 볼 수 있다. 또 10.0.0.0/24인 퍼블릭 서브넷과 IP 주소가 각각 10.0.0.5와 10.0.0.6인 웹 서버 두 개를 생성하고, 10.0.0.0/24인 프라이빗 서브넷과 IP 주소가 10.0.1.5인 데이터베이스를 생성했다면, 퍼블릭 서브넷에 NAT 인스턴스를 추가해 데이터베이스를 인터넷과 연결할 수 있다.

표 3-6 인터넷 게이트웨이를 위한 라우트 테이블 엔트리

대상 주소	대상
10.0.0.0/16	Local
0.0.0.0/0	igw—11aa33cc

IP 주소가 10.0.0.7인 NAT 인스턴스를 생성하고, 이때의 인스턴스 ID가 nat-0093abx인 경우 프라이빗 및 퍼블릭 서브넷 라우트 테이블 엔트리는 표 3-7, 표 3-8과 같다. NAT 인스턴스를 실행하려면 일래스틱 IP 주소가 필요하고, 이를 NAT 인스턴스에 연결해야 한다. 표 3-7과 같은 퍼블릭 서브넷의 라우트 테이블은 퍼블릭 서브넷에서 인터넷 트래픽을 허용한다는 면에서 기존과 동일하다. 인터넷 게이트웨이는 0.0.0.0/16에, 웹 서버는 10.0.0.5과 10.0.0.6에, NAT 인스턴스는 10.0.0.7에 연

결함으로써 인터넷 접속이 가능해진다. 인터넷 게이트웨이가 없는 프라이빗 서브넷의 라우트 테이블에는 NAT 인스턴스를 추가해야 하며, 테이블 엔트리는 표 3-8과 같다.

표 3-7 퍼블릭 서브넷의 라우트 테이블

대상 주소	대상
10.0.0.0/16	Local
0.0.0.0/0	igw-11aa33cc

표 3-8 프라이빗 서브넷의 라우트 테이블

대상 주소	대상
10.0.0.0/16	Local
0.0.0.0/0	nat-0093abx

위 내용을 자세히 보면 NAT 인스턴스 ID가 nat-0093abx이고, 10.0.0.7로 맵핑됨을 알 수 있다. 이때 NAT 인스턴스가 다운되면 데이터베이스 서버의 인터넷 연결이 끊어진다. NAT 인스턴스가 단일 실패 지점[SPOF, Single Point Of Failure][1]이 되는 셈이다.

이와 같은 문제를 피하고자 다른 AZ에 NAT 인스턴스를 중복 구현하거나, 서로 다른 AZ에서 액티브 및 패시브 모드로 NAT 인스턴스를 실행하거나, NAT 인스턴스 모니터링 스크립트를 실행해 하나의 인스턴스가 실패하면 곧바로 다른 인스턴스를 가동한다. 하지만 이러한 기법은 많은 관리상의 노력과 시간, 비용이 소모되므로 결코 쉬운 일은 아니다. 이와 같은 불편함을 해소하기 위해 AWS에서 제공하는 서비스가 NAT 게이트웨이다.

NAT 게이트웨이

NAT 게이트웨이는 기본적으로 NAT 인스턴스와 동일한 기능을 수행하지만 NAT 인스턴스가 하지 못하는 일을 할 수 있다. 또한 완전 관리형 서비스이므로 고정적인 어

---

1 단일 실패 지점은 시스템 전체에 치명적인 영향을 미칠 수 있는 단일 요소를 의미한다. 클라우드 등 고가용성 및 고신뢰성을 요구하는 시스템에서는 이를 막기 위한 이중화와 같이 다양한 기법이 적용되고 있다. – 옮긴이

드민 작업 부담이 줄어든다. NAT 게이트웨이를 사용하려면 가장 먼저 일래스틱 IP 주소부터 설정한다. NAT 게이트웨이는 특정 AZ에 이중화 또는 중복 구현 방식으로 생성된다. 앞서 살펴본 NAT 인스턴스 예제에서 소개한 데이터베이스 서버에 NAT 게이트웨이를 부착하면 인터넷에 연결할 수 있으며, 프라이빗 서브넷의 라우트 테이블 엔트리에는 NAT 인스턴스 대신 NAT 게이트웨이를 추가하면 된다.

실무에서는 NAT 인스턴스보다 NAT 게이트웨이를 선호하는데, 이는 NAT 게이트웨이의 가용성 및 네트워크 대역이 보다 높기 때문이다. 오늘 당장 NAT 인스턴스 대신 NAT 게이트웨이를 사용할 수도 있지만, 기존 인스턴스와 동일한 일래스틱 IP 주소를 사용하려면 먼저 기존 인스턴스와의 연결을 끊고 해당 일래스틱 IP 주소를 NAT 게이트웨이에 다시 연결하면 된다.

EXAM TIP 시험에서 NAT 인스턴스에 대한 내용보다는 NAT 게이트웨이에 대한 실무 지문이 좀 더 많이 출제된다.

외부 전용 인터넷 게이트웨이

VPC 컴포넌트 중 하나인 외부 전용Egress-Only 인터넷 게이트웨이는 NAT 게이트웨이와 비슷한 기능을 수행하며, IPv6 기반 인터넷 트래픽의 이동을 담당한다. 외부 전용는 IPv6 서브넷 내부에서 외부로 나가는 아웃바운드만 가능하다는 뜻이다. NAT 게이트웨이와 외부 전용 게이트웨이의 사용 방법은 동일하며 사용 목적도 같다. 유일한 차이점은 NAT 게이트웨이는 IPv4 트래픽을 처리하고, 외부 전용 게이트웨이는 IPv6 트래픽을 처리한다는 것이다. 사용하려면 표 3-9와 같이 라우트 테이블 엔트리에 외부 전용 게이트웨이에 대한 내용을 추가한다.

표 3-9 외부 전용 게이트웨이의 라우트 테이블

대상 주소	대상
10.0.0.0/16	Local
2600:1f14:880:f400::/56	Local
::/0	egw-id

탄력적 네트워크 인터페이스

클라우드를 사용하다 보면 하나 또는 다수의 네트워크 인터페이스를 생성해 인스턴스에 붙이는 일을 자주 하게 될 것이다. 이때 매니지먼트 네트워크를 생성하면서 VPC에서 시큐리티 또는 네트워크 장치를 사용하거나 고가용성 솔루션을 생성해야 하는 경우가 있다. 탄력적 네트워크 인터페이스ENI, Elastic Network Interface는 하나 혹은 다수의 네트워크 인터페이스를 생성하고 인스턴스에 붙이는 역할을 담당한다.

그리고 필요하면 언제든 인스턴스에서 네트워크 인터페이스를 분리하고, 해당 인스턴스나 다른 인스턴스에 다시 붙일 수 있다. 특정 인스턴스를 가리키던 네트워크 인터페이스를 다른 인스턴스로 이동시키면 네트워크 트래픽은 새로운 인스턴스를 가리키게 된다. ENI는 아마존 VPC에서 인스턴스에 부착 및 분리할 수 있는 버추얼 네트워크 인터페이스이며, 주요 속성은 다음과 같다.

- MAC 주소
- 하나의 퍼블릭 IPv4 주소
- 하나 또는 그 이상의 IPv6 주소
- 프라이머리 프라이빗 IPv4 주소
- 하나 또는 그 이상의 세컨더리 프라이빗 IPv4 주소
- 프라이빗 IPv4 주소별 일래스틱 IP 주소(IPv4)
- 인스턴스를 론칭할 때 네트워크 인터페이스 eth0에 자동으로 할당될 수 있는 하나의 퍼블릭 IPv4 주소
- 하나 또는 그 이상의 시큐리티 그룹
- 소스/대상 주소 체크 플래그 및 명세

일래스틱^{Elastic}이라는 이름에서 알 수 있듯 탄력적 네트워크 인터페이스는 필요하면 언제든 인스턴스에 부착하거나 분리할 수 있으며, 다른 인스턴스에 옮겨서 부착할 수도 있다. 새 인스턴스에 ENI를 부착하면 ENI의 모든 속성은 해당 인스턴스에 전파되며, ENI를 분리하면, ENI의 모든 속성은 사라진다. 하지만 프라이머리 네트워크 인터페이스(eth0)는 인스턴스에서 분리하거나 변경할 수 없다. 네트워크 인터페이스는 필요한 만큼 생성할 수 있으며, 인스턴스 타입에 따라 부착할 수 있는 네트워크 인터페이스의 수가 달라진다. 하지만 ENI의 수는 인스턴스로 향하는 네트워크 대역폭 또는 전송용량에는 영향을 주지 않는다. 예를 들어, ENI의 수를 늘려도 네트워크 전송용량이 늘어나지 않는다.

Linux에서 향상된 네트워킹(리눅스만 가능)

Linux에서 향상된 네트워킹은 애플리케이션 실행에 있어 매우 낮은 지연성, 광대역폭, 고속 PPS^{Packet-Per-Second} 성능이 요구되는 경우에 사용할 수 있다. Linux에서 향상된 네트워킹은 단일 루트 I/O 가상화(SR-IOV, Single-Root I/O Virtualization)를 통해 높은 수준의 강화된 네트워킹 성능을 제공한다. SR-IOV는 기기 가상화 기술 중 하나이며, 전통적인 가상화 네트워크 인터페이스에 비해 CPU 자원을 적게 소모하면서 좀 더 높은 수준의 I/O 성능을 제공한다. Linux에서 향상된 네트워킹은 인스턴스 타입에 따라 다음 두 가지 방식으로 사용할 수 있다.

- Elastic Network Adapter(ENA)를 사용하는 경우 ENA는 지원 인스턴스 타입에 따라 최대 100Gbps의 네트워크를 지원한다. 집필 시점 현재, Linux에서 향상된 네트워킹을 지원하는 인스턴스 타입은 A1, C5, C5a, C5d, C5n, F1, G3, G4, H1, I3, I3en, Inf1, m4.16xlarge, M5, M5a, M5ad, M5d, M5dn, M5n, M6g, P2, P3, R4, R5, R5a, R5ad, R5d, R5dn, R5n, T3, T3a, u-6tb1.metal, u-9tb1.metal, u-12tb1.metal, u-18tb1.metal, u-24tb1.metal, X1, X1e, z1d 등이 있다.

- Intel 82599 Virtual Function(VF) 인터페이스를 사용하는 경우 VF는 지원 인스턴스 타입에 따라 최대 10Gbps의 네트워크를 지원한다. 집필 시점 현재, C3, C4, D2, I2, M4(m4.16xlarge 제외), R3 등이 Intel 82599 VF를 통해 Linux에서 향상된 네트워킹을 지원한다.

일래스틱 IP 주소

일래스틱 IP 주소(EIP)는 클라우드에서 실행되는 애플리케이션을 위한 주소 체계다. AWS에서 새로운 EC2 인스턴스를 생성할 때마다 새로운 IP 주소가 만들어진다. 하지만 애플리케이션을 업데이트할 때마다 그에 맞춰 IP 주소를 변경하는 일은 결코 쉽지 않다. 예를 들어, 새로운 타입의 EC2 인스턴스로 업그레이드하거나 트래픽이 거의 발생하지 않는 야간 시간대에 인스턴스를 셧다운하는 경우 IP 주소 체계에 영향을 준다.

따라서 애플리케이션을 업데이트할 때마다 IP 주소를 바꾸는 대신 EIP를 받아서 해당 EC2 인스턴스와 연결하고, 이 EIP를 애플리케이션에 연결하는 방식이 자주 사용된다. EIP를 사용하면 EC2 인스턴스의 IP 주소가 변경될 때마다 EIP가 해당 EC2 인스턴스를 가리키게 하면 되며, 애플리케이션은 같은 EIP로 연결될 수 있다. 또한 애플리케이션이 실행되고 있는 인스턴스가 실패할 경우 신속하게 다른 인스턴스로 교체하고 EIP만 해당 인스턴스로 맵핑하면 된다는 장점도 있다.

EIP는 정적 IP 주소이며 애플리케이션에 정적 IP 주소가 필요하다면 EIP를 사용하면 된다. 현 시점에서 EIP는 IPv4만 지원하고 IPv6는 지원하지 않는다. 또 EIP는 퍼블릭 IPv4 IP 주소이므로 인터넷과 바로 연결될 수 있다. 예를 들어, 특정 인스턴스에 퍼블릭 IP 주소가 없다면 해당 인스턴스에 EIP만 맵핑하고 인터넷과 연결되도록 할 수 있다.

EIP는 다음 3단계로 사용할 수 있다.

1. 콘솔에서 계정에 EIP를 할당한다.
2. 인스턴스 또는 네트워크 인스턴스에 EIP를 연결한다.
3. EIP를 사용한다.

 EXAM TIP 시험에서는 퍼블릭 IP 주소를 사용해야 하는 경우와 EIP를 사용해야 하는 경우가 어떻게 다른지 확인한다.

EIP는 하나의 인스턴스에서 다른 인스턴스로 쉽게 이전할 수 있으므로 언제든 특정 리소스에서 EIP를 분리할 수 있고 다른 리소스에 부착할 수 있다. 하지만 EIP를 분리한 뒤 다른 리소스에 부착할 때는 주의해야 하며, 명시적으로 계정에서 삭제하기 전까지 기존 EIP가 그대로 연결돼 있을 수 있다.

 NOTE 실행 중인 인스턴스에 연결된 EIP에 대한 비용은 무료다. 계정에서 EIP를 생성하고 특정 인스턴스에 연결하지 않으면 EIP에 대한 비용이 부과될 수 있다. 이는 IPv4 IP 주소가 한정된 퍼블릭 자원이기 때문이다. 또한 EIP는 특정 리전 내에서만 사용할 수 있다.

네트워크 보안

VPC에서 네트워킹을 통해 실행되는 리소스의 보안을 유지하는 일은 매우 중요하다. 네트워크 보안은 시큐리티 그룹 및 네트워크 접근 제어 목록NACL, Network Access Control List을 통해 구현할 수 있다.

시큐리티 그룹

시큐리티 그룹은 VPC에서 실행되는 어떤 인스턴스에도 할당할 수 있는 가상 방화벽과 같으며, 특정 인스턴스의 내부 또는 외부로 이동하는 트래픽을 정의한다. 시큐리티 그룹은 인스턴스 단위로 할당되기 때문에 인스턴스마다 새로운 시큐리티 그룹를 추가해야 하며, 서브넷 레벨이 아닌 인스턴스 레벨에서 작동한다는 점에 주의한다. 따라서 하나의 서브넷 내에서도 인스턴스마다 서로 다른 시큐리티 그룹을 부여할 수 있으며, 인스턴스별로 최대 5개의 시큐리티 그룹을 부여할 수 있다. 또 서로 다른 인스턴스에 동일한 시큐리티 그룹을 부여하는 것도 가능하다. 시큐리티 그룹은 스테이트풀 속성을 지니며 IP 주소, 포트, 트래픽의 인바운드 및 아웃바운드에 대한 규칙을 정의한 프로토콜 등으로 구성된다.

시큐리티 그룹에 대한 예제로 프라이빗 서브넷 내에서 실행되는 EC2 인스턴스에는 데이터베이스가 있고, 퍼블릭 서브넷에서 실행되는 두 개의 EC2 인스턴스에는 각각 웹 서버가 있다고 하자. 두 개의 웹 서버 트래픽의 균형을 잡아줄 로드 밸런서도 추가한다. 사용자가 애플리케이션에 로그인하면 가장 먼저 로드 밸런서의 URL로 이동하고 로드 밸런서는 해당 트래픽을 어느 쪽 웹 서버에 보낼지를 결정한다. 이 경우 오직 로드 밸런서만이 웹 서버에 접속할 수 있는데, 필요에 따라 웹 서버의 중요한 관리 업무를 위해 SSH 포트를 열어야 하는 경우도 발생한다. 이때는 웹 서버 인스턴스를 위한 시큐리티 그룹을 적용하고, 이를 EC2 인스턴스에 할당할 때 로드 밸런서와 SSH 포트를 함께 추가한다. 이렇게 하면 웹 서버에서 어떤 트래픽이 들어오거나 나가더라도 모두 시큐리티 그룹에서 필터링할 수 있다. 로드 밸런서 또는 SSH 포트에서 온 트래픽이 아닌 경우 접근이 거절된다. 이와 비슷한 방법으로 데이터베이스로 들어오는 트래픽은 오직 웹 서버를 통해서만 가능하도록 시큐리티 그룹을 설정할수 있다. 물론 로드 밸런서처럼 인터넷을 통해서 트래픽이 들어올 수 있도록 시큐리티 그룹을 정의하는 것도 가능하다.

시큐리티 그룹은 언제라도 트래픽의 접근 허용 또는 거절 규칙을 변경할 수 있지만, 사용자는 오직 접근 허용 규칙만 추가할 수 있고 접근 거절 규칙은 작성할 수 없다. 결국 시큐리티 그룹 사용자는 허용 규칙을 통해서만 트래픽의 접근을 통제할 수 있다. 또 유입 트래픽 또는 유출 트래픽에 대한 규칙을 분리해서 정의할 수 있다. 시큐리티 그룹의 내용을 변경하면 변경 내용은 해당 인스턴스에 자동으로 즉시 반영된다.

시큐리티 그룹은 스테이트풀Stateful(네트워크 내에서 일어난 일들을 기억하고 참조하는) 속성을 지니므로 인스턴스에서 어떤 요청을 보내면 해당 트래픽의 접근이 허용된다. 예를 들어, 22 포트에서 SSH를 통해 트래픽 유입을 허용하면, 22 포트에 있는 SSH를 통해 나가는 트래픽 유출만이 허용되는 것이다. 처음 시큐리티 그룹을 생성하면 어떤 트래픽의 유입도 허용되지 않으며, 사용자가 직접 인바운드 트래픽의 엔트리를 추가해야 한다. 반면 모든 아웃바운드 트래픽은 허용돼 있으므로 특정 트래픽의 유출을 막아야 할 경우 사용자가 해당 아웃바운드 트래픽의 엔트리를 추가해야 한다. 또 특정 아웃바운드 트래픽만 허용하고자 할 경우 기본 규칙을 삭제하고 원하는 트래픽만 적용한 새로운 규칙을 추가하면 된다. 동일한 시큐리티 그룹에서 두 개의 인스턴스 간에 트래픽 유입 및 유출을 허용하는 경우에도 각각의 인스턴스에 명시적으로 해당 트래픽의 허용 규칙을 정의해야 한다.

> **NOTE** 시큐리티 그룹은 항상 네트워크 인터페이스와 연결돼 있다. 인스턴스의 시큐리티 그룹을 변경하면 프라이머리 네트워크의 시큐리티 그룹도 변경된다.

VPC는 항상 기본 시큐리티 그룹을 포함하고 있으며, EC2 인스턴스 생성 시 별도의 지정을 하지 않더라도 자동으로 해당 VPC의 시큐리티 그룹과 연결된다. 또 이와 같은 기본 시큐리티 그룹은 삭제할 수 없으며, 기본 시큐리티 그룹의 세부 규칙은 변경 가능하다. 표 3-10은 기본 시큐리티 그룹의 모습을 보여준다.

표 3-10 기본 시큐리티 그룹

인바운드			
소스	프로토콜	포트 범위	설명
시큐리티 그룹 ID (sg-xxxxxxxx)	All	All	동일 시큐리티 그룹에 할당된 인스턴스의 인바운드 트래픽 허용
아웃바운드			
대상 주소	프로토콜	포트 범위	설명
0.0.0.0/0	All	All	모든 아웃바운드 IPv4 트래픽 허용
::/0	All	All	모든 아웃바운드 IPv6 트래픽 허용. 이 규칙은 IPv6 CIDR 블록이 있는 VPC를 생성하거나 기존의 VPC에 IPv6 CIDR 블록을 연결하면 자동으로 추가됨.

웹 서버에 적용된 시큐리티 그룹의 세부 내용을 살펴보자. 예제로 만들어 볼 웹 서버는 인터넷을 통한 인바운드 트래픽을 허용하며, 백엔드에 구현된 데이터베이스 서버와 연결되고 여기서 나오는 트래픽 또한 허용한다. 서버 담당자의 어드민 업무 또는 유지 보수 업무가 가능하도록 SSH 접근 또한 허용한다. 이 내용을 구체적으로 표현하면 다음과 같다.

인바운드 규칙

- 퍼블릭 도메인에서 실행되는 웹 서버이므로 80 포트의 HTTP 트래픽은 어디에서나 유입될 수 있다.

- 22 포트의 SSH는 기업 네트워크만 허용하며, 해당 IP 주소 범위의 CIDR 블록을 명시한다.
- MYSQL/Aurora 데이터베이스의 트래픽은 3306 포트를 통해 유입되고 해당 IP 주소의 CIDR 블록을 명시한다.

아웃바운드 규칙

- 80 포트의 HTTP 트래픽은 어디든지 나갈 수 있으므로 0.0.0.0/0로 설정한다.
- MYSQL/Aurora 데이터베이스의 트래픽은 3306 포트를 통해서만 나갈 수 있도록 설정한다.

그림 3-2는 이번 시큐리티 그룹을 콘솔에서 작성한 모습을 보여준다.

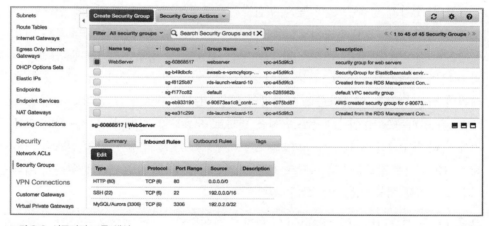

그림 3-2 시큐리티 그룹 생성

네트워크 액세스 제어 목록

이전 절에서는 인스턴스 레벨에 적용되는 시큐리티 그룹을 알아봤다. 이번 절에서는 VPC의 서브넷 레벨에 적용할 수 있는 추가적인 방화벽인 네트워크 네트워크 액세스 제어 목록(NACL)을 알아본다. NACL은 서브넷 레벨에서 작동하며 필요에 따라 선택할 수 있는 옵션의 성격을 지닌다.

한 마디로 NACL은 IP 주소, 포트, 프로토콜, 서브넷 허용/거부 규칙을 통합한 스테이트리스 속성의 방화벽 서비스다.

Amazon VPC는 기본 설정으로 NACL을 제공하고, IPv4 및 IPv6 인바운드, 아웃바운드 트래픽을 모두 필터링할 수 있으며, 커스텀 NACL을 추가할 수 있다. 커스텀 NACL은 기본적으로 모든 인바운드, 아웃바운드 트래픽을 차단한다. NACL은 서브넷과 연결돼 있으므로 VPC의 모든 서브넷에는 NACL을 할당해야 한다. 명시적으로 서브넷에 NACL을 할당하지 않으면 서브넷은 자동으로 기본 NACL과 연결된다. NACL은 여러 개의 서브넷과 연결될 수 있지만 각각의 서브넷은 한 번에 하나의 NACL을 연결해야 한다. 서브넷에 NACL을 연결하면 기존 연결 내역은 삭제된다. 이는 하나의 시큐리티 그룹을 여러 개의 인스턴스에 연결할 수 있는 것과 비슷하다.

NACL은 특정 서브넷에서 허용될 수 있는 트래픽에 대한 규칙을 숫자형 목록으로 정의하며, 숫자가 낮을수록 더 높은 우선순위가 적용된다. 특정 트래픽에 선순위 번호의 규칙이 적용되면, 후순위 번호의 규칙은 무시된다. 숫자형 목록의 최후 번호는 32766번이며, 새로운 규칙을 작성할 때는 중요도 순서에 따라 100을 곱해가면서 추가하면 편리하다. NACL은 스테이트리스^{Stateless} 속성을 지닌다. 즉, 인바운드 트래픽의 허용 여부는 아웃바운드 트래픽의 허용 여부를 따르며 그 반대도 성립한다. NACL은 인바운드 및 아웃바운드 규칙을 별도로 작성하며, 각각의 규칙을 통해 트래픽을 관리한다(앞서 소개한 시큐리티 그룹은 스테이트풀 속성을 지닌다). 규칙 번호와 관련해 NACL을 프로토콜을 지원하므로 표준 프로토콜에 좀 더 높은 우선순위를 부여해 해당 트래픽을 허용 또는 거부할 수 있다.

그림 3-3은 시큐리티 그룹과 NACL의 관계를 보여준다.

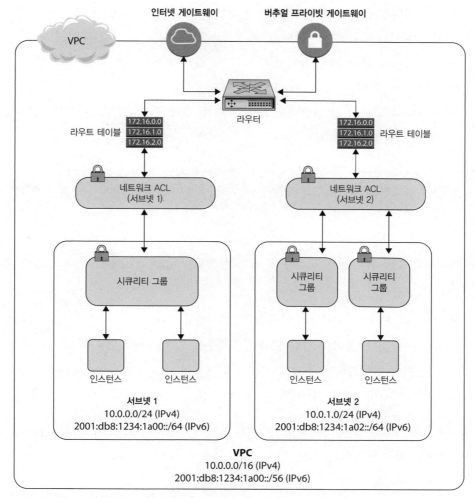

그림 3-3 VPC 내에서의 시큐리티 그룹과 NACL의 관계

시큐리티 그룹과 NACL은 다음과 같은 차이점이 있다.

- 시큐리티 그룹은 인스턴스 레벨에 적용되고, NACL은 서브넷 레벨에 적용된다. 따라서 서브넷 내에 10개의 인스턴스가 있다면 NACL 규칙은 10개의 인스턴스 모두에게 적용된다.

- 시큐리티 그룹은 스테이트풀(리턴 트래픽을 기본적으로 허용), NACL은 스테이트리스(리턴 트래픽을 기본적으로 거부) 속성을 지닌다.
- 시큐리티 그룹은 허용 규칙만 추가할 수 있지만, NACL은 허용 및 거부 모두 추가할 수 있다.
- 시큐리티 그룹의 모든 규칙은 트래픽 허용 전에 평가받지만, NACL은 순번에 따른 우선순위로 평가받는다.

EXAM TIP 시큐리티 그룹과 NACL의 차이점은 자주 출제된다. 실무에서 어느 상황에서 시큐리티 그룹 또는 NACL을 사용하는지 잘 이해하고 있어야 한다.

시큐리티 그룹의 규칙은 개수 제한이 있으며, AWS Support 요청을 통해 추가할 수 있다.

- 리전당 VPC마다 500개의 시큐리티 그룹 생성 가능
- 각 시큐리티 그룹마다 각각 50개의 인바운드 및 아웃바운드 규칙 추가 가능
- 네트워크 인터페이스당 최대 시큐리티 그룹의 수는 5개, AWS Support 요청을 통해 16개까지 추가 가능

아마존은 규칙의 수를 지속적으로 증가시키고 있다. 현 시점의 규칙 수 제한은 아마존 웹사이트에서 확인하자.

Amazon VPC 피어링

여러 가지 목적을 위해 다수의 VPC를 생성해야 하는 경우가 자주 있다. 예를 들어, 상용화 서비스와 상용화 전 서비스를 구분하기 위해 별도의 VPC를 생성해야 하는 경우가 있고, 부서별 또는 프로젝트별로 서로 다른 VPC를 관리해야 하는 경우도 있다. 이때 여러 개의 계정이 있다면 각기 다른 VPC를 생성하면 되는데, 만일 여기서 실행되는 각종 서버 간의 소통이 필요하거나 리소스의 공유가 필요하다면 어떻게 해야 할까?

VPC 피어링은 하나의 VPC를 또 다른 VPC에 연결하고, 프라이빗 IPv4 또는 IPv6 주소를 통해 서로의 트래픽을 교환하기 위한 방법이다. VPC 피어링이 실행되면, 양 쪽의 VPC에서 실행되는 인스턴스는 (동일한 네트워크에만 있다면) 서로 소통할 수 있다. VPC 피어링은 동일 리전에서만 가능하며, 리전 간의 피어링은 불가능하다. 하나의 계정에서 여러 개의 VPC를 피어링할 수 있고, 서로 다른 계정 간에도 VPC 피어링을 할 수 있다. 그림 3-4는 두 개의 VPC가 피어링된 모습을 보여준다.

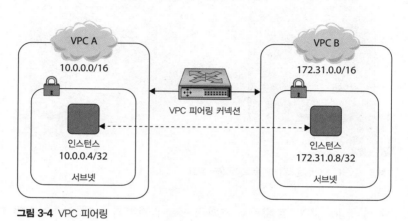

그림 3-4 VPC 피어링

AWS 내부적으로는 VPC 피어링 구현을 위해 VPC 피어링 인프라를 활용하지만, 앞서 소개했던 것과 같은 게이트웨이나 VPN과 달리 특수한 하드웨어를 이용한다. AWS는 VPC 피어링 구현을 위해 내부 인프라를 사용하지만, 단일 장애 지점 문제나 네트워크 병목현상과 같은 문제는 발생하지 않는다.

VPC 피어링 프로세스는 다음과 같다.

1. VPC A와 VPC B를 피어링으로 연결하는 경우를 생각해 보자. 가장 먼저 VPC A의 소유자는 VPC B에게 새로운 VPC 생성에 대한 요청을 보낸다. VPC A와 VPC B는 동일한 사용자 계정에 속하거나 서로 다른 계정에 속해도 무방하다. 두 개의 VPC를 피어링 하려면 요청자의 VPC CIDR 블록으로 새로운 VPC의 CIDR 블록을 생성할 수 없다. VPC B의 소유자가 요청을 확인하면 VPC 피어링 연결을 수락해야 한다.

2. 각 VPC의 소유자는 자신들의 VPC 라우트 테이블에 피어링 VPC의 IP 주소 범위를 가리키는 하나 또는 그 이상의 라우트 엔트리를 추가해야 한다. VPC 피어링은 라우트 테이블에 의해 라우트 대상으로 연결된 피어링을 참조하는 방식으로 관리된다. 그림 3-5는 VPC 피어링을 위한 라우트 테이블 엔트리의 모습을 보여준다.

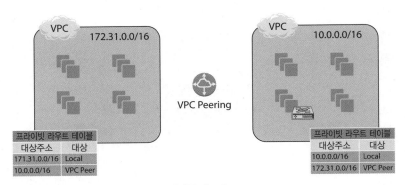

그림 3-5 VPC 피어링을 위한 라우트 테이블 엔트리

3. 이때 피어링된 VPC 트래픽을 효과적으로 관리하기 위해 인스턴스와 연결된 시큐리티 그룹을 업데이트해야 할 수 있고, DNS 호스트네임 기능을 위해 VPC 연결설정 내용을 수정해야 할 수 있다. 기본적으로 VPC 피어링으로 연결된 양쪽의 인스턴스는 퍼블릭 DNS 호스트네임을 사용하며, 해당 호스트네임은 인스턴스의 퍼블릭 IP 주소로 연결된다.

VPC 피어링은 두 VPC 간의 일대일 피어링 관계 생성이라 할 수 있다. 여러 개의 VPC를 위한 다중 VPC 피어링도 가능하지만 자유롭게 서로의 VPC를 왕래할 수 있는 연결은 아니다. 예를 들어, A, B, C 세 대의 VPC가 있다고 하면 VPC A는 VPC B와 연결될 수 있고, VPC C와도 연결될 수 있다. 그러면 이때 VPC B와 VPC C는 자동으로 연결된 것일까? 그렇지 않다. VPC B와 VPC C는 VPC A를 중간 이동 경로로 삼을 수 없고, 서로 소통할 수 없으므로 사용자가 명시적으로 VPC B와 VPC C를 피어링해 줘야 한다. 그림 3-6은 세 개의 VPC 피어링 구조를 보여준다.

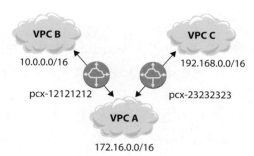

그림 3-6 피어링을 위한 세 개의 VPC

Amazon VPC 엔드포인트

AWS 서비스 중에는 VPC 외부에서 실행되는 것들이 많다. 대표적으로 리전별 서비스인 S3가 VPC 외부에서 실행된다. S3를 VPC와 연결하려면 인터넷과 데이터 센터 전용 네트워크 두 개를 함께 연결해야 한다. VPC 엔드포인트는 이런 목적으로 만들어졌으며, S3와 VPC를 프라이빗하게 연결한다. 결국 어떤 트래픽도 아마존 네트워크를 벗어나지 않게 된다. VPC 엔드포인트는 수평적 확장성, 중복구현성, 고가용성을 제공하는 가상 기기로 VPC 엔드포인트를 사용할 때는 앞서 설명한 퍼블릭 IPv4 주소, 인터넷 게이트웨이, NAT 디바이스 및 게이트웨이, VPG 등이 없어도 무방하다.

VPC는 AWS PrivateLink를 사용한다. 잠시 AWS PrivateLink를 자세히 살펴 보자. AWS PrivateLink는 고객이 AWS 서비스를 신속하게 접근하고 확장할 수 있게 하는 도구로 모든 네트워크 트래픽을 AWS 내부에서 처리한다.

PrivateLink를 사용하는 AWS 서비스의 엔드포인트를 생성하면, 이들 서비스의 엔드포인트는 VPC에 프라이빗 IP를 지닌 ENI로 표시된다. PrivateLink를 이용하면 퍼블릭 IP의 화이트리스트를 작성하거나 AWS 서비스를 연결하는 인터넷 게이트웨이, NAT 기기 또는 방화벽 프록시를 관리할 필요가 없다.

PrivateLink로 연결된 AWS 서비스는 AWS Direct Connect를 이용한 프라이빗 연결을 통해 기업 데이터 센터의 애플리케이션이 AWS 서비스에 직접 연결될 수 있다. AWS PrivateLink는 네트워크 로드 밸런서를 통해 인터페이스 엔드포인트와 서비스를 연결하며, 네트워크 전송 레이어(레이어 4)의 네트워크 로드 밸런서는 초당 수백만 개의 요청을 처리할 수 있다.

고객은 AWS PrivateLink를 통해 자신의 Amazon VPC를 엔드포인트 네트워크 인터페이스로 사용할 수 있다. 또한 고객은 다수의 AZ에 산재한 다수의 서브넷을 통해 특정 AZ에 서비스 장애가 발생해도 이에 대한 저항성을 유지할 수 있으며, 이를 위해 다수의 서브넷을 다수의 AZ에 맵핑한 엔드포인트 네트워크 인터페이스를 생성할 수 있다. 또한 AWS PrivateLink는 Amazon VPC 내에서 애플리케이션을 생성할 수 있으며(서비스 제공자 VPC로 지칭), 이는 AWS PrivateLink 활성화 서비스 또는 VPC 엔드포인트 서비스 기반의 애플리케이션이 된다.

VPC 엔드포인트는 인터페이스 엔드포인트, 게이트웨이 엔드포인트 등, 두 가지 유형이 있다.

인터페이스 엔드포인트는 프라이빗 IP 주소를 지닌 ENI로 여러분이 제공하는 서비스의 트래픽을 처리하는 엔트리 포인트가 되는 서브넷의 IP 주소를 사용한다. 현재 50여개 이상의 서비스가 인터페이스 엔드포인트를 지원하고 있으며, AWS 관리형 서비스, 자체 Amazon VPC를 사용해 호스팅하는 AWS 고객 및 파트너의 서비스(엔드포인트 서비스로 지칭), AWS Marketplace 서비스 등이 포함된다.

게이트웨이 엔드포인트는 AWS 서비스의 트래픽을 정의하는 라우트 테이블에서 타깃으로 설정할 수 있으며, 집필 시점 현재, S3 및 DynamoDB가 게이트웨이 엔드포인트를 지원하고 있다.

VPC 엔드포인트의 환경 설정 방법은 다음과 같다.

1. 엔드포인트 생성을 위해 먼저 VPC에서 생성하려는 엔드포인트와 연결하려는 서비스 내용을 정의하고, 엔드포인트에 정책 규칙 및 라우트 테이블 엔트리를 추가한다(네트워크 정책은 5장에서 상세히 설명한다).

2. VPC와 다른 서비스의 트래픽을 라우팅하기 위한 라우트 테이블 엔트리를 작성한다.

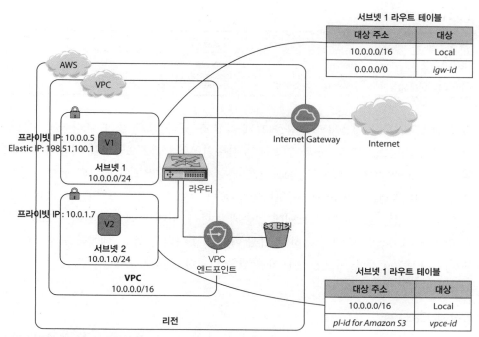

서브넷 1 라우트 테이블	
대상 주소	대상
10.0.0.0/16	Local
0.0.0.0/0	*igw-id*

서브넷 1 라우트 테이블	
대상 주소	대상
10.0.0.0/16	Local
pl-id for Amazon S3	*vpce-id*

그림 3-7 S3를 위한 VPC 엔드포인트

예제를 통해 VPC 엔드포인트를 알아보자. VPC에 프라이빗 및 퍼블릭 서브넷, 두 개의 서브넷이 있다고 하자. 퍼블릭 서브넷은 인터넷에 연결되고, 프라이빗 서브넷을 통해 S3를 연결하려면 인터넷 게이트웨이가 부착된 퍼블릭 서브넷을 통해 S3에 접근할 수밖에 없다. 하지만 VPC 엔드포인트를 사용할 수 있다면 그림 3-7과 같이 프라이빗 서브넷의 라우트 테이블에 관련 엔트리를 쉽게 추가할 수 있고, S3와 바로 연결될 수 있다. 표 3-11은 프라이빗 서브넷 연결을 위한 VPC 엔드포인트의 라우트 테이블 엔트리다.

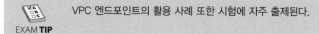

EXAM **TIP**   VPC 엔드포인트의 활용 사례 또한 시험에 자주 출제된다.

표 3-11 VPC 엔드포인트

대상 주소	대상
10.0.0.0/16	local
pl-68a54001(com.amazonaws-us-west-2.s3)	vpc-endpoint-id

VPC 엔드포인트를 이용하면 비용을 크게 아낄 수 있다. 예를 들어, 프라이빗 서브넷에 EC2 인스턴스가 있고 S3와 연결해야 한다면, VPC 엔드포인트를 이용해서 EC2와 S3를 프라이빗 서브넷에서 바로 연결할 수 있으므로 별도의 데이터 전송 비용이 들지 않는다. VPC 엔드포인트가 없다면 퍼블릭 서브넷에 있는 S3의 데이터를 EC2 인스턴스가 있는 프라이빗 서브넷에 전송해야 한다. 이때 트래픽은 인터넷으로 연결된 리전별 서비스인 S3에 접속하기 위해 VPC를 벗어나야 하고, 데이터를 포함한 트래픽이 다시 VPC로 들어오는 비용이 발생하게 된다.

Transit Gateway

다수의 VPC를 운영 중이고, 그 수가 계속 늘어나고 있다면, VPC 간의 피어링을 관리하는 일이 점점 더 어려워질 수 있다. 여기에 온프레미스 기반의 애플리케이션도 있다면 전체 네트워크의 상호작용 방식은 훨씬 복잡해질 수 있는데, AWS Transit Gateway는 이런 문제를 해소해 준다.

Transit Gateway를 이용하면 네트워크 전송 허브를 이용해 VPC와 온프레미스 네트워크를 연결할 수 있다. 또한 네트워크 아키텍처를 간소화할 수 있고, 멀티 VPC 피어링 환경에 대한 관리 부담도 줄어든다.

Transit Gateway는 VPC와 VPN 사이의 트래픽 흐름을 분산시키는 클라우드 라우터와 같은 역할을 수행하며, 트래픽에 따라 자동으로 확장되므로 기존의 수작업 또한 줄일 수 있다.

Transit Gateway는 레이어 3 수준에서 라우팅하며, 패킷은 목적 IP 주소 기반의 next-hop 장치로 전송된다.

그림 3-8은 Transit Gateway를 사용하지 않는 네트워크의 작동방식을 보여주고, 그림 3-9는 Transit Gateway를 사용할 때의 모습을 보여준다.

Transit Gateway를 사용하면 글로벌 서비스를 위한 수천 개의 VPC 환경에서도 신속하게 애플리케이션을 빌드 및 배포할 수 있다. 전 세계에 있는 다수의 리전에 애플리케이션을 배포할 때도 Inter-Region Peering을 글로벌 네트워크 기반의 AWS Transit Gateway와 연결할 수 있다. 이렇게 하면 데이터는 자동으로 암호화되고 퍼블릭 네트워크에도 노출되지 않을 수 있다.

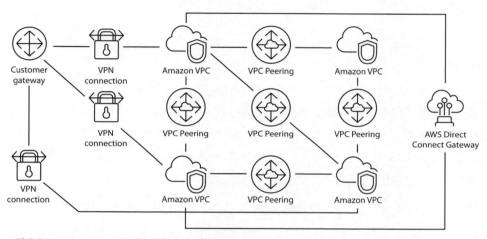

그림 3-8 Transit Gateway가 없는 경우의 네트워크 작동방식

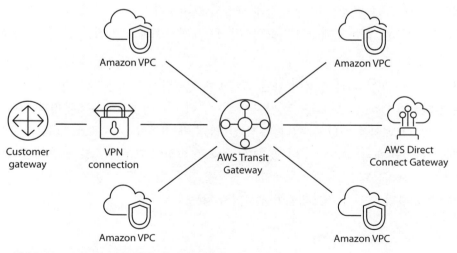

그림 3-9 Transit Gateway를 이용한 네트워킹

Transit Gateway에 다음과 같은 리소스를 추가할 수 있다.

- 하나 이상의 VPC
- 하나 이상의 VPN 연결 객체
- 하나 이상의 AWS Direct Connect 게이트웨이
- 하나 이상의 Transit Gateway 피어링 연결 객체

DNS와 VPC

Domain Name System(DNS)은 인터넷을 위한 전화번호부라고 할 수 있다. DNS 서버는 도메인 네임 디렉터리를 관리하고 이를 IP 주소로 바꾸는 기능을 수행한다. 대부분의 인터넷 사용자는 숫자로 된 IP 주소가 아닌 기억하기 쉬운 인터넷 도메인 네임을 사용하므로 DNS는 현대 인터넷 사회의 필수품이라 할 수 있다. DNS 호스트네임은 특정 컴퓨터만의 유일무이한 이름이며, 호스트네임과 도메인 네임으로 구성된다.

아마존의 DNS 서버는 VPC 내에서 실행 중인 모든 인스턴스의 주소를 관리하고, 퍼블릭 IPv4 주소는 인터넷을 통해 연결할 수 있으며, 프라이빗 IPv4 주소는 (VPC 내의) 내부 네트워크를 통해 연결할 수 있다. 기본 설정 VPC 내에서 인스턴스를 실행하면 해당 인스턴스는 퍼블릭 IPv4 주소에 대응되는 퍼블릭 DNS 호스트네임을 지니고, 프라이빗 IPv4 주소에 대응되는 프라이빗 DNS 호스트네임을 지닌다는 사실을 알 수 있다.

커스텀 VPC 또는 기본 설정이 아닌 VPC에서 인스턴스를 실행하면 해당 인스턴스는 프라이빗 DNS 호스트네임을 지니거나 VPC에 정의된 DNS 속성에 따라 퍼블릭 DNS 호스트네임을 지닐 수 있다. 특정 인스턴스가 퍼블릭 DNS 호스트네임을 지니도록 하는 두 개의 DNS 속성이 있으며, 이들 두 속성이 모두 참으로 설정되면 해당 인스턴스는 퍼블릭 DNS 호스트네임을 지니게 된다. 만일 두 속성 중 하나라도 참이 아니면 퍼블릭 DNS 호스트네임이 부여되지 않는다.

속성	설명
enableDnsHostnames	VPC에서 실행된 인스턴스가 퍼블릭 DNS 호스트네임을 지닐 수 있는지 여부를 결정한다. 참이면 퍼블릭 DNS 호스트네임을 지닐 수 있다.
enableDnsSupport	DNS 레졸루션이 VPC를 지원하는지 여부를 결정한다.

위 속성이 거짓이면 VPC 내 아마존이 제공하는 DNS 서버는 (퍼블릭 DNS 호스트네임을 IP 주소로 변환하는) DNS 레졸루션[Resolution]을 지원하지 않는다. 위 속성이 참이면 169.254.169.253 IP 주소에서 DNS 서버로 전달된 쿼리도, 미리 예약된 VPC IPv4 네트워크 범위의 IP 주소에서 DNS 서버로 전달된 쿼리도 모두 성공적으로 처리된다. 위 속성에 대한 상세한 내용은 VPC 요약 페이지에서 확인할 수 있다.

us-east-1 리전의 퍼블릭 DNS 호스트네임은 ec2-public-ipv4-address. compute-1.amazonaws.com 형식이고, 다른 리전의 호스트네임은 ec2-public-ipv4-address.region.amazonaws.com 형식을 따른다. us-east-1 리전의 프라이빗 DNS 호스트네임은 ip-private-ipv4-address.ec2.internal 형식이고, 다른 리전의 호스트네임은 ip-private-ipv4-address.region.compute.internal 형식을 따른다. 현재 IPv6 주소를 위한 DNS 호스트네임은 제공되지 않으며, 기업 자체적인 DNS를 사용하거나 기업 전용 VPC를 위한 DHCP 옵션 세트를 생성할 수 있다.

DHCP 옵션 세트

DHCP[Dynamic Host Configuration Protocol] 옵션 세트는 기본 도메인 네임, DNS 서버 등 VPC에 있는 인스턴스의 호스트 환경 설정에 사용된다. AWS는 AWS 디렉터리 서비스 사용 시 VPC 설정에서 DHCP 옵션 세트를 사용할 것을 권장한다. 이렇게 하면 VPC에 있는 모든 인스턴스는 해당 도메인 네임을 통해 특정 도메인 또는 DNS를 가리킬 수 있게 된다.

아마존은 VPC 생성 시 자동으로 DHCP 옵션 세트를 추가하며, 도메인 네임 서버가 기본적으로 (아마존 DNS 서버인) AmazonProvidedDNS를 가리키도록 하는 옵션과 리전에 대한 도메인 네임 옵션을 함께 제공한다. 각 VPC는 반드시 하나의 DHCP 옵션 세트를 지녀야 하며, 일단 생성된 DHCP 옵션 세트는 수정할 수 없다. 만일 기존 내용을 변경해야 한다면 새로운 DHCP 옵션 세트를 생성해야 한다. 새로운 DHCP

옵션 세트를 연결하고 나면 VPC에 새로 추가한 인스턴스는 자동으로 새로운 DHCP 옵션 세트의 적용을 받고, 기존에 VPC에서 실행되던 인스턴스는 DHCP가 갱신될 때 새로운 옵션 세트의 적용을 받게 된다.

인스턴스에 커스텀 도메인 네임을 할당할 때는 커스텀 DHCP 옵션 세트를 생성하고 이를 VPC에 연결한다. DHCP 표준을 이용하면 TCP/IP 네트워크에 있는 호스트에 환경 설정 정보를 전달할 수 있으며, DHCP 옵션 필드에는 다음과 같은 환경 설정 파라미터가 포함돼 있다.

- **domain-name-servers** 도메인 네임 서버의 IP 주소 또는 AmazonProvidedDNS 파라미터다(쉼표 기호로 구분해 최대 4개까지 도메인 네임 서버를 추가할 수 있다). 기본 옵션 세트는 AmazonProvidedDNS이며, 커스텀 DNS 호스트네임의 인스턴스를 사용하려면 해당 DNS 서버를 가리키도록 한다.

- **domain-name** 도메인 네임 파라미터다. 만일 us-east-1 리전의 Amazon ProvidedDNS를 사용한다면 ec2.internal로 설정하고, 다른 리전에서 사용한다면 region.compute.internal로 설정한다(예: ap-northeast-1.compute. internal). 또는 커스텀 도메인 네임을 설정할 수 있다(예: amazon.com).

- **ntp-servers** NTP[Network Time Protocol] 서버의 IP 주소로 최대 4개를 추가할 수 있다.

- **netbios-name-servers** NetBIOS 네임 서버의 IP 주소로 최대 4개를 추가할 수 있다.

- **netbios-node-type** NetBIOS 노드 타입(1, 2, 4, 8) 파라미터이다. 2로 설정할 것을 권장하며, 현재 NetBIOS 노드의 브로드캐스트, 멀티캐스트는 지원하지 않는다.

VPC에 연결하기

클라우드에 VPC를 생성했다면 다음 단계로 VPC와 기업의 데이터 센터를 연결한다. 기업 데이터 센터와 VPC를 연결하면, VPC는 데이터 센터를 확장한 것과 같은 기능을 수행하며 VPC와 데이터 센터 간의 트래픽을 효과적으로 처리할 수 있다. VPC와 데이터 센터를 연결하는 방법은 여러 가지가 있다. 이번 절에서는 VPC와 데이터 센터를 연결하는 다양한 방법을 알아본다. 이와 관련된 주요 용어와 개념은 다음과 같다.

- **버추얼 프라이빗 게이트웨이**^{Virtual Private Gateway} 기본적으로 VPC에서 실행한 인스턴스는 자체 네트워크를 사용하는 기업 데이터 센터와 소통할 수 없다(퍼블릭 서브넷에서 실행되는 인스턴스 제외). 기업 데이터 센터의 트래픽이 VPC에 닿을 수 없기 때문이며, 서로 소통할 수 있도록 하려면 VPC에 버추얼 프라이빗 게이트웨이(VPG)를 부착한 뒤 커스텀 라우트 테이블을 작성하고, 시큐리티 그룹 규칙을 업데이트한다. VPG는 아마존에서 제공하는 VPN 연결 서비스로 아마존 측의 트래픽을 관리하며, 커스토머 게이트웨이는 기업 데이터 센터 측의 트래픽을 관리한다.

- **커스토머 게이트웨이**^{Customer gateway} 커스토머 게이트웨이는 기업 데이터 센터 측 또는 VPN 연결 부분에 있는 물리적 디바이스 또는 소프트웨어 애플리케이션이며, 기업 데이터 센터 측에서 연결된 부분의 앵커와 같은 역할을 담당한다.

VPC와 데이터 센터를 연결하기 위한 네 가지 주요 프라이빗 연결 옵션은 아래와 같다.

- **AWS 하드웨어 VPN** VPC와 리모트 네트워크를 연결하기 위해 하드웨어 VPN 연결인 IPsec을 생성할 수 있다. IPsec은 Internet Protocol Security를 의미하며, 커뮤니케이션 세션에서 각각의 IP 패킷을 인증하고 암호화하는 IP 커뮤니케이션용 프로토콜이다. AWS 측의 VPN 연결에서 VPG는 자동 페일오버^{failover}를 대비해 두 개의 VPN 엔드포인트를 제공한다. 사용자는 원격 접속 측의 VPN 연결용 디바이스 또는 소프트웨어인 커스토머 게이트웨이의 환경 설정을 할 수 있다. AWS는 정적 및 동적 BGP 연결 및 VPN 연결을 지원한다(BGP는 Border Gateway Protocol을 의미하며, 인터넷에서 라우팅 정보를 교환하기 위한 프로토콜이다).

  정적 VPN 연결을 사용하려면 원격 기업 네트워크에 접속하기 위해 수동으로 라우트 테이블 엔트리를 변경해야 한다. 하지만 BGP를 사용할 수 있다면 프리픽스라 부르는 IP 라우트를 동적으로 변경할 수 있으며, 기업 네트워크 환경이 변하면 자동으로 해당 내용이 적용된다. 단, BGP의 최대 프리픽스 개수는 100개이므로 그 이상의 네트워크를 사용해야 한다면 BGP를 여러 개 연결해서 쓰거나 기본 라우트를 사용해야 한다. 모든 VPN 연결은 두 개의 IPsec 터널로 프로비전되고, 서로 다른 두 개의 AZ에서 소멸된다.

- **AWS Direct Connect** AWS Direct Connect는 기업 데이터 센터에서 VPC로 연결되는 전용 프라이빗 연결 서비스로 각 AWS 리전은 최소 하나 이상의 Direct Connect 로케이션과 연결된다. 이는 에퀴닉스^{Equinix} 또는 코어사이트^{Coresite}와 같은 대규모 코로케이션 시설로 대규모 고객의 트래픽을 처리할 수 있다. AWS 는 이들 코로케이션과 프라이빗 연결을 제공한다. 이들 시설에 이미 연결돼 있다면 Direct Connect를 이용해서 손쉽게 AWS 서비스와 연결할 수 있다. 아직 연결돼 있지 않다면 AWS 통신 파트너를 통해 여러분 기업의 데이터 센터 입구까지 연결 서비스를 요청할 수 있다. Direct Connect를 이용하면 일관된 네트워크 성능을 확보할 수 있다. IPsec 암호화 연결을 생성기 위해서는 AWS Hardware VPN 연결을 이용해야 한다.

- **VPN CloudHub** 하나 이상의 원격 네트워크가 있다면 (예를 들어, 지사가 있다면) VPC를 통해 여러 개의 AWS Hardware VPN 연결을 생성해 커뮤니케이션 할 수 있다. AWS VPN 클라우드 CloudHub를 이용하면 여러 개의 사이트에서 VPN에 접근할 수 있고, 허브 앤 스포크 모델을 통해 보안성을 높여 접근 할 수 있다. 각 커스토머 게이트웨이의 환경 설정을 통해 VPG에 (10.0.0.0/24, 10.0.1.0/24와 같은) 사이트별 프리픽스를 부여할 수 있다. VPG는 적절한 사이트로 트래픽을 내보내고 하나의 사이트에서 다른 모든 사이트로 접근 가능성을 확인한다.

- **Software VPN** Software VPN 장비가 부착된 VPC 내의 EC2 인스턴스를 이용해 원격 네트워크로 연결되는 VPN 연결을 생성할 수 있다. AWS 자체적으로는 Software VPN 장비를 제공하지 않지만, 관련 서비스를 제공하는 다수의 파트너 및 오픈소스 커뮤니티에서 구할 수 있고, 마켓플레이스에서도 Software VPN을 구할 수 있다.

대부분의 기업 사용자는 AWS 네트워크와 직접 연결할 수 있으며, 이를 활용해 데이터 센터와 AWS 네트워크를 광대역으로 연결할 수 있다. 중복 구현을 위해 기업 고객 대부분은 두 개의 Direct Connect를 사용하지만 기업에서 두 개의 커넥션을 사용하기 어렵다면, 하나의 Direct Connect와 하나의 VPN 커넥션을 사용헤 페일오버 사태를 방지할 수 있다. 다수의 기업은 VPN으로 시작해서 트래픽이 늘어날 때마다 차츰 Direct Connect를 추가한다.

VCP 흐름 로그

VPC 흐름 로그는 VPC에서 네트워크 인터페이스로 들어오고 나가는 IP 트래픽에 대한 정보를 확인할 수 있도록 해주며, 흐름 로그 데이터는 Amazon CloudWathc 로그를 이용해 저장된다. 생성된 흐름 로그는 AWS CloudWatch에서 확인할 수 있다.

흐름 로그는 특정 트래픽이 왜 목표 인스턴스에 도달하지 못하는지 확인해 시큐리티 그룹 규칙을 진단하는 등 문제 해결에 도움을 준다. 또한 인스턴스에 유입되는 트래픽을 모니터링하는 보안 도구로도 활용된다.

흐름 로그는 별도의 비용이 부과되지 않고 사용자는 CloudWathc 로그 비용만 부담하면 된다. 흐름 로그는 네트워크 인터페이스, 서브넷, VPC 트래픽 확인을 위해 사용할 수 있다.

기본 설정 VPC

VPC는 모든 계정에서 리전별로 생성되며, 이를 기본 설정 VPC 또는 디폴트^{default} VPC라 부른다. 기본 설정 VPC는 AWS 서비스를 좀 더 신속하고 편리하게 이용할 수 있도록 돕는다. 사용자가 이같은 기본 설정 VPC 사용을 원하지 않는 경우에도 기본 설정 VPC는 삭제할 수 없는데, 기본 설정 VPC가 없으면 여러가지 문제가 발생할 수 있기 때문이다. 의도치 않게 기본 설정 VPC를 삭제했다면 개발지원 티켓으로 로그인해 다시 생성할 수 있다. 기본 설정 VPC는 다음과 같은 기능을 포함한 상태로 미리 생성된다.

- 다이나믹 프라이빗 IP
- 다이나믹 퍼블릭 IP
- AWS 제공 DNS 네임
- 프라이빗 DNS 네임
- 퍼블릭 DNS 네임

기본 설정 VPC로 다음과 같은 일을 할 수 있다.

- 서브넷 추가 생성 및 라우트 테이블 규칙 변경
- 시큐리티 그룹, NACL, 라우팅 등 네트워크 컨트롤 추가 생성
- 기업 네트워크 간 Hardware VPN 옵션 설정

기본 설정 VPC에서 기본 서브넷의 인스턴스는 시큐리티 그룹에서 정의된 퍼블릭 및 프라이빗 IP를 지닌다.

VPC 예제 실습

이번 절에서는 VPC와 관련된 몇 가지 예제를 실습한다.

실습 3-1: VPC 마법사 활용

이번 실습에서는 VPC 위저드 서비스를 이용해 VPC를 생성하며, 다음 네 가지 타입의 VPC를 생성할 수 있다.

- 단일 퍼블릭 서브넷이 있는 VPC
- 퍼블릭 및 프라이빗 서브넷이 있는 VPC
- 퍼블릭 및 프라이빗 서브넷과 Hardware VPN 액세스가 있는 VPC
- 프라이빗 서브넷과 Hardware VPN 액세스가 있는 VPC

첫 번째 옵션은 단일 퍼블릭 서브넷이 있는 VPC다. VPC 위저드를 이용해 VPC를 생성한 후 수정이 필요하면 언제든 수정할 수 있다. 예를 들어, 첫 번째 옵션으로 VPC를 생성한 다음 퍼블릭 서브넷 또는 프라이빗 서브넷을 추가할 수 있다.

두 번째 옵션은 퍼블릭 및 프라이빗 서브넷이 있는 VPC다. VPC 위저드는 한 번에 하나의 서브넷을 생성할 수 있으며, 필요에 따라 언제든 서브넷을 추가할 수 있다. 하드웨어 기반 VPN을 이용해 데이터 센터를 연결하면서 퍼블릭 및 프라이빗 서브넷이 있는 VPC가 필요한 경우 세 번째 옵션을 택할 수 있고, 하드웨어 기반 VPN을 이용해 데이터 센터를 연결하되 프라이빗 서브넷만 있는 VPC가 필요한 경우 네 번째 옵션을 택하면 된다.

VPC 위저드가 제공하는 옵션과 다른 사항이 필요한 경우 언제든 커스텀 VPC를 생성할 수 있다. VPC 위저드는 빠르고 편리하게 쓸 수 있는 서비스이며, 이번 예제에서는 VPC 위저드의 첫 번째와 두 번째 옵션으로 VPC를 생성한다.

먼저 AWS 콘솔로 로그인하고 VPC 생성을 희망하는 리전을 선택한다. 서비스 목록에서 **VPC**를 선택하고, **VCP 마법사 시작**을 클릭한다.

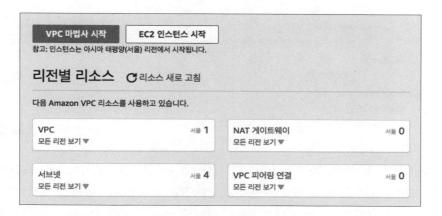

좌측 메뉴에서 첫 번째 옵션(단일 퍼블릭 서브넷이 있는 VPC)을 선택한다.

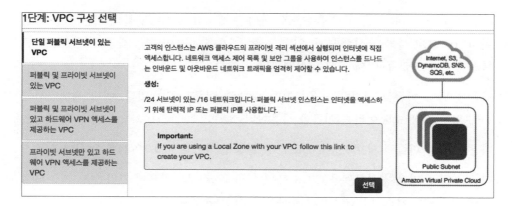

아래 화면은 VPC 생성과 관련된 다양한 정보를 보여준다. 한 항목씩 살펴보기 바란다.

위 화면에서 첫 번째 옵션은 VPC를 위한 CIDR 블록 설정이며, 위 화면처럼 10.0.0.0/16를 입력한다. IP 주소의 총 개수는 /16, 즉 65,536개이지만 앞서 언급한 것처럼 이 중 다섯 개는 AWS 내부용으로 예약돼 있어서 화면에는 65,531개만 가능하다고 나온다.

다음은 IPv6 CIDR 블록 설정 옵션으로 아마존 제공 IPv6 CIDR 블록 또는 직접 생성한 IPv6 CIDR 블록을 선택할 수 있다. 이번 예제에서는 아마존 제공 IPv6 CIDR 블록을 이용하므로 두 번째 옵션을 선택한다.

다음은 VPC 이름을 설정하는 옵션이며, 원하는 이름을 입력한다. 이번 예제에서는 VPC_Wizard_Public이라는 이름을 사용한다.

다음은 IPv4 퍼블릭 서브넷용 CIDR 블록 설정 옵션으로 10.0.0.0/24를 입력한다.

다음은 IPv6 퍼블릭 서브넷용 CIDR 블록 설정 옵션으로, 필요에 따라 선택 가능하며 아래 그림처럼 커스텀 IPv6 CIDR 블록을 설정할 수 있다.

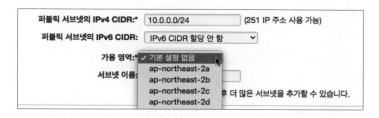

퍼블릭 서브넷용으로 아마존이 제공한 IPv6 CIDR 블록을 선택하면 CIDR 블록 번호를 직접 입력하지 않아도 되며, 아마존이 자동으로 입력한다.

다음은 가용 영역 선택 옵션으로 별도의 AZ를 선택하지 않으면No Preference 해당 리전의 모든 AZ에서 VPC를 사용할 수 있다. VPC 생성을 희망하는 AZ를 선택하면 VPC를 해당 AZ에서만 사용할 수 있는데, 이 경우 해당 VPC가 단일 실패 지점이 될 수 있으므로 권장하지 않는다. 물론 사용자에게 그럴 만한 특별한 이유가 있다면 특정 AZ만 사용할 수 있다.

이번 예제에서는 위 그림처럼 특정 AZ를 선택하지 않는다No Preference.

다음은 서브넷 이름 옵션이며, 그림처럼 **퍼블릭 서브넷**을 선택한다.

다음은 서비스 엔드포인트 옵션이다. 아래 화면은 게이트웨이 엔드포인트만 보여주며, 여기서 VPC에 S3 엔드포인트 또는 DynamoDB 엔드포인트를 추가해 직접 연결성을 구현할 수 있다. 인터페이스 엔드포인트를 추가하려면 VPC를 생성할 때 해야 한다. 이번 예제에서는 S3 엔드포인트를 추가해보자. **엔드포인트 추가** 버튼을 클릭하면 아래와 같은 모습이 된다.

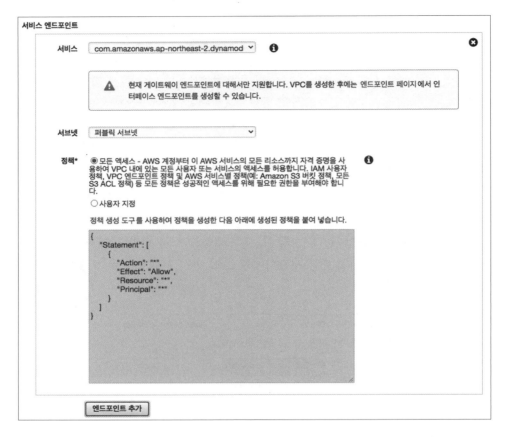

다음은 DNS 호스트네임 활성화 옵션으로 Yes를 선택한다.

마지막은 하드웨어 테넌시 옵션으로 Default 또는 Dedicated를 선택할 수 있다. VPC에서 인스턴스를 실행할 때 단일 테넌시 옵션을 원할 경우, 전용 또는 단독 사용을 의미하는 Dedicated를 선택한다. 이렇게 하면 인스턴스를 론칭할 때의 테넌시 속성에 상관 없이 전용 테넌시 환경이 제공된다.

Default를 선택하면 일반적인 공용 테넌시 환경이 제공된다. 전용 테넌시 인스턴스는 4장에서 다시 설명한다. 이번 예제에서는 Default 옵션을 선택한다.

마지막으로 VPC 생성 버튼을 클릭한다.

불과 수 분만에 필요한 모든 옵션이 반영된 VPC를 생성했다. OK 버튼을 클릭하고 VPC 목록 화면으로 이동한다.

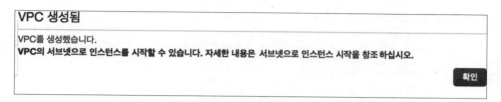

VPC 생성됨

VPC를 생성했습니다.
VPC의 서브넷으로 인스턴스를 시작할 수 있습니다. 자세한 내용은 서브넷으로 인스턴스 시작을 참조하십시오.

확인

콘솔 화면에서 메뉴 좌측의 VPC를 클릭하고 Your VPCs를 클릭하면 새로 추가된 VPC를 확인할 수 있다.

	Name	VPC ID	상태	IPv4 CIDR	IPv6 CIDR(네트워크 경계 그
☐	VPC_Wizard_Public	vpc-0ee94e59839065e20	⊘ Available	10.0.0.0/16	2406:da12:1d9:fd00::/56
☐	-	vpc-a1ce42ca	⊘ Available	172.31.0.0/16	-

새로 생성된 VPC의 세부 옵션 내역을 확인하기 전, 두 번째 실습으로 넘어가자.

실습 3-2: 퍼블릭 및 프라이빗 서브넷이 있는 VPC 생성

이번 실습에서도 VPC Wizard를 사용한다. VPC Wizard를 실행하고 아래 그림과 같이 좌측 메뉴에서 두 번째 탭(퍼블릭 및 프라이빗 서브넷이 있는 VPC)을 선택한다.

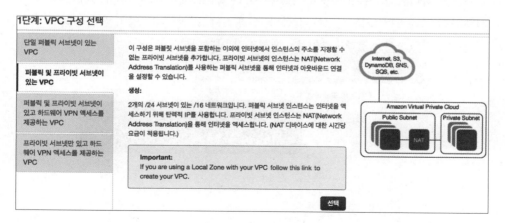

이번 예제에서는 IPv4 옵션은 기존과 동일한 내용으로 설정하지만 IPv6를 사용하지 않는다. 이하의 내용은 아래와 같이 선택 및 입력한다.

대부분의 내용은 이전 예제와 동일하지만 일래스틱 IP 할당 ID 옵션이 다르다. 앞서 설명한 바와 같이 프라이빗 서브넷에서 실행되는 인스턴스를 인터넷과 연결해 패치 다운로드 또는 펌웨어 업데이트를 하고 싶다면, NAT 게이트웨이 또는 NAT 인스턴스가 필요하다. 그리고 이때 (NAT 인스턴스보다 훨씬 많이 사용되는) NAT 게이트웨이를 선택하면 일래스틱 IP를 설정해야 한다. 일래스틱 IP 할당 ID 영역을 클릭하면 아직 설정하지 않았으므로 **결과가 없습니다.** 메시지가 나타난다.

따라서 우선 일래스틱 IP 즉, EIP를 할당한 뒤 VPC Wizard로 돌아와야 한다. 새로운 브라우저 탭에서 VPC 대시보드로 이동한 뒤 좌측 메뉴에서 **탄력적 IP 주소**를 클릭하고, **탄력적 IP 주소 설정** 메뉴에서 새로운 EIP 주소를 할당한다.

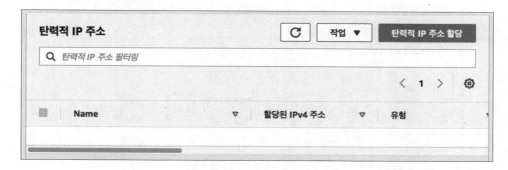

새 주소 할당에 대한 메시지가 나타나면 **할당** 버튼을 클릭한다.

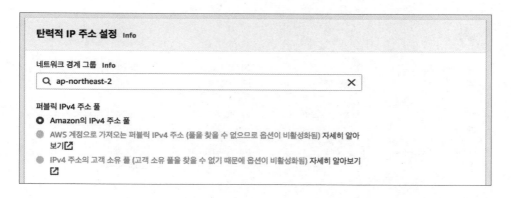

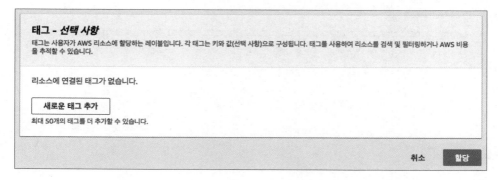

그러면 AWS가 자동으로 EIP를 할당한다. 이번 예제 화면에서는 13.59.15.253가 할당된 것을 알 수 있다.

Close 버튼을 클릭하고 일래스틱 IP 화면으로 돌아온다. 새로운 EIP가 해당 ID로 맵핑된 것을 확인할 수 있다.

요약			
할당된 IPv4 주소 54.180.37.68	유형 퍼블릭 IP	할당 ID eipalloc- 0724733de022ffcf6	연결 ID -
범위 VPC	연결된 인스턴스 ID -	프라이빗 IP 주소 -	네트워크 인터페이스 ID -
네트워크 인터페이스 소유자 계정 ID -	퍼블릭 DNS -	NAT 게이트웨이 ID -	주소 풀 Amazon
네트워크 경계 그룹 ap-northeast-2			

위 화면과 같이 나타난 일래스틱 IP와 할당 ID를 확인한 뒤 기존의 VPC Wizard 화면으로 돌아온다. 일래스틱 IP 할당 ID 영역을 클릭하면 위 내용이 표시된다.

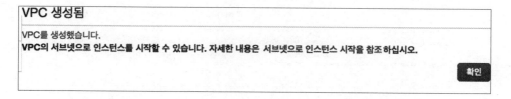

VCP 생성 버튼을 클릭하고 다음과 같이 생성 성공 화면을 확인한다.

VPC 생성됨
VPC를 생성했습니다. **VPC의 서브넷으로 인스턴스를 시작할 수 있습니다. 자세한 내용은 서브넷으로 인스턴스 시작을 참조하십시오.** 확인

마지막 실습에서는 이렇게 생성된 VPC의 옵션 세부 내역에 대해 알아본다.

VPC를 생성하면 가상 프라이빗 컴퓨팅 환경을 위한 몇 가지 요소가 생성된다. 이번 실습에서는 앞서 VPC 위저드로 생성한 VPC 객체와 컴포넌트의 내용을 살펴본다.

Your VPCs를 클릭하면 지금까지 생성한 VPC 목록이 나타난다.

VPC 목록에서 가장 먼저 눈에 띄는 것은 VPC ID이며, 실습 3-1, 3-2에서 생성한 VPC_Wizard_Public와 VPC_Public_Private 인스턴스임을 알 수 있다. VPC를 클릭하면 IP 주소 블록(CIDR), DHCP 옵션 세트, 라우트 테이블, 네트워크 ACL, 하드웨어 테넌시 옵션(default 또는 dedicated), DNS 환경 설정 내역이 나타난다.

VPC 목록에서 Default로 표시되는 기본 설정 VPC도 확인할 수 있다. 위 예제에서는 세 번째 VPC이며 각 리전별로 생성된다. 여기엔 AZ별로 하나의 서브넷, 기본 시큐리티 그룹, 인터넷 게이트웨이, 기타 네트워킹 요소가 포함된다.

지난 실습에서 생성한 VPC를 자세히 살펴보자. 먼저 실습 3-1에서 생성한 VPC_Wizard_Public을 선택하면 하단에 이와 관련된 모든 세부 정보가 나타난다.

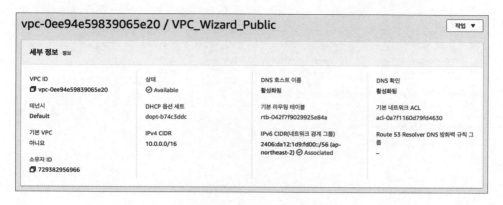

Summary 탭에서 새로 생성한 VPC의 개요 정보를 확인할 수 있다. 실습 3-2에서 만든 VPC와의 차이점이 눈에 보이는가?

화면 좌측 메뉴에서 **서브넷** 메뉴를 클릭하면 이미 생성된 모든 VPC 서브넷 목록이 나타나고 **서브넷 생성** 버튼으로 특정 VPC 내에 새 서브넷을 추가할 수 있다. 서브넷을 클릭하면 서브넷 주소 범위(CIDR), AZ, 연관 라우트 테이블과 NACL 등 해당 서브넷의 세부 정보가 나타난다.

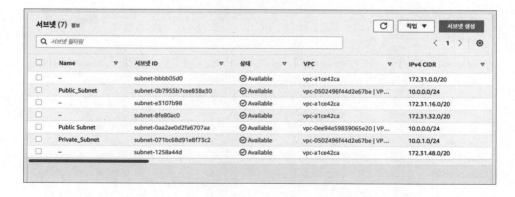

이번에는 VPC Wizard로 생성한 VPC_Wizard_Public을 선택해 보자.

라우팅 테이블 확인을 위해 서브넷 목록에서 VPC_Wizard_Public의 (VPC ID: vpc-0ee94e59839065e20) 열을 따라 오른쪽으로 이동하면 라우팅 테이블 열이 있다.

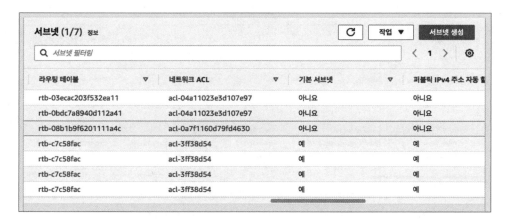

라우팅 테이블을 클릭하고 **라우팅** 탭을 클릭하면 아래 화면이 나타난다.

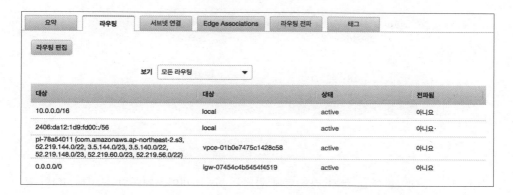

이번 서브넷의 IPv4(0.0.0.0/0), IPv6(::/0) 기본 설정 라우트는 인터넷 게이트웨이
임을 알 수 있다. 인터넷 게이트웨이는 ID의 프리픽스로 igw를 사용하고 위 예제
의 경우 igw-07454c4b5454f4519이다. 이 라우트는 인터넷 게이트웨이를 통한
접근을 허용하므로 퍼블릭 서브넷이 된다. 또한 이번 서브넷은 S3 vpce-01b0e
7475c1428c58에 연결된 VPC 엔드포인트와 VPC를 위한 로컬 라우트를 지닌다.

이번에는 VPC_Public_Private의 퍼블릭 서브넷 라우트 테이블을 살펴 보자.

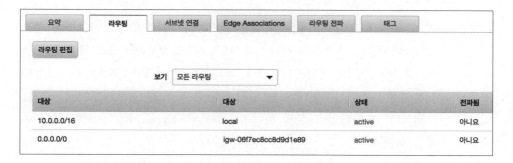

이번 서브넷은 인터넷 게이트웨이로 0.0.0.0의 기본 설정 라우트와 VPC를 위한 로
컬 라우트를 지닌다. 이들 두 서브넷의 라우트 테이블이 지닌 차이가 보이는가? VPC
Wizard로 VPC를 생성할 때는 퍼블릭 서브넷을 선택했지만, IPv6와 VPC 엔드포인
트는 선택하지 않았기 때문에 위 라우트 테이블에 해당 컴포넌트가 보이지 않는 것
이다.

이번에는 VPC_Public_Private의 프라이빗 서브넷의 라우트 테이블을 살펴 보자.

요약	라우팅	서브넷 연결	Edge Associations	라우팅 전파	태그

라우팅 편집

보기 모든 라우팅

대상	대상	상태	전파됨
10.0.0.0/16	local	active	아니요
0.0.0.0/0	nat-0728bf18037dc0671	active	아니요

이번 라우트 테이블에는 로컬 라우트에 할당된 NAT 게이트웨이만 보인다. ID의 프리픽스로 사용된 nat-을 통해 기본 설정 라우트(0.0.0.0)가 NAT 게이트웨이임을 알수 있으며, 이번 예제에서는 nat-0728bf18037dc0671이다. 이 라우트는 인터넷 게이트웨이를 통한 접근을 허용하지 않으므로 프라이빗 서브넷이 되며, 모든 클라이언트 연결은 퍼블릭 서브넷의 NAT를 통해 이뤄진다.

실습 3-2에서 VPC를 생성하면서 퍼블릭 및 프라이빗 서브넷을 생성했는데, 라우트 테이블 ID에서 퍼블릭은 rtb-03ecac203f532ea11, 프라이빗은 rtb-0bdc7a8940d112a41 임을 알 수 있다.

콘솔 화면 VPC 메뉴 좌측에서 **라우팅 테이블**을 클릭한다. 이 화면에서 서브넷에 연결된 모든 라우트 테이블의 내용을 수정하거나 **라우팅 테이블 설정** 버튼으로 개별 VPC를 위한 라우트 테이블을 추가 생성할 수 있다. 아래 화면에서 VPC Wizard로 생성한 라우트 테이블이 두 개 표시되는데 이는 앞서 확인한 서브넷 세부 정보에서는 하나의 라우트 테이블로 표시됐었다. 둘의 차이점은 Main과 Explicitly Associated With 칼럼에서 찾을 수 있다.

라우팅 테이블 생성   작업 ∨

태그 및 속성별 필터 또는 키워드별 검색   1 ~5/5

Name	라우팅 테이블 ID	명시적으로 다음과 연결	Edge association	기본	VPC ID
	rtb-03ecac203f532ea11	subnet-0b7955b7cee838a30	-	아니요	vpc-0502496f44d2e67be | ...
	rtb-042f7f9029925e84a			예	vpc-0ee94e59839065e20 ...
	rtb-08b1b9f6201111a4c	subnet-0aa2ae0d2fa6707aa	-	아니요	vpc-0ee94e59839065e20 ...
	rtb-0bdc7a8940d112a41	-		예	vpc-0502496f44d2e67be | ...
	rtb-c7c58fac			예	vpc-a1ce42ca

위 화면에서 메인 서브넷 Main = Yes는 VPC 목록의 기본 설정 라우트 테이블이다. 즉, 특정 라우트 테이블에 명시적으로 연결되지 않은 모든 서브넷이 기본적으로 이 라우트 테이블을 사용한다는 것이다. Explicitly Associated With 칼럼은 해당 라우트 테이블과 명시적으로 연결된 서브넷의 수를 나타낸다. rtb-03ecac203f532ea11로 표시된 라우트 테이블은 Main = No로 표시돼 있으며 이는 퍼블릭 서브넷의 라우트 테이블이 Main = No 속성을 지니고, 프라이빗 서브넷의 라우트 테이블은 Main = Yes 속성을 지닌다.

선택된 라우트 테이블은 메인 라우트 테이블이 아니며(Main = No), 기본 설정 라우트 (0.0.0.0)는 인터넷 게이트웨이다. 이는 이번 예제에서 퍼블릭 서브넷이 명시적으로 해당 라우트 테이블과 연결돼 있음을 나타낸다(확인을 위해 Subnet Associations 탭을 클릭해보자). 또 이번 VPC와 연결된 또 다른 라우트 테이블이 있다. 기본 설정 라우트(0.0.0.0)는 NAT 게이트웨이다.

이는 VPC Wizard가 기본적으로 두 개의 서브넷과 두 개의 라우트 테이블을 생성한다는 의미다. 퍼블릭 서브넷은 인터넷 트래픽을 받아들이는 라우트 테이블과 연결되고, 프라이빗 서브넷은 특정 라우트 테이블과 연결되지 않은 채 메인 라우트 테이블의 규칙을 상속해 퍼블릭 서브넷에 있는 NAT 게이트웨이의 트래픽을 받아들이게 된다.

또 메인 라우트 테이블의 규칙은 기본 설정에 의해 서브넷을 어떻게 다룰지 결정한다. 메인 라우트 테이블은 프라이빗 라우트 테이블이므로(인터넷 게이트웨이로 트래픽을 보내지 않음), 이번 VPC에서 새로 생성된 모든 서브넷은 기본 설정으로 프라이빗 서브넷이 된다. 이는 (인터넷 게이트웨이로 트래픽을 보내기 위한) 퍼블릭 라우트 테이블에 명시적으로 연결하지 않는 한 프라이빗 속성으로 남게 된다.

VPC Wizard가 생성한 인터넷 게이트웨이는 좌측 **인터넷 게이트웨이** 링크를 클릭하면 VPC Dashboard에서 확인할 수 있다. 인터넷 게이트웨이는 아래 그림과 같이 각각의 VPC와 연결돼 있다.

이 페이지에서 인터넷 게이트웨이를 VPC에 개별적으로 생성, 부착, 분리할 수 있으며, VPC 생성 후 인터넷 게이트웨이의 일부 기능을 추가 및 제거할 수 있다.

VPC Dashboard의 **DHCP 옵션 세트**는 VPC로 프로비전된 DHCP 서비스가 적용된 인스턴스의 DHCP 옵션을 변경할 수 있도록 해준다. 기본적으로 VPC Wizard는 DHCP 옵션을 생성해 도메인 네임 설정을 위해 필요한 AWS 제공 DNS 서비스를 활용할 수 있도록 돕는다.

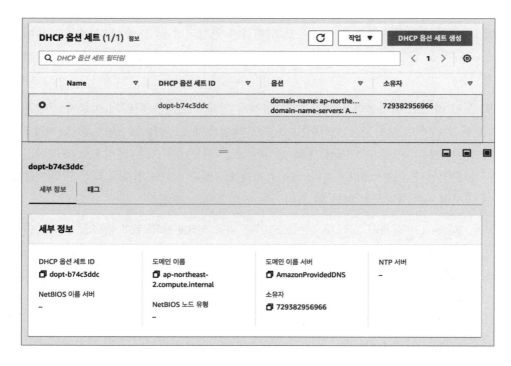

도메인 네임 설정, DNS 서버, NTP 서버, Microsoft Windows NetBIOS 네임 서버와 노트 타입 등 새로운 DHCP 옵션을 생성해 VPC에 부착할 수 있다. **DHCP 옵션 세트 생성** 버튼을 클릭해 새 DHCP 옵션을 생성하면 아래 그림과 같이 새 DHCP 옵션 세트의 내용을 설정할 수 있다.

DHCP 옵션 세트 생성 정보

DHCP(Dynamic Host Configuration Protocol)는 TCP/IP 네트워크 상의 호스트로 구성 정보를 전달하기 위한 표준을 제공합니다. DHCP 메시지의 옵션 필드에는 구성 파라미터가 포함됩니다.

태그 설정

DHCP 옵션 세트 이름 - *선택 사항*

```
my-dhcp-options-set-01
```

DHCP 옵션

구성 파라미터를 하나 이상 지정합니다.

도메인 이름 정보

```
example.com
```

도메인 이름 서버 정보

```
172.16.16.16, 10.10.10.10
```

쉼표로 구분된 최대 4개의 IP 주소를 입력합니다.

NTP 서버

```
198.51.100.2, 198.51.100.4
```

쉼표로 구분된 최대 4개의 IP 주소를 입력합니다.

실습 3-1에서 S3 엔드포인트를 추가했는데, VPC Dashboard의 **엔드포인트** 페이지에서 VPC에 부착된 S3 엔드포인트를 확인할 수 있다. 혹시 VPC 생성 당시 엔드포인트를 추가하지 않았다면 아래 그림에 있는 **엔드포인트 생성** 버튼으로 생성하면 된다.

VPC Wizard는 NAT 게이트웨이도 자동으로 생성한다. 앞서 설명한 것과 같이 NAT 게이트웨이는 프라이빗 서브넷에 있는 EC2 인스턴스가 스스로를 외부에 노출시키지 않은 채 인터넷에 연결하기 위한 관리형 서비스다. NAT 게이트웨이는 NAT으로 해당 EC2 인스턴스의 프라이빗 IP 주소를 NAT 게이트웨이의 공유 퍼블릭 IP 주소에 맵핑하며, 해당 인스턴스로 되돌아오는 트래픽을 다시 맵핑한다.

NAT 게이트웨이는 복원력을 갖추고 있고 10Gbps까지 자동으로 성능을 높일 수 있다. VPC에 할당된 NAT 게이트웨이는 VPC Dashboard에서 **NAT 게이트웨이** 메뉴를 클릭하면 확인할 수 있다.

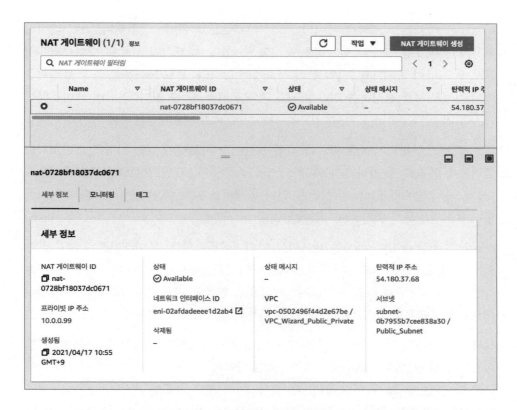

또한 VPC Dashboard에서 외부 전용 인터넷 게이트웨이, 일래스틱 IP, VPC 피어링 연결을 생성할 수 있고, VPC Wizard로 생성된 네트워크 ACL과 시큐리티 그룹도 확인할 수 있다.

3장 정리

3장에서는 아마존 VPC를 알아봤다. VPC는 개별 사용자만을 위한 가상 프라이빗 클라우드 환경이며, 다른 클라우드 요소와 논리적으로 격리한다. 어떤 리소스든 이렇게 만들어진 논리적 격리 영역에 프로비전할 수 있으며, 사용자는 해당 네트워킹에 대한 완벽한 통제권을 갖게 된다. VPC와의 연결 방식으로 가상 프라이빗 네트워크 (VPN) 또는 Direct Connect를 이용할 수 있다.

서브넷은 하나의 네트워크를 여러 개의 네트워크로 나누는 방법이며, VPC 내에서 사용자는 필요한 만큼의 서브넷을 생성할 수 있다. 대표적인 서브넷으로는 퍼블릭 서브넷, 프라이빗 서브넷, VPN 온리 서브넷이 있다. 라우트 테이블은 특정 트래픽을 어디로 보낼지를 결정하는 라우팅 규칙의 모음이라 할 수 있다. 인터넷 게이트웨이는 VPC가 인터넷과 소통할 수 있도록 하는 VPC 컴포넌트다.

네트워크 주소 번역기(NAT)를 이용하면 프라이빗 서브넷에 있는 어떤 인스턴스라도 인터넷에 연결할 수 있다. NAT 디바이스에는 AWS NAT 인스턴스와 NAT 게이트웨이, 두 가지 종류가 있다. 외부 전용 인터넷 게이트웨이는 VPC를 IPv6 트래픽 기반 인터넷과 연결하기 위한 VPC 컴포넌트다.

Elastic Network Interface는 네트워크 인터페이스를 생성해 인스턴스에 부착할 수 있도록 하며, Elastic IP는 정적 퍼블릭 IP 주소를 제공한다. 매우 낮은 수준의 전송 지연 및 광대역폭이 필요한 애플리케이션을 구현해야 하는 경우 Linux에서 향상된 네트워킹을 활용할 수 있다. EIP는 정적 퍼블릭 IP 주소를 제공한다.

시큐리티 그룹은 VPC 내에서 실행되는 어떤 인스턴스에도 부착할 수 있는 가상 방화벽이라 할 수 있다. NACL은 VPC의 보안 레이어 중 하나로 서브넷 레벨에서 작동하는 방화벽이라 할 수 있다. VPC 피어링은 여러 개의 VPC를 연결하는 방법을 제공하고, VPC 엔드포인트는 프라이빗 연결 속성으로 VPC와 AWS의 각종 서비스를 바로 연결해 준다. Transit Gateway를 이용하면 네트워크 전송 허브를 이용해 VPC와 온프레미스 네트워크를 연결할 수 있다. 아마존 VPC 흐름 로그는 VPC에서 네트워크 인터페이스를 오가는 IP 트래픽에 대한 정보를 제공한다.

모든 계정에서 리전별로 VPC가 생성돼 있는데 이를 기본 설정 VPC라 한다. 이는 AWS를 좀 더 쉽고 신속하게 사용할 수 있도록 해주며, 아래 네 가지 방법으로 기업용 데이터 센터와 VPC를 연결할 수 있다.

- AWS Hardware VPN
- AWS Direct Connect
- VPN CloudHub
- Software VPN

1. 여러분은 두 개의 서브넷이 있는 VPC를 생성했다. 웹 서버는 퍼블릭 서브넷에서, 데이터베이스 서버는 프라이빗 서브넷에서 실행 중이다. 이때 데이터베이스 서버 업데이트를 위해 OS 패치를 다운로드하려 한다. 패치를 어떻게 다운로드해야 하는가?

   A. 임시로 프라이빗 서브넷에 인터넷 게이트웨이를 부착

   B. NAT 게이트웨이 이용

   C. 다른 VPC에 피어링

   D. 데이터베이스 서버의 시큐리티 그룹을 변경해 인터넷 연결

2. VPC에서 사용할 수 있는 CIDR 블록의 최대 크기는 얼마인가?

   A. 16

   B. 32

   C. 28

   D. 10

3. CIDR 블록에서 AWS 내부용으로 예약돼 사용자가 접근할 수 없는 IP 주소는 몇 개인가?

   A. 5

   B. 2

   C. 3

   D. 4

4. 여러분은 웹 서버와 앱 서버를 실행 중이며, 유지보수 업무를 위해 앱 서버를 자주 재부팅해야 한다. 앱 서버를 재부팅할 때마다 앱 서버의 IP 주소가 변경되므로 웹 서버와의 연결 정보 또한 업데이트해야 한다. 이 문제를 해결하기 위한 방법은 무엇인가?

   A. 앱 서버에 IPv6 IP 주소 할당

   B. 앱 서버에 Elastic Network Interface 할당

   C. 앱 서버에 일래스틱 IP 주소 할당

   D. 연결 변경을 위한 스크립트 실행

5. 기업 데이터 센터와 AWS를 연결할 때 필요한 컴포넌트는 무엇인가? (2개 선택)

   A. 인터넷 게이트웨이
   B. 버추얼 프라이빗 게이트웨이
   C. NAT 게이트웨이
   D. 커스토머 게이트웨이

6. VPC에서 실행 중인 인스턴스에 접근하는 특정 트래픽을 명시적으로 거부하려면 어떻게 해야 하는가?

   A. 시큐리티 그룹 활용
   B. 라우트 테이블에 엔트리 추가
   C. 프라이빗 서브넷에 해당 인스턴스를 넣음
   D. 네트워크 액세스 제어 목록(NACL) 활용

7. 여러분은 퍼블릭 서브넷에 웹 서버를 생성했고, 누구든 인터넷을 통해 해당 웹 서버에 접근할 수 있다. 이런 내용을 변경해서 웹 서버에 접근하는 트래픽은 반드시 로드 밸런서를 통하도록 하려면 어떻게 해야 하는가?

   A. 인터넷 게이트웨이 제거
   B. 라우트 테이블에 로드 밸런서 추가
   C. 퍼블릭 서브넷의 NACL에 로드 밸런서 접근 허용
   D. 해당 인스턴스의 시큐리티 그룹 내용을 변경해 로드 밸런서가 웹 서버와 소통할 수 있도록 함

8. VPC와 DynamoDB가 직접 소통하게 하려면 어떻게 해야 하는가?

   A. 직접 연결 사용
   B. VPN 연결 사용
   C. VPN 엔드포인트 사용
   D. 퍼블릭 서브넷에서 인스턴스 사용

9. 다음 중 VPC 내의 로컬 라우트 테이블이 허용하는 것은 무엇인가?

    A. VPC 내 서로 다른 서브넷에서 실행 중인 모든 인스턴스가 서로 소통할 수 있도록 함

    B. 인터넷으로 라우팅되는 트래픽만 허용함

    C. 다수의 VPC가 서로 소통할 수 있도록 함

    D. 인스턴스가 로컬 라우트를 이용해 인터넷과 소통하도록 함

10. 인스턴스를 정지한 뒤 시작하면 EIP 주소에는 어떤 일이 발생하는가?

    A. 해당 EIP는 풀에 릴리스되고 직접 재부착해야 함

    B. 정지한 뒤 시작하면 해당 EIP는 임시로 릴리스됨

    C. 해당 EIP는 해당 인스턴스와의 연결 상태를 유지함

    D. 해당 EIP는 다른 어떤 고객도 사용할 수 있게 됨

3장 해답

1. **B.** 해당 데이터베이스 서버는 프라이빗 서브넷에서 실행되고 있으며, 프라이빗 서브넷에서 실행되는 리소스는 결코 인터넷과 직접 연결되지 않는다. 다른 VPC에 피어링해도 NAT 인스턴스 또는 NAT 게이트웨이 없이는 인터넷에 연결할 수 없다. 데이터베이스 서버의 시큐리티 그룹을 변경하고 모든 트래픽 유입을 허용해도 인터넷에 연결되지 않으며, 이는 해당 데이터베이스 서버가 프라이빗 서브넷에서 실행되고 있고, 해당 프라이빗 서브넷이 인터넷 게이트웨이에 연결돼 있지 않기 때문이다.

2. **A.** VPC의 최대 크기는 /16이고, 이는 65,536개의 IP 주소에 해당한다.

3. **A.** AWS는 내부적인 목적으로 처음 4개와 마지막 1개, 총 5개의 IP 주소를 예약한다.

4. **C.** 재부팅해 서버가 재가동되면 새로운 IPv6 IP 주소를 할당받기 때문에 미리 할당받아 둔 IPv6 IP 주소를 쓸 수 없다. 또 여러분의 VPC가 IPv6를 지원하지 않고, 새 인스턴스 생성 시에 IPv6 옵션을 선택하지 않으면, 해당 주소를 할당받을 수 없다. Elastic Network Interface는 여러 개의 네트워크 인터페이스

를 추가할 수 있도록 해주지만 정적 IP 주소는 제공하지 않는다. 연결 정보를 변경하는 스크립트를 실행할 수 있지만, 유지보수 때마다 해당 스크립트를 실행해야 하는 문제가 있다. 물론 스크립트 실행을 자동화하는 것도 가능하지만 EIP 할당 방법이 훨씬 간편하다.

5. A, C. 데이터 센터와 AWS를 연결할 때 고객 측 연결을 위해 커스토머 게이트웨이가 필요하고, AWS 측 연결을 위해 버추얼 프라이빗 게이트웨이가 필요하다. 인터넷 게이트웨이는 VPC와 인터넷 연결에 사용되고, NAT 게이트웨이는 프라이빗 서브넷에서 실행 중인 서버와 인터넷을 연결하는 데 사용된다.

6. D. 시큐리티 그룹을 이용하면 특정 트래픽을 허용 또는 불허할 수 있지만, 시큐리티 그룹에는 거부 옵션이 없으므로 명시적으로 거부할 수는 없다. 라우트 테이블에도 거부 옵션이 없다. 프라이빗 서브넷에 인스턴스를 넣으면 해당 인스턴스와 인터넷 연결만 제거한 것일 뿐, 특정 트래픽을 거부하지는 못한다.

7. D. 인터넷 게이트웨이를 제거하면 로드 밸런서를 통한 웹 연결이 더 이상 해당 인스턴스에 미치지 못하게 되며, 라우트 테이블에서 로드 밸런서를 위한 라우트 규칙을 추가해야 한다. NACL은 특정 트래픽을 허용 또는 차단하지만 이번 경우에는 NACL을 사용할 수 없다.

8. C. Direct Connect와 VPN은 기업 데이터 센터와 AWS를 연결하는 데 사용된다. DynamoDB는 AWS에서 실행되는 서비스이며, DynamoDB와 연결하기 위해 퍼블릭 서브넷에 인스턴스를 구현한 경우에도 인터넷 연결이 가능하다. 이번 경우엔 인터넷을 우회하더라도 DynamoDB에 연결할 수 없다.

9. A. 인터넷으로 향하는 트래픽은 인터넷 게이트웨이를 거친다. 다수의 VPC는 VPC 피어링을 통해 서로 소통할 수 있다.

10. C. 인스턴스 정지 및 시작 후에도 EIP는 여전히 해당 인스턴스에 연결돼 있으며, 명시적으로 해당 인스턴스를 삭제해야만 EIP가 분리된다.

Amazon EC2 인스턴스

4장에서 살펴볼 내용은 다음과 같다.

- Amazon EC2의 장점
- Amazon EC2 인스턴스 타입과 특징
- Amazon EC2 활용 프로세스
- Amazon EC2 가격 정책
- 공유 테넌시, 전용 호스트, 전용 인스턴스
- 인스턴스와 AMI
- AMI에서 가상화의 역할
- 인스턴스 라이프 사이클
- 인스턴스에 연결
- 시큐리티 그룹

Amazon Elastic Compute Cloud(이하 EC2)는 클라우드에서 거의 무한대에 가까운 컴퓨팅 파워를 제공하며, 신뢰성 높고 안전하기까지 하다. 아마존 클라우드에서 어떤 유형의 워크로드도 처리할 수 있으며, 이를 위한 컴퓨팅 자원 마련을 위해 대규모의 자본적 지출을 하지 않아도 된다. 클라우드 컴퓨팅 모델은 사용량별 과금제이며, 인스턴스 타입에 따라 시간 단위 또는 초 단위로 실제 사용한 만큼만 지불하면 된다. 따라서 재무 부서의 새 서버 구매 승인을 기다리면서 몇 달의 시간을 보낼 필요가 없다. 결과적으로 목표로 하는 애플리케이션을 신속하게 배포하고, 기업 혁신 속도는 높일 수 있다.

아마존의 EC2 생태계는 확장성을 고려해 만들어졌다. 특정 서비스에 트래픽이 집중되면 거의 즉각적으로 신규 서버를 추가할 수 있고, 트래픽이 감소하면 추가했던 서버를 즉시 제거할 수 있다. 예를 들어, 기업의 주중 워크로드를 처리하는 데 16개의 CPU를 탑재한 서버가 필요한 상황이다. 주말에 트래픽이 두 배로 늘어날 것으로 예상될 경우 주말 동안16개의 CPU를 탑재한 서버를 하나 더 추가해 사용하고, 월요일에 출근해서 새로 추가한 서버를 삭제하면 된다. 이때 발생하는 비용은 토요일과 일요일 사이 신규 서버에 대한 비용뿐이다.

Amazon EC2의 장점

기업 데이터 센터에 새 애플리케이션 또는 새 워크로드를 배포할 때(즉, 온프레미스 환경에서) 특정 하드웨어 프로비전에만 수 개월이 소요되기도 한다. 하지만 Amazon EC2를 사용하면 거의 즉각적으로 새 애플리케이션 또는 새 워크로드를 배포할 수 있다. 이외에도 Amazon EC2를 사용함으로써 얻을 수 있는 다양한 혜택이 있다.

Amazon EC2의 주요 장점은 다음과 같다.

- **빠른 제품 출시** EC2 서버 운용에 따른 가장 큰 장점은 목표 시장에 신속하게 서비스 또는 제품을 출시할 수 있다는 것이다. 어떤 유형의 서버든 거의 즉각적으로 배포할 수 있으며 신규 서버 획득 및 설치를 위해 몇 주 또는 몇 달을 보낼 필요가 없다. 이는 신규 프로젝트에 필요한 자원을 신속하게 확보할 수 있다는 측면에서 혁신의 발판을 마련하는 것과 같다. 프로젝트 종료 후에는 잉여 서버를 삭제하고 신규 프로젝트만을 위한 자원만 유지하면 된다.

- **확장성** EC2 서버 운용의 또 다른 장점은 확장성이다. 워크로드에 따라 언제든 스케일업 또는 스케일다운이 가능하다. 과거에는 피크 타임에 대응하고자 리소스를 필요 이상으로 확보해야 했지만 Amazon EC2 서버를 이용하면 이와 같은 과잉 프로비전over-provision의 필요성이 없어진다. 이제는 필요한 만큼의 리소스만 프로비전하고, 추가 수요가 발생하거나 트래픽이 급증하면 그에 따라 신속하게 서버를 추가하면 된다. EC2 Auto Scaling 기술은 필요에 따라 자동으로 애플리케이션을 스케일업 또는 스케일다운할 수 있으므로, 성능은 최대화하고 비용은 최소화할 수 있다.

- **통제성** 데이터 센터에서 서버를 제어하듯 클라우드 기반의 EC2 서버도 완벽하게 제어할 수 있다. 배포한 서버는 언제든 시작 또는 중지할 수 있으며, 해당 서버의 루트 사용자로 접근할 수 있다. 다른 물리적 서버를 다루 듯 EC2 서버와도 소통할 수 있다. 웹 서비스 API를 이용해 서버를 원격으로 제어 및 재부팅할 수 있고, 아마존 콘솔을 통한 접근도 가능하다.

- **신뢰성** EC2는 기존 서버에 문제가 생겼을 때 신속하고 예측 가능한 방식으로 교체 서버를 추가할 수 있다. EC2의 서비스 수준 계약(SLA)의 리전별 가용성은 99.95%에 이른다.

- **보안성** 아마존의 전체 인프라는 보안 시설이며, 보안은 아마존의 최대 우선순위 요소다. EC2 클라우드에서 실행되는 모든 것에는 보안이 적용되며, EC2 외에 Amazon VPC와 네트워크 보안 설정을 추가해 보안의 수준을 높일 수 있다.

- **다양한 인스턴스 타입** Amazon EC2는 다양한 인스턴스 타입을 제공하며, 운영체제, 소프트웨어 패키지, CPU, 스토리지 크기, 메모리 크기 등이 다른 다양한 인스턴스 중에서 선택할 수 있다. 또 Amazon Marketplace에서 서드 파티 벤더가 제공하는 다양한 서버 패키지를 선택할 수 있다.

- **통합** Amazon EC2는 S3, VPC, Lambda, Redshift, RDS, EMR 등 다양한 AWS 서비스와 통합해 사용할 수 있다. EC2와 AWS의 다른 몇 가지 서비스를 조합하면 기업의 다양한 IT 니즈에 맞는 서비스를 제공할 수 있다.

- **비용 효율성** EC2 서버는 실행하는 인스턴스에 따라 시간당 또는 초당 비용을 부담하므로 대규모 자본적 지출을 할 필요성이 사라진다.

Amazon EC2에 서버를 생성하면 스토리지 타입, 네트워크 환경 설정, 보안 환경 설정 등 다양한 연관 요소를 완벽하게 통제할 수 있다. EC2 웹 인터페이스를 이용하면 최소한의 시간만으로 서버를 설정할 수 있다.

전통적인 배포 모델에서 서버의 프로비저닝 작업을 생각해 보자. 운영체제 설치에만 수 시간이 소요되고, 스토리지 및 네트워크 추가에 다시 몇 시간이 소요된다. 서버 설정과 관련된 모든 요소의 작업 시간을 합하면 며칠이 될 수도 있다. 반면 Amazon EC2를 이용하면 새로운 서버 획득 및 부팅 작업이 불과 수 분이면 완료될 수 있다. 이제는 수 분만에 서버를 배포할 수 있으므로 필요 시 수백, 수천 대의 서버를 거의 즉각적으로 배포할 수 있고, Amazon EC2의 높은 확장성을 이용해 워크로드 및 트래픽 규모에 따라 즉시 스케일업 또는 스케일다운할 수 있다.

Amazon EC2 사용 시 다양한 인스턴스 타입, 운영체제, 소프트웨어 패키지 중 선택할 수 있으며, 메모리, CPU, 인스턴스 스토리지, 부트 파티션 크기 등을 운영체제 및 애플리케이션에 맞게 설정할 수 있다. 예를 들어, Amazon EC2는 다양한 Linux 배포판 및 Microsoft Windows Server를 운영체제로 제공한다.

EC2가 지원하는 운영체제는 다음과 같다.

- Windows
- Amazon Linux
- Debian
- SUSE
- CentOS
- Red Hat Enterprise Linux
- Ubuntu

Amazon EC2 인스턴스 타입과 특징

Amazon EC2는 어떤 형태의 기업 니즈에도 맞출 수 있는 다양한 유형의 인스턴스 타입을 제공한다. 사용자는 서버 인스턴스 선택 시 자신에게 맞는 CPU, 메모리, 네트워킹, 스토리지 조합을 고를 수 있다. 새 인스턴스를 생성하려면 먼저 서버 인스턴스를 설치할 하드웨어 사양을 선택해야 하는데, 아마존은 다양한 유형의 컴퓨팅, 메모리, 그룹화된 성능 조합을 제공한다. 사용자는 자신의 워크로드를 고려해 인스턴스를 선택한다. 예를 들어, 높은 수준의 컴퓨팅 성능이 요구되는 워크로드의 경우 컴퓨팅 최적화 EC2 인스턴스를 선택하고, 높은 수준의 메모리 성능이 요구되는 워크로드의 경우 메모리 최적화 EC2 인스턴스를 선택한다.

EC2 생태계에서 사용 가능한 인스턴스 타입은 크게 두 가지로 현 세대 인스턴스 current-generation instances와 이전 세대 인스턴스previous-generation instances다. 현 세대 인스턴스는 최신의 칩셋, 메모리, 프로세서 등 서버와 관련된 최신 기술이 반영된 인스턴스고, 이전 세대 인스턴스는 현 세대보다 1세대 혹은 2세대 이전 기술이 반영된 인스턴스다. 아마존이 이전 세대 서버 기술을 지원하는 이유는 하위 호환성backward compatibility 유지와 이전 세대의 서버에서 애플리케이션을 실행하는 다수의 사용자를 위한 것이다. 현 세대 인스턴스는 이전 세대 인스턴스보다 높은 숫자가 부여된다.

Amazon EC2의 다양한 인스턴스 타입은 크게 다음과 같이 분류할 수 있다.

- 범용 인스턴스
- 컴퓨트 최적화 인스턴스
- 메모리 최적화 인스턴스
- 스토리지 최적화 인스턴스
- 고성능 컴퓨트 인스턴스

범용 인스턴스(T3, T3a, T2, M6g, M5, M5a, M5n, M4, A1)

범용 인스턴스General Purpose는 일반적인 목적으로 설계된 다수의 애플리케이션에 적용할 수 있도록 컴퓨팅 파워와 메모리, 네트워크 등 리소스의 균형을 맞춘 인스턴스 타입이다. 이 타입 중 대표적인 T3와 T2는 평균 수준의 CPU 파워를 기본으로 하되, 처리량 급증 시 이 수준을 능가할 수 있는 성능 가속 기능을 추가한 인스턴스 타입이다. 즉, 대기 상태에서는 할당된 CPU 크레딧을 절약하다가 서버 활동 상태에서 절약한 CPU 크레딧을 소모하는 방식이다. 이때 평균을 넘어서는 수준으로 성능을 높이기 위한 수준은 단위 시간당 예약된 CPU 크레딧의 양에 따라 달라진다. T3과 T2는 CPU 성능을 최대치로 발휘하지 않아도 되는 워크로드에 적합하며, 웹 서버, 애플리케이션 개발 환경 등에 주로 활용된다.

잠시 성능 가속 기능burstable performance의 작동 방식을 알아 보자. 표준 EC2 인스턴스는 고정 CPU 활성화 기능을 제공하며, 이는 미사용 CPU를 활성화해서 사용할 수는 없다는 의미다. 예를 들어, 1 코어를 지닌 CPU의 분당 활성화 수준이 40%라면 미활성화된 나머지 60%는 사용하지 못하는 수준의 CPU 크레딧만 보장한다. 이에 반해 성능 가속기가 추가된 인스턴스는 가속 CPU 활성화 기능을 제공해 기준치 이상을 사용할 수 있게 한다. 여기서 CPU 크레딧은 1분간 CPU 코어를 100% 활성화하는 것을 기준으로 측정한다. 성능 가속 인스턴스는 CPU의 미활성화된 부분까지 사용할 수 있게 해준다. 예를 들어, 성능 가속 인스턴스는 CPU 크레딧 사용 기록^{credit balance}에 60%의 미사용분이 있는 경우, 이를 CPU 성능 가속이 필요할 때 사용할 수 있다.

T3와 T2는 완전 CPU 활성화가 필요 없는 워크로드에 적합하며, 웹 서버 또는 개발 환경 등에 사용할 것을 권장한다. 또 다른 범용 인스턴스인 M5, M5n, M4는 웹사이트 빌드, 개발 환경, 서버 빌드, 코드 저장소, 마이크로서비스, 테스트 환경 등 다양한 용도로 사용할 수 있다. M5, M5n, M4는 T3 또는 T2 같은 성능 가속 기능은 제공하지 않는다. ARM 기반 프로세서를 사용하는 또 다른 범용 인스턴스인 A1과 M6g도 마찬가지다. ARM 기반 프로세서를 사용하는 또 다른 범용 인스턴스로는 T3a, M5a 등이 있다.

컴퓨트 최적화 인스턴스(C6g, C5, C5a, C5n, C4)

컴퓨트 최적화^{Compute Optimized} 인스턴스는 고도의 컴퓨팅 파워가 요구되는 워크로드를 처리하기 위한 인스턴스 타입이다. 미디어 변환, 다수의 동시 접속자가 사용하는 애플리케이션 지원, 장기간 실행되는 배치 프로세싱, 고성능 컴퓨팅, 게임 서버 등의 임무를 원활하게 수행할 수 있는 고성능 프로세서가 적용된다.

메모리 최적화 인스턴스(R6g, R5, R5a, R5n, R4, X1e, X1, High Memory, Z1d)

메모리 최적화^{Memory Optimized} 인스턴스는 고성능 메모리가 요구되는 워크로드를 처리하기 위한 인스턴스 타입이다. 메모리에서 막대한 양의 데이터를 처리하는 애플리케이션의 경우 메모리 최적화 인스턴스가 적합하다. SAP HANA, Oracle 인메모리 데이터베이스, MongoDB 또는 Cassandra와 같은 NoSQL 데이터베이스, Presto 또는 Apache Spark와 같은 빅데이터 엔진, HPC^{High-Performance Computing} 애플리케이션, EDA^{Electronic Design Automation} 애플리케이션, 유전자 데이터 수집 및 분석 등의 용도로 사용된다.

스토리지 최적화 인스턴스(I3, I3en, D2, H1)

스토리지 최적화Storage Optimized 인스턴스는 로컬 스토리지에서 대규모 데이터 세트를 순차적 읽기 및 쓰기 방식으로 접근하는 것과 같은 워크로드를 처리하기 위한 인스턴스 타입이다. 스토리지에 최적화돼 있으므로 매우 낮은 전송 지연 및 랜덤 IOPS 수준을 보인다. 스토리지 최적화 인스턴스는 I/O 바운드 애플리케이션이 실행되는 관계형 데이터베이스, NoSQL 데이터베이스, 데이터 웨어하우스 애플리케이션, Redis 등 인메모리 데이터 베이스의 MapReduce 및 Hadoop 분산 캐시 등의 목적으로 사용된다. 또한 워크로드 유형에 따라 고성능 I/O 인스턴스, 고밀도 스토리지 인스턴스도 선택 가능하다.

고성능 컴퓨팅 인스턴스(P3, P2, Inf1, G4, G3, F1)

고성능 컴퓨팅Accelerated Computing 인스턴스는 머신러닝, 세포 모델링, 유전공학, 유체역학, 자율주행, 신약개발, 지질탐사, 금융공학 등 탁월한 수준의 컴퓨팅 파워가 요구되는 워크로드를 처리하기 위한 인스턴스 타입이며, 높은 비용을 지불할수록 더 높은 수준의 컴퓨팅 파워를 활용할 수 있다. 고성능 컴퓨팅 인스턴스는 병렬처리 및 고도의 처리 성능을 제공하기 위한 GPUGraphic Processing Units 및 FPGAField Programmable Gate Arrays 등 하드웨어 기반 가속기를 지원하며, GPU 연산 인스턴스, GPU 그래픽 인스턴스 등의 타입이 포함돼 있다.

이제 Amazon EC2 인스턴스의 주요 특징을 알아보자.

프로세서 특징

EC2 인스턴스는 인텔 프로세서를 사용하므로 인텔이 제공하는 모든 프로세서의 특징적 기능을 사용할 수 있다. EC2 인스턴스에서 사용할 수 있는 프로세서의 특징은 다음과 같다.

- Intel AES New Instructions(AES-NI) AESAdvanced Encryption Standard 알고리즘에 적용된 신규 암호화 기능은 기존 버전에 비해 우수하며, 신속한 데이터 보호 기능 및 향상된 보안 성능을 제공한다. 모든 현 세대 인스턴스는 이 기능을 포함하고 있다.

- Intel Advanced Vector Extensions(AVX) 인텔 AVX는 이미지 및 오디오/비디오 프로세싱 애플리케이션의 성능을 높여준다. 이 기능은 HVM AMI 인스턴스에서 제공한다.
- Intel Turbo Boost Technology 인텔 터보 부스트 기술은 워크로드 및 트래픽 급증 등 필요시에 즉각적으로 성능을 높일 수 있게 해준다.
- Intel Deep Learning Boost AI 딥러닝에 최적화된 프로세서다.

네트워크 특징

EC2 인스턴스는 항상 VPC 내부에 론칭하는 것이 좋다. 이는 Amazon VPC가 IP 주소 공간 관리를 위한 훌륭한 통제 기법을 제공하며, 서브넷을 이용한 네트워크 영역 세분화, 네트워크 레벨의 보안성 제공 등 기능을 제공하기 때문이다. 대역폭을 최대화하고, 높은 네트워크 성능을 위해 배치 그룹placement group에서 인스턴스를 론칭할 수 있다. 플레이스먼트 그룹은 단일 AZ 내에서 인스턴스를 논리적 그룹으로 묶는 방법으로, 낮은 지연성과 높은 수준의 네트워크 처리 성능을 제공한다. 이는 클러스터 네트워킹으로도 부르며, R5, R4, X1, M5, M4, C5, C4, C3, I3, I2, P3, P2, G3, D2, 그리고 H1 인스턴스는 클러스터 네트워킹을 지원한다. AWS는 지속적으로 새로운 인스턴스 타입을 추가하고 있으므로, 최신 인스턴스 타입을 선택하기 전, 이 타입을 지원하는지 확인해야 한다.

플레이스먼트 그룹에 인스턴스를 론칭하면, EC2 인스턴스는 단일 트래픽 흐름에 최대 10Gbps의 네트워크 처리 성능을 활용할 수 있다.

플레이스먼트 그룹을 이용하려면 먼저 플레이스먼트 그룹을 생성하고, 여기에 다수의 인스턴스를 론칭하면 된다. 플레이스먼트 그룹 생성에 따른 비용은 없고 플레이스먼트 그룹에서 인스턴스가 실행되면 비용이 발생한다. 하나의 플레이스먼트 그룹에서는 다양한 타입의 인스턴스를 사용할 수도 있지만 가급적이면 동일한 타입의 인스턴스를 사용하는 것이 좋다. 플레이스먼트 그룹은 여러 개의 AZ로 확장해서 사용할 수 없으며, AWS 계정에서 유일무이한 이름을 사용해야 하고, 이미 생성되거나 실행 중인 인스턴스를 플레이스먼트 그룹으로 옮길 수는 없다.

플레이스먼트 그룹을 최대한 활용하기 위해 Linux에서 향상된 네트워킹을 지원하는 인스턴스 타입을 선택한다. Linux에서 향상된 네트워킹은 더 높은 대역폭, 더 큰 PPS^{Packet Per Second} 성능, 인스턴스 간 낮은 전송 지연 기능을 제공하고, 높은 I/O 성능, 낮은 CPU 활용을 통해 고도의 네트워킹 성능을 제공하기 위한 디바이스 가상화 기법인 단일 루트 I/O 가상화(SR-IOV) 기법을 사용한다. Linux에서 향상된 네트워킹에 대한 별도의 이용료는 없으며, 인스턴스 타입 중 Linux에서 향상된 네트워킹을 지원하는지 여부를 확인하고 플레이스먼트 그룹에 포함시키면 된다.

스토리지 특징

아마존은 사용자의 워크로드에 따라 EC2 인스턴스와 함께 사용할 수 있는 다양한 스토리지를 제공한다. EC2 인스턴스에 부착해 사용하는 블록 스토리지는 Amazon EBS^{Elastic Block Storage}다. 인스턴스에 EBS 볼륨을 부착하면 물리적인 하드 드라이브와 같은 프라이머리 스토리지로서 기능을 담당하게 된다. EBS 볼륨은 EC2 인스턴스의 생명 주기의 영향을 받지 않고 독자적으로 유지되며, 다음과 같이 크게 세 가지 타입이 있다. 사용자는 워크로드 및 컴퓨팅 요구 사항에 맞춰 이들 중 하나를 선택해 사용하면 된다(상세한 설명은 2장에서 확인하자).

- **범용 스토리지(GP2)** SSDs^{Solid-State Drives} 기반의 범용 EBS 볼륨으로 기업의 일반적인 목적에 적합하다. 범용 스토리지는 아마존의 모든 EC2 인스턴스에서 기본 설정으로 사용할 수 있다. GP2로 부르기도 하며, PIOPs보다 비용 효율적인 스토리지다. 낮은 비용으로 높은 성능을 내기 위해 다수의 GP2 볼륨을 결합해 사용하기도 한다.

- **프로비전 IOPS(PIOPS) 스토리지** 데이터베이스 워크로드 실행 등 대량의 I/O 작업이 수반되는 컴퓨팅 작업을 해야 한다면 프로비전 IOPS 기반 EBS 볼륨을 탑재해 I/O 처리 성능을 최대화하고 데이터베이스 또는 애플리케이션에서 요구하는 IOPS 성능을 제공할 수 있다. PIOPS 스토리지는 범용 스토리지보다 많은 IOPS 자원을 소모하므로 PIOPS 스토리지의 비용이 범용 스토리지보다 약간 더 높다.

- **마그네틱 스토리지** 전통적으로 사용된 마그네틱 하드 드라이브는 다른 볼륨 타입에 비해 기가바이트당 비용이 가장 낮다. 개발 워크로드 실행의 준비 프로젝트, 중요성이 낮은 워크로드, 데이터 접근이 잦은 다른 워크로드 처리에 적합하다.

일부 EC2 인스턴스는 물리적 하드웨어에 로컬 디스크를 포함하고 있는데, 이를 인스턴스 스토어instance store라 한다. 인스턴스 스토어는 (EBS 볼륨에 비해) 수명이 짧아서 일종의 단명 스토리지ephemeral storage이며, EC2 인스턴스를 삭제하면 인스턴스 스토어도 함께 사라진다. 따라서 중요한 데이터의 경우 인스턴스 스토어에만 보관하면 안된다. 의도적 혹은 우발적으로 인스턴스가 재부팅되더라도 데이터를 안전하게 유지하려면 인스턴스 스토어 외에도 Elastic Block Store에 저장해야 한다.

또 일부 EC2 인스턴스는 EBS에 최적화돼 있으며, 이들 EBS 최적화 인스턴스는 EBS 볼륨에서 최대치의 프로비전 IOPS를 활용할 수 있다. EBS 최적화 인스턴스는 Amazon EC2와 Amazon EBS 사이에서 인스턴스 타입에 따라 최소 500Mbps에서 최대 14,000Mbps까지의 전용 처리 성능을 발휘할 수 있다. 이와 같은 전용 처리 성능을 통해 EBS I/O와 EC2 인스턴스 간의 전송 지연을 최소화할 수 있고, EBS 볼륨은 최고의 성능을 낼 수 있다.

일부 EC2 인스턴스는 클러스터 네트워킹 기능을 지원한다. 사용자가 일반적인 클러스터 플레이스먼트 그룹에서 클러스터 네트워킹을 지원하는 인스턴스를 론칭하면, 이들 인스턴스는 높은 대역폭, 낮은 전송지연 속성의 네트워킹 기능을 제공하는 논리적 클러스터에 포함된다.

Amazon EC2 사용 방법

EC2 인스턴스를 사용하는 방법은 매우 간단하다. 다음 절차에 따라 EC2 인스턴스를 신속하게 론칭할 수 있다.

1. 미리 환경 설정된 Amazon 머신 이미지AMI, Amazon Machine Image 중 하나를 선택하거나 커스텀 AMI를 생성한 후, 이를 이용해 인스턴스를 론칭한다.

2. 네트워킹 및 보안 환경을 설정한다(VPC, 퍼블릭 서브넷, 프라이빗 서브넷 등).

3. 인스턴스 타입을 선택한다.

4. AZ를 선택하고 EBS를 부착한다(필요에 따라 정적 EIP도 선택).

5. (기본적으로 필요한 것이 모두 갖춰진) 인스턴스를 시작한다.

Amazon EC2 가격정책

아마존은 인스턴스의 사용 기간, 지불 방법의 유연성에 따라 다양한 가격 옵션을 제공한다. 가격 정책은 다음과 같이 크게 세 가지로 나눌 수 있다.

- 온디맨드 인스턴스
- 예약 인스턴스
- 스팟 인스턴스

온디맨드 인스턴스

EC2 인스턴스의 가장 대표적인 가격 모델로 사용자는 인스턴스 사용 시간에 따라 시간당 요금제 또는 초당 과금제로 비용을 지불한다. 초기 설정비가 없고 예상치 못한 비용 요소도 전혀 없다. 예를 들어, 사용자가 인스턴스를 생성하고 10시간을 사용한 뒤 해당 인스턴스를 삭제했다면 사용자는 10시간만큼의 비용만 지불하면 된다. 또 인스턴스 최소 사용 기간이나 의무 사용 조항도 없으므로 사용자는 언제든 필요할 때 인스턴스를 스케일업 또는 스케일다운할 수 있다. 기업에 필요한 새 애플리케이션을 개발하려는데 리소스가 얼마나 필요할지 예측할 수 없는 경우 온디맨드 인스턴스가 훌륭한 선택이 될 수 있다.

NOTE 2017년 10월 2일부터 리눅스 기반의 온디맨드, 예약, 스팟 인스턴스 모두 최초 사용 60초 이후부터 1초 단위로 비용이 추가되는 요금제가 적용 중이다. EBS 볼륨의 프로비전 스토리지도 최초 사용 60초 이후부터 1초 단위로 비용이 추가되는 요금제가 적용된다. 즉, EC2 인스턴스를 5분간 사용했다면 딱 5분만큼의 비용을 내게 된다. 변경 이전에는 EC2 인스턴스 요금이 시간 단위로 과금됐다.

예약 인스턴스

예약 인스턴스는 온디맨드 인스턴스에 비해 최대 75%의 요금 할인을 받을 수 있다. 사용자가 자신의 워크로드에 얼마만큼의 리소스가 얼마나 오래 사용되는지 알고 있다면, 예약 인스턴스를 통해 비용을 최소화할 수 있다. 예약 인스턴스는 사용량이 거의 확정된 프로덕션 워크로드용 인스턴스 실행에 적합하다. 예를 들어, 기업의 프로덕션 서버에 16 CPU의 컴퓨팅 파워가 필요하고, 환경 설정 후 최소 1년간 사용할 계획이라면 사용자는 1년간 16 CPU 수준의 서버를 예약 인스턴스로 선택하면 된다.

기업 애플리케이션에 대한 트래픽이 안정적이거나 성능에 대한 요구 수준이 예측 가능한 경우 예약 인스턴스를 선택하는 것이 좋다. 이때 예약 기간은 1년 또는 3년 약정이 적용되므로 계약 실행 전 워크로드를 파악하는 것이 중요하다. 리전 또는 특정 AZ의 인스턴스를 예약할 수 있다. 특정 리전의 인스턴스를 예약한 경우 리전 예약 인스턴스라 부르며, 특정 AZ의 인스턴스를 예약한 경우 존 예약 인스턴스라 부른다.

또 예약 인스턴스는 다양한 비용 지불 옵션을 제공한다. 예약 인스턴스에 대한 모든 비용을 미리 지불하는 모두 선불up-front reserved과 예약 인스턴스의 비용 일부를 미리 지불하는 일부 선불partial up-front reserved 옵션이 있다. 약정 비용 없이 모든 비용을 매월 지불하는 선불 없음no up-front reserved 방식도 있다.

아마존이 제공하는 예약 인스턴스의 가격 정책은 다음과 같다.

> 1년 선불 없음
> 1년 일부 선불
> 1년 모두 선불
> 3년 선불 없음
> 3년 일부 선불
> 3년 모두 선불

예약 인스턴스는 표준 예약 인스턴스와 전환 예약 인스턴스, 두 개의 하위 카테고리로 나뉜다. 표준 예약 인스턴스는 이미 알고 있는 일반적인 경우고, 전환 예약 인스턴스는 계약 기간동안 컴퓨팅 성능에 대한 요구 수준에 대한 유연성을 제공한다.

전환 예약 인스턴스 계약에서는 사용자의 컴퓨팅 요구 변화를 반영해 하나의 클래스에서 또 다른 클래스로 인스턴스 타입을 바꿀 수 있으며, 이 경우 3년 예약 인스턴스 구매 약정을 따라야 한다. 표준 예약 인스턴스와 전환 예약 인스턴스 모두 특정 가용 영역 또는 리전에서만 사용할 수 있다.

전환 예약 인스턴스의 가격 정책은 다음과 같다.

> 3년 무약정 전환 예약
> 3년 부분 약정 전환 예약
> 3년 전액 약정 전환 예약

스팟 인스턴스

AWS는 클라우드 업계 최대의 컴퓨팅 자원을 보유하고 있으며, 그에 따라 필연적으로 미처 활용되지 못하는 컴퓨팅 자원이 존재한다. AWS는 이렇게 (일시적으로) 여유가 생긴 컴퓨팅 자원을 사용자에게 경매 입찰 방식으로 제공하며, 사용자는 온디맨드 인스턴스 대비 최대 90% 할인된 금액으로 해당 인스턴스를 사용할 수 있다. 이를 스팟 인스턴스 가격 정책이라 하며, 이러한 가격 정책 하에서 생성된 인스턴스를 스팟 인스턴스라 부른다. 스팟 인스턴스는 EC2와 동일한 기능을 제공하되 요금에만 차이가 있다. 스팟 인스턴스는 EC2의 숨은 가치를 모두 활용할 수 있는 기회를 제공한다.

스팟 인스턴스는 입찰 모델에서 실행되며 사용자는 입찰로 가격을 흥정할 수 있다. 이와 같은 스팟 프라이스^{spot price} 또는 입찰 가격은 수요와 공급에 따라 결정되므로, 누군가 스팟 인스턴스에 대한 입찰 금액을 높게 쓰면 해당 인스턴스의 사용권을 잃게 된다. 따라서 스팟 인스턴스에서 실행할 워크로드 선정에 신중해야 하며, 연산 작업이 중단된 지점에서 다시 시작해도 큰 문제가 되지 않는 (중요성이 낮은) 워크로드 처리에 적합하다. AWS 고객 중 상당수는 온디맨드 인스턴스를 기본으로 하고 컴퓨팅 성능을 높이기 위해 스팟 인스턴스를 사용한다.

스팟 인스턴스의 용도 및 활용 전략은 다음과 같다.

- 컨테이너화된 모든 것
- Apache Spark 및 Hadoop 같은 빅데이터 프레임워크

- 빅데이터 일괄 처리
- 스테이트리스Stateless 웹 서비스
- 머신러닝(PyTorch, Tensorflow, 대규모 훈련 잡)
- Jenkins를 이용한 CI/CD
- 염기서열 분석 등 고성능 컴퓨팅(HPC)
- 인스턴스를 유연하게 사용할 수 있는 내오류성 작업 또는 스테이트리스 작업

스팟 인스턴스로 구현하기에 적합한 대표적인 사례는 내오류성 워크로드fault-tolerant workload인데, 이는 EC2가 2분 단위로 스팟 인스턴스를 계속 요청하기 때문이다. 스팟 인스턴스를 위한 워크로드 설계 시 작업 중단 또는 간섭을 적절하게 처리할 수 있게 해야 하며, 이를 구현하는 방법 중 하나는 다수의 스팟 인스턴스 또는 온디맨드 인스턴스로 구성된 스팟 플릿spot fleet을 활용하는 것이다. 스팟 플릿 구성 시 서로 다른 타입의 인스턴스를 혼합하는 것도 좋다. 이 경우 특정 인스턴스 타입의 작업이 중단되더라도 다른 타입의 인스턴스가 나머지 워크로드를 처리할 수 있다.

스팟 인스턴스 요청 시 최선의 방법은 기본 설정의 최대 가격(온디맨드 가격) 옵션을 적용하는 것이다. 스팟 가격을 최대 가격으로 설정하더라도 최대 비용을 부담하는 것은 아니며, 실제로는 특정 시간대에 사용한 스팟 인스턴스에 대한 비용만 부담하게 된다. 최대 가격으로 설정하는 데 따른 이점은 스팟 경매에서 항상 최고가 입찰자로 선정된다는 것이다. 최대 가격을 원치 않는 경우 지난 스팟 가격 목록을 분석해 나름의 이상적인 가격대를 도출할 수 있다.

공유 테넌시, 전용 호스트, 전용 인스턴스

EC2는 가상 환경에서 실행되므로 하나의 물리적 서버 머신에서 여러 개의 EC2 인스턴스를 실행할 수 있다. AWS는 리소스를 초과해 프로비전하지 않으며, 사용자가 16 CPU의 서버를 생성하면 정확히 16 CPU에 해당하는 서버 리소스를 부여받는다. 하지만 규정 요건 충족compliance requirements 등을 위해 물리적인 서버 수준에 비해 가상화된 인스턴스의 성능이 다소 낮아질 수 있는데, 이러한 문제는 전용 호스트 및 전용 인스턴스를 사용하면 해결된다.

공유 테넌시

공유 테넌시Shared Tenancy에서는 사용자가 EC2 인스턴스를 론칭하면 기본적으로 적용되는 가상화 조건으로 EC2 인스턴스를 멀티 테넌시 하드웨어multitenant hardware[1]에서 실행한다. 하지만 Amazon EC2 생태계에서 기업 사용자가 가장 많이 선택하는 방식은 다음에 소개할 전용 호스트 방식이다.

전용 호스트

전용 호스트Dedicated Host는 특정 사용자에게만 배타적으로 할당된 물리적 서버이며, 윈도우 서버, SQL 서버, SUSE 리눅스 엔터프라이즈 서버 등 기업의 필요에 따라 다양한 소프트웨어를 탑재해서 사용할 수 있어 비용 효율성이 높다. 또한 사용자에게 할당된 물리적 서버에 자신이 원하는 만큼의 가상 머신(VM)을 생성할 수 있다는 것도 큰 장점이다. 전용 호스트는 온디맨드 또는 예약 인스턴스 방식으로 이용할 수 있다.

전용 인스턴스

전용 인스턴스Dedicated Instance는 (공유가 아닌) 단일 테넌트 하드웨어에서 EC2 인스턴스를 실행하며, 개별 사용자에게만 할당된 하드웨어의 VPC에서 Amazon EC2 인스턴스를 실행한다. 전용 인스턴스는 다른 AWS 사용자와 하드웨어 레벨의 물리적으로 격리된 환경에서 실행된다.

베어 메탈 인스턴스bare-metal instance는 전용 인스턴스를 활용하는 방법이 되기도 한다. 이름에서 알 수 있듯 베어 메탈 인스턴스는 하이퍼바이저가 없으므로 서버의 프로세서 및 메모리 자원에 직접 접근할 수 있다는 장점이 있다. 베어 메탈 인스턴스는 라이센스 또는 지원 등의 조건에 따라 비가상화 환경에서 실행해야 하는 애플리케이션에 적합하다.

---

1   멀티 테넌시는 하나의 하드웨어 리소스를 가상화해 다수의 사용자가 공유하는 모델이다. – 옮긴이

인스턴스와 AMI

Amazon 머신 이미지^{AMI, Amazon Machine Image}는 아마존 클라우드에서 실행되는 서버에 대한 모든 소프트웨어 환경 설정 정보를 포함한 기본 설계도 또는 청사진과 같다(그림 4-1 참조). 예를 들어, AMI에는 운영체제, 애플리케이션 서버 그리고 그 위에서 실행되는 애플리케이션 등에 대한 세부 내용을 모두 담고 있다. AMI로 서버 또는 인스턴스를 론칭하면 그에 필요한 모든 요소가 상속돼 만들어진다. 사용자는 AMI를 통해 자신이 원하는 수만큼 인스턴스를 생성할 수 있다.

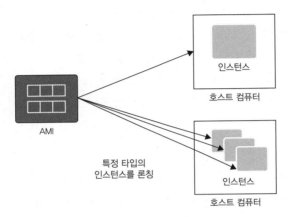

그림 4-1 AMI를 이용해 하나 혹은 여러 개의 인스턴스 론칭

AMI에는 인스턴스의 루트 볼륨^{root volume}이 포함돼 있으며, 루트 볼륨에는 운영체제와 애플리케이션 서버 또는 리눅스, 아파치, MySQL, PHP로 구성된 LAMP 스택, 기타 커스텀 애플리케이션 등 운영체제 위에서 실행되는 소프트웨어가 모두 포함돼 있다.

AMI에는 어떤 AWS 계정에서 AMI를 통해 인스턴스를 론칭할 수 있는지를 정의한 인스턴스 론칭 승인 정보가 포함돼 있다. 론칭 승인^{launch permission} 정보는 다음과 같이 나뉜다.

- **퍼블릭**^{Public}: 소유자가 모든 AWS 계정 사용자에게 론칭 승인을 부여
- **명시적**^{Explicit}: 소유자가 특정 AWS 계정 사용자에게만 론칭 승인을 부여
- **암묵적**^{Implicit}: 소유자가 암묵적으로 AMI를 통한 론칭 승인을 부여

또 AMI에는 론칭할 인스턴스에 어떤 볼륨 타입을 부착할지를 정의한 블록 디바이스 맵핑block device mapping 정보가 포함돼 있다.

앞서 소개한 바와 같이 AWS에서는 컴퓨팅 성능 중심의 인스턴스, 메모리 성능 중심의 인스턴스 등 다양한 인스턴스 타입을 사용할 수 있다. 이때 하나의 AMI를 이용해서 다양한 인스턴스 타입을 생성할 수 있으며, 사용자에게 필요한 워크로드 유형에 따라 자신에게 맞는 인스턴스 타입을 선택하면 된다. 인스턴스를 론칭하면 사용자가 미리 지정한 세부 내역을 반영한 EC2 서버가 나타나고 사용자는 기존의 온프레미스 환경에서처럼 시스템에 로그인해서 사용하면 된다. 이때 온프레미스 환경 또는 데이터 센터에서 사용하던 모든 명령을 실행할 수 있다. 예를 들어, 리눅스 서버를 론칭했다면 (리눅스용 그래픽 터미널 및 SSH 클라이언트인) putty로 연결하고, 보통의 리눅스 서버 실행에 적용되는 모든 표준 리눅스 명령을 그대로 사용할 수 있다. 윈도우 서버를 론칭했다면 RDP로 연결한 뒤 모든 윈도우 명령을 사용할 수 있다.

특정 리전에서는 론칭할 수 있는 인스턴스의 수에 제한이 있다는 점을 참고하자. 제한은 인스턴스 타입에 따라 달라지지만, 이는 기본 제한 사항이므로 지원 티켓을 이용해서 언제든 인스턴스 수 제한을 풀 수 있다.

인스턴스 루트 볼륨(Instance Root Volume)

인스턴스 루트 디바이스에는 인스턴스 부팅을 위한 이미지가 포함돼 있다. 처음 EC2 인스턴스가 론칭되면, 모든 루트 디바이스는 S3로부터 론칭에 필요한 정보를 가져온다. 이와 같이 S3를 통해 백업되는 인스턴스 루트 디바이스를 인스턴스 스토어 기반 AMIinstance store-backed AMI라 부른다. 아마존이 EBS 서비스를 제공한 뒤에는 이미지를 EBS 볼륨 기반으로 제공하는데, 이는 인스턴스를 론칭할 때마다 인스턴스용 루트 디바이스가 EBS 볼륨에서 론칭되고 이는 EBS 스냅샷을 통해 생성되기 때문이다. 이와 같은 AMI는 Amazon EBS 기반 AMIAmazon EBS-backed AMI라 부른다.

이제 사용자는 인스턴스 스토어 기반 AMI 또는 Amazon EBS 기반 AMI를 이용해 인스턴스를 론칭할 수 있다. 인스턴스 스토어 기반 AMI를 이용해서 인스턴스를 론칭한다면, 인스턴스가 론칭될 때 해당 인스턴스 부팅에 사용되는 이미지는 루트 볼륨에 복사된다. 인스턴스가 실행되는 한 인스턴스 스토어 볼륨에 있는 모든 데이터는 유지되지만, 인스턴스가 삭제되면[terminated] 모든 데이터도 사라진다. 인스턴스 스토어 기반의 인스턴스는 (다른 인스턴스는 사용 가능한) 중지 동작[stop action]이 지원되지 않는다는 점에 주의해야 한다.

인스턴스 스토어 AMI 기반의 인스턴스가 실패 또는 삭제되면 인스턴스 스토어에 저장된 데이터는 복구할 수 없다. 따라서 사용자가 인스턴스 스토어를 사용한다면 데이터를 정기적으로 지속형 스토리지에 저장하거나 여러 가용성 지역의 인스턴스에 저장해야 한다. 단 인스턴스를 재부팅할 때만은 인스턴스 스토어의 데이터가 유지된다. 그림 4-2는 인스턴스 스토어를 이용한 인스턴스 생성 방식을 보여준다.

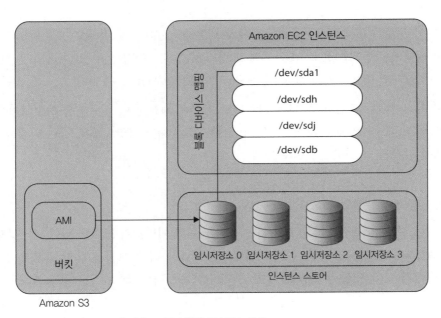

그림 4-2 인스턴스 스토어 기반 AMI를 이용한 인스턴스 생성

반면 Amazon EBS 기반 AMI를 이용하면 이를 통해 론칭된 인스턴스의 데이터는 인스턴스의 다양한 상태에서도 그대로 유지되고, (인스턴스 스토어에서는 지원하지 않는) 중지 동작을 지원하며, 해당 인스턴스는 데이터 소실 위험 없이 언제든 중지, 재시작할 수 있다. 해당 인스턴스가 실패 또는 삭제돼도 데이터가 유지된다. 이때의 인스턴스 루트 볼륨은 EBS 볼륨 외부에서 실행되므로 인스턴스 용량 변경, 인스턴스 프로

퍼티 수정 등 디버깅 업무를 위해 하나의 인스턴스에서 다른 인스턴스로 루트 볼륨을 옮겨서 부착할 수 있다. 인스턴스 스토어 기반의 인스턴스를 사용할 때는 하나의 인스턴스에서 인스턴스 스토어 볼륨을 분리하거나 다른 인스턴스에 다시 부착할 수 없다.

따라서 인스턴스 상태 변화에 따른 데이터 저장 속성 등을 고려할 때 EBS 볼륨 기반 인스턴스 사용을 권장하며, 인스턴스 스토어 기반 인스턴스를 사용한다면 해당 인스턴스 외에 추가 저장 필요성이 있다는 점을 기억해야 한다. 인스턴스 스토어 기반 인스턴스에 EBS 볼륨을 부착해서 관련 데이터를 EBS 볼륨에 저장하는 것도 좋은 방법이다. 이렇게 하면 인스턴스가 실패 또는 삭제되더라도 EBS 볼륨을 통해 모든 데이터를 복구할 수 있다. 그림 4-3은 EBS 볼륨 기반 인스턴스 생성 방법을 보여준다.

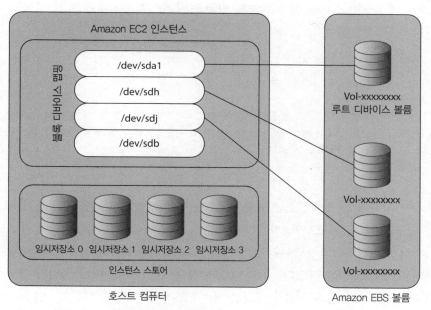

그림 4-3 EBS 볼륨 기반 AMI를 이용한 인스턴스 생성

AMI 선택하기

필요한 AMI를 가져오는 방법은 다양하다. AWS는 일반적인 사용 목적에 맞는 다수의 범용 소프트웨어가 설치된 다양한 AMI를 제공하며, 전문성을 보유한 다수의 개발 커뮤니티에서도 다양한 AMI를 제공한다. 또 다수의 개발자는 직접 자신의 AMI를 만들어 이를 커뮤니티에서 공유하며, 여러분도 자신만의 AMI를 만들어서 개발자 커뮤니티에 배포할 수 있다.

커뮤니티 이미지에서 다양한 목적으로 만들어진 AMI를 찾아볼 수 있고, 사용자는 자신의 목적에 맞는 AMI를 선택할 수 있다. 예를 들어, 사용자가 리눅스, 아파치, MySQL, PHP가 미리 설치된 인스턴스를 필요로 할 경우, LAMP 스택 섹션에서 찾아서 EC2 인스턴스를 생성하는 데 사용할 수 있다. 그다음 인스턴스를 생성하면 해당 인스턴스에 LAMP 스택이 이미 배포돼 있음을 알 수 있다. 사용자는 웹 서버를 가동하기만 하면 되는 것이다.

앞서 설명한 것처럼 사용자는 EBS 볼륨 기반 AMI 또는 인스턴스 스토어 기반 AMI 어떤 것이든 선택해서 사용할 수 있다.

TIP 인스턴스 스토어 기반 리눅스 AMI는 EBS 볼륨 기반 리눅스 AMI로 변환해 사용할 수 있지만 윈도우 기반 AMI로는 변환해서 사용할 수 없다.

사용자는 자신의 니즈에 맞는 AMI를 만든 뒤 이를 템플릿으로 해서 인스턴스를 론칭할 때 사용할 수 있고, 개발자 커뮤니티에도 배포할 수 있다. 혹은 퍼블릭 AMI를 가져와서 커스터마이징한 후 나만의 커스텀 AMI로 사용하거나 기업용 혹은 외부 커뮤니티용으로 배포할 수 있다. 나의 니즈에 맞춘 AMI로 유지하고 싶다면 프라이빗 속성으로 사용하면 된다. AMI를 생성할 때는 EBS 볼륨으로 백업하거나 인스턴스 스토어로 백업할 수 있다.

개발자 커뮤니티를 통해 생성한 이미지는 공유 AMI^shared AMI로 부르며, 개발자 커뮤니티에서 AMI를 공유할 때도 공유 AMI라 부른다. 누구나 AMI를 생성할 수 있고 이를 개발자 커뮤니티에 공유할 수 있으므로 아마존은 이들 AMI의 신뢰성을 보증하지 않는다. 따라서 공유 AMI를 사용할 때는 모르는 개발자가 만든 AMI는 신중히 사용하고, 혹시 있을지 모르는 버그에도 주의한다. 공유 AMI에 대해 궁금한 점은 AWS 포럼을 통해 해소할 수 있다.

AMI는 리전별 리소스라는 점을 기억하자. 다른 리전에서 AMI를 공유하고자 한다면 해당 AMI를 원하는 리전에 복사한 후 공유해야 한다. 또 퍼블릭으로 설정하지 않고도 특정 계정을 이용해서 AMI를 공유할 수 있다(퍼블릭으로 설정하면 누구나 해당 AMI에 접근할 수 있다). 예를 들어, AMI를 여러 명의 친구 또는 고객과 공유하려면 AWS ID를 이용해서 공유하면 된다.

AWS 마켓플레이스는 AWS에서 실행되는 소프트웨어를 구매할 수 있는 온라인 스토어로 AMI도 여기서 구입할 수 있다. AWS 마켓플레이스에서 AMI를 구입하면 다른 AMI와 동일한 방식으로 인스턴스를 론칭할 수 있다. 마켓플레이스는 EC2와 통합돼 있으므로 마켓플레이스를 통해 쉽고 간단하게 AMI를 론칭할 수 있다. 인스턴스는 AMI 위에서 실행되는 소프트웨어의 표준 사용 요금과 함께 AMI 개발자가 설정한 가격 정책에 따라 과금되며, 여러분도 AWS 마켓플레이스에 자신의 AMI를 배포하고 수익을 창출할 수 있다.

AMI를 더 이상 사용하지 않으려면 등록을 철회^{deregister}한다. 일단 등록을 철회하면 해당 AMI에 더는 접근할 수 없으며, 이를 통해 새로운 인스턴스로 생성할 수 없다.

AMI에서의 가상화

리눅스 AMI는 다음과 같은 두 가지 타입의 가상화 기법을 사용한다.

- 하드웨어 가상화 머신(HVM)
- 부분 가상화(PV)

위 두 가상화 기법의 차이점은 부팅 방식과 CPU, 메모리, 스토리지 성능 측면에서의 하드웨어 활용 방식이라 할 수 있다.

HVM AMI

HVM AMI는 루트 블록 디바이스의 부트 마스터 레코드를 실행한 뒤 운영체제에 하드웨어의 모든 설정 내용을 가상화한다. 결국 운영체제는 VM 위에서 바로 실행되며, 베어 메탈bare-metal 하드웨어에서 실행되듯 가상화를 위한 별다른 수정 작업이 필요 없다.

HVM AMI는 하드웨어에 대한 완전한 가상화 환경을 제공하며, 부팅을 위해 선택한 머신 이미지의 루트 블록 디바이스의 마스터 부트 레코드를 실행한다. 이와 같은 가상화 방식은 별다른 수정 작업 없이 가상 머신 위에서 직접 운영체제를 실행하므로 베어 메탈 하드웨어에서 실행하는 것과 비슷하다. Amazon EC2 호스트 시스템은 게스트에게 제공된 모든 혹은 일부 하드웨어 요소를 에뮬레이트emulates할 수 있다. HVM 게스트는 모든 하드웨어 자원을 최대한 활용할 수 있으므로 높은 성능을 나타내고, 호스트 시스템의 해당 하드웨어에도 신속하게 접근할 수 있다.

모든 현 세대 인스턴스 타입은 HVM AMI를 지원한다.

PV AMI

PV AMI는 PV-GRUB이라 부르는 부트 로더를 이용해 부팅하고 부트 사이클을 실행한 뒤 머신 이미지에 있는 menu.lst 파일에 정의된 커널을 로딩한다. PV의 게스트는 호스트 하드웨어 위에서 실행되므로 완벽한 가상화 기능을 제공하지는 못하며, HVM에서는 가능한 강화 네트워킹 또는 GPU 프로세싱 등의 기능을 활용할 수 없다.

현 세대의 C3, M3 인스턴스 타입이 PV AMI를 지원하며, C1, C3, HS1, M1, M3, M2, T1 등 이전 세대 인스턴스 타입도 PV AMI를 지원한다. 현 세대 인스턴스 타입은 PV AMI를 지원하지 않는다.

아마존은 인스턴스 론칭 시 최대 성능을 발휘할 수 있도록 HMV 이미지를 사용하는 것을 권장하며, 이전 세대보다는 현 세대 인스턴스 타입을 사용해 (CPU, 메모리, 스토리지 등) 최신의 하드웨어 성능을 활용하는 것이 좋다.

인스턴스의 라이프 사이클

사용자 대부분은 매일 인스턴스를 이용해서 작업하므로 인스턴스의 생애주기 즉, 라이프 사이클을 이해해야 한다. 이번 절에서는 EC2 인스턴스의 전반적인 라이프 사이클을 알아보자.

인스턴스 론칭

인스턴스를 론칭하면 즉시 대기중^{pending} 상태로 나타나고 이때 론칭에 사용한 AMI가 해당 인스턴스를 부팅한다. 사용자가 선택한 인스턴스 타입에 따라 하드웨어 타입이 결정되며 이를 바탕으로 부팅이 진행된다. 인스턴스를 시작하기 전 하드웨어와 관련된 이슈는 없는지 확인하는 헬스 체크가 진행되고 별다른 이슈가 없으면 인스턴스가 시작된다. 인스턴스가 실행 가능 상태가 되면 실행 중^{running} 상태로 바뀐다.

실행 중 상태가 되면, 인스턴스는 모든 기능이 활성화되고 사용자가 연결할 수 있는 상태가 된다. 이 시점에서 과금이 시작되고 시간당 요금이 부과된다. 실행 중 상태가 된 인스턴스는 연결이나 사용 여부에 상관 없이 요금이 부과된다.

시작 및 정지

헬스 체크가 실패하면 인스턴스는 시작되지 않는다. 이 경우 새 인스턴스를 시작하거나 관련 이슈를 해결해야 한다. 헬스 체크에서 별 다른 이슈가 없다면 인스턴스가 시작되고, 이후 필요한 업무를 진행할 수 있다.

사용자는 EBS 백업 인스턴스인 경우에만 인스턴스를 정지시킬 수 있으며, 인스턴스 스토어 기반인 경우 정지 동작을 사용할 수 없다. 인스턴스를 정지시키면 정지 중 ^{stopping} 상태가 되고, 곧 정지됨^{stopped} 상태가 된다. 아마존은 정지 상태의 인스턴스에는 과금하지 않는다. 데이터는 EBS 볼륨에 들어있으므로 EBS 볼륨에 대한 요금도 부과된다. 사용자는 인스턴스를 중단한 후 다시 시작하면서 인스턴스 타입을 업그레이드할 수 있다.

재부팅

인스턴스 스토어 또는 EBS 볼륨 기반 인스턴스 모두 재부팅을 할 수 있다. 재부팅은 일반적인 운영체제 재부팅과 같고, 재부팅 후에도 EBS 볼륨은 물론 인스턴스 스토어에 저장된 데이터도 그대로 보존된다. IP 주소, 머신 타입, DNS 네임 모두 그대로 유지된다. 아마존 콘솔, CLI, API 호출 방식으로 인스턴스를 재부팅할 수 있다.

인스턴스 삭제

인스턴스를 더 이상 사용하지 않는다면, 인스턴스를 삭제한다. 해당 인스턴스를 삭제하는 순간 삭제 중shutting down 또는 삭제terminated 상태 정보가 나타난다. 인스턴스를 삭제하면 과금이 중지된다. 해당 인스턴스에 삭제 보호 기능이 활성화돼 있으면 추가로 몇 가지 작업을 하거나 환경 설정에서 삭제 보호 기능을 비활성화해야 한다. 삭제 보호 기능은 인스턴스에 대한 우발적인 삭제 동작을 막아주며, 삭제 전에 정말로 인스턴스를 삭제하시겠습니까?라는 메시지가 나타난다. 인스턴스 삭제 후 잠시 동안 해당 인스턴스가 콘솔에 나타나는데, 이는 자연스러운 현상이며 잠시 후 인스턴스 목록에서도 자동으로 사라진다.

인스턴스 삭제 시 이와 연결된 EBS 볼륨도 삭제할 수 있고 EBS 볼륨만 그대로 남겨둘 수도 있다. Amazon EBS 볼륨은 DeleteOnTermination 속성을 지원하며, 인스턴스 삭제 시 해당 볼륨의 삭제 또는 유지 여부를 조절할 수 있도록 해준다. 기본 설정 동작은 루트 디바이스 볼륨이 삭제되고 다른 EBS 볼륨은 그대로 유지된다.

인스턴스 폐기

AWS는 인스턴스 호스팅 시 하드웨어에서 복구가 불가능한 오류가 발생할 경우 해당 인스턴스를 폐기retired 시키거나 폐기 스케줄에 추가한다. 인스턴스가 폐기 일정에 도달하면 해당 인스턴스의 작동이 정지되거나 폐기된다. EBS 볼륨 기반 인스턴스인 경우 EBS 볼륨에 모든 데이터가 저장되므로 이를 다른 하드웨어에 옮겨서 다시 인스턴스를 실행하면 된다. 인스턴스 스토어 기반 인스턴스의 루트 볼륨인 경우 인스턴스 삭제 전에 인스턴스 스토어에 저장된 모든 데이터를 백업해야 한다.

인스턴스에 연결하기

인스턴스를 성공적으로 론칭했으면 연결 작업을 진행한다. 인스턴스에 연결하려면 해당 인스턴스에 대한 상세한 정보가 필요하다. 콘솔에 로그인 한 후 EC2 페이지로 이동한다. 연결하려는 인스턴스를 선택하고 Actions ➤ Connect를 클릭한다. 연결 팝업이 열리면 그림 4-4와 같은 모습이 된다.

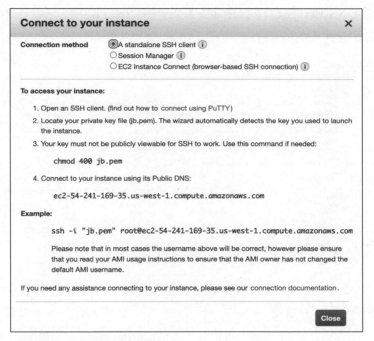

그림 4-4 EC2 인스턴스 연결 세부사항

퍼블릭 서브넷에서 인스턴스를 론칭하면 해당 인스턴스와 인터넷을 연결할 수 있는 퍼블릭 IP 주소와 퍼블릭 DNS 네임이 나타난다. 퍼블릭 IP 주소 외에도 프라이빗 IP 주소와 프라이빗 DNS가 할당될 수 있다. 사용자가 IPv6 IP 주소를 선택한 경우 퍼블릭 IPv6 IP 주소도 할당된다. 이렇게 나타난 모든 IP 주소는 아래와 같다.

- Public DNS(IPv4) ec2-54-241-169-35.us-west-1.compute.amazonaws. com

- IPv4 public IP 54.241.169.35

- Private DNS ip-172-31-10-142.us-west-1.compute.internal

- Private IPs 172.31.10.142

인스턴스 생성 시 퍼블릭 DNS 네임은 AWS에 의해 자동으로 생성되며, 인스턴스와 함께 유지된다. 이렇게 인스턴스와 연결된 퍼블릭 DNS 네임은 임의로 변경할 수 없다. 퍼블릭 DNS 네임은 EC2 콘솔에서 확인할 수 있으며, 이와 연결된 인스턴스의 세부 사항은 그림 4-5와 같다.

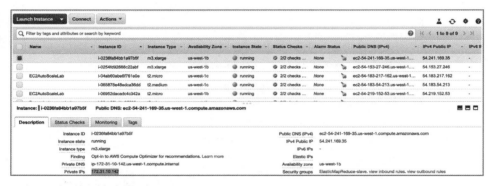

그림 4-5 EC2 인스턴스의 퍼블릭 DNS

퍼블릭 서브넷에서 인스턴스를 생성하면 퍼블릭 IP 주소가 할당된다. 퍼블릭 IP 주소 또한 유일무이하며 수정할 수 없다. 퍼블릭 IP 주소는 인스턴스의 라이프 사이클과 함께 한다. 인스턴스를 삭제하면 퍼블릭 IP 주소 또한 자동으로 단절되며, 해당 퍼블릭 IP 주소는 다시 사용할 수 없게 된다. 하나의 서버에서 다른 서버로 IP 주소를 이전 및 연결하려면 일래스틱 IP(EIP) 주소를 사용해야 한다.

EC2 인스턴스에 선택적으로 EIP를 할당할 수 있으며, 이는 3장에서 설명했다. EIP는 하나의 인스턴스에서 다른 인스턴스로 이동할 수 있다.

프라이빗 서브넷에 인스턴스를 생성하면 프라이빗 IP 주소와 프라이빗 DNS가 할당된다.

그림 4-4에서 인스턴스를 연결하려면 콘솔에서 사용자의 로컬 머신에 프라이빗 키를 다운로드하라는 메시지가 나타나고, 이를 통해 승인 내용을 변경할 수 있다. Amazon EC2는 퍼블릭-프라이빗 키 방식을 사용하며, 이는 로그인 정보의 암호화-복호화 모델을 따른 것이다. 암호화 기법 측면에서 퍼블릭 키는 데이터 암호화에, 프라이빗 키는 데이터 복호화에 사용된다. 사용자는 EC2 인스턴스 연결을 위해 프라이빗 키를 사용해야 한다. (퍼블릭 키와 프라이빗 키 조합인) 키 페어^{key pair}를 생성하는 방법은 여러 가지가 있으며, AWS 콘솔 또는 CLI, API 호출 방식으로 생성할 수 있다. AWS 고객은 자신의 키를 가져와서 시스템에 업로드해 놓고 사용할 수 있다. Amazon EC2는 2,048 비트 SSH-2 RSA 키를 사용하며, 리전당 최대 5,000개의 키 페어를 사용할 수 있다.

프라이빗 키를 다운로드하면 그림 4-4의 지시 사항에 따라 EC2 인스턴스를 연결할 수 있다. 여러분의 퍼블릭 키는 EC2 인스턴스의 ~/.ssh/authorized_keys 디렉터리에 있다.

```
[ec2-user@ip-10-0-0-75 .ssh]$ pwd
/home/ec2-user/.ssh
[ec2-user@ip-10-0-0-75 .ssh]$ ls
authorized_keys
[ec2-user@ip-10-0-0-75 .ssh]$ file authorized_keys
authorized_keys: OpenSSH RSA public key
[ec2-user@ip-10-0-0-75 .ssh]$
```

연결 세부 정보 화면은 인스턴스에 어떤 사용자가 로그인하는지 알려주며, Amazon Linux의 기본 사용자는 ec2-user이고, 다른 리눅스 배포판에서는 달라질 수 있다. 키를 사용해 로그인하고 나면 SSO를 설정하거나 LDAP을 이용해서 로그인할 수 있다.

윈도우 기반 EC2 인스턴스의 경우 서버는 어드민 사용자^{administrator account}를 위해 랜덤 패스워드를 생성하고 퍼블릭 키를 이용해서 패스워드를 암호화한다. 사용자가 최초로 로그인할 때 프라이빗 키를 이용해서 패스워드를 복호화하면 패스워드 변경에 대한 메시지가 나타난다.

시큐리티 그룹

시큐리티 그룹은 하나 혹은 다수의 인스턴스에 대한 트래픽을 통제하는 가상의 방화벽이다. 인스턴스를 론칭한 뒤 해당 인스턴스에 하나 혹은 다수의 시큐리티 그룹을 연결할 수 있고, 이를 통해 해당 인스턴스로 유입되거나 해당 인스턴스에서 유출되는 트래픽에 대한 처리 규칙을 설정할 수 있다. 시큐리티 그룹의 내용은 언제든 수정할 수 있으며, 새로운 규칙이 추가되면 해당 시큐리티 그룹에 포함된 모든 인스턴스에 자동으로 적용된다. 각 인스턴스에 특정 트래픽이 도달할지 여부는 해당 인스턴스에 연결된 모든 시큐리티 그룹의 규칙에 따라 정해진다.

시큐리티 그룹의 규칙은 이와 연결된 인스턴스로 유입되는 인바운드 트래픽과 인스턴스에서 유출되는 아웃바운드 트래픽을 조절한다.

시큐리티 그룹의 규칙이 지닌 특징은 다음과 같다.

- 기본적으로 시큐리티 그룹은 모든 아웃바운드 트래픽을 허용한다.
- EC2-Classic의 시큐리티 그룹에 있는 아웃바운드 규칙은 변경할 수 없다.
- 시큐리티 그룹의 규칙은 언제나 허용 여부만 정할 수 있고 거부 여부는 정할 수 없다.
- 시큐리티 그룹은 스테이트풀^{stateful} 속성을 지닌다. 인스턴스에서 요청을 보내면, 해당 요청에 대한 응답 트래픽은 시큐리티 그룹의 인바운드 규칙과 무관하게 전달이 허용된다. VPC 시큐리티 그룹의 경우 인바운드 트래픽이 허용된 응답은 아웃바운드 규칙에 상관 없이 유출이 허용된다.
- 시큐리티 그룹의 규칙은 언제든 추가 또는 삭제할 수 있다. 변경 사항은 짧은 시간 내에 해당 시큐리티 그룹에 연결된 모든 인스턴스에 적용된다.
- 하나의 인스턴스에 여러 개의 시큐리티 그룹을 연결할 경우 각 시큐리티 그룹의 규칙은 단일 규칙 세트로서 인스턴스에 적용되고, 사용자는 이 규칙 세트를 통해 트래픽의 허용 여부를 결정할 수 있다.

각각의 규칙은 다음과 같이 지정할 수 있다.

- **프로토콜** 허용할 프로토콜. 대표적인 프로토콜은 6(TCP), 17(UDP), 1(ICMP)

- **포트 범위** TCP, UDP 또는 커스텀 프로토콜에 대해 허용하는 포트 범위. (22와 같이) 단일 포트 번호 또는 (7000에서 8000까지와 같이) 포트 번호 범위 형식으로 지정 가능

- **ICMP 타입과 코드** ICMP의 타입과 코드

- **소스 및 데스티네이션** 트래픽에 대한 소스(인바운드 규칙) 및 데스티네이션(아웃바운드 규칙)으로 다음과 같이 설정

  - 개별 IPv4 주소. IPv4 주소 뒤에 /32 프리픽스 사용(예: 203.0.113.1/32)

  - (VPC만 해당) 개별 IPv6 주소. /128 프리픽스 사용(예: 2001:db8:1234:1a00::123/128)

  - CIDR 블록에서의 IPv4 주소 범위(예: 203.0.113.0/24)

  - (VPC만 해당) CIDR 블록에서의 IPv6 주소의 범위(예: 2001:db8:1234:1a00::/64)

  - 또 다른 시큐리티 그룹. 특정 시큐리티 그룹과 연결된 인스턴스를 이번 시큐리티 그룹과 연결된 인스턴스의 접근을 허용. 소스 시큐리티 그룹의 규칙을 이번 시큐리티 그룹에 추가하지 않음. 시큐리티 그룹 설정 방식은 다음과 같다.

    - 현재의 시큐리티 그룹
    - EC2-Classic 동일 리전 내 EC2-Classic을 위한 다른 시큐리티 그룹
    - EC2-Classic 동일 리전 내 다른 AWS 계정을 위한 시큐리티 그룹 (111122223333/sg-edcd9784와 같이 AWS 계정을 프리픽스로 추가)
    - EC2-VPC 동일한 VPC 또는 VPC 피어링 그룹 내 피어 VPC를 위한 다른 시큐리티 그룹

소스 또는 데스티네이션 규칙으로 시큐리티 그룹을 설정할 경우 해당 규칙은 시큐리티 그룹과 연결된 모든 인스턴스에 적용된다. 유입 트래픽은 소스 시큐리티 그룹과 연결된 인스턴스의 (퍼블릭 또는 일래스틱 IP 주소가 아닌) 프라이빗 IP 주소를 기반으로 허용된다. 사용자가 설정한 시큐리티 그룹 규칙이 피어 VPC 내의 시큐리티 그룹을 참조하는 경우, 참조한 시큐리티 그룹이나 VPC 피어링 커넥션이 삭제된 경우, 해당 규칙에는 (유효성 감소의 의미로) 'stale' 표시가 붙는다.

특정 포트에 하나 이상의 규칙이 적용되는 경우 가장 관대한(허용적인) 규칙이 적용된다. 예를 들어, IP 주소 203.0.113.1에서 TCP 포트 22(SSH)로의 접근을 허용하는 규칙이 있고, 모든 IP 주소에서 TCP 포트 22로 접근을 허용하는 규칙이 있다면, 가장 허용적인 규칙인 모든 IP 주소에서 TCP 포트 22로 접근을 허용하게 된다.

Amazon Elastic Container Service

Amazon Elastic Container Service(ECS)는 Amazon EC2 클러스터에서 도커 컨테이너를 관리할 수 있게 해주는 컨테이너 관리 서비스다. Amazon ECS는 신속하고 확장성이 높으며, 컨테이너를 쉬우면서도 정확하게 시작, 정지, 관리, 실행할 수 있도록 돕는다. Amazon ECS를 이용하면 간단한 API 호출만으로도 손쉽게 컨테이너 기반 서비스를 론칭할 수 있다.

컨테이너는 (EC2와 같은) 하드웨어 가상화와 유사하지만, 가상화가 머신을 파티셔닝해서 사용하는 방식이라면 컨테이너는 단일 운영체제에서 실행되는 프로세스를 격리해서 사용하는 개념이다. 컨테이너는 OS 커널을 사용해서 여러 개의 격리된 사용자 프로세스 공간을 만들어서 CPU나 메모리 성능을 부여한다. 이처럼 격리된 사용자 프로세스 공간을 컨테이너라 부른다. 컨테이너를 이용하면 애플리케이션 개발, 이미지 공유, 이미지의 신속한 배포, 기타 업무를 신속하게 처리할 수 있다.

컨테이너는 이식성이 높으므로 개발 라이프 사이클을 좀 더 단순하게 만든다. 컨테이너 기반의 동일 이미지를 개발자의 데스크톱과 프로덕션 서버에서 실행할 수 있는 것이다. 이렇게 만들어진 이미지는 일관성이 유지되고 수정은 불가능하며, 하나의 이미지에는 모든 애플리케이션이 포함돼 있고, 의존성 요소가 모두 포함돼 있으므로 좀 더 쉽게 배포 및 확장할 수 있다.

컨테이너는 매우 효율적이고, (CPU, 메모리 등) 리소스를 필요한 만큼만 정확하게 할당할 수 있으며, 필요에 따라 즉시 할당된 자원을 증가 또는 감소시킬 수 있다.

컨테이너는 마이크로서비스microservices 컨셉을 구현한 것으로 하나의 앱을 작은 요소로 세분화해 복잡성을 줄이고 동일 호스트에서 프로세스가 실행되는 동안에도 빠르게 개발 진도를 나갈 수 있도록 해준다. 마이크로서비스 아키텍처를 활용할 계획이라면 컨테이너가 매우 좋은 선택이 될 것이다.

일단 개발자가 컨테이너에 애플리케이션을 배포하면 컨테이너의 관리 및 확장성 문제가 나타난다. 예를 들어, 200명의 개발자가 있고 이들 모두가 컨테이너를 이용해 배포를 하면 당장 200여개나 되는 컨테이너를 관리하는 문제가 추가된다. 대표적으로는 특정 컨테이너가 멈추면 어떻게 되는가? 컨테이너 호스트의 리소스가 충분한지 어떻게 알 수 있는가? 등의 의문이 생긴다. 클러스터 및 컨테이너 호스팅의 상태 관리 문제 또한 컨테이너의 성공적인 배포, 애플리케이션의 성공적인 실행에 매우 중요한 요소이다. 유연한 스케줄링도 어려운 문제인데 Amazon ECS는 이와 같은 모든 문제를 해결할 수 있다.

Amazon ECS는 클러스터와 컨테이너 관리의 복잡성 문제를 처리해 사용자가 자신의 클러스터 관리 인프라에 뭔가를 설치하거나 운영할 필요가 없다. 아마존은 이를 위해 다수의 핵심적인 분산 시스템 기반을 구축해 왔으며, Amazon ECS는 이들 분산 시스템 기반 위에 만들어졌다. 아마존은 복잡한 상태 관리 업무를 간단한 API로 구현해 제공하며, 사용자는 이를 통해 클러스터 내 모든 인스턴스와 인스턴스에서 실행되는 모든 컨테이너의 세부 사항을 파악할 수 있다. Amazon ECS API는 하나의 인스턴스와 몇 개의 컨테이너가 있는 클러스터는 물론, 수백 개의 인스턴스와 수천 개의 컨테이너가 있는 클러스터에서도 신속하게 반응한다. 다음은 Amazon ECS에서 컨테이너를 실행할 때의 장점이다.

- 클러스터 관리 소프트웨어를 설치할 필요가 없음
- 어떤 규모의 클러스터도 쉽게 관리 가능
- ECS를 이용해 내오류성 클러스터 아키텍처 설계
- 클러스터 상태 관리 가능
- 세밀한 컨테이너 통제 및 모니터링 가능

- 거의 즉각적으로 하나의 컨테이너에서 수만개의 컨테이너로 확장 가능
- 컨테이너의 배치 위치에 대한 의사 결정 지원
- (CPU, 메모리 등) 리소스 가용성 정보 제공
- EC2 Auto Scaling을 이용해 언제든 클러스터에 새 리소스 추가 가능
- Amazon Elastic Container Registry 외에 ELB, EBS, ENI, VPC, IAM, CloudTrail 등 아마존의 다양한 서비스와 통합 사용 가능

실습 4-1: EC2 사용하기

이번 실습에서는 웹 서버 실행을 위한 EC2 가상 머신의 론칭, 환경 설정, 커스터마이징과 AWS 매니지먼트 콘솔을 이용해 EC2 인스턴스를 프로비전하고 시작하는 방법을 알아본다.

새 키페어 생성하기

EC2 인스턴스를 생성하려면 SSH 키 페어가 필요하다. 다음 절차에 따라 SSH 키 페어를 생성한다.

1. AWS 매니지먼트 콘솔에 로그인한 뒤 EC2 페이지를 연다. https://console.aws.amazon.com/ec2.

2. AWS 매니지먼트 콘솔 우측 상단에서 여러분의 리전이 선택돼 있는지 확인한다(이번 실습에서는 us-east-1a를 사용한다).

3. 좌측 네트워크 및 보안 섹션 하단에서 **키 페어**^{Key Pairs}를 선택한다. 그러면 SSH 키 페어 관리용 페이지가 나타난다.

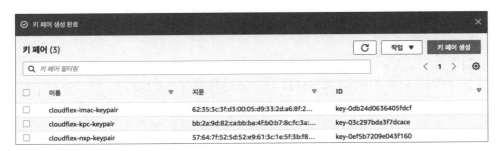

4. 새 SSH 키 페어를 생성하기 위해 화면 상단에 있는 **키 페어 생성** 버튼을 클릭한다.

5. 팝업 창에 영문으로 [성]-[이름]-awslab의 형식으로 키 페어 네임을 입력하고 **생성**을 클릭한다.

```
키 페어
프라이빗 키와 퍼블릭 키로 구성되는 키 페어는 인스턴스에 연결할 때 자격 증명을 증명하는 데 사용하는 보안 자격 증명 세트입니다.

이름
cloudflex-kpc-keypair
이름에는 최대 255개의 ASCII 문자가 포함됩니다. 앞 또는 뒤에 공백을 포함할 수 없습니다.

파일 형식
● pem
   OpenSSH와 함께 사용
○ ppk
   PuTTY와 함께 사용

태그(선택 사항)
리소스에 연결된 태그가 없습니다.

태그 추가
태그를 50개 더 추가할 수 있습니다.

취소    키 페어 생성
```

6. 그러면 컴퓨터에 해당 이름으로 된 파일이 다운로드된다. 브라우저에서 다운로드 위치를 선택한다(필자의 경우 joyjeet-banerjee-awslab.pem이라는 이름의 파일이 다운로드된다).

이렇게 다운로드된 파일은 파일 이름과 저장 경로를 모두 알고 있어야 한다. 방금 생성한 키 페어는 이번 실습에서 사용할 EC2 인스턴스 관리에 사용된다.

웹 서버 인스턴스 론칭

이번 실습에서는 기본 설정으로 Apache/PHP 웹 서버가 설치된 Amazon Linux 인스턴스를 론칭한다.

1. 좌측 상단에서 EC2 Dashboard를 클릭한다.

2. Launch Instance를 클릭한다.

3. Quick Start 섹션에서 첫 번째 Amazon Linux AMI를 선택하고 Select를 클릭한다.

4. General-purpose t2.micro 인스턴스를 클릭하고 **다음: 인스턴스 세부 정보 구성** 버튼을 클릭한다.

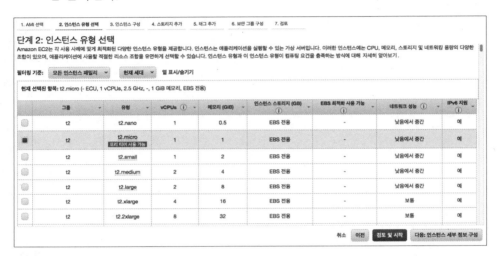

5. 인스턴스 세부 정보 구성 페이지에서 페이지 하단 고급 세부 정보 섹션을 열고 사용자 데이터 필드에 아래 스크립트를 입력한다. 필요에 따라 shift-enter 키로 줄 바꿈하거나 노트 패드 등에 텍스트를 복사한 후 수정할 수도 있다. **다음: 스토리지 추가** 버튼을 클릭한다. 이렇게 하면 아파치 웹 서버가 설치된 EC2 인스턴스가 론칭된다.

#include https://s3.amazonaws.com/jbawsbook/bootstrap.sh

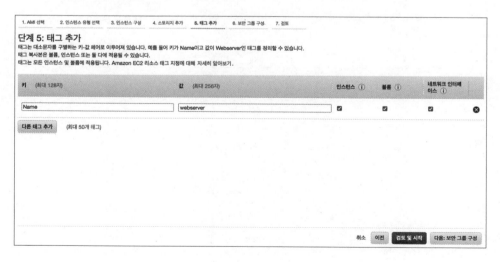

단계 3: 인스턴스 세부 정보 구성

테넌시 ⓘ	공유됨 - 공유된 하드웨어 인스턴스 실행	⬍
	전용 테넌시에는 추가 요금이 적용됩니다.	
Elastic Inference ⓘ	☐ Elastic Inference 액셀러레이터 추가	
	추가 요금이 발생합니다.	
크레딧 사양 ⓘ	☐ 무제한	
	추가 요금이 적용될 수 있습니다	
파일 시스템 ⓘ	파일 시스템 추가 ↻ 새 파일 시스템 생성	

▼ 고급 세부 정보

Enclave ⓘ	☐ 활성화	
메타데이터 액세스 가능 ⓘ	활성화됨	⬍
메타데이터 버전 ⓘ	V1 및 V2(토큰 선택 사항)	⬍
메타데이터 토큰 응답 홉 제한 ⓘ	1	⬍
사용자 데이터 ⓘ	◉ 텍스트로 ○ 파일로 ☐ 입력이 이미 base64로 인코딩됨	
	#include https://s3.amazonaws.com/jbawsbook/bootstrap.sh	

취소   이전   **검토 및 시작**   다음: 스토리지 추가

다음: 스토리지 추가 버튼을 클릭하면 기본 스토리지 디바이스 환경 설정 내용이 나타난다.

6. 태그 추가 페이지에서 여러분의 실습용 인스턴스를 설명할 수 있고 사용이 쉬운 이름 즉, 태그를 추가한다. 이때 사용한 태그는 인스턴스 론칭 시 콘솔에 나타나며, 복잡한 설정 환경에서 실행 중인 머신이 어떤 역할을 하는지, 왜 만들어졌는지 설명해 줄 수 있다. 이번 실습에서는 키 필드에 Name, 밸류 필드에 webserver를 입력한다.

단계 5: 태그 추가

태그는 대소문자를 구별하는 키-값 페어로 이루어져 있습니다. 예를 들어 키가 Name이고 값이 Webserver인 태그를 정의할 수 있습니다.
태그 복사본은 볼륨, 인스턴스 또는 둘 다에 적용될 수 있습니다.
태그는 모든 인스턴스 및 볼륨에 적용됩니다. Amazon EC2 리소스 태그 지정에 대해 자세히 알아보기.

키 (최대 128자)	값 (최대 256자)	인스턴스 ⓘ	볼륨 ⓘ	네트워크 인터페이스 ⓘ	
Name	webserver	☑	☑	☑	✖

다른 태그 추가   (최대 50개 태그)

취소   이전   **검토 및 시작**   다음: 보안 그룹 구성

7. **다음: 보안 그룹 구성** 버튼을 클릭한다.

8. 방화벽 규칙을 정의하기 위해 새 시큐리티 그룹을 생성하라는 메시지가 나타난다. 이번 실습에서는 웹 서버를 생성하고 있으므로 [이름] Web Tier 형식으로 시큐리티 그룹 이름을 작성하고 기존의 SSH 규칙에서 TCP 22 포트가 모든 트래픽을 받도록 설정돼 있는지 확인한다. 좌측 하단 **규칙 추가** 버튼을 클릭하고 새 보안 규칙을 추가한다.

9. 드롭다운 메뉴 목록에서 **HTTP**를 선택하고 TCP 80 포트가 모든 트래픽을 받도록 설정돼 있는지 확인한다. **규칙 추가** 버튼을 클릭하고 원하는 새 보안 규칙을 추가한다.

10. 시큐리티 그룹 환경 설정을 마쳤으면 **검토 및 시작** 버튼을 클릭한다.

| 1. AMI 선택 | 2. 인스턴스 유형 선택 | 3. 인스턴스 구성 | 4. 스토리지 추가 | 5. 태그 추가 | 6. 보안 그룹 구성 | 7. 검토 |

단계 6: 보안 그룹 구성

보안 그룹은 인스턴스에 대한 트래픽을 제어하는 방화벽 규칙 세트입니다. 이 페이지에서는 특정 트래픽을 인스턴스에 도달하도록 허용할 규칙을 추가할 수 있습니다. 예를 들면 웹 서버를 설정하여 인터넷 트래픽을 인스턴스에 도달하도록 허용하려는 경우 HTTP 및 HTTPS 트래픽에 대한 무제한 액세스를 허용하는 규칙을 추가합니다. 새 보안 그룹을 생성하거나 아래에 나와 있는 기존 보안 그룹 중에서 선택할 수 있습니다. Amazon EC2 보안 그룹에 대해 자세히 알아보기.

보안 그룹 할당: ⦿ 새 보안 그룹 생성
　　　　　　　 ○ 기존 보안 그룹 선택

보안 그룹 이름: CloudFlex Web Tier

설명: launch-wizard-1 created 2021-04-17T12:46:53.319+09:00

유형 ⓘ	프로토콜 ⓘ	포트 범위 ⓘ	소스 ⓘ		설명 ⓘ	
SSH ⌄	TCP	22	사용자 지정 ⌄	0.0.0.0/0	예: SSH for Admin Desktop	✕
HTTP ⌄	TCP	80	사용자 지정 ⌄	0.0.0.0/0, ::/0	예: SSH for Admin Desktop	✕

규칙 추가

⚠ 경고
소스가 0.0.0.0/0인 규칙은 모든 IP 주소에서 인스턴스에 액세스하도록 허용합니다. 알려진 IP 주소의 액세스만 허용하도록 보안 그룹을 설정하는 것이 좋습니다.

취소　이전　검토 및 시작

11. 추가한 보안 규칙을 확인하고 **검토 및 시작** 버튼을 클릭한다.

12. 앞서 생성한 [이름]-awslab 형식으로 작성된 키 페어를 선택하고 팝업 창 하단 **선택한 프라이빗 키 파일...** 체크 박스를 클릭하고 **인스턴스 시작** 버튼을 클릭한다.

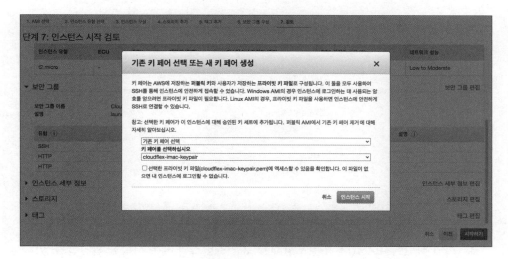

13. EC2 인스턴스 목록을 보려면 화면 우측 하단 View Instances 버튼을 클릭한다. 인스턴스를 론칭하면 웹 서버와 가용성 지역, 퍼블릭 라우트로 설정한 DNS 네임 등을 확인할 수 있다.

14. 인스턴스 목록에서 방금 생성한 EC2 인스턴스를 체크하고 상세 내역을 확인한다.

생성된 웹 서버 둘러보기

새로 생성한 웹 서버의 상세 내역을 확인해 보자.

1. 인스턴스의 상태 체크 등을 확인하며 로딩이 끝날 때까지 기다린다.

2. 브라우저에 새 탭을 추가하고 방금 생성한 EC2 인스턴스를 선택한다. 아래 그림과 같이 EC2 인스턴스의 Public DNS 네임을 확인한다.

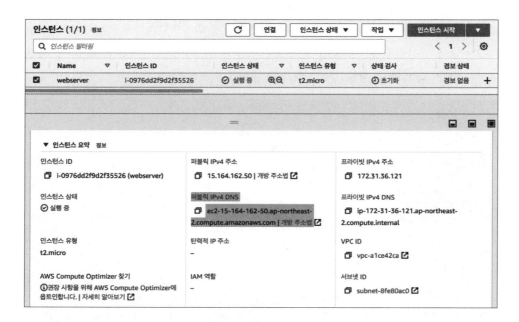

3. 화면 하단에서 AMI 위치를 포함해 EC2 인스턴스의 세부 사항을 확인할 수 있다.

불과 수 분만에 서버를 배포하고 웹사이트를 론칭했다. 이것으로 첫 번째 실습을 성공적으로 마쳤다!

1. 이번 실습에서는 새 프로비전 IOPS 기반 EBS 볼륨을 생성하고, 이를 기존의 EC2 인스턴스에 부착한다. 먼저 AWS 콘솔에서 EC2를 선택한다.

2. 원하는 리전이 맞는지 확인한다.

3. 좌측 Elastic Block Store 섹션에서 **Volumes** 메뉴를 클릭한다.

4. 상단에서 **Create Volume**을 선택한다.

5. 볼륨 타입으로 **Provisioned IOPS**를 선택한다.

6. Size는 10으로 설정한다.

7. IOPS는 100으로 설정한다.

8. Availability Zone은 EC2 인스턴스가 실행 중인 **AZ**를 선택한다. 이번 실습에서는 us-east-1a를 사용 중이다.

9. Tags 외에는 모두 기본 설정 그대로 둔다. **Add Tags**를 선택한다.

10. 이번 볼륨을 구분하기 쉬운 태그를 추가한다. 키에는 Name, 밸류에는 EBSforBook 태그를 입력한다.

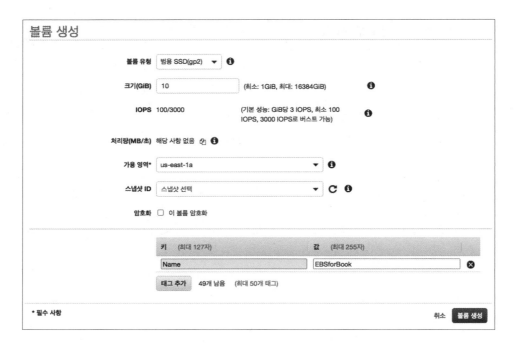

11. Create Volume 버튼을 클릭한다. 볼륨 생성 성공 및 볼륨 ID 메시지가 나타난다.

12. 이상으로 EBS 볼륨을 생성했다. 이제 EC2 인스턴스에 이 볼륨을 추가한다.

13. 새로 생성한 볼륨을 선택하고 Actions ➤ Attach Volume를 클릭한다.

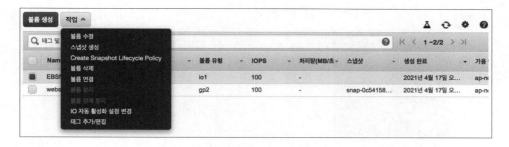

14. 볼륨을 부착하려면 인스턴스 ID와 디바이스 네임이 필요하다. EC2 인스턴스 상세 페이지에서 인스턴스 ID와 사용하지 않는 디바이스 네임을 복사한다. 시스템에서 디바이스 네임을 요구하면 이를 사용하면 된다. **Attach** 버튼을 클릭한다.

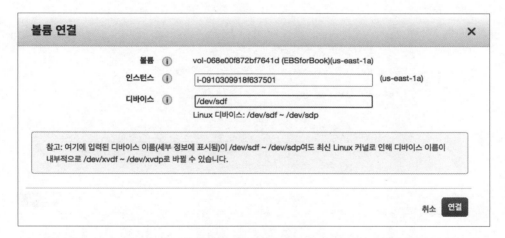

15. EC2 인스턴스에 볼륨이 부착됐다. 새 볼륨의 내용을 확인하기 위해 EC2 인스턴스 상세 페이지를 확인한다.

16. EBS 볼륨 페이지에서 이번 볼륨에 대한 세부 내역을 확인한다. State는 **in use**로 나타난다. 부착 정보를 확인하면 어디에서 부착됐는지 나타난다.

17. 이번 볼륨을 선택하고 Volume > Actions > Create Snapshot 메뉴로 스냅샷을 생성한다.

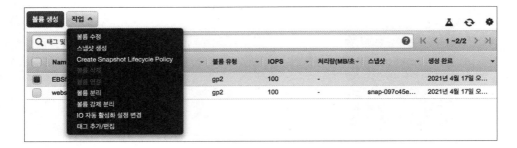

18. Create Snapshot 윈도우가 나타나면 스냅샷에 대한 세부 사항을 입력한다. Encrypted 항목이 Not Encrypted로 나타날텐데, 이는 이번 EBS 볼륨이 아직 암호화되지 않았기 때문이다. 태그를 추가하고 스냅샷을 생성한다.

스냅샷 생성		
이 작업을 수행하시겠습니까?		
볼륨	vol-068e00f872bf7641d ⓘ	
설명	Test Snapshot for Book	ⓘ
Encrypted	암호화되지 않음 ⓘ	
키 (최대 127자)		값 (최대 255자)
Name		TestBookSnapshot ✕
태그 추가 49개 남음 (최대 50개 태그)		
* 필수 사항		취소 스냅샷 생성

19. 스냅샷을 생성하면 성공 메시지와 함께 스냅샷 ID가 나타난다.

스냅샷 생성	
✓ 스냅샷 생성 요청 성공	
snap-0c5c09011256b6a82	
	Manage Fast Snapshot Restore 닫기

20. 이번 스냅샷으로 또 다른 EBS 볼륨을 생성하고, 이를 다시 새 EC2 인스턴스에 부착할 수 있다(직접 실행해 보기 바란다). 이를 통해 어떤 EBS 볼륨이든 복제해 또 다른 어떤 EC2 인스턴스에도 부착할 수 있다는 사실을 확인할 수 있다.

실습 4-3: EFS 인스턴스를 생성해 서로 다른 AZ에 있는 두 개의 EC2 인스턴스 모니터링하기

1. 이번 실습에서는 AWS 일래스틱 파일 시스템 즉, AWS EFS를 생성하고 이를 서로 다른 AZ에 있는 두 개의 EC2 인스턴스에 연결한다. 먼저 AWS 콘솔에서 EFS를 선택한다.

2. 리전을 확인한 뒤 Create File System을 클릭한다.

3. EFS를 생성할 VPC를 선택한다. EFS는 서로 다른 VPC의 AZ에서도 생성 가능하다. 이번 실습에서는 두 개의 AZ만 사용하며, 이들 두 개의 AZ만 마운트 타깃^{mount target}으로 설정하면 된다. Virginia 리전의 기본 AZ를 선택했다면 총 여섯 개의 마운트 타깃을 생성할 수 있다.

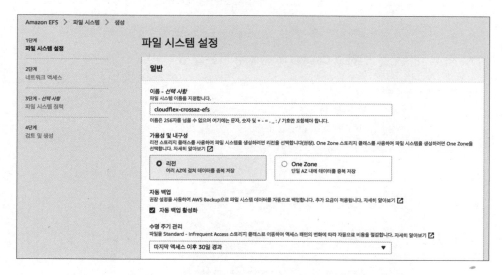

4. 파일 시스템에 태그를 추가한다. 태그 키는 Name, 태그 밸류는 EFSbook으로 한다.

5. (이번 EFS는 두 개의 EC2 인스턴스에만 부착할 것이므로) Choose Performance Mode 섹션에서 General Purpose를 선택한다. 여러 개의 서버를 실행하거나 좀 더 빠른 입출력을 원하는 경우 Max I/O를 선택할 수 있다.

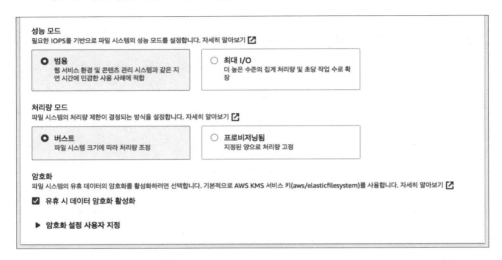

6. (이번 EFS는 암호화하지 않을 것이므로) Enable Encryption은 선택 해제한다.

7. 옵션 내역을 확인하고 Create File System 버튼을 클릭한다.

Amazon EFS > 파일 시스템 > 생성

1단계
파일 시스템 설정

2단계
네트워크 액세스

3단계 - 선택 사항
파일 시스템 정책

4단계
검토 및 생성

검토 및 생성

1단계: 파일 시스템 설정

편집

파일 시스템

필드	값	편집 가능합니까?
이름	cloudflex-crossaz-efs	예
성능 모드	범용	아니요
처리량 모드	버스트	예
암호화됨	아니요	아니요
KMS 키 ID	-	아니요
수명 주기 정책	마지막 액세스 이후 30일 경과	예
자동 백업	예	예
VPC ID	vpc-320d8c4f (기본값)	예
가용 영역	리전	아니요

8. 새 파일 시스템이 만들어지려면 수 분이 소요되기도 한다. 파일 시스템이 생성되면 확인 화면에서 세부 내역을 확인할 수 있다.

9. 이상으로 EFS를 생성했다. 이제 EC2 인스턴스에 EFS를 마운트할 (연결할) 차례다. 아래 링크는 Amazon EC2 마운트 안내 문서이며 EFS를 EC2 인스턴스에 마운트하기 위한 도움말을 제공한다. https://docs.aws.amazon.com/ko_kr/efs/latest/ug/gs-step-one-create-ec2-resources.html

---

EC2 인스턴스를 시작하고 EFS 파일 시스템을 탑재하려면

1. https://console.aws.amazon.com/ec2/ 에서 **Amazon EC2 콘솔**을 엽니다.
2. **인스턴스 시작**을 선택합니다.
3. **Step 1: Choose an Amazon Machine Image (AMI)(1단계: Amazon Machine Image(AMI) 선택)**에서 목록 맨 위의 Amazon Linux AMI를 찾아 **선택**을 선택합니다.
4. **Step 2: Choose an Instance Type(2단계: 인스턴스 유형 선택)**에서 **Next: Configure Instance Details(다음: 인스턴스 세부 정보 구성)**을 선택합니다.
5. **3단계: 인스턴스 세부 정보 구성**에서 다음 정보를 제공합니다.
   - **인스턴스 수**는 한 개로 둡니다.
   - **구매 옵션**을 기본 설정으로 둡니다.
   - **네트워크**의 경우 1단계: Amazon EFS 파일 시스템 생성에서 EFS 파일 시스템을 생성할 때 적어 둔 동일한 VPC에 대한 항목을 선택합니다.
   - **서브넷**의 경우 모든 가용 영역의 기본 서브넷을 선택합니다.
   - **파일 시스템**의 경우 1단계: Amazon EFS 파일 시스템 생성에서 만든 EFS 파일 시스템이 선택되었는지 확인합니다. 파일 시스템 ID 옆에 표시된 경로는 EC2 인스턴스가 사용하게 될 탑재 지점입니다. 이 경로는 사용자가 변경할 수 있습니다.
   - **사용자 데이터**에는 Amazon EFS 파일 시스템 탑재를 위한 명령이 자동으로 포함됩니다.

10. 위 절차에 따라 매니지먼트 콘솔에서도 연결이 가능하지만 다음은 터미널을 통해 EC2 인스턴스를 EFS와 연결하는 방법이다.

11. EC2 인스턴스에 NFS 클라이언트를 설치한다. Amazon Linux, Red Hat Enterprise Linux, SUSE Linux 인스턴스는 아래의 명령을 사용한다.

```
sudo yum install -y nfs-utils
```

Ubuntu 인스턴스는 아래의 명령을 사용한다.

```
sudo apt-get install nfs-common
```

12. 아래의 명령으로 EFS를 마운트할 디렉터리를 생성한다. 디렉터리 네임은 efs 라 하자.

```
sudo mkdir efs
```

13. 아래의 명령으로 EFS를 마운트한다.

```
sudo mount -t nfs -o nfsvers=4.1,rsize=1048576,wsize=1048576,hard,timeo
=600,retrans=2 file-system-id.efs.aws-region.amazonaws.com:/ efs-mountpoint
```

14. 파일 시스템을 마운트한 뒤 파일을 생성하고 저장한다.

15. 이상으로 AWS EFS를 생성하고, 이를 서로 다른 AZ에 있는 두 개의 EC2 인스턴스에 연결했다. 여러분이 생성한 파일에 접근할 수 있고, 첫 번째 EC2 인스턴스에서 EFS 인스턴스에 파일을 저장할 수 있다.

4장 정리

4장에서는 범용 인스턴스, 컴퓨팅 최적화 인스턴스, 메모리 최적화 인스턴스, 스토리지 최적화 인스턴스, 고성능 인스턴스 등 다섯 가지의 EC2 인스턴스 타입을 알아봤고, 인스턴스 간의 전송 지연을 줄이기 위한 플레이스먼트 그룹의 활용 방법도 살펴봤다. 플레이스먼트 그룹은 단일 AZ 내의 인스턴스를 논리적으로 그룹화하는 방법이다.

또 EC2 인스턴스에 부착할 수 있는 세 가지의 EBS 볼륨 타입을 알아봤다. SSD 기반의 범용 EBS 볼륨, I/O 처리 성능을 최대화한 프로비전 IOPS 기반의 EBS 볼륨, 기가바이트당 비용이 가장 낮은 전자기식 HDD 볼륨이 있다. EC2 인스턴스와 EBS 볼륨 간의 전용 처리 성능을 제공하기 위한 EBS 최적화 인스턴스도 살펴봤다.

EC2 인스턴스는 가격 정책에 따라 크게 온디맨드 인스턴스(인스턴스 타입에 따라 시간당, 초당 과금), 리저브 인스턴스(원하는 스펙의 인스턴스를 미리 예약), 스팟 인스턴스(미사용 컴퓨팅 리소스를 경매 방식으로 입찰) 등 세 가지로 나눌 수 있다.

EC2의 기본 동작 모델은 공유 테넌시로 보통의 인스턴스는 하나의 하드웨어를 다수의 계정이 공유하는 멀티 태넌시 환경에서 실행된다. 물론 EC2 인스턴스는 전용 호스트 또는 전용 인스턴스 방식으로 호스팅할 수 있다. 전용 호스트란 사용자에게 물리적 서버를 배타적으로 할당해 실행하는 것이며, 전용 인스턴스란 싱글 테넌시 환경에서 EC2 인스턴스를 실행하는 것이다.

AMI^Amazon Machine Image는 아마존 클라우드에서 론칭하게 될 서버의 소프트웨어 환경 설정에 대한 모든 세부 사항을 담은 설계도라고 할 수 있으며, 인스턴스 루트 디바이스는 이 이미지를 가지고 인스턴스를 부팅하게 된다. 리눅스 AMI는 (보통의 전부 가상화 방식인) 하드웨어 버추얼 머신, (부분 가상화 방식인) 파라버추얼 등 두 가지 타입의 가상화 기법을 사용한다.

Amazon Elastic Container Service는 Amazon EC2 인스턴스 클러스터에서 도커 컨테이너를 활용할 수 있도록 하는 컨테이너 관리 서비스다.

4장 평가

1. 사용자의 프로덕션 서버에는 24개의 CPU가 필요한 상황이다. 이번에 사용 계약을 맺으면 내년까지는 고정된 컴퓨팅 성능만 사용해 서버를 운용해야 한다. 이때 선택할 수 있는 가격 옵션은 무엇인가?

   A. 스팟 인스턴스 선택

   B. 온디맨드 인스턴스 선택

   C. 3년 예약 인스턴스 선택

   D. 1년 예약 인스턴스 선택

2. 사용자는 EC2 인스턴스에서 데이터베이스를 실행해야 하고, 해당 데이터베이스는 매우 높은 수준의 I/O 성능을 요구하며, DBA는 최소 8,000 IOPS를 충족해야 한다. 이때 선택할 수 있는 스토리지 옵션은 무엇인가?

   A. 전자기 하드 드라이브 EBS 볼륨

   B. 모든 데이터를 서버의 임시 저장 장치에 저장

   C. 프로비전 IOPS EBS 볼륨

   D. 범용 SSD EBS 볼륨

3. 사용자는 다수의 온디맨드 서버를 실행 중이고, 주말에 대규모 (일괄 분석 등) 배치 작업batch job을 처리해야 하므로 용량 추가를 고려 중이다. 주말에 예정된 배치 작업이 실패하면 서버가 재가동된다. 이런 상황에서 추가 컴퓨팅 리소스를 확보하는 가장 좋은 방법은 무엇인가?

   A. 주말에 용량 추가를 위해 스팟 인스턴스 활용

   B. 주말에 용량 추가를 위해 온디맨드 인스턴스 활용

   C. 주말에 용량 추가를 위해 온디맨드 인스턴스와 범용 PIOPS 스토리지를 추가해 활용

   D. 주말에 용량 추가를 위해 온디맨드 인스턴스와 범용 EBS 볼륨을 추가해 활용

4. 사용자는 서비스 제공을 위해 반드시 모든 물리적 하드웨어를 보유해야 하고, 해당 물리적 하드웨어에서는 다른 고객의 인스턴스를 실행해서는 안 된다는 규정을 따라야 하는 경우, 선택할 수 있는 옵션은 무엇인가?

   A. VPC에 해당 하드웨어를 넣고 다른 고객은 사용하지 못하게 함

   B. 전용 인스턴스 사용

   C. 1년 간 EC2 예약

   D. 3년 간 EC2 예약

5. 사용자는 EC2 인스턴스를 생성한 뒤 이를 연결하려 한다. 최초로 시스템에 로그인하기 위한 방법은 무엇인가?

   A. 서버에 로그인하기 위해 username/password 조합 사용

   B. 키 페어 조합 사용(프라이빗 키와 퍼블릭 키)

C. 모바일 폰으로 보안 로그인용 텍스트 메시지 수령

D. 루트 유저로 로그인

6. 인스턴스 스토어 기반 AMI의 특징은 무엇인가? (정답 2개)

   A. 인스턴스를 재부팅해도 데이터 유지

   B. 인스턴스를 셧다운하면 데이터 소실

   C. 인스턴스를 셧다운해도 데이터 유지

   D. 인스턴스가 삭제되도 데이터 유지

7. EC2 인스턴스 클러스터를 만드는 방법은 무엇인가?

   A. VPC 내에 모든 인스턴스 생성

   B. 퍼블릭 서브넷에 모든 인스턴스 생성

   C. 프라이빗 서브넷에 모든 인스턴스 생성

   D. 플레이스먼트 그룹 생성

8. EBS 볼륨의 스냅샷을 생성하려 할 때 해당 EBS가 사용 불능 상태에 있는 시간은 얼마나 되는가?

   A. 즉시 볼륨 사용 가능

   B. 전자기식 EBS 드라이브는 SSD 볼륨에 비해 시간이 더 걸림

   C. EBS 볼륨의 크기에 따라 달라짐

   D. EBS 볼륨에 저장된 실제 데이터에 따라 달라짐

9. EC2 서버를 인터넷 등 퍼블릭에서 접근할 수 있게 하는 방법은 무엇인가?

   A. 서버를 퍼블릭 서브넷에 생성

   B. 서버를 프라이빗 서브넷에 생성하고 NAT 디바이스 할당

   C. IPv6 IP 주소를 부착

   D. 퍼블릭 주소를 로드 밸런서에 할당하고, 로드 밸런서가 퍼블릭 접근을 허용하게 함

10. 사용자의 애플리케이션 워크로드는 지속적으로 변화하고, 이에 대응하기 위해서는 해당 애플리케이션 서버의 하드웨어 타입을 계속 변경해줘야 하며, 서버 관리자인 여러분은 새 IP 주소로 웹 서버를 계속 갱신해 줘야 한다. 이 문제를 해결할 수 있는 방법은 무엇인가?

    A. 로드 밸런서 추가

    B. IPv6 IP 주소 추가

    C. EIP 추가

    D. 예약 EC2 인스턴스 사용

4장 해답

1. D. 스팟 인스턴스는 해제 알림 후 언제든 해제될 수 있으므로 선택하기 어렵다. 온디맨드 서버는 내년까지 계속 실행된다는 측면에서 비용 부담이 많다. 컴퓨팅 성능 요구 기간이 단 1년이므로 3년 예약 인스턴스도 사용할 수 없다. 결국 사용자에게 최대의 이익을 주는 방법은 1년 예약 인스턴스를 사용하는 것이다.

2. C. 전자기 하드 드라이브는 요구하는 IOPS 수준을 충족시키기 어렵다. 임시 저장 장치에 모든 데이터를 저장한 경우 서버를 셧다운하면 모든 데이터가 소실된다. 데이터베이스에서 데이터는 가장 중요한 요소이므로 결코 소실돼서는 안 된다. 프로비전 IOPS는 사용자가 원하는 데이터베이스 수준의 IOPS 성능을 제공할 수 있다. 범용 SSD에서도 데이터베이스를 실행할 수 있지만, 항상 8,000 IOPS를 충족시키지 못할 수 있다. PIOPS만이 이번 요구 사항에 적합하다.

3. A. 처리 실패 시 워크로드가 재시작되므로 스팟 인스턴스로 요구되는 컴퓨팅 성능도 확보하고 비용도 줄일 수 있다. 온디맨드도 가능하지만 스팟 인스턴스에 비해 비용 부담이 높은 편이다. 온디맨드 인스턴스와 PIOPS 또는 GP2를 선택할 수 있지만, PIOPS는 다른 옵션에 비해 비용 부담이 훨씬 높다.

4. B. VPC 내에 인스턴스를 생성할 수 있지만 다른 고객이 해당 물리적 하드웨어에 인스턴스를 생성하는 것을 막을 수는 없다. 전용 인스턴스가 이번 문제 해결에 적합하다. 전용 인스턴스가 아니라면 1년 또는 3년 간 EC2 인스턴스를 예약해도 문제가 해결되지 않는다.

5. B. EC2 인스턴스에 처음 로그인하려면 프라이빗 키와 퍼블릭 키 조합이 필요하다. 이들 키로 로그인하지 않았다면 username/password 조합 로그인이나 루트 유저 로그인 모두 불가능하다. 환경 설정 전까지는 멀티 팩터 인증을 사용할 수 없다.

6. A, B. 인스턴스 스토어 기반 AMI에서 인스턴스가 셧다운되거나 삭제되면 모든 데이터가 소실된다. 하지만 재부팅한 경우엔 모든 데이터가 유지된다.

7. D. 플레이스먼트 그룹은 VPC 내, 프라이빗 및 퍼블릭 서브넷 내, 어디에나 생성할 수 있다.

8. A. 볼륨의 스냅샷을 생성하는 것과 무관하게 볼륨을 사용할 수 있다.

9. A. 퍼블릭 서브넷에 EC2 인스턴스를 생성하면 인터넷을 통해 접속할 수 있다. 프라이빗 서브넷에 EC2 인스턴스를 생성하고 NAT 인스턴스를 부착해도 인터넷 접속은 불가능하다. 퍼블릭 IPv6 주소를 사용하는 경우에만 인터넷 접속이 가능하고, 로드 밸런서로 퍼블릭 접근이 가능해져도 EC2 인스턴스가 당연히 인터넷 접속이 가능해지는 것은 아니다.

10. C. 인스턴스를 예약한 경우에도 IPv6 주소를 사용하는 경우에도 IP 주소로 다시 맵핑해야 한다. 로드 밸런서도 새 IP 주소로 다시 맵핑해야 하므로 도움이 되지 않는다.

AWS IAM -
신분 및 권한 관리

5장에서 다룰 내용은 다음과 같다.

- IAM의 개요 소개
- IAM의 보안 자격 정보 유형
- IAM의 유저, 그룹, 롤
- IAM 활용 베스트 프랙티스
- AWS 플랫폼 보안 규정
- 보안에 대한 공유 책임 모델

AWS IAM은 AWS 클라우드 인프라에서의 신분 및 접속 관리Identity and Access Management 서비스로 사용자와 사용자 그룹이 보안이 유지된 상태에서 AWS 리소스에 접근할 수 있도록 해준다. 예를 들어, 클라우드 관리자는 IAM을 통해 특정 사용자(이하 '유저' 라 칭한다.)에게 특정 서비스에 대한 (읽기만 가능한) 관리자 권한을 부여할 수 있다.

IAM 서비스를 통해 특정 유저가 어떤 서비스를 사용할지 정할 수 있고, 해당 유저에 게 어떤 권한을 부여할지도 정할 수 있으며, 간단하게 AWS 리소스에 대한 신분 인 증 및 접근 권한 관리를 수행할 수 있다. IAM은 리소스에 접근하려는 여러분이 누구 인지, 해당 리소스에 접근하기 위한 어떤 권한이 있는지를 설명하기 위한 체계라고 할 수 있으며, IAM을 이용해서 업무 감사, 사용자 로그 분석, 지속적 모니터링, 계정 별 활동 리뷰 등을 할 수 있다.

신분 인증

신분 인증Authentication이란 리소스에 접근하려는 여러분이 누구인지 밝히기 위한 체계로 IAM의 신분 인증과 관련된 주요 기능은 다음과 같다.

- **유저 및 접근 권한 관리** 클라우드 유저를 생성하고 액세스 키, 패스워드, 멀티 팩터 인증 등 보안 수단을 관리할 수 있다. 또 유저의 접근 허용 관리, 유저가 수행할 수 있는 작업의 세부적인 통제가 가능하다.

- **그룹화된 유저 및 접근 권한 관리** 협업을 위해 그룹화된 유저federated users를 관리할 수 있다. 간단히 말해 리소스 접근에 앞서 제3자로부터 여러분의 신분을 확인받는 것이다. 그룹화를 이용해서 AWS 리소스에 접근할 수 있는 싱글 사인온 (SSO) 방식으로 기업 디렉터리에 접근하도록 할 수 있다. AWS는 인증 정보 제공자(IdP)와 애플리케이션이 신분 인증 및 보안 정보를 교환할 수 있도록 보안 추가 마크업 언어인 SAML[1] 방식을 지원하고, 마이크로소프트 액티브 디렉터리Active Directory를 위한 AWS 디렉터리 서비스Directory Service 등 비 SAML 방식도 지원한다. IdP를 이용하면 사용자 신분 정보를 관리하거나 커스텀 로그인 코드를 작성할 필요가 없다. 기업 고객 등 외부 사용자는 아마존, 구글, 페이스북 등 널리 알려진 인증 정보 제공자를 통해서 로그인하고, 여러분은 이들 사용자가 AWS 리소스에 대한 접근할 수 있도록 승인하면 된다.

권한 부여

IAM은 사용자에게 필요한 권한을 부여해 주는 체계로 이를 이용해 클라우드 내에서 사용자의 행동을 세부적으로 관리할 수 있다. IAM은 AWS의 모든 서비스에 적용되고 있으며, EC2 인스턴스용 데이터베이스 설정과 같은 작업을 하는 경우 어떤 사용자가 해당 리소스에 접속해서 어떤 일을 할지에 대한 규칙을 생성할 수 있게 해준다. 이를 통해 '최소한의 권한 부여Authorization 및 책임의 분리'라는 보안 컨셉을 구현할

---

1 SAML(Security Assertion Markup Language)은 보안 추가 마크업 언어로 인증 정보 제공자(identity provider)와 서비스 제공자(service provider) 간의 인증 데이터를 교환하기 위한 XML 기반 표준 데이터 포맷이다. 2001년 OASIS 보안 기술 위원회가 주도적으로 만들었고 가장 중요한 기술적 요구사항은 SSO 또는 싱글 사인온, 즉 웹 브라우저 통합 인증이다.

수 있다. AWS에서는 IAM 정책^{policies}이라는 방식으로 권한을 부여한다. IAM 정책은 JSON으로 작성된 하나 혹은 그 이상의 접근 승인 규칙을 담고 있다. 승인 규칙은 특정 IAM 엔티티가 어떤 리소스에 대해 어떤 작업을 수행할 수 있는지 정의한다. 이렇게 작성된 정책은 유저, 그룹, 롤 등 어떤 IAM 엔티티에도 적용이 가능하고, 유저 또는 그룹이 할 수 있는 행동, 접근 가능한 리소스의 종류, 실행 결과 등 클라우드에서 일어나는 거의 모든 권한 부여 업무를 정의할 수 있다.

IAM 정책을 이용하면 IAM 엔티티를 세부적으로 통제할 수 있고, 해당 요소에 필요한 만큼의 정책 규정을 추가할 수 있으며, 다수의 엔티티에 한 번에 정책을 적용할 수 있다. 회사의 개발자에게 Amazon S3에 대한 리드 온리 접근권한을 부여하려는 경우, S3RO라는 정책을 생성해 모든 개발자에게 이 정책을 적용할 수 있다. 또 개발 부서 중 특정 개발 팀이 개발을 진행하는 경우 해당 개발 팀만을 그룹으로 지정해 IAM 정책을 적용할 수 있다. 이렇게 하면 클라우드 관리자인 여러분은 모든 개발자에게 일일이 적합한 권한을 부여하기 위해 시간을 소모할 필요가 없다. JSON으로 작성된 IAM 정책은 아래와 같은 모습이다.

```json
{
  "Version": "2020-03-18",
  "Statement": [
    {
      "Effect": "Allow",
      "Action": ["s3:ListBucket"],
      "Resource": ["arn:aws:s3:::<Your_bucket_name>"]
    },
    {
      "Effect": "Allow",
      "Action": [
        "s3:GetObject"
      ],
    "Resource": ["arn:aws:s3:::<Your_bucket_name>/*"]
    }
  ]
}
```

위 정책을 유저에게 적용하면 해당 유저는 S3에 대한 리드 온리 접근이 허용되므로, 유저는 버킷을 보고 버킷에서 객체를 다운로드할 수는 있지만 해당 버킷에 파일 등을 업로드할 수는 없다.

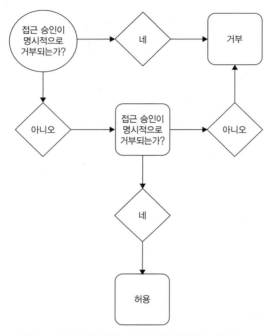

그림 5-1 AWS IAM이 접근 승인 여부를 결정하는 방식

정책을 이용하면 IAM 엔티티를 위한 어떤 형태의 리소스에 대해서도 접근 허용 또는 거부 규칙을 추가할 수 있다. IAM 유저를 생성하면 모든 리소스의 접근에 대한 기본 설정은 거부이며, 특정 리소스에 대해 명시적으로 허용 여부를 표시해 줘야 한다. 즉, 기본적으로 접근 승인 여부는 거부로 설정돼 있으며, 명시적으로 접근 허용을 하지 않는 한 어떤 IAM 엔티티도 여러분의 클라우드 리소스에 접근할 수 없다.

물론 명시적으로 거부하는 것도 가능하다. 그림 5-1은 AWS IAM이 접근 승인 여부를 결정하는 방식을 보여준다.

감사

AWS는 클라우드 업무 감사^{Auditing}를 위한 도구를 제공한다. 여기서 감사 업무란 기업이 제정한 규칙과 국가 등이 정한 법규 등의 준수 여부를 확인하고 증빙하는 작업이다. 여기에는 기업 중요 자원에 대해 적정한 권한이 있는 사람이 규칙 및 규정에 맞게 접근을 요청하고 작업을 진행했는지 확인하는 일도 포함된다.

AWS CloudTrail은 계정에서 일어나는 일을 기록하고 이에 대한 로그 파일을 Amazon S3 버킷에 저장한다. 콘솔, CLI 등을 이용해서 로그 파일에 접근할 수 있고, Splunk, SumoLogic, AlertLogic, Loggly, DataDog 등 널리 사용되는 분석 도구로 로그 데이터를 분석할 수 있다. CloudTrail은 API 호출 및 그에 따라 발생한 이벤트 등 계정에서 일어난 일을 기록해 클라우드에서 유저의 행동을 관찰할 수 있게 해준다.

CloudTrail이 기록하는 주요 행동은 다음과 같다.

- 작업을 요청한 유저는 누구인가?
- 작업이 요청된 시간은 언제인가?
- 요청된 작업의 내용은 무엇인가?
- 요청된 작업으로 제공된 리소스는 어떤 것인가?
- 요청이 발송된 장소와 도달한 장소는 어디인가?

이와 같은 정보는 AWS 리소스에 대한 변동 사항을 확인할 수 있게 해주고, 운영상의 문제를 해결할 수 있게 돕는다. CloudTrail은 클라우드 리소스에 대한 기업 내부 정책 및 표준 규정이 준수될 수 있도록 한다.

보안 자격 정보의 유형

AWS 생태계에서는 다양한 유형의 보안 자격 정보$^{Security\ Credentials}$가 사용되며, 보안 자격 정보는 사용자가 어떤 방식으로 AWS 리소스에 접근하는지에 따라 달라진다. 예를 들어, AWS 콘솔을 통해 로그인하는 경우 유저네임과 패스워드를 사용하지만, Amazon EC2 환경에서 로그인하는 경우 키 페어를 사용한다.

앞으로 자주 사용하게 될 보안 자격 증명은 다음과 같다.

- **IAM 유저네임과 패스워드** AWS 매니지먼트 콘솔 로그인 시 주로 사용
- **E-mail 주소와 패스워드** 루트 계정과 연동
- **액세스 키** CLI, API, SDK 활용 시 주로 사용
- **키 페어** Amazon EC2 서버 로그인 시 사용
- **멀티 팩터 인증** 루트 계정 로그인 시 추가 보안 인증 수단으로 활용

임시 보안 자격 정보

AWS는 위의 보안 자격 정보 외에도 임시 보안 자격 정보^{Temporary Security Credentials}를 제공한다. 이는 단기간만 사용할 목적으로 활용되고, 수 분에서 수 시간만 보안 자격으로서의 유효성이 유지된다. 유효 기간이 만료되면 임시 보안 자격 정보는 더 이상 사용할 수 없다. API를 통해 임시 보안 자격 정보를 사용할 때 유효 기간이 만료되면 AWS는 해당 API를 인식할 수 없게 된다.

임시 보안 자격 정보는 위와 같은 장기간 사용되는 보안 자격 정보와 동일한 방식으로 작동한다. 파트너 개발자 등 신뢰할 수 있는 다른 유저에게 AWS 리소스에 대한 접근 권한을 부여하기 위해 임시 보안 자격 정보를 제공하는 경우에는 AWS 시큐리티 토큰 서비스^{AWS STS, Security Token Service}를 사용할 수 있다. 이 토큰은 유저 측에 저장되지 않으며, 유저가 요청할 때마다 동적으로 생성된다.

임시 보안 자격 정보는 특유의 단기적 유효성과 자동 만료성이 나름의 장점이 되며, 여러분을 돕는 개발자 등 제3의 유저에게 AWS ID 등을 부여하지 않고도 AWS 리소스에 접근할 수 있도록 한다. 또한 애플리케이션에 장기적 또는 영구적인 보안 자격 정보를 담지 않아도 되므로 보안성 측면에서도 우수한 기법이다.

사용자는 IAM을 이용해 유저와 그룹을 생성하고, (최소한의 권한 부여라는 컨셉에 맞게) 이들의 접근 권한을 승인하게 된다. 이제 유저, 그룹, 롤에 대해 알아보자.

유저

보통의 노트북, 운영체제에 로그인할 때 유저네임과 패스워드를 주로 사용할 것이다. 이와 마찬가지로 AWS에 로그인할 때도 AWS에 로그인할 수 있는 유저Users라는 신분이 필요하다. IAM에서 유저는 실제의 물리적 유저를 의미하기도 하고, AWS 서비스에 접근할 수 있는 애플리케이션을 의미하기도 한다. 즉, IAM에서 유저란 AWS 생태계에 존재하는 사용자 또는 서비스를 가리키는 유일무이한 개체entity다. 사용자는 개체를 통해 AWS와 상호작용하고 일상의 업무를 수행한다.

IAM 유저는 유저네임과 보안 자격 정보를 지닌다. 유저를 처음 생성하면, 어드민 등이 명시적으로 접근 권한을 승인해주지 않는 한 아무런 리소스에도 접근할 수 없다. AWS는 본인을 비롯해 다수의 관리자급 사용자를 위해서 우선 몇 개의 유저 개체를 생성하고 이들에게 어드민 권한admin privileges을 부여하는 방법을 권장한다. 이렇게 생성된 유저에 대해서는 그들의 실제 업무에 맞게 권한을 세부적으로 부여하거나 박탈할 수 있다. 예를 들어, 특정 개발자에게 웹 서버에 대한 접근 권한만 부여하려는 경우 어드민은 해당 유저에게 특정 EC2 서버에 대한 접근만 승인하면 된다.

또 특정 개발자가 데이터베이스 작업을 해야 하는 경우, 어드민은 RDS에 대한 리드 온리 권한만 부여할 수 있다. IAM으로 처음 생성된 유저는 보안 자격 증명 또한 지니고 있지 않으므로, 어드민은 이들 유저에게 적합한 보안 자격 증명을 부여해야 한다.

IAM을 통한 유저 생성 방법은 다음과 같다.

1. IAM에서 유저 생성
2. 유저에 보안 자격 증명 부여
3. 유저에 접근 승인, 역할(롤), 책임 부여
4. 유저를 하나 혹은 다수의 그룹에 추가(다음 절에서 설명)

AWS 계정을 처음 생성하면 AWS 루트 계정root account을 보유하게 되는데 이는 AWS 리소스에 대한 무제한의 접근 권한을 의미한다. 루트 계정은 유닉스 시스템에서의 슈퍼유저 계정이라 할 수 있으며, 슈퍼유저는 해당 시스템에서 모든 권한을 지닌다. AWS 과금 정보도 볼 수 있는 루트 계정의 권한을 제한할 방법은 없으므로 이를 안전하게 관리하는 것은 매우 중요하다. 따라서 처음 루트 계정으로 로그인한 뒤 IAM

유저를 생성하고 풀 액세스 어드민 권한을 부여해 이를 사용하되, 루트 계정으로는 로그인을 하지 않을 것을 권장한다. 즉, 일상적인 관리업무에서는 어드민 유저 계정을 사용하고, 루트 계정은 사용하지 않아야 한다. 루트 계정은 결코 타인과 공유해서는 안 되며 매우 안전하게 보호해야 한다. 루트 계정으로 로그인 하는 경우 e-mail ID와 연결된 계정과 패스워드를 사용하고, 좀 더 안전하게 루트 계정으로 로그인하는 방법으로 멀티 팩터 인증 등의 방법을 사용하는 것이 좋다.

일상적인 업무에서 루트 계정을 사용하기보다 어드민 권한을 지닌 IAM 유저 개체를 생성해 사용해야 한다. 계정에 AWS 서비스와 리소스를 사용하는 수백, 수천의 유저가 있더라도 루트 권한을 공유해서는 안 되며, 담당 업무의 수준에 맞춘 새로운 어드민 권한의 유저 개체를 생성해서 제공해야 한다. IAM 유저로 다양한 권한을 부여하더라도 AWS 계정이 추가되는 것은 아니며, 기존의 계정에 유저라는 이름의 권한만 부여되는 것이다. 이들 IAM 유저는 AWS 콘솔에 로그인할 때 유저네임과 패스워드를 사용한다.

프로그래밍 기법으로 리소스에 대한 요청을 관리하려는 경우 유저에게 개인별 액세스 키를 제공할 수 있다. 유저는 액세스 키를 이용해 AWS CLI, SDK 또는 API 호출 등을 통한 프로그래밍 기법으로 AWS 서비스에 접근할 수 있으며, 어드민은 IAM에서 액세스 키를 생성 및 제공할 수 있다. 액세스 키를 생성한 경우 IAM은 유저가 사용할 수 있는 액세스 키 ID와 시크릿 액세스 키를 반환한다. 액세스 키는 생성 당시에만 유효하며, 액세스 키를 분실한 경우엔 연결된 유저의 액세스 키를 삭제하고 새 키를 발급한다.

루트 계정으로 로그인하면 과금 정보는 물론 패스워드 변경 등을 포함한 AWS 계정에 있는 모든 리소스에 완벽하게, 제한 없이 접근할 수 있다. 루트 계정은 처음 계정에 대한 설정 작업시에만 필요하며 타인과 공유하거나 루트 계정 정보를 제공해서는 안 된다. 일단 누군가 AWS 루트 계정으로 로그인했다면 리소스에 대한 접근을 막을 방법은 없다. 따라서 루트 계정으로 최초의 IAM 유저를 생성한 뒤에는 루트 계정에 대한 정보를 아무도 모르게 감춰야 한다.

그룹

IAM 그룹^{Groups}은 유닉스 운영체제의 그룹과 유사한 개념이다. 예를 들어, 여러분의 회사에 50명의 개발자가 있고, 개발자 모두에게 비슷한 권한과 책임을 부여하고 있으며, 서비스 개발에 필요한 역할과 권한이 20가지로 세분화돼 있다고 하자. 이 경우 새 개발자가 입사하면 반복적인 권한 부여 업무와 20가지로 세분화된 역할과 권한을 부여하는 일을 반복해야 한다.

이때 관리자인 여러분은 20가지의 역할과 권한을 부여한 그룹을 먼저 생성하고, 기존의 개발자를 그룹에 추가한다. 그다음 새 개발자가 입사하면 새로운 개발자를 그룹에 추가하는 방식으로 업무를 단순화할 수 있다. 이렇게 하면 새 개발자를 특정 그룹에 추가하는 동작만으로 20개의 역할과 권한을 그대로 상속할 수 있다. 또한 업무 명세의 수만큼 그룹을 생성할 수 있다. 예를 들어, 어드민 그룹, DBA 그룹, 개발자 그룹, DevOps 팀 그룹 등으로 세분화할 수 있다. 특정 사원이 DBA 유저면서 동시에 개발자 유저인 경우 해당 개발자를 DBA 그룹과 개발자 그룹 모두에 포함시키면 된다. 이후 그가 개발 업무에서 제외되는 경우 개발자 그룹에서 삭제하면 된다.

IAM 그룹의 특징은 다음과 같다.

- 그룹은 다수의 역할과 권한으로 구성되고 IAM을 이용해 승인
- 그룹에 추가된 유저는 그룹에 정의된 역할과 권한을 상속
- 그룹에 다수의 유저 추가 가능
- 하나의 유저가 다수의 그룹에 포함될 수 있음
- 단, 하나의 그룹을 다른 그룹에 추가할 수 없고 그룹에는 오직 유저만 추가 가능
- AWS 계정의 모든 유저를 포함한 기본 그룹이 자동으로 생성되지는 않으며, 그룹을 생성해서 모든 유저를 추가할 수 있음

롤

AWS 사용자는 두 개의 타입이 있다. 하나는 AWS 환경에서 영구적인 신분을 보유한 IAM 유저고 다른 하나는 영구적인 신분을 보유하지 않는 IAM 그룹이다. IAM 유저는 접근 승인과 연결된 영구적인 신분을 보유하고 있으므로 해당 승인 내용과 관련된 모든 업무를 처리할 수 있다. 반면 IAM 그룹은 영구적인 신분을 보유하지 않으므로 역할 즉, 롤^Roles을 생성해 승인권을 관리하게 된다. 물론 IAM 유저에게도 롤을 추가할 수 있다.

IAM 롤을 이용하면 유저 또는 서비스가 필요로 하는 리소스에 (유저 또는 그룹에게 승인권을 직접 제공하지 않고) 일련의 접근 승인 규칙을 추가할 수 있다. 예를 들어, 롤을 통해 특정 애플리케이션이 S3 버킷에 접근하도록 승인할 수 있고, 롤을 통해 모바일 애플리케이션이 백엔드에 있는 EC2 서버에 접근하도록 승인할 수 있다. 롤은 애플리케이션 또는 서비스가 실행될 때나 런타임 시 적용된다. IAM 롤은 AWS 생태계에서 할 수 있는 일과 할 수 없는 일을 구분해주는 승인권과 관련된다는 점에서 IAM 유저와 비슷한 부분이 있다. 하지만 롤은 특정 사용자에게만 국한되지 않고, 어떤 사용자에게든 적용될 수 있다는 점에서 차이가 있다.

롤에는 (패스워드 또는 액세스 키 등) 보안 승인 정보가 없으므로 유저가 롤을 할당받았을 때 또는 애플리케이션에 롤이 적용될 때 AWS에 의해 동적으로 생성돼 해당 유저 또는 애플리케이션에게 제공된다. 이렇게 하면 사용자는 특정 리소스에 접근하려는 애플리케이션을 위한 장기 보안 승인 정보를 공유할 필요가 없어진다. 따라서 IAM 롤은 AWS 서비스의 요청 수행을 위한 일련의 승인 규칙을 정의하는 개체라고 할 수 있다.

IAM 롤의 주요 활용 방식은 아래와 같다.

- AWS 리소스에 접근하지 않는 유저, 애플리케이션, 서비스의 접근 대행

- 앱 내부에 AWS 키를 임베드하길 원치 않는 경우

- (기업용 디렉터리 등을 통해) AWS 외부에서 이미 본인의 신분을 확인시켜준 사용자에게 AWS 접근권한을 부여하려는 경우

- (외부 감사인 등) 제3자에게 계정에 대한 접근권한을 부여하려는 경우

- 특정 애플리케이션이 이미 다른 AWS 서비스를 사용할 수 있는 경우
- 특정 임무만을 수행하기 위해 임시 보안 승인 정보를 요청하는 경우

롤을 생성하려면 두 개의 정책policy을 작성해야 한다. 첫 번째 정책은 누가 롤, 즉 역할을 맡을 것인가 (역할의 주체, 담당자principal)에 대한 것으로 이를 신뢰 정책trust policy이라 부른다.

두 번째 정책은 접근 승인 정책 또는 접근 권한 정책으로 부르며, 어떤 역할을 맡은 사용자에게 어떤 리소스 또는 액션을 접근하게 할 것인지 정의하는 것이다. 이때 역할의 주체는 서드 파티 유저, EC2 또는 DynamoDB와 같은 AWS 서비스, 보안 신분 제공자 등 해당 역할을 맡게 될 누구든, 어떤 개체든 될 수 있고, 심지어 다른 계정의 IAM 유저도 가능하다.

IAM 권한의 계층(Hierarchy of Privileges)

AWS 유저를 권한의 계층으로 구분해야 하는 경우 아래와 같이 가장 권한이 높은 유저를 맨 앞에 놓고 가장 권한이 낮은 유저를 맨 뒤에 놓는 순서를 따른다.

- **AWS 루트 유저 또는 계정 소유자** 모든 서비스와 리소스에 대한 무제한의 접근 권한 보유
- **AWS IAM 유저** 제한된 권한 보유. 그룹과 유저 정책에 의해 제한받음
- **임시 보안 자격 정보 보유자** 신분 확인 후 접근이 제한되고, 토큰 생성 등에 대한 정책으로 추가 제한됨

IAM 활용 베스트 프랙티스

다음은 IAM 활용에 대한 베스트 프랙티스 사례다.

IAM 유저 활용

AWS 계정 생성 직후, 계정 소유자이자 관리자를 위해 IAM 유저를 생성해 어드민 권한을 부여하고 루트 유저 계정은 안전하게 감춘다. AWS에서 루트 유저는 프로그래밍 기법의 호출 또는 요청을 위해 결코 사용하지 않아야 한다. AWS 계정에 대한 접근이 필요한 다른 사용자가 있다면 IAM 유저를 생성해 제공한다.

강력한 패스워드 정책 수립

강력한 패스워드 정책을 수립하고 90일이 경과한 패스워드는 폐기한다. 패스워드에는 최소 하나의 대문자, 소문자, 기호문자, 숫자가 포함되게 하고, 최소 8자에서 10자 이상이 되도록 한다.

정기적으로 보안 자격 정보 갱신

Access Key Last Used 기능을 이용해 90일 이상 사용되지 않은 보안 자격 정보를 찾고, 비활성화시키고, IAM 유저의 보안 자격은 순회 갱신한다. 또 Credential Report를 통해 보안 자격 순회 상황을 모니터링한다.

MFA 활용

슈퍼유저 권한의 계정에 MFA, 즉 멀티 팩터 인증을 적용해 보안 레이어를 추가하면 좀 더 안전하게 계정을 보호할 수 있다.

그룹으로 승인 관리

개별 유저마다 승인 권한을 할당하는 대신 연관 업무별로 그룹을 생성해 정책 규정을 할당하는 것이 좋다. 이렇게 하면 직원수가 늘어나도 권한 관리의 복잡성이 커지지 않으며, 우연히 과잉 권한을 주게 될 가능성도 줄어든다. 담당 업무의 책임 수준에 따라 권한을 부여하고 다수의 유저에 대한 권한 업데이트에도 유리하다.

최소한의 권한 부여

유저 관리에 있어 최소한의 권한 부여 규칙을 준수하는 것이 중요하며, 항상 최소한의 권한을 제공하고 필요 시마다 승인을 추가해야 한다. 이렇게 하면 권한 남용을 막을 수 있고, 묶여 있던 권한을 풀어주는 편이 그 반대의 경우보다 좋으므로 항상 필요 시마다 권한을 추가하도록 한다.

IAM 롤 활용

서로 다른 계정 간의 접근 권한 부여 시, 계정 내에서의 접근 권한 부여 시, 그룹 유저에게 접근 권한 부여 시 항상 IAM 롤을 사용한다. 롤을 이용하면 보안 자격 정보를 공유하거나 장기 보안 정보를 저장할 필요가 없고, 누가 어떤 리소스에 접근할 수 있는지 명확하게 파악할 수 있다.

Amazon EC2 인스턴스를 위한 IAM 롤 활용

Amazon EC2 인스턴스에서 실행되는 애플리케이션이 있고, 이 애플리케이션이 다른 AWS 서비스에 접근해야 하는 경우 애플리케이션 보안 자격 정보를 제공해야 한다. EC2 인스턴스에서 실행되는 애플리케이션에 보안 자격을 부여하려 할 때 IAM 롤을 활용한다.

보안 강화를 위한 IAM 정책 조건 수립

IAM 정책으로 특정 리소스에 대한 접근을 통제할 수 있는데, 정책 조건policy conditions을 이용하면 접근 권한에 대한 보다 세부적인 규칙을 추가할 수 있다. 예를 들어, 정책 조건을 사용하면 특정 IP 주소로부터 여러분이 지정한 리소스에 특정 날짜, 특정 시간에만 접근하게 할 수 있다.

AWS CloudTrail 활용

AWS 생태계에서 감사의 중요성은 매우 크므로 모든 리전에서 AWS CloudTrail의 로그 파일 검증 기능을 활성화시키는 것이 좋다. 또한 Amazon S3 버킷에 저장된 CloudTrail 로그 데이터를 안전하게 관리하는 일 또한 중요하다.

AWS 보안 규정 프로그램

AWS 보안 규정 프로그램Compliance Program은 고객으로 하여금 AWS 클라우드 내에서 보안 유지 및 데이터 보호가 어떻게 이뤄지는지 잘 이해할 수 있도록 해준다. 이 프로그램은 AWS 클라우드 인프라 위에 마련돼 있으며, 보안 규정에 따른 책임이 효과적으로 공유될 수 있다.

적용이 용이한 보안 규정과 감사 표준안을 통해 거버넌스 중심의 보안, 감사 친화적인 보안 규정의 연계가 가능하며, 전통적인 보안 규정 프로그램을 바탕으로 작성됐으므로 고객은 AWS 보안 통제 환경에서 좀 더 쉽고 효과적으로 보안 규정 프로그램을 수립 및 운영할 수 있다.

AWS가 고객에게 제공하는 IT 인프라는 아래와 같은 검증된 보안 기법과 다양한 IT 보안 표준을 제공한다.

- SOC 1/SSAE 16/ISAE 3402(기존 SAS 70)
- SOC 2
- SOC 3
- FISMA, DIACAP, and FedRAMP
- DOD CSM Levels 1?5
- PCI DSS Level 1
- ISO 9001/ISO 27001
- ITAR
- FIPS 140-2
- MTCS Level 3

또한 AWS 플랫폼이 제공하는 유연성과 통제성은 고객으로 하여금 다음과 같이 다양한 산업 표준안에 부합하는 보안 솔루션을 배포할 수 있도록 돕는다.

- Criminal Justice Information Services(CJIS)
- Cloud Security Alliance(CSA)
- Family Educational Rights and Privacy Act(FERPA)
- Health Insurance Portability and Accountability Act(HIPAA)
- Motion Picture Association of America(MPAA)

이들 보고서는 Security, Identity & Compliance 섹션에 있는 Artifact 메뉴에서 어드민 콘솔을 통해 바로 다운로드할 수 있으며, 일부 보고서의 다운로드에는 비공개 동의(NDA)가 필요하다. 비공개 동의가 필요한 경우 AWS 영업 책임자와의 상담 또는 협의가 요구된다.

AWS 공유 책임 모델(Shared Responsibility Model)

이번 절에서는 클라우드 내에서의 보안이 온프레미스 데이터 센터 내에서의 보안과 어떻게 다른지 알아본다. 온프레미스 데이터 센터에서는 서버, 네트워크, 스토리지, 데이터베이스, 애플리케이션에 대한 보안은 물론 데이터 센터 자체의 물리적 보안까지 책임을 져야 한다. 반면 기업이 자신의 컴퓨터 시스템과 데이터를 클라우드로 이전하면 보안 책임은 기업과 클라우드 서비스 제공자가 분담하게 된다. AWS는 클라우드 환경을 구성하는 인프라에 대한 보안을 책임지고, 기업은 클라우드에 저장한 것 혹은 클라우드에 연결한 것에 대한 보안을 책임지게 된다. 이와 같은 보안 책임의 공유 모델은 다양한 측면에서 기업의 운영 부담을 덜어주며, 추가적인 비용 부담이나 노력 없이 기업의 기본적인 보안 수준을 개선할 수 있다. 클라우드 인프라에는 하드웨어, 소프트웨어, 네트워킹, 데이터 센터 등 AWS 서비스를 실행하기 위한 제반 요소가 포함되며, AWS는 이와 같은 클라우드 인프라에 대한 보호 책임을 지게 된다. 보안은 AWS의 최우선순위 요소이므로 AWS의 데이터 센터에는 (비인가자는) 그 어떤 경우에도 출입할 수 없다.

AWS가 준수하는 공유 보안 책임 모델에는 AWS가 책임을 지는 부분과 AWS의 고객인 기업이 책임을 지는 부분이 명확히 구분돼 있다. 그림 5-2를 보면 AWS는 클라우드의 보안을 책임지고, 고객은 클라우드 내의 보안을 책임지게 된다.

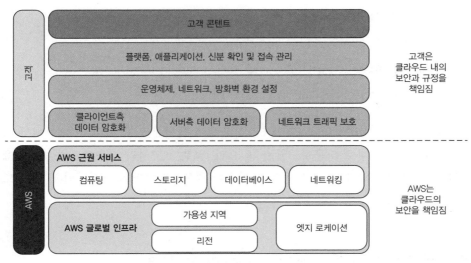

그림 5-2 AWS 공유 보안 책임 모델

EXAM **TIP**   클라우드 보안과 관련해 여러분의 책임과 AWS의 책임이 무엇인지 명확하게 이해하는 것이 중요하다. 공유 책임 모델은 출제 빈도가 높은 영역 중 하나다.

보안에 대한 AWS측의 책임

공유 책임 모델에서 AWS 측이 부담하는 책임과 고객 측이 부담하는 책임이 있다고 설명했다. 이번 절에서는 AWS 측이 부담하는 책임에 대해 알아본다.

- **데이터 센터에 대한 물리적 보안** 아마존은 지난 수년간 대규모 데이터 센터를 지어 왔으며, 데이터 센터의 물리적 보안을 유지하기 위해 엄격한 기준을 마련해 왔다. 아마존이 운영하는 데이터 센터의 물리적 보안은 물론 이에 접근하는 아마존 임직원의 로그 데이터, 감사 데이터를 관리하고 있으며, 데이터 센터 곳

곳에 대한 비디오 감시와 첨단의 화재 감지 및 진화 장비를 갖추고 있다. 데이터 센터는 전력 상황을 고려해 중복 구현 방식으로 설계됐으며, 갑작스러운 정전 사태에 대비하기 위해 무정전 전원장치^{UPS, Uninterruptible Power Supply}를 보유하고 있고, 태풍, 장마 등 각종 기후 변화에도 대비하고 있다. AWS 데이터 센터 내부는 작업자의 업무에 따라 접근 가능 구역이 세분화돼 있다. 또한 물리적으로 접근할 때는 논리적 접근 권한을 차단하고, 데이터 센터를 방문하는 임직원은 AWS 콘솔을 통한 접근을 할 수 없도록 하고 있다.

- **Amazon EC2 보안** AWS는 루트 유저를 위한 운영체제 호스팅에 대한 보안 책임이 있다. 예를 들어, 루트 유저가 RDS 기반의 데이터베이스를 배포하는 경우에도 루트 유저는 해당 데이터베이스가 실행되는 운영체제에 대한 접근 권한이 없다. OS 호스팅 영역에 접근하려는 기업 고객의 어드민은 미리 접근 권한을 얻은 뒤 반드시 멀티 팩터 인증 방식으로 로그인해야 하며, 로그인 이후의 모든 행동은 로그 및 감사 데이터로 기록된다. 게스트 OS에서 실행되는 가상 인스턴스는 AWS 고객인 여러분이 운영하므로 계정, 서비스, 애플리케이션 등 모든 부문에 대한 루트 접근 권한 및 어드민 수준의 통제 권한이 제공된다. AWS는 고객의 인스턴스 또는 게스트 OS에 대한 접근 권한은 갖고 있지 않으며, 이에 대한 로그 데이터 또한 기록하지 않는다. 또한 Amazon EC2는 완벽한 방화벽 솔루션을 제공하며, 시큐리티 그룹에서 인스턴스로 유입되는 모든 접근을 기본적으로 거부하는 인바운드 방화벽도 제공한다. 시큐리티 그룹을 이용해서 방화벽의 환경을 설정할 수 있고, 동일한 물리적 서버에서 실행되는 다수의 인스턴스는 Xen 하이퍼바이저에 의해 각각 격리된다.

- **네트워크 보안** AWS는 네트워크 인프라에 대한 책임을 지며, 세심한 모니터링 및 관리 역량을 바탕으로 글로벌 최고 수준의 네트워크 인프라를 운영 중이다. AWS의 네트워크 디바이스는 중복 구현 원칙에 따라 설계되며, 방화벽, 내부 및 외부 커뮤니케이션에 대한 모니터링 및 통제 시스템을 운영 중이다. 트래픽 정책인 ACL를 통해 트래픽의 흐름을 관리하고 통제하기 위한 인터페이스를 제공하며, 네트워크 모니터링 및 보호 도구를 이용해 네트워크 사용량, 포트 스캐닝 활동, 애플리케이션 사용량, 비인가 침입 시도 등 서버와 네트워크에 대한 다양한 측면을 모니터링한다. 또 AWS는 네트워크 보안에 대한 엄격

한 통제 기준을 마련해 운영 중이다. OS 호스팅 레벨에서의 IP 스푸핑spoofing[2]은 금지돼 있으며, 패킷 스니핑[3]은 하이퍼바이저 레벨에서 차단하므로 효과가 없고, 비인가 포트 스캐닝은 TOS 위반으로서 감지 및 차단 대상이며, 인바운드 포트는 원칙적으로 차단된다.

- **환경 설정 관리** AWS 새 하드웨어를 프로비전하고나면, 환경 설정 관리 소프트웨어를 설치한다. 이때의 환경 설정 소프트웨어는 모든 UNIX 머신에서 실행되며, 환경 설정의 적절성, 소프트웨어 설치 시 표준 등 규정의 준수 여부를 평가한다. 또한 이들 소프트웨어는 모든 업데이트 작업이 완료된 뒤 고객에게 미치는 영향이 없도록 한다. 환경 설정 관리는 모든 변경 사항의 인증, 로그, 테스트, 승인, 문서화 업무를 관리한다. 또 AWS는 이메일 또는 서비스 헬스 대시보드Service Health Dashboard(http://status.aws.amazon.com/)를 통해 서비스에 미칠 수 있는 잠재적인 요소를 알려주고, 고객과 소통한다.

- **고가용성 데이터 센터** AWS는 모든 데이터 센터가 언제나 고가용성을 유지하도록 하는 책임이 있다. 모든 데이터 센터는 항상 가동 상태를 유지해야 하고, 고객에게 언제든 서비스를 제공할 수 있어야 한다. 결국 모든 AZ가 항상 가동 상태를 유지하고 있어야 한다. 모든 AZ는 중복 구현 컨셉으로 설계됐고, 장애 대응 능력을 보유하고 있으며, 사용자는 이와 같이 구현된 다중 AZ를 최대한 효과적으로 활용할 필요가 있다.

- **디스크 관리** AWS는 고객 소유 디스크 관리라는 측면에서 (멀티테넌시 환경이지만) 다른 사용자의 디스크 공간 또는 데이터 영역을 볼 수 없도록 관리하고 있다. 고객의 서버 인스턴스는 물리적 장치를 통해 접근할 수 없으며, 가상의 디스크 형태로 존재한다. 디스크 가상화 레이어는 고객에 의해 각 블록 스토리지 생성 시마다 자동으로 리셋되며, 이전에 기록됐던 내용은 모두 삭제된다. 또 고객은 추가 보안 레이어로서 하드 드라이브를 암호화할 수 있다.

- **스토리지 디바이스 폐기** 스토리지 디바이스가 수명연한에 도달하면 AWS는 DoD 5220.22-M 가이드(국가 산업 보안 프로그램 운영 지침)와 NIST 800-88 가이드

---

2 해커가 이용자를 속일 목적으로 만든 웹사이트를 통해 이용자의 정보를 빼가는 해킹 수법 – 옮긴이
3 네트워크에서 다른 이용자의 패킷을 염탐하는 네트워크 도청 행위이자 해킹 수법 – 옮긴이

(미디어 삭제 지침)에 따라 모든 데이터를 삭제하고 자기장을 투사해 기록 장치로서의 성능을 완전히 제거한 뒤 물리적으로 파쇄한다.

보안에 대한 고객측의 책임

고객이 AWS의 어떤 서비스를 사용하는지에 따라 책임 범위와 책임 이행의 방법이 달라진다. 그림 5-3은 고객이 EC2, VPC, 네트워킹 등 AWS의 IaaS 서비스를 사용할 때의 책임 유형을 보여준다. 이 경우 고객에게는 아래와 같은 책임이 따른다.

- **운영체제** 게스트 OS의 관리에 대한 책임을 부담한다. 따라서 OS의 정기적인 패치, 보안 업데이트, 버그 수정에 대한 책임이 있다.
- **애플리케이션** AWS 위에서 실행되는 모든 애플리케이션에 대한 관리 책임이 있으며, 데이터 암호화, 애플리케이션 사용자와 권한 권리, 애플리케이션 보안 및 규정 준수 등이 포함된다. 예를 들어, 고객의 애플리케이션이 PCI 규정을 준수해야 한다면 AWS에 해당 규정을 배포하고 (AWS 인프라는 PCI 규정을 준수), 애플리케이션 티어에서 각 단계별로 PCI 규정이 준수되는지 확인해야 한다.

그림 5-3 고객의 애플리케이션에 대한 책임

- **방화벽** 시큐리티 그룹을 통해 OS 레벨에 적절한 방화벽을 적용하고 NACL을 이용해 네트워크 레벨에서 보안을 위한 환경을 설정해야 한다.

- **네트워크 환경 설정** VPC는 클라우드에서 개별 기업만을 위한 데이터 센터를 운영할 수 있도록 해주지만 VPC의 보안 환경 설정 책임은 고객이 부담한다. AWS는 개별 기업의 VPC에 접근할 수 없고 그 속에서 실행되는 요소에 대한 통제력도 없으므로, VPC가 안전한 환경에서 실행될 수 있도록 해야 한다. 또한 VPC에 배포하는 리소스가 보안상 적절하게 관리되도록 환경을 설정해야 한다. 예를 들어, 데이터베이스 서버는 퍼블릭 서브넷에서 환경을 설정하도록 해서는 안 된다.

- **서비스 환경 설정** 서비스 환경 설정 측면에서 자신의 서버에 누가, 어떤 소프트웨어를 설치하는지 잘 알고 있어야 하고, 자신의 인프라에 어떤 변경 사항이 적용됐는지도 잘 파악하고 있어야 한다.

- **자격 인증 및 계정 관리** AWS 유저와 애플리케이션 유저의 자격 인증과 계정 관리에 대한 책임을 진다. AWS 유저에 대한 부분은 IAM을 이용해서 통제할 수 있으나 애플리케이션 유저의 관리는 애플리케이션의 종류, 실행 맥락 등에 따라 달라지게 된다. 예를 들어, AWS에 SAP를 배포하는 경우 기업은 SAP 유저의 자격 인증과 계정 관리에 대한 책임을 지게 된다.

그림 5-4는 AWS와 고객의 규정 준수 책임의 분담을 정리한 것이다.

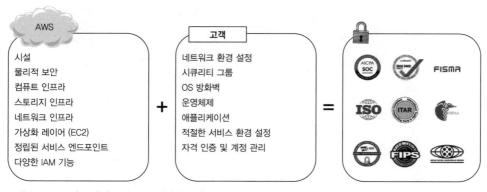

그림 5-4 AWS와 고객의 규정 준수 책임의 분담

> **CAUTION** 솔루션 아키텍트로서 고객의 책임 요소에 좀 더 집중해야 한다. 이는 고객의 작은 보안 허점 또는 실수가 큰 사고로 이어질 수 있기 때문이다.

고객이 IaaS와 함께 PaaS를 사용하는 경우, 예를 들어 RDS에서 데이터베이스를 호스팅하거나 Redshift에서 데이터 웨어하우스를 실행하는 경우, DynamoDB에서 NoSQL 데이터베이스를 실행하는 경우, 운영체제 호스팅, 운영체제 방화벽 관리, 인스턴스 론칭 및 유지보수, 게스트 OS 또는 데이터베이스 패칭, 데이터베이스 복제 등 모든 업무를 AWS가 관장한다. 고객은 AWS 계정의 보안 자격 정보를 보호하고 개별 유저 계정을 IAM을 통해 관리해, 다수의 유저가 자신의 보안 자격 정보를 관리할 수 있도록 하고, 권한의 한계를 명확히 해야 하며, RDS 등의 서비스에 포함된 데이터의 관리 책임을 진다. 그림 5-5는 PaaS에서 AWS와 고객의 책임 분담 내용을 보여준다.

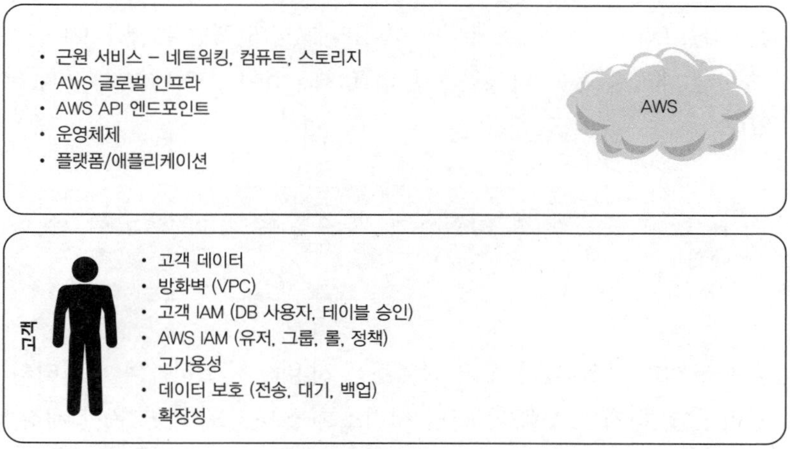

• 근원 서비스 – 네트워킹, 컴퓨트, 스토리지
• AWS 글로벌 인프라
• AWS API 엔드포인트
• 운영체제
• 플랫폼/애플리케이션
AWS
고객
• 고객 데이터
• 방화벽 (VPC)
• 고객 IAM (DB 사용자, 테이블 승인)
• AWS IAM (유저, 그룹, 롤, 정책)
• 고가용성
• 데이터 보호 (전송, 대기, 백업)
• 확장성

그림 5-5 PaaS에서의 AWS와 고객의 책임 분담

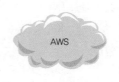

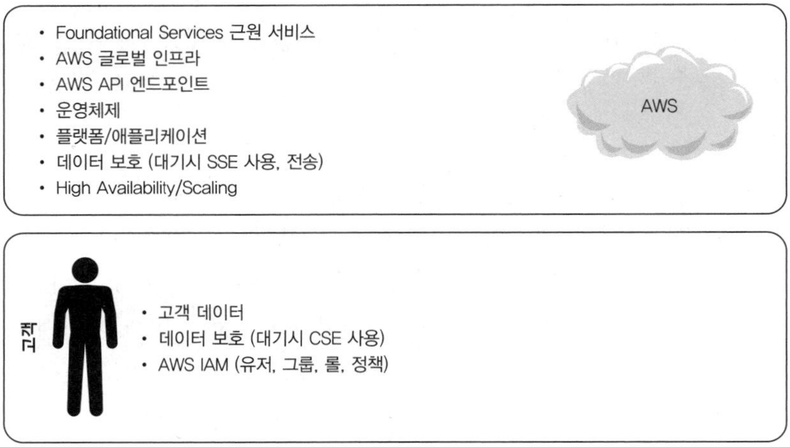

- Foundational Services 근원 서비스
- AWS 글로벌 인프라
- AWS API 엔드포인트
- 운영체제
- 플랫폼/애플리케이션
- 데이터 보호 (대기시 SSE 사용, 전송)
- High Availability/Scaling

- 고객 데이터
- 데이터 보호 (대기시 CSE 사용)
- AWS IAM (유저, 그룹, 롤, 정책)

그림 5-6 SaaS에서의 AWS와 고객의 책임 분담[4]

고객은 PaaS 외에 SaaS를 사용할 수 있다. AWS의 가장 대표적인 SaaS는 다름 아 닌 S3다. 고객은 자신의 데이터만 관리하면 되고, 암호화를 비롯한 제반 관리 업무는 AWS가 맡는다. 그림 5-6은 SaaS에서의 AWS와 고객의 책임 분담을 보여준다. AWS 는 SaaS 솔루션 개발을 돕는 다양한 파트너를 제공하며, AWS Marketplace에서 확 인할 수 있다.

TIP 솔루션 아키텍트의 업무 특성상 IaaS보다는 SaaS 및 PaaS의 활용 및 검증에 많은 시간을 보내 야 한다.

SaaS의 경우 고객의 보안 환경 설정 작업량은 사용하는 서비스와 데이터의 중요도 에 따라 달라진다. 하지만 AWS의 어떤 서비스를 쓰더라도 개별 유저 계정 및 보안 자격 정보, 데이터 전송을 위한 SSL/TLS, 유저 활동 로그 모니터링 등에 대한 보안 책임은 전적으로 고객에게 있다. 이에 대한 상세한 내용은 9장에서 알아본다.

---

4 SSE 서버측 암호화, CSE 클라이언트측 암호화 – 옮긴이

AWS 보안 제품 및 서비스

이번 절에서는 AWS 보안 제품과 서비스를 알아본다. 보안 서비스의 출제 빈도는 낮은 편이지만 솔루션 아키텍트로서 주요 보안 제품군을 잘 알고 있어야 한다.

Resource Access Manager

Resource Access Manager를 이용해 AWS 리소스를 다른 계정 또는 AWS Organizations를 통해 연결된 계정과 공유할 수 있다(AWS Organizations는 이 책의 후반부에 소개한다). Resource Access Manager로 AWS 리소스를 공유하는 경우 대상 계정을 위해 리소스를 복제할 필요가 없으므로 계정 간 리소스 공유를 위한 작업 부담이 줄어든다. 또한 정책 및 퍼미션을 이용해 고수준의 보안 통제 권한을 확보하고 리소스에 대한 세분화된 감사 업무도 수행할 수 있다.

AWS 리소스를 공유하려면 가장 먼저 리소스 공유resource share 객체를 생성해야 한다. 리소스 공유를 생성하려면 공유하려는 AWS 리소스에 대한 상세한 정보와 리소스 이름, 리소스를 공유하려는 상대방에 대한 정보가 필요하다. 공유 대상자는 AWS 계정, 조직 유닛, 또는 AWS Organizations에 등록된 전체 조직 모두 가능하다. 리소스 공유 생성에 따른 별도의 비용 부담은 없다.

AWS Secrets Manager

기업 조직 내 보안 업무에서 공통적인 어려움은 기업 비밀을 관리하는 일이며, 기업 비밀 관리에는 다음과 같은 일도 포함된다.

- 기업 비밀 정보를 이메일 등으로 전송하는 일이 꺼려진다.
- 개발자에게 기업 비밀을 노출하거나 개발자와 기업 비밀을 공유하길 원치 않는다.
- 누가 언제 어떤 기업 비밀에 접근했는지 확인하고 싶다.
- 보안 팀에 의한 비밀 정보 객체 생성 및 프로비저닝 작업을 줄여서 좀 더 빨리 전송하길 바란다.
- 기업 비밀이 무질서하게 퍼지는 것을 원치 않는다.

- 기업 비밀을 안전하게 전송하고 싶다.
- 시스템 점검 등에 구애받지 않고 언제든 기업 비밀을 공유해야 한다.

위와 같은 내용을 모두 반영한 기업 비밀 관리 방법이 바로 AWS Secret Manger이며, 사용자에 의한 기업 비밀 관리, 인출, 데이터베이스 접근 권한 및 API 키의 순회 변경, 기업 비밀의 생애주기 관리 등 업무를 지원한다.

AWS Secret Manger는 IT 관리자가 기업 비밀에 안전하게, 대규모로 접근할 수 있는 방법을 제공한다. 보안 관리자는 비밀의 사용 여부 모니터링 및 감사할 수 있으며, 애플리케이션 실행 중단에 대한 부담 없이 비밀 객체를 순회 변경할 수 있고, 애플리케이션 개발자에 대한 비밀 객체 노출 가능성 또한 줄여준다.

AWS Secret Manger를 이용해 중앙에서 안전하게 비밀을 저장할 수 있고, 프로그래밍 방식으로 비밀을 인출할 수 있으며, 사용자가 보유한 암호화 키를 통해 암호화해 보관 및 전달할 수 있다. AWS Private Links를 통해 VPC 엔드포인트를 지원하며, CloudFormation과도 통합해 사용할 수 있고, PCI, HIPAA, ISO 규정에 부합한다. 비밀의 무분별한 확산을 막고자 세분화된 접근 제어 정책을 시행하고 감사의 수준 또한 높일 수 있다. CloudTrail 및 CloudWatch와 통합해 더 나은 보안 가시성을 제공하며, 기업 비밀을 안전하게 순회 변경할 수 있다. 모든 타입의 Amazon Relational Database Service 및 AWS Lambda와도 통합해 사용할 수 있다.

Amazon GuardDuty

Amazon GuardDuty는 지능형 보안 위협 감지 서비스로 AWS 계정과 이에 연동된 애플리케이션 및 서비스를 모니터링하고 이미 알려진 보안 위협 및 미지의 보안 위협으로부터 보호하며, 인공지능과 머신러닝을 통해 보안 위협에 대해 지능적으로 대처한다. Amazon GuardDuty는 계정 및 AWS CloudTrail Events, Amazon VPC Flow Logs, DNS logs 등에서 드러난 네트워크 활동을 분석한 뒤 기존의 이벤트 관리 및 워크로드 시스템과 통합해 관리자에게 상세하고 대응 가능한 경고 메시지를 전송한다.

Amazon GuardDuty의 사용 방법은 매우 간단하다. AWS 콘솔에서 활성화하면 즉시 실시간으로 모든 데이터를 분석하기 시작한다. 위협이 감지되면 GuardDuty 콘솔 및 AWS CloudWatch Event를 통해 상세한 보안 경고 메시지를 전송한다. 상세 정보에는 카테고리, 리소스에 대한 영향, 리소스와 관련된 메타데이터 등이 포함된다. GuardDuty는 독립적으로 작동하므로 다른 시스템, 계정, 워크로드에 대한 성능 저하 문제를 일으키지 않는다.

GuardDuty의 보안 위협 감지 유형은 다음 세 개의 카테고리로 나뉜다.

- **공격자의 정찰 행위**Reconnaissance 실패한 로그인 요청, IP 포트 개방, VPC 포트 스캐닝, 특이한 API 활동 등, 공격자에 의한 정찰 행위 등이 포함된다.
- **인스턴스에 대한 위협**Instance compromise DDoS 공격, 비트코인 채굴, 접속거부 행위, 비정상적인 네트워크 트래픽 등이 포함된다.
- **계정에 대한 위협**Account compromise 프록시 서버에 의한 미확인 지역에서의 로그인 요청, 미확인 지역에서의 비정상적인 API 호출, 특정 리전에서의 비정상적인 인프라 론칭 등이 포함된다.

Amazon Inspector

Amazon Inspector는 EC2 인스턴스의 잠재적인 보안 및 환경 설정 문제를 진단하는 서비스로 버전, 패치 레벨, 환경 설정 내역, 운영체제 및 애플리케이션의 작동 환경과 관련된 수천 가지의 침해 시도 및 보안 위협 노출 시도를 확인한다. Inspector는 인스턴스의 환경 요인에 대한 위험 요인을 확인한 뒤 보안 위협 수준에 따라 등급을 나눠서 이들 위협 요인을 어떤 방식으로 제거할 수 있는지 권장안을 제시한다. Amazon Inspector는 CI/CD 주기 동안 EC2 인스턴스 환경에서 애플리케이션의 보안 위협 여부를 쉽게 확인할 수 있도록 한다.

Amazon Inspector의 주요 임무는 AWS 환경에서의 보안 위협 발견, 산업의 주요 소스와 관련된 보안 위협 식별, 보안 베스트 프랙티스를 기준으로 한 사용자의 보안 환경 점검, 보안 위협 해소 방안 제시 등이다. Amazon Inspector는 다른 AWS 서비스와 통합돼 있으므로 워크로드와 관련된 보안 위협을 쉽게 발굴할 수 있도록 돕는다.

Amazon Inspector는 보안 규칙 패키지로 그룹화된 수천 가지 이상의 보안 위협 점검 라이브러리를 제공하므로 평가 작업 시 보안 분석 니즈에 맞는 타입을 선택해서 사용할 수 있다. 보안 점검을 통해 보편적인 보안 위협을 평가하고, 보안 환경 설정 및 런타임과 관련된 베스트 프랙티스를 제시한다.

Amazon Macie

Amazon Macie는 Amazon S3에 저장된 데이터를 보호하며, S3에 저장된 데이터의 종류, 사업적 가치, 해당 데이터에 대한 접근과 관련된 행동에 따라 데이터를 분류한다. 이를 위해 머신러닝으로 AWS 내의 민감한 데이터를 자동으로 발견, 분류, 보호한다. Amazon Macie는 머신러닝 기법으로 개인식별정보[PII, Personally Identifiable Information], 지적 재산 등을 파악한 뒤 사업 자산으로서 가치를 평가하고 데이터 저장 위치를 시각화해 조직 내에서의 활용 방안을 도출하는 데 도움을 준다.

Amazon Macie는 지속적으로 특이한 데이터 접근 행위 감시 및 비인가 접근 또는 부적절한 데이터 노출 시 경고 메시지를 발송한다. Amazon Macie를 이용해 데이터 및 계정에 대한 지속적인 모니터링을 통해 보안 위협에 대응한다. 경고 메시지 생성 시 관리자는 Amazon Macie를 비상 대응 체계로 활용해 Amazon CloudWatch Events 등으로 데이터를 보호하기 위한 조치를 즉각적으로 시행할 수 있다.

AWS Certificate Manager

AWS Certificate Manager(이하 ACM)는 AWS 서비스 이용을 위한 Secure Sockets Layer(SSL) 인증서를 관리하며, 이를 통해 SSL/Transport Layer Security (TLS) 인증서를 프로비전, 관리, 배포할 수 있고, 웹사이트를 안전하게 관리할 수 있다. ACM을 이용해서 인증서 획득, 갱신, 임포트 등의 용도로 사용할 수 있으며, Elastic Load Balancer 및 Amazon CloudFront 서비스 활용시 ACM에 저장된 인증서를 사용할 수 있다. AWS Certificate Manager의 장점 중 하나는 SSL/TLS 인증서를 관리하는 데 별도의 비용을 지불하지 않아도 된다는 것이며, 사용자는 애플리케이션 또는 웹사이트 호스팅에 사용되는 리소스에 대한 비용만 부담하면 된다.

AWS Web Application Firewall

AWS Web Application Firewall(이하 WAF)은 웹 애플리케이션에 대한 악성 트래픽을 감지할 수 있는 방화벽이며, 사용자는 이를 통해, SQL 인젝션 또는 스크립팅과 같은 전형적인 웹 트래픽 공격을 방어할 수 있는 다양한 규칙을 생성할 수 있다. 악성 트래픽 방어 규칙을 통해 특정 IP 주소의 웹 트래픽 차단, 특정 지역에서 유입되는 트래픽을 필터링할 수 있으며, 이를 통해 웹 애플리케이션을 안전하게 지킬 수 있다. 단일 위치에서 다수의 AWS 계정 및 리소스에 대해 AWS WAF를 활성화하는 경우 WAF를 AWS Organizations과 통합해 사용할 수 있다. WAF를 이용해 하나의 지역에 있는 기업 전체에 적용되는 규칙을 제정하고 웹 애플리케이션 전반에 대한 트래픽 보안 수준을 높일 수 있으며, 새로 생성된 계정과 리소스를 모니터링해 초기부터 전사적인 보안 정책을 효과적으로 적용할 수 있다.

AWS Shield

AWS Shield는 웹 애플리케이션에 대한 DDoS[Distributed Denial-of-Service] 공격에 대응하기 위한 관리형 서비스로 Standard와 Advanced 두 가지 티어를 제공한다. AWS Shield Standard는 무료이고, 웹 애플리케이션에 대한 가장 빈번하게 발생하는 DDoS 공격 유형을 방어한다. AWS Shield Advanced는 웹 애플리케이션은 물론 Elastic Load Balancer, Amazon CloudFront, Amazon Route 53 등에 대한 공격을 방어하기 위한 고차원의 방어 기능을 제공한다.

AWS CloudHSM

AWS CloudHSM은 AWS 클라우드 내에서 전용 하드웨어 보안 모듈[dedicated hardware security module](이하 HSM)을 통해 고객과의 계약 준수를 위해 요구되거나 법규 준수에 필요한 보안 수준을 제공한다. 이때 사용하는 HSM은 보안 키 스토리지 및 암호화 연산 기능을 제공하는 변조 저항성 하드웨어로 이를 통해 AWS 클라우드 내의 키를 안전하게 생성하고 관리할 수 있다. HSM은 데이터베이스 암호화, 문서 결제, 디지털 권리 관리 등 다양한 용도로 활용된다.

AWS KMS

AWS Key Management Service(KMS)는 암호화 작업용 키 생성 및 제어를 위한 관리형 서비스로 단일 제어 지점에서 다수의 AWS 통합 서비스 및 애플리케이션을 이용하기 위한 키를 관리하고 일관된 정책을 유지할 수 있다. KMS는 키 보호를 위해 하드웨어 보안 모듈을 사용하며, 중앙화된 암호화 키를 통해 데이터에 안전하게 접근하게 한다. 또한 개발자에게는 디지털 서명 기법으로 활용되거나 비대칭 키를 통해 데이터를 검증하기도 한다.

실습 5-1: IAM 유저, 그룹, 롤 생성

이번 실습에서는 AWS API와 CLI를 이용한 인스턴스 연결 및 보안 자격 정보 설정을 알아본다. 주요 내용은 다음과 같다.

- IAM 그룹 생성 및 그룹에 유저 추가하기
- IAM 유저 프로퍼티 살펴보기
- EC2에 접근하기 위한 IAM 롤 생성

먼저 그룹을 생성해 보자. AWS 콘솔의 검색창에서 IAM을 검색하거나 Security, Identity & Compliance 섹션에 있는 IAM 메뉴를 클릭해 IAM 대시보드를 연다.

그룹을 생성하기 위해 좌측 메뉴에서 **그룹**을 선택하고 **새로운 그룹 생성** 버튼을 클릭한다.

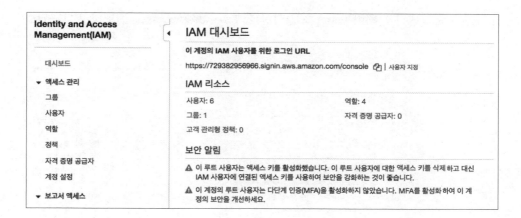

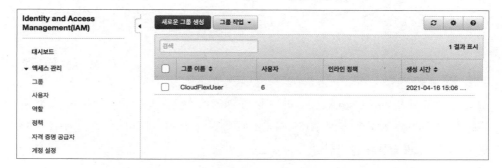

그룹 네임으로 PowerUser를 입력하고 다음 단계를 클릭한다.

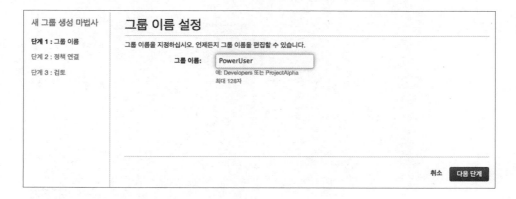

Attach Policy에서 필터에 **Power**를 입력한 뒤 **PowerUserAccess**를 선택하고 **다음 단계**를 클릭한다.

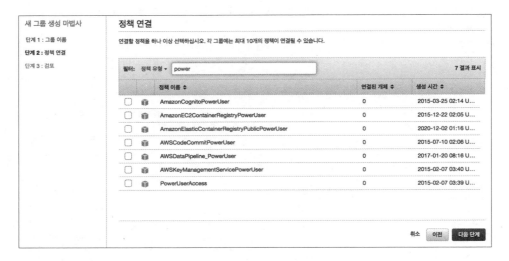

생성한 그룹에 PowerUserAccess라는 IAM 정책이 연결되면, 해당 그룹에 속한 유저는 IAM 관리를 제외한 모든 AWS 서비스에 대한 접근 및 관련된 모든 업무를 수행할 수 있다. **그룹 생성**을 클릭한다.

이제 그룹 섹션에서 새로 생성한 그룹을 확인할 수 있다.

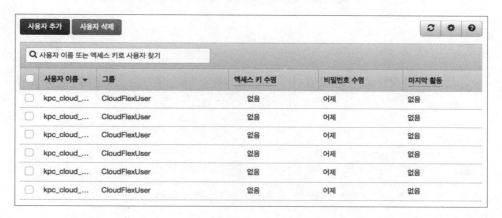

그 다음 유저를 생성하기 위해 사용자 섹션을 선택하고 **사용자 추가** 버튼을 클릭한다.

	사용자 이름 ▾	그룹	액세스 키 수명	비밀번호 수명	마지막 활동
☐	kpc_cloud_...	CloudFlexUser	없음	어제	없음
☐	kpc_cloud_...	CloudFlexUser	없음	어제	없음
☐	kpc_cloud_...	CloudFlexUser	없음	어제	없음
☐	kpc_cloud_...	CloudFlexUser	없음	어제	없음
☐	kpc_cloud_...	CloudFlexUser	없음	어제	없음
☐	kpc_cloud_...	CloudFlexUser	없음	어제	없음

사용자 이름 필드에 user1을 입력하고 액세스 타입은 **프로그래밍 방식 액세스**를 체크한 뒤 **다음: 권한** 버튼을 클릭한다.

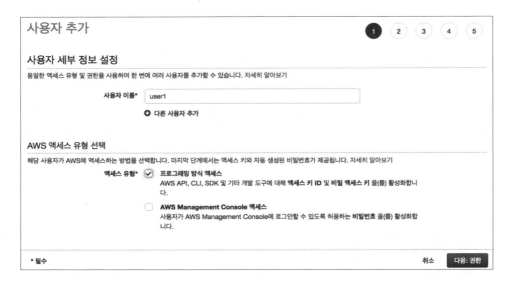

새로 생성한 유저를 그룹에 추가시키기 위해 **그룹에 사용자 추가**를 선택하고 유저가 속할 PowerUser 그룹의 체크 박스에 체크한다. **다음: 태그** 버튼을 클릭한다.

사용자 만들기 버튼을 클릭한다.

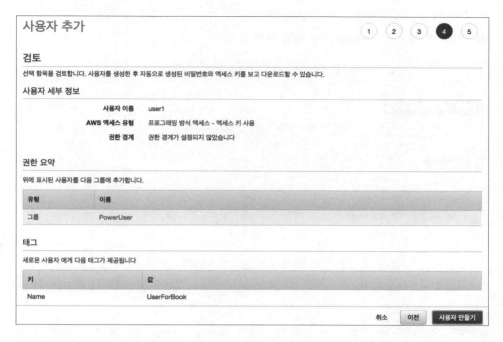

Close 버튼을 클릭해 그룹에 유저를 추가하는 작업을 마친다. 새로 생성한 PowerUser 그룹에 새로 생성한 user1 유저를 추가했고, 이제 user1은 해당 그룹의 일원이 됐다.

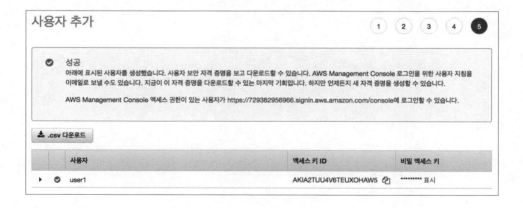

IAM 유저 자격 승인과 보안 정보 관리

이제 여러분 생성한 첫 번째 그룹에 속한 유저의 프로퍼티를 살펴보자. 좌측 Users 메뉴를 클릭하고 방금 생성한 유저를 선택한다.

목록에서 볼 수 있듯 user1은 PowerUser 그룹에 속해 있다.

	사용자 이름 ▾	그룹	액세스 키 수명	비밀번호 수명	마지막 활동
☑	user1	PowerUser	⊘ 오늘	없음	없음
☐	kpc_cloud_...	CloudFlexUser	없음	어제	없음
☐	kpc_cloud_...	CloudFlexUser	없음	어제	없음
☐	kpc_cloud_...	CloudFlexUser	없음	어제	없음
☐	kpc_cloud_...	CloudFlexUser	없음	어제	없음
☐	kpc_cloud_...	CloudFlexUser	없음	어제	없음
☐	kpc_cloud_...	CloudFlexUser	없음	어제	없음

user1의 프로퍼티에 대한 요약정보 화면에서 유저에게 어떤 접근 권한이 있는지 확인하기 위해서 Permissions 탭을 클릭하면 해당 유저에게 연결된 그룹 정책의 내용을 알 수 있다. user1은 그룹 정책인 PowerUserAccess가 적용돼 있고, 그 외의 내용은 없음을 알 수 있다.

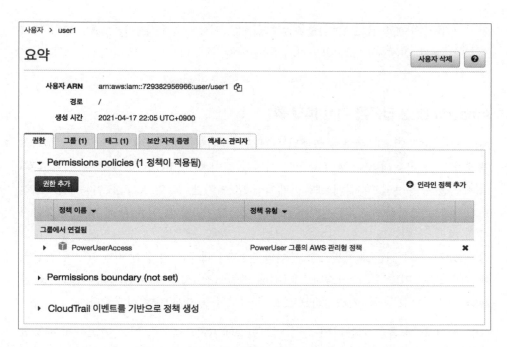

다음으로 유저의 보안 자격 정보를 담고 있는 **보안 자격 증명** 탭을 클릭하면, 유저의 콘솔 패스워드 할당 및 변경 업무, 멀티 팩터 인증 기기 관리 업무가 가능함을 알 수 있다.

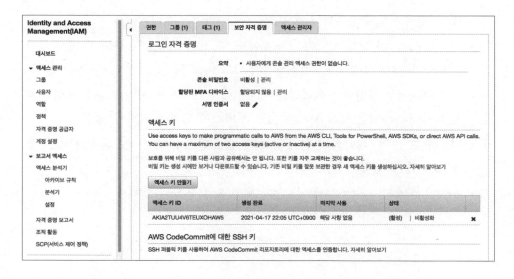

여기서 유저의 (CLI 접속, API 호출을 위한 커스텀 및 서드 파티 애플리케이션용) API 액세스 키의 생성, 변경, 취소 등 관리 업무를 수행할 수 있다.

Amazon EC2 접근을 위한 IAM 롤

Amazon EC2 인스턴스에서 실행되는 애플리케이션 또는 커맨드라인 도구는 AWS 액세스 키를 이용해 AWS API 요청에 서명을 해야 한다. EC2 인스턴스를 위한 AWS IAM 롤을 활용하면 더 쉽게 애플리케이션 또는 커맨드라인 도구를 이용해 EC2 인스턴스에서 안전하게 AWS 서비스 API에 접근할 수 있다. 이를 위해 EC2 인스턴스를 론칭할 때 일련의 승인 권한을 확보한 IAM 롤을 생성해 해당 인스턴스에 부착하면, 일정한 승인 권한을 자동으로 부여받은 AWS 액세스 키를 이용해 EC2 인스턴스에 접근할 수 있다. EC2 인스턴스를 위해 만들어진 IAM 롤은 AWS 액세스 키를 안전하게 배포하고 순회, 변경시키므로 보안 업무를 좀 더 단순화시켜준다.

예를 들어, IAM 롤을 이용하면 특정 인스턴스에 AWS 액세스 키를 안전하게 배포할 수 있고, AWS에서 다른 서비스에 접근할 때 인스턴스에서 할 수 있는 업무의 권한을 미리 정의할 수 있다. 인스턴스를 위한 IAM 롤은 다음과 같은 특징이 있다.

- AWS의 다른 서비스에 대한 서명 요청을 위한 AWS 액세스 키는 인스턴스 실행 시 자동으로 활성화된다.
- 인스턴스용 AWS 액세스 키는 하루에도 수 차례 자동으로 순회 및 변경되며, 새로운 액세스 키는 기존 액세스 키의 만료 최소 5분 전에 활성화된다.
- 인스턴스에서 실행되는 애플리케이션에 매우 세분화된 서비스 승인 권한을 할당할 수 있고, 이를 통해 AWS의 다른 서비스에 요청을 보낼 수 있다.
- 온디맨드, 스팟, 예약 인스턴스 등 어떤 인스턴스 타입에서도 론칭 시 IAM 롤을 추가할 수 있다.
- 윈도우 AMI 및 리눅스 AMI에서도 IAM 롤을 사용할 수 있다.

IAM 롤을 이용해 인스턴스 메타데이터 서비스(IMDS, Instance MetaData Service)를 사용하는 경우 서비스가 HTTP 호출을 할 때 보안 자격 정보가 노출되지 않도록 각별히 주의한다. IMDS에서 관련 보안 정보가 노출되지 않도록 하는 로직을 포함시키거나 해당 서비스가 IMDS에 접근하지 못하도록 하는 방화벽 규칙을 추가해야 한다. 보안 자격 정보의 노출 가능성이 있는 서비스는 다음과 같다.

- HTTP 프록시
- HTML/CSS 검증기 서비스
- XML 포함을 지원하는 XML 프로세서

EC2를 위한 IAM 롤을 생성하려면 좌측 메뉴에서 **역할**을 선택하고 **역할 만들기** 버튼을 클릭한다.

신뢰할 수 있는 유형의 개체 선택 섹션에서 AWS 서비스를 선택한다.

사용 사례 선택 섹션에서 맨 위의 EC2를 선택한다.

IAM은 다양한 유형의 롤을 지원하며, 이번 예제에서는 Amazon EC2 Service Role을 선택한다. 이 롤은 AWS 서비스, 다른 AWS 계정, 서드 파티 신분인증 제공자 등이 EC2 인스턴스에 접근할 수 있는 권한을 제공한다.

스토리지에 대한 접근 권한이 있는 롤 생성을 위해 새로운 롤 생성 화면을 열고 필터 창에 S3를 입력해 AmazonS3FullAccess를 선택한다.

롤 리뷰 화면에서 롤 네임으로 EC2S3Full 텍스트를 입력하고 **역할 만들기** 버튼을 클릭한다.

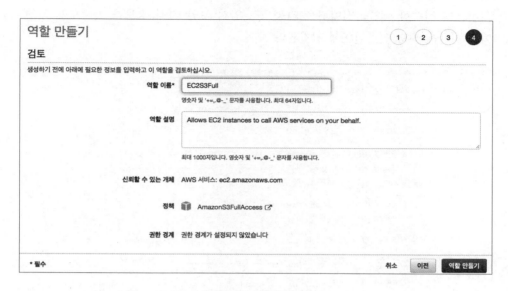

역할 화면으로 돌아와서 방금 생성한 롤을 확인한다.

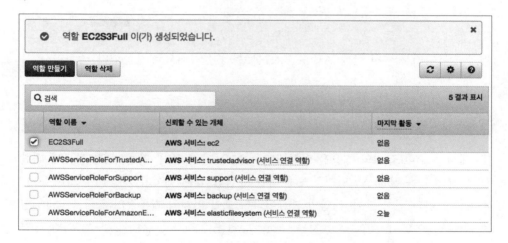

EC2 인스턴스 론칭 시 새로 생성된 IAM 롤을 이용할 수 있다. 예를 들어, EC2 콘솔을 열고, 론칭 프로세스에서 해당 롤을 선택할 수 있다. 인스턴스를 론칭하면 AWS 서비스에 접속한 애플리케이션은 자동으로 임시 보안 자격 정보를 가져오게 되며, 이를 이용해 해당 인스턴스에 연결된다.

이상으로 여러분의 첫 번째 IAM 유저, 그룹, 롤을 성공적으로 생성했다. 축하한다!

5장 정리

5장에서는 AWS IAM의 개용을 알아봤다. IAM은 자격 관리, 인증, 모든 접근에 대한 로그 기록 등을 통해 AWS 리소스에 대한 세심한 접근 제어가 가능하게 하며, 사용자는 최소한의 권한 부여, 책임의 분산이라는 보안 업계의 기본적인 철학을 좀 더 쉽게 구현할 수 있다. AWS 사용자는 CloudTrail을 통해 모든 접근 시도에 대한 승인 및 거절 로그를 수집하고 보안 문제 해결 및 보안 감사에 활용할 수 있다.

사용자는 AWS IAM을 이용해 개별 유저 및 그룹의 AWS 리소스에 대한 접근을 효과적으로 통제할 수 있으며, IAM 유저라 부르는 개별 사용자 개체를 생성 및 관리하고 AWS 리소스에 대한 접근을 유저 단위로 허용할 수 있다. 물론 AWS 외부에 있는 유저에게도 접근을 허용할 수 있다. IAM 서비스는 무료로 제공되며, 고객은 오직 IAM 유저가 사용하는 서비스 이용에 대한 비용만 부담하면 된다. IAM 유저는 윈도우 또는 유닉스와 같은 운영체제에서 로그인한 유저와 유사한 개념으로 AWS 서비스 또는 애플리케이션에 의해 유일무이한 개체로 인식되며, 패스워드 및 액세스 키와 같은 보안 자격 정보를 이용해 관련 리소스에 접근할 수 있다.

그룹은 IAM 유저의 집합이라 할 수 있고, 간단한 그룹 목록에 다수의 유저를 추가 또는 삭제하는 간단한 방식으로 그룹 회원을 관리할 수 있다. 하나의 유저는 다수의 그룹에 속할 수 있지만 그룹은 또 다른 그룹에 속할 수 없다. IAM 롤은 AWS 서비스에 대한 요청을 생성하기 위한 접근 권한 승인의 조건을 정의한 IAM 개체로 특정 유저 또는 그룹에 종속된 개념은 아니고, IAM 유저, 애플리케이션 또는 EC2와 같은 AWS 서비스에 적용될 수 있는 신뢰 개체라 할 수 있다. IAM 롤은 장기간 유효한 액세스 키를 공유하지 않고도 특정 리소스에 대한 접근을 가능하게 하는 신뢰 개체다. 고객은 IAM 롤을 이용해 IAM 유저가 자신의 계정 혹은 다른 AWS 계정이나 EC2와 같은 AWS 서비스에 접근할 수 있도록 한다.

클라우드의 공유 보안 모델에서 AWS는 하드웨어, 소프트웨어, 네트워킹, AWS의 시설 등 AWS에서 제공하는 모든 서비스가 실행되는 클라우드 인프라에 대한 보안 책임을 부담한다. 고객의 보안에 대한 책임 범위는 고객이 선택한 AWS 클라우드 서비스에 따라 달라지며, 보안을 위한 환경 설정 작업 및 기업 고객에 속한 임직원, 즉 유저의 관리 업무 등에 따라 책임의 내용과 범위가 달라진다. 예를 들어, EC2 서비스의 경우 클라우드 서비스 유형 중 IaaS 모델에 해당하며, 이때 고객은 서비스 이용과 관련된 모든 보안 환경 설정 책임 및 관리 책임을 지게 된다. 따라서 EC2 인스턴스를 배포한 고객은 게스트 OS에 대한 책임, 해당 인스턴스에 설치한 애플리케이션 소프트웨어 및 유틸리티에 대한 책임 그리고 각 인스턴스의 (시큐리티 그룹이라 부르는) AWS 방화벽에 대한 환경 설정 책임을 부담하게 된다.

1. IAM 그룹에 IAM 롤을 추가할 수 있는가?

   A. 네

   B. 아니오

   C. 그룹에 10명의 회원이 있다면 가능

   D. 그룹이 롤 추가를 허용하면 가능

2. 다음 중 IAM 정책에 포함된 것은 무엇인가? (정답 2개)

   A. 유저네임

   B. 액션

   C. 서비스 네임

   D. AZ

3. 실행 중인 EC2 인스턴스에 연결된 IAM 롤을 삭제하면 어떤 일이 발생하는가?

   A. 해당 롤을 기반으로 인스턴스에서 실행 중인 애플리케이션의 접근이 즉시 거부됨

   B. EC2 서버를 셧다운하기 전까지는 애플리케이션의 접근이 가능함

   C. 세션이 살아있는 한 애플리케이션의 접근이 가능함

   D. 애플리케이션의 접근은 계속 가능함

4. 사용자가 선택할 수 있는 보안 기능 구현 방법은 무엇인가?

   A. 유저네임/패스워드

   B. MFA

   C. 다수의 S3 버킷 활용

   D. 루트 유저로 로그인

5. 다음 중 임시 보안 토큰 기반인 것은 무엇인가? (정답 2개)

   A. Amazon EC2 롤

   B. 그룹(연합)

   C. 유저네임 패스워드

   D. AWS STS 사용

6. EC2 인스턴스가 별다른 유저네임 또는 패스워드 없이 S3 버킷에 접속할 수 있도록 하는 가장 쉬운 방법은 무엇인가?

   A. VPC S3 엔드포인트 활용

   B. 서명된 URL 활용

   C. 롤 활용

   D. S3와 EC2간에 키 공유

7. IAM 정책 규정의 형식은 무엇인가?

   A. 파이썬 스크립트

   B. C 언어

   C. JSON 코드

   D. XML 코드

8. 루트 계정을 소유한 클라우드 관리자가 퇴사한 경우 계정을 보호하기 위해 할 수 있는 일은 무엇인가? (정답 2개)

   A. 루트 계정에 MFA 추가

   B. 모든 IAM 계정 삭제

   C. 모든 IAM 계정의 패스워드 변경 및 키 순회 변경

   D. 위 관리자가 생성한 모든 EC2 인스턴스 삭제

9. 공유 보안 모델에서 다음 중 고객이 부담하는 책임은 무엇인가? (정답 2개)

   A. EC2 EC2에서 호스팅되는 데이터베이스 내의 데이터에 대한 보안

   B. 데이터 센터의 물리적 보안 유지

   C. 하이퍼바이저에 대한 적절한 패치 업무

   D. 운영체제에 대한 적절한 패치 업무

10. Amazon RDS에서 데이터베이스에 대한 패치 책임은 누가 부담해야 하는가?

    A. 고객

    B. 아마존

    C. RDS에서는 고객의 데이터베이스 패치 책임이 없음

    D. RDS는 공유 보안 모델의 적용을 받지 않음

1. B. IAM 그룹에 IAM 롤을 추가할 수 없다.

2. B, C. IAM 정책은 지리적 위치와 무관하며 유저의 수에 대한 제한도 없다.

3. A. 해당 애플리케이션의 접근이 거부된다.

4. A, B. 다수의 버킷 활용은 보안과 무관하며, 다수의 리전 추가 또한 보안과 무관하다.

5. B, D. 유저네임과 패스워드는 임시 보안 토큰이 아니다.

6. C. VPC 엔드포인트는 EC2 인스턴스와 S3 버킷 간의 통로를 생성한다. 서명된 URL은 EC2 인스턴스가 S3 버킷에 접근하는 데 도움이 되지 않는다. S3와 EC2 간에는 키를 공유할 수 없다.

7. C. JSON으로 작성됐다.

8. A, C. 모든 IAM 계정을 삭제하면 더 큰 사태가 벌어질 수 있으며, 모든 유저가 삭제된다. 기업에 매우 중요한 애플리케이션이 실행되고 있으므로 모든 EC2 인스턴스를 삭제해서는 안 된다.

9. A, D. 고객은 (하이퍼바이저 자체가 아닌) 하이퍼바이저 위에서 실행되는 것에 대한 보안 책임이 있으며, 운영체제 패치와 데이터 보호는 고객의 책임에 속한다.

10. B. RDS도 공유 보안 모델에 해당된다. RDS는 관리형 서비스이므로 데이터베이스 패치 업무는 아마존이 맡아야 한다.

Auto Scaling

6장에서 살펴볼 내용은 다음과 같다.

- Auto Scaling의 개요
- Auto Scaling의 장점
- 다양한 Auto Scaling 정책
- Auto Scaling 설정 방법
- Elastic Load Balancing의 개요
- Elastic Load Balancing의 작동 방식
- 다양한 로드 밸런싱 유형

Auto Scaling은 미리 정해 놓은 규칙에 따라 워크로드를 자동으로 확대 또는 축소할 수 있는 기술로 클라우드가 제공하는 탄력성에 의해 만들어지고, 사용자의 요구수준을 세심하게 반영할 수 있는 혁신적인 기술이다. Auto Scaling을 이용하면 처리 요구량이 급등하는 시기, 즉 피크 워크로드peak workloads에 맞춰 과잉 프로비전을 할 필요성이 사라진다. Auto Scaling은 새 리소스를 자동으로 추가하고 환경 설정하며, 처리 요구량이 줄어들면 해당 리소스를 감소시킨다. 6장에서는 Auto Scaling의 개요와 장점을 알아본다.

온프레미스 중심의 인프라를 운영하는 고객은 미리 피크 워크로드를 예상해 (평소의 처리 요구량을 넘는) 충분한 리소스를 확보해야 한다. 하지만 산업계의 다양한 사례 및 트렌드를 살펴보면 워크로드를 적절하게 예상하는 일 자체가 불가능에 가깝고, 대부분의 기업 고객은 피크 워크로드보다 훨씬 낮은 수준의 리소스만 확보하는 경향이 있다. 그렇지 않은 경우에는 리소스를 과잉 프로비전하게 된다. 예를 들어, 블랙 프라

이데이에 발생하는 매출액이 매우 중요한 어떤 기업이 있다면, 이 기업은 연초에 블랙 프라이데이에 맞춰 예산을 배정하고 충분한 리소스를 확보한다. 하지만 블랙 프라이데이 시즌을 제외한 일년 내내 CPU 리소스의 15~20% 밖에 사용하지 못하고, 기업은 투자 대비 효율성 하락 또는 소중한 자원의 낭비를 경험하게 된다.

AWS의 Auto Scaling과 Elastic Load Balancing을 이용하면 다수의 EC2 서버의 처리 능력을 적절히 분배해 워크로드 상승에 맞춰 서버의 처리 성능을 높이고, 워크로드 하락에 맞춰 서버의 처리 성능을 감소시킬 수 있다. 사용자는 몇 가지 파라미터가 포함된 규칙을 작성해 워크로드 처리에 적합한 수준의 리소스만을 투입할 수 있다.

 CAUTION 사람들은 대체로 Auto Scaling이란 단어를 들으면 EC2 서버 Auto Scaling을 떠올린다. 하지만 Auto Scaling은 AWS의 다양한 제품군에서 사용할 수 있으며, EC2로만 한정해 생각하지 않기를 바란다.

Auto Scaling의 장점

Auto Scaling의 장점은 다음과 같다.

- **동적 스케일링** Auto Scaling의 가장 큰 장점은 사용자의 요구 수준에 따라 리소스를 동적으로 스케일링할 수 있다는 점이다. 스케일업할 수 있는 서버의 수에는 제한이 없고, 필요한 경우 서버 두 대에서 수백 대, 수천 대, 수만 대의 서버로 즉시 스케일업할 수 있다. Auto Scaling을 통해 기업의 애플리케이션에 항상 최적의 CPU 및 메모리 등의 리소스를 제공할 수 있으며, 사용자는 이를 실시간으로 프로비전할 수 있다.

- **최상의 사용자 경험 및 성능 향상** Auto Scaling을 이용하면 리소스가 항상 적정 수준에서 제공되고 애플리케이션은 항상 최적의 상태에서 실행되므로 애플리케이션 사용자에게 최상의 사용자 경험을 제공할 수 있다. 새 인스턴스가 시작될 때 CPU 활용률을 70%로 설정하는 것과 같이 다양한 Auto Scaling 규칙을 추가해 애플리케이션 사용자에게 최상의 사용자 경험을 제공할 수 있다.

- **헬스 체크와 서버 플릿 관리** Auto Scaling을 이용하면 EC2 인스턴스의 헬스 체크 상태를 모니터링할 수 있다. 다수의 EC2 서버에서 애플리케이션을 호스팅하는 경우 이들 일련의 EC2 서버 집합을 AWS는 서버 플릿^{server fleet}이라 부른다. Auto Scaling을 이용해 헬스 체크를 하는 과정에서 특정 인스턴스의 문제가 감지되면, 자동으로 다른 인스턴스로 교체한다. 온프레미스에서 서버 관리자가 수동으로 서버의 문제를 찾고 대체하는 작업과 비교하면 작업자의 업무 부담을 크게 줄일 수 있다. 또한 Auto Scaling은 적정 수준의 서버 플릿 용량을 유지하는 데도 도움을 준다. 예를 들어, 어떤 기업의 애플리케이션이 6대의 EC2 서버에서 실행 중일 때 6대의 서버에 대한 헬스 체크 상태를 모니터링하다가 특정 서버에 문제가 생기면 즉시 대응 조치를 할 수 있다. 한 대 또는 그 이상의 서버가 다운되면, Auto Scaling은 6대의 서버 인스턴스 처리 용량을 유지하기 위해 부족분만큼의 서버를 추가로 실행시킨다.

  Elastic Load Balancing(ELB)으로 Auto Scaling을 설정하는 경우 ELB의 헬스 체크 기능도 사용할 수 있다. ELB의 헬스 체크 기능은 다양하며, 하드웨어 실패, 시스템 성능 약화 등 다양한 상태 확인 기능을 사용할 수 있다. 온프레미스 환경에서는 실행 중인 수백 대의 서버에서 이와 같은 서버 실패 또는 성능 약화 등에 대응하는 것이 무척 어려운 일이지만 AWS의 Auto Scaling을 이용하면 이들 업무를 자동으로 처리할 수 있다.

- **로드 밸런싱** Auto Scaling은 리소스를 동적으로 스케일업 또는 스케일다운한다. ELB와 함께 사용하면 다수의 EC2 인스턴스에게 워크로드를 효과적으로 분배할 수 있고, 다수의 AZ에 분포된 EC2 인스턴스에 대한 워크로드도 자동으로 분배하도록 설정할 수 있다. Auto Scaling은 사용자가 정의한 규칙에 따라 다수의 AZ에 분포된 EC2 인스턴스의 워크로드도 효과적으로 관리할 수 있다.

- **타깃 트래킹** 사용자는 특정 타깃에 대해서만 Auto Scaling을 할 수 있으며, 사용자가 설정한 타깃에 맞춰 EC2 인스턴스의 수를 조정한다. 타깃이 Auto Scaling을 하기 위한 지표로 활용될 수 있는 것이다. 예를 들어, Auto Scaling 타깃으로 애플리케이션 서버의 CPU 활용률을 65%로 설정하면 Auto Scaling은 CPU 활용률 65%에 맞춰 EC2 인스턴스의 수를 자동으로 조정한다.

- **리소스 비용 관리** Auto Scaling을 이용하면 불필요한 리소스를 자동으로 제거해 예산 낭비를 막을 수 있다. 예를 들어, 사용자 트래픽이 감소하는 늦은 저녁에는 Auto Scaling을 통해 필요량 이상의 리소스를 제거할 수 있으며, 이를 통해 예산을 적절하게 관리할 수 있다.

- **예측적 확장** Auto Scaling은 머신러닝과 통합됐으며, ML Auto Scaling을 이용해서 수요 예측치에 근거해서 컴퓨트 용량을 자동으로 확장 또는 축소할 수 있다. Auto Scaling은 사용자의 실제 EC2 사용량 정보를 수집한 뒤 머신러닝 모델을 이용해 일간 또는 주간 예상 트래픽에 따라 리소스 사용량을 예측할 수 있다. 이때 데이터는 24시간마다 수집돼 다음 48시간 동안의 리소스 사용량을 예측하는 데 사용된다.

Auto Scaling은 EC2에서 가장 많이 사용되지만 EC2 이외의 다른 서비스의 스케일 조정에도 활용된다. 사용자는 Auto Scaling의 스케일 정책 정의를 통해 아래와 같은 서비스의 스케일 업 또는 스케일 다운 업무를 자동으로 수행할 수 있다.

- EC2 스팟 인스턴스
- EC2 Container Service(ECS)
- Elastic Map Reducer(EMR) 클러스터
- AppStream 2.0 인스턴스
- Amazon Aurora Replicas
- DynamoDB

이제 Auto Scaling의 실제 작동 방식을 알아보자. 예를 들어, 두 대의 EC2 인스턴스에 두 대의 웹 서버를 호스팅해 애플리케이션을 실행 중이고, 가용성을 유지하기 위해 서로 다른 AZ에 웹 서버를 운용 중이라고 해보자. 두 대의 웹 서버는 ELB로 통합 운영 중이고 사용자는 ELB를 통해 서버에 연결된다. 이와 같은 아키텍처는 그림 6-1과 같은 모습이 된다.

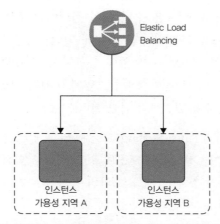

그림 6-1 두 개의 AZ에 있는 두 대의 웹 서버에서 실행되는 애플리케이션의 아키텍처

모든 것이 순조롭게 돌아가는 상황에서 웹 트래픽이 갑자기 치솟는 것을 확인한다. 갑작스럽게 증가한 트래픽을 처리하려면 두 대의 웹 서버를 추가로 프로비전하고, 이를 ELB에 통합해야 한다. 이때 아키텍처는 그림 6-2와 같은 모습이 된다. 웹 서버 두 대를 추가하고 ELB를 통합하는 등 이때까지의 모든 스케일업 작업을 수작업으로 하는 것은 결코 쉽지 않은 일이다. 또한 이후 트래픽이 감소하면 비용을 줄이기 위해 추가했던 인스턴스를 다시 수동으로 삭제해야 한다. 그래도 아직까지는 서버의 수가 몇 대에 불과하므로 관리 가능하며 트래픽 또한 예측할 수 있는 수준이다.

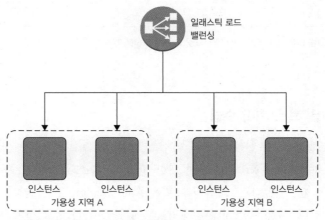

그림 6-2 위 애플리케이션에 두 대의 웹 서버를 추가한 모습

하지만 애플리케이션이 수백 혹은 수천 대의 서버에서 호스팅되고 있다면 어떻게 될까? 트래픽 증가가 예측 가능한 수준을 넘게 되면? 여전히 수백, 수천 대의 서버를 즉각적으로 관리하고 ELB와 문제 없이 통합할 수 있을까? 추가한 서버가 다운돼도 즉각적으로 대응할 수 있을까? 아마 그렇게 하기는 정말 어려울 것이다. Auto Scaling은 바로 그런 문제를 해결하기 위한 서비스다.

Auto Scaling을 이용하면 Auto Scaling 그룹에 EC2 인스턴스를 추가하고, 서버의 최소 대수 및 최대 대수를 정의한 후 스케일링 정책을 정의하면 된다. Auto Scaling은 사용량에 따라 서버의 추가, 삭제, ELB와의 통합을 관리한다. Auto Scaling이 적용된 아키텍처는 그림 6-3과 같다.

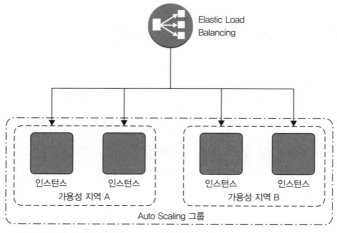

그림 6-3 네 대의 웹 서버를 Auto Scaling 그룹에 추가한 모습

리소스 확장 및 축소 계획 수립

Auto Scaling 활용의 첫 번째 단계는 리소스 확장 및 축소 계획을 수립하는 것이다. 이를 통해 사용하려는 AWS 리소스에 대한 확장 및 축소와 관련된 환경 설정 및 관리 지침을 마련할 수 있다. 스케일링 계획은 Auto Scaling을 지원하는 모든 리소스에 적용할 수 있다. 다음은 스케일링 계획을 수립하기 위한 주요 절차다.

확장 가능한 리소스 파악

Auto Scaling 계획을 적용하려는 리소스는 자동 또는 수동으로 탐색 및 선택할 수 있으며, 다음과 같은 세 가지 방법이 있다.

- **CloudFormation 스택을 통한 검색** 기존의 AWS CloudFormation 스택을 이용해 자동화된 스케일링 환경 설정이 가능한 리소스를 찾아낼 수 있다. AWS Auto Scaling은 선택된 스택 내에 정의된 리소스만 찾을 수 있으며, 여러 단계로 중첩된 스택 속을 순회하며 탐색할 수는 없다. 이때 스택은 이미 성공적으로 생성된 것이어야 하고, 작업이 진행 중인 스택은 탐색할 수 없다.

- **태그를 기준으로 한 검색** 다음 리소스를 찾을 때는 태그도 이용할 수 있다.

  - Aurora DB 클러스터
  - Auto Scaling 그룹
  - DynamoDB 테이블과 전역 보조 인덱스

  이때 하나 이상의 태그를 이용해서 검색하면 해당 태그를 모두 포함하고 있는 리소스만 검색 결과로 나타난다.

- **EC2 Auto Scaling 그룹** 스케일링 계획에 하나 이상의 Auto Scaling 그룹을 선택해서 추가할 수 있다. EC2 Auto Scaling에 대한 좀 더 상세한 내용은 다음 절에서 알아본다. 그림 6-4는 콘솔에서 사용할 수 있는 모든 확장 가능 리소스 목록을 보여준다.

그림 6-4 확장 가능한 리소스 찾기

리소스 확장 전략 구체화

Auto Scaling을 적용할 리소스를 파악했다면 해당 리소스의 스케일업 또는 스케일다운 전략을 설정한다. 리소스 스케일링 전략은 다음과 같은 네 가지가 있다.

- **가용성 기준 최적화** 이 옵션을 선택하면 Auto Scaling은 가용성 기준에 맞춰 자동으로 리소스의 스케일업 또는 스케일다운 작업을 시행한다. 이 옵션에서 Auto Scaling은 CPU/리소스 활성화 수준을 40퍼센트로 맞춘다.

- **가용성과 비용의 균형** 이 옵션을 선택하면 가용성과 비용의 균형에 초점을 맞춰서 리소스의 확장 여부를 결정한다. 이 옵션에서 Auto Scaling은 CPU/리소스 활성화 수준을 50퍼센트로 설정해 가용성과 비용의 균형을 맞춘다.

- **비용 기준 최적화** 이름에서 알 수 있듯 이 옵션의 목적은 비용을 낮추는 것이다. 이 옵션에서 Auto Scaling은 CPU/리소스 활성화 수준을 70퍼센트로 설정하며, 이는 성능의 중요성이 높지 않은 로우레벨 환경에 적합하다.

- **커스텀 스케일링 전략** 이 옵션을 선택하면 Auto Scaling은 원하는 지표에 따라 리소스의 확장 여부를 결정할 수 있으며, 사용자는 자신이 원하는 CPU/리소스 활성화 수준을 직접 입력할 수 있다.

AWS 콘솔에서 적용할 수 있는 다양한 스케일링 전략 옵션은 그림 6-5와 같다.

 TIP 여러분은 솔루션 아키텍트로서 다양한 워크로드를 다루게 될 것이다. 이때 특정 워크로드에 적용했던 스케일링 전략이 다른 워크로드에는 적합하지 않을 수 있다는 것을 알게 될 것이다. 따라서 개별 워크로드마다 다양한 스케일링 전략을 실험하고, 그 중 가장 적합한 전략을 적용하기 바란다.

스케일링 전략 선택 시 예측적 스케일링 및 동적 스케일링도 사용할 수 있다. 예측적 스케일링 정책을 활성화하면 머신러닝이 과거의 워크로드 처리 유형을 분석하고 미래의 워크로드 유형을 예측하게 된다. 예측적 스케일링은 기업 애플리케이션에 대한 요구 수준이 높아지기 전에 예방적으로 리소스를 프로비전할 수 있다는 장점이 있다. 반면 동적 스케일링 옵션을 활성화하면 스케일링 계획에 포함된 리소스에 대한 목표 추적 스케일링 정책을 생성해 리소스 확장을 관리하게 된다.

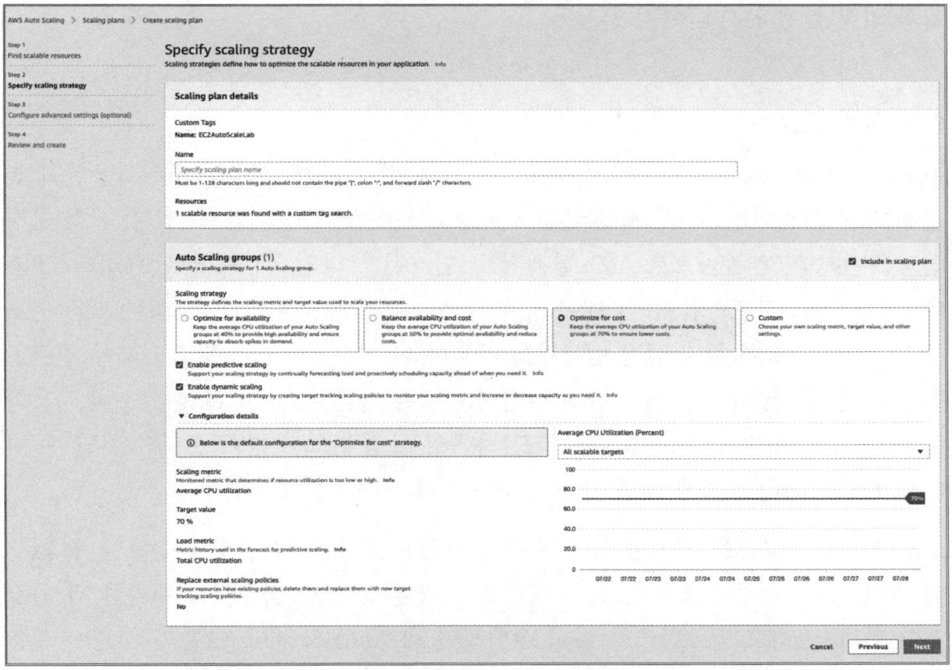

그림 6-5 리소스 확장 전략의 선택

동적 스케일링 옵션을 사용하는 경우를 생각해 보자. 이 옵션에서는 EC2 서버를 CPU 성능의 60퍼센트로 제한해 사용할 수 있다. 이후 CPU 활성화 수준이 60퍼센트를 초과하면 리소스 확장과 관련된 스케일링 정책이 실행되게 할 수 있다. 즉, 동적 스케일링은 리소스 활성화 수준에 실시간으로 반응해 리소스의 확장 여부를 결정할 수 있다는 장점이 있다.

EC2 Auto Scaling 활용

Auto Scaling은 EC2 인스턴스 사용자에게 가장 인기 있는 서비스 중 하나다. 이번 절에서는 EC2 인스턴스에서 Auto Scaling을 설정하는 방법을 상세하게 알아본다. 앞서 설명한 보편적인 Auto Scaling 개념은 이번 절에도 그대로 적용된다. 차이점이 있다면 EC2 Auto Scaling은 오직 EC2 서버라는 리소스만 대상으로 한다는 점이다. 이제 EC2 Auto Scaling 활용을 위한 각 단계를 알아보자.

가장 먼저 실행 환경을 설정한다.

실행 환경 설정

Auto Scaling으로 인스턴스를 확장 또는 축소하려면 먼저 어떤 서버를 사용할지 결정해야 하는데 이는 (서버) 실행 환경 설정Launch Configuration에서 할 수 있다. 실행 환경 설정은 일종의 템플릿으로 AMI 상세정보, 인스턴스 타입, 키 페어, 시큐리티 그룹, IAM 인스턴스 프로파일, 유저 데이터, 부착 스토리지 등, 인스턴스에 대한 모든 정보를 담고 있다. 실행 환경 설정 템플릿을 생성한 뒤 이를 Auto Scaling 그룹에 연결할 수 있으며, 한 번 작성한 실행 환경 설정 템플릿은 다른 Auto Scaling 그룹에 적용할 수 있다. 단, Auto Scaling 그룹은 항상 하나의 실행 환경 설정 템플릿만 지닐 수 있다. Auto Scaling 그룹에 대한 자세한 내용은 다음 절에서 알아본다.

Auto Scaling 그룹을 생성한 뒤에는 이와 연결된 실행 환경 설정을 수정할 수 없으며, 수정 또는 변경이 필요한 경우 새로운 실행 환경 설정 템플릿을 추가한 뒤 연결해야 한다. 그리고 인스턴스를 다시 실행하면 새 Auto Scaling 그룹의 내용이 적용된다. 예를 들어, Auto Scaling 그룹에서 C4 라지 인스턴스C4 large instance에 대한 실행 환경 설정 템플릿을 생성한 뒤 인스턴스를 새로 실행할 때 4대의 C4 라지 인스턴스가 실행되게 할 수 있다.

그 다음 기존의 환경 설정 템플릿을 삭제하고, 새 실행 환경 설정 템플릿을 생성해 관련 내용을 정의한 뒤, Auto Scaling 그룹에 추가하면 된다. 이때 새 실행 환경 설정에 C4 엑스트라 라지 인스턴스 C4extra-large instance를 적용하면 새 인스턴스로 C4 엑스트라 라지 인스턴스가 적용돼 실행된다. 즉, 새 Auto Scaling 규칙에서 두 대의 인스턴스를 추가로 실행하기로 정의했다면 2대의 인스턴스는 C4 엑스트라 라지 인스턴스 타입이 되는 것이다. 이로써 사용자는 필요에 따라 4대의 C4 라지 인스턴스, 2대의 C4 엑스트라 라지 인스턴스를 실행할 수 있게 된다. 이후 하드웨어 문제로 C4 라지 인스턴스가 다운되면, Auto Scaling 그룹에 포함된 실행 환경 설정 규칙에 따라 C4 엑스트라 라지 인스턴스가 실행된다.

TIP 실행 환경 설정 템플릿은 저장 후 재사용할 수 있다. 예를 들어, 상용 서비스를 위한 실행 환경 설정 템플릿이 있다면 이를 테스트를 위한 실행 환경 설정에 사용할 수 있다.

Auto Scaling 그룹

Auto Scaling 그룹은 스케일업 및 스케일다운 규칙의 모음으로 EC2 인스턴스의 시작부터 삭제까지의 모든 동작에 대한 규칙과 정책을 담고 있다. Auto Scaling 그룹은 EC2 서버가 하나의 그룹으로 작동하는 방법과 사용자 정의에 따라 동적으로 그룹화하는 방법을 정의한다. Auto Scaling 그룹을 정의하려면 인스턴스 타입 등 세부 정보를 담은 실행 환경 설정을 생성한 뒤 스케일링 계획 및 스케일링 정책을 선택한다. 스케일링 유형 다음과 같다.

- **인스턴스 레벨 유지** 기본 스케일링 계획으로도 부르며, 항상 실행 상태를 유지하고자 하는 인스턴스의 수를 정의할 수 있다. 항상 실행하려는 최소한의 서버 수 또는 특정 서버 수를 지정할 수 있으며, Auto Scaling 그룹은 해당 숫자만큼의 인스턴스를 항상 실행한다. 예를 들어, 사용자가 항상 6대의 인스턴스를 실행하길 원한다면, 하드웨어 실패 또는 여타의 이슈에 의해 인스턴스가 다운돼도 Auto Scaling 그룹이 문제가 생긴 인스턴스의 수만큼을 추가로 실행해 언제나 6대의 서버를 유지한다.

- **수동 스케일링** 콘솔이나 API, CLI 등을 이용해 수동으로 스케일링 작업을 수행할 수 있다. 수동 스케일링을 선택하면 사용자가 직접 인스턴스를 추가 또는 삭제해야 한다. 스케일 자동화라는 Auto Scaling의 기본 취지를 생각하면 수동 스케일링 방식은 추천하지 않는다.

- **요구별 스케일링** 시스템의 요구 수준에 맞추는 방식으로 CloudWatch가 모니터링하는 CPU, 디스크 쓰기와 읽기, 네트워크 유입과 유출 등 주요 지표를 바탕으로 요구 수준에 맞춰 스케일링 규칙을 정하는 방식이다. 예를 들어, CPU 처리 용량의 80% 수준까지 급등한 상태가 5분 이상 지속될 경우 Auto Scaling이 작동돼 새 서버를 추가하는 방식이다. 이와 같은 스케일링 정책을 정의할 때는 항상 두 개의 정책을 작성해야 하며, 하나는 스케일업, 다른 하나는 스케

일다운 정책을 담는다.

- **일정별 스케일링** 트래픽의 변화를 예측할 수 있고, 특정 시간대에 어느 정도의 트래픽이 증가하는지 패턴을 파악하고 있다면, 일정별 스케일링을 사용하는 것이 좋다. 예를 들어, 낮 시간대에는 트래픽이 최고치에 이르고 밤 시간대에는 트래픽이 거의 없다면, 낮 시간대에 서버를 추가 실행하고 밤 시간대에는 스케일다운하는 규칙을 추가하면 된다. 일정별 스케일 조정을 위한 Auto Scaling 정책을 생성할 때는 Auto Scaling 그룹에 일정별 액션을 추가해 특정 시간대에 어떤 스케일 조정 액션을 취할지 알려줘야 한다.

Auto Scaling 그룹을 생성할 때는 항상 실행해야 하는 최소한의 인스턴스 수를 정의해야 하며, 스케일업 상황에서 추가할 최대 인스턴스 수 또한 정의해야 한다. 경우에 따라 아래와 같이 이상적인 처리 성능^{desired capacity}을 확보하기 위해 시스템이 실행시켜야 할 최적의 인스턴스 수를 정의할 수 있다.

- 이상적인 처리 성능이 현재의 처리 성능보다 높은 경우, 인스턴스를 추가해 실행한다.
- 이상적인 처리 성능이 현재의 처리 성능보다 낮은 경우, 추가된 인스턴스를 삭제한다.

언제 Auto Scaling 그룹이 애플리케이션을 위해 서버 수를 증가시키거나 감소시키는 지를 파악하는 것은 중요한 일이다. 이를 위해 Amazon SNS^{Simple Notification Service}를 이용할 수 있고, SNS 알림을 통해 Auto Scaling 그룹에게 스케일업 또는 스케일다운 시기를 알려줄 수 있다. 아마존 SNS는 HTTP, HTTPS, POST, 이메일은 물론 아마존 SQS의 메시지 큐 방식으로 알림을 보낼 수 있다.

사용자가 활용할 수 있는 Auto Scaling 그룹의 수는 정해져 있으며, AWS 정책 변화에 따라 지속적으로 변경되고 있으므로 AWS 웹사이트에서 확인해야 한다. Auto Scaling 그룹의 개수 제한은 변경 가능하며, AWS 서포트 티켓을 이용해 추가할 수 있다. 주의할 점은 Auto Scaling 그룹은 특정 리전을 벗어날 수 없다는 것이며, 오직 하나의 리전에서만 사용할 수 있다. 단, 하나의 리전에 있는 다수의 AZ에서는 사용이 가능하므로 고가용성 아키텍처를 구현하는 것이 가능하다.

하나의 Auto Scaling 그룹에서는 동일한 인스턴스 타입을 사용하길 권장하며, 인스턴스가 동일할 때 워크로드 분산의 효과를 좀 더 쉽게 이해할 수 있다. 물론 실행 환경 설정에서 기존과 다른 인스턴스 타입을 지정할 수 있으며, 이 경우 새로운 타입의 인스턴스가 실행된다. 이제 스케일링 정책 유형을 좀 더 자세히 알아보자. 스케일링 정책은 다음과 같이 세 가지 유형이 있다.

심플 스케일링

심플 스케일링Simple Scaling 정책을 이용하면 단 하나의 스케일링 정책에 따라 스케일업 및 스케일다운할 수 있다. 이 정책 유형에서 사용자는 CPU 활용, 디스크 읽기 및 쓰기, 네트워크 유입 및 유출 비율 등을 경고alarm 지표로 삼아 인스턴스를 스케일업 및 스케일다운할 수 있다. 예를 들어, CPU 활용 지표가 80%에 도달할 때 하나의 인스턴스를 추가하고, 40% 미만으로 떨어지면 하나의 인스턴스를 감소시키는 방식이다. 이때 새 인스턴스의 시작 또는 정지를 위한 대기 시간도 정의할 수 있으며, 이를 쿨다운 기간cooldown period이라 부른다.

심플 스케일링 정책을 작성할 때는 두 개의 정책이 필요한데 하나는 그룹의 크기를 증가시키는 스케일업, 다른 하나는 그룹의 크기를 감소시키는 스케일다운 정책이다. 그림 6-6은 심플 스케일링 정책을 위한 두 개의 정책 설정 화면이다. 그림 6-6을 보면 경고가 발생했을 때 해당 정책이 실행되는 구조이므로 가장 먼저 할 일은 경고를 설정하는 것이다. Add New Alarm 메뉴를 클릭하면 새 경고를 어디에서 생성해, 어디로 보내야 하는지 정의할 수 있다. 그림 6-7은 CPU 활용률이 50%에 도달한 상태가 5분 이상 지속될 때 경고를 생성해 어드민에게 알람을 전송하는 규칙을 보여준다. 그림 6-8과 같이 경고를 생성할 때 EC2 인스턴스의 추가 및 감소 규칙을 정의하고, 다음 스케일업 또는 스케일다운 동작이 실행되기 위한 대기 시간을 입력한다.

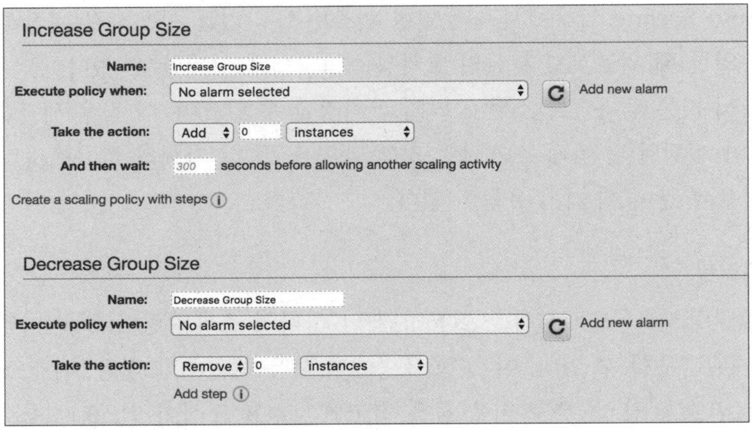

그림 6-6 심플 스케일링 정책

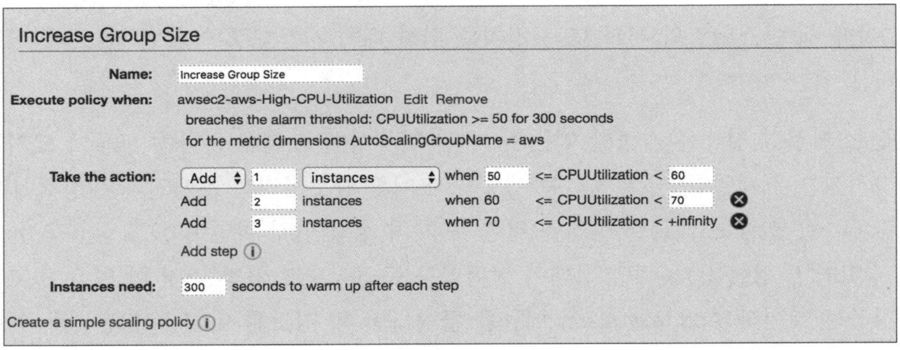

그림 6-7 경고 생성

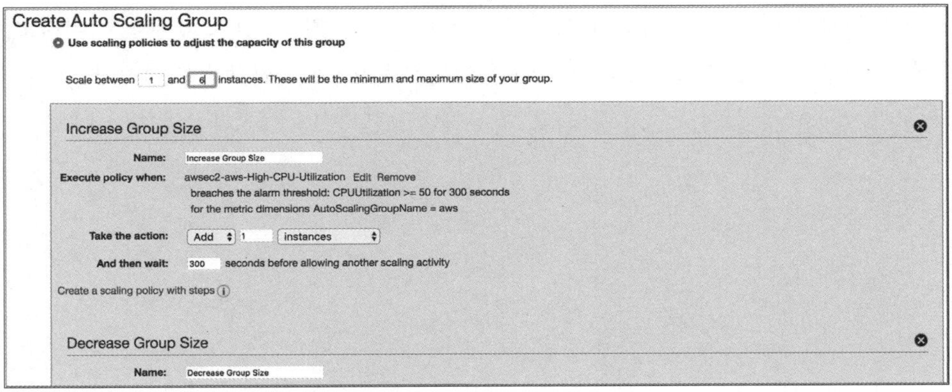

그림 6-8 모든 파라미터가 입력된 심플 스케일링 정책 화면

그림 6-8 윗 줄을 보면 1대에서 6대까지의 인스턴스를 입력한 내용을 볼 수 있다. 즉, 이번 Auto Scaling 그룹의 최대 인스턴스 수는 6대임을 알 수 있다.

단계별 심플 스케일링

방금 전 살펴봤던 심플 스케일링은 이벤트에 반응해 스케일링하며 특정 이벤트에 대해 매번 같은 액션을 수행한다. 하지만 때로는 좀 더 세분화된 이벤트 대응 액션이 필요하다. 예를 들어, 심플 스케일링에서는 CPU 활용률이 50%를 넘으면 인스턴스를 추가하는 정책을 사용한다.

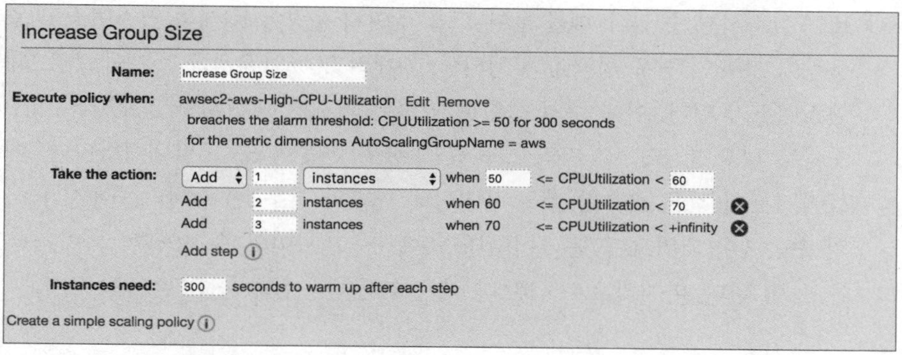

그림 6-9 단계별 심플 스케일링

하지만 그보다 좀 더 세분화해 CPU 활용률이 50~60%에 있을 때 2개의 인스턴스를 추가하고, 60%를 넘으면 4대의 인스턴스를 추가하도록 할 수 있다. 이와 같은 스케일링 환경 설정 방식이 바로 단계별 심플 스케일링^{Simple Scaling with Steps}이며, 전반적인 내용은 기존의 심플 스케일링과 동일하지만 환경 설정 마지막 부분에서 몇 단계를 추가한다. 그림 6-8의 아랫부분을 보면 작은 글씨로 Creat a simple scaling policy 메뉴가 있다. 이를 클릭하면 Add Step 버튼이 활성화돼 그림 6-9와 같이 좀 더 세분화된 규칙을 추가할 수 있다.

심플 스케일링 또는 단계별 심플 스케일링을 이용하면 다음과 같이 처리 용량을 변경할 수 있다.

- **정확한 용량**Exact capacity 스케일링 정책 작성 시 증가 또는 감소시킬 정확한 용량을 정의할 수 있다. 예를 들어, 그룹의 현재 용량이 2개의 인스턴스고 조정 용량이 4개의 인스턴스인 경우 Auto Scaling 정책이 실행되면 4개의 인스턴스로 변경된다.

- **숫자 지정 용량 변경**Change in capacity 숫자에 따라 현재의 용량을 증가 또는 감소시킬 수 있다. 예를 들어, 그룹의 현재 용량이 2개의 인스턴스고 조정 용량이 4개인 경우 Auto Scaling 정책이 실행되면 6개의 인스턴스로 변경된다.

- **퍼센트 단위의 용량 변경**Percentage change in capacity 퍼센트 단위로 현재의 용량을 증가 또는 감소시킬 수 있다. 예를 들어, 그룹의 현재 용량이 10개의 인스턴스고 조정 용량이 20%인 경우 정책이 실행되면 10개의 20%인 2개가 추가돼 총 12개의 인스턴스가 된다. 이때 주의 사항은 입력은 퍼센트 단위지만 결괏값은 정수형 숫자로 나오며, 소숫점 자리수가 있는 경우 반올림 또는 반내림한다다. 예를 들어, 1보다 작은 소숫점 값은 반내림해 13.5의 경우 13이 된다. 0에서 1 사이의 수는 1이 되며, 0.77은 1이 된다. 0에서 -1 사이의 수는 -1이 되며, -0.72는 -1이 된다. 마지막으로 -1보다 작은 수는 반올림해 -8.87은 -8이 된다.

타깃 트래킹 스케일링 정책

타깃 트래킹 스케일링 정책Target-Tracking Scaling Policies을 이용해 동적으로 환경을 설정할 수 있다. 이때 미리 정의된 성능 지표를 이용하거나 커스텀 성능 지표를 만들어서 타깃 값으로 설정할 수 있다. 예를 들어, CPU 활용률을 성능 지표로 삼아서 타깃 값을 50퍼센트로 설정할 수 있다. 이렇게 정책을 설정하면 Auto Scaling이 자동으로 EC2 인스턴스의 수를 조절해 CPU 활용률이 40% 수준을 유지하도록 한다. 내부적으로는 Auto Scaling이 CloudWatch 경고를 생성 및 모니터링하다가 경고가 발동하면 Auto Scaling 정책을 실행시키는 구조다. 경고가 발동하면 Auto Scaling은 인스턴스의 수를 계산해 이상적인 지표 수준에 따라 인스턴스의 수를 자동으로 증가 또는 감소시킨다.

인스턴스 삭제 정책

Auto Scaling은 스케일업 정책은 물론, 스케일다운 정책도 반영한다. 스케일다운 정책이 반영되면 EC2 인스턴스가 삭제되며, 서버를 셧다운하는 것은 좀 더 확실한 리소스 관리를 위해서도 필요한 일이다. 스케일다운 정책에서 정확하게 몇 개의 인스턴스를 삭제할 것인지 정의할 수 있다. 예를 들어, 두 곳의 AZ에 여섯 개의 인스턴스를 실행하고 있다면, 즉, 각 AZ에서 세 개의 인스턴스를 실행하고 있다면, 인스턴스 삭제 정책^{Termination Policy}으로 이 중 하나의 AZ를 폐쇄해 보자. 두 곳의 AZ에 인스턴스가 균일하게 분배된 상태이므로 어느 한 곳을 폐쇄하더라도 별다른 문제는 발생하지 않는다. 만일 두 개의 인스턴스를 삭제한다면 각 AZ에서 각각 하나씩의 인스턴스를 삭제해 균형을 맞추는 것이 좋다. 하나의 AZ에서 두 개의 인스턴스를 삭제하면 한 곳의 AZ에는 하나의 인스턴스가, 다른 한 곳의 AZ에는 세 개의 인스턴스가 있게 되므로 불균형 상태가 발생한다.

인스턴스 삭제를 위한 환경 설정 정책을 정의할 수 있다. 이 삭제 정책은 어떤 인스턴스를 먼저 셧다운할 것인지 결정하는 것이다. 인스턴스를 삭제하면 로드 밸런서에서 제외되고, 잠시 대기 상태에서 머물면서 다른 인스턴스 등과의 연결 상태를 끊게 되며, 최종적으로 삭제 작업이 완료된다. 인스턴스 삭제 정책을 작성하는 방법은 매우 다양하다. 그 중 하나는 사용자의 서버 플릿^{server fleet}에서 가장 오랫동안 실행된 서버를 삭제하는 것이다. 이 방법의 장점은 가장 오랫동안 실행된 서버일수록 패치 수준이 낮고 메모리 누수 등의 문제가 누적해 있을 가능성이 크므로, 이를 삭제함으로써 최신의 성능 기준을 유지할 수 있다는 것이다.

또 다른 삭제 방법으로 시간단위 과금이 임박한 서버를 삭제하는 것이다. 이 서버를 삭제하면 Auto Scaling 특유의 장점을 최대한 살리는 것이 된다. 예를 들어, 두 개의 서버가 있는데 하나는 5분 동안만 실행됐고 다른 하나는 54분 동안 실행됐다면, 이미 54분 동안 실행된 서버를 삭제해 과금 부담을 줄일 수 있다.

NOTE AWS는 특정 인스턴스 타입에 대해 기존의 시간 단위 과금에서 초 단위 과금 모델을 추가하고 있다. 사용자는 이들 두 과금 모델을 모두 잘 이해하고 있어야 한다.

또 실행 환경 설정 기간이 가장 긴 인스턴스를 삭제할 수도 있다. 구형의 AMI를 이용해 서버를 생성 및 실행하고 있고 이를 교체할 계획이 있다면, 기존의 실행 환경 설정 템플릿을 삭제하고 새로운 실행 환경 설정 템플릿을 생성해 신형의 AMI 기반 서버를 론칭할 수 있다. 물론 기존의 실행 환경 설정 템플릿을 삭제하더라도 현재 실행 중인 서버에는 영향이 없으며, 변경 사항은 새로 실행되는 서버에만 적용된다.

Elastic Load Balancing

온프레미스 환경에서 로드 밸런서^{load balancer}란 다수의 서버에 유입되는 트래픽을 분산시켜서 워크로드의 균형을 잡기 위한 하드웨어를 가리킨다. 현대적인 다수의 애플리케이션은 웹 서버 앞에 로드 밸런서를 배치해 트래픽 분산시키고 워크로드의 균형을 맞추며 탄력성을 증대시킨다. 하지만 시간이 흐르고 다수의 문제 사례가 보고되면서 로드 밸런서가 기업 IT 인프라의 단일장애지점^{a single point of failure}이 될 수도 있다는 우려가 제기되고 있다. 만일 물리적 장치인 로드 밸런서가 고장나면 어떤 일이 벌어질까? 먼저 로드 밸런서와 연결된 애플리케이션에 대한 접속이 안 될 것이다. 또한 로드 밸런서 하드웨어에 대한 관리 업무 또한 결코 적지 않다. 예를 들어, 서버 관리자는 수동으로 로드 밸런서에 서버를 추가 또는 삭제해야 하며, 트래픽이 증가하는 상태에서 서버 용량을 동적으로 증가시키지 못한다.

AWS의 ELB^{Elastic Load Balancing}는 위와 같은 문제를 모두 해결할 수 있는 완전 관리형 서비스로 애플리케이션으로 유입되는 트래픽을 EC2 인스턴스에서 호스팅되고 있는 다수의 애플리케이션, 마이크로서비스, 컨테이너 등에 자동으로 분산시킨다.

AWS ELB의 주요 장점은 아래와 같다.

- **탄력성**^{Elastic} ELB의 최대 장점은 자동적 확장성이다. 관리자는 인스턴스 추가 또는 삭제를 위한 그 어떤 수작업도 할 필요가 없으며, 수동으로 뭔가를 할 여지도 없다. 전통적인 온프레미스 환경에서는 로드 밸런서를 배포한 뒤 반드시 추가적인 환경 설정 작업을 해줘야만 한다. 예를 들어, 로드 밸런서를 10대의 서버에 연결하려면 이에 대한 내용을 모든 서버에 일일이 적용해야 한다. 또한 로드 밸런서의 문제로 서버가 다운되면, 이에 대한 대응 또한 수작업으로 해야 한다.

- **통합성**Integrated ELB는 다양한 AWS 서비스와 통합해 사용할 수 있다. 앞서 설명한 바와 같이 Auto Scaling으로 ELB를 통합하면 EC2 인스턴스 확장성 관리 및 워크로드 분산 업무를 더 효율적으로 수행할 수 있다. ELB와 Auto Scaling이 통합되면 매우 큰 상승 효과가 발생할 수 있다. 따라서 Auto Scaling을 통해 새 서버를 시작할 때는 이를 ELB에 등록하고, Auto Scaling을 통해 서버를 삭제할 때도 ELB에서 등록을 해제해야 한다. ELB는 CloudWatch와 통합해 해당 성능 지표를 얻고, 이를 바탕으로 인스턴스의 추가 또는 삭제 여부를 효과적으로 결정할 수 있다. ELB는 Route 53와 통합해 DNS 실패에 대비할 수 있다.

- **안전성**Secured ELB는 통합 인증 관리, SSL 복호화, 포트 포워딩 등 다수의 보안 기능을 제공한다. 현대 웹사이트 운영자는 웹 애플리케이션 레벨에도 암호화 기법을 적용하며, 모든 웹 트래픽을 HTTPS 방식으로 전달하기 위해 노력한다. ELB는 로드 밸런서에서 HTTPS/SSL 트래픽을 삭제해 EC2 인스턴스에 가해질 수 있는 CPU 집약적인 복호화 작업의 실행을 미연에 방지할 수 있는데, 이는 DDoS 공격에 대한 효과적인 방어책이기도 하다. 또한 ELB는 사용자가 바로 사용할 수 있는 다수의 보안 정책을 제공한다. EC2 인스턴스처럼 ELB용 시큐리티 그룹을 생성해 ELB로 유입 및 유출되는 트래픽을 효과적으로 통제할 수 있다.

- **고가용성**Highly available ELB는 최고 수준의 고가용성 아키텍처를 구현하는 데 도움을 준다. ELB는 다수의 EC2 인스턴스, 컨테이너, IP 주소 간에 트래픽을 분산시키며, 다수의 AZ에 배포된 EC2 인스턴스에 애플리케이션을 배포해 트래픽을 여러 AZ로 분산시킬 수 있다. 이 때문에 하나의 AZ가 모두 다운돼도 사용자의 애플리케이션은 문제 없이 실행 상태를 유지할 수 있다.

- **저렴함**Cheap ELB는 저렴하며 비용 효율적이다. 온프레미스 환경에서 로드 밸런서를 이용해 애플리케이션을 배포하는 방식, 다수의 EC2 서버를 로드 밸런서로 연결하는 방식 모두 많은 비용이 소요된다. ELB는 로드 밸런싱 작업을 자동화해 많은 비용을 줄여주며 네트워크 관리자의 시간과 노력 또한 크게 줄여준다.

ELB의 작동 방식

로드 밸런서가 어떤 방식으로 고가용성을 구현하는지 알아보자. 먼저 ELB가 다운될 가능성을 알아보자. 내부적으로는 각각의 ELB 인스턴스는 다중 AZ 환경에 구현돼 있으며, 사용자가 다중 AZ 환경에 애플리케이션 또는 워크로드를 배포하지 않아도 로드 밸런서는 기본적으로 다중 AZ 환경에 배포한다.

그림 6-10을 보면 고객 VPC 내에서 EC2 인스턴스가 두 개의 AZ에 배포된 것을 확인할 수 있다. 고객은 이들 EC2 인스턴스를 ELB VPC 내의 ELB 인스턴스에 각각 연결할 수 있다.

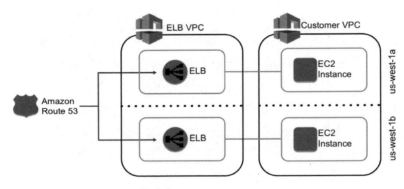

그림 6-10 ELB의 고가용성 구현 방식

그림 6-10처럼 다중 AZ 환경에 개별 ELB VPC 내에 다수의 로드 밸런서를 배포하는 방식으로 고가용성을 구현할 수 있으며, 사용자는 이를 위해 로드 밸런서에 별도의 환경 설정 작업 등을 할 필요가 없다. AWS는 로드 밸런서와 관련된 모든 업무를 자동으로 관리하며, 이에 대한 별도의 비용을 청구하지 않는다. 즉, 사용자는 ELB를 이용해 별도의 고정 비용 없이 고가용성을 구현할 수 있다.

로드 밸런서의 유형

AWS에서 제공하는 로드 밸런서는 다음과 같이 크게 세 가지 타입이 있다.

Network Load Balancer

Network Load Balancer(NLB)는 TCP 로드 밸런서라고도 부르며, OSI 모델의 레이어 4에서 작동한다.[1] NLB는 기본적으로 연결 기반 로드 밸런서로 EC2 인스턴스, 컨테이너, IP 주소 등의 연결을 관리한다. 이들이 생성하는 모든 요청은 로드 밸런서를 통해 흘러가며, 로드 밸런서는 전달되는 패킷을 관리하고, 이를 백엔드로 전달하는 역할을 수행한다. 이때 패킷의 내용까지 확인하지는 않는다. NLB는 TCP와 SSL 모두 지원하며, 클라이언트 연결은 언제나 서버 연결 범위 내에서만 가능하므로 요청이 들어오면 백엔드 인스턴스 범위 내에서 전달한다. 또 NLB는 패킷 헤더를 수정하지는 않으므로 패킷의 내용을 바꾸거나 할 수는 없다. NLB는 클라이언트측 소스 IP 주소를 지니고 있으므로 백엔드를 통해 클라이언트 측의 IP 주소를 확인할 수 있으나 X-Forwarded-For 헤더는 지니고 있지 않으므로 프록시 프로토콜이 소스 IP 주소 또는 데스티네이션 IP 주소, 요청 포트의 역할을 대신한다.[2]

Application Load Balancer

Application Load Balancer(ALB)는 OSI 모델의 레이어 7에 해당하며, HTTP와 HTTPS를 지원한다. 애플리케이션으로부터 패키지가 전달되면, 헤더로 받은 뒤 어디로 전송할지 결정한다. 이 연결은 로드 밸런서에서 종료되고 전달 내용은 연결 풀 형태로 모여있다가 로드 밸런서가 요청을 받으면, 연결 풀connection pool을 이용해 필요한 곳으로 전달한다. ALB에서는 헤더 수정이 가능한데 예를 들어, X-Forwarded-For 헤더에 클라이언트 IP 주소를 넣듯 필요한 정보를 헤더를 삽입할 수 있다. ALB의 콘텐트 기반 라우팅을 통해 다수의 서버로 구성된 애플리케이션이 콘텐트의 내용에 따라 특정 서비스로 라우팅할 수 있다. 또, ALB의 호스트 기반 라우팅을 통해 HTTP 헤더의 Host 필드에 따라 클라이언트 요청을 라우팅할 수 있고, 경로 기반 라우팅을 통해 HTTP 헤더의 URL 경로에 따라 클라이언트 요청을 라우팅할 수 있다.

---

1 OSI는 Open Systems Interconnection의 약자로 OSI의 네 번째 레이어를 의미하는 레이어 4는 간단히 전송 레이어라 부른다. 투명한 데이터 전송 또는 시스템과 호스트 간의 데이터 전송을 담당하며, 네트워크 말단의 오류 회복, 흐름 관리 등을 맡는다. – 옮긴이

2 X-Forwarded-For(XFF) HTTP 헤더는 HTTP 프록시 또는 로드 밸런서 등을 통해 웹 서버에 연결된 클라이언트의 소스 IP 주소를 확인하기 위한 기법이다. – 옮긴이

Classic Load Balancer

Classic Load Balancer는 클래식 EC2 인스턴스를 지원하며, 네트워크 로드 밸런싱 및 애플리케이션 로드 밸런싱, 모두를 지원한다. 즉, OSI 모델의 레이어 4와및 레이어 7을 모두 지원하는 셈이다. 클래식 EC2 인스턴스를 사용하는 경우가 아니라면 필요에 따라 네트워크 로드 밸런싱 또는 애플리케이션 로드 밸런싱을 사용해야 한다.

X-Forwarded-For 요청 헤더는 HTTP 또는 HTTPS 로드 밸런서를 사용할 때 클라이언트의 IP 주소를 파악하는 데 도움을 준다. 로드 밸런서는 클라이언트와 서버 사이의 트래픽을 가로채기만 하므로, 서버 액세스 로그에는 로드 밸런서의 IP 주소만 나타난다. 따라서 클라이언트의 IP 주소를 파악하기 위해 X-Forwarded-For 요청 헤더를 사용하게 된다. ELB는 클라이언트의 IP 주소를 X-Forwarded-For 요청 헤더에 저장하고 헤더를 서버에 전달한다.

표 6-1은 세 가지 타입 로드 밸런서의 특성을 비교한 것이다.

로드 밸런서는 외부형external facing 또는 내부형internal facing으로 설정할 수 있으며, 인터넷을 통한 접근이 가능한 로드 밸런서를 외부 로드 밸런서라 부른다.

표 6-1 세 가지 타입 로드 밸런서의 특성 비교

특성	Application Load Balancer	Network Load Balancer	Classic Load Balancer
프로토콜	HTTP, HTTPS	TCP	TCP, SSL, HTTP, HTTPS
플랫폼	VPC	VPC	EC2–Classic, VPC
헬스 체크	✓	✓	✓
CloudWatch 성능 지표	✓	✓	✓
로그 기록	✓	✓	✓
AZ별 실패대응	✓	✓	✓
연결 비움(등록해제 지연기능)	✓	✓	✓
동일 인스턴스에 대한 다중 포트의 로드 밸런싱	✓	✓	
웹소켓	✓	✓	
대상으로서 IP 주소	✓	✓	

특성	Application Load Balancer	Network Load Balancer	Classic Load Balancer
로드 밸런서 삭제 보호	✓	✓	
경로 기반 라우팅	✓		
호스트 기반 라우팅	✓		
네이티브 HTTP/2	✓		
연결 대기 시간 설정	✓		✓
AZ간 로드 밸런싱	✓		✓
SSL 오프로딩	✓		✓
스티키 세션(Sticky sessions)	✓		✓
백엔드 서버 암호화	✓		✓
정적 IP		✓	
일래스틱 IP 주소		✓	
소스 IP 주소 보관		✓	

특정 로드 밸런서가 인터넷 연결은 전혀 없이 오직 내부용으로만 사용될 경우, 예를 들어, 기업용 프라이빗 서브넷에서 소수의 인스턴스를 위한 로드 밸런서를 구현한다면 이를 내부 로드 밸런서라 부른다. EC2-Classic의 로드 밸런서는 항상 인터넷을 향해 열려 있는 로드 밸런서다. VPC 내에 로드 밸런서를 생성하는 경우에도 이를 외부형 또는 내부형으로 설정할 수 있다. 이때 외부형 로드 밸런서를 만들려면 퍼블릭 서브넷에 로드 밸런서를 생성해야 하고, 내부형 로드 밸런서를 만들려면 프라이빗 서브넷에 로드 밸런서를 생성해야 한다.

TIP 외부형 로드 밸런서를 사용한다는 의미는 해당 로드 밸런서를 통해 리소스가 외부 세계에 노출될 수 있다는 것이므로 외부형 로드 밸런서의 보안 유지에 각별히 신경을 써야 한다.

로드 밸런서의 핵심 개념과 용어

로드 밸런서는 고확장성, 고가용성의 완전 관리형 서비스다. 애플리케이션 로드 밸런서는 콘텐트 기반 라우팅을 지원하므로 하나의 로드 밸런서에 다수의 애플리케이션을 호스팅할 수 있다. 전통적인 로드 밸런서에서는 ELB 당 하나의 애플리케이션만 호스팅할 수 있으며, 다수의 애플리케이션을 호스팅하려면 DNS를 별도로 사용해야 한다.

예를 들어, (쇼핑몰) 웹사이트를 통해 들어오는 모든 주문을 처리하는 애플리케이션이 있고, 여기에 사용되는 모든 이미지를 처리하는 또 다른 애플리케이션이 있다면, 두 개의 로드 밸런서로 이들 두 개의 애플리케이션을 각각 연결한 다음 DNS를 추가해서 두 개의 애플리케이션이 서로 소통할 수 있게 해줘야 한다.

사용자가 웹브라우저로 orders.example.com 페이지에 접속하면 DNS는 주문을 처리하는 애플리케이션으로 라우팅하고, images.example.com 페이지에 접속하면 이미지를 처리하는 애플리케이션으로 라우팅하게 된다. 이 경우 그림 6-11과 같이 로드 밸런싱 과정을 관리자가 직접 조정해줘야 하고, 두 개의 로드 밸런서 운영 비용도 지불해야 한다.

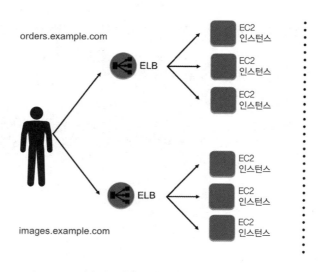

그림 6-11 두 개의 애플리케이션을 위한 두 개의 로드 밸런서 적용

이번에는 같은 작업을 애플리케이션 로드 밸런서로 처리해 보자. example.com 사이트에서 주문을 받으면 로드 밸런서는 경로 기반 라우팅을 하고, 이를 주문 처리 애플리케이션으로 다시 라우팅한다. 동시에 경로에 이미지가 있으면 이미지 처리 애플리케이션으로 다시 라우팅한다. 따라서 여러 개의 로드 밸런서를 사용할 필요가 없고, 그림 6-12와 같이 경로 기반 라우팅을 해 하나의 로드 밸런서만으로 주문 처리 및 이미지 처리 작업을 수행할 수 있다.

경로 기반 라우팅을 이용하면 서로 다른 열 개의 규칙을 적용할 수 있으며, 이는 하나의 로드 밸런서만으로 열 개의 애플리케이션을 호스팅할 수 있다는 의미다. 로드 밸런서 열 개로 해야 할 일을 하나로 처리할 수 있으므로 관리 부담이 확연히 줄어든다는 장점이 있다. 애플리케이션 로드 밸런서는 마이크로서비스와 컨테이너 기반 아키텍처를 지원할 수 있도록 설계됐으며, 인스턴스는 여러 개의 포트에 등록할 수 있으므로 하나의 인스턴스에서 여러 개의 컨테이너로 라우팅할 수 있다.

클래식 EC2의 경우 API를 이용해서 로드 밸런서로 인스턴스를 등록해야 한다. 해당 인스턴스를 다시 등록하려고 하면 시스템은 해당 인스턴스가 이미 등록돼 있으므로 해당 인스턴스를 등록할 수 없다는 메시지를 보낸다. 이와 달리 애플리케이션 로드 밸런서를 이용하면 서로 다른 포트에 여러 번 인스턴스를 등록할 수 있으며, 이는 컨테이너 기반 애플리케이션을 실행하려 할 때 큰 장점이 된다. 컨테이너는 동적 포트를 지원하는 경우가 많으므로 애플리케이션 로드 밸런서로 어떤 포트에든 등록할 수 있기 때문이다.

아마존 ECS[Elastic Container Service]는 동적 포트 맵핑 기법을 이용해 로드 밸런서의 포트 등록 업무를 자동으로 처리한다. 컨테이너 기반 서비스를 운영 중인 기업이 다수의 포트에 다수의 애플리케이션을 연결해 놓고 있다면, (연결된 포트가 서로 다르므로) 이들 애플리케이션을 모두 로드 밸런서에 등록할 수 있고, 애플리케이션 로드 밸런서를 이용하는 다중 컨테이너 및 다중 EC2 인스턴스 간의 로드 밸런싱도 가능하다. 또한 EC2 인스턴스 대신 컨테이너를 사용한다면 높은 CPU 성능이 불필요하고, T2 마이크로 인스턴스를 사용하지 않아도 될 정도이므로 비용이 더욱 절감된다. 그림 6-13은 EC2와 ECS 간의 로드 밸런싱 구조를 보여준다.

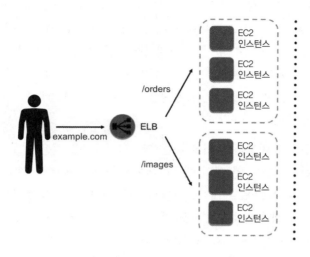

그림 6-12 서로 다른 애플리케이션에 하나의 로드 밸런서를 적용

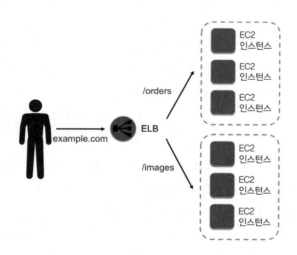

그림 6-13 EC2와 ECS를 가로지르는 로드 밸런싱

다음으로 로드 밸런서의 핵심 구성 요소를 알아보자.

리스너

리스너^{Listeners}는 트래픽이 유입되는 로드 밸런서 리스너의 연결 부분에 대한 프로토콜과 포트를 정의한다. 각 로드 밸런서는 유입 트래픽을 처리하기 위해 최소 하나 이상의 리스너가 필요하며 최대 열 개의 리스너를 지원한다. 모든 라우팅 규칙은 리스너에 정의할 수 있다. 이전에 소개한 라우팅 사례에서 경로 기반 라우팅을 사용했는데, 이때의 라우팅 규칙 또한 리스너에 정의한다. 리스너는 애플리케이션 로드 밸런서(ALB)를 위해 HTTP와 HTTPS 프로토콜을 지원하고, 네트워크 로드 밸런서(NLB)를 위해 TCP 프로토콜을 지원한다.

ALB와 NLB 모두 1에서 65535까지의 포트를 지원하며, HTTP, HTTPS, TCP 리스너를 위해 웹소켓^{WebSockets}을 사용할 수 있다. ALB은 기본적으로 HTTPS 리스너를 통해 HTTP/2를 지원하며, HTTP/2 연결을 이용해서 128개의 요청을 병렬적으로 전송할 수 있다. 로드 밸런서는 이 전송을 변환해 HTTP/1.1 요청으로 각각 나눈 뒤 라운드 로빈 라우팅 알고리즘^{round-robin routing algorithm}을 이용해 타깃 그룹 내 상태가 양호한 타깃에 전송할 수 있다.

타깃 그룹과 타깃

로드 밸런서에서 타깃 그룹^{Target Groups}은 타깃 그룹을 논리적으로 그룹화한 것이다. 타깃 그룹은 로드 밸런서와 별개로 존재할 수 있으며, 필요할 때를 대비해 타깃 그룹을 먼저 생성해 놓을 수 있다. 타깃 그룹에 관련 리소스를 계속 추가해 둘 수 있으며 로드 밸런서 구현 시 갑자기 타깃 그룹을 구성할 필요는 없다. 이후 필요 시 타깃 그룹을 로드 밸런서에 연결할 수 있다. 타깃 그룹은 리전을 기반으로 하므로 타깃 그룹이 있는 하나의 리전에서만 리소스를 할당할 수 있다. 타깃 그룹은 Auto Scaling 그룹과도 잘 연결된다.

로드 밸런서에서 타깃은 로드 밸런싱 타깃을 논리적으로 구현한 것으로 EC2 인스턴스, 마이크로서비스, ALB의 컨테이너 기반 애플리케이션, NLB의 인스턴스 또는 IP 주소가 타깃으로 사용될 수 있다. 타깃 타입이 IP인 경우 IP 주소는 다음 CIDR 블록 범위 내에서 지정할 수 있다.

- 타깃 그룹용 VPC 서브넷
- 10.0.0.0/8(RFC 1918)

- 100.64.0.0/10(RFC 6598)
- 172.16.0.0/12(RFC 1918)
- 192.168.0.0/16(RFC 1918)

EC2 인스턴스는 다중 포트 이용 시 동일한 타깃 그룹 이름으로 등록할 수 있고, 하나의 타깃은 여러 타깃 그룹에 등록할 수 있다.

규칙

로드 밸런서에서 규칙^{Rules}은 리스너와 타깃 그룹을 연결해주며, 조건^{conditions}과 동작 ^{actions}으로 구성된다. 전달받은 요청이 규칙 조건에 부합하면 연관 동작이 일어난다. 규칙을 통해 특정 타깃 그룹으로 요청을 전송할 수 있다. 이전 사례의 경, 경로에서 이미지에 대한 요청을 만나면 이를 이미지 호스팅 애플리케이션으로 라우팅하도록 할 수 있으며, 이를 경로 기반 규칙^{path-based rule}이라고 한다.

경로 기반 규칙을 사용할 때는 규칙 조건에 반드시 경로 패턴 포맷을 따라야 한다. 경로 패턴은 대소문자 구분이 있고, 최대 128자까지 쓸 수 있으며, 다음 텍스트 요소를 사용할 수 있다.

- A-Z, a-z, 0-9
- _ - . $ / ~ " ' @ : +
- & (& 로 표현 가능)
- (0개 혹은 그 이상의 철자와 일치)
- ? (하나의 철자에 정확히 일치)

기본 설정 리스너 생성 시 하나의 규칙이 포함되지만 이후 필요에 따라 규칙을 추가할 수 있다. 기본 규칙에는 별도의 조건이 붙어있지 않으며 각각의 규칙은 적용의 우선 순위가 있다. 최우선순위 규칙이 가장 먼저 적용되고 최후순위 규칙이 가장 늦게 적용되는데, 기본 규칙은 최후순위 규칙을 담고 있고 결국 맨 나중에 적용된다.

현재 규칙에서 사용할 수 있는 유일한 동작은 전달^{forward}로 이를 통해 타깃 그룹에 요청을 전달할 수 있다. 규칙 조건은 호스트 조건, 경로 조건, 크게 두 가지가 있고, 전달받은 요청이 규칙의 조건에 맞으면 그에 상응하는 동작이 취해진다. 집필 시점 현재 로드 밸런서는 최대 10개의 규칙을 지원하고 있으며, 향후 AWS 로드맵에 따르면 최대 100개의 규칙을 사용할 수 있을 것으로 예상된다.

그림 6-14는 리스너, 타깃 그룹, 타깃, 규칙의 관련성을 보여준다.

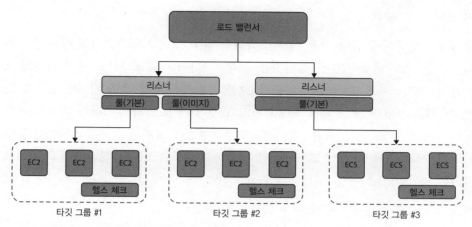

그림 6-14 리스너, 타깃 그룹, 타깃, 롤의 관계

헬스 체크

로드 밸런서는 기본적으로 트래픽의 효율적인 분배를 돕는 장치이지만 애플리케이션의 고가용성을 구현하는 도구이기도 하다. 고가용성을 구현하기 위해서는 헬스 체크Health Check가 필요하며, 이는 타깃과 타깃 그룹이 항상 문제 없이 가동될 수 있도록 미리 정의된 주기별로 타깃과 타깃 그룹의 상태를 확인하는 동작이다. 특정 타깃에 이슈가 발생하면 헬스 체크를 통해 트래픽을 문제가 생긴 인스턴스에서 다른 정상 인스턴스로 옮겨서 처리한다. 예를 들어, 로드 밸런서에 네 개의 EC2 인스턴스가 연결돼 있고, 그 중 하나의 인스턴스에서 CPU 사용량이 급증하면 헬스 체크를 통해 문제 상황이 발생했음을 알린다.

이 경우 해당 인스턴스는 로드 밸런서에서 탈락되고 모든 트래픽은 다른 EC2 인스턴스로 전송된다. 만약 서버가 건강하다면, 헬스 체크를 통과할 것이고 잠시 후 로드 밸런서는 트래픽을 다시 해당 인스턴스로 전송한다. 하지만 서버에 대한 헬스 체크 결과, 계속 문제 상황이 유지되면 해당 인스턴스는 새로운 EC2 인스턴스로 교체된다. 타깃은 로드 밸런서가 체크 요청을 전송하는 기간을 HealthCheckInterval Seconds라 부르며, 헬스 체크 요청에는 포트, 프로토콜, 핑 경로 등을 지정해야 한다. 타깃이 반응 시간 종료 전에 적절한 반응을 보이면 해당 헬스 체크는 성공한 것이 된다.

요청에도 반응이 없거나 반응 시간이 경과한 경우 그리고 연속적으로 실패 반응이 나타나면, 로드 밸런서는 해당 타깃을 실패[failure]라 표시하고 서비스에서 제외한다. 사용자는 헬스 체크 빈도, 실패 기준치, 성공 반응 코드 목록 등을 각자의 필요에 맞게 변경할 수 있다. 헬스 체크에서 실패가 발생하면 헬스 체크 실패에 대한 상세한 원인 정보가 API를 통해 전달되거나 AWS 관리 콘솔에 표시된다. 애플리케이션 로드 밸런서는 HTTP와 HTTPS 헬스 체크를 지원하고 네트워크 로드 밸런서는 TCP 헬스 체크를 지원한다.

헬스 체크 결괏값은 표 6-2와 같은 의미를 지닌다.

표 6-2 다양한 헬스 체크 상태값

헬스 체크 값	헬스 체크 값의 의미
Initial	로드 밸런서가 타깃 등록 과정에 있거나 타깃에 대한 초기 헬스 체크를 수행 중임.
Healthy	타깃은 건강함.
Unhealthy	타깃이 헬스 체크에 반응하지 않거나 헬스 체크에 실패함.
Unused	타깃이 타깃 그룹에 등록되지 않았고, 타깃 그룹은 로드 밸런서의 리스너 규칙에서 사용되지 않았거나, 타깃이 로드 밸런서를 사용할 수 없는 AZ에 존재함.
Draining	타깃의 등록이 해제됐고 연결 해제 절차가 진행 중임.

다중 AZ의 활용

Auto Scaling과 ELB를 활용해 애플리케이션을 구현할 때는 가능한 한 다중 AZ 기반으로 할 것을 권장하는데, 이는 다중 AZ가 고가용성을 구현하기 위한 기본 구조이기 때문이다. ELB가 트래픽을 AZ 간에 균등하게 배분할 수 있으므로 AWS 생태계를 기반으로 서비스를 구현할 때 다중 AZ 구조의 활용은 당연한 일이라 할 수 있다.

ELB 내부적으로는 항상 다중 AZ를 기반으로 실행되며, 하나의 AZ가 다운되더라도 다른 AZ에 있는 로드 밸런서에 의해 트래픽이 효율적으로 분산될 수 있고, ELB는 아무 이상 없이 본래의 임무를 수행할 수 있다. DNS 또한 다른 AZ로 트래픽을 라우팅할 수 있지만 사용자의 애플리케이션이 하나의 AZ에만 구현돼 있다면, 해당 AZ가 다운됐을 때 그에 속한 애플리케이션 또한 함께 멈출 수 밖에 없는 것이다. 그림 6-15는 다른 ELB를 통해 ELB 트래픽이 라우팅되는 과정을 보여준다.

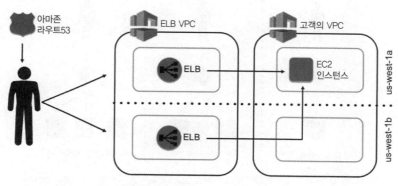

그림 6-15 서로 다른 AZ를 통한 ELB 라우팅

애플리케이션을 단일 AZ 구조에서 실행할 때와 다중 AZ 구조에서 실행할 때를 비교해 보자. 예를 들어, 사용자가 여섯 대의 서버에서 실행 중인 애플리케이션이 있을 때 단일 AZ 구조에서 하나의 AZ가 다운되면 애플리케이션 또한 다운된다. 하지만 이중 AZ 구조에서 각 AZ 마다 세 대의 서버를 운용중이라면, 하나의 AZ가 다운되더라도 처리 용량의 50%만 줄어들며, 이때는 Auto Scaling을 이용해서 거의 즉각적으로 새로운 인스턴스를 추가해 대응할 수 있다. 또 다른 예로, 기업에 매우 중요한 애플리케이션이 실행 중이며, 처리 용량에서 50%를 (잠시나마) 잃어서는 안 되는 상황이라면, 각 AZ 마다 여섯 대의 서버를 운용해 하나의 AZ가 다운되더라도 처리 용량이 100%를 유지하도록 할 수 있다.

이번에는 여섯 대의 서버를 세 곳의 AZ에 분산해 애플리케이션 서비스를 제공하는 경우를 생각해 보자. 이 경우 각 AZ마다 두 대의 서버가 존재하며 하나의 AZ가 다운되면 처리 용량의 33%만 감소하고, 가용성 측면에서 앞서 소개한 경우보다 안정적이라 할 수 있다. 고도의 가용성 시나리오 하에서라면 각 AZ마다 세 대의 서버를 운용해 하나의 AZ가 다운되더라도 여섯 대의 서버가 아무런 문제 없이 실행되도록 할 수 있다. 이 경우 세 곳의 AZ에 총 아홉 대의 서버를 배포하는 셈이며, 앞서 사례처럼 두 곳의 AZ를 사용한다면 같은 효과를 내기 위해 총 12대의 서버를 배포해야 하므로 결과적으로는 다중 AZ 구조를 통해 총 운용 비용을 절약할 수 있게 된다. 그림 6-16은 이와 같은 다중 AZ 구조에 따른 시나리오를 비교한 것이다.

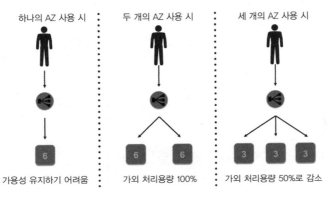

그림 6-16 AZ 개수 변화에 따른 가용성 및 처리 성능 시나리오

 동적으로 스케일업 또는 스케일다운하는 경우 세션 상태 정보를 지속적으로 유지하는 일이 매우 중요하다. 세션 상태 정보를 EC2 서버에서 관리하는 상황에서 해당 서버가 다운되면 모든 정보가 소실될 수 있다. 세션 상태 정보를 EC2 서버에서 관리하는 경우 단 한 명의 사용자라도 해당 EC2 서버에 접속해 있으면 해당 정보를 관리할 수 없게 된다. 따라서 세션 상태 정보는 EC2 서버 이외의 곳에서 관리할 필요가 있고, Auto Scaling은 해당 EC2 서버를 동적으로 스케일업 또는 스케일다운할 수 있다. DynamoDB는 세션 상태 정보를 관리하기에 매우 적합하며 아키텍처 설계 시 고려할 만하다.

다중 AZ 사용 시 가끔 문제가 나타나는데 대표적으로 자바 기반 애플리케이션이 실행될 때 몇 가지 이슈가 나타날 수 있다. 자바 기반 애플리케이션은 DNS에 있는 서버 IP 주소를 임시 저장하는데 이 때문에 매번 동일한 인스턴스로 트래픽을 재전송하는 문제가 생기곤 한다. 이는 워크로드에 대한 적절한 분배가 안 된 탓에 인스턴스 용량의 균형이 맞지 않아서 발생하는 현상으로 크로스 존 로드 밸런싱Cross-zone load balancing을 통해 문제를 해결할 수 있다.

크로스 존 로드 밸런싱은 처리 요청을 다중 AZ 간에 균등하게 분배하는 것이며, Application Load Balancer(ALB)의 기본 기능이므로 사용자가 수동으로 설정할 필요는 없다. Classic Load Balancer를 사용하는 경우 API 또는 CLI를 이용해서 로드 밸런서를 생성할 때 환경 설정을 통해 크로스 존 로드 밸런싱 기능을 활성화한다. 콘솔에서 로드 밸런서를 생성하는 경우 해당 옵션이 기본적으로 선택된다. Network Load Balancer(NLB)의 경우 각 로드 밸런서 노드는 해당 AZ에 등록된 타깃으로만 트래픽을 배분한다. 이와 같은 장점을 지닌 크로스 존 로드 밸런싱에 대한 별도의 이용 요금은 없으며 다중 AZ 환경에서 ALB를 사용할 때 편리하게 이용할 수 있다.

이때 주의할 점은 크로스 존 로드 밸런싱은 AZ 레벨이 아닌 타깃 레벨에서 실행되는 로드 밸런싱이라는 점이다. 예를 들어, 첫 번째 AZ에서 실행 중인 한 개의 인스턴스와 두 번째 AZ에서 실행 중인 세 개의 인스턴스가 있을 때, ALB을 이용해 두 AZ에 있는 총 네 개의 타깃을(인스턴스를) 하나로 묶을 수 있다. 즉, 크로스 존 로드 밸런싱을 이용하면 인스턴스 간에 워크로드가 균등하게 배분되는 것이지 두 개의 AZ 간에 균등하게 배분되는 것은 아니며, 결과적으로 모든 인스턴스에게 동일한 워크로드가 전달된다.

ALB의 경우 로드 밸런서가 요청을 받으면 리스너 규칙에서 전달의 우선 순위를 확인하고, 우선 순위를 확인됐으면 타깃 그룹에서 타깃을 선택한 뒤 라운드 로빈 알고리즘을 이용해 해당 규칙에 맞는 동작을 적용한다. 라우팅 작업은 각 타깃 그룹에서 독립적으로 실행되며 특정 타깃이 여러 타깃 그룹에 등록돼 있는지 여부와는 무관하다.

NLB의 경우 로드 밸런서가 요청을 받으면 기본 규칙에서 우선 순위를 확인하고, 프로토콜, 소스 IP 주소, 소스 포트, 대상 IP 주소, 대상주소 포트 등의 정보를 바탕으로 한 플로우 해시 알고리즘$^{flow\ hash\ algorithm}$을 이용해 타깃 그룹에서 타깃을 선택한다. 이들 정보는 동일 소스에서 동일 대상으로 향하는 트래픽의 세션 점착성$^{session\ stickiness}$의 수준을 알려준다. (점착성 높은) 스티키 세션$^{sticky\ session}$을 이용하면 로드 밸런서가 반복적인 요청을 동일한 EC2 인스턴스에 최대한 많이 전달할 수 있으며, 이를 통해 해당 EC2 인스턴스에 저장된 사용자 데이터를 활용해 처리 성능을 더욱 높일 수 있다.

클래식 로드 밸런서의 경우 HTTP 및 HTTPS 리스너를 위한 최저순위 요청$^{least\ outstanding\ requests}$ 라우팅 알고리즘(LOR)을 이용해서 요청을 받은 로드 밸런서 노드를 선택하고, TCP 리스너를 위한 라운드 로빈^{round-robin}(RR) 라우팅 알고리즘을 이용해서 등록 인스턴스를 선택한다.

실습 6-1 Auto Scaling 준비하기

이번 실습의 주요 내용은 다음과 같다.

- 실행 환경 설정 생성
- Auto Scaling 그룹 생성
- Auto Scaling 알림 환경 설정을 통해 인스턴스 리소스에 대한 요청이 너무 많거나 너무 적을 때 알림 메시지가 배포되도록 함
- 리소스 활성화의 변경 수준에 대응해 현재 실행 중인 인스턴스의 수를 스케일업 또는 스케일다운하는 Auto Scaling 정책 생성

1. AWS 콘솔에 로그인해 인스턴스를 실행하고자 하는 리전을 선택한다.
2. Services 메인 페이지에서 EC2를 선택한다.
3. 좌측 메뉴에서, Auto Scaling 섹션으로 이동한다.
4. 조정 계획을 클릭한 뒤, Auto Scaling 그룹 생성 버튼을 클릭한다.

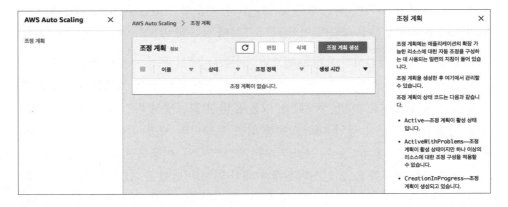

5. 이전에 Auto Scaling 그룹을 생성한 적이 없다면 위와 같은 화면이 나타날 것이다. 이전에 Auto Scaling 그룹을 생성했다면 EC2 좌측 메뉴 하단에서 **조정 계획**을 클릭했을 때 **조정 계획 생성** 화면이 나타날 것이다.

6. EC2 화면으로 이동해 **시작 구성 생성** 버튼을 클릭한다.

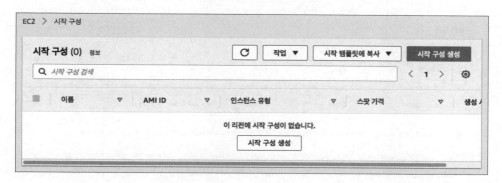

7. **시작 구성 생성** 화면은 다음과 같다.

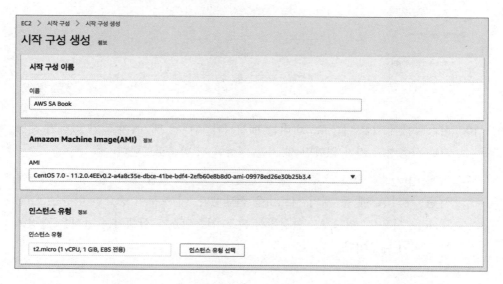

8. 이번 예제의 이름은 AWS SA Book이다. EC2 인스턴스를 구성할 AMI를 선택하는 섹션에서 원하는 AMI를 선택하고, 다음 섹션에서 프리 티어에 속하는 t2.micro 인스턴스를 선택한다.

9. 나머지 필드는 기본 설정으로 놔두고 다음 섹션으로 이동한다. 다음 화면들
    은 EC2 인스턴스 생성 화면과 완전히 동일하며 스토리지 추가, 시큐리티 그룹
    환경 설정 등에 대한 내용을 작성한다. 마지막으로 **시작 구성 생성** 버튼을 클릭
    한다.

10. 시스템에서 키를 다운로드하라는 메시지가 나타날 때, 이미 키가 있다면 해당
    키를 사용하고 키가 없다면 새 키를 생성한 뒤 다운로드한다.

11. 이제 Auto Scaling 그룹을 생성한다. 2단계, 설정 구성의 네트워크 섹션에
    서 두 개의 AZ에 두 개의 서브넷을 선택했다. 이 부분이 중요한 이유는 Auto
    Scaling 사용 시 다중 AZ 환경에서 EC2 인스턴스가 실행되는 방식을 결정하
    는 일이기 때문이다.

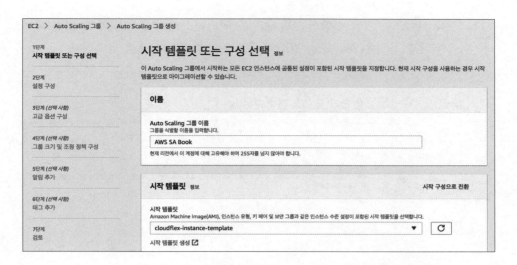

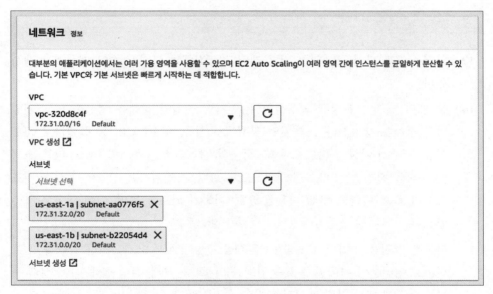

12. 그룹 사이즈는 그룹이 항상 보유하게 될 인스턴스의 수를 가리키며, 이번 예제에서 희망 용량은 2로 하고, 최소 용량은 2, 최대 용량은 4로 입력한다.

13. 그림 6-7과 같이 스케일업 및 스케일다운 정책과 관련된 경고 메시지를 생성한다.

14. 두 개의 스케일링 정책을 생성한다. 먼저 스케일업 정책을 생성한 뒤 스케일다운 정책도 생성한다. 스케일업 정책에서 성능 지표로 CPU를 선택하고 CPU 이용률은 60 이상이 되도록 한다. 하나의 인스턴스를 추가한 뒤 또 다른 스케일 동작을 하기 전 300초를 대기하도록 한다. 스케일다운 정책에서 성능 지표로 CPU를 선택하고 CPU 이용률은 20 이하가 되도록 하며, 이에 대한 동작은 인스턴스 삭제로 설정한다.

15. 다음은 알림을 추가한다. **알림을 받을 대상** 필드에 Auto Scale test라 입력하고, 수신자로 여러분의 이메일 주소를 입력한 뒤, 실행, 삭제, 실행 실패, 삭제 실패 등 모든 상황에 대한 알림 메시지를 받을 수 있도록 모든 체크박스를 선택한다.

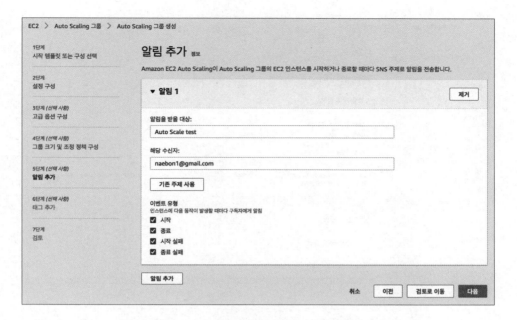

16. 다음으로 태그를 입력해 Auto Scaling에 의해 생성된 EC2 인스턴스를 식별하기 쉽게 한다. 키 필드에는 Name을, **값** 필드에는 EC2AutoScaleLab을 입력한다.

17. **검토로 이동** 버튼을 클릭한다. 지금까지 선택한 모든 내용이 나타나며 이상이 없다면 Auto Scaling **그룹 생성** 버튼을 클릭하고 Auto Scaling 그룹 생성 과정을 마친다.

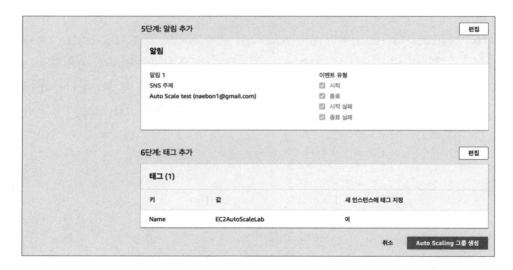

EC2 > Auto Scaling 그룹 > Auto Scaling 그룹 생성

1단계
시작 템플릿 또는 구성 선택

2단계
설정 구성

3단계 *(선택 사항)*
고급 옵션 구성

4단계 *(선택 사항)*
그룹 크기 및 조정 정책 구성

5단계 *(선택 사항)*
알림 추가

6단계 *(선택 사항)*
태그 추가

7단계
검토

검토 정보

1단계: 시작 템플릿 또는 구성 선택   [편집]

그룹 세부 정보

Auto Scaling 그룹 이름
AWS SA Book

시작 템플릿

시작 템플릿	버전	설명
cloudflex-instance-template [↗] lt-0b921e7b673888896	Default	cloudflex-autoscaling-2104

2단계: 설정 구성   [편집]

인스턴스 구매 옵션

이 Auto Scaling 그룹은 시작 템플릿을 준수함

5단계: 알림 추가   [편집]

알림

알림 1
SNS 주제
Auto Scale test (naebon1@gmail.com)

이벤트 유형
☑ 시작
☑ 종료
☑ 시작 실패
☑ 종료 실패

6단계: 태그 추가   [편집]

태그 (1)

키	값	새 인스턴스에 태그 지정
Name	EC2AutoScaleLab	예

취소   **Auto Scaling 그룹 생성**

18. Auto Scaling **그룹 생성** 버튼을 클릭하면 Auto Scaling 그룹이 생성되고 초기 그룹의 일부로서 두 개의 EC2 인스턴스가 시작된다.

19. 두 인스턴스에 각각 로그인한 뒤 터미널에서 다음 명령을 입력해 CPU 이용률을 임의로 증가시킨다.

```
stress --cpu 2 --timeout 600
```

20. 또 다른 터미널을 열고 top 명령을 이용해 모니터링한다. CPU 이용률이 급증하는 동안 콘솔을 계속 주시한다. 그러면 잠시 후 Auto Scaling 그룹을 통해 또 다른 인스턴스가 시작되는 것을 확인할 수 있다. 또한 CPU 지표가 60%에 도달하는 순간 해당 내용을 알리는 이메일 메시지를 받게 된다. Auto Scaling 그룹이 또 다른 인스턴스를 론칭한 때에도 이메일 메시지를 받게 된다. 이제 kill 명령으로 CPU 이용률을 떨어뜨린다. 그러면 Auto Scaling이 인스턴스를 삭제하는 과정이 콘솔에 나타나고, 이내 해당 내용을 알리는 이메일 메시지를 받게 된다.

6장에서는 사용자가 정의한 대로 워크로드 스케일을 자동으로 증가 또는 감소시킬 수 있는 Auto Scaling을 알아봤다. Auto Scaling은 다양한 AWS를 통합해 사용할 수 있으며, 이를 위해서는 먼저 AMI 세부 사항, 인스턴스 타입, 키 페어, 시큐리티 그룹, IAM 인스턴스 프로필, 유저 데이터, 부착된 스토리지 등, 인스턴스에 대한 세부 정보를 담은 실행 환경 설정을 생성해야 한다. 다음으로 스케일업 및 스케일다운 로직을 정의한 Auto Scaling 그룹을 생성한다. 여기에는 EC2 인스턴스의 시작 및 삭제 관리와 관련된 모든 규칙과 정책이 포함돼 있으며, Auto Scaling 그룹을 생성하기 위해서는 최소 및 최대 EC2 인스턴스의 수를 정의해야 한다.

스케일링 정책에는 다음과 같이 세 가지 유형이 있다.

- **심플 스케일링** 심플 스케일링을 이용하면 단일 스케일링 정책에 따라 스케일업 및 스케일다운을 할 수 있다. 이를 위해 CPU 이용률, 디스크 읽기 및 출력 성능, 네트워크 입출력 성능 등과 관련된 경고 메시지를 선택한다.

- **단계별 심플 스케일링** 단계별 심플 스케일링은 거의 모든 내용이 심플 스케일링 절차와 동일하며, 일부 절차만 다르다는 특징이 있다.

- **타깃 추적 스케일링** 사전 정의된 성능 지표를 선택하거나 사용자의 커스텀 성능 지표를 생성해 타깃 값으로 설정한다. 예를 들어, CPU 이용률을 성능 지표로 선택하고 타깃 값을 50%로 설정하는 방식이다.

또한 6장에서는 Elastic Load Balacing에 대해서도 알아봤다. Elastic Load Balacing은 다수의 EC2 인스턴스 간의 워크로드에 대한 균형을 잡아준다. AWS에서 활용할 수 있는 세 개의 로드 밸런서는 다음과 같다.

- **Network Load Balancer(NLB)** TCP 로드 밸런서로 불리기도 하며, OSI 모델의 레벨 4에 해당하는 연결 기반 로드 밸런싱 모델이다.

- **Application Load Balancer(ALB)** OSI 모델의 레벨 7에 해당하며, HTTP 및 HTTPS 프로토콜을 지원한다.

- **Classic Load Balancer** 클래식 EC2 인스턴스를 지원한다.

1. Auto Scaling을 이용해 서버를 론칭할 때 서버 타입에 대한 세부 사항은 어디에 정의할 수 있는가?

   A. Auto Scaling 그룹

   B. 실행 환경 설정

   C. 일래스틱 로드 밸런서

   D. 애플리케이션 로드 밸런서

2. 헬스 체크에서 Elastic Load Balacing이 실패하면 어떤 일이 벌어지는가? (가장 알맞은 답을 선택)

   A. Elastic Load Balacing이 실패하면 다른 로드 밸런서를 실행시킴

   B. Elastic Load Balacing은 인스턴스가 응답할 때까지 계속 회신을 요청함

   C. Elastic Load Balacing이 해당 인스턴스에 대한 트래픽을 차단하고 새 인스턴스를 실행시킴

   D. 로드 밸런서는 용량이 더 큰 인스턴스를 실행시킴

3. 서버를 위한 Auto Scaling 메커니즘을 생성할 때 두 가지 필수적인 요소는 무엇인가? (정답 2개)

   A. Elastic Load Balacing

   B. Auto Scaling 그룹

   C. DNS 연결

   D. 실행 환경 설정

4. EC2의 CPU 이용률이 증가하면 Auto Scaling을 통해 새 서버를 실행하는 규칙을 작성 중일 때 CPU 이용률을 모니터링하는 데 사용되는 Auto Scaling의 도구는 무엇인가?

   A. CloudWatch 성능 지표

   B. 리눅스 top 명령 실행의 결괏값

   C. ELB 헬스 체크 성능 지표

   D. 운영체제에 따라 다름. Auto Scaling은 CPU 이용률 측정을 위해 OS-네이티브 도구를 사용함

5. 유입 트래픽을 확인하기 위해 로드 밸런서 리스너가 필요로 하는 두 가지 정보는 무엇인가? (정답 2개)

    A. 운영체제 유형
    B. 포트 넘버
    C. 프로토콜
    D. IP 주소

6. 다음 중 헬스 체크를 할 수 없는 로드 밸런서는 무엇인가요?

    A. Application Load Balancer
    B. Network Load Balancer
    C. Classic Load Balancer
    D. 위 보기 중 정답 없음

7. 콘텐트에 대한 캐싱의 장점을 최대한 살리기 위해 동일 인스턴스에 반복적으로 요청을 전달하는 기술을 일컫는 말은 무엇인가?

    A. 스티키 세션
    B. 다중 AZ 활용
    C. 크로스 존 로드 밸런싱
    D. 인스턴스별로 하나의 ELB 활용

8. 내부 전용 애플리케이션의 아키텍처를 구상 중일 때 ELB을 통한 인터넷 접속을 원천적으로 막을 수 있는 방법은 무엇인가?

    A. ELB에서 인터넷 게이트웨이 분리
    B. 프라이빗 서브넷에 인스턴스를 생성하고 ELB와 연결
    C. VPC에는 어떠한 인터넷 게이트웨이도 부착해서는 안 됨
    D. 콘솔에서 ELB를 생성할 때 내부용 또는 외부용을 정의 가능

9. 다음 중 참인 것은 무엇인가? (정답 2개)

    A. ELB는 다수의 리전 간에 트래픽을 분산 가능함
    B. ELB는 다수의 AZ 간에 트래픽을 분산 가능하지만 다수의 리전 간에는 트래픽을 분산할 수 없음

C. ELB는 다수의 AZ 간에 트래픽을 분산 가능함

D. ELB는 다수의 리전 간에 트래픽을 분산 가능하지만 다수의 AZ 간에는 트래픽을 분산할 수 없음

10. Auto Scaling 그룹에서 생성할 수 있는 EC2 인스턴스의 최대 개수는 얼마인가?

    A. 10

    B. 20

    C. 100

    D. Auto Scaling 그룹에서 생성할 수 있는 EC2 인스턴스의 수는 제한이 없음

6장 해답

1. **B.** 론칭할 서버의 타입은 실행 환경 설정 템플릿에 정의한다. Auto Scaling 그룹은 스케일링 정책을 정의하며, 일래스틱 로드 밸런싱은 다수의 인스턴스 간에 트래픽을 배분하는 데 사용되고, 애플리케이션 로드 밸런서는 OSI 모델의 레이어 7에 해당하는 HTTP/HTTS 트래픽을 배분한다.

2. **C.** Elastic Load Blancing의 페일 오버 전략의 작동 메커니즘은 최종 사용자에게 투명하게 공개돼 있다. 실패 상황에도 불구하고 Elastic Load Blancing을 지속적으로 시도하지만, 일정 시간 내에 인스턴스의 응답이 없는 경우 새 인스턴스를 시작한다. Elastic Load Blancing은 무한정 인스턴스의 응답을 기다리지는 않는다.

   로드 밸런서가 실행하는 새 인스턴스의 내역은 실행 환경 설정에 정의돼 있으며, 관리자가 직접 실행 환경 설정 내용을 변경해 좀 더 큰 용량의 인스턴스 타입을 지정하지 않는 한 기존과 동일한 인스턴스 타입이 시작된다.

3. **B, D.** 실행 환경 설정과 Auto Scaling 그룹에 대한 정의는 의무 사항이다.

4. **A.** Auto Scaling은 CPU 이용률을 측정하기 위해 CloudWatch 성능 지표를 확인한다. 리눅스 top 명령이나 네이티브 OS 도구를 사용하면 CPU 이용률을 측정할 수는 있지만 Auto Scaling이 해당 도구를 사용하지 않는다.

5. B, C. 리스너는 트래픽 유입부의 로드 밸런서 리스너가 연결된 프로토콜과 포트를 정의한다.

6. D. 모든 로드 밸런서는 헬스 체크 기능을 지닌다.

7. A. 다중 AZ 구조에서 워크로드를 다수의 AZ로 분산할 수 있지만, 동일한 인스턴스로 요청을 되돌려 보낼 수는 없다. 크로스 존 로드 밸런싱은 우회 캐싱 기법을 사용한다. 하나의 인스턴스마다 하나의 ELB를 적용하면 복잡성이 증대될 뿐이다.

8. D. ELB에서 인터넷 게이트웨이를 부착 또는 제거할 수 없으며, 이는 프라이빗 서브넷에 해당 인스턴스를 생성했을 때도 마찬가지다. 외부형 ELB 인스턴스를 생성하면 인터넷 연결이 가능해진다. 이는 VPC도 마찬가지이며, VPC에서 뻗어나간 인터넷 게이트웨이를 사용한다 하더라도 외부형 ELB를 추가하면 인터넷 연결이 가능해진다.

9. B, C. ELB는 단일 리전 내에서 다중 AZ 구조로 확장할 수 있다. ELB는 다중 리전 구조로 확장하는 것은 불가능하다.

10. D. Auto Scaling 그룹에 넣을 수 있는 EC2 인스턴스의 수에는 제한이 없다. 하지만 사용자의 계정상 EC2 인스턴스 생성에 개수 제한이 있을 수 있으며, 이는 서포트 티켓을 통해 제한을 풀 수 있다.

CHAPTER 7

AWS 애플리케이션 배포 및 모니터링

7장에서 살펴볼 내용은 다음과 같다.

- 서버리스 애플리케이션 개요
- AWS Lambda 소개
- API Gateway
- Amazon Kinesis Data Streams, Kinesis Data Firehose, Kinesis Data Analytics
- Amazon CloudFront, Route 53, AWS WAF, AWS Shield
- AWS SQS, SNS, Step Functions
- Elastic Beanstalk와 AWS OpsWorks
- Amazon Cognito
- Amazon Elastic MapReduce
- AWS CloudFormation
- Amazon CloudWatch, AWS CloudTrail, AWS Config, VPC Flow Logs, AWS Trusted Advisor 등의 모니터링 도구를 활용한 AWS 서비스 관리 기법
- AWS Organization을 이용한 AWS 계정 관리 기법

AWS Lambda

개발자라면 누구나 애플리케이션을 개발하면서 우수한 사용자 경험을 제공하기를 바라며, 게임 플레이 도중 아이템을 인앱 결제로 구매할 수 있게 하거나, 사용자가 입력한 주소 정보가 정확한지 검증하거나, 혹은 사용자가 업로드한 대용량 이미지의 썸네일을 생성하는 애플리케이션을 개발할 때 사용자 경험 수준을 좀 더 높이기 위

해 노력할 것이다.

개발자가 사용자 경험 수준을 높이려면 인앱 결제, 이미지 업로드, 웹사이트 클릭, 주소 검증 화면 뒤에서 작동하는 백엔드 코드가 완벽하게 작동하도록 해야 한다. 하지만 백엔드 코드의 호스팅 및 실행을 처리할 수십 대 서버의 용량 관리, 프로비전, 확장성 유지, 운영체제 업데이트, 보안 패치 적용, 인프라 성능 및 가용성 점검 등의 업무를 하다 보면 정작 개발 업무에 투입할 수 있는 시간과 자원이 부족해진다. 이런 상황에서 막대한 시간을 소모하는 서버 관리 업무에서 벗어나 오직 코드 작성과 사용자 경험 향상에만 집중할 수 있는 방법이 있다면 어떻게 하겠는가?

AWS Lambda는 Amazon S3 버킷 이미지 업로드, DynamoDB 테이블 갱신, Kinesis Data Streams 데이터 입력, 인앱 액티비티 등 애플리케이션의 각종 이벤트에 반응해 백엔드 코드를 실행하는 컴퓨팅 서비스다. AWS Lambda에 백엔드 코드를 업로드하면, 코드 실행에 필요한 용량 및 확장성 관리, 패치 업무, 인프라 관리 업무 등 제반 서버 관련 업무를 처리하며, 처리 결과로 생성된 성능 지표는 실시간으로 CloudWatch에 전송하므로 개발자는 오직 코드 작성 업무에만 집중할 수 있다.

AWS Lambda는 초기 설치비 부담이 없는 저비용 서비스이며 사용자는 코드 실행 요청별 및 코드 실행 시간별(100 밀리초 단위)로 부과되는 비용만 부담하면 된다. AWS Lambda를 시작하기 위해 새로운 언어나 도구, 프레임워크를 학습할 필요가 없으며, 개발자에게 익숙한 서드 파티 라이브러리 또는 네이티브 도구를 그대로 사용할 수 있다.

AWS Lambda에서 실행되는 코드를 Lambda 함수라 부르며, 개발자는 자신이 작성한 코드를 ZIP 파일 형식으로 업로드하거나 AWS 관리 콘솔에 자신만의 통합 개발 환경을 구축할 수 있다. 또한 이미지 변환, 파일 압축, 변경 알림 등 다양한 Lambda 함수 샘플을 이용해 개발 시간을 줄이고 목표한 코드를 신속하게 업로드할 수 있으며, AWS SDK를 이용해 간편하게 다른 AWS 서비스를 호출할 수 있다. Lambda 함수를 업로드한 뒤에 S3 버킷 또는 DynamoDB 테이블 등을 모니터링할 수 있는 이벤트 소스를 선택하면, 이벤트 발생 시 자동으로 해당 함수가 실행된다. Lambda를 이용하면 여러분이 작성한 함수로 모든 이벤트를 발생시킬 수 있으며, 새로운 정보에 즉각적으로 반응하는 애플리케이션을 간편하게 구현할 수 있다.

AWS Lambda는 진정한 서버리스 서비스인가?

AWS Lambda는 컴퓨팅 서비스로 가장 큰 장점은 서버 인프라 프로비전 및 관리 필요성이 없다는 것이다. AWS Lambda는 서버리스 서비스$^{serverless\ service}$이며, 이번 절에서는 서버리스의 의미부터 정리한다. 특정 플랫폼이 서버리스로 인정받으려면 다음과 같은 조건을 갖춰야 한다.

- **인프라 관리 필요성 없음** 서버리스라는 단어 속에 관리 대상으로서의 서버 인프라가 없다는 의미 포함
- **확장성** 서버리스 플랫폼에서 언제든 애플리케이션의 스케일업 또는 스케일다운이 가능해야 함
- **내재된 중복 구현성** 서버리스 플랫폼은 항상 고가용성을 유지할 수 있어야 함
- **사용량에 따른 과금** 서버리스 플랫폼에서 사용자는 자신이 사용한 서비스에 대한 비용만 부담하며, 서비스를 사용하지 않을 경우 비용이 부과되지 않음. Lambda 사용 시 코드가 실행될 때만 비용이 부과되며 코드가 실행되지 않으면 부과되는 비용 또한 없음. 또한 사용자는 서버 자체에 대한 비용은 물론 데이터 센터 운영에 소요되는 전기, 냉각, 네트워킹, 건축 비용 등 서버 실행과 관련된 비용도 부담하지 않아도 됨

위와 같은 서버리스의 네 가지 특성을 살펴보면 지금까지 살펴본 상당수의 AWS 서비스가 서버리스 조건에 해당된다는 사실을 느끼게 될 것이다. AWS의 주요 서버리스 서비스는 다음과 같다.

- Amazon S3
- Amazon DynamoDB
- Amazon API Gateway
- AWS Lambda
- Amazon SNS and SQS
- Amazon CloudWatch Events
- Amazon Kinesis

여러분 중 일부는 위와 같은 서버리스 서비스가 진정한 서버리스 서비스인지, 이를 테면 서버가 아예 없는 것이 아니라 어딘가에 서버가 존재하는 것은 아닌지 의문이 들 것이다. 사실 서버리스는 진짜로 (물리적인) 서버 없이 제공되는 서비스가 아니며, AWS는 서버리스 서비스를 제공하기 위해 대규모의 EC2 서버 플릿 또는 서버 함대를 보유 및 운용 중이다.

서버리스라는 단어가 사용되는 이유는 개발자가 부담해야 할 프로비저닝, 유지보수, 안정화 관리, 장애대응 등 다양한 업무 대상이 되는 서버가 없다(혹은 보이지 않는다)는 뜻이며, 이 모든 업무를 서버리스 플랫폼인 AWS가 담당한다. S3의 경우 스토리지 인프라는 이미 프로비전 돼 있고, 사용자는 스토리지 공간인 버킷에 콘텐츠를 업로드하기만 하면 된다. Lambda의 경우 개발자는 코드를 실행하기만 하면 되며, 그 뒤에 존재하는 백엔드 인프라는 관리하지 않는다는 의미에서 이들 서비스를 서버리스 서비스라 부른다.

AWS Lambda의 개요

AWS Lambda를 이용하면 서버리스 플랫폼의 장점을 모두 활용할 수 있으며, 함수의 요청 횟수 및 (코드 실행의) 지속 시간에 따른 비용만 부담하면 된다. 이때 코드 실행에 따른 메모리 소모 비용도 포함되지만 코드를 실행하지 않을 때는 요금이 발생하지 않는다.

사용자는 Lambda를 이용해 거의 모든 타입의 애플리케이션과 백엔드 서비스를 위한 코드를 실행할 수 있으며, 고가용성하에서 코드 실행 및 확장성을 유지할 수 있다. 각각의 Lambda 함수에는 실행하려는 코드가 들어있으며, 코드 실행 방식을 정의하는 환경 설정을 통해 코드를 실행하거나 함수의 실행을 촉발시키는 이벤트 소스를 감지할 수 있다.

이벤트 소스로는 Lambda 함수를 실행시키는 Amazon SNS 함수가 될 수 있고, (다음 절에서 다룰) HTTPS 요청을 수신하면 API 메소드를 실행시키는 API Gateway 이벤트가 될 수도 있다. 이 외에도 Amazon S3, DynamoDB, Kinesis, CloudWatch 등, Lambda 함수를 실행시킬 수 있는 다양한 이벤트 소스가 있지만 자격 시험을 위해 이들 이벤트 소스를 모두 암기할 필요는 없다.

그림 7-1은 AWS Lambda의 가장 단순한 아키텍처를 보여주며, 이벤트 환경을 설정한 뒤 (이미지 업로드, 인앱 동작, 웹사이트 클릭 등) 이벤트가 발생하면 거의 즉각적으로 (Lambda 함수로서) 코드가 호출된다.

그림 7-1 실행 중인 AWS Lambda 함수의 아키텍처

이때 코드는 비즈니스 로직을 포함해 어떤 것이든 가능하다. 람다 활용을 위한 아키텍처 참조자료는 잠시 후 살펴볼 '서버리스 서비스 활용을 위한 아키텍처 참조자료' 절에서 확인할 수 있으며, 람다 활용 시나리오별로 다양한 아키텍처 사례를 알아본다.

사용자는 다수의 Lambda 함수를 병렬적으로 (동시다발적으로) 실행할 수 있으며, 일정 시점에 실행할 수 있는 Lambda 함수의 개수 제한은 없다. Lambda 함수는 상태 정보를 저장하지 않는 스테이트리스stateless 속성을 지니므로 트래픽과 이벤트가 급증할 경우 사용 중인 인프라의 종류에 상관 없이 신속하게, 필요한 만큼의 함수를 복제해 실행할 수 있다. AWS Lambda는 마이크로프로세스microprocesses 방식으로 가상 서버를 교체할 수 있으며, 이를 구성하는 인프라 또한 쉽게 분리할 수 있으므로 Lambda 함수와 API Gateway를 이용해 마이크로서비스를 쉽게 구현할 수 있다.

AWS Lambda 활용 시 사용자는 보통의 프로그래밍 언어로 코드를 작성할 수 있고, 운영체제에서 제공하는 (스레드 및 프로세스를 생성하는) 기능을 사용할 수 있다. 메모리, 디스크, 런타임, 네트워크 용량 등 Lambda 함수에 할당된 리소스는 함수가 사용하는 모든 프로세스 사이에 공유돼야 하며, 프로세스 론칭 시 Amazon 리눅스가 지원하는 어떤 언어를 써도 무방하다.

다음은 AWS Lambda를 활용하기 위한 기본적인 단계다.

1. 먼저 AWS Lambda에 ZIP 포맷의 코드를 업로드한다. 또는 직접 코드를 작성하거나 서버리스 애플리케이션 코드 저장소에서 샘플 코드를 가져온다.

2. 함수에 IAM 롤을 추가하거나 함수에 필요한 새 롤을 생성한다.

3. 함수를 생성한 뒤 Lambda 함수를 호출하기 위한 트리거를 추가한다.

4. Lambda 함수가 비동기적으로 호출되거나 함수가 스트리밍 데이터를 처리하면 목적지에 호출 기록을 전송하도록 목적지의 환경을 설정한다.

5. Lambda 함수가 생성되면 해당 함수가 어느 정도의 주기로 실행될지 설정할 수 있다. 또한 해당 함수가 이벤트에 의해 실행될지 여부 및 이벤트 소스의 내용도 설정할 수 있다.

6. 사용자는 이벤트 처리를 위한 컴퓨트 리소스(메모리 범위 128MB~3008MB), 이벤트 타임아웃, VPC 세부 사항 등 Lambda 함수에 대한 다양한 환경 요소를 설정할 수 있다.

그림 7-2는 AWS Lambda의 작동 방식을 간략히 보여준다.

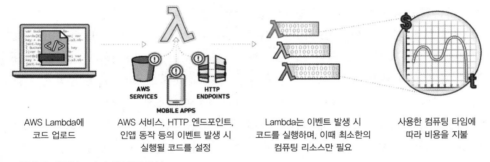

| AWS Lambda에 코드 업로드 | AWS 서비스, HTTP 엔드포인트, 인앱 동작 등의 이벤트 발생 시 실행될 코드를 설정 | Lambda는 이벤트 발생 시 코드를 실행하며, 이때 최소한의 컴퓨팅 리소스만 필요 | 사용한 컴퓨팅 타임에 따라 비용을 지불 |

그림 7-2 AWS Lambda의 작동 방식

AWS Lambda가 지원하는 네이티브 언어는 다음과 같다.

- Java
- Node.js
- Python
- C#
- Go
- PowerShell
- Ruby

또한 AWS Lambda는 함수 작성에 필요한 추가적인 프로그래밍 언어를 지원하는 런타임 API를 제공한다.

AWS Lambda의 호출별 리소스 용량 제한

AWS Lambda를 사용하기 전에 표 7-1과 같은 호출별 리소스 제한 사항을 확인해야 한다. 예를 들어, 사용자가 어떤 코드를 12시간동안 실행하면 다른 코드는 실행할 수 없게 되는데, 이는 AWS Lambda의 코드 실행 기간이 요청당 300초, 즉 최대 5분이기 때문이다. 또한 최대 동시 실행 코드 수는 1,000건이지만 이는 다른 AWS 서비스처럼 서포트 티켓으로 상향 조정할 수 있다.

표 7-1 AWS Lambda의 호출별 리소스 용량 제한

리소스	AWS Lambda 용량 제한
메모리 할당 범위	최소 = 128MB 최대 = 3008MB(64MB 단위로 증감) 최대 메모리 사용량 초과 시 Lambda 함수 실행 종료됨
임시 디스크 용량(/tmp 공간)	512MB
파일 디스크립터(file descriptors) 수	1,024
프로세스와 스레드의 수(연결 총합)	1,024
요청당 최대 실행 기간	300초
Lambda 함수 배포 패키지 크기(.zip 또는 .jar 파일로 압축)	50MB
리전당 업로드할 수 있는 배포 패키지의 총 용량	75GB

Lambda 사용 패턴

Lambda는 Amazon S3, DynamoDB, Amazon Kinesis Data Streams, Amazon Simple Notification Service(Amazon SNS), Amazon CloudWatch 등 다양한 AWS 서비스에 의해 직접 실행될 수 있으며, 이들 서비스를 활용해 다양한 실시간 데이터

처리 시스템을 구현할 수 있다. 다음은 실무적으로 Lambda를 사용하는 가장 대표적인 패턴이다.

- **실시간 파일 데이터 처리** Lambda를 통해 Amazon S3에 업로드된 파일 또는 수정된 파일을 처리할 수 있다. 예를 들어, Amazon S3에 업로드된 컬러 이미지를 그레이스케일 이미지로 변환할 수 있다.

- **실시간 스트림 데이터 처리** Kinesis Data Streams와 Lambda를 이용해 스트리밍 데이터 처리, 클릭 스트림 분석, 로그 필터링, 소셜 미디어 분석 등의 작업을 수행할 수 있다.

- **ETL(Extract, Transform, Load) 작업** 하나의 저장소에 있는 데이터를 추출, 변환한 뒤, 또 다른 저장소에 로딩할 수 있다.

- **Cron 대체** 스케줄 표현식을 사용해 일정한 주기로 Lambda 함수를 실행할 수 있으며, 이는 EC2 인스턴스에서 크론을 사용하는 경우보다 저렴하고 가용성도 높은 방식이다.

- **AWS Events 처리** Amazon S3에 로그인하거나 S3 버킷 알림을 이용해 Lambda 함수를 실행할 때 AWS CloudTrail 등 다른 서비스를 이벤트 소스로 이용할 수 있다.

Amazon API Gateway

API 아키텍처 구현, 배포, 유지, 모니터링 작업은 많은 시간이 소요되는 까다로운 작업이며, API 관련 업무를 지속적으로 개선하는 일은 훨씬 더 어렵다. 개발자는 클라이언트에게 제공한 API의 호환성을 유지하기 위해 동일한 API라 하더라도 다양한 버전의 API를 실행 및 관리해야 하며, (개발, 테스트, 상용화 등) 개발 사이클의 단계에 따라 투입해야 하는 시간과 노력의 양이 달라진다. 또한 모든 API에 대한 접근 권한을 관리하는 일은 중요하면서도 복잡하며, 비슷한 유형의 작업을 계속 반복해야 하는 경우도 많다. API를 성공적으로 배포한 뒤에는 API가 활성화되도록 유지보수, 모니터링해야 하고 수익화를 위해 서드 파티 기업의 서비스 환경에 적용해야 한다.

API 개발의 또 다른 어려움은 백엔드를 보호하기 위해 요청 수를 적정 수준으로 관리하는 일 외에도 API 응답 캐싱, 요청과 응답 변환, API 정의 생성 등 관리 업무의 종류가 다양하다는 것이다. 사용자를 위한 API 활용 도구에 대한 문서화 작업 또한 결코 간단하지 않다. Amazon API Gateway는 이와 같은 문제를 해결하는 것은 물론 레스트풀(RESTful) API 개발 및 유지를 위한 운영 업무를 줄여준다.

Amazon API Gateway는 API의 정의, 퍼블리싱, 배포, 유지, 모니터링, 확장에 이르는 모든 업무를 안전하게 처리할 수 있도록 하는 완전 관리형 API 서비스이며, 클라이언트는 표준 HTTPS 요청을 통해 해당 API를 통합할 수 있다. 아울러 API Gateway는 Amazon EC2, ECS, AWS Lambda, 온프레미스 환경에서 실행되는 모든 웹 애플리케이션과 연결할 수 있는 창구로서의 역할을 수행해 데이터, 비즈니스 로직, 백엔드 기능 등에 신속하게 접근할 수 있다.

API Gateway는 기업의 비즈니스 로직과 고객을 API로 연결할 수 있는 강력한 기능을 제공하며, 주요 활용 방식은 다음과 같다.

- 백엔드 HTTP 엔드포인트, AWS Lambda 함수 또는 기타 AWS 서비스에 연결하기 위한 레스트풀 API의 생성, 배포, 관리
- 프론트엔드 HTTP 엔드포인트를 통해 외부로 노출된 API 호출

API Gateway는 수십만 개에 이르는 동시적 API 호출을 처리하기 위한 제반 업무를 수행하며, API 관리를 위한 모든 문제 또한 대신 처리할 수 있다. 예를 들어, API Gateway의 트래픽 관리 기능을 이용해 접근 권한 부여 및 접근 제어, 트래픽 모니터링, 버전 컨트롤 업무를 수행한다. 사용자는 API 호출 및 전송된 데이터의 양에 따라 비용을 지불하며 기본 요금 또는 기본 설치 비용을 부담할 필요가 없다.

API Gateway가 지원하는 API 유형

API Gateway가 지원하는 API 유형은 다음과 같다.

- **REST API** REST API는 API 프록시 기능 및 API 관리 기능을 단일 솔루션으로 제공한다. REST API는 사용량 계획, API 키, API 배포 및 수익화 등 다양한 API 관리 기능을 제공한다.

- **WebSocket API** WebSocket API를 이용해서 클라이언트와 지속형 연결을 유지할 수 있으며, 이를 통해 실시간 메시지 커뮤니케이션 기능을 구현할 수 있다.

- **HTTP API** HTTP API는 AWS Lambda 함수 또는 HTTP 백엔드의 프록시 역할을 하는 API 구현에 최적화돼 있으며, 이를 통해 서버리스 워크로드를 효과적으로 처리할 수 있다.

Amazon API Gateway의 장점

Amazon API Gateway의 주요 장점은 다음과 같다.

- **높은 성능 및 장애 대응성** 백엔드 성능 증감을 통해 트래픽 폭증 상황에도 유연하게 대처할 수 있으며, 사용자는 API Gateway 운영 인프라에 대한 관리 부담 없이 필요한 만큼의 인프라 리소스를 활용할 수 있다.

- **캐싱 기능** API 출력 데이터의 캐싱 기능을 통해 API 호출 성능을 향상시키고, 응답 지연 가능성을 감소시켜서 사용자 경험 수준을 높일 수 있다.

- **보안성** API 접근 권한 관리 및 서비스 운영에 대한 접속 제한 기능을 통해 보안성을 유지하고, AWS IAM, Amazon Cognito 등과 같은 AWS 전용 도구를 이용해 API 접속 권한을 관리할 수 있다. 또한 AWS 최신의 서명 관리 프로토콜인 Signature Version 4가 적용된 서명된 API 호출에 대한 검증 기능도 제공한다.

- **이용량 측정** 서드 파티 개발자의 API 사용량을 측정하고 접근을 제한하는 기능을 제공한다. API에 대한 요청을 자동으로 측정하고 관련 데이터를 API 키 별로 추출할 수 있다(API 키는 API와 통합된 서드 파티 개발자 커뮤니티의 접속을 관리하기 위한 매우 유용한 도구다). 개발자는 콘솔에 접속하거나 프로그래밍 방식으로 API 키를 생성할 수 있고, API 관리자는 해당 API 키에 대한 접근 허용 조건을 설정해 특정 그룹의 API 또는 단일 API에 접속할 수 있게 할 수 있다. 또한 API 키 별로 성능 증가/감소^{throttling} 및 할당량 제한$^{quota\ limits}$ 등 환경을 설정할 수 있으며, 서드 파티 개발자에게 배포한 API 키의 생성, 모니터링, 관리 업무를 지원한다.

- **모니터링** API를 배포한 뒤 API Gateway 대시보드를 통해 API 호출과 관련된 모든 지표를 확인하고 모니터링 할 수 있으며, Amazon CloudWatch와 통합해 API 호출, 응답 지연, 오류 발생률 등 모든 통계 지표를 확인할 수 있다.

- **라이프 사이클 관리** 동일한 API의 다양한 버전을 간편하게 관리할 수 있으며, 개발자는 이를 이용해서 개발 단계, 상용화 단계, 베타버전 단계 등 서비스 개발 단계에 따라 존재하는 다양한 버전을 효율적으로 배포할 수 있다.

- **다른 AWS 서비스와의 통합** AWS Lambda와 통합해 서버리스 API를 구현할 수 있고, Amazon CloudFront와 통합해 DDoS 공격을 효과적으로 방어할 수 있다.

- **Open API 명세서**[Swagger] **지원** Swagger는 오픈소스 기반 API 개발 도구이며, API 생성 및 배포, 업데이트 등의 기능을 포함한 Swagger 임포트 도구를 이용해 Swagger API 정의 템플릿을 Amazon API Gateway로 임포트할 수 있다.

- **iOS, Android, JavaScript용 SDK 지원** API Gateway는 사용자의 API 정의 내역에 따라 자동으로 클라이언트 SDK를 생성하며, 개발자는 이를 이용해서 API에 대한 기본 설계부터 통합 테스트에 이르는 업무를 불과 몇 시간만에 마칠 수 있다.

 EXAM TIP Amazon API Gateway는 비교적 최근에 시험 영역에 추가됐으며, API Gateway 활용 방식, API Gateway의 활용에 따른 장점을 잘 이해해야 한다.

Lambda는 API Gateway와 쉽게 통합할 수 있다. 특히 API Gateway와 Lambda를 조합해 완벽한 서버리스 애플리케이션을 만들 수 있다.

그림 7-3은 AWS Lambda를 이용한 서버리스 마이크로서비스 아키텍처를 보여준다.

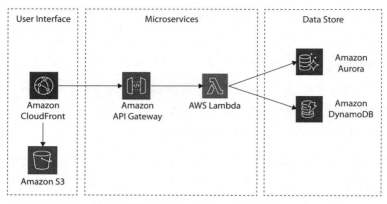

그림 7-3 AWS Lambda를 이용한 서버리스 마이크로서비스 아키텍처

Amazon Kinesis

지난 수년간 비즈니스에서 활용할 수 있는 데이터의 양이 급증했으며, 최근에는 특히 다양한 원천으로부터 막대한 양의 실시간 데이터가 유입되고 있다. IoT 디바이스에서 발생하는 데이터를 비롯해 온라인 게임 데이터, 애플리케이션 서버 로그 데이터, 클릭 트림 데이터 등 종류도 다양하다. 데이터에서 인사이트를 얻으려면 신속하게 데이터를 처리하고 분석할 수 있어야 하며, 이와 같은 데이터 수집, 처리, 분석 능력은 기업이 고객에게 제공하는 서비스의 수준을 결정지을 수 있으므로 매우 중요하다. 예를 들어, 고객 구매 행동과 관련해 기업은 데이터 분석을 통해 광고 메시지를 변경하거나 고객 구매 행동 패턴을 반영해 상품을 추천할 수 있다.

실시간 애플리케이션 시나리오

스트리밍 데이터 기반의 애플리케이션 활용 시나리오는 크게 두 가지로 생각해 볼 수 있다.

- **배치 분석에서 스트리밍 분석으로 진화** 배치 프로세싱^Batch Processing^은 전통적인 데이터 분석 방식이다. 기존의 데이터웨어하우스 또는 하둡^Hadoop^프레임워크의 일괄처리 방식이며, 데이터 레이크, 데이터 사이언스, 머신러닝 분야에서 주로 사용한다. 반면 스트리밍 프로세싱^Streaming Processing^은 실시간으로 흘러가는 데

이터를 지속적으로 분석하는 방식으로 데이터 레이크에 쌓인 상태에서가 아닌 데이터 레이크에 유입될 때 해당 데이터를 처리한다. 스트리밍 분석 방식은 새로운 데이터를 통해 기존의 머신러닝 모델을 좀 더 자주 업데이트할 수 있으며, 분석 결과를 좀 더 정확하고 신뢰할 수 있게 해준다. 미국의 부동산 정보업체 질로우Zillow의 경우 Amazon Kinesis Data Streams 서비스를 이용해 부동산 관련 공공 데이터를 수집해 부동산 구매자와 판매자에게 실시간에 가깝게 해당 부동산의 가격을 제시한다. 또한 처리 및 분석한 데이터를 S3 데이터 레이크에 저장해 최신의 부동산 정보를 질로우 애플리케이션에 배포한다.

- **실시간 애플리케이션 개발** 스트리밍 데이터 서비스는 애플리케이션 모니터링, 사기행동 감지, 라이브 리더보드 등 실시간 애플리케이션에 사용할 수 있다. 이를 위해서는 데이터 수집부터 처리까지 밀리초 수준의 지연만 허용돼야 하며, 처리된 데이터는 타깃 데이터 스토어와 기업의 다른 시스템에 빠짐없이 전송돼야 한다. VOD 서비스 전문 기업인 넷플릭스Netflix의 경우 Kinesis Data Streams를 이용해 모든 애플리케이션과의 커뮤니케이션 상태를 모니터링하고, 문제가 발생할 경우 신속하게 탐지 및 해결하며, 전 세계의 모든 시청자가 연중 중단없이 콘텐츠를 시청할 수 있도록 한다. 실시간 데이터 분석은 기존에는 주로 애플리케이션 성능 모니터링에 활용됐지만 최근에는 광고 기술, 게임 퍼블리싱, IoT 등으로 적용분야가 넓어지고 있다.

배치 데이터 처리와 스트리밍 데이터 처리의 차이점

배치 데이터와 스트리밍 데이터는 데이터 수집, 정련, 처리, 분석을 위한 도구가 다르다. 배치 분석의 경우 데이터 수집, 데이터베이스 입력, 분석까지 적게는 수 시간, 많게는 수 주의 시간이 소요되는 일괄 처리 방식을 사용하지만 실시간 데이터는 이런 방식으로 분석할 수 없기 때문이다. 스트리밍 데이터 처리의 경우 데이터베이스에 저장된 데이터를 쿼리하는 방식이 아닌 실시간으로 연속 처리해야 정보로서의 가치를 지니게 되며, 유입되는 정보량 또한 언제든 급증 또는 급감할 수 있다. 따라서 스트리밍 데이터 처리 플랫폼은 유입 데이터의 속도와 다양성에 맞춰 유연하게 작동해야 하며 시간당 유입되는 수백만에서 수십억 건의 이벤트를 신속하게 처리할 수 있어야 한다.

실시간 데이터 분석 서비스인 Amazon Kinesis는 대량의 데이터를 효과적으로 처리해 사용자에게 해당 데이터가 지닌 인사이트를 제공한다. Amazon Kinesis 패밀리는 다음과 같다.

- Amazon Kinesis Data Streams
- Amazon Kinesis Data Firehose
- Amazon Kinesis Data Analytics
- Amazon Kinesis Video Streams

Amazon Kinesis Data Streams

Amazon Kinesis Data Streams는 특화된 분석 목적에 맞춰 스트리밍 데이터에 대한 실시간 분석 서비스를 제공하며 웹사이트 클릭스트림, 신용카드 사용 등 금융거래, 소셜미디어 피드, IT 로그, 위치 추적 이벤트 등 수십만 가지의 데이터 소스로부터 유입되는 테라바이트급 데이터를 저장 및 처리할 수 있다. KCL^{Kinesis Client Library}은 스트리밍 데이터를 이용해 실시간 대시보드, 실시간 경고, 동적 가격 책정 및 광고 집행 과 같은 기능을 수행하는 Kinesis 애플리케이션의 구현을 돕는 라이브러리다. 사용자는 Kinesis Data Streams에서 실시간으로 수집한 데이터를 Amazon S3, Redshift, EMR, AWS Lambda 등의 서비스에 전송할 수 있다.

Amazon Kinesis Data Streams의 장점

Amazon Kinesis Data Streams의 장점은 다음과 같다.

- **실시간성** Kinesis Data Streams의 가장 주요한 장점은 실시간 데이터 처리이며, 데이터 생성 즉시 해당 데이터를 수집해 중요한 정보를 기업의 비즈니스 또는 운영 부문에 신속하게 전달할 수 있다.
- **안전성** 사용자는 VPC 엔드포인트를 이용해 안전하게 Kinesis Data Streams API에 접속할 수 있고, 보안 규정 준수를 위해 서비스에 내장된 서버 측 암호 기능을 사용하거나 AWS KMS^{Key Management Service}의 마스터 키를 이용할 수 있다.

- **편리성** 데이터 분석을 위한 Kinesis 스트림은 거의 즉각적으로 생성할 수 있고, KPL^{Kinesis Producer Library}를 이용해 간편하게 스트림데이터를 입력할 수 있으며, KCL^{Kinesis Client Library}을 이용해 실시간 데이터 처리 애플리케이션을 만들 수 있다. Kinesis Data Streams 프로듀서는 Kinesis 스트림에 대한 사용자 데이터 입력을 지원하는 애플리케이션이며, KPL은 이와 같은 프로듀서 애플리케이션의 개발을 간소화하고, Kinesis 스트림을 위한 고도의 쓰기 연산 성능을 제공한다.

- **병렬처리** 다수의 Kinesis 애플리케이션을 이용해 동일 스트림을 동시간적으로 처리할 수 있다. 예를 들어, 동일한 스트림 처리를 위한 두 개의 Kinesis 애플리케이션이 있을 때 하나는 실시간 데이터 분석에 사용하고, 다른 하나는 S3에 전송 및 저장하는 용도로 사용할 수 있다.

- **탄력성** Kinesis Data Streams의 처리 성능을 시간당 수 메가바이트에서 수 테라바이트로 올릴 수 있고, 초당 PUT 기록 처리량은 수천에서 수백만으로 올릴 수 있다. 사용자는 입력 데이터의 크기에 따라 즉각적으로 스트림 데이터의 처리 성능을 동적으로 조절할 수 있다.

- **저비용** 초기 설치비 및 고정비가 없으며, 사용자는 리소스 사용비만 부담하면 된다.

- **신뢰성** Kinesis Data Streams는 AWS 리전 내 세 개의 시설에 스트리밍 데이터를 동기적으로 복제해 7일간 보존한다. 따라서 애플리케이션 오류, 서버 작동 오류, 시설 문제 등으로 발생할 수 있는 데이터 손실 가능성을 줄일 수 있다.

Amazon Kinesis Data Firehose

Amazon Kinesis Data Firehose는 데이터 저장소와 분석 도구에 스트리밍 데이터를 로딩하기 위한 가장 간단한 방법을 제공하며, 스트리밍 데이터를 수집, 변환해 Amazon S3, Redshift, Elasticsearch, Splunk 등에 로딩할 수 있다. 아울러 기존 비즈니스 인텔리전스 도구 및 대시보드와 결합해 근실시간 분석이 가능하도록 한다. Kinesis Data Firehose는 관리자에 의한 지속적인 관리가 필요 없고, 요구 처리 성능에 따라 자동으로 확장되는 완전관리형 서비스로 데이터 로딩 전 데이터의 배치, 압축, 암호화를 시행해 전송 용량을 최소화하고 보안 수준을 높인다.

사용자는 AWS 관리 콘솔 또는 SDK를 이용해 Firehose 전송 스트림을 간단하게 생성할 수 있다. 또한 몇 번의 클릭만으로 전송 환경을 설정하고, 수십만 개의 데이터 소스로부터 불과 수 분만에 스트리밍 데이터를 전송할 수 있다. 사용자는 설정비, 기본이용료 등에 대한 걱정 없이, 오직 데이터 전송 비용만을 부담하면 된다.

Amazon Kinesis Data Firehose는 스트리밍 데이터를 로딩하기 위한 스토리지, 네트워킹, 환경 설정 등 모든 인프라를 관리한다. 따라서 사용자는 Amazon S3, Redshift, Elasticsearch 또는 Splunk에 데이터를 로딩만 하면 되고, 이를 위한 하드웨어 및 소프트웨어 프로비저닝, 배포, 유지보수 등의 업무에 신경 쓸 필요가 없다. Firehose는 관리자의 운영 또는 개발자의 개발 지원 없이 요구 성능에 따라 탄력적으로 확장할 수 있으며, 동일 AWS 리전 내의 세 개 시설에 동기적으로 데이터를 복제해 전송하려는 데이터의 고가용성, 고신뢰성을 유지한다.

그림 7-4는 Kinesis Data Firehose의 작동 방식을 보여준다.

스트리밍 데이터 수집 및
Firehose에 전송

Firehose는 스트리밍 데이터를 변환해 S3,
Redshift, Elasticsearch 등의 서비스에
지속적으로 전송

사용자가 선호하는 BI 도구를 이용해
스트리밍 데이터 분석

그림 7-4 Kinesis Data Firehose의 작동 방식

Amazon Kinesis Data Firehose의 장점

Kinesis Data Firehose의 장점은 다음과 같다.

- **사용편리성** 사용자는 AWS 관리 콘솔에서 클릭 몇 번 만으로 Kinesis Data Firehose에서 스트리밍 데이터를 수집하고 로딩할 수 있다. Firehose 전송 스트림을 생성한 뒤 전송 대상을 선택하면 수십만 개의 데이터 소스로부터 동시

에 데이터를 가져올 수 있다. Firehose는 데이터 로딩을 위한 스케일링, 샤딩, 모니터링 등, 일체의 스트리밍 데이터 로딩 업무를 자동으로 처리한다.

- **AWS 데이터 저장 서비스와의 통합** Kinesis Data Firehose는 S3, Redshift, Elasticsearch 등 AWS 저장 서비스와 통합해서 사용할 수 있다. 사용자는 AWS 관리 콘솔을 통해 Firehose 스트림 데이터를 S3 버킷, Redshift 테이블 또는 Elasticsearch 도메인에 직접 로딩한 뒤 스트리밍 데이터 분석 도구에서 바로 분석할 수 있다.

- **서버리스 데이터 변환** 데이터 저장소로 로딩하기 전 스트리밍 데이터를 적절한 형식으로 가공 및 변환할 수 있으며, 다양한 데이터 소스에서 수집한 로 데이터를 별도의 데이터 처리 파이프라인 없이, 대상 데이터 스토어가 요구하는 포맷으로 변환할 수 있다.

- **근실시간** Firehose는 근실시간 처리 성능을 제공하며, S3, Redshift, Elasticsearch, Splunk 등으로 전송된 데이터를 60여초 이내에 로딩할 수 있다. 따라서 좀 더 신속하게 새로운 데이터에 접근해 비즈니스 또는 운영 이벤트에 대응할 수 있다.

- **지속적 관리 필요 없음** Firehose는 프로비전, 관리, 컴퓨팅, 메모리, 네트워크 리소스 확장 등 스트리밍 데이터 로딩에 필요한 모든 업무를 자동으로 처리하는 완전 관리형 서비스다. 한 번 설정하고 나면 유입되는 데이터를 지정된 대상에 지속적으로 로딩할 수 있다.

- **사용량에 따른 과금** 사용자는 기본료 또는 약정료 부담 없이 자신이 전송한 데이터 볼륨의 양에 따른 비용만 부담한다.

Amazon Kinesis Data Analytics

Amazon Kinesis Data Analytics는 실시간성의 스트리밍 데이터를 처리 및 분석하기 위한 가장 간단한 방법이며, 표준 SQL 방식을 사용하므로 별도의 분석용 프로그래밍 언어를 학습할 필요가 없다. Analytics의 사용법은 매우 간단해서 데이터 스트림이 유입되면 사용자는 SQL 쿼리를 작성해 분석 결과를 로딩할 장소만 지정하면 된다. Analytics는 사용자를 대신해 SQL 쿼리 처리를 위한 지속적인 데이터 입출력 업무를 담당하며, 결괏값이 나오면 지정한 대상에 전송한다.

모바일 및 웹 애플리케이션, 이커머스 사이트, IoT 디바이스의 센서 등 실시간 데이터 소스의 규모가 폭발적으로 증가함에 따라 스트리밍 데이터는 거의 빛의 속도로 유입되고 있다. 따라서 분석 역량을 갖춘 기업은 이와 같은 막대한 양의 데이터를 활용해 고객의 진정한 니즈를 좀 더 효율적이며 구체적으로 파악할 수 있다. 데이터가 유입되는 즉시 그 의미를 파악함으로써 기업은 시장 상황을 모니터링하다가 신속하게 새로운 비즈니스 기회를 잡을 수 있다. 예를 들어, 스트리밍 데이터를 분석하는 기업은 특정 시간대에 고객의 니즈를 반영한 프로모션을 실시하거나 소셜 감성을 모니터링해 변화되는 고객의 니즈를 파악하고 새로운 사업 기회를 포착할 수 있다.

급변하는 기업 환경에서 사업 기회를 잡기 위해서는 기존의 저장된 데이터를 분석하는 정적 분석 도구가 아닌 스트리밍 데이터에 최적화된 분석 도구가 필요하다. 전통적인 분석 도구는 정보 수집, 데이터베이스에 저장 그리고 수 일 또는 수 주 후의 분석 방식으로 사용되지만, 실시간 데이터 분석을 위해서는 전혀 다른 접근 방식과 다른 분석 도구가 사용된다. 스트리밍 분석 플랫폼은 저장된 데이터를 조회하기 위해 전형적인 데이터베이스 쿼리를 사용하는 대신 데이터베이스에 데이터를 저장하기 전 데이터 유입 단계에서 지속적으로 처리 및 분석을 시행하므로 시간당 수백만 개의 실시간 이벤트를 분석할 수 있다.

Amazon Kinesis Data Analytics의 장점

Amazon Kinesis Data Analytics의 장점은 다음과 같다.

- **강력한 실시간 처리 성능** Kinesis Data Analytics는 스트리밍 데이터 처리시 1초미만의 처리 지연 성능을 제공해 실시간으로 분석 및 대응할 수 있도록 하며, (사기행동 추적을 위한) 이상점 감지, (최빈값 발견을 위한) top-K 분석 등을 위한 스트리밍 데이터 처리를 위한 내장 함수를 제공한다.

- **완전관리형** 서비스 스트리밍 애플리케이션 실행을 위해 사용자가 프로비전, 인프라 관리 등의 업무를 할 필요가 없는 완전관리형 서비스다.

- **자동화된 탄력성** 분석 인프라에 대한 자동화된 스케일업과 스케일다운 기능을 제공하므로 스트리밍 애플리케이션의 분석 처리 지연 시간을 최소화할 수 있다.

- **사용 편의성** 구조화 및 비구조화 스트리밍 데이터 분석을 위한 스킴 에디터, SQL 에디터, SQL 템플릿 등 상호작용성 높은 분석 도구를 제공한다.

- **표준 SQL** Kinesis Data Analytics는 표준 SQL을 지원하므로 별도의 프로세싱 프레임워크나 프로그래밍 언어를 학습할 필요가 없다.

- **사용량에 따른 과금** 사용자는 스트리밍 애플리케이션이 사용하는 프로세싱 리소스에 대한 비용만 부담한다. 입력 데이터의 크기가 변경되면 Kinesis Data Analytics는 자동으로 리소스 규모를 증감시키므로 사용자는 실제 프로세싱에 사용된 리소스 비용만 부담하면 되고, 기본요금 또는 약정비용 등을 신경 쓰지 않아도 된다.

Amazon Kinesis Data Analytics의 사용 시나리오

지속적으로 실시간 데이터를 수집하면서 수 일 또는 수 주일 후가 아닌, 수 분, 수 초 이내에 해당 데이터가 지닌 인사이트를 알고 싶다면 Kinesis Data Analytics가 도움을 줄 수 있다. Kinesis Data Analytics는 로그 분석, 클릭스트림 분석, IoT 센싱 데이터 분석, 광고 기술, 게임 퍼블리싱 등 분야에서 스트리밍 데이터를 처리 및 분석하는 애플리케이션을 신속하게 개발할 수 있도록 돕는다. 가장 대표적인 세 가지 사용 시나리오로 시계열 분석, 실시간 대시보드, 노티피케이션이 있다.

시계열 분석

시계열 분석Time-series analytics은 특정 데이터의 시간 흐름에 따른 변화를 모니터링하고 이해하기 위한 것이며, Kinesis Data Analytics는 SQL 코드를 통해 특정 기간time windows 동안 시계열 분석을 수행한다. 예를 들어, 게임 기업의 경우 매분마다 모바일 게임의 탑 플레이어를 계산해 실시간 리더보드에 표시하고 관련 데이터는 Amazon S3에 저장할 수 있다. 웹사이트 운영 기업의 경우 트래픽 추적을 위해 5분마다 사이트 방문자의 수를 계산하고 결과를 Amazon Redshift로 전송할 수 있다.

실시간 대시보드

쿼리 결과의 연산을 수행하고 그 결과를 대시보드에 출력해 근실시간으로 유입 데이터를 시각화하는 애플리케이션 개발에 Kinesis Data Analytics를 사용할 수 있다. 예를 들어, 커머스 기업의 비즈니스 성과를 측정하는 애플리케이션의 경우 특정 쇼핑몰에서 발생한 구매 횟수, 제품 카테고리별 판매실적 등을 분석해 결괏값을 Amazon Redshift에 전송한 뒤 기업의 비즈니스 인텔리전스 도구로 시각화할 수 있다. 로그 데이터를 분석하는 애플리케이션의 경우 애플리케이션에서 발생한 오류 횟수를 계산한 뒤 Amazon Elasticsearch로 결괏값을 전달하고 Kibana로 시각화할 수 있다.

실시간 경고 및 알림

특정 성능 지표가 미리 정한 한곗값에 도달하면 실시간 경고 및 알림을 생성하는 애플리케이션을 구현하거나 머신러닝 알고리즘을 이용한 이상행동 감지 애플리케이션을 구현하는 데 Kinesis Data Analytics를 사용할 수 있다. 예를 들어, 시간 경과에 따라 고객 지원 부문 API의 가용성 및 성공률을 계산한 뒤 결과를 Amazon CloudWatch로 전송하거나, Kinesis Data Streams과 Amazon SNS^{Simple Notification Service}를 조합해 특정 범주에 속하는 이벤트 발생시 이를 자동으로 고객에게 알리는 애플리케이션을 구현할 수 있다.

Amazon Kinesis Video Streams

Kinesis Video Streams은 Kinesis 패밀리에 가장 최근에 추가된 요소지만 공인 솔루션스 아키텍트-어소시에이트 시험 범위에 포함되지 않으므로 상세하게 설명하지 않는다. 나중에 관련 애플리케이션을 개발할 때 활용할 수 있도록 개요와 주요 기능만 간단히 살펴본다.

Kinesis Video Streams은 완전 관리형 서비스로 미디어 파일의 포맷별 입력, 저장, 용도별 처리 등에 활용되며, 사용자는 어떤 크기의 미디어 파일이라도 문제 없이 처리할 수 있다. 관리형 서비스이므로 관련된 어떤 인프라도 여러분이 직접 프로비전할 필요가 없으며, 요구 사항에 따라 자동으로 인프라가 확장 또는 축소될 수 있다.

데이터는 내구성을 위해 멀티 AZ 환경에 저장되며, 사용자는 API를 이용해 미디어 파일을 간단하게 스트리밍할 수 있다.

Kinesis Video Streams을 이용해 다음과 같은 작업을 수행할 수 있다.

- 수백만 개의 디바이스로부터 비디오 스트리밍
- 실시간 영상 송출 및 비디오 애플리케이션 개발
- 라이브 비디오 재생 및 비디오 스트림 기록
- 양방향 실시간 미디어 스트리밍 애플리케이션 개발

서버리스 서비스 활용을 위한 아키텍처 참고 사례

이번 절에서는 AWS Lambda, Amazon API Gateway, Amazon Kinesis를 활용하기 위한 아키텍처 사례를 살펴보고, 서버리스 아키텍처의 실용적인 구현방식을 알아본다.

실시간 파일 처리

Amazon S3에 대한 파일 업로드를 이벤트로 해 AWS Lambda 함수를 실행할 수 있다. 예를 들어, AWS Lambda를 이용해 썸네일 이미지 생성, 비디오 트랜스코딩, 파일 인덱싱, 로그 처리, 콘텐츠 검증, 데이터 수집 및 필터링 등의 작업을 실시간으로 처리할 수 있다. 그림 7-5는 실시간 파일 처리를 위한 참조 아키텍처다.

예제: 썸네일 이미지 생성

그림 7-5 실시간 파일 처리를 위한 참조 아키텍처

실시간 스트리밍 데이터 처리

AWS Lambda와 Amazon Kinesis를 이용해 애플리케이션 활동 트래킹, 거래 주문 처리, 클릭스트림 분석, 데이터 정련, 성과지표 생성, 로그 필터링, 인덱싱, 소셜 미디어 분석, IoT 디바이스 데이터 수신 및 측정 등 실시간 스트리밍 데이터를 효과적으로 처리할 수 있다. 그림 7-6은 실시간 스트리밍 데이터 처리를 위한 참조 아키텍처다.

예제: 스트리밍 소셜 미디어 데이터 분석

그림 7-6 실시간 스트리밍 데이터 처리를 위한 참조 아키텍처

데이터 웨어하우스를 위한 추출, 변환, 로딩(ETL) 처리

AWS Lambda를 이용해 DynamoDB에 저장된 데이터의 검증, 필터링, 분류, 각종 변환 업무를 수행한 뒤 이를 다른 데이터 저장소에 로딩할 수 있다. 그림 7-7은 데이터 웨어하우스를 위한 ETL 참조 아키텍처다.

예제: 유통기업의 데이터웨어하우스 ETL

그림 7-7 데이터 웨어하우스를 위한 ETL 참조 아키텍처

IoT 백엔드 구현

AWS Lambda를 이용해 웹, 모바일, IoT, 서드 파티 API 요청을 처리하는 백엔드용 서버리스 아키텍처를 구현할 수 있다. 그림 7-8은 IoT 백엔드다.

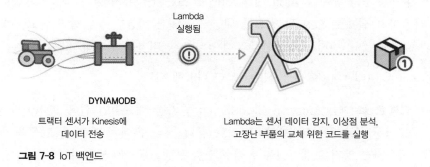

예제: 트랙터에 부착된 센서가 부품 재고 파악 후 자동으로 주문함

Lambda 실행됨

DYNAMODB

트랙터 센서가 Kinesis에 데이터 전송

Lambda는 센서 데이터 감지, 이상점 분석, 고장난 부품의 교체 위한 코드를 실행

그림 7-8 IoT 백엔드

그림 7-9는 API Gateway와 AWS Lambda를 이용한 날씨 애플리케이션용 참조 아키텍처다.

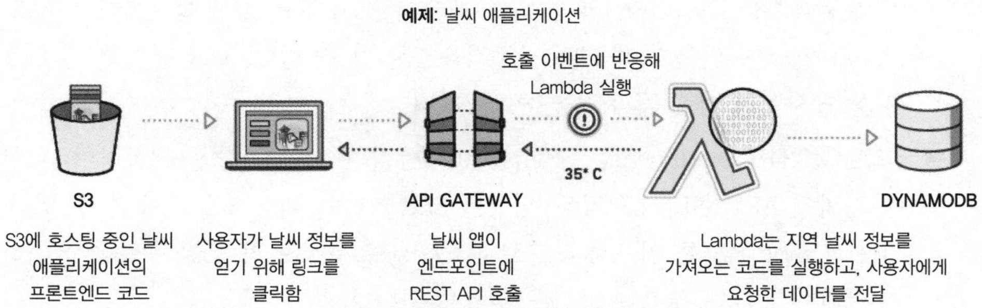

예제: 날씨 애플리케이션

호출 이벤트에 반응해 Lambda 실행

35° C

S3

S3에 호스팅 중인 날씨 애플리케이션의 프론트엔드 코드

사용자가 날씨 정보를 얻기 위해 링크를 클릭함

API GATEWAY

날씨 앱이 엔드포인트에 REST API 호출

DYNAMODB

Lambda는 지역 날씨 정보를 가져오는 코드를 실행하고, 사용자에게 요청한 데이터를 전달

그림 7-9 API Gateway와 AWS Lambda를 이용한 날씨 애플리케이션용 참조 아키텍처

Amazon CloudFront

Amazon CloudFront는 글로벌 CDN^{Content Delivery Network} 서비스로 저지연성과 고속전송 속성을 지닌 콘텐츠 배포 기능을 제공하며, 콘텐츠 사용자와 가까운 지역(엣지 로케이션)에 네트워크망을 구축하고 지역별 엣지 캐시를 통해 사용자 경험 수준을 높여

준다. Amazon CloudFront는 정적 콘텐츠는 물론, 동적 콘텐츠도 지원하며, 사용자의 요청은 가장 가까운 엣지 로케이션에서 처리된다.

콘텐츠 사용자와 좀 더 가까운 거리에서 서비스를 제공하기 위해 CloudFront는 집필 시점에 42개국 84개 도시에서 217개의 CDN 설비(205개는 엣지 로케이션, 12개는 엣지 캐시)를 운영 중이다. Amazon CloudFront는 최소 사용량 계약을 맺을 필요 없이 사용자가 실제로 요청 및 전송한 데이터에 대한 비용만 부담하면 되고, AWS 리전과 CloudFront 엣지 로케이션간의 데이터 전송 비용은 부담하지 않는다.

Amazon CloudFront의 활용 시나리오는 다음과 같다.

- **정적 콘텐츠 캐싱** Amazon CloudFront의 가장 대표적인 활용 방식이다. 사진, 동영상, 스타일시트, 자바스크립트 등의 정적 콘텐츠 전송 속도를 높여주고, 사용자는 엣지 로케이션을 통해 요청한 콘텐츠를 제공받는다.

- **동적 콘텐츠** 가속화 네트워크 최적화를 통한 동적 콘텐츠 가속화 기능을 제공하며, EC2 서버에서 실행 중인 애플리케이션 또는 웹사이트를 CloudFront와 통합할 수 있다.

- **DDoS 공격 대응** CloudFront는 보안 레이어 3, 4, 7을 보호할 수 있는 AWS Shield 및 WAF와 통합해 DDoS 공격을 방어할 수 있다. TLS 연결, 서명 URL을 통한 사용자 인증 등의 기능을 제공한다.

- **강화된 보안성** CloudFront는 SSL(HTTPS) 방식의 보안 기능을 제공하며, 보안이 강화된 API, SSL/TLS 적용, 향상된 SSL 기능을 자동으로 적용할 수 있다. CloudFront의 모든 인프라와 프로세스는 중요 콘텐츠의 보안 수준을 유지하기 위해 PCI, DSS, HIPAA, ISO 규정을 준수한다.

- **API 호출 가속화** CloudFront는 API Gateway와 통합해 API 호출을 가속화할 수 있고, POST, PUT, OPTIONS, DELETE, PATCH 등의 프록시 메소드를 지원한다.

- **소프트웨어 배포** CloudFront를 소프트웨어 배포에 사용하면 다운로드 속도가 높아지므로 사용자 경험 수준을 높일 수 있고, 자동화된 확장 기능을 이용하면 배포에 따른 제반 관리 업무의 양을 줄일 수 있으며, 이를 위해 타깃 사용자와 가장 가까운 엣지 로케이션을 선택할 수 있다.

- **비디오 스트리밍** CloudFront는 라이브 비디오 스트리밍 및 VOD 서비스에 활용할 수 있으며, 4K 급의 비디오를 스트리밍할 수 있다.

Amazon CloudFront의 핵심 개념

다음은 Amazon CloudFront의 핵심 개념과 주요 용어다.

- **엣지 로케이션**Edge location CloudFront는 엣지 로케이션이라 부르는 글로벌 데이터 센터 네트워크를 통해 콘텐츠를 배포한다. 엣지 로케이션은 전 세계 주요 대도시에 위치하며, AWS 리전 시설의 위치와는 다를 수 있다.

- **지역별 엣지 캐시**Regional edge caches 지역별 엣지 캐시는 오리진 웹 서버와 엣지 로케이션 사이에 위치해 사용자에게 직접 콘텐츠를 전송한다. 특정 콘텐츠의 인기가 줄어들수록 개별 엣지 로케이션에서는 해당 객체를 삭제해 인기가 많은 콘텐츠를 제공할 수 있는 여유 공간을 확보하고, 지역별 엣지 캐시는 엣지 로케이션보다 높은 수준의 캐싱 능력을 바탕으로 좀 더 오랜 시간 캐싱 데이터를 유지할 수 있다. 이와 같은 캐싱 데이터가 존재하면 사용자의 콘텐츠 요청 시 CloudFront는 (오리진) 웹 서버에 돌아갈 필요 없이 지역별 엣지 캐시로 사용자 요청에 대응하면 되므로 전반적인 콘텐츠 제공 성능이 높아진다. 이와 같은 지역별 엣지 캐시는 CloudFront의 기본 기능이므로 사용자는 별도의 설정 작업을 하거나 비용을 부담할 필요가 없다.

NOTE 오리진 웹 서버는 오리진으로 짧게 부르기도 하며, 실제 원본 데이터가 존재하는 위치를 의미한다.

- **배포**Distribution 원본 파일의 위치를 나타내는 CloudFront 경로로 (abc123. cloudfront.net과 같이) CloudFront.net 도메인 네임으로 표시되며, 글로벌 엣지 로케이션에서 사용자의 객체 참조 시 사용할 수 있다. 배포 시 (www.example. com과 같은) 사용자 지정 도메인 네임을 쓸 수 있고 HTTP 또는 HTTPS 프로토콜을 이용해 사용자에게 콘텐츠 다운로드 경로로 제공하거나, RTMP 프로토콜을 이용해 콘텐츠 스트리밍 서비스를 제공할 수 있다.

- 오리진^{Origin} CloudFront는 S3, HTTP 서버, ELB 또는 ALB, AWS 외부의 커스텀 오리진 서버를 통해 접근할 수 있다. CloudFront의 오리진을 생성할 때 오리진의 퍼블릭 DNS를 지정해야 한다. 예를 들어, EC2의 경우 ec2-52-91-188-59.compute-1.amazonaws.com과 같은 형식의 주소다.

- 제어 동작^{Behaviors} CDN과 관련된 정책의 적용, 요청 타입에 따른 반응 변경, 객체의 캐싱 기능 조절 등 CloudFront의 세부적인 제어 동작을 의미한다. 이를 통해 CloudFront의 모든 기능을 완벽하게 조절할 수 있다.

Amazon CloudFront의 주요 제어 동작은 다음과 같다.

경로 패턴 매칭^{Path Pattern Matching} 사용자는 CloudFront를 이용해 웹사이트 또는 애플리케이션의 URL 경로 패턴에 따라 다양한 캐시 제어 동작을 설정할 수 있다. 이때 패턴은 고객의 어떤 요청에 어떤 제어 동작을 적용할지를 결정한다. 예를 들어, CloudFront가 이미지 뷰어로부터 요청을 받으면 요청 경로를 images/*.jpg 또는 /images/*.jpg와 같은 경로 패턴과 비교해 그에 맞는 제어 동작을 적용한다 (CloudFront에서는 / 기호 사용 여부가 제어 동작에 영향을 미치지 않는다). 사용자는 이와 같은 경로 패턴에 따라 HTTP/HTTPS 프로토콜 설정, 헤더 또는 캐싱 옵션 설정, 쿠키 및 쿼리 문자열 포워딩 설정, 접근 제한, 압축 설정 등의 방식으로 특정 오리진으로 요청을 전송할 수 있다.

헤더^{Headers} 헤더 값을 통해 요청 헤더를 오리진 캐시로 포워딩할 수 있으므로 디바이스의 헤더를 확인한 뒤 그에 맞는 동작을 적용할 수 있다. 예를 들어, 동일한 사이트를 접속한 노트북 사용자와 스마트폰 사용자의 요청에 각기 다른 반응을 제공할 수 있다. 또 영어보다 스페인어가 익숙한 사용자에게 선택한 언어에 따른 반응을 제공할 수 있고, 프로토콜에 따라서도 다른 반응을 제공할 수 있다. 예를 들어, 사용자의 연결 타입이 다른 경우 (해상도 등이) 다른 콘텐츠를 제공할 수 있다.

쿼리 문자열 및 쿠키^{Query Strings, Cookies} 웹 애플리케이션 중 일부는 오리진으로 정보를 전달하기 위해 쿼리 문자열을 사용한다. 쿼리 문자열은 웹 요청문의 일부로 ? 기호 다음에 나오며, 하나 이상의 파라미터를 & 기호로 연결해 사용한다. 예를 들어, 쿼리 문자열로 color=blue와 size=small 등 두 개의 파라미터를 추가하는 웹 요청문은 다음과 같다.

http://abc111xyz.cloudfront.net/images/image.jpg?color=blue&size=small

어떤 웹사이트가 세 가지 언어를 지원할 경우 기존 방식으로는 세 가지 언어 버전을 위해 각각의 디렉터리 및 파일 구조를 생성해야 했지만, CloudFront를 이용하면 하나의 동일한 디렉터리 및 파일 구조만으로도 세 가지 언어를 지원할 수 있다. 사용자가 웹사이트에 접속하면 CloudFront는 사용자가 선택한 언어에 해당하는 쿼리 문자열 파라미터로 사용자의 요청을 포워딩할 수 있으며, 언어 파라미터에 따라 오리진 웹 서버에서 캐시 웹 서버로 포워딩할 수 있다. 사용자가 요청한 페이지에 대한 선택 언어 페이지를 보여주기 위해 CloudFront는 각각의 언어 버전을 미리 캐싱한 뒤 쿼리 문자열 파라미터에 따라 포워딩할 수 있다.

메인 페이지가 main.html인 경우 CloudFront는 언어별로 main.html을 세 번 캐싱해 쿼리 문자열 파라미터마다 각기 다른 캐싱 콘텐츠를 제공할 수 있다.

http://abc111xyz.cloudfront.net/main.html?language=en
http://abc111xyz.cloudfront.net/main.html?language=es
http://abc111xyz.cloudfront.net/main.html?language=fr

서명 URL 및 서명 쿠키^{Signed URL, Signed Cookies} 정적 콘텐츠를 S3 버킷으로 옮긴 뒤에는 CloudFront의 서명 URL 방식을 통해 해당 콘텐츠에 대한 비인가 접근을 막을 수 있다. 서명 URL에는 만료일 및 만료시간 등의 부가 정보가 포함돼 있어 콘텐츠에 대한 접근을 좀 더 세심하게 제어할 수 있다. 서명 URL을 이용해 웹 서버가 S3 버킷의 콘텐츠에 접근할 수 있는 시간 또는 방식을 제어할 수 있으며, 사용자가 특정 콘텐츠에 대한 접근을 요청할 경우 접속 시간 제약이 설정된 서명 URL 링크를 전달받게 된다. 서명 URL에 적용된 추가정보는 AWS에서 미리 정의해두거나 고객이 직접 작성한 정책 문서에서 확인할 수 있다. 서명 URL을 통해 콘텐츠 접근 제한, 콘텐츠 구독 기능 제공, 디지털 저작권 적용, 커스텀 정책 작성 등 다양한 콘텐츠 이용 방식을 제공할 수 있다.

서명 HTTP 쿠키는 기능상으로는 서명 URL과 거의 동일하며 단지 HTTP 쿠키에 추가 정보를 넣는다는 점이 다르다. 서명 쿠키는 다수 객체에 대한 접근 제어, URL 변경 없이 동일 객체에 대한 접근 제어를 해야 할 때 유용하다. 서명 쿠키의 작동 방식은 다음과 같다. 사용자가 웹사이트에서 인증을 받으면 Set-Cookie 헤더가 사용자 계정에 전달되며 이는 사용자 디바이스의 쿠키에 적용된다. 사용자가 제한 객체에 대한 접근을 요청하면 브라우저는 요청에 포함된 사인 쿠키를 포워딩한다. 그러면 CloudFront가 쿠키 속성을 확인해 접근 허용 또는 차단 여부를 결정하게 된다.

프로토콜 정책^{Protocol Policy} CloudFront에서 사용자가 웹 콘텐츠에 접근하도록 하는 프로토콜 정책 수립 시 HTTP 또는 HTTPS 중 하나만 허용하거나 HTTP와 HTTPS 모두를 허용할 수 있고, 모든 HTTP 요청을 HTTPS로 재전송하거나 오직 HTTPS를 통해서만 특정 웹 콘텐츠에 접근할 수 있게 할 수 있다.

유지시간^{TTL, Time to Live} 사용자는 CloudFront에서 오리진으로 요청을 전송하기 전 캐시에 특정 객체의 유지시간을 지정할 수 있고, 이를 통해 동적 콘텐츠의 응답성을 높일 수 있다. 유지시간과 관련된 기간^{duration}을 증가시키면, 해당 객체가 엣지 캐시에 좀 더 오래 유지되므로 성능이 높아지지만 오리진 서버에서의 유지 시간은 줄어들게 된다. 유지시간, 즉 TTL은 최소, 최대, 기본 값으로 설정하되, 초 단위로 기간을 설정할 수 있다. 기본 설정에서 모든 객체는 24시간 후 자동으로 캐시에서 삭제된다. 캐시 기간은 객체별로 조정할 수 있고, 오리진에 Cache-Control maxage 또는 Cache-Control s-maxage 지시자를 추가하거나 객체에 기간 만료 헤더 필드를 추가할 수 있다.

gzip 압축 gzip 압축은 배포 시점에 시행할 수 있다. 이를 통해 페이지 로딩 속도 및 콘텐츠 다운로드 속도 증가하고, 결과적으로 데이터 전송비용도 줄일 수 있다. 브라우저 또는 클라이언트의 요청을 받으면 CloudFront에서 자동으로 압축 가능한 텍스트 또는 파일을 gzip 압축해 전송하도록 할 수 있다. 즉, CloudFront는 S3에 포함된 대부분의 콘텐츠를 gzip 압축할 수 있으며, S3 밖의 오리진에 있는 콘텐츠의 경우 엣지에서 압축이 이뤄지므로 오리진의 리소스는 사용할 필요가 없다. 이렇게 압축된 파일은 용량이 작으므로 다운로드 속도는 빨라지고 전송 비용은 줄어든다.

CloudFront 배포 방식은 웹 배포와 RTMP 배포 두 가지로 나뉜다. 웹 배포는 .html, .css, .php, 그래픽 파일 등 정적 및 동적 콘텐츠 배포에 유리하고, RTMP 배포는 어도비 플래시 미디어 서버의 RTMP 프로토콜을 사용하는 스트리밍 미디어 파일 배포에 유리하다. RTMP 배포는 CloudFront 엣지 로케이션으로부터 다운로드가 끝나기도 전에 해당 콘텐츠를 이용할 수 있다는 장점이 있다. 앞서 소개한 주요 제어 동작 대부분은 웹 배포에 적용되며, 그 중 일부 동작은 RTMP 배포에는 적용되지 않는다.

지역 제한 기능

사용자가 콘텐츠에 대한 요청을 하면 CloudFront는 사용자의 위치에 상관 없이 콘텐츠를 전송한다. 특정 국가의 콘텐츠 요청을 거부하려면 다음과 같은 지역 제한 기능Geo Restriction을 사용하면 된다.

- 접속 허용 국가 목록인 화이트리스트를 기반으로 요청 콘텐츠에 대한 접근을 허용하는 방법
- 접속 금지 국가 목록인 블랙리스트를 기반으로 요청 콘텐츠에 대한 접근을 거절하는 방법

오류 처리 기능

콘텐츠 요청에 대해 오리진 서버가 HTTP 4xx 또는 5xx 상태 코드를 반환하면 사용자에게 커스텀 오류 페이지를 제공할 수 있다. 예를 들어, 커스텀 오리진 서버가 사용 불능 상태고 5xx 응답을 반환하면, CloudFront는 S3에 호스팅된 정적 페이지를 제공할 수 있다. 또 최소 TTL을 정의해 CloudFront 캐시 오류를 얼마나 오래 유지할지 조절할 수 있다.

Amazon Route 53

Amazon Route 53는 Amazon의 관리형 DNSDomain Name Service 서비스다. 이때 DNS 란 사람이 읽기 쉽게 만든 www.example.com 형식의 주소를 192.0.0.3과 같이 컴퓨터가 처리하기 쉬운 숫자형 주소로 변환하는 서비스로 주소와 전화번호 모두 나와 있는 전화번호부라고 할 수 있다. Route 53는 사용자의 요청을 EC2 인스턴스, ELB 로드 밸런서, S3 버킷 등 AWS 내의 인프라에 연결시켜주며, AWS 외부의 인프라에 도 연결시킬 수 있다.

Amazon Route 53는 고가용성, 고확장성 서비스로서, 100% SLA를 보장하는 유일한 서비스다. 리전과 독립적으로 작동하므로 Route 53를 통해 다수의 리전을 교차해 연결할 수 있고, 다수의 리전과 AWS VPC간의 DNS 주소변환resolution도 가능하다. 퍼블릭 DNS 기록 관리 기능 외에도,도메인 등록, 신규 도메인을 위한 DNS 기록 생성, 기존의 도메인에 DNS 기록 전송 등 다양한 기능을 제공한다.

Amazon Route 53가 지원하는 DNS 기록 타입은 다음과 같다.

- A(주소 기록)
- AAAA(IPv6 주소 기록)
- CNAME(캐노니컬 네임 기록)
- CAA(인증 권한 증명)
- MX(메일 교환 기록)
- NAPTR(네임 권한 포인터 기록)
- NS(네임 서버 기록)
- PTR(포인터 기록)
- SOA(권한 시작 기록)
- SPF(송신자 정책 프레임워크)
- SRV(서비스 위치 표시)
- TXT(텍스트 기록)

또한 Route 53는 알리아스 기록alias records(또는 존 에이팩스Zone Apex)을 지원한다. 존 에이팩스는 웹사이트의 (example.com과 같은) 루트 도메인을 의미하며, CloudFront를 이용해 루트 도메인으로 콘텐츠를 전송할 수 있다. 즉 http://www.example.com 주소와 http://example.com 주소 모두 동일한 페이지로 연결되도록 할 수 있다. DNS 명세서에는 (AWS가 제공하는 CloudFront, ELB, S3 버킷 주소 등) CNAME이 아닌 IP 주소(A 주소 기록)를 가리키는 존 에이팩스를 입력해야 하며, 이때 Route 53의 알리아스 기록을 사용하면 된다.

Route 53는 애플리케이션, 웹 서버 등 리소스에 대한 성능을 모니터링하는 헬스 체크 기능을 제공하며, 동일한 기능을 수행하는 두 개 이상의 리소스를 운영하는 경우 특히 유용하다. 예를 들어, example.com 웹사이트에 대한 요청에 응답하기 위해 다수의 EC2 인스턴스로 HTTP 서버를 구현한 경우 헬스 체크 기능을 편리하게 사용할 수 있다. 모든 리소스의 헬스 상태가 좋다면 Route 53는 (모든 EC2 서버를 활용해) example.com 리소스에 대한 모든 요청에 문제 없이 응답할 수 있을 것이다.

리소스의 헬스 상태가 나빠졌다면 Route 53는 헬스 상태가 좋은 리소스만을 활용해 example.com의 요청에 대응하며, 특정 EC2 서버가 다운되거나 특정 AZ 전체가 다운된 경우 해당 리소스를 제외하고 헬스 상태가 좋은 리소스만으로 서비스를 제공할 수 있다.

Route 53를 통해 전 세계에 흩어진 다수의 엔드포인트를 연결해주는 Traffic Flow 를 구현할 수 있다. Amazon Route 53 Traffic Flow를 이용해 사용자에게 접속 지연 속성, 지리적 위치, 엔드포인트 상태 등을 고려한 최고의 연결성을 제공할 수 있다. 이는 애플리케이션의 성능 및 가용성을 높여주며 결과적으로 최고의 사용자 경험을 제공할 수 있게 해준다.

Route 53가 지원하는 라우팅 정책은 다음과 같다.

- **가중치 라운드 로빈**Weighted round robin 동일한 기능을 수행하는 여러 개의 리소스를 보유하고 있다면(하나의 웹사이트를 위한 여러 대의 웹 서버), Route 53를 이용해서 리소스 별로 트래픽을 분산시킬 수 있으며(A 웹 서버에 트래픽의 ⅓, B 웹 서버에 트래픽의 ⅔ 라우팅) 그 중 한 방법이 가중치 라운드 로빈이다. 가중치 라운드 로빈은 A/B 테스트에도 활용되며, 이제 막 소프트웨어 설정을 변한 서버에 소량의 트래픽만을 보내(새 서버에 10%, 기존 서버에 90%의 트래픽을 전송해) 성능 및 안전 여부를 확인할 수 있다.

- **지연 기반 라우팅**Latency-based routing 동일한 기능을 수행하는 다수의 EC2 기반 데이터 센터에 리소스를 확보하고 있다면 특정 리소스에 대한 DNS 쿼리 요청 시 Route 53를 이용해 신속하게 응답할 수 있는 방법이 지연 시간 기반 라우팅이다. 이를 통해 글로벌 사용자를 확보한 애플리케이션의 성능을 높일 수 있다. 다수의 AWS 리전에서 실행되는 애플리케이션을 Route 53 엣지 로케이션에

연결해 최저 지연 시간으로 글로벌 사용자에게 서비스를 제공할 수 있다.

- **장애 대응 라우팅**Failover routing 능동적 혹은 수동적 페일오버 즉, 장애 대응을 통해 가용 리소스 쪽으로 트래픽을 라우팅하고 싶다면 Route 53의 장애 대응 라우팅을 이용한다. 특정 리전에서 모든 리소스를 제공하는 상황에서 해당 리전에 장애가 발생하면, 장애 대응 라우팅을 통해 정상적으로 작동중인 리전으로 트래픽을 라우팅할 수 있다.

- **지역 DNS 라우팅**Geo DNS routing 사용자의 지역에 따라 DNS 쿼리에 응답하도록 하려면 지역 DNS 라우팅을 이용한다. Route 53의 지역 DNS 라우팅은 요청 발신지를 기준으로 가장 가까운 엔드포인트로 트래픽을 라우팅하며, 지역에 특화된 콘텐츠 서비스를 제공하거나 특정 지역에서 금지 규정이 있는 콘텐츠는 배포되지 않도록 할 수 있다.

AWS 웹 애플리케이션 방화벽(WAF)

AWS WAF는 AWS가 제공하는 웹 애플리케이션 방화벽 서비스로 다양한 침해 시도로부터 웹 애플리케이션을 보호한다. 침해 시도는 웹사이트와 웹 애플리케이션의 가용성에 부정적 영향을 끼치며, 결과적으로는 데이터 침탈, 시스템 성능 저하, 보안 문제 발생, 과도한 리소스 소모 등의 문제로 이어진다. AWS WAF는 커스터마이징 가능한 보안 규칙 정의를 통해 웹 애플리케이션에 대한 접근을 허용 또는 거부할 수 있으며, 주요 용도는 다음과 같다.

- **침해 시도로부터 보호** 커스텀 보안 규칙 작성을 통해 SQL 인젝션 공격, 크로스 사이트 스크립팅(XSS) 공격 등 주요 침해 시도로부터 리소스를 보호한다. 전체 리소스는 물론 특정 애플리케이션 단위로 규칙을 적용할 수 있다.

- **악성 요청 대응** 악성 요청의 대표적인 사례는 웹 크롤러를 이용한 공격이다. 해커는 자동화된 크롤러 부대를 동원해 웹 서버에 과부하를 일으키고, 결과적으로 해당 사이트를 다운시킬 수 있다. AWS WAF는 이와 같은 악성 요청 공격에 대응하며 웹 크롤러에 의한 대량의 데이터 침탈 시도를 막는다.

- **DDoS 공격 방어** 보안 관리자는 사전 정의된 규칙을 통해 처리 불가능한 수준의 HTTP/HTTPS 요청 공격 즉, DDoS 공격을 막을 수 있다. 또한 보안 규칙에 IP 주소, HTTP 헤더, HTTP 바디, URI 문자열, SQL 주입 시도, 크로스 사이트 스크립팅 등을 추가해 세심한 대응책을 마련할 수 있다.

WAF는 CloudFront와 통합해 CDN의 배포 용량과 확장성을 높일 수 있다. 또한 소스 인근에서 발생하는 차단 공격을 방어하므로 오리진 서버의 로딩 시간을 줄일 수 있고, CDN에 대한 갑작스러운 트래픽 증가에 대응할 수 있으며, CDN 중복 구현을 통해 단일장애지점Single points of failures 문제를 극복할 수 있다. 또 WAF는 ALBApplication Load Balancer와 통합해 ALB에 연결된 오리진 웹 서버를 보호할 수 있다.

WAF를 CloudFront 또는 ALB와 함께 사용하려면 보호하려는 리소스를 정확하게 정의하고, 애플리케이션 보호에 가장 적합한 규칙 또는 필터를 적용해야 한다. 이때의 규칙은 WAF의 필터링 조건 집합을 의미하며, 하나의 보안 조건 또는 둘 이상인 보안 조건의 조합으로 구성할 수 있다. 보안 규칙 및 조건을 알아보자.

보안 조건은 AWS WAF를 통해 관찰하려는 웹 요청의 기본적 특성을 정의한 것이며, 이들 특성에 따라 해당 요청을 허용 또는 차단하게 된다. 예를 들어, 악의적인 스크립트의 접근 시도가 있는 경우 WAF를 통해 차단할 수 있으며 사용자는 악의적인 접근 시도가 어떤 조건에서 일어나는지 아래와 같이 정의할 수 있다.

- 크로스 사이트 스크립팅 조건을 이용하면 악의적 스크립트를 포함한 것으로 보이는 요청을 허용 또는 차단할 수 있다.
- IP 일치 조건을 이용하면 발신지 IP 주소에 따라 요청을 허용 또는 차단할 수 있다.
- 지역 일치 조건을 이용하면 발신 국가별로 요청을 허용 또는 차단할 수 있다.
- 전송 용량 제한 조건을 이용하면 제한 용량을 초과하는 요청을 허용 또는 차단할 수 있다.
- SQL 인젝션 일치 조건을 이용하면 악성 SQL 코드 포함 여부에 따라 요청을 허용 또는 차단할 수 있다.

- 문자열 일치 조건을 이용하면 요청에 포함된 문자열의 내용에 따라 요청을 허용 또는 차단할 수 있다.
- 정규표현식 일치 조건을 이용하면 정규표현식 내용에 따라 요청을 허용 또는 차단할 수 있다.

보안 조건 생성 후 보안 규칙에 추가해 요청에 대한 허용, 차단, 카운트(요청 횟수 측정) 여부를 정할 수 있다.

AWS WAF에는 일반 규칙과 비율 규칙, 두 가지 보안 규칙이 있다. 일반 규칙regular rules은 특정 요청을 목표로 하는 조건만 사용한다. 예를 들어, 19.152.0.55에서 온 요청 또는 SQL 코드를 포함한 요청 등에 대한 규칙을 작성하는 경우 이들 두 조건을 포함시킨다. 여러 개의 조건을 포함하는 일반 규칙의 경우 AWS WAF는 모든 조건을 파악한 후 조건 모두를 AND로 연결한다.

비율 규칙rate-based rules은 일반 규칙과 거의 동일하되 5분 간격으로 비율 제한을 적용한다. 가령, 비율 제한을 2000으로 설정하면 비율 규칙은 매 5분동안 특정 IP 주소에서 들어오는 요청의 횟수를 측정해 2000회를 넘는 즉시 IP 차단 등 액션을 취하게 된다.

보안 관리자는 자신이 원하는 모든 보안 조건과 5분마다 측정되는 비율 제한을 결합해 웹 ACLAccess Control List에서 지정된 액션을 취하도록 할 수 있다.

AWS WAF를 사용하려 할 때 가장 먼저 웹 ACL을 생성한다. 보안 조건을 보안 규칙에 결합한 뒤 보안 규칙을 웹 ACL에 결합하는 방식으로 각 규칙에 대한 액션을 정의할 수 있으며, 사용 가능한 액션은 허용, 차단, 카운트다. 이후 들어온 웹 요청이 보안 규칙에 포함된 모든 조건과 일치하면 AWS WAF는 해당 요청을 차단하거나 CloudFront 또는 ALB에 대한 포워딩을 허용할 수 있다.

이제 콘솔에서 WAF 환경 설정을 실습해 보자(2021년 4월 현재, AWS WAF 관리 콘솔은 영문만 지원하고 있음).

1. 웹 ACL 설정 시작

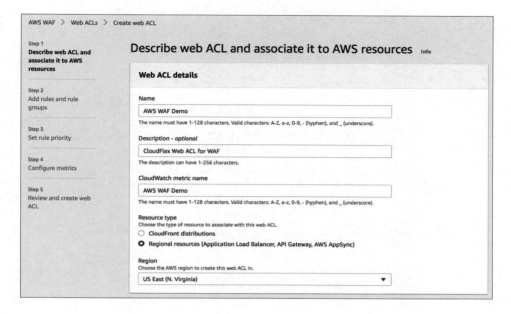

2. 룰 및 룰 그룹 추가

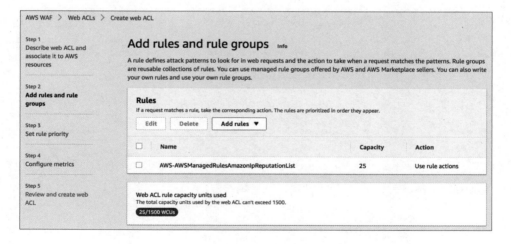

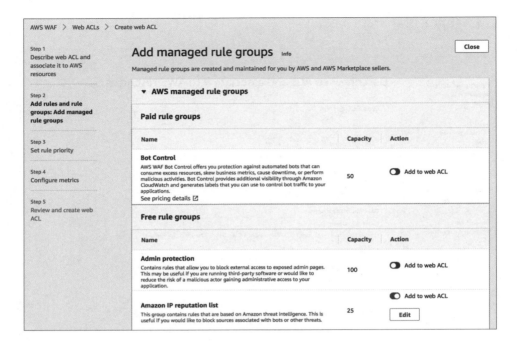

3. 규칙 우선순위 설정

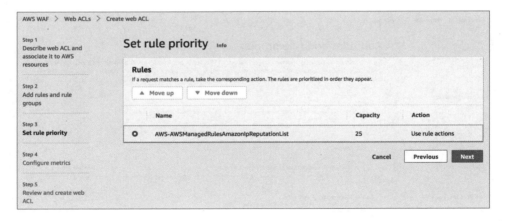

4. 보안 규칙 검토

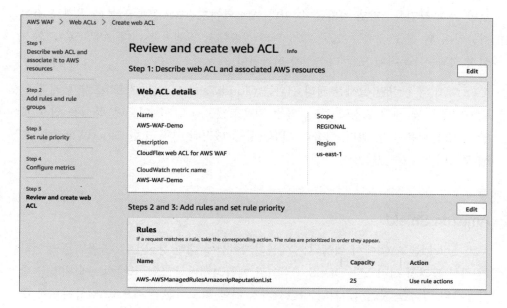

5. 보안 규칙 확인 및 적용

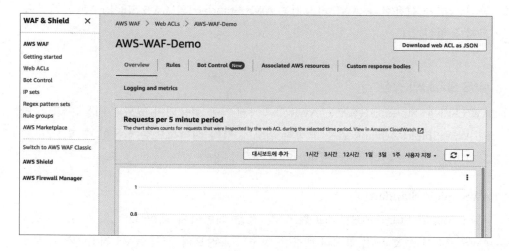

AWS WAF의 리소스는 API로 관리할 수 있으며, 리스트에 IP를 추가하는 등의 모든 보안 규칙 작업을 API로 처리할 수 있다. API 외에도 AWS 콘솔을 통한 환경 설정이 가능하며 위 실습 예제는 모두 AWS 관리 콘솔에서 진행한 것이다. AWS WAF 환경 설정 결과는 1분내에 모든 리소스에 전파된다.

AWS WAF와 관련된 실시간 처리 결과는 CloudWatch의 1분 매트릭스를 통해 확인할 수 있고, 몇 개의 요청이 차단, 허용, 카운트됐는지 알 수 있으며, 분석을 위해 보안 규칙을 적용할 수 있다. 아울러 API를 통해 변경된 사항 또한 CloudWatch를 통해 모니터링할 수 있다.

Amazon Shield

AWS Shield는 AWS에서 실행되는 애플리케이션에 대한 분산 DDoS 공격을 방어하기 위한 관리형 서비스다. DDoS 공격이란 애플리케이션 또는 웹사이트에 대한 일반 사용자의 접속을 지연시키거나 차단시키기 위한 의도적인 공격으로, 웹사이트에 대한 과도한 네트워크 트래픽 전송, 애플리케이션에 대한 대규모 워크로드 처리 요청 등의 방법을 사용한다. AWS Shield는 AWS Standard와 AWS Shield Advanced 두 가지 유형이 있다.

AWS Shield의 장점

AWS Shield Standard는 모든 AWS 고객에게 자동 적용되며 별도의 비용은 없다. 반면 AWS Shield Advanced는 고객의 필요에 따라 선택적으로 적용할 수 있으며 별도의 비용이 청구된다. 이들 서비스의 특징은 다음과 같다.

AWS Shield Standard

AWS Shield Standard는 네트워크 및 전송 레이어에 대한 DDoS 공격으로부터 AWS 고객을 보호한다. 별도의 비용은 청구되지 않으며, 모든 AWS 리전에서 무료로 사용 가능하다. AWS Shield Standard는 모든 유입 트래픽을 모니터링하고 평가하며, 트래픽에서 이상징후가 감지되면 자동으로 보호 기능을 작동시켜 애플리케이션을 보호한다.

AWS Shield Advanced

AWS Shield Advanced는 유료 서비스로 AWS Shield Standard의 기본 기능 외에 다양한 추가 기능을 제공한다. AWS Shield Standard의 특징 및 주요 기능은 다음과 같다.

- AWS Global DDoS 대응 팀에 접속해 DDoS 공격 대응 및 무력화를 위한 지원을 요청할 수 있다.
- DDoS 공격에 대한 상세한 시각화 기능을 제공한다.
- Global Threat Environment 대시보드에 접속해 공격의 속성을 면밀히 분석할 수 있다.
- AWS Shield Advanced 사용자는 AWS Web Application Firewall(WAF) 및 AWS Firewall Manager를 무료로 이용할 수 있다.
- AWS Shield Advanced 고객에게는 상향 조절된 서비스 레벨이 적용된다.

Amazon SQS(Simple Queue Service)

클라우드 기반의 애플리케이션을 설계할 때, 기존 애플리케이션을 클라우드로 마이그레이션할 때, 가장 큰 도전과제는 클라우드 특유의 고분산성을 구현하는 것이다. 클라우드를 통해 확장성, 장애 대응성, 가용성을 구현하면서 분산 시스템을 구현하기 위해 CAP 이론, 종국적 일관성, 분산 트랜잭션, 분산 디자인 패턴을 반영하는 일은 결코 간단하지 않다.

CAP 이론은 분산 시스템에서 일관성, 가용성, 파티션 실패 대응성 등 세 가지 요소 중 두 가지 이상을 한 번에 달성하는 것이 불가능하다는 이론이다. 일관성과 가용성, 일관성과 파티션 실패 대응성, 가용성과 파티션 실패 대응성 조합은 가능하지만 한꺼번에 일관성, 가용성, 파티션 실패 대응성을 모두 갖추는 것은 불가능함을 의미한다.

메시징 기법은 클라우드에서 분산 아키텍처를 구현할 때 매우 유용하다. 메시지 큐message queue는 서버리스 및 마이크로서비스 아키텍처에서 서버와 서버 간 비동기적인 소통을 위한 양식이며, 메시지는 처리 및 삭제되기 전까지 큐(대기열)에 저장 상태를 유지한다. 메시지 큐는 대규모 프로세싱 잡processing jobs을 좀 더 작게 분할해 개별 요소가 서로 독립적으로 작동할 수 있도록 하며, 배치 잡의 실행 속도를 높이고 워크로드 처리 성능을 높일 수 있다.

클라우드 아키텍처 설계 시 개발, 배포, 유지가 좀 더 쉽도록 애플리케이션을 분할해 작은 블록으로 구현하는 방식이 권장되고 있으며, 메시지 큐는 이와 같은 분산 애플리케이션의 소통과 조정을 돕는다는 측면에서 의미가 크다. 또한 분할된 애플리케이션의 코드는 좀 더 간소해지므로 성능, 신뢰성, 확장성이 높아지는 장점이 있다.

메시지 큐는 클라우드 시스템의 여러 부분이 비동기적으로 서로 소통하고 업무를 조정하도록 도우며, 임시로 메시지를 저장하는 버퍼buffer, 메시지의 수신 및 발신을 위한 연결 부분인 엔드포인트endpoints를 제공한다. 사용자는 큐에 메시지를 넣거나 큐에서 메시지를 꺼내 볼 수 있으며, 보통의 메시지는 작은 용량의 데이터로서 요청, 응답, 오류 메시지 또는 보통의 정보를 포함한다.

큐에 메시지를 넣는 소프트웨어를 메시지 프로듀서message producer라 부르고, 큐에서 메시지를 꺼내는 소프트웨어를 메시지 컨슈머message consumer라 부른다. 메시지를 전송할 때 프로듀서는 큐에 메시지를 추가하고 큐에 저장된 메시지는 수신자가 꺼내서 볼 때까지 유지된다. 그림 7-10은 메시지 프로듀서, 큐, 메시지 컨슈머를 보여준다.

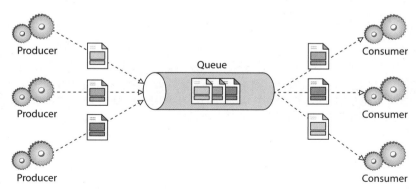

그림 7-10 메시지 프로듀서, 메시지 큐, 메시지 컨슈머

Amazon SQS는 신속성, 신뢰성, 확장성을 지닌 완전 관리형 큐 서비스다. 사용자는 Amazon SQS를 이용해 어떤 시스템에서도 작동하고, 컴포넌트 간의 메시지 전송, 저장, 수신을 돕는 메시지 큐 애플리케이션을 만들 수 있으며, 다른 AWS 서비스처럼 API 및 다양한 언어를 지원하는 SDK를 통해 접속할 수 있다.

Amazon SQS의 주요 기능은 다음과 같다.

- Amazon SQS를 이용해 각 리전에서 다중 AZ를 중복 구현할 수 있으며, 특정 AZ에 문제가 발생해도 서비스는 정상 작동된다.
- 다수의 복제 메시지를 다중 AZ 환경에 저장할 수 있으며, 메시지는 최대 14일 간 유지된다.
- 메시지 프로듀서 또는 컨슈머 애플리케이션이 실패하더라도 메시지는 소실되지 않는다.
- 분산 아키텍처 환경을 기반으로 하므로 Amazon SQS는 별도의 프로비저닝 없이 확장한다. 트래픽이 많아지면 자동으로 스케일업하고, 트래픽이 감소하면 자동으로 스케일다운한다.
- 메시지는 최대 256KB의 XML, JSON, 포맷 없는 텍스트 데이터를 담을 수 있다.

SQS 큐에는 스탠다드 큐와 FIFO 큐 두 가지 타입이 있다.

- **스탠다드 큐** Amazon SQS의 기본 큐 타입으로 초당 거의 무제한의 트랜잭션을 지원한다. 최소 1회^{at-least-once} 메시지 전송을 보장하고, 전송 순서대로 도착하는 것을 보장하는 전송 순서 보장^{best-effort ordering} 기능을 제공한다. 스탠다드 큐는 메시지의 순서를 저장하지만 가끔은 순서와 다른 메시지가 전송되기도 한다. 전송 순서가 매우 중요한 경우 스탠다드 큐가 아닌 FIFO 큐를 사용한다.
- **FIFO 큐** 먼저 들어온 것이 먼저 나가는 FIFO(First In, First Out) 원칙이 적용되며, 메시지를 여러 번 전송해도 순서가 바뀌지 않는다는 장점이 있다. 단 처리 성능은 초당 300회의 트랜잭션으로 제한되고, 메시지는 초당 최대 3,000개까지 지원한다.

스탠다드 큐와 FIFO 큐의 차이점은 다음과 같다.

- 스탠다드 큐는 API 액션별로 거의 무제한의 초당 트랜잭션(TPS)을 지원하지만, FIFO 큐는 초당 300회의 (메시지 발신, 수신, 삭제) 트랜잭션으로 제한되며, 작업당 10개 메시지를 배치 방식으로 일괄처리할 수 있다.

- 스탠다드 큐의 경우 각 메시지는 최소 1회 이상 전송되고, 한 개 이상의 복제 메시지가 전송되지만, FIFO 큐의 경우 각 메시지는 한 번 전송된 뒤 수신자가 이를 받아서 처리하고 삭제할 때까지 유지된다. 이때 복제 메시지는 큐에 포함되지 않는다.

- 스탠다드 큐의 경우 발신자가 보낸 것과 다른 순서대로 전달되는 경우가 있지만, FIFO 큐의 경우 First In, First Out 원칙에 따라 발신 순서가 정확하게 유지된다.

메시지 프로듀서가 큐에 메시지를 보내면 SQS 서버는 중복 구현 원칙에 따라 해당 메시지를 다수의 AZ에 즉시 분산시킨다. 메시지 컨슈머가 이를 처리할 준비가 되면, 큐에서 메시지를 꺼낸 뒤 처리한다. 메시지가 처리되면 0초~12시간에 이르는 가시성 타임아웃^{visibility timeout} 기간 동안 큐에 유지되고, 다시 가시성 타임아웃이 만료되면 컨슈머는 큐에서 메시지를 삭제해 재수신 및 재처리되지 않도록 한다. 즉, 가시성 타임아웃은 메시지를 큐에서 꺼내 확인하는 시간이며 다른 컴포넌트에게는 보이지 않는다.

SQS 환경 설정 시 알아야 할 주요 용어 및 파라미터는 다음과 같다.

- **메시지 보유 기간**^{Message retention period} 수신자가 메시지를 삭제하기 전까지 Amazon SQS가 메시지를 보유하는 기간으로 최소 1분, 최대 14일까지 가능하다.

- **최대 메시지 크기**^{Maximum message size} Amazon SQS가 수신할 수 있는 메시지의 최대 크기로 최소 1KB, 최대 256KB까지 가능하다.

- **전송 지연 시간**^{Delivery delay} 큐에 포함된 모든 메시지의 전송 지연 또는 연기 기간으로 최소 0초, 최대 15분까지 가능하다. 지연 큐^{delay queue}를 사용하면 여기에 포함된 모든 메시지는 해당 지연 시간만큼 보이지 않게 된다. 스탠다드 큐의 경우 큐별 지연^{per-queue delay} 설정은 이미 큐에 포함된 메시지에는 영향을 미치지 못하며(불가역성), FIFO 큐의 경우 큐별 지연 설정은 이미 큐에 포함된 메시지에도 영향을 미친다(가역성).

- **수신 메시지 대기 시간**^{Receive message wait time} 이 파라미터를 이용하면 숏 폴링과 롱 폴링 옵션을 쓸 수 있다. 숏 폴링^{short polling}은 (큐에 메시지가 없는 경우에도) 메시지를 즉시 반환하며, 수신 메시지 대기 시간을 0초로 설정하면 숏 폴링이 활성화된다. 롱 폴링^{long polling}은 (큐에 메시지가 없는 경우) 빈 메시지 응답, 메시지가 포함되지 않은 응답의 수를 줄여주고, 메시지가 준비되는 즉시 메시지를 전송해 SQS 이용 비용을 줄여준다. 수신 메시지 대기 시간을 1~20초로 설정하면 롱 폴링이 활성화된다.
- **콘텐츠 기반 복제**^{Content-based deduplication} FIFO 큐에서만 사용할 수 있는 이 파라미터는 콘텐츠 기반 복제 ID를 생성하기 위해, (메시지 속성이 아닌) 메시지 바디의 SHA-256 해시를 이용한다.

Amazon SQS는 (소스 큐 등) 다른 큐가 처리하지 못한 메시지의 타깃을 설정할 수 있는 데드레터 큐^{dead-letter queues} 기능을 제공한다. 메시지 프로듀서 또는 컨슈머 애플리케이션의 오류, 애플리케이션 코드 이상으로 인한 갑작스러운 상태 변경 등 다양한 이유로 메시지가 제대로 처리되지 못하는 경우가 발생하며, 데드레터 큐는 이와 같은 상황에서 (오류 메시지만 따로 모아서 볼 수 있으므로) 애플리케이션 또는 메시징 시스템을 효율적으로 디버깅할 수 있다. Use Redrive Policy 파라미터를 이용해 최대 수신 설정을 초과한 메시지를 데드레터 큐에 넣을 수 있다.

SQS에서 최대 수신^{Maximum Receives} 파라미터는 성공적으로 처리되지 못한 메시지를 데드레터 큐로 전송하기 전 해당 메시지의 최대 수신 횟수를 정의한다. 최소 1에서 최대 1000으로 설정할 수 있고, 데드레터 큐 파라미터가 적용되는 큐만 따로 관리할 수 있도록 별도의 큐 이름을 붙일 수 있다.

SQS는 서버측 암호화 즉, SSE^{Server-Side Encryption}를 이용해 암호화된 큐에 메시지를 전송할 수 있다. SSE는 AWS KMS의 키를 이용해 SQS 큐에 담긴 메시지를 보호할 수 있으며, SQS가 메시지를 수신하는 즉시 암호화된다. 이들 메시지는 암호화된 상태로 저장돼 있다가 접근 권한을 증명한 사용자에게 전송할 때 복호화된다.

Amazon SNS

Amazon SNS^{Simple Notification Service}는 클라우드 기반의 노티피케이션 서비스로 설정 및 관리 용이성은 물론 높은 수준의 확장성, 유연성, 비용 효율성을 갖추고 있다. 애플리케이션에서 메시지를 배포하면 즉시 구독자가 이를 수신할 수 있는 배포-구독^{publish-subscribe} 메커니즘을 기반으로 한다. Amazon SNS는 서버리스 및 마이크로서비스 아키텍처에서 사용되는 비동기적인 서비스 대 서비스 커뮤니케이션을 제공하며, 특정 주제 즉, 토픽^{topic}의 메시지를 배포하는 즉시 이 토픽에 구독 신청을 한 서비스가 해당 메시지를 받아볼 수 있다. Amazon SNS 또한 앞서 소개한 SQS처럼 이벤트 기반 아키텍처를 사용하거나 성능, 신뢰성, 확장성을 높이기 위해 애플리케이션과 분리해서 사용할 수 있다.

Amazon SNS를 이용하려면 먼저 토픽을 생성해 구독 주제 또는 이벤트 타입을 지정해야 한다. 토픽은 메시지 배포 및 클라이언트가 노티피케이션을 받기 위한 구독에 사용되며, 토픽 소유자는 토픽 정책을 통해 메시지 배포 권한을 부여하거나 노티피케이션 구독, 노티피케이션 프로토콜 설정 등의 업무를 정의할 수 있다. 메시지를 배포할 때는, 퍼블리셔^{publisher}라 부르는 배포자가 토픽에 메시지를 추가하면, 토픽은 지체없이 모든 구독자에게 해당 메시지를 전파한다. 그림 7-11은 Amazon SNS의 배포자-구독자 모델을 보여준다.

여기서 구독자란 특정 토픽에 관심이 있으며, 해당 노티피케이션을 수신하고자 하는 클라이언트로 특정 토픽을 구독하거나 특정 토픽 소유자에 의해 구독 대상에 포함될 수 있으며, 수신하려는 메시지의 프로토콜과 엔드포인트(URL, 이메일 주소 등)를 지정할 수 있다. 토픽에 구독 신청을 한 모든 컴포넌트가 전파 메시지를 수신할 수 있으며, 원치 않는 메시지는 구독자의 메시지 필터링 정책으로 걸러낼 수 있다. 배포자와 구독자는 서로 독립적으로 작동하며, 배포자는 어떤 컴포넌트가 구독신청을 했는지 알 필요가 없고, 구독자는 메시지가 어디에서 오는지 알 필요가 없다.

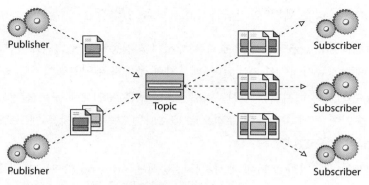

그림 7-11 Amazon SNS의 배포자-구독자 모델

다음은 Amazon SNS의 주요 기능이다.

- 메시지는 다중 AZ 환경에 저장되므로 신뢰할 수 있다.

- HTTP/HTTPS, e-mail, SMS, Lambda, SQS 등 다양한 전송 프로토콜을 지원하므로 메시지 전송의 유연성이 높다.

- 메시지는 즉각 또는 지연시켜서 전달할 수 있다. 푸시 기반 전송을 통해 구독자에게 자동으로 메시지를 전송할 수 있다.

- SNS와 CloudWatch를 통합한 모니터링 기능을 통해 모든 토픽에 대한 성능 지표를 수집, 시각화, 분석할 수 있다.

- AWS 관리 콘솔, CLI, SDK, Amazon SNS Query API, Windows PowerShell 을 이용해 접속할 수 있다.

- SNS 메시지는 텍스트 데이터의 경우 최대 256KB, SMS의 경우 최대 140 bytes의 데이터를 담을 수 있다. 이와 같은 용량 제한을 초과하면 Amazon SNS가 메시지의 수를 늘려서 전송하되 단어 중간에서 자르지 않고 단어 전체를 기준으로 앞 단어와 뒤 단어 사이를 잘라서 전송한다. 단일 SMS 메시지의 총 용량은 1,600 bytes를 넘지 않아야 한다.

Amazon SNS는 다음 3단계로 간단하게 이용할 수 있다.

- **토픽 생성** Amazon SNS에서 토픽은 메시지를 전송하고 노티피케이션을 구독하기 위한 커뮤니케이션 채널이며, 배포자와 구독자의 연결점이기도 하다.
- **토픽 구독** 토픽 메시지를 수신하려면 토픽의 엔드포인트에 구독 신청을 해야 하고, 승인이 이뤄지면 해당 토픽으로 배포되는 모든 메시지를 엔드포인트를 통해 받아볼 수 있다.
- **토픽 배포** 배포자가 토픽에 메시지를 전송하면 Amazon SNS는 토픽에 구독 신청을 한 모든 엔드포인트에 메시지를 전송한다.

SNS와 SQS를 함께 사용할 수 있는 다양한 방법이 있다. 예를 들어, 새 비디오를 S3 업로드하면 이 메시지를 SNS 토픽으로 전송하도록 한 뒤 메시지를 복사해 SQS 큐에 전송할 수 있다. SQS 큐는 S3 이벤트를 다수의 Lambda 함수에 전송해 병렬적으로 처리할 수 있으며, (360p, 480p, 720p, 1080p 등) 서로 다른 포멧으로 인코딩할 수 있다. 또 다른 예로, 주문 관리 시스템 구현에 이용할 수 있다. 주문이 들어오면 SNS 노티피케이션을 생성하고, 이를 SQS의 주문 큐에 전송한 뒤 EC2 서버에서 처리한다. 이때 SQS에서 우선순위가 높은 큐와 우선순위가 낮은 큐를 통해 주문을 효과적으로 처리할 수 있으며, 우선순위가 높은 큐의 주문이 들어오면 즉시 배송을 시작하고, 우선순위가 낮은 큐의 주문이 들어오면 하루나 이틀 후에 배송이 시작되도록 할 수 있다.

AWS Step Functions과 Amazon Simple Workflow(SWF)

AWS Step Functions는 시각화된 워크플로우를 통해 분산 애플리케이션 및 마이크로서비스 컴포넌트의 관리를 돕는 완전 관리형 서비스로 기존의 Amazon Simple Workflow(SWF)를 대체하기 위해 만들어졌다. Step Functions는 매우 작은 쉘스크립트 명령부터 수십억 개의 복잡한 임무에 이르기까지 매우 간단하게 스케일업 또는 스케일다운할 수 있다.

예를 들어, 다음 휴가 때 갈 유럽 여행 계획을 세운다고 하자. 휴가 기간에 비행편 예약, 호텔 예약, 렌터카 예약 등 세 가지 업무를 순서대로 처리해야 하며, 각 예약 업무는 서로 다른 회사에서 담당한다. 이를 그림으로 나타낸 것이 그림 7-12다. 이때 여러분이 (성수기여서) 렌터카를 예약하지 못했다면, 자동으로 호텔과 비행기 예약도 취소해야 한다(그림 7-13).

위와 같은 시나리오에서 예약 문제를 풀 수 있는 다양한 방법이 존재한다.

한 가지 방법으로 각 단계별로 함수를 생성하고 함수를 서로 연결하는 경우 이들 함수는 개별 모듈로서 독립적으로 작동하는 기능은 제공하지 못한다. 다른 방법으로 하나의 함수가 람다 함수를 실행하게 하고 이를 동기화하는 방법도 괜찮기는 하지만, 단계가 늘어날수록 확장성이 급격하게 떨어지게 된다. 비동기적으로 람다 함수를 실행하는 방법이 조금 더 낫지만 오류 처리 부분이 힘들어지며, 단계가 추가될수록 오류 처리가 더 힘들어진다. 대신 DynamoDB 등의 데이터베이스에 상태 정보를 계속 추적 및 저장하게 하거나 큐를 통해 상태 관리를 할 수 있지만 작업량이 너무 많아진다는 문제가 있다.

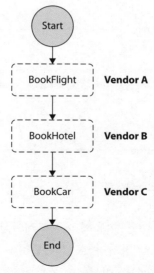

그림 7-12 휴가 계획을 위한 예약 단계

이 문제를 빈틈없이 처리할 수 있는 방법은 무엇일까? 위와 같은 업무 조정 문제를 풀려면 다음과 같은 조건을 따라야 한다.

- 요구 증대에 따른 확장성이 뒷받침돼야 한다. 1회는 물론 1000회도 문제 없이 처리할 수 있어야 한다.
- 상태 정보를 반드시 유지해야 한다.
- try/catch/finally 같은 방식으로 오류와 기한 만료 등의 조건도 처리할 수 있어야 한다.
- 사용하기도, 관리하기도 쉬워야 한다.
- 운영 기록은 정확해야 하고 추후 감사 자료로 활용할 수 있어야 한다.

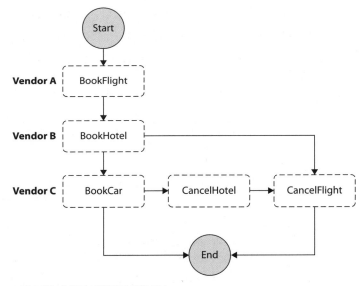

그림 7-13 호텔과 비행편의 예약 취소

사용자는 AWS Step Functions를 이용해 애플리케이션을 상태 저장 및 관리를 위한 스테이트 머신^{state machine}으로 정의하고, 앱의 동작을 한데 모아 일련의 스텝으로 관리할 수 있도록 돕는다. 스테이트 머신에서 스테이트는 임무, 연속적 스텝, 병렬적 스텝, (선택) 의사결정수, (대기) 타이머 등이 될 수 있다. 여기서 임무^{Tasks}는 업무 처리의 단위로 Lambda 함수, EC2 인스턴스, 컨테이너, 온프레미스 서버에서 처리할 수 있으며, 임무를 할당한 Step Functions API와 커뮤니케이션할 수 있다. 스테이트 머신을 시작해 JSON 포맷의 입력값을 전달하면 각 상태 변화 및 상태 추가 내용이 JSON 블롭으로 출력되고, 이 값은 다시 다음 상태의 입력값으로 전달된다. 사용자는 관리 콘솔을 통해 스테이트 머신 실행 관련 정보를 실시간으로 시각화하고 활용할 수 있도록 하며, 실행 순서대로 상태 정보를 수집해 다중 스텝 애플리케이션 구현이 가능하도록 한다. Step Functions는 애플리케이션의 스텝을 관리 및 확장할 수 있도록 하고, 처리 요구 수준이 증가할 때도 안정적으로 애플리케이션이 실행될 수 있도록 컴퓨팅 자원을 관리한다. 그림 7-14는 AWS Step Functions의 라이프 사이클을 보여준다.

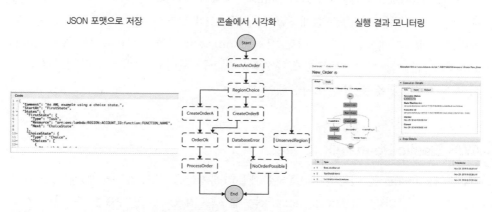

그림 7-14 AWS Step Functions에서의 애플리케이션 라이프 사이클

집필 시점 현재 AWS Step Functions는 다음과 같이 8가지의 상태 타입을 제공한다.

- **임무**Task 업무 단위로 임무 상태는 업무를 처리하기 위해 애플리케이션 컴포 넌트 및 마이크로서비스를 호출한다. 임무 상태는 두 가지이며, 하나는 AWS Lambda 함수에 호출을 입력하고, 다른 하나는 애플리케이션에 임무를 전달한 다.
- **선택**Choice 선택 상태를 이용해 스테이트 머신에 의사결정 로직을 적용할 수 있다.
- **병렬**Parallel 병렬 상태를 이용해 다수의 스테이트에 동일한 입력값을 전달할 수 있으며, 이렇게 나온 결과를 하나의 출력값으로 결합할 수 있다. 이는 데이터

가 독립적으로 계속 변경되는 상황에서 유용하며 이미지 처리, 데이터 감소 등에 활용된다.

- **대기**Wait 해당 상태로 얼마나 대기할지 정할 수 있다.
- **실패**Fail 스텝의 실행을 중지시키고 실패로 표시한다.
- **성공**Succeed 실행을 성공적으로 중지시킨다.
- **전달**Pass 입력값을 출력값에 전달한다.
- **맵**Map 맵 상태는 입력 배열의 각 요소에 대한 실행 단계 설정에 사용된다.

AWS Step Functions는 Amazon Simple Workflow(SWF) 서비스를 대체하기 위해 만들어졌으며, 아마존은 현재 SWF를 사용 중인 고객을 위해 서비스를 유지하고 있다. 새 애플리케이션을 만든다면 구형인 Amazon SWF 대신 최신의 AWS Step Functions를 이용하기 바란다. 또한 AWS SWF는 관리형 서비스가 아니므로 EC2 서버에서 직접 환경을 설정해 사용해야 한다.

AWS Elastic Beanstalk

Elastic Beanstalk를 이용하면 AWS에 애플리케이션을 쉽고 간편하게 배포, 모니터링, 확장할 수 있다. Elastic Beanstalk는 웹 애플리케이션을 배포할 수 있는 가장 간단하고 신속한 방법이며, 사용자가 코드만 업로드하면 EC2, ECS, Auto Scaling, ELB 등 AWS 리소스에 대한 프로비전 업무를 대신 처리한다. Elastic Beanstalk가 웹 애플리케이션 실행과 관련된 모든 인프라를 관리하므로 사용자는 인프라 관리에 신경 쓰지 않아도 되며, Elastic Beanstalk를 통해 관리 업무를 일원화할 수 있다.

사용자가 AWS에 대한 활용 경험이나 기반 지식이 없을 경우 VPC 생성, 다중 AZ 환경에 퍼블릭 및 프라이빗 서브넷 생성, EC2 인스턴스 론칭, Auto Scaling과 ELB 통합, 데이터베이스 프로비전 등 처리해야 할 업무의 양은 많고 복잡성 또한 적지 않다. 또 웹 애플리케이션 실행을 위한 인프라 구성 업무 또한 어렵고 이 모든 작업을 직접 해내려면 많은 사전 준비와 시간이 필요한데, Elastic Beanstalk가 이러한 문제를 해결할 수 있다.

Elastic Beanstalk 애플리케이션은 실행 환경, 애플리케이션 버전, 저장 환경 설정 등 세 가지 핵심 요소로 구성된다. 첫 번째 요소인 실행 환경^{environment} 은 EC2, RDS, ELB, Auto Scaling 등을 가리키며, 하나의 실행 환경은 (확장성을 고려해) 하나의 애플리케이션 버전만을 실행시킨다. 사용자는 하나의 애플리케이션을 위해 다수의 실행 환경을 생성할 수 있으며, 개발 환경, 테스트 환경, 상용 환경 등으로 나눠 애플리케이션 서비스를 제공할 수 있다. 두 번째 요소인 애플리케이션 버전^{application version}은 S3에 저장된 애플리케이션 실행 코드를 의미하며, 다양한 버전을 포함할 수 있고 각 버전은 별도로 저장된다. 세 번째 요소인 저장 환경 설정^{saved configuration}은 환경 설정 및 리소스 동작을 정의하며, 새로운 실행 환경을 신속하게 론칭하고 이전의 설정 환경으로 돌아갈 수 있도록 돕는다. 하나의 애플리케이션은 다수의 저장 환경 설정을 지닐 수 있다.

AWS Elastic Beanstalk는 서로 다른 유형의 웹 애플리케이션을 지원하기 위해 웹 서버와 워커라는 두 가지 실행 환경 티어를 제공한다.

- 웹 서버는 HTTP 요청 수신 및 처리를 담당하는 표준 애플리케이션으로 주로 80 포트를 사용한다.
- 워커는 SQS 큐 메시지를 수신하기 위해 백그라운드에서 실행되는 특수한 애플리케이션으로 HTTP를 이용해서 사용자의 애플리케이션에 메시지를 전달한다.

사용자의 애플리케이션은 단일 인스턴스 또는 데이터베이스가 포함된 다수의 인스턴스에 배포될 수 있다. 애플리케이션이 다수의 인스턴스에 배포된 경우 Elastic Beanstalk는 로드 밸런서, Auto Scaling 그룹, 시큐리티 그룹, 데이터베이스 등 인프라 리소스를 프로비전하며, Route 53 환경 설정을 통해 도메인 네임을 부여한다. 단일 인스턴스는 주로 개발 및 테스트 용도로 사용되고 다수의 인스턴스는 주로 상용 워크로드에 사용된다.

Elastic Beanstalk는 애플리케이션 실행에 필요한 플랫폼 요소와 관련된 EC2 인스턴스 환경을 설정하며 직접 웹 로그를 출력하거나 EC2 인스턴스 환경을 수정할 필요가 없다. 또 사용자는 Elastic Beanstalk 환경 설정 파일(JSON 또는 YAML 포맷)을 애플리케이션 소스 코드에 추가해 환경을 설정하고 AWS 리소스를 커스터마이징하는 데 사용할 수 있고, Auto Scaling의 설정 또한 변경할 수 있다. Elastic Beanstalk를 구성하는 EC2 인스턴스에 대한 직접 로그인 및 환경 설정은 권장하지 않는다.

Elastic Beanstalk는 사용자의 애플리케이션에 대한 헬스 체크를 위해 일체화된 모니터링 및 관리 인터페이스를 제공하며, 40개 이상의 성능 및 속성 지표를 수집해 보여주므로 사용자는 헬스 대시보드에서 애플리케이션의 헬스 상태를 모니터링할수 있다. Elastic Beanstalk는 Amazon CloudWatch와도 쉽게 통합할 수 있다.

그림 7-15는 Elastic Beanstalk에서의 애플리케이션 배포 방식을 보여준다.

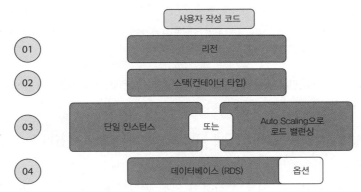

그림 7-15 Elastic Beanstalk에서의 애플리케이션 배포

AWS Elastic Beanstalk가 지원하는 언어 및 개발 스택은 다음과 같다.

- 자바 애플리케이션을 위한 아파치 톰캣 서버
- PHP 애플리케이션을 위한 아파치 HTTP 서버
- 파이썬 애플리케이션을 위한 아파치 HTTP 서버
- Node.js 애플리케이션을 위한 Nginx 또는 아파치 HTTP 서버
- 루비 애플리케이션을 위한 Passenger 또는 Puma
- .NET 애플리케이션을 위한 Microsoft IIS 7.5, 8.0, 8.5
- Java SE
- Docker
- Go

AWS OpsWorks

애플리케이션을 개발할 때 사용자의 요구를 반영한 최신의 기능을 제공하려 하지만 애플리케이션에 필요한 모든 인프라를 관리하고 트래픽 급증 상황을 대비하는 일은 언제나 오류 발생의 가능성이 있고, 반복적인 수작업으로 이런 일에 대응하는 데는 한계가 있다. 만일 누군가가 소프트웨어 환경 설정, 서버 확장, 애플리케이션 배포, 데이터베이스 설정 등 운영 업무 전반을 관리해 준다면 개발자는 본연의 개발 업무에 좀 더 집중할 수 있지 않을까?

AWS OpsWorks는 모든 유형과 규모의 애플리케이션 배포 및 운영을 돕는 환경 설정 관리 서비스로 애플리케이션의 신속한 환경 설정, 배포, 업데이트를 지원하고, 자동화된 스케일링 및 헬스 모니터링 도구를 제공한다. 사용자는 OpsWorks를 이용해 애플리케이션 및 아키텍처 구현은 물론 패키지 설치, 소프트웨어 환경 설정, 스토리지 또는 로드 밸런서와 같은 리소스를 좀 더 유연하게 정의할 수 있다.

OpsWorks가 제공하는 관리형 인스턴스인 Chef와 Puppet은 서버의 환경 설정 업무를 자동화하는 코드를 사용할 수 있는 자동화 플랫폼이며, EC2 인스턴스는 물론 온프레미스 환경에 있는 서버의 환경 설정, 배포, 관리 업무를 자동화한다.

OpsWorks는 Chef Automate, Puppet Enterprise, OpsWorks Stacks 등 세 가지 도구를 제공한다.

첫 번째 도구인 Chef Automate는 완전 관리형 Chef 서버이자 지속적 배포와 준수 규정 및 보안 사항에 대한 테스트를 위한 종합적인 자동화 도구이며, 노드와 노드별 상태 정보를 시각화한 사용자 인터페이스를 제공한다. Chef 서버는 소프트웨어 및 운영체제 환경 설정, 패키지 설치, 데이터베이스 설정 등 제반 운영 업무에 대한 풀 스택 자동화 기능을 제공하며, 환경 설정 임무를 중앙 관리 방식으로 저장해 수 개에서 수천 개의 노드로 확장하기 위한 컴퓨팅 환경 정보로 제공한다. OpsWorks의 Chef Automate는 Chef 커뮤니티의 도구 및 예제 측면에서 완벽하게 호환되며, 새로운 노드 생성 시 자동으로 Chef 서버에 저장한다.

두 번째 도구인 Puppet Enterprise는 관리형 Puppet Enterprise 서버이자, 오케스트레이션, 자동화 프로비저닝, 추적 데이터 시각화 등 종합적인 워크플로우 자동화 도구이며, 소프트웨어 및 운영체제 환경 설정, 패키지 설치, 데이터베이스 설정 등 제반 운영 업무에 대한 풀스택 자동화 기능을 제공한다. Puppet Master는 환경 설정 임무를 중앙 관리 방식으로 저장해 스케일업을 위한 컴퓨팅 환경 정보로 제공한다.

세 번째 도구인 OpsWorks Stacks은 AWS와 온프레미스 환경의 애플리케이션 및 서버 관리를 도우며, 사용자는 OpsWorks Stacks을 이용해 전체 애플리케이션을 다수의 레이어를 지닌 스택 형식으로 모델링할 수 있다. 이때 레이어는 EC2 인스턴스와 리소스 집합의 설치 및 환경 설정을 정의하기 위한 설계도와 같은 기능을 수행한다.

OpsWorks는 Ruby, PHP, Node.js, Java, Amazon RDS, HA Proxy, MySQL, Memcached 등 공통 컴포넌트로 구성된 레이어를 제공하므로, (Chef 레시피를 그대로 사용하면서) 사용자의 니즈에 맞는 레이어를 생성하거나 레이어의 환경을 설정할 수 있다. 애플리케이션 스택 실행에 필요한 레이어를 모두 정의한 뒤 운영체제를 선택하고 인스턴스 타입을 추가하면 되며, 실행 기간별로 또는 평균 CPU 로드별로 실행될 인스턴스의 수를 조정할 수 있다. 일단 스택이 완성되고 실행되면, OpsWorks는 (사용자가 앞서 정의한 대로) 사용자의 저장소에서 코드를 가져와서 인스턴스에 배포한다.

OpsWorks는 애플리케이션 배포 및 관리 자동화를 통해 개발자의 시간을 아껴준다. OpsWorks가 없을 경우 다수의 서버를 스케일업하려면 웹 프레임워크 환경 설정, 스크립트 설치, 임무 초기화, 데이터베이스 설치 등 다양하고 복잡한 업무를 개발자가 직접 처리해야 한다. OpsWorks를 사용할 경우 애플리케이션 실행을 위한 설치 및 환경 설정 내역을 담은 레이어를 통해 모든 인스턴스의 환경 설정 작업을 자동으로 처리할 수 있으므로 개발자는 인스턴스, 소프트웨어, 데이터베이스에 대한 환경 설정 작업 대신 애플리케이션 및 서비스 개발에 매진할 수 있다. 아울러 OpsWorks는 인프라 자동화, 애플리케이션 배포 속도 증대, 확장성 및 복잡성 관리 능력 증대, 응답 실패 또는 성능 저하를 방지한다. OpsWorks 사용에 따른 별도의 요금은 발생하지 않으며, 애플리케이션 저장 및 실행에 따른 AWS 리소스 이용료만 부담하면 된다.

Amazon Cognito

모바일 앱 개발자는 모바일 앱 사용자가 여러 대의 디바이스를 가지고 있으며 통근 시간에는 스마트폰을 주로 사용하고 거실에서 영화를 볼 때는 태블릿을 사용한다는 통계 데이터를 접하게 된다. 여러 대의 디바이스를 쓰는 사용자의 프로필 정보를 동기화해 게임 데이터, 사용 경험 데이터 등을 활용하는 것은 모바일 사용자가 어떤 디바이스를 사용하더라도 우수한 사용 경험을 제공하기 위해 매우 중요한 일이다. 개발자가 이를 위해 백엔드에서 스토리지를 구현하고 동기화하는 일, 모바일 앱의 개발, 배포, 인프라 관리와 관련된 일 또한 결코 간단하지 않다. 이럴 때 누군가 모바일 앱의 백엔드를 대신 구현해 준다면 개발자는 앱 개발에 좀 더 전념할 수 있지 않을까? 개발자는 사용자 데이터의 동기화와 저장에만 신경 쓸 수 있다면 얼마나 좋을까?

Amazon Cognito는 다수의 모바일 디바이스에서 사용자를 좀 더 편리하게 관리할 수 있도록 도와주는 사용자 신원 증명^{user identity} 및 데이터 동기화^{data synchronization} 서비스다. 개발자는 퍼블릭 로그인 제공자인 Google, Facebook, Amazon, 기업용 로그인 서비스로서 SAML 기법을 사용하는 Microsoft Active Directory 등이 만든 신원 증명 기능을 이용해 사용자의 신원 정보를 효과적으로 관리할 수 있다. Amazon Cognito는 비인증 신원 증명^{unauthenticated identities} 방식을 지원하며, 이 경우 사용자는 로그인 절차를 거치지 않고 모바일 앱을 사용한 뒤 퍼블릭 로그인 방식으로 자신의 프로필을 생성하면, 관련 프로필 데이터를 빠짐없이 가져올 수 있다. Amazon Cognito의 유저 풀^{user pools}은 안전한 유저 디렉터리로서 수천만 명의 사용자로 확장할 수 있다. 유저 풀은 직접 가입한 유저 및 소셜 신원 인증 제공자를 통해 로그인한 유저의 프로필 및 인증 토큰을 제공한다. Amazon Cognito User Pools은 표준 기반 신원 증명 제공자로서 OAuth 2.0, SAML 2.0, OpenID Connect 등 IAM 표준을 지원한다.

Amazon Cognito는 앱 사용 설정, 게임 플레이 상태 정보 등 모든 종류의 유저 데이터 및 키 밸류 페어를 동기화하는 데 사용할 수 있다. 개발자는 모바일 앱 구현과 관련된 유저 신원 정보 관리 및 동기화 문제에 대해 고민할 필요가 없으며, Amazon Cognito API를 이용해 유저 데이터를 저장하고 동기화하기만 하면 된다. 이때 유저 데이터는 안전하게 동기화되고 AWS 클라우드에 안전하게 저장된다.

Amazon Cognito는 모바일 앱에서 AWS 리소스에 대한 접근 관리를 돕는다. 리소스 사용 권한을 롤roles 형태로 정의하고, 유저에게 롤을 할당해 유저별로 접근이 가능한 리소스에만 선별적으로 접근하게 할 수 있다.

Amazon Cognito를 모바일 앱에 적용하는 일은 간단하다. 유저 데이터 동기화를 위한 몇 줄의 코드만 추가하면 되고 다른 AWS 서비스를 이용 중이라면 Amazon Cognito를 이용해 AWS 리소스에 대한 접근을 원하는 다른 사용자에게 임시 접근 권한을 신속하게 부여할 수 있어 편리하다. Amazon Cognito는 사용자가 자신의 디바이스에 상관 없이 일관된 사용자 경험을 누릴 수 있다는 장점과 개발자는 이를 위해 복잡한 백엔드 코드 작성 및 동기화에 대한 걱정을 할 필요가 없다는 장점을 제공한다.

Amazon Elastic MapReduce

여러분이 어떤 산업에 종사하든 방대한 데이터 원천에서 들어오는 데이터를 분석할 수만 있다면, 다른 기업은 할 수 없는 탁월한 의사결정transformational decisions을 할 수 있다. 막대한 양의 데이터를 효과적으로 처리하려면 그에 맞는 데이터 처리 및 분석 도구를 갖춰야 한다. Hadoop 프레임워크는 다수의 컴퓨터를 연결한 분산 컴퓨팅 환경을 통해 막대한 양의 데이터를 처리할 수 있지만 하둡 클러스터의 배포, 환경 설정, 제반 관리 업무는 매우 복잡하고 많은 비용과 시간이 소요된다는 단점이 있다. 또한 이러한 분석 환경을 구성하기 위해 여러분이 직접 서버, 스토리지 하드웨어를 구입한 뒤 하드웨어 프로비전 및 소프트웨어 배포 과정을 거쳐야 하며, 이 기간 동안 사용자는 단 하나의 데이터도 분석하지 못한 채 시간을 보내게 된다.

Amazon EMRElastic MapReduce은 위와 같은 문제를 해결하기 위한 서비스로 EC2 및 S3와 같은 탄력적인 인프라를 활용해 다수의 EC2 인스턴스를 분산 컴퓨팅 환경으로 구성한 관리형 Hadoop 프레임워크 서비스를 제공한다.

Amazon EMR을 사용하려면 먼저 S3에 데이터를 업로드하고 EMR 클러스터를 론칭한다. 클러스터가 론칭되면 즉시 데이터를 분석할 수 있으며, 이를 위한 설정, 실행, 튜닝 작업은 걱정할 필요가 없다. Amazon EMR은 관리형 서비스이므로 사용자는 클러스터에 몇 개의 노드를 추가할 것인지 어떤 인스턴스 타입을 사용할 것인지, 클러스터에 어떤 애플리케이션을 설치할 것인지만 생각하면 되며, 다른 프로비전 업무는 아마존이 처리한다.

EMR 사용자는 오직 데이터 분석 작업job에만 신경쓰면 된다. 분석 작업을 마친 결괏값은 S3에서 확인할 수 있으며, 시각화 도구를 이용해 분석 보고서 작성에 사용할 수 있다. EMR은 분석 작업에 대한 모니터링 기능을 제공하며, 작업이 종료되면 EMR은 클러스터를 셧다운하거나 추가적인 처리 작업을 위해 실행 상태를 유지할 수 있다. 사용자는 유입 데이터의 양에 따라 언제든 클러스터의 규모를 확대 또는 축소할 수 있다.

Hadoop 에코시스템에서 처리된 데이터는 서버에 남게 되며 클러스터에 서버를 추가 또는 삭제하는 데 일정한 시간이 소요된다. 반면 EMR의 경우 데이터는 EC2 서버와 S3 사이에서 연결되지 않은 상태를 유지하고, EC2에서는 처리 업무만, S3에서는 저장 업무만 담당하므로 언제든 스케일업 또는 스케일다운할 수 있다. EMR 파일 시스템인 EMRFS는 EMR에서 파일을 읽고 쓴 뒤 바로 S3로 전달하는 데 사용된다. 예를 들어, 실행 중인 EMR 잡이 있고 이를 위해 (시간당 이용료가 1달러인) 하나의 EC2 서버만 할당했을 때 분석에 10시간이 소요된다면, 총 분석 비용은 10달러다. 반면 EC2 서버 10대를 노드로 하는 EMR 클러스터를 생성해 분석할 경우 10배 높은 처리 및 분석 능력을 바탕으로 (10시간이 아닌) 1시간이 소요되고, 총 분석 비용은 10달러가 될 것이다. 결국 EMR을 이용하면 동일한 비용으로 10배 높은 분석 능력을 발휘해 분석 소요시간을 크게 줄일 수 있다.

데이터를 Amazon S3에 저장하면 동시에 여러 개의 EMR 클러스터를 통해 접속할 수 있으며, 사용자는 새로운 아이디어를 검증하기 위해 여러 개의 EMR 클러스터를 생성하고, 불필요하다는 판단이 드는 즉시 클러스터의 수를 줄일 수 있다. 이는 데이터 기반의 다양한 혁신적인 실험을 가능케 하며 특정 애플리케이션을 위해 각 클러스터를 최적화할 수도 있다.

Amazon EMR 클러스터의 노드는 마스터, 코어, 태스크 노드 세 가지다.

- **마스터 노드**Master node 코어 노드와 태스크 노드의 잡 배분을 조율한다.
- **코어 노드**Core node 마스터 노드가 할당한 태스크를 실행하는 역할을 한다. 클러스터 내 HDFSHadoop Distributed File System에 데이터를 저장한다.

- **태스크 노드**^{Task node} 태스크를 실행만 하고 저장하지는 않는다. 필요에 따라 사용할 수 있으며, 클러스터를 위한 순수한 연산 기능만을 제공한다.

Amazon EMR은 저비용의 서비스로 시간당 사용량별 가격, 시간당 할인된 가격으로 분석 예약, 스팟 인스턴스를 이용한 리소스 입찰 등 다양한 가격 옵션을 제공한다. 스팟 인스턴스는 Amazon EMR을 사용하기 위한 매우 좋은 방법이며, 저장할 필요 없이 순수하게 연산만 필요한 경우 태스크 노드를 적극 활용할 수 있다. 스팟 인스턴스 입찰 시 서로 다른 타입의 EC2 인스턴스를 조합해 특정 EC2 인스턴스를 잃어도 다른 타입의 인스턴스는 그대로 실행되는 전략을 쓸 수 있다. Amazon EMR은 자동으로 클러스터를 위한 시큐리티 그룹의 환경을 설정해 접근 제어를 용이하게 하며, Amazon VPC에 클러스터를 론칭할 수 있다.

Amazon EMR을 이용해 MapReduce를 실행하거나 Hive, Pig, HBase, Impala, Cascading, Spark 등 빅데이터 분석을 위한 강력한 애플리케이션 및 프레임워크를 사용할 수 있다. Amazon EMR은 다수의 Hadoop 배포판을 지원하고, 다른 서드 파티 도구와 통합해 사용할 수 있으며, 클러스터에 필요한 소프트웨어를 추가하거나 커스터마이징할 수 있다.

AWS CloudFormation

인프라를 관리할 때 여러 가지 업무를 처리하기 위해 스크립트 등을 실행하게 되는데, 버전 컨트롤 또는 변경 이력 추적은 꽤 어려운 일이다. 개발이나 테스트 목적으로 기존의 상용화 스택을 여러 번 복제하고 수정하다 보면 버전 관리는 더욱 어려워진다. 스크립트 콜렉션에서 바로 인프라 스택을 프로비전하는 일 또한 결코 간단치 않다. 좀 더 확실하고 예측 가능한 방법으로 인프라 및 애플리케이션 스택을 생성 및 관리할 수 있다면 좋지 않을까?

이와 같은 일을 위해 만들어진 서비스가 바로 AWS CloudFormation이다. Cloud Formation은 작성한 인프라 아키텍처 모델(템플릿)에 따라 AWS 리소스 스택의 프로비전 및 관리를 돕는다. 사용자는 하나의 EC2 인스턴스부터 멀티 티어, 멀티 리전 애플리케이션에 이르기까지 빈틈 없이 관리할 수 있다. CloudFormation은 VPC 서브넷과 같은 간단한 업무부터 OpsWorks, Elastic Beanstalk 등의 복잡한 업무까지 정의할 수 있다.

CloudFormation을 사용할 때는 먼저 템플릿을 생성한다. 템플릿은 JSON 포맷의 파일로 인프라와 애플리케이션 스택을 구성하는 AWS 리소스의 환경 설정을 위한 설계도라 할 수 있으며, EC2 또는 RDS 등을 포함한 LAMP 스택과 같이 사용자를 위해 미리 정의해 둔 템플릿을 사용할 수 있다. 그다음 템플릿을 CloudFormation에 업로드한다. 이때 필요에 따라 인스턴스의 수, 인스턴스의 타입 등 파라미터를 선택하고 나면 CloudFormation이 AWS 리소스 스택을 프로비전 및 환경 설정하게 된다. 사용자는 AWS 관리 콘솔, CLI 또는 SDK 등을 이용해 템플릿을 수정해 업로드함으로써 CloudFormation 스택을 갱신할 수 있다.

버전 컨트롤에서 템플릿을 확인할 수 있으므로 인프라 및 애플리케이션 스택의 모든 변경 사항을 추적할 수 있고, 인프라 아키텍처의 버전 컨트롤 또한 CloudFormation에서 할 수 있다. 인프라 프로비저닝은 CloudFormation에 템플릿을 생성하고 업로드하는 것만큼이나 간단하며, 이는 인프라 복제 업무를 쉽게 만든다. 사용자는 AWS 관리 콘솔에서 클릭 몇 번으로 상용 스택의 복제물을 이용해 개발 및 테스트 스택을 구성할 수 있으며, 필요에 따라 복제된 스택을 수정 및 변경해서 사용할 수 있다. 상용 스택을 직접 복제할 경우 시간 소모가 많고 오류 발생 가능성 또한 높지만 CloudFormation을 이용하면 AWS 리소스 스택을 신속, 정확하게 생성 및 관리할 수 있다. CloudFormation에 대한 별도의 사용료는 없으며 CloudFormation에서 생성하고 애플리케이션에서 사용된 AWS 리소스 이용료만 부담하면 된다. CloudFormation에서 인프라는 마치 코드처럼 다뤄진다.

AWS CloudFormation을 이용하려면 템플릿과 스택이 필요하다. 사용자는 템플릿을 이용해서 AWS 리소스와 프로퍼티를 정의할 수 있고, 스택 생성 시 CloudFormation은 템플릿별로 리소스를 프로비전한다. 템플릿은 JSON 또는 YAML 포맷의 텍스트 파일로 AWS 관리 콘솔의 에디터 또는 텍스트 에디터로 작성 및 편집할 수 있고, 작성한 템플릿은 .json 또는 .yaml.txt 또는 .template 확장자를 붙여 저장한다. 템플릿은 리소스 구성을 위한 설계도 역할을 하며 CloudFormation이 만들게 될 리소스를 지정하는 데 사용한다. 예를 들어, CloudFormation 템플릿에서 리소스로 EC2 인스턴스의 타입을 구체적으로 지정할 수 있다.

이렇게 해서 한데 모인 모든 AWS 리소스를 스택이라고 하며, 사용자는 스택을 단일 개체 또는 유닛처럼 관리할 수 있다. 예를 들어, 단일 CloudFormation 템플릿으로 정의한 스택을 이용해 EC2 인스턴스, VPC, 또는 RDS 데이터베이스 등 다수의 리소스를 생성할 수 있고, 스택 생성, 갱신, 삭제 작업을 통해 리소스 집합을 생성, 갱신, 삭제할 수 있다. AWS CloudFormation 템플릿을 이용해 스택 내 모든 리소스를 정의할 수 있다. 그림 7-16은 AWS CloudFormation의 작동 방식을 보여준다.

실행 중인 EC2 인스턴스에 ELB를 추가하는 것과 같이 스택 내의 실행 중인 리소스를 변경하려면 스택 전체를 업데이트해야 한다. 사용자는 변경 전에 변경 사항을 요약한 변경 집합을 생성할 수 있고, 이렇게 만들어진 변경 집합을 이용해 실제 변경 사항이 적용됐을 때 실행 중인 리소스에 어떤 영향을 미칠지 예측할 수 있다. 단 리소스별 사용 제한선 또는 리미트에 이르지 않도록 주의한다. 예를 들어, EC2에는 소프트 리미트가 적용되고 VPC는 리전별, 계정별 리미트가 적용된다. 사용 제한선에 걸릴 가능성이 있다면 서포트 티켓을 이용해 리미트를 상향 조절해야 한다.

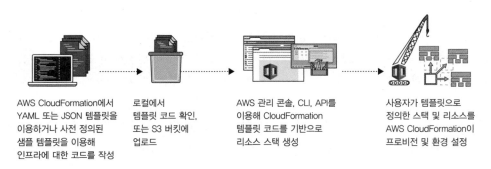

AWS CloudFormation에서 YAML 또는 JSON 템플릿을 이용하거나 사전 정의된 샘플 템플릿을 이용해 인프라에 대한 코드를 작성

로컬에서 템플릿 코드 확인, 또는 S3 버킷에 업로드

AWS 관리 콘솔, CLI, API를 이용해 CloudFormation 템플릿 코드를 기반으로 리소스 스택 생성

사용자가 템플릿으로 정의한 스택 및 리소스를 AWS CloudFormation이 프로비전 및 환경 설정

그림 7-16 AWS CloudFormation의 작동 방식

AWS 모니터링 서비스

애플리케이션을 개발하고 배포할 때 개발자는 애플리케이션의 처음부터 끝까지 모니터링하길 원한다. 개발자는 올바른 도구를 선택해 AWS에 배포된 애플리케이션의 성능, 애플리케이션에 대한 위험 요소, CPU와 메모리 자원의 소모 수준, 애플리케이션의 리소스 제약 상황 등을 한 눈에 파악할 수 있다.

올바른 도구를 선택하기 위한 유용한 질문으로는 어떻게 리소스 가용성과 상태 변화를 수집하고 확인하고 대응할 것인가? 어떻게 전체 AWS 리소스에 적용 가능한 핵심 성능 지표를 추적할 것인가? 어떤 방식으로 AWS 계정에서 발생한 API 호출 횟수와 방식, 내용을 기록할 것인가? AWS 계정에서 발생한 비용 요소를 어떻게 추적할 것인가? 등이 있으며 AWS는 이러한 질문에 대한 해답이 될 수 있는 다양한 모니터링 도구를 제공한다. 이와 같은 기술적인 요인 외에도 시스템을 모니터링해야 하는 이유가 몇 가지 더 존재한다. 모니터링은 사용자 경험 수준을 측정할 수 있는 매우 효과적인 방법이다. 이번에 단행할 업데이트가 전체 시스템에 어떤 영향을 미칠지 파악할 수 있고, 모니터링을 하면서 파악한 문제가 미래에 다시 문제를 일으키게 될지 예상할 수 있으며, 확장성 요구가 언제 가장 높아지는지 확인할 수 있다.

> **NOTE**
> AWS에서 리소스란 소프트웨어적으로 정의된(software defined) 인프라로 리소스의 변화는 API 호출 방식으로 추적할 수 있다. 실행 환경의 현재 및 과거 상태는 실시간으로 모니터링 및 대응할 수 있다. AWS의 확장성은 편재적 로그 데이터 수집 및 관리로 이어지며, 애플리케이션의 로그 데이터를 수집해 중앙화된 모니터링 도구에서 분석하거나 감사에 활용하고 문제 상황을 완화시키기 위해 사용한다.

이번 절에서는 AWS 리소스 모니터링 도구를 알아본다.

Amazon CloudWatch

Amazon CloudWatch는 AWS 클라우드에 배포된 모든 리소스를 모니터링하기 위한 서비스다. 헬스 체크, 활성화 수준 검토, 성능 확인 등 주요 지표를 모니터링하며, AWS 클라우드 리소스는 물론, 클라우드 기반 애플리케이션을 모니터링해 주요 성능 지표를 시각화 및 분석한다.

또 특정 지표 범위를 벗어나면 경고하도록 설정하거나 리소스 활성화 수준, 애플리케이션 성능, 운영측면의 헬스 체크 등을 시각화해 제공한다. Amazon CloudWatch의 주요 기능은 다음과 같다.

성능 지표 수집 및 추적

Amazon CloudWatch는 모든 서비스에 대한 성능 지표를 제공하며, 모든 서비스와 관련된 100여개 이상의 성능 지표 유형을 사용할 수 있다. 사용자는 EC2, RDS, ELBs, EBS 볼륨, DynamoDB 등에 대한 성능 지표를 추적할 수 있다(EC2 인스턴스의 경우, CPU, Network In/Out 등 성능 지표가 포함된다).

기본 설정 성능 지표 외에도 사용자가 정의한 커스텀 성능 지표를 추가해 Amazon CloudWatch를 통해 모니터링할 수 있다. 사용자는 AWS 콘솔에 로그인해 CloudWatch를 통해 모든 지표를 모니터링할 수 있지만, 일부 모니터링 요소의 경우 커스텀 지표를 생성해 확인할 수 있다.

예를 들어, 메모리 활용률memory utilization을 모니터링하려면 별도의 커스텀 성능 지표를 생성해야 한다. 과거에는 (2016년 11월 이전) 이들 지표를 14일간 보존했으며, 현재는 지표 수집 간격metric interval에 따라 보존 기간이 다르다.

- 1분 데이터 포인트의 경우 15일간 보존
- 5분 데이터 포인트의 경우 63일간 보존
- 1시간 데이터 포인트의 경우 15개월 또는 455일간 보존

Amazon CloudWatch Events를 이용한 실시간 모니터링

Amazon CloudWatch Events는 AWS 리소스에 생긴 사소한 변화도 모두 감지할 수 있다. CloudWatch Events가 변화를 감지하면 근실시간으로 지정된 타깃에 알림을 전송한다. 이때의 타깃은 Lambda 함수, SNS 큐, Amazon SNS 토픽, Kinesis Stream 또는 기타 이벤트와 연결된 타깃으로 설정할 수 있다. 이러한 변화가 감지됐을 때 적용하게 될 규칙이나 액션을 미리 설정할 수 있다.

Amazon CloudWatch Events를 활용할 수 있는 다양한 방법이 있다. 예를 들어, 여러분의 기업에는 EC2 생성과 관련된 매우 엄격한 규칙이 있어서, 누군가 EC2 서버를 생성하면 반드시 태그를 붙여야 한다고 하자. 이 경우 Lambda 함수를 이용해 새로 생성된 서버 인스턴스가 태그를 지니고 있는지 확인할 수 있고, 태그가 없는 경우 정의한 내용에 따라 인스턴스에 자동으로 태그가 추가되도록 할 수 있다.

모니터링 및 Logs 저장

CloudWatch Logs는 기존 시스템, 애플리케이션, 커스텀 로그 파일을 이용해 사용자의 시스템, 애플리케이션을 모니터링하거나 문제점을 해소할 수 있도록 돕는다. 기존의 로그 파일을 CloudWatch Logs에 전송하거나 근실시간으로 로그를 모니터링할 수 있다. Amazon CloudWatch Logs는 로그 수집 및 저장을 위한 관리형 서비스로 다양한 로그 원천으로부터 로그 데이터를 수집한 뒤 중앙화된 로그 관리를 할 수 있다. CloudWatch Logs Agent를 이용하면 EC2 인스턴스에서 로그 파일을 실시간으로 전달받을 수 있다. CloudWatch Logs Agent는 Linux and Windows에서 사용할 수 있으며 Logs Agent 외에도 AWS CLI, CloudWatch Logs SDK, CloudWatch Logs API를 이용해 로그 데이터를 스트리밍할 수 있다. 또 로그 데이터를 S3에 저장한 뒤 Amazon Elasticsearch Service 또는 Splunk 등 서드 파티 도구를 이용해 분석, 아카이브 생성, 또는 실시간으로 전송할 수 있다.

CloudWatch Logs는 특정 구문, 값, 패턴이 포함된 로그를 모니터링하는 데도 사용되며, 그림 7-17은 CloudWatch Logs에서 가져온 특정 패턴을 필터링하는 방법을 보여준다. 예를 들어, 시스템 로그에서 지정된 횟수 이상의 오류가 발생하면 경고 메시지를 보내도록 설정할 수 있고, 애플리케이션 로그에서 웹 요청 지연 상황을 그래프로 나타낼 수 있으며, 문제가 발생한 소스의 원본 로그 데이터도 확인할 수 있다.

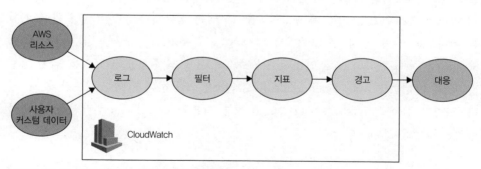

그림 7-17 CloudWatch Logs의 특정 패턴 필터링 방법

알람 설정

CloudWatch 알람을 생성해 알람 상태 변경 시 Amazon SNS 메시지를 전송하도록 할 수 있다. 생성된 알람 객체는 사용자가 지정한 일정 시간동안 단일 지표를 관찰하고 있다가 해당 지표가 기준치threshold를 벗어나면 하나 또는 그 이상의 액션을 취하게 된다. 여기서 액션action은 Amazon SNS 토픽에 전송한 노티피케이션 또는 Auto Scaling 정책이 될 수 있고, 알람은 유지되던 상태가 변경됐을 때 해당 액션을 호출하게 된다. 반면 CloudWatch 알람은 특정 상태states가 유지되는 것을 가정하므로 별도의 액션을 호출하지 않는다. 액션이 호출되려면 상태가 변경돼야 하며 일정 기간 동안 이 상태가 유지될 수 있어야 한다.

알람으로 설정할 수 있는 상태는 다음과 같다.

- OK 성능 지표가 미리 정의된 기준치 내에 있는 상태를 의미한다.
- ALARM 성능 지표가 미리 정의된 기준치를 벗어난 상태를 의미한다.
- INSUFFICIENT_DATA 알람이 막 시작됐지만 성능 지표가 부족하거나 알람 상태를 유지하기에는 데이터가 부족함을 의미한다.

알람 설정 상태와 관련된 예를 들어보자. EC2 인스턴스의 CPU 활용도가 75%를 넘으면 경고 메시지를 보내는 알람을 생성한 경우, 알람 기준치alarm threshold를 3으로 설정해 EC2 인스턴스의 CPU 활용도가 75%를 넘는 상태가 3회 반복되면 관련 액션을 취하도록 할 수 있다. 또 EC2 인스턴스의 CPU 활용도가 75%를 넘는 경우 Auto Scaling을 통해 하나의 EC2 인스턴스를 추가하고, CPU 활용도가 75%를 넘는 경우가 세 번 발생하면 Auto Scaling으로 EC2 인스턴스를 하나 더 추가하도록 할 수 있다. 그림 7-18은 Amazon CloudWatch 성능 지표와 CloudWatch 알람을 함께 사용하는 방법을 보여준다.

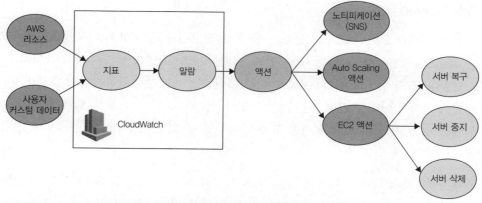

그림 7-18 Amazon CloudWatch 성능 지표와 CloudWatch 알람을 함께 사용하는 방법

그래프와 통계정보 시각화

Amazon CloudWatch 대시보드를 통해 리소스가 제공하는 다양한 그래프와 통계정보를 확인할 수 있고, 기본 대시보드 외에 커스텀 대시보드를 생성해 사용 중인 다양한 리소스를 통합해 파악할 수 있다. Amazon CloudWatch 대시보드는 선택한 성능 지표에 대한 싱글 뷰 모드로 제공되며 다수의 리전에 분포한 리소스, 애플리케이션의 헬스 수준을 판단할 수 있다. CloudWatch 대시보드는 운영 팀을 위한 업무지침과 같이 활용할 수 있으며, 특정 이벤트가 발생했을 때 팀원이 실행할 수 있는 대응방안 또는 가이드를 제공할 수 있다. 대시보드를 통해 중요 리소스와 애플리케이션의 성능 지표를 제시하고, 팀원은 이를 공유해 좀 더 신속하게 운영과 관련된 커뮤니케이션을 할 수 있다. 그림 7-19는 Amazon CloudWatch의 주요 기능을 보여준다.

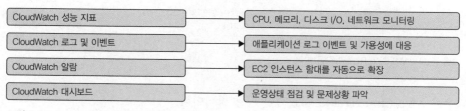

그림 7-19 Amazon CloudWatch의 주요 기능

AWS CloudTrail

AWS CloudTrail은 콘솔, CLI 등 도구를 통해 전달된 모든 API 호출 로그를 관리하는 서비스로 해당 API에 대해 누가, 언제, 어디서, 어떤 작업을 했는지 로그 데이터로 저장한다. 관리자는 해당 API 호출에 대해 어떤 리소스가 반응했는지, API 호출이 어디에서 시작돼 어디로 전달됐는지 알 수 있다. 즉, CloudTrail을 통해 AWS 환경에서 일어난 접속, 변경을 포함한 제반 활동을 파악할 수 있고 로그 데이터는 S3 버킷에 저장할 수 있다.

관리자는 CloudTrail을 이용해 (VPC 시큐리티 그룹 및 NACL과 같은) AWS 리소스의 변경 추적, (AWS API 호출 기록을 통한) 규정 준수 여부 파악, (최신의 환경 설정 변경 내역을 통한) 운영상의 문제 발견 등 다양한 업무를 처리할 수 있다. 다른 계정 사용자는 CloudTrail 로그를 중앙 계정에 전송할 수 있으며, 중앙 계정은 이들 데이터를 가지고 분석 업무를 한 뒤 다시 결과 데이터를 다른 계정 사용자를 위해 배포할 수 있다.

AWS CloudTrail의 이벤트 히스토리는 해당 리전에서 90일 간 보존되며 하나의 리전당 다섯 개의 트레일을 생성할 수 있다.

CloudTrail 로그 데이터는 S3는 물론 CloudWatch Logs 및 Amazon CloudWatch Events에 전송할 수 있으며, 이를 통해 AWS 리소스의 아카이브, 분석, 변경 대응 등 작업을 할 수 있다. 그림 7-20은 AWS CloudTrail의 작동 방식을 보여준다.

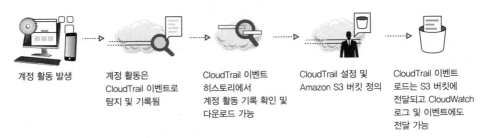

| 계정 활동 발생 | 계정 활동은 CloudTrail 이벤트로 탐지 및 기록됨 | CloudTrail 이벤트 히스토리에서 계정 활동 기록 확인 및 다운로드 가능 | CloudTrail 설정 및 Amazon S3 버킷 정의 | CloudTrail 이벤트 로드는 S3 버킷에 전달되고 CloudWatch 로그 및 이벤트에도 전달 가능 |

그림 7-20 AWS CloudTrail의 작동 방식

다음은 AWS CloudTrail의 대표적인 활용 방식이다.

- 모든 리전에서 AWS CloudTrail을 활성화해 모든 리전의 API 호출 로그를 기록한다.

- 로그 파일 생성 시 해싱에 SHA-256을 적용하거나 디지털 서명에 RSA 및 SHA-256을 적용해 로그 파일을 검증한다.

- 기본적으로 CloudTrail에서 버킷으로 전송하는 로그 파일은 Amazon S3의 관리형 암호화 키(SSE-S3)를 이용해 서버 측 암호를 생성한다. 사용자가 직접 관리할 수 있는 보안 레이어를 추가하려면 AWS KMS의 관리형 키를 이용해 서버 측 암호를 생성한다.

- 실시간으로 CloudTrail 로그를 생성하도록 설정하고 이를 CloudWatch 로그로 전달한다.

- 다수의 AWS 계정을 사용 중이라면 그 중 하나의 계정을 중앙화된 CloudTrail 로그 관리에 사용한다.

- 신뢰성을 높이기 위해 CloudTrail 로그를 저장한 S3 버킷을 CRR^{Cross-Region Replication} 즉, 교차 리전 복제 환경으로 설정할 수 있다.

AWS Config

AWS Config는 사용자 계정에 포함된 AWS 리소스와 현재의 환경 설정에 대한 세부적인 목록을 제공하는 완전관리형 서비스로 EC2 인스턴스 론칭, 시큐리티 그룹의 ingress/egress 규칙, VPC를 위한 네트워크 ACL 등 리소스에 생기는 환경 설정 상의 변화를 지속적으로 기록한다. 사용자는 이러한 리소스 환경 설정 히스토리를 감사 업무에 사용하거나 리소스 환경 설정의 변화를 알림 메시지로 전달할 수 있다. 리소스 환경 설정 상의 변화 발생 또는 규칙과 다른 환경 설정 사항이 발생했을 경우 Amazon SNS를 통해 노티피케이션 메시지를 전달하도록 할 수 있다.

환경 설정 규칙은 리소스에 대한 이상적인 환경 설정 내역을 담은 것으로, 리소스에 이러한 규칙과 다른 상황이 발생할 경우 AWS Config에 기록된다. 리소스 환경 설정에 반하는 규칙은 대시보드를 통해 확인할 수 있다.

환경 설정 규칙을 통해 전반적인 규정 위반 가능성 및 위험 상황을 미리 평가할 수 있으며, 시간 흐름에 따른 규정 변화 트렌드를 확인하고, 어떤 환경 설정 변경 사항이 리소스 사용과 관련된 규정을 위반하게 만들었는지 평가할 수 있다. 그림 7-21은 AWS Config의 작동 방식을 보여준다.

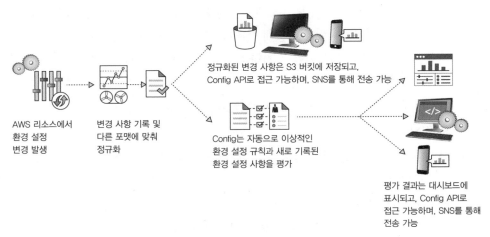

그림 7-21 AWS Config의 작동 방식

AWS Config를 이용해 다음과 같은 작업을 할 수 있다.

- **지속적 모니터링** AWS Config는 AWS 리소스에 대한 지속적인 모니터링을 지원하며 환경 설정 변경과 관련된 모든 사항을 저장한다. 즉, 사용자는 변경 사항 발생 즉시 이를 파악할 수 있게 되며 모든 리소스와 그에 대한 환경 설정 내역의 인벤토리를 만들 수 있게 해준다.

- **지속적 평가** AWS Config를 이용해 AWS 리소스에 대한 프로비전 및 환경 설정 규칙을 정의할 수 있으며, 변경된 AWS 리소스 환경 설정 내역이 기업의 정책 및 규정에 부합하는지를 감사 및 평가할 수 있다. AWS Config는 리소스에 대한 새로운 설정 내용이 표준 환경 설정 내용에 부합하지 않을 경우 이를 대시보드에 표시하거나 알림 메시지를 전송하도록 할 수 있다.

- **변화 관리** AWS Config는 변화 관리 업무를 지원하며, 변경 내역, 발생 시간, 다른 AWS 리소스에 미치는 영향 등을 추적할 수 있다. 이는 예기치 않은 환경

설정 변경, 갑작스러운 시스템 다운, 규정 위반 감사, 보안 침해 가능성 평가 등에 활용된다. 또한, 변경 사항 반영 전에 리소스 간의 관계, 리소스의 독립성 등을 추적할 수 있다. 변경 사항 반영 후에는 환경 설정 히스토리에서 변경된 현재 내역과 과거 내역을 비교해 볼 수 있다.

- **운영상의 문제 해결** AWS Config는 모든 변경 사항을 추적하고 지속적으로 리소스를 모니터링하므로 운영상의 문제 해결에 활용할 수 있으며, 변경 후 발생한 문제의 근원을 파악할 수 있다. AWS Config는 AWS CloudTrail과 통합할 수 있으므로 환경 설정 변경과 특정 이벤트의 상관 관계를 파악할 수 있다.

- **규정 준수 모니터링** AWS Config를 기업의 전체 계정 또는 다수 계정의 규정 준수 모니터링에 사용할 수 있다. 특정 리소스가 규칙에 위반되는 경우 해당 리소스와 해당 규칙이 기업 규정에 맞지 않음[noncompliant]이라는 표시를 추가한다. 또 좀 더 깊이 들어가서 특정 리전의 규정 준수 상태 또는 리전 내 모든 계정의 규정 준수 상태를 확인할 수 있다.

Amazon VPC Flow Logs

Amazon VPC Flow Logs는 VPC 네트워크 인터페이스의 IP 트래픽 정보를 수집한 뒤 Amazon Cloud Watch Logs를 이용해 로그 데이터를 저장하며, Elasticsearch 또는 Kibana 등의 서비스와 통합해 로그 데이터를 시각화하거나 인스턴스에 특정 트래픽이 도달하지 못하는 문제를 해결할 수 있다. VPC, VPC 서브넷 또는 ENI[Elastic Network Interface] 등에서 Flow Logs를 활성화하면 관련 트래픽은 CloudWatch Logs에 기록 및 저장되고 서드 파티 도구를 이용해 분석할 수 있다. 사용자는 특정 타입의 트래픽이 감지되면 알람을 보내도록 할 수 있고, 트래픽 트렌드와 패턴을 분석하기 위해 각종 성능 지표를 생성할 수 있다.

Flow Logs는 시큐리티 그룹과 네트워크 ACL 규칙에 따라 승인된 트래픽은 물론 거부한 트래픽 정보도 모두 수집한다. 여기에는 소스 및 대상 IP 주소, 포트, IANA 프로토콜 번호, 패킷과 바이트 수, 시간 간격 등의 정보와 ACCEPT 또는 REJECT 등 트래픽에 따른 액션의 종류도 포함된다.

VPC Flow Logs은 다음과 같은 네트워크 레벨에 따라 활성화할 수 있다.

- VPC VPC 내의 모든 네트워크 인터페이스를 추적한다.
- Subnet 서브넷 내의 모든 네트워크 인터페이스를 추적한다.
- Network interface 특정 네트워크 인터페이스의 트래픽을 추적한다.

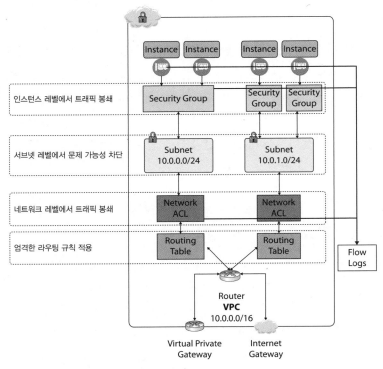

그림 7-22 VPC Flow Logs 수집 과정

그림 7-22는 서로 다른 네트워크 레벨에 적용되는 VPC Flow Logs의 모습을 보여준다.

VPC Flow Logs는 AWS 관리 콘솔 또는 CLI, EC2 API를 이용해 활성화할 수 있으며, EC2 인스턴스를 위한 별도의 에이전트를 사용할 필요는 없다. VPC Flow Logs를 활성화한 뒤 몇 분이 지나면 데이터 수집 및 CloudWatch Logs로의 데이터 전송이 시작된다.

VPC Flow Logs는 네트워크 인터페이스에서의 실시간 로그 스트림을 수집하는 목적 외에도 거절되거나 승인된 모든 트래픽 플로우를 수집할 수 있다. 보안 모니터링 및 애플리케이션 문제 해결에도 활용되고 CloudWatch 성능 지표로 사용할 수 있다.

AWS Trusted Advisor

AWS Trusted Advisor는 다음과 같은 다섯 가지 주요 기능을 제공한다.

- **비용 최적화** AWS에서 사용되지 않고 낭비되는 리소스 제거 또는 예약 용량으로의 전환을 통해 비용을 절약할 수 있게 해준다.
- **보안성** AWS 리소스 간의 커뮤니케이션 상태 확인, 다양한 보안 기능 활성화, 리소스 성능 점검 등을 통해 애플리케이션의 보안성을 증대시킬 수 있다.
- **장애 대응성** Auto Scaling, 헬스 체크, 다중 AZ, 백업 기능 등을 통해 애플리케이션의 가용성 및 중복 구현성을 증대시킬 수 있다.
- **성능** 서비스 용량 제한 확인, 프로비전된 처리 성능 요소의 활용, 활성화된 인스턴스 모니터링 등을 통해 애플리케이션의 성능을 높일 수 있다.
- **서비스 용량 제한 관리** 서비스 용량 제한선의 80% 초과 여부를 확인한다. 초과 여부는 스냅샷을 기준으로 판단하고, 실제의 사용량과는 다소 차이가 있을 수 있으며, 변경 사항 반영에 최대 24시간이 소요될 수 있다. 예를 들어, EC2 인스턴스 용량 제한선이 20이라면 16을 넘어설 때 대시보드에 서비스 용량 제한 초과 여부가 표시된다.

확인된 상태에 따라 대시보드에 표시되는 정보의 색상이 달라진다.

- 빨간색은 대응 동작이 필요함을 의미한다.
- 노란색은 상태 확인이 필요함을 의미한다.
- 녹색은 문제가 없음을 의미한다.

그림 7-23은 Trusted Advisor Dashboard 화면을 보여준다.

그림 7-23 Trusted Advisor 대시보드

Trusted Advisor는 서비스 용량 제한, S3 버킷 접근, 시큐리티 그룹, IAM 현황, 루트 계정에 대한 MFA 현황, EBS 퍼블릭 스냅샷, RDS 퍼블릭 스냅샷 등, 일곱 가지 정보를 제공한다. 이들 주요 정보 외 추가 정보가 필요한 경우 Business Support 또는 Enterprise Support 플랜으로 업그레이드 후 이용할 수 있다. 그림 7-24, 7-25는 Trusted Advisor의 **비용 최적화** 및 **보안** 탭 화면을 보여준다.

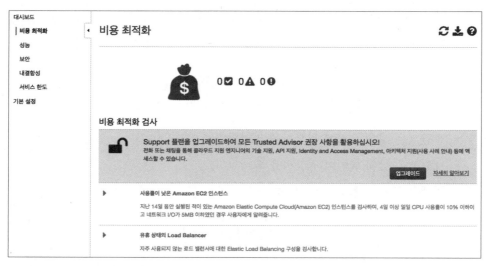

그림 7-24 Trusted Advisor 비용 최적화 탭의 모습

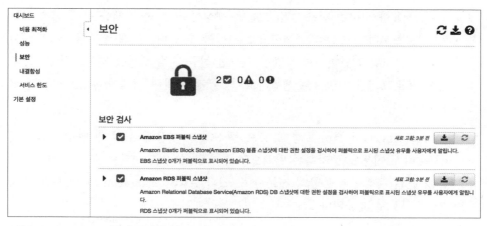

그림 7-25 Trusted Advisor 보안 탭의 모습

AWS Organizations

다수의 AWS 서비스 이용 기업은 사업 확대, 고객 증대, 수요 급증 등 다양한 이유로 다수의 AWS 계정을 생성하고 관리할 필요성을 느끼게 된다. 이들 중 일부 기업은 클라우드에 팀이나 부서를 추가하면서 팀원 수, 부서원 수만큼의 계정만 추가하며, 다른 기업은 개발 전용 계정, 테스트 전용 계정, 상용화 서비스 전용 계정 등으로 AWS 계정을 생성한 뒤 HIPAA 또는 PCI와 같은 엄격한 가이드라인을 따르도록 한다. 그런데 이와 같이 AWS 계정의 수가 증가할수록 간단하고, 확장성 높고, 커스텀 스크립트나 직접 수정 작업이 필요성이 거의 없는 관리 정책 또는 요금 관리 체계가 필요해진다. 또한 기업은 사업이 확장할수록 현재의 기업 정책이 반영된 신규 계정을 효율적으로 자동 생성할 수 있는 체계가 필요해진다.

AWS Organizations는 계정 관리 업무를 일원화, 간소화하며, 다수의 AWS 계정에 정책 기반 관리 기법을 적용할 수 있다. 사용자는 계정 그룹 생성 후 그룹에 정책을 적용해 API 레벨에서 AWS 서비스에 대한 접속 및 이용을 중앙화된 계정 시스템으로 관리할 수 있다. 다수의 계정이 일관된 정책으로 관리되며, 계정 관리를 위한 별도의 스크립트 또는 수작업이 필요 없다.

예를 들어, 상용화 서비스 전용 계정 그룹을 생성한 후 그룹 정책을 통해 접속 가능한 AWS 서비스 API의 종류를 구체적으로 지정할 수 있다. 또 해당 부서의 API를 이용해 업무와 관련된 간단한 API 호출이 가능한 신규 계정 생성을 자동화할 수 있다. 새 계정을 프로그래밍 기법으로 생성하고, 새 계정에 관련 정책이 자동으로 적용되도록 할 수 있다.

AWS Organizations의 서비스 통제 정책, 즉 SCP를 이용해 조직 내 다수의 계정에서 AWS 서비스 이용을 중앙화된 방식으로 통제할 수 있고, 모든 계정의 서비스 사용 비용을 단일 계정으로 통합해 지불할 수 있다. AWS Organizations는 모든 계정 이용자에게 무료로 제공된다.

7장 정리

7장에서는 AWS Lambda, Amazon API Gateway, Amazon Kinesis를 알아봤다. 또한 Amazon CloudFront, Amazon Route 53, AWS WAF, Amazon SQS, Amazon SNS, AWS Step Functions, Elastic Beanstalk, AWS OpsWorks, Amazon Cognito, Amazon EMR, AWS CloudFormation, Amazon CloudWatch, CloudTrail, AWS Config, VPC Flow Logs, AWS Trusted Advisor, AWS Organizations도 살펴봤다.

Lambda를 이용하면 거의 모든 유형의 애플리케이션과 백엔드 서비스 코드를 실행할 수 있다. Lambda는 고가용성 기반의 코드 실행 및 확장 기능을 제공한다. Lambda 함수는 실행 코드를 포함하고 있으며, 환경 설정을 통해 코드의 실행 및 이벤트 감지, 이벤트 반응 액션 등을 정의할 수 있다. AWS Lambda는 Java, Node.js, Python, C#을 지원한다.

API Gateway는 API의 정의, 배포, 유지, 모니터링, 보안 등을 위한 완전 관리형 서비스로 표준 HTTPS 요청을 통해 API를 통합 운영할 수 있다. API Gateway는 Amazon EC2, Amazon ECS, AWS Lambda, 온프레미스 환경에서 실행되는 웹 애플리케이션(의 데이터, 비즈니스 로직, 백엔드 서비스의 기능 등)으로 연결되는 통로와 같은 역할을 담당한다.

Amazon Kinesis Data Streams는 특화된 목적을 위한 스트리밍 데이터 처리 및 분석을 위한 커스텀 애플리케이션을 만들 수 있도록 도와준다. 또한 클릭스트림, 금융 거래, 소셜미디어 피드, IT 로그, 위치추적 이벤트 등에서 유입되는 수 테라바이트급 데이터를 수집 및 처리한다.

Amazon Kinesis Data Firehose는 데이터 저장소 및 데이터 분석 도구에 스트리밍 데이터를 로딩하기 위한 가장 간단한 방법을 제공하며, 스트리밍 데이터를 수집, 변환해 Amazon S3, Amazon Redshift, Amazon Elasticsearch Service, Splunk 등 분석 도구에 로딩하고, 기존의 비즈니스 인텔리전스 도구와 통합할 수 있도록 한다. 데이터 처리 성능에 맞춰 자동으로 확장 가능한 완전 관리형 서비스로 로딩 전 데이터를 일괄 처리, 압축, 암호화해 스토리지 사용량을 최소화하고 보안 수준은 높일 수 있다.

Amazon Kinesis Data Analytics는 사용하기 쉬운 실시간 스트리밍 데이터의 처리 및 분석 도구로 표준 SQL 문법으로 스트림 데이터를 처리하므로 사용자는 이를 위한 별도의 프로그래밍 언어를 배울 필요가 없다. 사용자는 스트리밍 데이터가 Amazon Kinesis Data Analytics로 유입되도록 한 뒤 SQL 쿼리를 통해 데이터를 처리 및 분석하고 이를 원하는 곳에 로딩할 수 있다. Kinesis Data Analytics는 데이터가 전송되는 동안 SQL 쿼리를 지속적으로 관리해 차질 없이 목적지에 도착할 수 있도록 한다.

Amazon CloudFront는 고속으로 콘텐츠를 배포하기 위한 글로벌 CDN 서비스로 세계 각지의 엣지 로케이션과 콘텐츠의 캐시 복제를 통해 전송 속도를 높이는 리전별 엣지 캐시를 통해 신속하게 콘텐츠 서비스를 제공할 수 있도록 한다.

Amazon Route 53은 Amazon의 관리형 DNS 서비스로 192.0.0.3 형식의 IP 주소를 www.example.com 형식의 (사람이 읽기 편한) 도메인 네임으로 변환하는 기능을 제공하며, 100% 수준의 SLA를 보장하는 유일한 서비스다. Amazon Route 53은 리전별로 독립적으로 관리된다.

AWS WAF는 다양한 침해 행위로부터 웹 애플리케이션을 보호하는 웹 애플리케이션 방화벽으로 애플리케이션의 가용성 저해, 데이터 누출, 성능 저하 발생, 보안 침해 시도, 리소스 과잉 소모 등 다양한 침해 행위로부터 웹사이트와 애플리케이션을 보호한다. AWS WAF는 커스터마이징 가능한 웹 보안 규칙을 통해 웹 애플리케이션에 대한 접근을 허용 또는 차단한다.

AWS Shield는 DDoS 공격으로부터 AWS에서 실행되는 애플리케이션을 방어하기 위한 관리형 서비스로 AWS Shield Standard 및 AWS Shield Advanced, 두 가지 타입이 있다. 그 중 AWS Shield Standard는 AWS의 모든 고객에게 자동으로 제공된다.

Amazon Simple Queue Service는 신속하고, 신뢰성 및 확장성 높은 완전 관리형 큐 서비스로 거의 모든 시스템에서 작동하는 메시지 큐 애플리케이션을 신속하게 만들 수 있고, 이를 통해 각 컴포넌트는 메시지를 전송, 저장, 수신할 수 있다. 다른 AWS처럼 Amazon Simple Queue Service 역시 API 및 SDK를 통해 접속할 수 있다.

Amazon Simple Notification Service는 고가용성, 유연성, 비용 효율성을 갖춘 클라우드 기반의 노티피케이션 서비스로 배포-구독 매커니즘을 이용해 애플리케이션으로부터 메시지를 배포한 즉시 구독자에게 전달할 수 있다.

AWS Step Functions은 비주얼 워크플로우를 통해 분산 애플리케이션과 마이크로 서비스 컴포넌트의 커뮤니케이션을 조정할 수 있는 완전 관리형 서비스로 사용하기 쉽고, 매우 간단한 단일 업무에서부터 수십억 개의 처리 단계를 갖춘 태스크를 처리할 수 있는 확장성을 제공한다.

AWS Elastic Beanstalk는 애플리케이션을 AWS에 신속하게 배포, 모니터링, 확장할 수 있는 서비스로 웹 애플리케이션을 배포하기 위한 가장 간편하면서도 신속한 방법을 제공한다. 개발자가 코드를 업로드하면 Elastic Beanstalk가 Amazon EC2, Amazon Elastic Container Service, Auto Scaling, Elastic Load Balancing 등 백엔드에서 이뤄지는 제반 업무를 자동으로 처리한다.

AWS OpsWorks는 환경 설정 관리 서비스로 거의 모든 유형의 애플리케이션을 배포 및 운영할 수 있도록 돕고 신속한 환경 설정, 배포, 업데이트 업무를 수행한다. AWS OpsWorks는 Chef Automate, Puppet Enterprise, OpsWorks Stacks 세 가지 서비스를 제공한다.

Amazon Cognito는 다수의 모바일 및 연결 기기 환경에서 유저 신원 정보 및 데이터의 동기화를 지원하는 서비스로 Google, Facebook, Amazon 등 퍼블릭 로그인 제공사 및 SAML 기반의 Microsoft Active Directory 등 엔터프라이즈 로그인 제공사의 애플리케이션을 통해 사용자의 ID를 생성할 수 있게 한다.

Amazon EMR은 관리형 Hadoop 프레임워크 서비스로 다수의 EC2 인스턴스로 구현한 분산 컴퓨팅 환경을 제공한다. 효과적인 데이터 처리를 위해 데이터 저장은 Amazon S3가 담당하고, 데이터 연산은 Amazon EC2 인스턴스가 담당하도록 빅데이터 처리 업무를 분리한다.

AWS CloudFormation은 인프라 아키텍처를 모델링한 템플릿을 통해 AWS 리소스 스택을 프로비전 및 관리할 수 있는 서비스로 단일 EC2 인스턴스부터 다수의 복합 인스턴스는 물론 멀티 리전 애플리케이션의 리소스를 효과적으로 관리할 수 있다. AWS CloudFormation은 서비스 인프라를 마치 코드처럼 관리할 수 있는 편리함을 제공한다.

Amazon CloudWatch는 AWS 클라우드 리소스 및 애플리케이션의 모니터링 서비스로 시스템 전반에 걸쳐 리소스 활성화, 애플리케이션 성능, 운영 헬스 수준 등을 통합적으로 시각화할 수 있다. 사용자는 이를 바탕으로 상황에 대한 대응 속도를 높이고 애플리케이션을 원활하게 운영할 수 있다. Amazon CloudWatch는 클라우드 리소스 및 클라우드 애플리케이션에 대한 성능 지표를 시각화하고 확인할 수 있게 한다.

AWS CloudTrail은 콘솔 접속, CLI 명령 등 모든 API 호출의 로그를 기록 및 관리하는 서비스로 로그를 통해 누가 언제 어디서 무슨 작업을 했는지 파악할 수 있다. API 호출에 대해 어떤 리소스가 어떻게 반응했는지, API 호출이 어디에서 생성돼 어디로 이동했는지도 알 수 있다. 즉, AWS CloudTrail을 통해 모든 AWS 환경에서의 일어난 접속, 변경, 기타 동작을 모두 파악할 수 있으며, 이들 로그는 S3 버킷에 저장할 수 있다.

AWS Config는 AWS 리소스에 대한 세부적인 인벤토리 및 환경 설정 정보를 제공하는 완전 관리형 서비스로 리소스의 환경 설정 (EC2 인스턴스 론칭, 시큐리티 그룹의 ingress/egress 규칙, VPC의 네트워크 ACL 규칙 등) 에 대한 변경 사항을 지속적으로 기록한다.

VPC Flow Logs는 VPC 내 네트워크 인터페이스를 중심으로 유입 및 유출되는 IP 트래픽 정보를 수집 및 기록하는 서비스로 흐름 로그 데이터는 Amazon CloudWatch Logs에 저장돼 Elasticsearch, Kibana 등과 같은 시각화 도구와 통합할 수 있다.

AWS Trusted Advisor는 비용 최적화, 보안, 장애 대응성, 성능, 서비스 용량 제한 등, 다섯 가지 모범 지표를 제공한다.

AWS Organizations는 정책 기반 AWS 계정 관리 서비스로 계정 그룹 생성 후 그룹에 계정 관리 정책을 적용할 수 있다. 다수의 AWS 계정에 대한 중앙화된 관리 방식을 제공하며 별도의 커스텀 스크립트 또는 수작업이 필요 없다.

7장 평가

1. AWS Lambda가 지원하는 언어는 무엇인가? (정답 2개)

   A. Perl

   B. Ruby

   C. Java

   D. Python

2. 10시간 동안의 데이터 처리작업에 적합하지 않은 서비스는 무엇인가?

   A. AWS Batch

   B. EC2

   C. Elastic Beanstalk

   D. Lambda

3. 많은 양의 스트리밍 데이터를 처리할 때 적합한 서비스는 무엇인가?

   A. Kinesis Firehose

   B. Kinesis Data Stream

   C. Kinesis Data Analytics

   D. API Gateway

4. 인프라 관리의 부담 없이 사용자의 API 버전을 효율적으로 관리하기 위한 서비스는 무엇인가?

   A. EC2 서버에 버전 컨트롤 시스템 설치

   B. Elastic Beanstalk 사용

C. API Gateway 사용

D. Kinesis Data Firehose 사용

5. 데이터가 유입되는 동안 데이터를 변환하려는 경우, 가장 간단한 방법은 무엇인가?

   A. Kinesis Data Analytics 사용

   B. 데이터가 유입되는 동안 EMR 클러스터 가동

   C. 데이터 처리 중인 EC2 서버에 Hadoop 설치

   D. S3에서 데이터 변환

6. 서버리스가 아닌 서비스는 무엇인가?

   A. Redshift

   B. DynamoDB

   C. S3

   D. AWS Lambda

7. 실시간으로 유입되는 데이터를 처리해야 하는 경우 적합한 방법은 무엇인가?

   A. S3에 직접 데이터 로딩

   B. S3 IA 사용

   C. S3 중복 구현 감소 사용

   D. Kinesis Data Streams 사용

8. 막대한 양의 데이터를 유입 즉시 처리해야 하지만 이를 위한 적당한 SLA를 확보하지 못한 경우 사용자가 선택해야 할 서비스는 무엇인가?

   A. Kinesis Data Streams

   B. Kinesis Data Firehose

   C. Kinesis Data Analytics

   D. S3

9. RESTful API를 관리하기 위한 가장 좋은 방법은 무엇인가?

   A. API Gateway

   B. EC2 servers

   C. Lambda

   D. AWS Batch

10. AWS Lambda에서 코드를 실행하는 경우 백엔드에 프로비전해야 할 EC2 인스턴스의 크기는 무엇인가?

   A. 1분 이하 코드 실행을 위한 경우 T2 Micro를 사용

   B. 1분에서 12분까지의 코드 실행을 위한 경우 M2를 사용

   C. 3분에서 5분까지의 코드 실행을 위한 경우 M2 large를 사용

   D. 백엔드에 EC2 인스턴스를 프로비전할 필요 없음

11. AWS OpsWorks가 지원하는 두 가지 환경 설정 관리 서비스는 무엇인가? (정답 2개)

   A. Chef

   B. Ansible

   C. Puppet

   D. Java

12. 고객이 다양한 제품을 주문할 수 있도록 이커머스 사이트의 주문 관리 서비스를 설계 중이며 주문과 배송의 처리 과정을 분리하고 아키텍처 또한 서로 연동되지 않도록 하려한다. 배송 우선 순위에서 표준 배송과 우선 배송을 별도의 큐로 관리하려는 경우 AWS의 어떤 서비스가 도움이 되는가?

   A. AWS CloudWatch

   B. AWS CloudWatch Events

   C. AWS API Gateway

   D. AWS SQS

13. 회사에 20개 이상의 사업 부서가 있고 각 부서별로 AWS 계정을 보유하고 있는 경우 서로 다른 AWS 계정의 요금 정산을 통합 관리하기 위한 서비스는 무엇인가?

   A. AWS Organizations

   B. AWS Trusted Advisor

   C. AWS Cost Advisor

   D. AWS Billing Console

14. EMR 클러스터에서 분석 작업을 실행 중이며, 분석 작업에는 오랜 시간이 소요될 것으로 보인다. 클러스터에 처리 및 분석 능력을 추가하면서 동시에 비용을 효율적으로 관리하고 싶은 경우 가장 좋은 방법은 무엇인가?

   A. 태스크 노드에 온디맨드 EC2 인스턴스 추가

   B. 코어 노드에 온디맨드 EC2 인스턴스 추가

   C. 태스크 노드에 스팟 EC2 인스턴스 추가

   D. 태스크 노드에 예약 EC2 인스턴스 추가

15. AWS 리소스가 정상적으로 작동 중이었는데 갑자기 뭔가가 변경됐다는 사실을 알게 됐다. 클라우드 보안 팀이 어떤 API가 정상적으로 작동 중인 리소스의 상태를 변경했다고 설명했을 때 누가 이와 같은 변경을 실행했는지 알 수 있는 방법은 무엇인가?

   A. Lambda 함수를 작성해 누가, 무슨 작업을 했는지 파악 가능

   B. AWS CloudTrail 사용

   C. Amazon CloudWatch Events 사용

   D. AWS Trusted Advisor 사용

16. AWS에서 매우 중요한 애플리케이션을 실행 중이며, 1분 데이터 포인트 단위의 Amazon CloudWatch 성능 지표를 활성화해 둔 상태다. 현 시점에서 확인 가능한 가장 먼 과거의 데이터는 무엇인가?

   A. 1주일

   B. 24시간

   C. 1개월

   D. 15일

17. 현재 US-East 리전에서 모든 AWS 리소스를 실행 중이며, 두 번째 리전은 아직 사용하지 않고 있다. 재난 상황 발생 시에도 서로 다른 리전을 통해 장애에 대응할 수 있도록 기업의 인프라를 코드로서 관리하려 할 때 US-East 리전의 리소스와 동일하게 두 번째 리전에 리소스를 프로비전하기 위한 방법은 무엇인가?

   A. Amazon EC2, VPC, RDS

   B. Elastic Beanstalk

C. OpsWorks

D. CloudFormation

18. EC2 인스턴스의 서비스 용량 제한을 모니터링하기 위한 서비스는 무엇인가?

A. EC2 dashboard

B. AWS Trusted Advisor

C. AWS CloudWatch

D. AWS Config

19. 여러분은 개발자로서 애플리케이션을 AWS에 배포하려 하지만 인프라에 대한 기반 지식이 부족하고, AWS에서의 인프라 활용 방법도 미숙한 편이다. 필요에 따라 자동으로 확장되는 인프라 기반의 애플리케이션을 배포하되 인프라 관리 업무는 최소화하려는 경우 선택할 수 있는 서비스는 무엇인가?

A. AWS Config

B. AWS Lambda

C. AWS Elastic Beanstalk

D. Amazon EC2 서버와 Auto Scaling

20. 과거에는 시큐리티 그룹을 누군가 수동으로 변경해야 했고, 그 시간 동안 사용자는 해당 인스턴스에 접속할 수 없는 다운타임이 존재할 수밖에 없었다. 시스템에서의 변경 사항을 확인 및 추적하기 위한 서비스는 무엇인가?

A. AWS Config

B. Amazon CloudWatch

C. AWS CloudTrail

D. AWS Trusted Advisor

1. C, D. Perl과 Ruby는 Lambda에서 지원하지 않음.

2. D. Lambda의 최대 실행 시간은 5분이므로 부적합. Batch를 이용하면 원하는 시간동안 코드 실행 가능하며, EC2 서버 또는 Elastic Beanstalk로도 원하는 시간동안 코드 실행 가능함.

3. B. Kinesis Data Firehose는 주로 대규모의 비스트리밍 데이터 처리에 사용되며, Kinesis Data Analytics는 데이터 변환에, API Gateway는 API 관리에 사용됨.

4. C. EC2 서버와 Elastic Beanstalk 모두 일부 인프라 관리 필요. Kinesis Data Firehose는 유입 데이터 처리에 사용됨.

5. A. EC2 서버 또는 Amazon EMR을 이용해 데이터를 변환할 수 있지만 쉽지 않음. S3는 데이터 저장 목적으로 사용되며 별도의 변환 기능 없음.

6. A. DynamoDB, S3, AWS Lambda 모두 서버리스 서비스임.

7. D. S3에 데이터를 저장할 수 있지만 실시간 유입 데이터 처리에는 적합하지 않음.

8. B. Kinesis Data Streams은 실시간 유입 데이터 처리에 사용되고, Kinesis Data Analytics는 데이터 변환에, S3는 데이터 저장에 사용됨.

9. A. 이론적으로 EC2 서버도 API 관리에 사용할 수 있지만 API Gateway가 훨씬 간편한 방법임. Lambda와 Batch는 코드 실행에 사용됨.

10. D. Lambda는 서버리스이므로 EC2 서버를 프로비전할 필요 없음.

11. A, C. AWS OpsWorks는 Chef와 Puppet을 지원함.

12. D. SQS를 이용해 주문 및 배송 프로세스를 분리하고 이를 위한 큐를 별도로 생성할 수 있음.

13. A. AWS Organizations를 이용해 다수의 AWS 계정에 대한 요금 관리 업무를 수행 가능.

14. C. 태스크 노드에 스팟 인스턴스를 추가해 분석 작업을 조기에 마칠 수 있으며, 스팟 인스턴스는 비용 또한 가장 저렴하므로 비용 효율적임.

15. B. AWS CloudTrail을 이용해 API로 변경한 사람과 작업 내역을 알 수 있음.

16. D. CloudWatch의 1분 데이터 포인트를 활성화한 경우 데이터 보존 기간은 15일임.

17. D. CloudFormation을 이용해 인프라를 코드로서 관리할 수 있으며, Cloud Formation 템플릿을 생성해 기존 리전의 설정 내역을 복제하고 다른 리전에 복사해 기존의 리소스를 그대로 옮길 수 있음.

18. B. Trusted Advisor를 이용해 EC2 인스턴스의 용량 제한을 확인할 수 있음.

19. C. AWS Elastic Beanstalk는 웹 애플리케이션 배포 및 확장을 위한 가장 간단한 방법이며, 코드만 업로드하면 Elastic Beanstalk가 자동으로 용량 프로비전, 로드 밸런싱, 오토 스케일링, 헬스 모니터링 등의 업무를 처리함.

20. A. AWS Config는 시스템 환경 설정을 관리해 변경 내역을 확인 및 추적할 수 있음.

AWS 데이터베이스

8장에서 다룰 내용은 다음과 같다.

- 관계형 데이터베이스와 Amazon Relational Database Service(RDS)의 개요
- Amazon Aurora의 개요
- Amazon Redshift의 이해
- Amazon DynamoDB의 이해
- Amazon ElastiCache의 개요

관계형 데이터베이스의 개요

데이터베이스 관리 시스템 즉, DBMS^{DataBase Management System}는 데이터 저장, 조직화, 인출과 관련된 제반 업무를 관장하는 소프트웨어다. 관계형 데이터베이스 관리 시스템 즉, RDBMS^{Relational DataBase Management System}는 IBM의 연구원인 에드거 커드^{E.F. Codd} 박사가 처음 개념을 정의했고 데이터베이스에 객체 저장 및 구조라는 관계형 모델을 적용한 것이다. 이와 같은 저장 및 구조는 관계형 오퍼레이터^{relational operators} 및 일관성 규칙^{integrity rules}으로 알려져 있으며, 명확하게 정의된 액션을 통해 데이터베이스의 데이터 및 구조에 대한 통제 및 조정을 하는 개념이다. 모든 관계형 데이터베이스는 데이터 쿼리 및 관리 등 데이터베이스 운영 업무에 SQL^{Structured Query Language}을 사용한다.

관계형 데이터베이스에서 정보는 열과 행으로 이뤄진 테이블에 저장되고, 테이블에 저장된 데이터는 공통 키 또는 공통 컨셉에 따라 서로 관계를 유지하며, 테이블에서 데이터를 인출할 때 이와 같은 관계성을 이용한다는 측면에서 관계형 데이터베이스라는 이름이 붙었다. DBMS는 데이터의 저장, 관리, 인출 업무를 돕고 관계형 데이터베이스의 경우 RDBMS가 이와 같은 역할을 대신한다. DBMS 및 RDBMS라는 명칭

은 자주 혼용돼 사용된다.

관계형 데이터베이스는 데이터의 일관성 유지 및 데이터에 대한 접근 가능성을 유지하기 위해 몇 가지 규칙을 따른다. 첫 번째 일관성 규칙은 RDBMS 테이블의 행^{rows}은 서로 명확하게 구분돼야 한다는 것이다. 대부분의 RDBMS에서 행 복제를 허용하지 않도록 설정할 수 있다. 두 번째 일관성 규칙은 열^{column}의 값은 그룹 또는 배열값을 반복해서는 안 된다는 것이다. 세 번째 일관성 규칙은 NULL 값에 대한 것으로 RDBMS에서는 어떤 열의 값을 모를 때 NULL을 사용하며 이는 해당 데이터에 접근할 수 없다는 의미이지 값이 없다거나 0이라는 의미는 아니다.

표 8-1 임직원 테이블

Employee_Number	First_Name	Last_Name	Date_of_Join	State
10001	Tim	Davis	28–Aug–01	CA
10083	Dhanraj	Pondicherry	24–Nov–03	CA
10120	Vebhhav	Singh	01–Jan–05	NY
10005	Joyjeet	Banerjee	04–Jul–02	WA
10099	Murali	Sriram	21–Dec–03	IL

관계형 데이터베이스는 기본 키$^{primary\ keys}$ 및 외부 참조 키$^{foreign\ keys}$라는 개념을 사용한다. 기본 키는 테이블에 있는 유일무이한 데이터를 구분하기 위한 것으로 다른 열과 명확하게 구분될 수 있는 열에 포함된 유일무이한 데이터를 프라이머리 키 또는 기본 키라 부른다.

표 8-1의 경우 임직원 테이블에 다섯 명의 직원이 포함돼 있으며 이들에 대한 인적 자원 정보 및 직급을 나타낸다. 이 테이블에서 이름(First_Name)은 기본 키로 사용할 수 없는데, 이는 다른 사람도 동일한 이름을 가질 수 있기 때문이다. 같은 이유로 성(Last_Name) 또한 기본 키로 사용할 수 없다. 직원 두 명의 입사 날짜가 같으므로 입사 날짜(Date_of_Join) 또한 기본 키로 사용할 수 없고, 하나의 주에 여러 명의 직원이 있을 수 있으므로 주^{State} 또한 기본 키로 사용할 수 없다. 따라서 오직 사원번호만이 기본 키로 사용될 수 있다. 즉, 임직원 테이블에서 Employee_Number 레코드가 기본 키다. 기본 키는 NULL 값을 지닐 수 없으며 각 테이블에는 단 하나의 기본 키만 존재해야 하고, 싱글 필드 또는 멀티 필드로 구성할 수 있다.

위와 같은 임직원 테이블은 인적 자원 관리를 담당하는 인사부 및 급여 지급을 담당하는 총무부에서 (서로 다른 칼럼에) 함께 작성할 수 있다. 예를 들어, 총무부의 직급 테이블payroll table에는 급여 정보, 세금 감면, 퇴직금 적립 등과 관련된 상세한 정보가 기록되지만, 인사부의 임직원 테이블employee table에는 세금 감면 정보는 포함될 필요가 없으므로 하나의 테이블과 다른 테이블의 관련성을 설명하거나 두 테이블을 연결하는 링크 등을 추가할 필요가 있다. 이 때 사용되는 것이 바로 외부 참조 키다. 외부 참조 키는 다른 테이블 또는 같은 테이블에서 식별될 수 있는 행을 포함한 필드로 두 번째 테이블(직급 테이블)에 정의돼 있지만, 첫 번째 테이블(임직원 테이블)의 기본 키 또는 식별 키를 참조해 서로의 관련성을 파악할 수 있도록 한다. 예를 들어, employee라는 이름의 테이블에는 임직원의 데이터가 들어 있고, employee_details라는 이름의 테이블에는 직급에 대한 데이터가 들어 있다고 했을 때 employee 테이블의 기본 키는 employee_number가 되고, employee_details 테이블은 employee_number를 참조하기 위한 외부 참조 키를 통해 두 테이블의 관계를 설명할 수 있다.

관계형 데이터베이스는 모든 작업에 SQL을 사용하며, RDBMS 업계 전체에서 공통적으로 사용하는 SQL 명령이 존재한다. 예를 들어, SELECT 명령은 데이터베이스에서 해당 레코드를 가져온다.

SQL 명령은 크게, 데이터 삽입, 업데이트, 삭제 등 수정 업무를 위한 DML^{Data Manipulation Language} 명령과 테이블 구조 생성, 테이블 변경, 테이블 드롭(삭제) 등 업무를 위한 DDL^{Data Definition Language} 명령으로 나뉜다.

자주 사용되는 DML 명령은 다음과 같다.

- **SELECT** 데이터베이스에서 데이터 쿼리 및 표시에 사용된다. 예문은 다음과 같다.

  ```
  SQL> SELECT First_Name, Last_Name FROM Employees WHERE State = 'CA';
  ```

- **INSERT** 테이블에 새 행을 추가하며 주로 새로 생성된 테이블에 데이터를 추가하거나 기존의 테이블에 하나의 행 또는 여러 개의 행을 추가할 때 사용된다. 예문은 다음과 같다.

  ```
  SQL> INSERT INTO Customers (Customer_Name, Address, City, PostalCode, Country)
  VALUES ('Tim', '55 Mowry Ave', 'berkeley', '94701', 'USA');
  ```

- **DELETE** 테이블에서 하나 또는 여러 개의 열을 삭제한다. 예문은 다음과 같다.

```sql
SQL> DELETE FROM Customers WHERE CustomerName= 'Albert Einstein';
```

- **UPDATE** 테이블에서 하나 또는 여러 개의 열에 있는 기존의 값을 변경한다. 예문은 다음과 같다.

```sql
SQL> UPDATE Customers SET City= 'Mountain View' WHERE CustomerID = 55012;
```

자주 사용되는 DDL 명령은 다음과 같다.

- **CREATE TABLE** 열 이름으로 된 테이블을 생성한다.
- **DROP TABLE** 모든 행을 삭제하고 데이터베이스에 있는 테이블 정의 또한 제거한다.
- **ALTER TABLE** 테이블 구조를 변경하는 명령으로 테이블에서 열을 추가 또는 삭제, 테이블 제약 조건의 추가 또는 삭제, 열 속성 변경 등을 할 수 있다.

널리 사용되는 RDBMS 소프트웨어로는 Oracle, MySQL, PostgreSQL, MariaDB 등이 있다.

Amazon RDS의 개요

AWS는 관계형 데이터베이스 호스팅 및 관리 서비스인 Amazon Relational Database Service(RDS)를 제공하며, 다음과 같은 RDBMS 엔진을 사용할 수 있다.

- Aurora MySQL
- Aurora PostgreSQL
- Oracle
- SQL Server
- MySQL
- PostgreSQL
- MariaDB

Amazon RDS를 본격적으로 소개하기 전 데이터베이스 호스팅 방식을 알아보자. 전통적인 방식은 온프레미스 데이터 센터에 데이터베이스를 호스팅하는 것이지만 AWS에서는 EC2 서버에서 혹은 Amazon RDS에서 관계형 데이터베이스를 호스팅할 수 있다. 관계형 데이터베이스를 호스팅하기 위한 주요 시나리오는 다음과 같다.

시나리오1: 온프레미스 데이터 센터에 데이터베이스 호스팅

사용자의 데이터 센터에 데이터베이스를 호스팅하면 그림 8-1에 포함된 모든 단계를 직접 관리해야 한다. 특히 전원 장치 관리, 네트워크 환경 설정, 서버 환경 설정, 운영체제 설치, 스토리지 환경 설정, RDBMS 설치, OS 유지 및 펌웨어 업그레이드, 데이터베이스 소프트웨어 업그레이드, 애플리케이션 최적화 등 데이터 센터 운영을 위한 제반 업무를 모두 수행해야 한다.

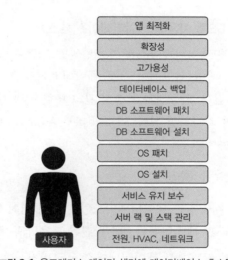

그림 8-1 온프레미스 데이터 센터에 데이터베이스 호스팅

시나리오2: Amazon EC2 서버에 데이터베이스 호스팅

EC2 서버에 데이터베이스를 호스팅하면 사용자는 그림 8-2 좌측에 포함된 단계를 관리하고, AWS는 우측에 포함된 단계를 관리하게 된다. AWS가 OS 설치, 서버 유지 보수, 서버 랙 관리, 전원 관리, 냉각 관리, 네트워크 관리 등 업무를 처리한다. 사용

자는 OS 관리, RDBMS 설치에 필요한 OS 패치 설치, 데이터베이스 설치 및 유지 보수, 데이터베이스 및 애플리케이션 최적화와 관련된 제반 업무를 맡게 된다.

그림 8-2 Amazon EC2 서버에 데이터베이스 호스팅

시나리오3: Amazon RDS를 이용해 데이터베이스 호스팅

Amazon RDS를 이용해 데이터베이스를 호스팅하면 그림 8-3과 같이 AWS가 데이터베이스 설치부터 OS 패치, 업그레이드 등, 데이터베이스 호스팅과 관련된 모든 복잡한 업무를 대신 처리한다. 가용성과 확장성 관리 또한 AWS가 맡는다. 사용자는 애플리케이션 최적화에만 집중하면 된다. 이것이 바로 Amazon RDS가 관리형 데이터베이스 서비스로 불리는 이유다.

RDS의 주요 장점은 다음과 같다.

- **인프라 관리 불필요** 사용자는 데이터베이스와 관련된 어떤 인프라도 직접 관리할 필요가 없다. AWS가 데이터베이스와 관련된 모든 업무를 대신 처리한다.

- **즉각적인 프로비저닝** RDS에서 데이터베이스 프로비저닝은 거의 즉시 이뤄진다. 클릭 몇 번만으로 원하는 사양의 RDBMS를 배포할 수 있다. 기존의 방식처럼 새 데이터베이스를 론칭하는 데 몇 일 또는 몇 주가 걸리지 않는다.

- **확장성 관리** RDS는 매우 간단하게 스케일업 및 스케일다운할 수 있으며, 사용자가 원하는 내용대로 환경을 설정할 수 있다. 언제든 컴퓨팅 또는 메모리 리소스의 확장성을 조절할 수 있으며, 8장에서 이를 위한 다양한 방법을 알아본다.

- **비용 효율성** RDS는 비용 대비 효율성이 매우 높은 서비스로 사용자는 사용량만큼 비용을 부담하고 기본료, 설치비 등은 부담하지 않아도 된다. 비용은 데이터베이스 인스턴스 시간, 데이터베이스 인스턴스를 프로비전한 스토리지 용량, 월간 I/O 요청 횟수, 월간 Provisioned IOPS 수치, 백업 스토리지, 데이터 유입 및 유출 전송량 등을 기준으로 비용이 부과된다.

- **애플리케이션 호환성** RDS는 다양한 데이터베이스 엔진을 지원하므로 업계에서 널리 사용되는 데이터베이스 애플리케이션, 커스텀 코드, 기업에서 이미 사용 중인 데이터베이스 도구 등과 완벽하게 호환된다. 기업에서 사용 중인 데이터베이스 엔진이 RDS에 존재한다면 당장 RDS에서 기존의 코드와 도구를 문제없이 사용할 수 있다.

- **고가용성** RDS를 이용해 멀티 AZ 환경에 데이터베이스를 프로비전하면 RDS는 동기적으로 데이터를 복제해 다른 AZ의 대기 인스턴스에 저장한다.

- **보안 유지** RDS는 대기 상태 데이터[data at rest] 및 이동 상태 데이터[data in transit]의 암호화를 지원하며, AWS KMS를 이용해 데이터베이스를 암호화하고 키를 관리할 수 있다. RDS 암호화를 이용해 대기 상태의 데이터를 암호화할 수 있고 SSL 기법을 이용해 전송 상태의 데이터를 암호화할 수 있다.

그림 8-3 Amazon RDS를 이용해 데이터베이스 호스팅

데이터베이스 호스팅: Amazon EC2 대 Amazon RDS 비교

Amazon EC2 또는 Amazon RDS 가운데 하나를 선택해서 데이터베이스를 호스팅 해야 한다면 우선 두 서비스의 차이를 알아야 한다. 일반적인 DBA 업무의 상당 부분을 제거해서 데이터베이스를 가장 간단하게 사용할 수 있도록 한 RDS를 먼저 사용해 보는 것도 좋은 방법이지만 이 또한 여러분의 애플리케이션 및 요구 사항에 따라 신중하게 선택하는 것이 좋다. RDS는 관리형 서비스이므로, EC2 또는 자체 데이터 센터에서 데이터베이스를 호스팅하는 경우보다 세부적인 조정이 어려워질 수 있으며, AWS가 제반 관리 업무를 대신 처리해 주므로 편리하지만 그에 따른 장단점이 생기게 된다. 우선은 RDS와 다른 선택안의 차이를 이해하는 것이 중요하다.

RDS는 완전 관리형 서비스로 데이터베이스 호스팅, 운영체제 및 데이터베이스 버전 관리 전반을 관리하므로 사용자의 부담을 덜어준다. 하지만 한편으로는 사용자가 데이터베이스를 호스팅하는 운영체제에 직접 접근할 수 없고, 환경 설정과 관련된 모든 부분을 수정할 수 없으며, 호스팅 운영체제의 환경 설정과 관련된 기능에 접근할 수 없다는 단점이 있다. 아울러 RDS 사용자는 데이터베이스의 슈퍼유저^{superuser} 권한도 얻을 수 없다.

RDS의 스토리지는 관리형 서비스이므로 사용하기 간편하지만 이용에 제약이 따른다. 스토리지 용량 제한과 관련해 (집필 시점 현재) MySQL, SQL server, MariaDB, PostgreSQL, Oracle의 경우 스토리지 제한은 16TB고, Aurora의 경우 64TB다. AWS는 지속적으로 스토리지 용량 제한 수준을 높여가고 있지만 최신의 상세한 정보를 확인하려면 AWS 개발자 문서를 확인하기 바란다.

다음과 같은 경우 RDS를 추천한다.

- 비즈니스 본연의 가치에 집중하려는 경우
- 데이터베이스 관리 업무를 원치 않는 경우
- 하이 레벨 튜닝 및 스키마 최적화 등의 업무만 처리하려는 경우
- 회사내 데이터베이스 관리 역량이 충분치 않은 경우
- 푸시 기반 다중 AZ 복제 환경을 이용하는 경우
- 백업 및 복원 자동화를 원하는 경우

다음과 같은 경우 EC2를 추천한다.

- 데이터베이스 인스턴스에 대한 완전한 통제권을 원하는 경우
- 운영체제 시스템에 대한 통제권을 원하는 경우
- 백업, 복제, 클러스터링 등에 대한 완전한 통제권을 원하는 경우
- 기업의 RDBMS엔진의 주요 기능과 옵션이 Amazon RDS와 맞지 않는 경우
- 기업에서 요구하는 용량 및 성능이 Amazon RDS의 제공 수준을 넘어서는 경우

Amazon RDS에서의 고가용성 구현

Amazon RDS는 고가용성^{HA, High Availability} 아키텍처를 지원하며, 데이터베이스에 기업의 중요 데이터를 저장하는 경우 HA 환경 설정이 필요하다. 모든 데이터 서비스의 근원인 데이터베이스는 본질적으로 HA 아키텍처를 따르며, 데이터베이스가 잠시라도 셧다운되면 기업의 모든 업무가 마비될 수 있다. 예를 들어, 여러분의 애플리케이션은 HA인데 데이터베이스가 다운되면 애플리케이션을 사용할 수 없게 된다.

RDS에 적용할 수 있는 다양한 아키텍처 옵션을 알아보자.

가장 단순한 아키텍처: 싱글 AZ 배포

Amazon RDS를 상용화 환경이 아닌 개발 환경에서 데이터베이스를 사용하거나 클라우드 기반 데이터베이스에 대한 경험을 얻는 차원에서 사용해 본다면 HA 아키텍처를 고수할 필요는 없다. 이때는 싱글 AZ 환경에서 Amazon RDS 인스턴스를 론칭하면 된다. 이때 사용자는 VPC 내에서 필요한 수준의 스토리지를 붙여서 하나의 RDS 인스턴스를 사용하게 되며, 그림 8-4는 싱글 AZ에서의 Amazon RDS 사용 방법을 보여준다.

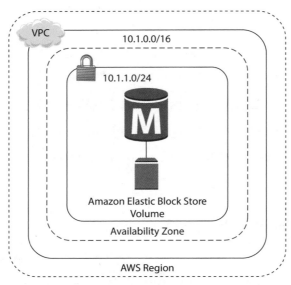

그림 8-4 싱글 AZ에서의 Amazon RDS 사용 방법

고가용성 아키텍처: 멀티 AZ 배포

기업에게 매우 중요한 데이터베이스를 실행하거나 데이터를 절대 잃어버려서는 안 되는 경우, 설정된 복원 소요 시간이 매우 촉박하거나 가동 정지 시간이 일절 허용되지 않는 경우, 멀티 AZ 환경에서 데이터베이스를 배포해야 한다. 멀티 AZ 아키텍처에 데이터베이스를 배포하려면 사용자가 먼저 기본 데이터베이스primary database 인스턴스를 어느 AZ에 놓을지 정해야 한다. 그러면 RDS는 또 다른 AZ에 대기 인스턴스 또는 스탠바이 인스턴스standby instance 및 스토리지를 선택해 배포하게 된다. 대기 인스턴스는 기본 인스턴스와 동일한 타입으로 배포되고 스토리지 또한 기본 스토리지와 동일한 환경 설정 내용으로 구성된다. 그림 8-5는 AWS의 HA 아키텍처를 보여준다.

446

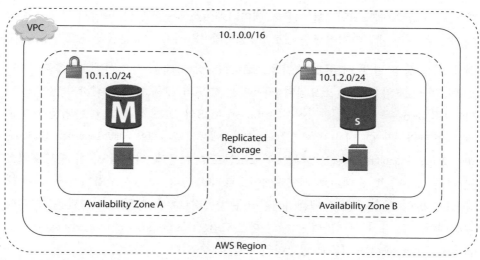

그림 8-5 AWS의 HA 아키텍처

멀티 AZ 아키텍처의 경우 마스터 데이터베이스master database로도 부르는 기본 데이터베이스가 모든 트래픽을 처리하고, 스탠바이 데이터베이스는 애플리케이션이 실행되고 있는 기본 데이터베이스가 셧다운되는 상황을 대비해 가동 가능 상태에서 대기하게 된다. RDS는 기본 데이터베이스는 정상 상태를 유지하도록 하고, 대기 데이터베이스는 즉시 복구가 가능하도록 대기 상태를 유지하도록 한다. 이때 대기 데이터베이스는 대기라는 상태에 있는 한 작동시킬 수 없고, 기본 데이터베이스와 대기 데이터베이스에 동시에 트래픽을 분산시킬 수는 없으며, 이는 액티브 및 패시브active/passive 데이터베이스 모델과 비슷한 개념이다. 기본 데이터베이스의 데이터는 동기적으로 대기 데이터베이스의 스토리지에 복제된다.

앞서 설명한 바와 같이 다중 AZ 환경은 기본적으로 동기적 복제 기능을 제공하므로 데이터 손실 가능성이 없다. 또한 RDS는 장애 발생 시 다양한 유형의 대응 방식을 자동으로 적용해, 호스트 인스턴스 셧다운, 스토리지 장애, 기본 인스턴스의 네트워크 연결 단락, AZ 자체 셧다운 등의 장애 상황에 대처할 수 있다.

장애 대응 상황이 발생하면, 대기 데이터베이스가 기본 데이터베이스의 역할을 이어받아서 새로운 기본 데이터베이스로서 모든 애플리케이션의 트래픽을 처리하게 된다. RDS의 멀티 AZ 아키텍처에서 애플리케이션은 기본 인스턴스와 대기 인스턴스를 맵핑한 DNS 엔드포인트를 이용해 데이터베이스에 연결된다. 따라서 사용자는 장애 대응을 위해 애플리케이션을 새로운 기본 데이터베이스에 연결할 필요가 없다.

장애 대응 상황 발생 시 RDS는 자동으로 DNS 장애 대응 기능을 활성화한다. 이는 보통 30~60초의 시간이 소요되며, 사용자는 별도의 대응 동작을 취하지 않아도 된다. 그림 8-6은 다중 AZ 환경에서 Amazon RDS의 DNS 장애 대응 방법을 보여준다. 사용자와 (MySQL 데이터베이스를 사용하는) 애플리케이션은 rdsdbinstance.1234.us-west-2.rds.amazonaws.com:3006라는 엔드포인트를 이용해 연결되고, 이 엔드포인트는 다시 마스터 및 슬레이브 데이터베이스로 맵핑된다. Amazon RDS에서, 장애 대응 상황 발생 시 사용자와 애플리케이션은 마스터로부터 상황을 전파받은 대기 데이터베이스로 다시 연결되며 이때의 엔드포인트(rdsdbinstance.1234.us-west-2.rds.amazonaws.com:3006)는 기존과 변함이 없음을 알 수 있다.

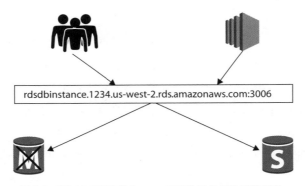

그림 8-6 다중 AZ 환경에서 Amazon RDS의 DNS 장애 대응 방법

Amazon RDS에서의 확장성 구현

RDS에서 실행되는 데이터베이스의 확장성을 관리할 수 있는 다양한 방법이 존재하며, 사용자는 여러 가지 이유로 RDS에서 데이터베이스의 확장성을 높이려 한다. 예를 들어, 애플리케이션 워크로드가 증가한다는 것은 기업의 서비스 사용자 수가 증가한다는 의미이며, 그와 동시에 기업은 CPU와 메모리 용량 부족으로 서비스의 성능 저하를 경험하게 된다. 또는 비즈니스를 수행하기 위한 적절한 워크로드 분석 없

이 애플리케이션을 상용화한 경우 이내 확장성 제고의 필요성을 느끼게 된다. 결국 기업의 성장에 따라 워크로드가 추가되고 이는 스케일업을 통해 해결할 수 있다. 이와 비슷한 이유로 스케일다운이 필요할 수 있다. 예를 들어, 사용자 액티비티가 줄어드는 주말에는 데이터베이스 노드를 줄여서 비용을 아낄 필요가 있고 이 경우 주말 스케일다운을 검토하게 된다.

인스턴스 타입 변경

확장성 조절을 위한 가장 간단한 방법은 데이터베이스 인스턴스 타입을 변경하는 것이다. 사용자는 하나의 인스턴스 클래스에서 다른 인스턴스 클래스로 변경함으로써 스케일업 또는 스케일다운 할 수 있다. 사용자는 Amazon RDS가 지원하는 어떤 인스턴스 클래스로도 변경할 수 있다. RDS에서는 다음과 같이 간단한 방법으로 확장성을 관리할 수 있다.

1. RDS 콘솔에서 Instance Actions 메뉴중 Modify 옵션을 선택한다.
2. 원하는 인스턴스 클래스를 선택한다.
3. 변경된 인스턴스 클래스를 바로 적용할지 결정한다.

변경 사항을 즉시 적용하면 인스턴스 클래스 변경에 따라 약간의 가동 정지 시간 downtime이 발생할 수 있으므로 비즈니스 또는 애플리케이션이 이와 같은 짧은 가동 정지 시간에 영향을 받지 않도록 확인 및 필요한 조치를 취한다. 만일 애플리케이션이 짧은 가동 정지 시간을 수용할 수 없다면 변경 사항을 즉시 적용하지 않는 것이 좋다. Amazon RDS에서는 즉시 적용 외에 예약 적용을 통해 유지 보수 시간대 maintenance window에 데이터베이스 인스턴스 타입의 변경을 적용할 수 있다.

사용자는 AWS CLI 및 AWS API를 이용해 확장성을 조절할 수 있다. 예를 들어, 데이터베이스를 위해 c4 large 인스턴스로 확장하는 경우 AWS CLI에서 다음과 같은 명령을 실행한다.

```
aws rds modify-db-instance --db-instance-identifier myrdsinstance --dbinstance-
class db.c4.large --apply-immediately
```

또는 이와 같은 자동화 작업을 저렴한 EC2 인스턴스에서 (자동화 일정 관리 도구인) 크론 잡cron job으로 처리할 수 있다. RDS는 Auto Scaling과는 통합되지 않으므로 EC2 인스턴스에서는 스케일업 또는 다운을 위해 크론 잡 기술을 사용할 수 없지만 Lambda 함수를 이용하면 가능하다. 예를 들어, 두 개의 Lambda 함수를 만들어 하나는 주말 스케일다운에 대해 정의하고, 다른 하나는 주중 스케일업에 대해 정의한다. 그러면 Lambda 함수는 modify-db-instance API를 호출해 스케일업 또는 다운을 실행한다.

주중 또는 주말 형식 외에도 원하는 이벤트 기반의 인스턴스 스케일 업 또는 스케일다운을 위한 함수를 작성할 수 있다. 예를 들어, 데이터베이스 인스턴스의 CPU 활성화율이 75%에 이르면 자동으로 인스턴스의 크기를 증가시킬 수 있다. 이는 Lambda, CloudWatch, SNS를 조합해 할 수 있으며 CloudWatch를 통해 RDS 인스턴스의 CPU 활성화율을 모니터링하도록 하고, CPU 활성화율이 75%에 이르면 노티피케이션을 보내도록 SNS로 설정할 수 있다. Lambda 함수는 CPU 활성화율 토픽을 구독하고 있다가 노티피케이션을 받으면 modify-db-instance API를 호출해 데이터베이스 인스턴스의 크기를 증가시키도록 한다.

읽기 사본 활용

읽기 사본Read Replica은 마스터 데이터베이스의 read-only 복사본으로,마스터 데이터베이스와 동기화 상태를 유지하며, RDS는 RDBMS 엔진에 따라 최대 15개의 읽기 사본을 지닐 수 있다. 읽기 사본은 read-only 쿼리의 부담을 줄여주며, 결과적으로 마스터 데이터베이스의 워크로드를 감소시킨다. 읽기 사본은 다음과 같은 장점을 제공한다.

- 읽기 사본을 통해 read-only 트래픽의 부담을 줄일 수 있고, 마스터 데이터베이스는 중요한 트랜잭션 쿼리에 집중할 수 있다.
- 사용자가 다른 국가에 있는 경우 해당 국가의 리전에 읽기 사본을 둬 read-only 트래픽 부담을 줄일 수 있다.
- 마스터 데이터베이스가 셧다운됐을 때 읽기 사본이 마스터 데이터베이스로 승격될 수 있다.

읽기 사본은 마스터 데이터베이스와 동기화 상태를 유지하지만 복제 자체는 동기적으로 이뤄지지 않는다. 마스터 스탠바이 환경 설정에서 보면, 데이터 복제는 항상 동기화돼 있으므로 스탠바이가 마스터로 격상될 때 데이터 손실이 발생하지 않는다. 반면 마스터 읽기 사본 환경 설정에서 보면 데이터 복제가 비동기적으로 이뤄지므로 읽기 사본을 마스터로 격상시킬 때 상황에 따라 데이터 손실이 발생할 수 있다. 만일 기업에서 데이터가 절대 손실돼서는 안 되고 읽기 사본도 사용해야 하는 경우 마스터 스탠바이 읽기 사본 아키텍처를 사용하는 것이 좋으며 가장 안전한 데이터 관리 방식이라 할 수 있다.

또 읽기 사본은 고가용성 구현 메커니즘으로 사용할 수 있다. 예를 들어, 마스터 데이터베이스와 읽기 사본을 운용 중인 상황에서 마스터 데이터베이스가 다운되면 읽기 사본이 마스터로 승격될 수 있다. 이때 주의할 점은 데이터가 비동기적으로 복제되므로 데이터의 손실 가능성이 존재한다는 것이다.

사용자는 동일 리전의 다른 AZ에 읽기 사본을 생성하거나 다른 리전에 읽기 사본을 생성해 크로스 리전 읽기 사본cross-regional read replica을 생성할 수 있다. 일부 RDBMS 엔진은 크로스 리전 읽기 사본 기능을 지원하지 않는다. 그림 8-7은 크로스 리전 읽기 사본의 작동 방식을 보여준다.

리전내 복제intra-region replication는 마스터 데이터베이스와 동일한 AZ 또는 다른 AZ에 다수의 읽기 사본 생성 기능을 제공하며 RDS를 지원하는 엔진에 의해 제공된다.

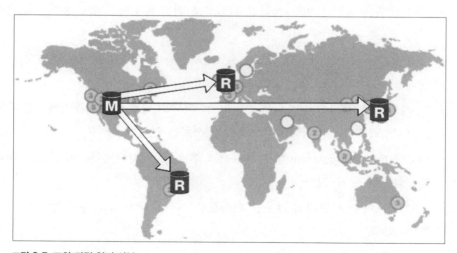

그림 8-7 교차 리전 읽기 사본

교차 리전 복제^{cross-regional replication}는 마스터가 위치한 리전과 다른 리전에 읽기 사본을 배포하며, MySQL, MariaDB, PostgreSQL, Aurora MySQL, Aurora PostgreSQL, Oracle 등의 엔진이 지원한다.

Amazon RDS에서의 보안성 구현

Amazon RDS의 데이터베이스를 안전하게 지키는 방법은 다양하다. 이번 절에서는 Amazon RDS에서의 보안성 구현 방법을 알아본다.

Amazon VPC와 Amazon RDS

Amazon RDS 인스턴스는 (3장에서 살펴본) Amazon VPC내에서 론칭된다. 데이터베이스는 항상 방화벽으로 보호해야 하므로 데이터베이스를 처음부터 프라이빗 서브넷 내에 생성하는 것이 좋다. 물론 개인적인 필요에 따라 퍼블릭 서브넷에 데이터베이스를 생성하는 경우도 있겠지만 일반적인 기업의 데이터베이스 구현 시나리오는 아니다. VPC 내에 데이터베이스를 생성하면 데이터베이스에 대한 유저와 애플리케이션의 접근을 효과적으로 관리할 수 있다. VPC 내에서 실행되는 데이터베이스를 연결하는 방법은 다음과 같이 다양하다.

- VPC 내에 구현된 데이터 센터를 VPN으로 연결해 하이브리드 방식으로 데이터베이스를 연결할 수 있다.

- Direct Connect로 데이터 센터와 AWS 리전을 연결하면 일관된 성능의 연결 상태를 유지할 수 있다.

- 두 개의 VPC를 피어 방식으로 연결한 뒤, 하나의 VPC에는 애플리케이션을 두고, 다른 VPC에는 데이터베이스를 두고 서로를 연결할 수 있다.

- VPC에 Internet gateway를 부착하고, 이를 통해 데이터베이스에 대한 퍼블릭 접근을 허용할 수 있다.

- VPC에 부착한 서브넷의 라우트 테이블을 이용해 VPC의 라우팅 방식을 정의할 수 있다.

3장에서 살펴본 바와 같이 RDS 내에 시큐리티 그룹을 생성하고 이를 이용해 트래픽 흐름을 조절할 수 있다. 데이터베이스에 대한 접근을 시큐리티 그룹의 프로토콜, 포트 범위, 트래픽 소스 등으로 관리할 수 있으며 관리자는 특정 IP 주소, 다수의 IP 주소를 포함한 CIDR 블록의 트래픽을 차단하거나 다른 시큐리티 그룹의 트래픽도 차단할 수 있고, 오직 관리자가 허용한 인스턴스로부터의 트래픽만 유입되도록 할 수 있다. 이와 같은 방식은 다양한 티어의 유저 또는 애플리케이션이 데이터베이스에 접근하도록 하는 멀티 티어 아키텍처^{multi-tier architecture}에 유연성을 제공한다.

Amazon RDS에서의 데이터 암호화

암호화는 다수의 기업 고객에게 중요한 요소로 Amazon RDS는 데이터베이스 암호화 기능을 제공한다. 다수의 기업은 강행 규정으로 데이터베이스에 대한 암호화를 해야 하며, RDS는 저장 상태^{data at rest}의 데이터에 대한 암호화를 제공한다. RDS의 암호화된 인스턴스는 데이터 보안을 위한 추가적인 레이어를 제공해 비인가 접근을 차단한다. Amazon RDS 암호화는 클라우드에 배포된 애플리케이션의 데이터 보안 수준을 높이며, 저장 상태 데이터의 암호화 법규에 대한 준수 의무를 효과적으로 지킬 수 있다.

AWS RDS의 데이터베이스 암호화에는 다음 항목에 대한 암호화가 포함된다.

- 데이터베이스 인스턴스 스토리지 암호화
- 자동화된 백업 암호화
- 마스터 데이터베이스의 읽기 사본 암호화
- 마스터 데이터베이스의 스탠바이 데이터베이스 암호화
- 데이터베이스로 생성한 스냅샷 암호화

즉, 데이터가 존재하는 모든 영역에서 암호화가 이뤄진다. Oracle 또는 Microsoft SQL Server 서버에서 제공하는 기본 암호화 방식인 Transparent Database Encryption(TDE)을 사용하는 경우에도 Amazon RDS의 암호화 기능을 사용할 수 있지만 RDS 또는 TDE 중 한 가지 모드만 사용해야 하고 그렇지 않을 경우 데이터베이스 성능 저하 현상이 나타날 수 있다.

Amazon RDS 인스턴스의 데이터 암호화에는 산업 표준인 AES-256 암호화 알고리즘이 사용되며, 일단 데이터 암호화를 진행한 뒤 RDS는 자동으로 복호화 과정을 처리한다. RDS 인스턴스를 생성하고 암호화 기능을 활성화하면, AWS KMS^{Key Management Service} 내에 RDS를 위한 기본 키가 생성돼 Amazon RDS 인스턴스의 데이터 암호화 및 복호화에 사용할 수 있고 사용자는 자신의 계정을 통해 키를 관리할 수 있다.

KMS는 암호화 키 생성 및 관리를 위한 AWS의 관리형 서비스로 사용자는 키를 이용해서 데이터의 암호화 및 복호화 기능을 사용할 수 있다. 모든 키는 사용자의 AWS 계정과 연결돼 있으며 이를 통해 KMS의 키와 관련된 가용성, 확장성, 보안성, 신뢰성 수준을 관리할 수 있다. KMS가 키 관리에 대한 업무를 담당하는 동안 사용자는 본연의 임무인 애플리케이션 개발에 좀 더 집중할 수 있다.

사용자가 자체 생성한 키를 가지고 암호화를 관리하는 것도 가능하다. 첫 번째 방법은 RDS 인스턴스를 생성한 뒤 암호화할 데이터베이스를 선택하면 제공되는 RDS용 AWS 관리 키를 이용하는 것이다. 사용자는 키를 이용해서 암호화만 하고 키 관리 등에 대해서는 신경 쓰지 않아도 되므로 편리하다. 일단 키가 생성되면 이 키는 RDS 암호화에만 사용할 수 있고 다른 AWS 서비스에는 사용할 수 없다. 즉, 이 키의 사용 범위는 오직 RDS에 국한된다. 두 번째 방법은 사용자 자신만의 마스터 키를 생성하는 것이다. KMS에서 마스터 키를 생성한 뒤 이를 RDS 인스턴스 생성 시 참조값으로 전달하면, 키 사용 가능 또는 불능 처리, 키 로테이션, 키 접근 정책 수립 등 다양한 방법으로 키를 관리할 수 있다.

RDS 인스턴스에서 데이터에 대한 암호화를 하려는 경우 RDS가 필요한 자격 증명을 갖춰서 KMS를 호출하면 KMS는 RDS에게 데이터 암호화에 필요한 데이터 키(data key)를 제공한다. 데이터 키는 인스턴스 론칭 시 생성된 마스터 키를 이용해 암호화되며 해당 RDS 인스턴스 접근에만 사용될 수 있고 다른 RDS 인스턴스 용으로는 사용할 수 없다.

즉, 데이터 암호화에 사용되는 키는 두 개의 계층 구조를 지닌다.

- **RDS 데이터 키**: RDS 내 데이터 암호화
- **AWS KMS 마스터 키**: 데이터 키 암호화

이러한 키의 계층 구조는 그림 8-8에 잘 드러난다.

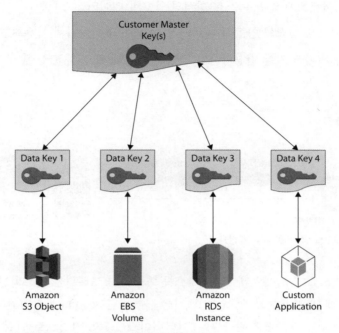

그림 8-8 Amazon RDS의 2 티어 키 계층구조

이와 같은 방식은 암호화 및 복호화가 투명하게 관리될 수 있고, 데이터에 접근하기 위해 애플리케이션 코드를 수정하지 않아도 된다는 장점이 있으며, 보안 위험 또한 줄일 수 있다. 특히 대규모 데이터를 암호화할 때 좀 더 높은 성능을 발휘하며 RDS 인스턴스에 KMS 암호화를 적용해도 성능 저하 현상이 발생하지 않는다. 사용자는 여러 개의 데이터 키가 아닌 마스터 키 하나만 관리하면 되고, CloudTrail을 통해 KMS의 키 발급 및 이용 접속 등, 키 사용을 중앙화된 시스템으로 관리하고 키 사용 내역은 감사 업무에 활용할 수 있다.

이번에는 그림 8-9와 같이 키가 데이터를 보호하는 방식을 알아보자.

1. RDS 인스턴스가 데이터 암호화를 위한 암호화 키 요청하고 마스터 키에 참조 값 전달

2. 클라이언트는 유저 및 해당 키에 대한 자격 인증 요구

3. KMS 마스터 키로 데이터 암호화 키 생성 및 암호화

4. 클라이언트에게 일반 텍스트 형식의 암호화 데이터 키 반환

5. 일반 텍스트 형식의 암호화 데이터 키는 데이터 암호화에 사용되고 곧 삭제됨

6. 암호화 데이터 키를 저장했다가 데이터 복호화 필요 시 KMS에 다시 전달

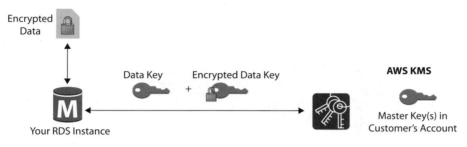

그림 8-9 데이터 보호를 위한 키 사용 방식

RDS 이용 시 SSL 기법으로 데이터베이스를 이동하는 트래픽을 암호화할 수 있으며, 이는 이동중의 데이터^data in transit 암호화 기능을 제공한다. RDS에서 지원하는 일곱 개의 엔진 모두 SSL 연결을 지원한다. 데이터베이스를 SSL 기법으로 연결하는 방식은 RDBMS 엔진에 따라 다르며 보안 점검 측면에서의 주의사항은 다음과 같다.

- 데이터베이스 생성 시에만 암호화를 진행할 수 있다. 이미 실행 중인 데이터베이스를 암호화할 수 있는 유일한 방법은 암호화된 새 데이터베이스를 생성해 기존 데이터베이스에서 옮겨오는 방법뿐이다.

- 일단 데이터베이스를 암호화하고 나면 이를 삭제할 수 없다. RDS 인스턴스 암호화 선택 시 해당 인스턴스를 끌 수 없다. 암호화가 더 이상 필요 없다면 새 데이터베이스를 생성해 기존 데이터베이스에서 옮겨와야 한다.

- 마스터 데이터베이스와 읽기 사본은 반드시 암호화해야 한다. RDS를 이용해 읽기 사본 생성 시, 마스터 데이터베이스와 읽기 사본 모두 (동일한 키를 이용해) 암호화된다. 또한 마스터 및 스탠바이 데이터베이스 환경 설정 내역 역시 암호화된다.

- 다른 AWS 리전으로 (일반적인 스냅샷으로 생성한 뒤) 암호화한 데이터베이스를 복사할 수 없다. KMS는 리전별 서비스이므로 하나의 리전에서 KMS로 암호화한 대상을 다른 리전에 복사할 수 없다(8장 후반에 다시 설명).
- MySQL의 암호화 데이터베이스를 Aurora MySQL로 마이그레이션할 수 있다 (8장 후반에 다시 설명).

백업, 복구, 스냅샷

Amazon Aurora(MySQL 및 PostgreSQL)을 제외한 모든 Amazon RDS 엔진은 하루 한 번의 백업을 실행한다. 사용자는 필요에 따라 백업 윈도우^{backup window}의 일정을 조절할 수 있고, 백업이 완벽하게 잘 끝났는지 확인하기 위해 백업 과정을 모니터링 할 수 있다. 백업 항목에는 전체 데이터베이스, 전송 로그, 변경 로드 등이 포함된다. 백업 보존 기간은 35일이며 서포트 티켓을 이용해 백업 보존 기간을 늘릴 수 있다. 사용자가 인스턴스를 배포한 AZ마다 다수의 백업 복사본이 유지된다.

Aurora의 경우 S3 버킷에 자동으로 그리고 지속적으로 백업이 저장되므로 사용자는 별도의 백업 작업을 할 필요가 없다. 하지만 사용자는 필요하면 언제든 수동으로 백업을 생성할 수 있다. Aurora 역시 35일간 백업을 보존하며, 서포트 티켓으로 백업 보존 기간을 늘릴 수 있다.

백업으로부터 데이터베이스를 복원하는 경우 기존 데이터베이스와 완전히 동일한 새 복사본을 생성하거나 기존 데이터베이스를 복제할 수 있다. RDS를 이용하면 데이터베이스 저장 방식이 간단해지고, 백업을 이용하면 언제든 데이터베이스를 복원할 수 있다. 데이터베이스 복원 시 기존의 데이터베이스와 동일한 타입일 필요는 없으며, 어떤 서버 클래스에도 데이터베이스를 복원할 수 있다.

복원 과정은 매우 간단하다. 사용자는 (데이터베이스 인스턴스의) 복원 장소와 복원 시기만 선택하면 된다. 데이터베이스를 복원하는 동안 새 인스턴스를 생성할 때 했던 것처럼 복원 인스턴스의 환경을 설정한다. 복원 시기와 관련해 복원 가능 마지막 시점^{last restorable time} 또는 사용자가 선택한 커스텀 시점으로 복원할 수 있다. 복원 장소와 복원 시기를 선택하면 기존의 데이터가 모두 채워진 새 RDS 인스턴스가 만들어진다.

스냅샷은 데이터베이스 백업의 또 다른 방법으로 자동으로 일정 관리를 할 수 없으며, 사용자가 직접 스냅샷을 생성해야 한다. 데이터베이스 스냅샷을 생성하면 수 초에서 수 분간 임시 I/O 처리 능력이 제공된다. 스냅샷은 S3에 생성되며 사용자는 이를 이용해 데이터베이스를 복원할 수 있다. 암호화된 데이터베이스의 스냅샷을 생성한 경우 이를 이용해 데이터베이스를 복원할 수 있고 이렇게 복원된 결과물은 암호화된 데이터베이스가 된다. 데이터베이스 스냅샷을 생성하는 이유는 다양하다. 예를 들어, 상용화 버전의 데이터베이스 스냅샷으로 다양한 용도의 비상용 버전의 데이터베이스를 생성해 버그 테스트, 다수의 계정에 데이터베이스 복제, 재난 복구용 데이터베이스 생성, 데이터베이스 삭제 전 보전 등 다양한 업무에 활용할 수 있다.

모니터링

아마존은 RDS에서 실행되는 데이터베이스를 모니터링할 수 있는 다양한 방법을 제공한다. 기본 모니터링 방법은 표준 모니터링이며 필요에 따라 좀 더 기능이 세분화된 모니터링을 사용할 수 있다. RDS는 모니터링된 모든 성능 지표를 Amazon CloudWatch로 전송하고, 사용자는 이를 RDS 콘솔, CloudWatch 콘솔 또는 CloudWatch API를 통해 확인할 수 있다.

- **표준 모니터링** RDBMS 엔진에 따라 15~18개의 성능 지표를 모니터링 할 수 있다. 주요 지표는 CPU 이용률, 스토리지, 메모리, 스왑 사용량, 데이터베이스 연결, I/O(읽기 및 쓰기), 지연, 처리 성능, 읽기 사본 처리 지연 등이다. 그림 8-10은 표준 모니터링 방식을 보여주며, 사용자는 1분 간격으로 성능 지표를 확인할 수 있다.

- **강화 모니터링** 좀 더 세분화된 성능 지표가 필요한 때 선택하는 옵션으로 표준 모니터링의 성능 지표 외 37개의 지표를 추가해 총 50개의 성능 지표를 제공받을 수 있다. 성능 지표 갱신 주기는 1초이며, RDS를 지원하는 모든 RDBMS 엔진에서 사용할 수 있다.

- **이벤트 노티피케이션** RDS 인스턴스에서 발생하는 이벤트를 신속하게 확인할 수 있는 옵션으로 RDS에 어떤 변화가 생기면 Amazon SNS를 통해 노티피케이션을 전송한다. 가용성, 백업, 환경 설정 변경, 생성, 삭제, 실패, 장애 대응, 유

지 보수, 복구, (스냅샷 등을 이용한) 복원 등 17개 카테고리의 이벤트가 발생하면 사용자에게 노티피케이션을 전송한다. 예를 들어, 데이터베이스의 성능이 저하됐을 때, 마스터 데이터베이스가 스탠바이 데이터베이스를 통해 장애를 적절히 대응하지 못했을 때 노티피케이션이 전송된다.

- **퍼포먼스 인사이트** Amazon RDS의 모니터링 기능을 확장한 것으로 데이터베이스의 성능을 시각화해 성능에 영향을 미치는 요소를 분석하는 데 도움을 준다. 사용자는 퍼포먼스 인사이트 대시보드를 이용해 데이터베이스 워크로드를 시각화하고 대기 상태, SQL 명령, 호스트, 유저 등으로 워크로드를 필터링할 수 있다. 퍼포먼스 인사이트는 Aurora의 Postgres 호환 엔진에 기본적으로 제공된다. 특정 데이터베이스 인스턴스에 하나 이상의 데이터베이스가 있는 경우 모든 데이터베이스의 성능 데이터는 해당 데이터베이스 인스턴스에 모두 모이게 되며, 35일간 보존된다.

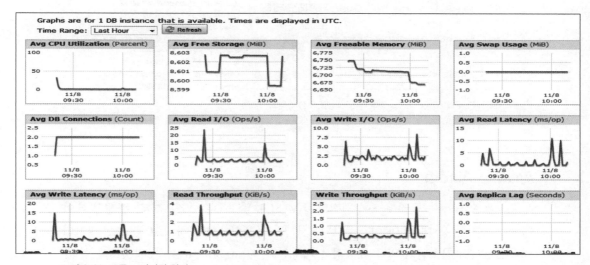

그림 8-10 표준 모니터링 화면

퍼포먼스 인사이트 대시보드를 통해 데이터베이스 성능 정보를 제공하며, 사용자는 이를 통해 성능 이슈를 해결할 수 있다. 메인 대시보드 페이지에서 데이터베이스 로드 정보를 확인할 수 있고, 대기 상태, SQL 쿼리, 호스트, 유저 등에 대한 세부 정보를 확인할 수 있다. 퍼포먼스 인사이트 대시보드는 지난 15분 간의 데이터를 보여주며 필요에 따라 지난 60분간의 데이터를 제공하도록 설정할 수 있다. 그림 8-11은 퍼포먼스 인사이트의 SQL 쿼리에 대한 세부 내역을 보여준다.

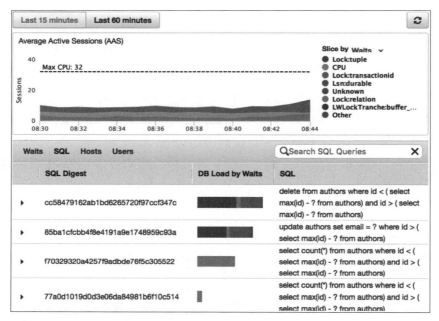

그림 8-11 Performance Insights 페이지의 SQL 상세 정보

Amazon Aurora

Amazon Aurora는 클라우드에 최적화된 MySQL 및 PostgreSQL 호환 관계형 데이터베이스다. 상용 데이터베이스로서의 성능 및 가용성을 제공하고, 오픈소스 데이터베이스로서의 간소함과 비용 효율성을 제공한다. Amazon Aurora는 완전 분산형 및 자가 진단형 스토리지 시스템을 통해 성능 및 신뢰성을 보장하고, 탄력성 및 AWS 클라우드 관리 역량을 바탕으로 한 가용성을 제공한다.

Amazon Aurora는 MySQL 호환 타입 및 PostgreSQL 호환 타입 등 두 가지 타입이 있다. MySQL 호환 타입은 InnoDB 스토리지 엔진을 사용하는 5.6, 5.7 버전과 호환되며, PostgreSQL 호환 타입은 9.6 버전과 호환된다. 이미 MySQL 및 PostgreSQL

460

데이터베이스와 관련 코드, 애플리케이션, 드라이버, 도구를 사용하는 기업은 언제든 Amazon Aurora 및 관련 도구를 사용할 수 있고, MySQL 및 PostgreSQL 데이터베이스에서 Amazon Aurora로의 마이그레이션 또한 언제든 가능하다.

스토리지로서 Aurora는 기존의 RDS와 다른 부분이 몇 가지 있다. Aurora는 세 개의 서로 다른 AZ에 있는 여섯 개의 서로 다른 스토리지 노드로 분리된 스토리지 레이어에 자동으로 데이터를 복제하는데 이는 별도의 비용 없이 데이터를 여섯 번 미러링한다는 측면에서 의미가 크다. 이와 같은 모든 데이터 미러링은 동기적으로 진행되므로 데이터 손실이 발생하지 않는다. 또, Amazon Aurora는 멀티 스토리지 노드에서의 데이터 가용성을 보장하기 위해 읽기 및 쓰기를 위한 쿼럼 시스템quorum system을 사용한다. 동시에 모든 데이터는 S3에 지속적으로 백업돼 신뢰성 및 가용성을 제공한다. Amazon Aurora 사용 시 스토리지 볼륨은 자동으로 64TB로 증가한다.

그림 8-12는 세 개의 AZ에 Aurora 스토리지를 복제하는 과정을 보여준다.

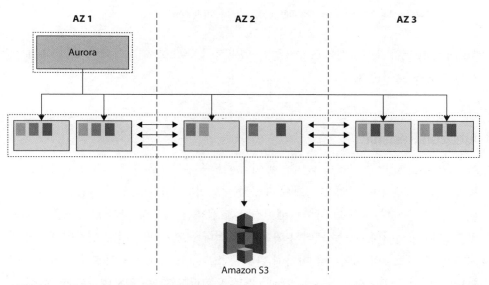

그림 8-12 세 개의 AZ에 Aurora 스토리지를 복제하는 과정

Amazon Aurora는 최대 15개까지의 읽기 사본을 지원한다. 이때 주의할 점은 Amazon Aurora는 동기적으로 스토리지 레벨에서 데이터 복제를 진행한다는 점이

다. 즉, 데이터는 마스터 (기본) 데이터베이스 노드와 읽기 사본 사이에서 동기적으로 복제된다. Aurora의 경우 스탠바이 데이터베이스라는 개념 자체가 없으므로 마스터 데이터베이스가 셧다운되면 읽기 사본이 바로 마스터 데이터베이스로 승격된다. 그림 8-13은 Amazon Aurora의 기본 노드와 읽기 사본의 관계를 보여준다.

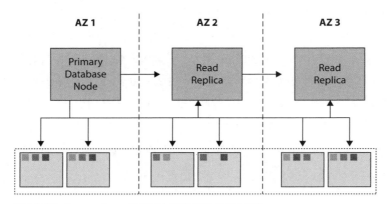

그림 8-13 Amazon Aurora의 기본 노드와 읽기 사본의 관계

Aurora MySQL 데이터베이스의 성능은 일반적인 MySQL 엔진의 평균 다섯 배에 이르는 성능을 보여준다.

Amazon Redshift

Amazon Redshift는 관리형 데이터 웨어하우스 솔루션으로 비즈니스 인텔리전스 활동에 맞게 설계되며, 기업 조직에서 요구하는 데이터 처리 및 분석 성능을 강화하는 데 주로 사용된다. 보통의 데이터베이스가 트랜잭션 데이터 처리에 초점을 맞추는 반면 데이터 웨어하우스는 데이터 쿼리 및 분석에 초점을 맞추며 트랜잭션 데이터에서 추출한 히스토리 데이터를 비롯해 다양한 소스에서 가져온 의사결정 데이터를 포함한다. 데이터 웨어하우스는 데이터의 소비 주체라고 할 수 있으며, 온라인 분석 처리 시스템OLAP, OnLine Analytical Processing으로 부르기도 한다. 데이터 웨어하우스의 데이터 소스는 다양하며, OLTP 시스템, SAP와 같은 ERP 시스템, 내부 개발 시스템, 구매한 애플리케이션, 서드 파티 데이터 통합 분석기 등이 있고, 데이터 웨어하우스에 유입되는 데이터로는 거래, 생산, 마케팅, 인적자원 데이터 등이 포함된다.

데이터 웨어하우스는 OLTP 시스템과는 확연히 구분되는 차이점이 있으며, 데이터 웨어하우스를 이용해 트랜잭션 워크로드와 분석 워크로드를 분리해 처리할 수 있다. 즉, 데이터 웨어하우스는 읽기 중심의 데이터 처리 시스템으로 쓰기 및 업데이트 능력에 비해 읽기 처리 능력이 월등히 높으므로 트랜잭션 시스템에 별 영향을 주지 않고 각종 분석 업무를 높은 성능으로 처리할 수 있다. 데이터 웨어하우스는 핵심 목적을 달성하기 위해 다양한 데이터 소스로부터 가져온 데이터를 통합하는데 최적화돼 있다. OLTP 데이터베이스가 빠른 데이터 수집 능력이 강점이라면 OLAP 데이터베이스는 배치 프로세스 및 스케줄 잡을 통해 다양한 소스로부터 막대한 양의 데이터를 효과적으로 수집할 수 있다. 데이터 웨어하우스 환경에는 데이터 추출, 변환, 로딩의 전 과정을 일컫는 ETL 솔루션, 통계 분석, 리포트 작성, 데이터 마이닝, 클라이언트 분석 도구 등이 포함되고, 데이터 수집, 행동 가능 정보로의 변환, 비즈니스 의사결정자에게 제공하기 위한 애플리케이션이 포함된다.

Amazon Redshift의 장점

Amazon Redshift의 주요 속성은 다음과 같다.

- **신속성** Redshift는 칼럼형 스토리지^{columnar storage}로 높은 쿼리 성능을 제공한다. 쿼리는 병렬적으로 여러 노드에서 동시에 처리되므로 쿼리 결과가 신속하게 제공되고 IO 효율성 또한 높아진다.

- **저렴함** Redshift는 데이터 웨어하우스 솔루션 시장에서 가장 낮은 수준의 비용으로 이용할 수 있으며, 테라바이트당 $1,000 수준으로, 다른 경쟁 제품군의 1/10 가격에 제공되고 있다.

- **우수한 압축성** Redshift는 세 배에서 네 배 정도 높은 압축 기능을 제공하므로 데이터 전송 등 업무에서 비용을 더욱 절감할 수 있다.

- **관리형 서비스** Redshift는 관리형 서비스로 사용자는 클러스터, 네트워킹, 운영체제 등을 관리할 필요가 없고 아마존이 운영체제 패치, 업그레이드, 백업, 복원 업무를 처리한다. 또한 데이터 웨어하우스 관리, 모니터링, 확장성 등 관리 업무 대부분이 자동화돼 있다.

- **확장성** Redshift는 분산형 병렬식 아키텍처를 이용해 처리 성능에 대한 요구 사항을 수평적 확장 방식으로 제공한다. 클러스터 용량은 사용자의 성능 및 용량에 대한 요구 수준에 따라 콘솔 또는 API를 이용해 언제든 증가 또는 감소시킬 수 있다.

- **보안성** Redshift는 저장 중인 데이터 및 전송 중인 데이터 모두에 대한 암호화 기능을 제공하며, VPC 내에 클러스터를 생성해 다른 리소스와 격리할 수 있고, AWS KMS^{Key Management Service}와 HSM^{Hardware Security Modules}을 이용해 키를 관리할 수 있다.

- **존 맵 기능** 존 맵^{Zone maps}은 각 블록의 최소 및 최대 값을 추적해 이번에 처리해야 할 쿼리와 무관한 데이터를 포함한 블록을 처리 대상에서 제외하는 방식으로 불필요한 IO를 최소화한다.

Amazon Redshift 아키텍처

Amazon Redshift 아키텍처는 리더 노드^{leader node}와 컴퓨트 노드^{compute nodes}로 구성된다. 클러스터마다 하나의 리더 노드가 존재하며, 컴퓨트 노드는 여러 개가 존재할 수 있다. 그림 8-14는 Redshift 아키텍처를 보여준다.

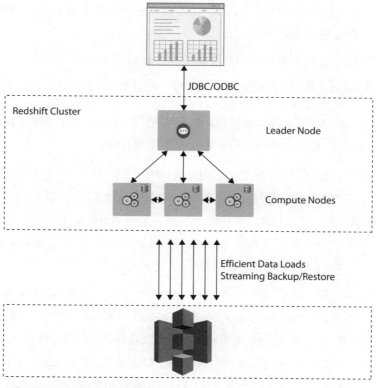

그림 8-14 Amazon Redshift 아키텍처

리더 노드는 애플리케이션의 SQL 엔드포인트 역할을 하며, 데이터베이스로서의 기능 및 병렬적인 SQL 처리 업무를 조정하는 역할을 담당한다. Redshift에 추가된 메타데이터 테이블 또한 리더 노드에 존재하며 이를 통해 JDBC^Java Database Connectivity 및 ODBC^Open Database Connectivity 드라이버를 연결할 수 있다.

리더 노드 아래에는 컴퓨트 노드가 있으며 최대 128개를 생성할 수 있다. 쿼리 처리 시 리더 노드는 컴퓨트 노드와 소통하며 컴퓨트 노드가 실제 데이터를 처리하게 된다. 또한 쿼리 처리 시 컴퓨트 노드 간에도 소통을 한다. 쿼리의 실행 방식은 다음과 같다.

1. 애플리케이션 또는 SQL 클라이언트가 쿼리 제출
2. 제출된 쿼리는 리더 노드에 전달됨. 리더 노드는 쿼리를 파싱해 실행 계획 수립

3. 리더 노드는 어떤 컴퓨트 노드가 이번 쿼리를 처리할지 결정하고, 다수의 컴퓨트 노드에 쿼리 잡을 배분

4. 컴퓨트 노드가 쿼리 잡을 처리하고 결괏값을 리더 노드에 전달

5. 리더 노드는 결괏값을 취합해 애플리케이션 또는 클라이언트에게 전달

리더 노드는 데이터 암호화, 데이터 압축, 라우팅 잡(vacuum 등은 8장 후반에 다시 설명), 백업, 복원 등 데이터베이스 본연의 기능을 수행한다.

모든 컴퓨트 노드는 고속의 상호연결 네트워크interconnected network로 연결돼 있으며, 애플리케이션 등 엔드 클라이언트는 컴퓨트 노드와 직접 소통할 수 없고, 오직 리더 노드를 통해서만 소통할 수 있다. 컴퓨트 노드는 Amazon S3 등의 서비스와는 소통할 수 있다. 데이터는 S3에서 컴퓨트 노드로 바로 이동시킬 수 있으며, Amazon은 (백그라운드에서) 클러스터를 지속적으로 백업해 S3에 저장한다.

컴퓨트 노드는 다시 여러 개의 조각(슬라이스) 또는 파티션으로 나눌 수 있으며, 세분화된 조각은 CPU, 메모리, 스토리지에 할당되고, 나눌 수 있는 조각 또는 파티션의 수는 컴퓨트 노드의 크기에 따라 달라진다. 그림 8-15는 컴퓨트 노드를 동일한 CPU, 메모리, 스토리지 용량으로 두 개로 나눈 모습이다. 리더 노드가 쿼리 잡을 배분하면 해당 잡은 이들 컴퓨트 노드 조각 단위로 배분되며 각 노드 조각이 독립적으로 쿼리 잡을 처리한다. Redshift 테이블에 데이터가 로딩되면 이들 데이터 또한 노드 조각으로 저장 및 관리된다.

Redshift 클러스터는 싱글 노드single-node 및 멀티 노드multi-node 클러스터 두 가지 타입이 있다. 싱글 노드 클러스터는 리더 노드와 컴퓨트 노드를 하나의 노드가 모두 맡아서 처리하는 방식이며 해당 노드가 다운되면 애플리케이션 전체가 다운되므로 스냅샷을 이용해서 해당 클러스터를 복원해야 한다. 싱글 노드 클러스터는 상용화 환경이 아닌 테스트 및 개발 환경에서 사용할 수 있다.

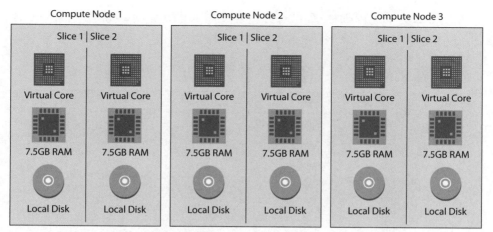

그림 8-15 컴퓨트 노드를 노드 슬라이스로 세분화

멀티 노드 클러스터에서 리더 노드는 컴퓨트 노드와 분리돼 있으며 클러스터별로 하나의 리더 노드만 존재한다. 클러스터 생성 시 사용자는 컴퓨트 노드의 수를 지정할수 있으며 멀티 노드 클러스터는 해당 숫자만큼의 컴퓨트 노드를 생성한다. 예를 들어, 클러스터 생성 시 세 개의 노드를 입력하면 하나의 리더 노드와 세 개의 컴퓨트 노드가 있는 클러스터가 생성된다.

멀티 노드 클러스터에서 데이터는 중복 구현을 위해 컴퓨트 노드에서 자동으로 복제되므로 특정 컴퓨트 노드가 다운돼도 스냅샷으로 복구할 필요가 없다. 컴퓨트 노드가 실제로 다운되면 다른 컴퓨트 노드가 이를 대체하고, 클러스터는 자동으로 데이터를 새로운 컴퓨트 노드로 전송한다. 상용화 워크로드에는 이와 같은 중복 구현 안전장치가 적용돼야 한다.

Redshift 클러스터에서 선택할 수 있는 인스턴스 타입은 세 가지다. 첫 번째는 RA3고 SSD 및 Amazon Redshift Managed Storage(이하 RMS)로 구성되고, 컴퓨트 비용과 스토리지 비용을 분리해서 과금한다. 두 번째는 SSD 기반의 덴스 컴퓨트이고, 세 번째는 기존 HDD기반의 덴스 스토리지다. 덴스 스토리지는 이미 구형 또는 레거시 제품 카테고리에 포함돼 있으므로 AWS는 덴스 스토리지의 사용을 권장하지 않는다. Redshift 클러스터 생성을 위해 권장되는 스토리지는 RA3이며 사용자는 컴퓨트 리소스와 스토리지 리소스를 좀 더 세심하게 관리할 수 있다. 덴스 컴퓨트는 DC

로 덴스 스토리지는 DS로 부르며 집필 시점 현재 Amazon Redshift가 지원하는 클러스터 타입은 다음과 같다. Redshift는 하나의 EC2 인스턴스를 이용해서 모든 클러스터 타입을 지원한다.

Instance Type	Disk Type	Size	Memory	# of CPUs	# of Slices
RA3 4xlarge	RMS	Scales to 64TB	96GB	12	4
RA3 16xlarge	RMS	Scales to 64TB	384GB	48	16
DC2 large	SSD	160GB	16GB	2	2
DC2 8xlarge	SSD	2.56TB	244GB	32	16
DS2 xlarge	Magnetic	2TB	32GB	4	2
DS2 8xlarge	Magnetic	16TB	244GB	36	16

위 표에서 칼럼별 속성의 의미는 다음과 같다.

- Instance Type Redshift의 세부 종류
- Disk Type Redshift 클러스터의 하드 드라이브 타입
- Size 각 노드의 저장 용량
- Memory 각 노드의 메모리 용량(GB)
- # of CPUs 각 노드의 CPU 수
- # of Slices 컴퓨트 노드가 파티션된 슬라이스 수

Redshift Spectrum을 이용하면 Amazon Redshift 클러스터에 테이블이 로컬 상태로 저장된 것처럼 S3에 존재하는 데이터를 쿼리할 수 있는데 이는 S3 데이터 레이크와 유사한 기능이다. Redshift와 Redshift Spectrum 조합을 이용하면 S3는 물론 다수의 Redshift 클러스터에 존재하는 데이터를 쿼리할 수 있다.

Amazon Redshift 클러스터 크기 조절

Amazon Redshift 클러스터의 크기를 조절하려면 원하는 클러스터 타입을 선택한 다음 데이터의 성장 속도를 예측해 필요한 데이터 용량을 결정한다. 이때 압축 여부도 결정할 수 있다. 기업 고객 상당수는 평균적으로 세 배에서 네 배의 압축률을 사

용한다. 압축률은 데이터 세트에 따라 달라지므로 먼저 데이터 세트를 압축했을 때의 크기를 예상할 필요가 있다.

데이터 미러링 기능은 이미 포함돼 있으므로 스토리지를 위한 별도의 미러링 작업은 할 필요가 없다. 예를 들어, 6TB 규모의 데이터 웨어하우스를 운용하기 위해 덴스 컴퓨트 노드를 사용하는 경우 dc2.8xlarge 타입의 세 개 노드를 선택할 수 있다. 각 노드의 스토리지 용량은 2.56TB이므로 이들 세 개 노드의 총 저장 용량은 7.68TB가 되며, 6TB 규모의 데이터 웨어하우스를 운용하기에 충분한 용량을 확보할 수 있다. 이때의 데이터는 세 개의 노드 간에 미러링되므로 사용자가 추가로 스토리지 미러링을 할 필요는 없다.

Amazon Redshift를 위한 네트워킹

Amazon Redshift 클러스터는 VPC 내에서 실행될 수 있다. EC2-Classic(legacy) 타입으로 클러스터를 실행하는 경우에는 VPC를 사용할 수 없다. VPC는 새로운 클러스터 설치 시 선택할 수 있으며 VPC를 이용해 다른 고객과 격리된 구조를 만들 수 있다. 먼저 Redshift 클러스터를 위한 서브넷 그룹 (Redshift 클러스터를 론칭할 수 있는 하나 이상의 서브넷 그룹으로 구성)을 선택한다. 이때 서브넷 그룹은 프라이빗 또는 퍼블릭 속성을 지닐 수 있다.

클러스터 생성시 어느 AZ에 속할지 결정할 수 있다. 퍼블릭 서브넷 선택 시 퍼블릭 IP 주소(EIP)를 제공하거나 Redshift 클러스터가 직접 사용자를 위해 EIP를 제공하도록 할 수 있다. 프라이빗 서브넷에서 클러스터를 실행하는 경우 인터넷에서 접근이 불가능하다. 프라이빗 또는 퍼블릭 서브넷은 리더 노드를 통해서만 접근 가능하며, 컴퓨트 노드는 별도의 VPC에서 생성되므로 사용자는 컴퓨트 노드에 접근할 수 없다.

Redshift 클러스터는 강화 VPC 라우팅enhanced VPC routing 옵션을 제공하며, 이 옵션 선택 후 COPY 등과 같은 트래픽 명령을 사용하면 클러스터와 데이터 저장소 간의 모든 데이터 트래픽은 VPC를 거쳐서 라우팅된다. 또한 Redshift 클러스터와 다른 리소스 간의 트래픽 흐름을 관리할 수 있는 기능을 사용할 수 있다. 강화 VPC 라우팅 옵션을 선택하지 않으면 Redshift는 AWS 네트워크 내 다른 서비스로의 트래픽을 포함한 모든 트래픽을 인터넷을 통해 라우팅하게 된다.

앞의 내용을 한 번 더 정리하자면 Redshift 클러스터 론칭 시 EC2-VPC 플랫폼과 EC2-classic 플랫폼(특정 계정을 통해서만 접근 가능)을 모두 사용할 수 있다. 이미 EC2-classic 플랫폼을 사용하고 있는 사용자가 아니라면 기본적으론 EC2-VPC 플랫폼만 사용할 수 있다. Redshift 클러스터는 리더 노드를 통해서만 접근할 수 있다. EC-VPC에서 클러스터 실행 시 VPC 시큐리티 그룹을 이용해 어떤 IP 주소로 Redshift 클러스터용 포트에 접속할지 정의할 수 있다.

암호화

사용자는 필요에 따라 Redshift 클러스터의 모든 데이터를 암호화할 수 있다. 암호화는 수정이 불가하므로 비즈니스 니즈가 명확할 때만 선택해야 한다. Redshift 클러스터에 기업의 민감한 정보를 포함하고 있는 경우 해당 데이터를 암호화해야 한다. 이동중 데이터는 물론 저장 중 데이터도 암호화할 수 있으며, 클러스터 론칭 시 암호화 옵션을 선택할 수 있다. 암호화 기능이 활성화된 클러스터는 수정 불능이 되며, 암호화 기능을 비활성화할 수 없다는 사실에 주의한다. 이와 마찬가지로 암호화 없이 생성된 클러스터는 이후 삭제될 때까지 계속 암호화 기능 없이 사용해야 한다.

암호화 없이 클러스터를 생성한 후 데이터에 대한 암호화가 필요해진다면 유일한 방법은 기존의 클러스터 데이터를 모두 언로드한 뒤 암호화 기능을 활성화한 클러스터에 리로드하는 것뿐이다. 사용자는 클라이언트와 클러스터 사이의 연결을 SSL 방식으로 암호화할 수 있고, 저장 중 데이터의 경우 AES-256 하드웨어 가속 암호화 키를 이용해 데이터 블록 및 클러스터의 시스템 메타데이터를 암호화할 수 있다. 사용자는 AWS KMS, AWS CloudHSM, 온프레미스 HSM 등을 이용해 암호화 키를 관리할 수 있다.

Redshift 클러스터를 암호화한 경우, 스냅샷 또한 암호화된다.

보안

Redshift는 RDBMS 중 하나이므로 슈퍼유저superuser 또는 유저 퍼미션을 지닌 데이터베이스 유저database users를 생성해야 한다. 데이터베이스 슈퍼유저는 데이터베이스 유저 또는 다른 슈퍼유저를 생성할 수 있다. 데이터베이스 유저는 권한에 따라 Redshift에서 데이터베이스 객체를 생성할 수 있다.

Redshift에서 데이터베이스는 하나 이상의 스키마schema를 지닐 수 있으며, 각 스키마는 다시 테이블과 객체를 지니게 된다. Redshift 데이터베이스의 기본 스키마 네임은 Public이며, 처음 Redshift 클러스터를 생성할 때는 마스터 유저네임 및 패스워드를 입력해야 한다. 이때 마스터 유저네임은 데이터베이스에 로그인할 수 있는 슈퍼유저를 가리키며 마스터 유저 계정은 삭제 불가능하다.

Redshift 서비스를 사용하기 위해 IAM 유저, 롤, 그룹 등을 포함한 IAM 정책을 생성할 수 있다. Redshift 관리형 정책을 통해 Redshift를 어드민 또는 리드 온리 권한으로 접근할 수 있고, 사용자가 직접 커스텀 정책을 만들어서 세분화된 권한을 부여할 수 있다.

백업 및 복구

Amazon Redshift는 클러스터의 스냅샷 형태로 자동화된 백업을 생성하며 이를 Amazon S3에 저장한다. Redshift 가동 시간이 길어질수록 스냅샷의 양 또한 증가하며 8시간마다 또는 5GB의 블록이 추가될 때마다 스냅샷을 생성한다. 사용자는 이와 같은 자동 백업 기능을 끌 수 있다.

자동화된 백업은 RPORecovery Point Objective 즉, 복구 시점 목표에 따라 스냅샷을 생성하도록 할 수 있으며, 생성된 스냅샷의 보존 기간 또한 정의할 수 있고, 필요에 따라 수동으로 자신이 원하는 시점에 스냅샷을 생성할 수 있다. 또한 크로스 리전 스냅샷 환경 설정을 통해 스냅샷을 자동으로 다른 리전에 복사할 수 있다. Redshift 클러스터를 다른 리전에 저장하기 위한 가장 빠른 방법은 크로스 리전 스냅샷 기능을 활성화하고 스냅샷을 통해 클러스터를 다른 리전에 복원하는 것이다.

스냅샷을 통해 전체 데이터베이스를 복원하는 것 또한 가능하다. 스냅샷으로 전체 데이터베이스를 복원하면 원본과 동일한 타입 및 용량의 인스턴스에 새 클러스터가 생성된다. 복원이 진행되는 동안 클러스터가 프로비전되며 소요 시간은 약 10여분이다. 이때 데이터는 자동으로 S3 스냅샷에서 새로운 클러스터로 전송된다. 사용자는 스냅샷을 통해 전체 데이터베이스가 아닌 테이블 레벨로 데이터를 복원할 수 있다.

Amazon Redshift에서 데이터 로딩하기

Amazon Redshift 클러스터에 데이터를 로딩하는 방법은 다양하며, Amazon S3에서 파일 기반 로딩file-based loading 기법으로 직접 데이터를 로딩할 수 있다. 파일 기반 로딩은 Redshift에 데이터를 로딩할 수 있는 고성능의, 가장 효율적인 방법으로 S3에 있는 CSV, JSON, format, delimiter, shapefile, fixed-width, Avro, Parquet, ORC 파일을 이용해서 데이터를 로딩한다.

또한 Kinesis Firehose를 이용해 Redshift에 직접 배치 데이터 또는 스트리밍 데이터를 로딩할 수 있고, 데이터베이스와 연결한 뒤 멀티 밸류 삽입multivalue insert 기능도 사용할 수 있다.

사용자의 로딩 방식 선택에 따라 데이터를 리더 노드를 통해, 또는 컴퓨트 노드에서 직접 로딩할 수 있다. 예를 들어, 데이터를 삽입하는 경우 멀티 밸류 삽입, 데이터 업데이트, 데이터 삭제 등의 업무를 리더 노드의 클라이언트를 이용해서 처리할 수 있다. Redshift는 SQL 명령을 지원하므로 테이블에 표준 SQL 명령을 이용해 (예: ⟨table_name⟩) 값을 삽입할 수 있다.

Redshift에 특화된 도구를 이용해 데이터를 로딩 또는 언로딩하려는 경우 예를 들어, 데이터 익스포트를 위해 COPY 또는 UNLOAD 명령을 사용하려는 경우, CTASCreate Table As Select를 실행하는 경우에도 컴퓨트 노드에서 직접 관련 업무를 처리할 수 있다. 컴퓨트 노드는 SSH 명령을 통해 Dynamo DB, EMR로부터 데이터를 직접 로딩할 수 있다.

Amazon Redshift에 데이터를 로딩할 때 권장되는 방식은 데이터를 벌크bulk 단위로 로딩하는 COPY 명령을 이용하는 것이다. COPY 명령은 아래와 같이 테이블 내 기존 행에 새 데이터를 (복사한 뒤) 추가한다.

```
COPY <TABLE_NAME> from <DATA_SOURCE>
credentials "aws_access_key_id=<access_key>; aws_secret_access_key=<secret_key>"
iam_role "arn"
format as <data_format>
parameter (argument) …
;
```

이때 테이블 네임, 데이터 소스, 자격 증명 등 파라미터는 물론, 압축, 암호화, 변환, 에러 처리, 날짜 형식 등의 파라미터를 추가로 사용할 수 있다.

COPY 명령을 이용해 데이터를 로딩할 때, 멀티 인풋 파일multiple input files을 이용해 처리 성능을 최대화하고 데이터를 병렬적으로 로딩하는 것이 좋다. 각각의 노드 슬라이스는 한 번에 하나의 파일만을 로딩하는데, 싱글 인풋 파일 방식을 사용하게 되면 하나의 데이터 밖에 처리할 수 없게 된다. 클러스터의 크기에 따라 노드 슬라이스의 수가 달라지며 클러스터에 16개의 슬라이스가 있다면 16개의 인풋 파일을 로딩해 각 노드 슬라이스가 병렬적으로 처리하도록 해 처리 성능을 최대화할 수 있다.

UNLOAD 명령은 COPY 명령의 반대이며, UNLOAD 명령을 통해 Redshift 클러스터 밖으로 (S3에게로) 데이터를 내보낼 수 있다. UNLOAD 명령은 모든 컴퓨트 노드에서 병렬적으로 실행되며, 컴퓨트 노드 슬라이스당 하나 이상의 파일이 생성된다. UNLOAD 명령은 암호화 및 압축 기능을 제공한다.

데이터 웨어하우스는 데이터의 로딩 및 언로딩 업무 외에도 정기적인 데이터 유지보수 업무 수행이 필요하다. 이를 위해 사용하는 것이 VACUUM 명령이며, Redshift 클러스터에서 COPY 명령으로 데이터를 로딩한 뒤에는 데이터 재조직화 및 삭제 뒤 빈 공간 조절 등의 업무가 필요한 것이다. VACUUM 명령은 이와 같은 업무를 처리하며 COPY 명령 뒤에는 VACUUM 명령으로 데이터베이스를 정돈하는 것이 좋다.

Redshift 클러스터에 새로운 데이터를 로딩한 뒤에는 올바른 쿼리 실행 계획을 수립할 수 있도록 통계 정보를 업데이트하는 것이 좋다. 이때 사용하는 것이 ANALYZE 명령이며 데이터베이스와 관련된 통계 정보를 업데이트한다. 데이터베이스에 사소한 변화가 생겼다면, 가급적 항상 ANALYZE 명령을 실행해 관련 통계 정보가 최신 상태를 유지하도록 한다.

Amazon Redshift의 데이터 배분 전략

Amazon Redshift에서 클러스터 내 여러 노드에 데이터를 배분하는 옵션은 EVEN, KEY, ALL 세 가지이다. KEY 배분의 경우 정의된 열의 해시값^{hash}인 배포 키에 따라 노드 슬라이스를 선택한다.

ALL 배분의 경우 각 노드의 첫 번째 슬라이스에 전체 테이블의 복사본을 배분하며, 데이터 결합의 최적화를 목표로 하지만 스토리지 양은 증가할 수 밖에 없는 방식이다. 즉, 다른 배분 방식에 비해 LOAD, UPDATE, INSERT 등의 작업 수행 시 속도가 느려지게 된다. ALL 배분 방식은 주요 스키마가 정의된 대규모 테이블에 저차원의 소규모 테이블을 자주 결합하는 경우 그리고 테이블 전체를 자주 업데이트할 필요가 없는 경우에 유용하다. ALL 배분에서 테이블 데이터는 각 컴퓨트 노드의 0 슬라이스 (slice 0)에 위치한다.

EVEN 배분의 경우 KEY 방식 또는 ALL 방식의 절충점이라 할 수 있다. 저차원의 소규모 테이블, JOIN 또는 GROUP BY 명령을 사용할 필요가 없는 테이블, 전체 데이터를 합산하는 쿼리를 사용하지 않는 테이블에 적합하며, 데이터는 라운드 로빈 알고리즘에 따라 모든 슬라이스에 골고루 배분된다. 그림 8-16은 EVEN, KEY, ALL 배분 방식을 보여준다.

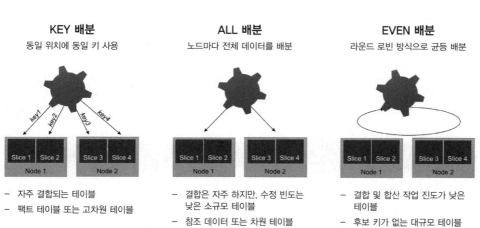

그림 8-16 Amazon Redshift의 세 가지 데이터 배분 방식

사용자는 테이블 생성 시 하나 이상의 열을 정렬 키sort keys로 정의하게 되며, 데이터가 빈 테이블에 로딩되면, 해당 행은 정렬 순서에 따라 디스크에 저장된다. 정렬 키 정보는 쿼리 플래너에게 전달되고, 쿼리 플래너는 이를 이용해 데이터 정렬 방식을 결정하게 된다. 정렬 키는 (데이터 정렬 시) 열로 구성된 색인과 같이 활용되며, 존 맵 zone maps을 통해 구현돼 각 블록 헤더block header에 저장된다. 이 방식은 정렬 속도를 높여주므로 MERGE JOIN 성능을 향상시킨다.

Amazon DynamoDB

Amazon DynamoDB는 확장성 및 개발의 신속성을 제공하는 고성능의 완전 관리형 NoSQL 데이터베이스다. NoSQL이라는 이름은 고성능의 비관계형 데이터베이스임을 나타내며, 그래프, 키 밸류 쌍, JSON 문서 등 다양한 데이터 모델을 사용한다. NoSQL은 쉬운 개발, 고확장성, 고가용성, 고신뢰성을 제공하는 데이터베이스다.

DynamoDB는 도큐먼트 구조document structures 및 키 밸류 데이터 구조key-value data structures를 모두 제공하며, 사용자는 애플리케이션에 최적화된 아키텍처를 선택해서 사용할 수 있으며, 서비스 측의 평균 지연 시간은 수 밀리초에 불과하다. 키 밸류 데이터 구조는 키와 밸류를 이용해 데이터 객체의 저장, 쿼리, 업데이트 등의 업무를 수행하고, 도큐먼트 구조는 JSON, XML, HTML 등의 문서 포맷으로 데이터 객체를 저장, 쿼리, 업데이트한다.

DynamoDB는 완전 관리형 클라우드 NoSQL 데이터베이스 서비스로 테이블 생성, 목표 처리 성능 설정, 저장 상태의 데이터 관리 등을 지원한다. 사용자는 테이블 생성 시 애플리케이션에 요구되는 처리 용량만 지정하면 된다. 또 처리 성능의 요구 수준이 변경되면, AWS 관리 콘솔 또는 DynamoDB API를 이용해 테이블의 요청 처리량을 업데이트하면 된다. DynamoDB는 확장성을 자동으로 관리하므로 애플리케이션에 대한 처리 성능 요구 수준이 높아지기 전에 스케일업 할 수 있다.

DynamoDB의 주요 사용 방식으로는 광고 서비스에서 브라우저의 쿠키 상태 정보 수집, 모바일 애플리케이션에서 애플리케이션 데이터, 세션 상태 저장, 게임 애플리케이션에서 유저 환경 설정 및 애플리케이션 상태 및 플레이어 게임 상태 저장, 리얼리티 TV 쇼 및 Super Bowl 광고의 투표 데이터 저장, 대규모 웹사이트에서 세션 상태 또는 개인화 설정, 접근 제어 데이터 저장, 모니터링에서 로그, 이벤트 데이터, JSON 데이터 저장, IoT 기기에서 센서 데이터 및 로그 데이터 저장 등이 있다.

Amazon DynamoDB의 장점

DynamoDB의 주요 장점은 다음과 같다.

- **확장성** NoSQL 데이터베이스는 확장성 향상을 목표로 설계됐으며 매우 잘 정의된 아키텍처를 제공하지만, 대규모의 NoSQL 클러스터 실행 시 운영 과부하가 걸릴 수 있다. 이에 DynamoDB는 기본적인 확장성은 물론 애플리케이션의 요구 성능 수준에 따라 자동으로 스케일업 또는 다운할 수 있으며, Auto Scaling과 통합해 CloudWatch의 알람 모니터링 결과를 반영해 소비되는 처리 성능 리소스에 따라 확장성을 자동으로 관리한다. Auto Scaling은 애플리케이션 동작에 따라 처리 성능을 높이거나 낮출 수 있다.

- **관리형 서비스**^{Managed service} DynamoDB는 완전 관리형 서비스이므로 NoSQL 데이터베이스의 확장성 및 분산성과 관련된 모든 복잡한 업무를 Amazon이 처리하며, 개발자는 인프라 관리 업무보다 본연의 애플리케이션 개발 업무에 집중할 수 있다. 아마존은 NoSQL 실행과 관련된 하드웨어 및 소프트웨어 프로비저닝, 패칭, 업데이트, 데이터베이스 관리, 다수의 인스턴스에서 데이터 파티셔닝 등 모든 업무를 처리한다. DynamoDB는 지정 시점 복구^{point-in-time recovery}, 백업, 테이블 복원 등의 기능도 제공한다.

- **신속성, 일관된 성능** DynamoDB는 SSD를 사용하므로, 서버 측 지연 시간은 수 밀리초에 불과하다. 사용자의 데이터 볼륨이 커질수록 DynamoDB는 자동으로 데이터를 파티셔닝해 요구 처리 성능 수준을 높이고 어떤 규모에서도 낮은 지연 시간을 유지한다.

- **세분화된 접근 제어** DynamoDB는 AWS IAM과 통합해 기업 내 모든 사용자를 위한 세분화된 접근 제어 기능을 제공한다.

- **비용 효율성** 사용자는 자신의 사용량 및 프로비저닝한 IO 처리 성능에 대한 비용만을 부담한다. 애플리케이션의 요구 스토리지 및 처리 성능이 낮은 경우,

DynamoDB 서비스에서 적은 양의 리소스만 프로비저닝하면 되며, 애플리케이션의 사용자가 급격히 증가하고, 요구되는 IO 처리 성능 또한 높아지면 필요한 만큼의 처리 성능만 추가해 프로비저닝에 따른 비용을 줄일 수 있다.

- **다른 AWS 서비스와의 통합** DynamoDB는 AWS Lambda와 통합해 이벤트 트리거triggers를 생성할 수 있고, 사용자는 이들 트리거를 이용해 애플리케이션에서 DynamoDB 테이블의 데이터를 변경할 수 있다. 또한 애플리케이션 사용량에 따라 DynamoDB 테이블을 자동으로 스케일업 또는 스케일다운할 수 있다.

Amazon DynamoDB의 주요 개념 및 용어

DynamoDB에서 테이블은 데이터 조직화 및 저장을 위한 가장 기본적인 구조로 관계형 데이터베이스의 테이블과 거의 유사한 열 집합collection of rows으로 구성된다. 각 테이블은 유한한 데이터 아이템을 지닐 수 있으며, 각 아이템은 기본 키primary key와 속성attributes이라 부르는 키 밸류 쌍으로 이뤄져 있다. DynamoDB는 스키마가 없으므로 테이블 내의 데이터 아이템은 (다른 관계형 데이터베이스와 달리) 동일 속성 또는 동일한 속성 수로 이뤄질 필요가 없다.

각 테이블은 기본 키를 지녀야 하며 데이터 아이템은 RDBMS 테이블의 열과 비슷하지만 하나의 DynamoDB 테이블에 있는 모든 아이템은 (다른 관계형 데이터베이스와 달리) 동일한 속성 집합을 공유할 필요가 없다. 기본 키는 단일 속성 또는 두 개의 속성이 결합된 복합 속성으로 구성될 수 있으며, 기본 키로 사용하려는 속성은 모든 아이템에 반드시 존재하면서 서로 구분될 수 있는 속성을 선택해야 한다. 또한 DynamoDB 테이블에는 행이라는 개념이 없다는 특징이 있다.

테이블 내 각 아이템은 최대 400KB 이내의 다수의 요소를 포함한 튜플로 표현할 수 있다. 이와 같은 데이터 모델은 객체 직렬화 및 분산 시스템에서의 메시지 기법에 사용되는 데이터 저장 포맷에 적합하다.

- **아이템Item** 아이템은 단일 기본 키 또는 복합 키로 구성되고 다수의 속성을 포함한다. 개별 아이템과 연관될 수 있는 속성의 수에는 제한이 없지만 속성 이름, 속성 값 등을 모두 포함한 아이템의 합산 용량은 400KB를 넘어서는 안 된다.

- **속성**Attribute 데이터 아이템과 연관된 각 속성은 하나의 속성 이름(예: Name)과 하나의 값 또는 값의 집합(예: Tim, Jack,Bill, Harry)으로 구성된다. 개별 속성의 크기 제한은 없으나 하나의 아이템의 값의 전체 크기는 400KB를 넘어서는 안 된다.

사용자는 DynamoDB API를 이용해 테이블 및 아이템을 생성, 갱신, 삭제할 수 있으며, 관계형 데이터베이스와 같은 표준 DML 언어 등은 제공되지 않는다. DynamoDB에서 데이터 쿼리, 데이터 수정 등의 작업은 객체지향언어를 이용해 프로그래밍 방식으로 처리할 수 있지만 SQL과 같은 범용 쿼리 언어는 제공되지 않으므로 DynamoDB를 효과적으로 사용하려면 애플리케이션의 데이터 패턴을 잘 알고 있어야 한다.

DynamoDB는 Number, String, Binary, Boolean 등 네 가지 스칼라scalar 데이터 타입을 지원한다. 스칼라 타입은 단일 값을 명확하게 나타낸다. DynamoDB는 NULL 값을 지원하고, 콜렉션 데이터 타입인 Number Set, String Set, Binary Set, 비동질적heterogeneous List 및 비동질적 Map 등을 지원한다.

테이블 생성 시 사용자는 테이블의 기본 키를 반드시 지정해야 한다. 기본 키는 관계형 데이터베이스에 사용되는 기본 키처럼 각 레코드마다 유일무이한 것이어야 한다. 기본 키는 테이블 내 각 아이템을 구분하게 해주며 두 개의 아이템이 동일한 기본 키를 가져서는 안 된다.

DynamoDB는 다음과 같이 두 가지의 기본 키를 제공한다.

- **파티션 키**Partition key 단순 기본 키simple primary key로도 부르며, 파티션 키라는 단일 속성으로 구성된다. 아이템의 파티션 키는 해시 속성hash attribute으로도 부르며, 해시 속성은 DynamoDB가 해시 함수를 이용해 파티션마다 동일한 수의 속성 데이터를 배분하는 데서 이름이 붙여졌다. 하나의 테이블에는 단 하나의 파티션 키만 존재해야 한다.
- **파티션 키와 정렬 키 조합**Partition key and sort key 두 개의 속성이 결합된 키로 복합 기본 키composite primary key로도 부른다. 첫 번째 속성은 파티션 키, 두 번째 속성은 정렬 키로 사용되며 동일 파티션 키를 지닌 아이템은 하나의 정렬 그룹으로 관리되

고 이들 아이템 그룹은 정렬 키 순으로 정렬된다. 아이템의 정렬 키는 범위 속성range attribute으로도 부르며, DynamoDB가 동일 파티션 키 아이템을 저장할 때 물리적으로 가까운 범위에 있는 아이템 순으로 정렬 키를 부여한다. 파티션 키 및 정렬 키 조합을 지닌 테이블에는 동일한 파티션 키 값을 지닌 두 개의 아이템이 존재할 수 있지만 두 아이템의 정렬 키 값은 반드시 달라야 한다.

기본 키는 단일 파티션 키 또는 파티션 정렬 키 조합으로 할 수 있으며, 파티션 정렬 키 조합은 파티션 키 및 정렬 키 요소로 색인화된다. 이와 같이 다수의 값을 지닌 키는 첫 번째 및 두 번째 요소 값으로 계층 구조를 구성한다.

기본 키 속성은 반드시 스칼라 값이어야 하며 오직 문자열, 숫자, 이진수만 사용할 수 있고 비키 속성 사용에 대한 제한은 없다.

테이블 생성 시 테이블 아이템은 다수의 파티션 사이에 저장되며, DynamoDB는 파티션 키를 이용해 특정 아이템이 어느 파티션에 저장돼 있는지 판단한다. 동일 파티션 키 아이템은 모두 동일 파티션에 저장된다. 테이블 생성 시 사용자는 테이블의 읽기 및 쓰기 용량을 지정해야 하며 DynamoDB는 이 값에 따라 테이블의 파티션에 대한 환경 설정을 조절한다.

쓰기 용량 유닛의 아이템당 쓰기 성능은 초당 최대 1KB이며 읽기 용량 유닛의 아이템당 (한 번의 강한 일관성 읽기strongly consistent read 또는 두 번의 최종적 일관성 읽기eventually consistent reads 성능은 초당 최대 4KB다. 아이템이 커질수록 처리 용량을 증가시켜야 하며 읽기 쓰기 용량 유닛의 수는 다음과 같은 수식을 통해 계산해 볼 수 있다.

- 쓰기 용량 유닛의 수 = 초당 쓰기 아이템의 수 × 아이템 용량(최대 1KB)
- 읽기 용량 유닛의 수 = 초당 읽기 아이템의 수 × 아이템 용량(최대 4KB)

NOTE 최종적 일관성 읽기 사용 시 강한 일관성 읽기에 비해 초당 두 배의 처리 성능을 발휘할 수 있다.

보조 인덱스

보조 인덱스^{secondary indexes}는 (테이블의 기본 키가 아닌) 파티션 키 또는 파티션 정렬 키를 포함한 인덱스다. 테이블 내 데이터에 대한 효율적인 접근을 위해 DynamoDB는 기본 키 속성의 인덱스를 생성 및 유지하며 애플리케이션은 기본 키를 이용해 신속하게 데이터에 접근할 수 있다. 하지만 다수의 애플리케이션은 기본 키 외에 보조(대체) 키를 둠으로써 테이블 내 데이터에 좀 더 효율적으로 접근할 수 있다. 이를 위해 사용자는 테이블에 하나 이상의 보조 인덱스를 생성해 좀 더 효율적으로 쿼리 작업을 수행할 수 있다.

DynamoDB는 다음과 같은 두 가지 타입의 보조 인덱스를 제공한다.

- **지역 보조 인덱스**^{local secondary index}는 테이블 내에서 파티션 키는 같지만 정렬 키가 다른 인덱스다. 동일한 파티션 키를 지닌 테이블 파티션으로 인덱스 범위가 제한된다는 측면에서 로컬 또는 지역 속성을 띤다.
- **전역 보조 인덱스**^{global secondary index}는 테이블 내에서 파티션 키 및 파티션 정렬 키가 모두 다른 인덱스이며, 인덱스 범위가 테이블 내 모든 아이템, 모든 파티션이라는 측면에서 글로벌 또는 전역 속성을 띤다.

일관성 모델

DynamoDB는 각 테이블마다 세 개의 다른 지역에 사본을 분산 저장해 고가용성, 고신뢰성을 유지한다. 읽기 일관성^{read consistency}은 성공적인 읽기 또는 데이터 아이템의 갱신을 판단하는 기법 또는 시점에 대한 것으로 동일한 아이템이 언제 읽기 작업을 완수하느냐에 따라 달라진다. DynamoDB는 사용자에게 복수의 읽기 일관성 옵션을 제공해 애플리케이션의 특성에 따라 각자 원하는 일관성 모델을 선택하도록 한다. DynamoDB의 일관성 모델은 두 가지이며, 사용자는 최종적 일관성의 읽기 또는 강한 일관성의 읽기 모델 중 선택적으로 사용할 수 있다.

- **최종적 일관성의 읽기**^{Eventually consistent reads} 읽기와 관련된 기본 설정 모델로 읽기 처리 성능을 최대화한 모델이다. 하지만 최근 완료된 쓰기 결과를 반영하지 못할 수 있다. 1초 이내에 모든 데이터 사본의 일관성이 확보되지만 읽기 작업을 반복 수행할 경우 최신 내용으로 갱신되는 데 약간의 지연이 발생할 수 있다.

- **강한 일관성의 읽기**^{Strongly consistent reads} DynamoDB는 애플리케이션의 필요에 따라 강한 일관성의 읽기 옵션을 제공하며, 읽기 요청에 대해 언제라도 최신의 쓰기 결과가 모두 반영된 결과를 성공적으로 반환한다.

글로벌 테이블

글로벌 테이블은 글로벌 단위로 제공되는 애플리케이션 서비스를 위한 DynamoDB 의 관리형 멀티 리전, 멀티 마스터 데이터베이스로서 지역별 니즈를 신속하게 반영 할 수 있도록 높은 수준의 읽기 및 쓰기 성능을 제공한다. 글로벌 테이블은 사용자의 DynamoDB 테이블을 자동으로 복제해 크로스 리전 환경을 구현한다. 글로벌 테이 블은 까다로운 리전 간의 데이터 복제 문제 및 업데이트 상충 문제를 해소해 개발자 가 애플리케이션의 비즈니스 로직 구현에 전념할 수 있도록 돕는다. 또한 글로벌 테 이블은 리전 격리 또는 전체 리전의 성능 저하 등 예측 못한 이벤트 발생 시에도 고 가용성을 유지할 수 있도록 한다.

글로벌 테이블은 멀티 리전 환경에서 데이터 중복 구현을 통해 리전별 재해 등 문제 상황에서도 가용성을 유지할 수 있도록 돕고 크로스 리전 복제, 지역 기반 데이터 접 근성 향상, 재난 상황에서 주요 데이터베이스의 복구 등의 기능을 제공한다. 전 세 계에 펼쳐져 있는 DynamoDB 인프라를 통해 저지연의 읽기 및 쓰기 성능을 제공 하며 테이블이 존재하는 모든 AWS 리전에 시간순으로 변경 내역을 전파할 수 있다. DynamoDB 글로벌 테이블은 사용자가 데이터를 복제할 리전만 선택하면 멀티 마 스터 쓰기, 동시적 쓰기 충돌의 자동적 해소, CloudWatch 모니터링 등 기능을 제공 하며, 데이터 가용성 유지를 위한 제반 업무를 처리한다.

Amazon DynamoDB Streams

개발자는 DynamoDB Streams API를 이용해 최신 데이터를 가져오거나 아이템 레 벨의 데이터를 확보할 수 있다. 이는 DynamoDB 기반의 응용 애플리케이션 구현에 주로 활용된다. 예를 들어, DynamoDB를 이용해 글로벌 멀티 플레이어 게임을 개발 하는 경우 DynamoDB Streams API를 이용해 멀티 마스터 데이터베이스 구조를 구 현하거나 각 마스터가 동기화 상태를 유지하게 할 수 있고, 원격의 마스터에서 리플레이 데이터를 갱신할 수 있다.

또 다른 예로, 개발자는 DynamoDB Streams API를 이용해 사용자가 새로운 셀카 이미지를 업로드하면 다른 모든 친구들의 모바일 디바이스에 이를 알림 메시지로 전달하는 모바일 애플리케이션을 개발할 수 있다. 또 Amazon Redshift와 같은 데이터 웨어하우스 도구를 이용해 DynamoDB 테이블의 모든 변경 내역을 동기화해 실시간으로 분석할 수 있다. DynamoDB Logstash 플러그인을 이용해 DynamoDB와 ElasticSearch를 통합한 뒤 DynamoDB 콘텐츠에 대한 프리 텍스트 서치free-text search 기능을 제공할 수 있다.

Amazon DynamoDB Accelerator

Amazon DynamoDB Accelerator(이하 DAX)는 완전 관리형, 고가용성, 인메모리 캐시 서비스로 최대 10배 높은 성능 개선을 통해 초당 수백만 건의 조회 요청을 처리할 수 있다. DAX는 DynamoDB 테이블에 인메모리 가속 기능 추가와 같은 복잡한 업무를 대신 처리해 개발자의 캐시 관리, 데이터 로딩, 클러스터 관리 등 제반 업무 부담을 줄여준다. 결국 개발자는 DAX를 이용해 확장 국면에서 성능에 대한 걱정 없이 애플리케이션 개발에만 집중할 수 있다. DAX는 기존의 DynamoDB API와 호환되므로 가속 기능을 사용하기 위해 애플리케이션 로직을 수정할 필요가 없다.

암호화 및 보안

DynamoDB는 저장 상태 데이터에 대한 암호화 기능을 제공하며 사용자는 AWS KMS의 암호화 키를 이용해 DynamoDB 데이터를 보다 안전하게 관리할 수 있다. 저장 상태 데이터에 대한 암호화 과정은 사용자에게 투명하게 보고되며 애플리케이션 코드 수정 없이 DynamoDB의 쿼리만으로 암호화된 데이터를 빈 틈 없이 관리할 수 있다.

DynamoDB의 주요 접점은 VPC 엔드포인트를 통해 접속하게 함으로써 보안 수준을 높일 수 있다. DynamoDB의 VPC 엔드포인트를 이용해 VPC 내 EC2 인스턴스와 DynamoDB를 프라이빗 IP 주소로 연결해 퍼블릭 접근 가능성을 차단할 수 있다.

Amazon ElastiCache

Amazon ElastiCache는 클라우드에서 인메모리 캐시를 배포, 운영, 확장하기 위한 웹 서비스로 AWS 리소스 프로비저닝부터 소프트웨어 설치에 이르는 전반적인 인메모리 서비스 설정 작업을 돕는다. 사용자는 불과 몇 분만에 ElastiCache의 API를 이용해 애플리케이션에 인메모리 캐시 레이어를 추가할 수 있다. ElastiCache는 Amazon EC2, Amazon RDS는 물론 AWS CloudFormation, AWS Elastic Beanstalk, AWS OpsWorks와 통합해 사용할 수 있다.

ElastiCache는 관리형 서비스이므로 사용자는 하드웨어 프로비저닝, 소프트웨어 패칭, 설치, 환경 설정, 모니터링, 장애 복구, 백업 등 관리 업무 부담을 덜 수 있다. ElastiCache는 클러스터를 지속적으로 모니터링해 워크로드가 정상적으로 실행되도록 해 개발자가 고부가가치를 제공하는 애플리케이션 업무에 집중할 수 있도록 한다. 사용자는 필요한 성능 수준에 따라 애플리케이션의 인메모리 성능을 증가 또는 감소시킬 수 있으며, ElastiCache는 샤딩 기법을 통해 메모리 확장성을 관리한다. 또한 사용자는 읽기 성능 향상을 위해 다수의 사본을 생성할 수 있다.

ElastiCache가 제공하는 인메모리 캐시는 중요한 데이터를 빠르게 접근할 수 있도록 메모리에 저장해 애플리케이션의 성능을 높이며, 사용자는 이를 이용해 소셜 네트워크, 게임, 미디어 콘텐츠 공유, Q&A 포털 등 서비스의 처리 지연 시간을 현격하게 줄이고 처리 성능을 높일 수 있다. 캐시에 저장할 수 있는 정보는 데이터베이스 쿼리 결과, 고도의 수학적 연산 결과, 원격 API 호출 등 다양하다.

아울러 인공지능 기반 추천 엔진, 고성능 연산 처리 시뮬레이션 등 데이터 세트를 밀접하게 활용하는 고도의 컴퓨팅 연산 워크로드 또한 인메모리 캐시 레이어를 통해 성능 개선의 이점을 누릴 수 있다. 이들 애플리케이션에서 대규모 데이터 세트는 수백 개의 노드를 지닌 다수의 클러스터가 서로 실시간으로 접근할 수 있어야 한다. 이와 같은 높은 수준의 데이터 세트 분석 작업을 전통적인 디스크에서 처리하게 되면 이내 병목 구간이 나타나고 처리 지연이 발생하게 된다.

현재 Amazon ElastiCache는 두 가지 종류의 인메모리 키 밸류 엔진을 지원하며, 사용자는 자신의 필요에 따라 이들 두 엔진 가운데 선택할 수 있다.

- **Memcached** 오랜 기간 동안 널리 사용되고 있는 인메모리 키 스토어로서, 웹 캐싱 부문의 표준이라 부를 만하다. ElastiCache는 Memcached와 프로토콜 호환성을 지니며, 기존의 Memcached 환경을 그대로 살린 도구를 활용해 빈틈 없는 서비스를 만들 수 있다. Memcached는 멀티스레드 기능을 제공하므로 다중 코어를 지닌 대규모 EC2 인스턴스를 완벽하게 활용할 수 있다.

- **Redis** 최근 많은 인기를 얻고 있는 오픈소스 키 밸류 스토어로 정렬 세트, 해시, 리스트 등 더 많은 고급 데이터 구조를 지원한다. Memcached와 달리 Redis는 디스크 지속 기능^{disk persistence}을 내장하고 있으므로 오랫동안 유지해야 하는 데이터에 적용할 수 있다. 또한 Redis는 복제 기능을 제공하므로 Amazon RDS와 비슷한 다중 AZ 중복 구현에도 활용된다.

Memcached와 Redis는 표면적으로는 인메모리 캐시라는 점에서 비슷해 보이지만 실무적으로는 큰 차이점을 지닌다. ElastiCache에서 Redis는 복제 및 디스크 지속 등의 기능을 이용해 관계형 데이터베이스처럼 활용되며, Redis ElastiCache 클러스터는 (Amazon RDS의 데이터베이스 장애 대응과 유사하게) 장애 대응 기능을 포함한 스테이트풀 개체^{stateful entities}로 관리된다.

ElastiCache Memcached 클러스터는 애플리케이션에서 데이터베이스와 별개의 요소처럼 작동하므로 데이터베이스와 직접 소통할 수 없고 (엄밀하게는) 데이터베이스에 대한 정보 또한 지니지 않는다.

사용자는 처음엔 단일 ElastiCache 노드를 이용해 애플리케이션을 테스트한 뒤 ElastiCache 클러스터를 수정해 클러스터 노드를 추가하는 것이 좋다. 캐시 노드를 추가하면 EC2 인스턴스는 다수의 ElastiCache 노드에 캐시 키를 배분할 수 있다. 사용자는 ElastiCache 클러스터를 론칭한 뒤 AZ를 선택할 수 있는데 최고의 성능을 발휘하길 원한다면 애플리케이션 서버가 있는 AZ에 ElastiCache 클러스터를 함께 두는 것이 좋다. 특정 AZ에 ElastiCache 클러스터를 론칭하려면 캐시 클러스터 생성 시 반드시 Preferred Zone 옵션을 설정해야 한다. 이렇게 AZ를 지정하고 나면 사용자가 원하는 위치에 ElastiCache 노드가 생성된다.

그림 8-17은 RDS 엔진을 이용해 다중 AZ 환경에 ElastiCache를 배포한 아키텍처를 보여준다. DynamoDB를 이용해 ElastiCache를 배포하는 것도 가능한데,

DynamoDB와 ElastiCache 조합은 (전통적인 관계형 데이터베이스에 비해) DynamoDB 의 높은 쓰기 처리 성능 및 낮은 비용 덕분에 모바일 애플리케이션 및 게임 개발사에 게 인기가 많다.

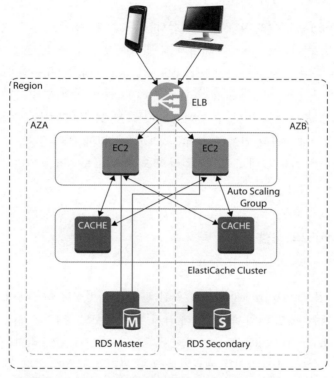

그림 8-17 RDS 엔진을 이용한 다중 AZ 기반 ElastiCache 아키텍처

Amazon Neptune

Amazon Neptune은 완전 관리형 그래프 데이터베이스 서비스로 수십억 개의 노 드와 관련성을 지닌 그래프 구조 데이터의 저장 및 쿼리에 사용된다. Amazon Neptune을 이용해 고도의 연결성을 지닌 그래프 데이터세트를 생성, 저장, 쿼리할 수 있다.

Neptune을 이용하면 애플리케이션에 그래프 데이터베이스 특유의 상호관련성을 부여할 수 있다. Neptune은 데이터세트의 관련성을 저장하고 순회하는 데 최적화됐으며, 전통적인 관계형 데이터베이스 또는 키 밸류 기반의 NoSQL보다 훨씬 풍부한 상호연결 데이터의 속성을 활용할 수 있다.

Amazon Neptune은 그래프 구조를 표현하는 두 가지 주요 모델 및 전용 쿼리 언어를 지원한다. 하나는 Property Graph 모델(쿼리 언어: Apache TinkerPop Gremlin)이고 또 다른 하나는 Resource Description Framework(이하 RDF) 모델 (쿼리 언어: SPARQL)이다. Amazon Neptune을 이용해 동일한 확장성 및 완전 관리 서비스 속성을 지닌 모델을 구현할 수 있다. 이 때 사용되는 쿼리 처리 엔진은 Apache TinkerPop Gremlin 쿼리 언어 및 W3C's RDF SPARQL 쿼리 언어, 모두에 최적화됐다. Neptune은 이들 그래프 프레임워크의 오픈 및 표준 API를 기반으로 고성능을 제공한다.

Amazon Neptune의 장점

다음은 Amazon Neptune의 장점이다.

- **완전 관리형** Amazon Neptune은 완전 관리형 서비스로 하드웨어 프로비저닝, 소프트웨어 패칭, 백업, 복원, 실패 감지, 복구 등 모든 작업을 자동으로 처리한다. Amazon Neptune은 요구 수준에 맞춰 자동으로 스토리지를 확장하므로 사용자가 직접 스토리지를 프로비전 또는 관리할 필요가 없다. 새 인스턴스는 최적의 성능을 낼 수 있도록 미리 환경 설정이 된 채 생성되며, 이후 성능을 확인할 수 있는 세부 지표 및 모니터링 기능도 제공한다. 또한 Amazon S3에 지속적으로 데이터베이스 백업을 생성하므로 어떤 시점의 데이터베이스 상태로도 복원이 가능하다.

- **확장성** Amazon Neptune은 낮은 전송지연 및 고성능의 애플리케이션에 최적화돼 있으므로 수십억 개의 관계 데이터를 저장하거나 밀리초 수준으로 그래프의 쿼리 요청을 처리할 수 있다. 또한 15개의 리드 레플리카를 통해 초당 수십만 개의 쿼리 요청을 처리할 수 있는 수준으로 확장할 수 있다.

- **고가용성 및 내오류성** Amazon Neptune은 99.99 퍼센트 이상의 가용성을 제공

하며 이를 위해 3개의 AZ에 6개의 데이터 사본을 생성하고, 인스턴스의 정지 복구 작업은 30초 이내에 이뤄진다. Amazon Neptune은 고가용성, 내오류성을 목표로 설계됐으며, 사용자가 데이터를 필요로 할 때 즉시 사용할 수 있다는 장점이 있다.

- **ACID 조건 충족** Amazon Neptune은 레코드 시스템이자 데이터 전송 인터페이스로서 기능을 수행한다. 그래프 업데이트 작업은 전송 즉시 일관성을 유지한다는 관점에서 이뤄지므로 그래프 데이터는 항상 일관되며 견고성을 유지할 수 있다.

- **보안성** Amazon Neptune은 Amazon VPC 기반의 네트워크 보안을 제공한다. 사용자는 보관 상태의 데이터부터 암호화해 데이터베이스 전체를 암호화할 수 있고, AWS KMS를 이용해 키를 관리하며, TLS를 이용해 전송 상태에 있는 데이터도 암호화할 수 있다. 데이터베이스가 암호화되면, 이와 관련된 모든 스냅샷, 레플리카, 백업 등도 자동으로 암호화된다.

Amazon Neptune 활용 전략

그래프는 다양한 산업에서 활용될 수 있다. Neptune의 그래프 데이터베이스는 특정 아이템이 또 다른 아이템과 어떤 관련성을 지니고, 어떻게 연결돼 있는지와 연결성의 강도, 가중치, 품질이 어떠한지를 불과 수초 내에 파악하려 할 때 특히 유용하다.

- **소셜 네트워크 구현** Amazon Neptune을 이용해 기존 애플리케이션에 사용자 프로필 및 사용자 간의 관계, 그룹과 조직의 연계 방식을 정렬 및 쿼리할 수 있는 소셜 기능을 추가할 수 있다.

- **추천 시스템 구현** Amazon Neptune을 이용해 사용자 이력, 선호도, 지리적 위치, 피어 관계 등에 기초한 근실시간의 상호작용성 및 맥락 기반 추천 시스템을 구현할 수 있다.

- **지식 그래프 구현** Amazon Neptune을 이용해 서로 다른 영역으로부터 유입된 다양한 컨셉, 카테고리, 토픽, 제품 계층구조, 개체 인스턴스, 정보를 결합해 지식 추론 기능을 제공하거나 검색 결과, 제품 명세서, 미디어 기사 등 맥락 정보 생성 서비스를 구현할 수 있다.

- **네트워크/IT 운영 및 데이터 센터 관리** Amazon Neptune을 이용해 네트워크 이벤트를 저장 및 처리해 생성한 그래프 쿼리를 통해 이상 징후를 감지하고 원인을 분석할 수 있다. 인터랙티브 그래프 쿼리를 통해 특정 이벤트에 신속하게 반응해 이상 패턴을 탐지하고, 보안 결함을 신속하게 발견할 수 있으며, 기업의 애플리케이션 및 IT 인프라의 상향식 및 하향식 영향을 분석하고 문제의 근원을 분석할 수 있다.
- **생명과학 연구** 그래프 기반 기술을 데이터 통합, 연구 간행물 관리, 신약물질 발견, 정밀 의약품 제조, 항암 연구 등에 적용할 수 있다.
- **경로 최적화 연구** 그래프 데이터베이스를 이용해 물류, 유통 또는 IT 인프라 네트워크 요소 간의 최단 경로 또는 최고의 비용-효율적인 경로를 파악할 수 있다.
- **사기행위 분석** 그래프 데이터베이스를 이용해 사기행위를 분석할 수 있다. 그래프 데이터베이스는 어떤 규모로도 확장할 수 있으므로 사기행위와 관련된 대규모의 데이터를 문제 없이 분석할 수 있다.

Amazon DocumentDB

Amazon DocumentDB는 MongoDB 워크로드 처리를 지원하는 완전 관리형 데이터베이스 서비스로 JSON 데이터의 저장, 쿼리, 인덱스 작업을 수행할 수 있다. Document DB는 MongoDB와 호환되므로 이미 MongoDB를 사용하고 있는 수많은 애플리케이션, 드라이버, 각종 도구를 별다른 변환 작업 없이 바로 사용할 수 있다. 개발자는 Amazon DocumentDB 환경에서 기존 MongoDB의 애플리케이션 코드, 드라이버, 각종 도구를 그대로 이용해 워크로드 처리를 위한 데이터베이스 실행, 관리, 확장 업무를 수행할 수 있다.

DocumentDB는 도큐먼트의 반구조화 데이터 저장에 주로 사용되며 도큐먼트 데이터베이스 내의 도큐먼트는 키 밸류 쌍으로 저장돼 도큐먼트 데이터베이스의 구조 또는 스키마를 정의한다. 관계형 데이터베이스에서 데이터는 다수의 테이블에서 정규화된 채 저장 및 관리되지만 도큐먼트 데이터베이스에서 데이터는 정규화되지 않는다는 차이점이 있고, 하나의 도큐먼트에 존재하는 데이터를 또 다른 도큐먼트에서 발견을 수 있다. 또한 도큐먼트 데이터베이스는 동일 타입의 데이터는 물론 이질적인 데이터도 저장할 수 있다.

Amazon DocumentDB의 장점

Amazon DocumentDB의 장점은 다음과 같다.

- **고가용성** Amazon DocumentDB는 고가용성을 제공한다. DocumentDB의 SLA는 99.99% 수준의 가용성을 보장하며, 이를 위해 Amazon Aurora의 경우와 같이 3개의 AZ에 6개의 복제본으로 관리된다. 데이터베이스 헬스 체크 및 인스턴스 모니터링은 자동으로 이뤄지며 DocumentDB의 실패 감지 시 30초 이내에 리드 레플리카를 이용해서 복구하게 된다. 다른 서비스처럼 DocumentDB 또한 Amazon S3에 지속적으로 백업되므로 사용자가 수동으로 백업을 관리할 필요가 없다.

- **고성능** Amazon DocumentDB는 스토리지 레이어에 변경 사항이 있을 때만 데이터베이스를 작성한다. 데이터가 스토리지에 기록되면 이는 자동으로 다수의 스토리지 노드에 복제된다. 즉, 변경 사항이 데이터베이스 노드를 통해 저장되는 것이 아니므로 불필요한 I/O 작업이 줄어들고 성능은 더욱 높아지게 된다. DocumentDB의 스토리지 시스템은 분산 아키텍처를 사용하므로 SAME^Stripe And Mirror Everything 기법에 따라 다수의 하드 드라이브에 기록된다. Amazon DocumentDB에서 컴퓨트 리소스는 스토리지 리소스와 분리돼 있으므로 이들 리소스의 확장 또한 독립적으로 이뤄질 수 있다.

- **고도의 보안성** Amazon DocumentDB는 다양한 방식으로 데이터에 대한 높은 보안성을 제공한다. 사용자는 DocumentDB에 저장중인 모든 데이터를 암호화할 수 있고, KMS 서비스를 통해 키를 관리할 수 있으며, TLS로 이동중인 데이터 또한 암호화할 수 있다. Amazon VPC로 DocumentDB를 다른 환경과 격리할 수 있다. 데이터베이스를 암호화하면 그와 관련된 백업 및 스냅샷도 모두 자동으로 암호화되고, 암호화된 데이터베이스의 리드 레플리카를 생성하면 그 또한 자동으로 암호화된다.

- **완전 관리형** Amazon DocumentDB는 관리형 서비스로 사용자는 일상적인 데이터베이스 관리 및 운영 업무로부터 자유로울 수 있다. 데이터베이스 관리와 관련된 모든 업무는 아마존이 자동으로 처리한다. 데이터베이스 어드민의 일반적인 업무인 하드웨어 프로비전, 스토리지 확장, 데이터 미러링, 고가용성 유지, 운영체제 및 데이터베이스 패칭, 소프트웨어 설치 및 환경 설정, 백업 등 모든 작업을 아마존이 처리한다.

Amazon DocumentDB 활용 전략

DocumentDB의 실무적인 활용 전략은 다음과 같다.

- **사용자 프로필 관리** DocumentDB는 사용자 프로필 정보 저장 업무에 이상적이다. DocumentDB는 유연한 스키마를 제공하므로, 상이한 데이터 값 및 속성을 지닌 도큐먼트를 문제 없이 저장할 수 있다. 사용자 프로필 서비스의 경우 사용자는 지속적으로 자신의 프로필 정보를 추가하거나 삭제한다는 특징이 있다. 이때는 added/deleted 속성으로 기존의 도큐먼트를 새 버전으로 손쉽게 교체할 수 있으며, 이런 작업이 바로 Amazon DocumentDB가 능숙하게 처리할 수 있는 일이다. DocumentDB의 도큐먼트 모델을 통해 수백만 명에 이르는 사용자 프로필 및 선호도 정보를 관리할 수 있으며, 밀리 초 이하의 전송 지연 수준에서 초당 수백만 회의 사용자 요청을 처리할 수 있다.

- **실시간 빅데이터 처리** DocumentDB는 빅데이터 산업에서 특히 각광받고 있다. 예전에는 사용자는 운영 데이터 관리 및 분석 데이터 관리를 위해 두 개의 데이터베이스를 운영해야 했는데, 운영 데이터에서 분석에 필요한 데이터를 추출하는 일은 상당한 부담이었다. 이제는 DocumentDB를 이용해 운영 및 분석 업무를 처리할 수 있으므로 목적에 따라 별도의 데이터베이스를 운영할 필요성이 사라졌다.

- **콘텐트 관리** 시스템 콘텐츠 관리 솔루션에 대한 핵심 요구사항 중 하나는 상이하면서도 방대한 원천으로부터 콘텐트를 수집 및 누적한 뒤 이를 필요로 하는 고객에게 제공해야 한다는 것이다. DocumentDB는 유연한 스키마를 제공하므로 어떤 형태의 데이터라도 수집 및 저장이 가능하며, 이미 전 세계의 쇼핑

사이트, 온라인 출판사, 디지털 아카이브, 소매점의 POS 터미널, 셀프 서비스 키오스크 등에서 널리 사용되고 있다. 사용자는 DocumentDB의 유연한 도큐먼트 모델과 데이터 타입, 인덱스 기능을 통해 콘텐트 저장, 쿼리, 카탈로그화 작업을 효율적으로 처리할 수 있다.

- **모바일 및 웹 애플리케이션** Amazon DocumentDB가 널리 활용되는 또 다른 곳은 모바일 및 웹 애플리케이션 개발 업계이며, 밀리 초 단위의 낮은 전송지연 수준으로 애플리케이션에 유입되는 초당 수백만 개의 사용자 요청을 처리할 수 있다. DocumentDB는 모바일 및 웹 애플리케이션의 데이터베이스로도 활용될 수 있다. 앞서 언급한 것처럼 DocumentDB의 유연한 도큐먼트 모델은 애플리케이션의 개발 주기를 좀 더 짧게 만들고 개발 시간 또한 단축시킬 수 있다.

실습 8-1: RDS: Amazon Aurora 데이터베이스 생성하기

이번 실습에서는 AWS 콘솔에 로그인 한 뒤 Amazon Aurora 데이터베이스를 가동하고 연결하는 작업을 수행한다.

1. AWS 콘솔에 로그인해 리전을 선택하고 **RDS**를 선택한다.

2. RDS 메인 페이지 또는 대시보드에서 **데이터베이스 생성**을 클릭한다.

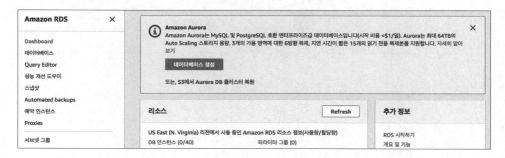

3. **데이터베이스 생성** 화면에서 다음 작업을 수행한다.

   A. 표준 생성과 손쉬운 생성 중 **손쉬운 생성**을 선택한다.

   B. 구성에서 Amazon Aurora를 선택한다.

   C. Edition에서 Amazon Aurora(MySQL 5.6 compatibility)를 선택한다.

   D. DB 인스턴스 크기에서 **개발/테스트**를 선택한다.

E. **DB 클러스터 식별자**에서 Aurora-Book을 선택한다.

F. **마스터 사용자 이름**에는 master를 입력한다.

G. **암호 자동 생성**은 체크해제한다.

H. **마스터 암호**에는 master123를 입력한다.

I. **암호 확인**에는 master123를 입력한다.

위 과정을 모두 마친 후 **데이터베이스 생성**을 클릭한다.

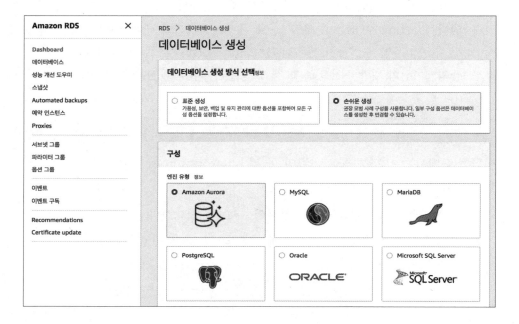

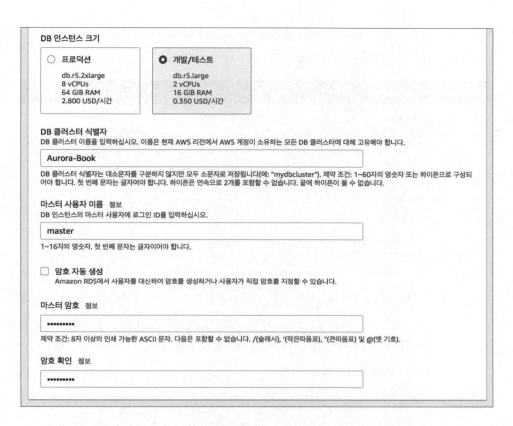

4. 데이터베이스 생성 중이라는 메시지가 나타나며, **쓰기** 및 **읽기**가 생성 중임을
알 수 있다.

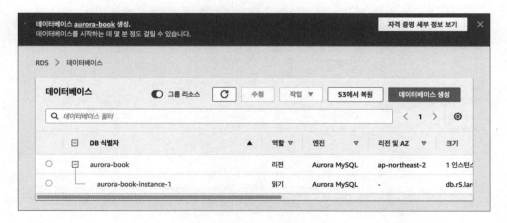

5. 데이터베이스가 성공적으로 생성된 뒤 **데이터베이스 aurora-book 생성에 성공했습니다.** 메시지를 확인할 수 있다.

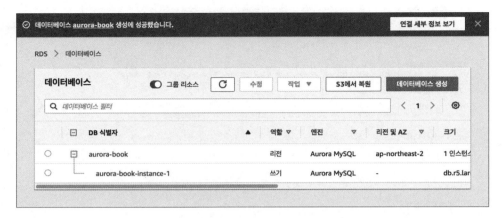

6. aurora-book을 클릭한다. **연결&보안** 탭에서 **쓰기** 및 **읽기** 엔드포인트를 확인할 수 있는데 **쓰기** 엔드포인트는 데이터베이스 연결에 사용한다. 이번 예제의 Aurora 인스턴스용 엔드포인트는 aurora-book.cluster-cnibitmu8dv8이다.
    .us-east-1.rds.amazonaws.com:3306.

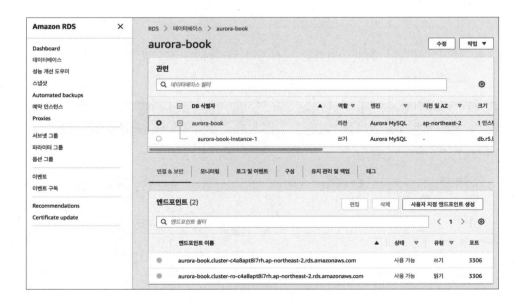

7. 아래 경로에서 MySQL 워크벤치 도구를 다운로드한 뒤 컴퓨터에 설치한다.

https://dev.mysql.com/downloads/workbench/

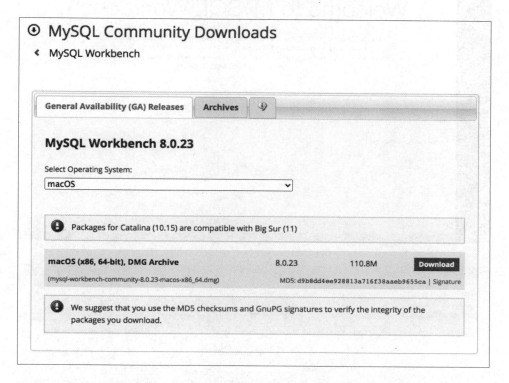

8. 여러분의 컴퓨터에 설치된 MySQL 워크벤치 도구를 연다. + 기호 버튼을 클릭해 새 연결을 생성하고 데이터베이스에 대한 모든 세부 내역을 입력한다. 호스트네임에 데이터베이스 엔드포인트를, 포트에 포트 번호를 입력한다. 이번 예제에서 데이터베이스 엔드포인트는 aurora-book.cluster-cnibitmu8dv8.us-east-1.rds.amazonaws.com이고, 포트 번호는 3306이다. 그다음 유저네임은 master, 패스워드는 master123으로 입력한다.

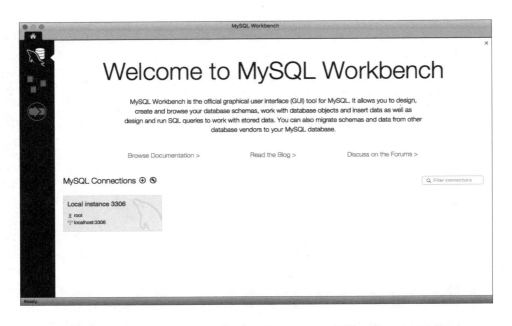

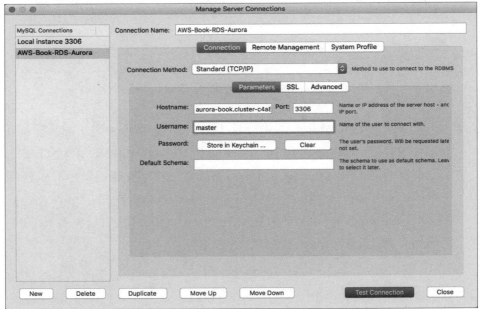

9. 연결 가능 상태가 되면 화면에 데이터베이스 연결 성공 메시지가 나타난다.

이번 실습에서는 데이터베이스의 스냅샷을 생성한 뒤 이를 이용해 새로운 인스턴스를 생성한다.

1. 실습 8-1, 6번에서 생성한 데이터베이스에서 **작업** 버튼을 클릭한 뒤 **스냅샷 생성** 메뉴를 선택한다.

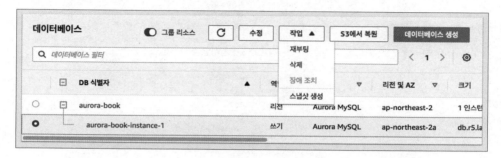

2. 스냅샷 네임은 AWSBOOK으로 하고 **스냅샷 생성** 버튼을 클릭한다.

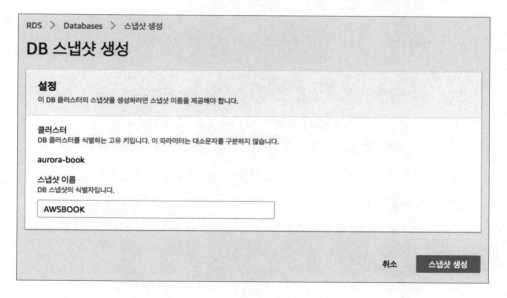

3. 스냅샷 생성 과정이 종료되면 세부 내역을 볼 수 있다.

4. 이제 생성된 스냅샷을 이용해 데이터를 복원하고 새 데이터베이스를 생성한다. **스냅샷** 선택 후 **작업**을 클릭하면 팝업 창이 나타나는데 **스냅샷 복원**을 클릭한다.

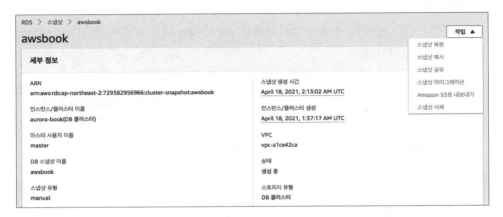

5. 실습 8-1의 3번 및 5번과 같이 데이터베이스의 세부 내역을 입력한 뒤 **데이터베이스 복원** 버튼을 클릭한다.

축하한다. 스냅샷을 이용한 데이터베이스 복원 작업에 성공했다!

실습 8-3: Amazon Redshift 클러스터 생성하기

이번 실습에서는 Amazon Redshift 클러스터를 생성 및 론칭한다. 이번 실습을 통해 클러스터 론칭 방법 및 네트워킹 구성 방법에 익숙해지게 될 것이다.

1. AWS 콘솔에 로그인하고 리전을 선택한 뒤 Redshift를 선택한다.

2. **클러스터 생성** 버튼을 클릭한다.

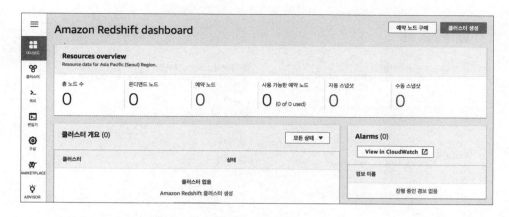

3. 클러스터 생성 화면에서 다음 작업을 수행한다.

    A. 클러스터 식별자에서 redshift-book을 입력한다.

    B. 이 클러스터를 어떤 용도로 사용할 계획입니까?에서 **무료 평가판**을 선택한다.

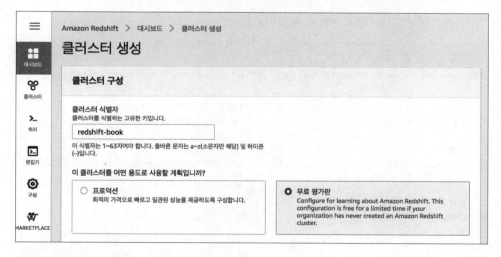

    C. 데이터베이스 이름에는 redshiftdb를 입력한다.

    D. 데이터베이스 포트에는 5439를 입력한다.

    E. 마스터 사용자 이름에는 master를 입력한다.

    F. 마스터 사용자 이름에는 Master123을 입력한다.

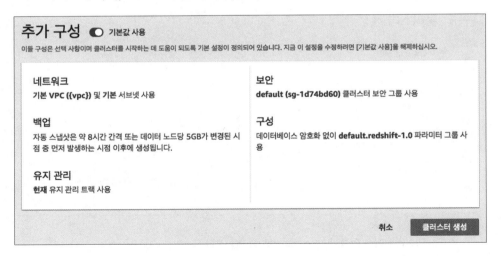

데이터베이스 구성

데이터베이스 이름(선택 사항)
데이터베이스 이름을 지정하여 추가 데이터베이스를 생성합니다.

    redshiftdb

이름은 1~64자의 영숫자(소문자만 해당)여야 하며 **예약된 단어**일 수 없습니다.

데이터베이스 포트(선택 사항)
데이터베이스가 인바운드 연결을 허용하는 포트 번호입니다. 클러스터가 생성된 후에는 포트를 변경할 수 없습니다.

    5439

포트는 숫자(1150~65535)여야 합니다.

마스터 사용자 이름
DB 인스턴스 마스터 사용자의 로그인 ID를 입력합니다.

    master

이름은 1~128자의 영숫자여야 하며 **예약된 단어**일 수 없습니다.

마스터 사용자 암호

    Master123

☑ 암호 표시
암호는 8~64자여야 합니다. 대문자, 소문자 및 숫자를 각각 1자 이상 포함해야 합니다. 슬래시(/), 큰 따옴표(") 또는 at 기호(@)는 포함할 수 없습니다.

4. 추가 구성에서, **기본값 사용**을 활성화한다.

추가 구성 ◖ 기본값 사용
이들 구성은 선택 사항이며 클러스터를 시작하는 데 도움이 되도록 기본 설정이 정의되어 있습니다. 지금 이 설정을 수정하려면 [기본값 사용]을 해제하십시오.

네트워크
기본 VPC ({vpc}) 및 기본 서브넷 사용

백업
자동 스냅샷은 약 8시간 간격 또는 데이터 노드당 5GB가 변경된 시점 중 먼저 발생하는 시점 이후에 생성됩니다.

유지 관리
현재 유지 관리 트랙 사용

보안
default (sg-1d74bd60) 클러스터 보안 그룹 사용

구성
데이터베이스 암호화 없이 **default.redshift-1.0** 파라미터 그룹 사용

취소   **클러스터 생성**

5. **클러스터 생성**을 클릭한다.

6. 화면에 redshift-book is being created. 메시지가 표시된다.

≡   ⓘ redshift-book is being created.

7. Redshift 클러스터가 생성되면 **상태**가 녹색으로 바뀌고 Available로 표시된다.

8. 축하한다! Redshift 클러스터가 생성됐다. 이제 대시보드로 가서 클라이언트로 연결하면 된다. 대시보드는 데이터베이스 연결에 필요한 JDBC 및 ODBC URL을 제공한다.

실습 8-4: Amazon DynamoDB 테이블 생성하기

이번 실습에서는 Amazon DynamoDB 테이블을 생성한다. 테이블 생성 과정에 익숙해지는 것이 이번 실습의 목적이다.

1. AWS 콘솔에 로그인하고 리전을 선택한 뒤 DynamoDB를 선택한다.

2. 테이블 만들기 버튼을 클릭한다.

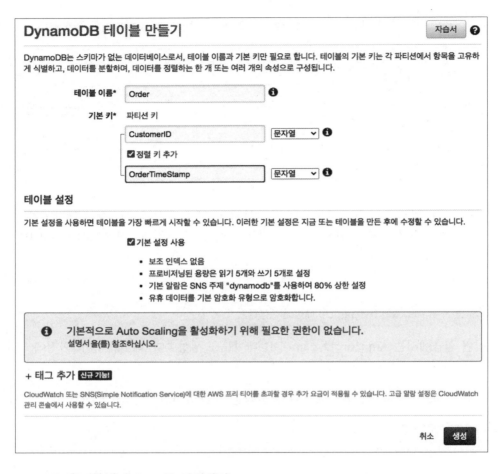

DynamoDB 테이블 만들기   [자습서] ❓

DynamoDB는 스키마가 없는 데이터베이스로서, 테이블 이름과 기본 키만 필요로 합니다. 테이블의 기본 키는 각 파티션에서 항목을 고유하게 식별하고, 데이터를 분할하며, 데이터를 정렬하는 한 개 또는 여러 개의 속성으로 구성됩니다.

테이블 이름* Order ❶

기본 키* 파티션 키

CustomerID   [문자열 ▼] ❶

☑ 정렬 키 추가

OrderTimeStamp   [문자열 ▼] ❶

테이블 설정

기본 설정을 사용하면 테이블을 가장 빠르게 시작할 수 있습니다. 이러한 기본 설정은 지금 또는 테이블을 만든 후에 수정할 수 있습니다.

☑ 기본 설정 사용

- 보조 인덱스 없음
- 프로비저닝된 용량은 읽기 5개와 쓰기 5개로 설정
- 기본 알람은 SNS 주제 "dynamodb"를 사용하여 80% 상한 설정
- 유휴 데이터를 기본 암호화 유형으로 암호화합니다.

ℹ️ 기본적으로 Auto Scaling을 활성화하기 위해 필요한 권한이 없습니다.
설명서 을(를) 참조하십시오.

+ 태그 추가 [신규 기능!]

CloudWatch 또는 SNS(Simple Notification Service)에 대한 AWS 프리 티어를 초과할 경우 추가 요금이 적용될 수 있습니다. 고급 알람 설정은 CloudWatch 관리 콘솔에서 사용할 수 있습니다.

취소   **생성**

3. **테이블 이름**에서 Order를 선택한다.

4. **기본 키**는 Customer ID를 입력한다.

5. **정렬 키 추가** 박스를 선택하고 정렬 키로 OrderTimeStamp를 선택한다.

6. **기본 설정 사용**을 선택한다.

7. **생성** 버튼을 클릭한다.

축하한다! DynamoDB 테이블 생성에 성공했다.

8. 대시보드에서 테이블을 선택한다.

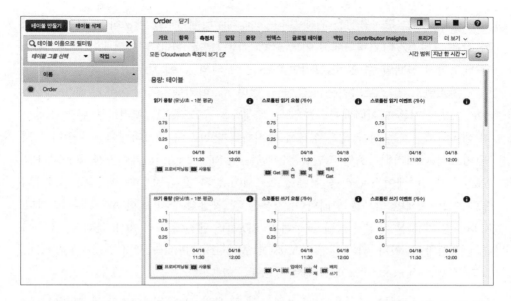

9. 상단 탭을 통해 (Items, Metrics, Alarms, Capacity, Indexes 등) 모든 정보를 확인
   할 수 있다.

8장 정리

8장에서는 아마존이 제공하는 데이터베이스를 알아봤다.

Amazon RDS 서비스를 통해 7가지의 RDBMS 엔진을 사용할 수 있다.

- Aurora MySQL
- Aurora PostgreSQL
- Oracle
- SQL Server
- MySQL
- PostgreSQL
- MariaDB

Amazon RDS는 고가용성을 위해 멀티AZ에 데이터베이스를 배포하며, 사용자는 이와 같은 멀티 AZ 아키텍처에서 어느 AZ에 기본 (프라이머리) 데이터베이스 인스턴스를 배포할지 선택할 수 있다. 그러면 RDS는 그 외의 AZ에 보조 (스탠바이) 데이터베이스 인스턴스 및 스토리지를 배포한다. 멀티 AZ 아키텍처에서 (마스터 데이터베이스로도 부르는) 기본 데이터베이스는 모든 트래픽을 주도적으로 처리하는 반면 스탠바이 데이터베이스는 항상 대기 상태를 유지하다가 마스터 데이터베이스가 셧다운 되면 마스터 데이터베이스의 역할을 이어받는다. RDS로 데이터베이스를 호스팅하면, AWS가 데이터베이스 관리를 위한 소프트웨어 설치 및 유지보수, 패칭 및 업그레이드에 이르는 제반 업무를 처리한다. 가용성 및 확장성 관리 또한 AWS가 처리한다. RDS는 읽기 사본 생성 기능을 제공하며, RDMBS 엔진에 따라 최대 15개의 읽기 사본을 생성할 수 있다. 읽기 사본은 MySQL, MariaDB, PostgreSQL, Aurora MySQL, 그리고 Aurora PostgreSQL 등에서 생성할 수 있다.

Amazon Aurora는 클라우드에 최적화된 관계형 데이터베이스로서 MySQL 및 PostgreSQL과의 호환성을 제공하며, 대량의 업무를 처리할 수 있는 고성능, 고가용성의 데이터베이스로 오픈소스 데이터베이스로서의 사용편의성 및 비용 효율성을 제공한다. Aurora는 완벽한 분산 처리 환경 및 자가 치유 기능의 스토리지로서 탄력성을 바탕으로 한 고가용성, AWS에 최적화된 관계형 데이터베이스 관리 기능을 제공한다.

Amazon Redshift는 AWS가 제공하는 관리형 데이터 웨어하우스 솔루션이며, 리더 노드와 컴퓨트 노드로 구성된 Redshift 클러스터 단위로 사용한다. 각 클러스터에서 리더 노드는 하나만 둘 수 있지만 컴퓨트 노드는 여러 개를 둘 수 있다. Redshift 클러스터의 리더 노드는 애플리케이션의 SQL 엔드포인트와 같은 역할을 하며, 데이터베이스 함수 실행 및 병렬 SQL 처리 작업을 조율하고, 컴퓨트 노드에 프로세싱 잡을 배분한다. 반면 고속의 내부 연결 네트워크로 연결된 컴퓨트 노드는 실제 데이터를 처리하는 역할을 맡는다. 컴퓨트 노드는 높은 연산 성능을 발휘하기 위해 슬라이스 단위로 분할 또는 파티셔닝되며, 하나의 컴퓨트 노드에는 (노드 크기에 따라 차이는 있지만) 복수의 슬라이스가 존재한다. 사용자는 Redshift 클러스터 생성 시 싱글 노드 또는 멀티 노드 가운데 선택할 수 있다.

Amazon DynamoDB는 완전관리형 NoSQL 데이터베이스 서비스로 확장성 기반 위에 고성능 및 성능에 대한 예측 가능성을 제공한다. DynamoDB는 키 밸류 데이터 구조 및 도큐먼트 구조를 지원하며, 키 밸류 데이터 구조는 실제 데이터가 저장된 위치를 키와 밸류로 나타내는 객체 콜렉션의 저장, 쿼리, 업데이트를 지원하는 방식인 반면 도큐먼트 구조는 JSON, XML, HTML 등 문서 포맷에 담긴 데이터 아이템의 저장, 쿼리, 업데이트를 지원하는 방식이다.

Amazon ElastiCache는 클라우드에서 인메모리 캐시를 쉽게 배포, 운영, 확장하기 위한 웹서비스로 Memcached와 Redis 등, 두 가지의 인메모리 키 밸류 엔진을 제공하며, 사용자는 ElastiCache 클러스터 생성 시 Memcached 또는 Redis를 선택할 수 있다.

Amazon Neptune은 완전 관리형 그래프 데이터베이스 서비스로 수십억 개의 그래프 노드 및 요소간의 관계 데이터를 저장 및 쿼리할 수 있다. 사용자는 Amazon Neptune을 이용해 고도로 연결된 그래프 데이터세트를 생성, 저장, 쿼리할 수 있으며, 그래프 기반의 애플리케이션을 통해 요소 간의 풍부한 관련성을 활용할 수 있다.

Amazon DocumentDB는 완전 관리형 도큐먼트 데이터베이스 서비스로 MongoDB 워크로드의 처리를 지원한다. 이를 통해 JSON 데이터의 저장, 쿼리, 인덱스 작업을 수행할 수 있다. DocumentDB는 MongoDB와 호환되므로 MongoDB 기반의 다양한 애플리케이션, 드라이버, 도구를 Amazon DocumentDB 환경에서 별다른 수정 작업 없이 모두 활용할 수 있다. DocumentDB는 도큐먼트와 같은 반구조화 데이터 저장에 주로 활용된다. 도큐먼트 데이터베이스의 도큐먼트는 키 밸류 쌍으로 저장되며, 도큐먼트 데이터베이스의 구조 또는 스키마를 정의하는 데 사용된다.

1. 현재 RDS에서 MySQL 데이터베이스를 실행 중이다. 이 데이터베이스는 매우 중요한 것으로 어떤 문제 상황에서도 한 하나의 데이터도 유실돼서는 안 된다. 이와 같은 상황에서 적합한 RDS의 아키텍처는 무엇인가?

   A. 크로스 리전 읽기 사본을 이용해 멀티 리전 환경에 RDS 생성

   B. 마스터 스탠바이 모드를 이용해 멀티 AZ 환경에 RDS 생성

   C. 동일 리전 내 멀티 AZ 환경에 RDS 생성 및 다수의 읽기 사본 생성

   D. 멀티 AZ 환경에 멀티 마스터 RDS 데이터베이스를 생성

2. 여러분의 애플리케이션은 입출력 처리 성능인 I/O 바운드에 영향을 받고 필요 성능은 36,000 IOPS이다. 이 애플리케이션이 비즈니스에 매우 중요한 상황에서 사용자 요청 시 항상 일정 수준의 IOPS 수준을 유지하고 고가용성을 유지할 수 있는 방법은 무엇인가?

   A. EBS 최적화 인스턴스를 이용해 EC2에 데이터베이스를 설치하고 SSD 드라이브를 지닌 I/O 최적화 인스턴스를 선택

   B. SSD를 이용해 RDS에 데이터베이스를 설치

   C. Provisioned IOPS를 이용해 멀티 AZ 환경에서 RDS에 데이터베이스를 설치하고 36,000 IOPS를 선택

   D. RDS에 다수의 읽기 사본을 설치해 워크로드를 분산시키면 I/O 요구 수준을 관리할 수 있음

3. 애플리케이션의 파일 쓰기 작업을 위해 데이터베이스 서버에 전통적인 파일 시스템이 필요한 레거시 애플리케이션의 경우 데이터베이스 설치 장소로 적합한 것은 무엇인가?

   A. RDS는 데이터베이스 서버에 파일 시스템을 지니고 있으므로 RDS에 데이터베이스 설치

   B. 완벽한 제어를 위해 EC2 서버에 데이터베이스 설치

   C. EFS로 애플리케이션 파일 쓰기 작업을 처리할 수 있으므로 RDS에 EFS 마운트 뒤, RDS에 데이터베이스 설치

   D. 멀티 AZ 환경에서 RDS에 데이터베이스를 설치

4. RDS에서 MySQL 데이터베이스를 실행 중인 상황에서 재난 복구 아키텍처를 구현해야 하는 경우 서로 다른 리전에 가장 간단하게 재난 복구용 인스턴스를 생성하는 방법은 무엇인가?

   A. 다른 리전에 EC2 서버를 생성하고 그곳에 지속적으로 데이터베이스를 복제

   B. 다른 리전에 RDS 데이터베이스를 생성하고 서드 파티 소프트웨어를 이용해 데이터베이스의 데이터를 복제

   C. 데이터베이스 설치 시 멀티 리전을 이용. 이렇게 하면 데이터베이스를 다수의 리전에 직접 설치 가능함

   D. RDS의 크로스 리전 복제 기능을 사용. 재난 복구에 사용할 수 있는 읽기 사본을 다른 리전에 신속하게 배포 가능

5. RDS에서 데이터베이스를 암호화하면 어떤 객체가 암호화되는가?

   A. 데이터베이스 전체

   B. 데이터베이스 백업 및 스냅샷

   C. 데이터베이스 로그 파일

   D. 위 지문 전부

6. 여러분의 기업은 최근 다른 기업을 합병했으며 데이터베이스 사용자 또한 두 배로 증가했다. Aurora에서 실행 중인 데이터베이스에서 추가적인 사용자를 처리하는 방법은 무엇인가? (정답 2개)

   A. 좀 더 큰 용량을 선택해서 데이터베이스를 수직적으로 확장

   B. 데이터베이스 호스팅에 Aurora와 EC2 조합을 활용

   C. 추가적인 읽기만 가능 트래픽을 처리하기 위해 읽기 사본을 추가 생성

   D. 멀티 리전에 멀티 마스터 노드의 Aurora 인스턴스를 생성

7. 읽기 사본을 지원하는 RDS 엔진이 아닌 것은 무엇인가?

   A. MySQL

   B. Aurora MySQL

   C. PostgreSQL

   D. Oracle

8. RDS에서 실행 중인 데이터베이스의 보안 유지 방법은 무엇인가? (정답 2개)

   A. 프라이빗 서브넷에 데이터베이스를 생성

   B. 전체 데이터베이스를 암호화

   C. 멀티 AZ 환경에 데이터베이스를 생성

   D. 매주 데이터베이스의 IP 주소를 변경

9. 중요한 애플리케이션을 실행 중이며 데이터베이스는 RDS에서 호스팅 중이다. IT 팀에서 5초마다 모든 주요 OS 성능 지표를 수집하고자 할 경우 어떻게 하는 것이 좋은가?

   A. 모든 주요 지표를 수집하는 스크립트를 작성한 뒤 cron 잡으로 5초마다 스크립트를 실행하도록 함

   B. OS 성능 지표를 5초마다 수집하는 잡을 예약

   C. 표준 모니터링을 사용

   D. 고급 모니터링을 사용

10. Amazon Aurora에 대한 설명 중 옳은 것은 무엇인가? (정답 3개)

    A. 서로 다른 세 개의 AZ에 복제본이 저장됨

    B. 서로 다른 여섯 개의 지역에 데이터가 복사됨

    C. 읽기 및 쓰기에 쿼럼 기반 시스템을 사용

    D. Aurora는 모든 상업용 데이터베이스를 지원하고 있음

11. Amazon DynamoDB가 제공하는 데이터베이스 구조는 무엇인가? (정답 2개)

    A. 그래프 데이터베이스

    B. 키 밸류 데이터베이스

    C. 도큐먼트 데이터베이스

    D. 관계형 데이터베이스

12. JSON 객체를 저장하려는 경우 선택해야 할 데이터베이스는 무엇인가?

    A. Amazon Aurora for MySQL

    B. Oracle hosted on EC2

    C. Amazon Aurora for PostgreSQL

    D. Amazon DynamoDB

13. 데이터베이스 분석 및 최적화를 위해 칼럼 포맷으로 모든 데이터를 저장하려는 경우 적합한 데이터베이스는 무엇인가?

    A. Amazon Aurora for MySQL

    B. Amazon Redshift

    C. Amazon DynamoDB

    D. Amazon Aurora for Postgres

14. Amazon ElastiCache가 지원하는 인메모리 키 밸류 엔진은 무엇인가? (정답 2개)

    A. Memcached

    B. Redis

    C. MySQL

    D. SQL Server

15. 서로 다른 리전에 Redshift 클러스터 복제본을 론칭하려는 경우 가장 간단한 방법은 무엇인가?

    A. 다른 리전에 수동으로 클러스터를 생성하고 모든 데이터를 로딩함

    B. 기존 클러스터를 다른 리전으로 확장

    C. 데이터 복제를 위해 Golden Gate 등 서드파티 소프트웨어를 사용

    D. 크로스 리전 스냅샷 기능을 활성화하고 다른 리전에서 스냅샷으로 데이터베이스를 복원

8장 해답

1. B. 크로스 리전 복제 및 동일 리전에서 읽기 사본 사용 시 데이터는 비동기적으로 복제되므로 데이터 소실 가능성 있음. RDS는 멀티마스터 기능을 지원하지 않으며, 마스터 스탠바이 아키텍처 생성 시 데이터는 동기적으로 복제되므로 데이터 소실 가능성은 전혀 없음.

2. C. EC2에 데이터베이스를 설치할 수 있지만 RDS에 데이터베이스를 설치하는 편이 훨씬 좋은 성과를 가져오며, SSD에 데이터베이스를 설치해도 36,000

IOPS 수준의 도달 여부는 확인할 수 없음. 읽기 사본은 읽기만 가능 워크로드를 처리할 수 있고, RDS에 다수의 읽기 사본을 설치해 워크로드를 분산시키는 것만으로 36,000 IOPS를 달성할 수 있는 것은 아님.

3. B. 운영체제에 접근해야 하지만 RDS는 운영체제에 대한 사용자의 접근을 허용하지 않으므로 완벽한 제어를 위해 EC2 서버에 데이터베이스를 설치해야 함.

4. D. 다른 리전에 EC2 서버를 생성하고 복제하는 방식도 가능은 하지만 이미 RDS를 실행 중이므로 보조 사이트 또한 RDS에서 실행하는 것이 타당함. 복제에 서드 파티 소프트웨어를 쓸 수 있지만 RDS에서 이미 관련 기능을 제공하고 있음. 하나의 데이터베이스를 다수의 리전에 설치할 수 없음.

5. D. 데이터베이스를 암호화하면 데이터베이스, 백업, 로그, 읽기 사본, 스냅샷 모두 암호화됨.

6. A, C. EC2 서버에 Aurora를 호스팅할 수 없음. Aurora는 멀티마스터를 지원하지 않음.

7. D. RDS Oracle만 읽기 사본을 지원하지 않음. 다른 엔진은 모두 읽기 사본을 지원.

8. A, B. 멀티 AZ 환경에 데이터베이스를 생성하면 고가용성은 확보되지만 보안성이 증대되지는 않음. 매주 IP 주소를 변경하는 일은 어렵고 데이터베이스를 암호화하지 않는 한 보안 수준이 높아지지 않음

9. D. RDS에서는 OS에 접근할 수 없으므로 cron 잡 또한 실행 불가능하며 데이터베이스 잡 실행을 통해 OS 성능 지표를 수집할 수 없음. 표준 모니터링은 1분마다 지표를 수집해 제공함.

10. A, B, C. Amazon Aurora는 MySQL과 PostgreSQL만 지원하며 다른 상용 데이터베이스는 지원하지 않음.

11. B, C. Amazon DynamoDB는 키 밸류 구조 및 도큐먼트 구조를 지원하지만 관계형 데이터베이스는 아니고 그래프 데이터베이스도 지원하지 않음.

12. D. JSON 객체는 NoSQL 데이터베이스에 저장돼야 하고 Amazon Aurora for MySQL 및 PostgreSQL, Oracle은 관계형 데이터베이스임.

13. **B.** PostgreSQL은 데이터를 로우 포맷으로 저장함. Amazon DynamoDB는 NoSQL 데이터베이스임.

14. **A, B.** MySQL 및 SQL Server는 관계형 데이터베이스이고 인메모리 캐시와 관련이 없음.

15. **D.** 데이터를 수동으로 로딩하는 일은 매우 어려우며, 클러스터는 다른 리전으로 확장할 수 없음. Redshift 클러스터는 특정 AZ에 국한되며 설치된 AZ를 벗어날 수 없음. Golden Gate 사용 시 많은 비용이 발생할 수 있으며 작업을 쉽게 하기 위한 도구도 아님.

AWS Well-Architected Framework

9장에서 살펴볼 내용은 다음과 같다.

- 클라우드 환경에서의 보안 유지 방법
- 신뢰할 수 있는 클라우드 아키텍처 구현 방법
- 클라우드 아키텍처의 성능을 높이는 방법
- 클라우드 아키텍처의 비용 효율성을 높이는 방법
- 클라우드 아키텍처의 운영 성과를 높이는 방법

클라우드 아키텍처 구현 시 AWS의 Well-Architected Framework 원칙(이하 WAF)은 다음과 같은 장점을 제공한다.

- **신속한 개발과 배포** 개발자의 시스템 운영과 관련된 위험 관리 업무는 줄어들고, 업무의 자동화 및 적재적소에 맞는 용량 관리를 통해서 클라우드의 효용성을 증대시킬 수 있다.

- **위험의 감소** 아키텍처에 존재하는 위험을 구체적으로 파악하고 비즈니스 또는 개발 팀에 미칠 부정적인 영향을 최소화할 수 있다.

- **정보 기반의 의사결정** 최고의 비즈니스 성과를 거두기 위한 능동적인 아키텍처 구현을 위한 의사결정을 내릴 수 있다.

- **최선의 AWS 활용 전략** AWS WAF 전략을 이해함으로써 오랜 기간동안 다수의 기업 및 사용자에 의해 검증된 최선의 AWS 활용 전략을 팀 및 조직에 적용할 수 있다.

9장에서는 AWS WAF 전략을 알아본다(WAF는 Well-Architected Framework의 줄임말로 9장에서 긴 표현을 편의상 줄여서 부르는 것이며, AWS의 개발자 문서 또는 아키텍처에서 공식적으로 사용하는 표현은 아님). 또한 최선의 AWS 활용 전략과 구현 방식도 알아본다.

AWS에서 아키텍처를 구현하거나 AWS에 애플리케이션을 배포할 때 AWS의 베스트 프랙티스best practices를 따르는 것이 중요하다. 아키텍처가 안전하고, 효율적이고, 확장성 및 신뢰성 높고, 비용 효율적이길 바란다면 AWS의 베스트 프랙티스를 활용해 아키텍처를 설계해야 하며, 이를 통해 기업은 비즈니스 목적을 달성하고 여러분의 조직은 성공을 거둘 수 있다.

건물을 지으려 하는데 토대가 단단하지 못하면 언젠간 건물이 무너지거나 부서지는 사태가 발생할 수 있다. 이와 마찬가지로 AWS에서 아키텍처를 설계하려면 토대부터 단단히 다져야 하며, 이는 AWS의 WAF 원칙을 기반으로 아키텍처를 설계해야 함을 의미한다. AWS의 WAF 원칙은 오랜 시간, 다수의 기업에 의해 검증된 AWS 활용의 베스트 프랙티스를 아키텍처에 반영하는 방법이다.

9장은 AWS WAF의 개요를 알아보고 주요 원칙의 세부 사항을 살펴본다. 또한 AWS의 베스트 프랙티스를 알아보고 클라우드에 애플리케이션을 배포할 때 어떤 점에 주의해야 하는지 함께 생각해 본다.

AWS WAF는 다음과 같은 다섯 가지 원칙으로 이뤄진다.

- 운영 우수성 원칙Operational excellence
- 보안성 원칙Security
- 성능 원칙Performance
- 신뢰성 원칙Reliability
- 비용 최적화 원칙Cost optimization

다섯 가지 원칙을 소개한 후 이들 원칙의 실무 수행 방법인 베스트 프랙티스에 대해 알아본다.

◗ 운영 우수성 원칙

운영 우수성$^{Operational\ Excellence}$은 시스템이 비즈니스를 얼마나 잘 지원하고 있는지를 측정한 것이며 운영 팀이 비즈니스 SLA(서비스 수준 합의서)를 준수하기 위해 노력하고 있다면 이미 좋은 출발을 한 것으로 평가할 수 있다. 시스템이 비즈니스 목적의 달성을 지원하려면 먼저 운영 팀이 기업의 비즈니스 목표, 우선 순위, 주요 성과 지표를 잘 이해하고 있어야 한다.

기업은 비즈니스를 위해 클라우드에서 이미 다수의 애플리케이션을 실행하고 있으며, 이들 중 일부는 비즈니스 목적 달성에 매우 중요한 반면 나머지는 중요도가 떨어질 수 있다. 따라서 운영 팀은 비즈니스 목적상 중요한 애플리케이션과 그렇지 않은 애플리케이션의 우선 순위를 매긴 뒤 우선 순위에 따라 지원 수준을 결정해야 한다.

클라우드에서의 운영 우수성 원칙을 달성하기 위한 세부 실천 사항(베스트 프랙티스)은 다음과 같다.

- **운영 업무의 코드화** 클라우드에서는 전체 인프라를 코드로 표현할 수 있고 코드 단위로 업데이트하는 것이 가능하다. 모든 운영 업무는 스크립트로 작성할 수 있고 가능한 많은 부분을 코드로 자동화할 수 있도록 한다. 예를 들어, 특정 이벤트 발생 시 자동으로 대응하는 운영 업무 절차를 코드로 작성할 수 있다. CPU 사용률이 증가하는 이벤트가 발생하면 Auto Scaling을 통해 자동으로 새 서버를 실행하도록 할 수 있다.

- **운영 업무의 문서화** 클라우드에서 이뤄지는 모든 운영 업무는 문서화해야 한다. 운영 업무 문서가 시스템 또는 애플리케이션에 큰 변화 또는 작은 변화를 가져올지 여부와 상관 없이 모든 운영 업무를 문서화하도록 노력해야 한다.

- **지속적인 작은 변화의 실천** 시스템에 한 번에 큰 변화를 주기보다 시스템을 개선할 수 있는 수정 가능한 작은 변화를 지속적으로 추구하는 것이 중요하다. 큰 변화의 시도가 잘못된 경우 비즈니스에 미치는 영향은 막대할 수 있지만 작은 변화의 경우 잘못되더라도 비즈니스에 미치는 영향은 크지 않다. 또한 변화 이전의 상태로 되돌릴 수 있도록 함으로써 문제 발생 이전의 상태로 언제든 돌아갈 수 있다.

- **운영 절차의 지속적 개선** 아키텍처는 지속적으로 진화하고 있으며 운영 절차 또한 지속적으로 업데이트해야 한다. 예를 들어, 현재 하나의 애플리케이션을 호스

팅하기 위해 단 하나의 웹 서버만을 사용하고 있다면 운영 팀은 유지보수 주가 가 됐을 때 하나의 웹 서버만을 관리하면 된다. 하지만 멀지 않은 미래에 네 대 의 웹 서버를 운용하게 되면 운영 절차를 매우 세분화해 유지보수 시 발생할 수 있는 버그 문제에 대응해야 한다. 따라서 클라우드 리소스를 관리하는 운영 팀은 정기적으로 운영 절차를 검토 및 검증해야 한다.

- **실패 상황 고려** 운영 팀이라면 누구도 실패 상황이 발생할 때까지 기다려서는 안 되며 특정 시점에서의 실패 가능성을 미리 고려하고 능동적으로 실패 시나리 오를 시뮬레이션해야 한다. 예를 들어, 웹 서버의 멀티노드 플릿을 운용 중인 경우 임의로 한 개 또는 두 개의 노드를 셧다운해 애플리케이션에 미치는 영향 을 파악해야 하며, 의도된 실패 상황에서 애플리케이션이 자동으로 문제를 해 소할 수 있는지 확인한다. 또한 발생 가능한 장애 상황을 미리 테스트하면 실 제 장애 발생 시 구체적인 대응 방안을 모색할 수 있다.

- **운영 실패 사례를 통한 학습** 운영 팀은 항상 운영 실패 사례에서 교훈을 얻고 동일 한 실패 상황이 재발하지 않도록 해야 한다. 여러분이 배운 내용은 여러분의 팀은 물론 다른 팀과도 공유해야 한다.

클라우드에서의 운영 우수성을 확보하기 위한 세 가지 주요 영역은 준비, 운영, 발전 으로 다음 절에서 상세히 알아본다.

준비

운영 팀은 비즈니스를 지원할 준비Prepare를 해야 하며,이를 위해 우선 기업의 비즈니 스 니즈를 이해해야 한다. 운영 팀은 보통 다수의 비즈니스 유닛을 지원하므로 각 비 즈니스 유닛별 니즈를 이해할 필요가 있다. 각 비즈니스 유닛의 우선순위는 다르게 마련이며 어떤 비즈니스 유닛은 기업에서 매우 중요한 애플리케이션을 실행하는 반 면 다른 비즈니스 유닛은 우선 순위가 낮은 애플리케이션을 실행할 수 있다.

따라서 운영 팀은 비즈니스 애플리케이션의 요구 성능 기준선을 설정하고 이에 맞 춰 지원 업무를 제공할 수 있어야 한다. 예를 들어, 주문 관리 시스템을 필요로 하 는 비즈니스 유닛의 경우 일일 평균 100,000건의 주문을 처리할 것을 기대한다면 운영 팀은 주문 관리 시스템을 정상적으로 호스팅하기 위한 인프라 관리 외에 일일

100,000건의 주문을 처리할 수 있도록 해야 할 것이다.

각종 보고 업무를 주관하는 비즈니스 유닛의 경우, 운영 팀은 보고 업무 처리 성능이 떨어지지 않도록 해야 한다. 또한 운영 팀은 예정된 혹은 예기치 못한 다운타임 downtime에 대응할 수 있어야 한다. 성공적인 운영 업무 수행을 위해 운영 팀은 항상 실패 가능성을 염두에 두고 이를 조기에 해소할 수 있도록 준비해야 하며, 이와 같은 노력을 통해 예기치 못한 다운타임에 적절히 대응할 수 있다.

운영

다양한 상황에 대응할 준비가 미리 돼 있다면 운영Operate 업무를 보다 효율적으로 처리할 수 있다. 운영상의 성공은 운영 결과 및 미리 정의한 성능 지표로 평가할 수 있다. 운영 성능 지표는 특정 애플리케이션의 성능 기준선 또는 비즈니스에 도움이 된 수준이 될 수 있다. 성공적인 운영을 위해 지속적으로 비즈니스 목표와 SLA가 일치되도록 하고 운영 관련 (장애 등) 이벤트 발생시 이에 적절히 대응해야 한다.

운영 팀 성공의 비법 중 하나는 비즈니스 유닛과의 적절한 커뮤니케이션 상태를 유지하는 것이다. 운영 팀은 기업내 모든 애플리케이션의 헬스 체크 상태를 제공하는 대시보드를 통해 비즈니스 전반의 니즈를 파악할 수 있어야 한다. 운영 팀의 대시보드에 필요한 네 가지 서비스는 다음과 같다.

- Amazon CloudWatch logs EC2 인스턴스, AWS CloudTrail, 다른 리소스의 로그를 모니터링하고 저장한다.

- Amazon ES 로그 분석, 애플리케이션 모니터링을 위한 Elasticsearch의 배포, 보안, 운영, 확장을 지원한다.

- Personal Health Dashboard 사용자 개인에게 영향을 미칠 수 있는 이벤트에 대한 경고, 대응 가이드를 제공한다.

- Service Health Dashboard AWS 서비스의 가용성과 관련된 주요 정보를 1분 단위로 제공한다.

자동화는 운영 팀의 친구와 같은 존재다. 효율적인 운영을 위해 가능한한 많은 운영 업무를 자동화해야 한다. 일상적인 운영 업무 및 특정 이벤트에 대한 대응 업무를 자동화하면, 운영 팀은 좀 더 중요한 업무에 집중할 수 있다.

발전

우린 매일같이 배움을 통해 발전Evolve하며, 운영 팀 또한 매일같이 운영 업무의 효율성을 증대시킬 수 있는 방안을 찾기 위해 노력한다. 자신의 경험은 물론 타인의 경험을 통해서도 배울 필요가 있으며 처음엔 보잘 것 없는 기능의 제품으로 시작하지만 매일같이 개선하고 발전시킨한 결과 최고의 성능을 발휘하는 제품을 만드는 경우 또한 자주 볼 수 있다.

이는 인프라 관리에도 마찬가지로 적용되는 패턴이며 인프라의 중요성과 무관하게 매일같이 사소한 개선과 발전을 모색하는 것이 중요하다. 결국 운영 측면에서 발전이란 작지만 지속적인 개선을 위해 새로운 기능을 추가하거나 아키텍처를 개선하는 것을 의미한다. 아키텍처의 진화 또는 발전 사례는 9장 후반 'AWS 베스트 프랙티스' 절에서 자세히 알아본다.

보안성 원칙

WAF의 두 번째 요소는 보안성 원칙Security이다. 시스템에 있어 보안은 가장 중요한 요소라 할 수 있고 어느 기업에서나 최우선순위 업무로 다뤄져야 한다. 보안성의 원칙은 다음과 같은 세분화된 원칙으로 나뉜다.

강력한 접근 관리 전략 수립

AWS에서는 IAM으로 계정을 관리하며, IAM 활용의 기본 원칙은 최소 권한 부여least privilege 및 필요한 만큼의 권한 부여로 요약할 수 있다. 대부분의 조직에는 리소스에 대한 접근 권한을 관리하는 중앙화된 팀이 있으며, 소수의 인력만으로 접근 제어를 수행하고 다른 사람이 이와 같은 권한 부여를 수정하지 못하도록 할 수 있다. 최소 권한 부여 원칙은 기본적으로 시스템에 대한 모든 유저의 접근을 거부하는 것이다. 그리고 오직 명시적으로 접근이 허용된 유저에게만 접근 권한을 부여하는 것이다. 이를 통해 시스템에 대한 비인가 접근을 최소화할 수 있다.

또한 IAM 유저 또는 페더레이션 유저 기능을 활용한다. AWS의 아이덴티티 페더레이션Identity federation은 SAML 2.0 또는 웹 신분 증명을 통해 사용할 수 있으며, 연합 신분 증명 방식인 페더레이션을 이용하면 (구글, 페이스북 등) 다른 기관에서 발급한 ID를 IAM의 신분 및 권한 증명에 그대로 이용할 수 있다. IAM에서는 유저 및 롤에 대한 세심한 정의가 중요하며, 리소스에 접근하기 위한 보안 자격 증명의 라이프 사이클 정책은 엄격하게 관리돼야 한다. 예를 들어, 어떤 직원이 퇴사하면 그 즉시 리소스에 접근할 수 있는 모든 권한 또한 삭제돼야 한다.

또한 강력한 패스워드 정책을 수립해 패스워드 생성시 대소문자, 특수기호 등의 조합을 사용하고, 일정 시간 경과 후엔 패스워드를 변경하고, 변경 시에는 최근 사용한 10개의 패스워드는 다시 사용할 수 없도록 하는 것이 좋다. 또 콘솔을 통한 IAM 유저 로그인에서 MFA를 사용하도록 하는 것도 추천한다. IAM 유저 중 상당수는 CLI 또는 SDK를 이용해 AWS API에 접근하는데 페더레이션만으로는 충분한 수준의 접근 제어를 할 수 없기 때문이다.

이 경우 기존 유저네임 및 패스워드 방법 대신 액세스 키 및 시크릿 키 방법으로 신분 또는 권한을 증명하도록 할 수 있다. 유저가 하나의 서비스에서 다른 서비스로 이동할 때와 같은 상황에서는 IAM 롤의 실용성이 낮아지게 되며, 이때는 임시 자격 증명을 생성하기 위해 AWS Security Token Service를 활용할 수 있다.

추적 기능 활용

시스템에서 벌어지는 모든 일을 실시간으로 추적, 감사, 모니터링, 로그 데이터로 기록할 수 있어야 하며, 변경 사항 발생 시 경고 메시지를 받을 수 있는 체계를 갖춰야 한다. 또한 로그와 경고 시스템을 통합해 특정 이벤트 발생 시 실시간으로 대응할 수 있도록 하고, 사용 내역 추적 및 감사 기능을 통해 특정 시간대에 시스템에 접근한 유저를 파악하고 이슈를 유발한 행동이 무엇이었는지 알아낼 수 있도록 한다.

보안 팀은 시스템에서 발생한 모든 변경 사항 및 변경한 유저의 내역에 대한 감사 업무가 가능하도록 해야 하고, 변경 사항을 통제할 수 있는 강력한 시스템이 필요하다. 이와 같은 상황에서 AWS Config를 이용해 AWS 리소스 인벤토리, 환경 설정 내역의 추적을 및 거버넌스를 위한 환경 설정 변경 알림 업무를 수행할 수 있다. 또 적절한 승인이 없는 경우 시스템 내에서 어떠한 변경도 이뤄질 수 없도록 해야 하며, AWS Config 규칙 정의를 통해 AWS 리소스의 환경 설정 내역을 자동으로 확인할 수 있다.

보안 팀은 AWS CloudTrail을 이용해 클라우드 내 주요 활동 정보를 수집할 수 있으며, 특히 특정 계정에서의 API 호출에 대한 상세 내역을 파악할 수 있다. CloudTrail 로그를 Amazon CloudWatch 로그에 전송해 컴퓨트, 스토리지, 애플리케이션에서 발생한 주요 활동 정보를 한 눈에 파악할 수 있다.

모든 레이어에 대한 보안

보안은 리소스의 전 스택에 걸쳐 모든 레이어에 적용돼야 한다. 예를 들어, 프라이빗 서브넷과 퍼블릭 서브넷에서 EC2 서버를 실행하고 있는 경우 NACL을 통한 서브넷 레이어 보안, EC2 레이어 보안, 시큐리티 그룹을 통한 로드 밸런서 레이어 보안을 통해 운영체제, 스토리지 그리고 여기서 실행되는 애플리케이션을 완벽하게 보호해야 한다. 즉, 모든 인프라 요소를 격리 상태로 유지하고 각 요소별 보안을 유지해야 한다. 또 다른 예로 웹 티어, 앱 티어, 데이터베이스 티어 세 가지 티어의 아키텍처를 관리하는 경우 각 티어마다 별도의 시큐리티 그룹을 적용하고 웹 티어, 앱 티어, 데이터베이스 티어별로 접근 권한이 부여된 유저만 접근할 수 있도록 해야 한다. 이때 퍼블릭 서브넷에 웹 티어, 프라이빗 서브넷에 앱 티어 및 데이터베이스 티어를 넣게 된다.

방화벽 또한 모든 레이어에 적용해야 하며, 웹 티어, 앱 티어, 데이터베이스 티어 모두에게 각각 방화벽을 적용하고 각 티어마다 서로 다른 ACL을 적용해야 한다. 이를 통해 모든 가상 서버, 로드 밸런서, 네트워크 서브넷에 방화벽을 적용하고, 보안 수준을 통제할 수 있다. AWS는 보안 책임과 관련해 공유 책임 모델을 통해 클라우드 운용에 따른 데이터 센터, 물리적 시설, 네트워킹 인프라에 대한 보안 책임을 분담한다. AWS 사용자인 기업은 애플리케이션, 데이터, 운영체제에 대한 보안 책임만 부담하면 되므로 가능한 모든 방법을 통해 AWS의 관리형 서비스를 이용해 인프라 보유 및 운영에 따른 부담을 줄이도록 한다. 또한 아키텍처 설계 시 모든 서비스 레이어에 보안 철학과 컨셉을 반영하도록 한다.

예를 들어, VPC를 이용하면 내부망 또는 인터넷 등 외부망으로 접근하는 워크로드를 퍼블릭 서브넷 및프라이빗 서브넷으로 분리할 수 있으며, AWS에서 제공하는 Linux Bastion Hosts 서비스를 이용해 프라이빗 서브넷에서 실행 중인 인스턴스에 로그인할 수 있다. 사용자는 프라이빗 서브넷에서 실행 중인 서버를 업데이트할 때는 항상 NAT 게이트웨이를 사용해 워크로드에 따라 서로 다른 시큐리티 그룹을 적용하고 서브넷 레벨에 유입되는 트래픽을 필터링하기 위해 NACL을 사용하는 것이 좋다. 예를 들어, VPC 생성 시 기업의 상용화 워크로드와 개발 및 테스트 워크로드를 위해 별도의 VPC를 생성해서 관리해야 한다.

데이터 보안

모든 레이어별 보안 적용 외에 데이터 자체에 대한 보안도 중요하다. 저장 상태 및 전송 상태에 있는 데이터 보안 모두 중요하며 데이터의 중요도, 민감도에 따라 적합한 수준의 암호화 기술을 적용해야 한다. 웹 티어에서 앱 티어로 이동하는 데이터 또는 앱 티어에서 데이터베이스 티어로 이동하는 데이터 모두 암호화를 해야 하며, 전송 상태 데이터는 SSL^Secure Sockets Layer 또는 TLS^Transport Layer Security 기법으로 데이터를 암호화할 수 있다. API 사용 시 SSL/TLS 암호화 기능이 활성화됐는지 반드시 확인해야 하고, 이 외의 모든 커뮤니케이션에서도 SSL/TLS를 사용해야 한다. 전송 상태 데이터의 경우, VPN 또는 Direct Connect를 이용해 데이터를 암호화할 수 있고, 대기 상태 데이터의 경우, TDE Transparent Data Encryption 기술을 활용해 데이터를 암호화할 수 있다.

AWS 서비스 이용 시 Amazon S3 서버측 암호화 및 EBS 볼륨 암호화 기능을 사용할 수 있으며, 클라이언트측 기술 사용시 SDK 또는 OS를 통해 표준 보안 규정을 준수할 수 있다. 데이터 보안과 관련해 데이터 이동 경로를 파악하고 데이터가 있는 모든 곳에 보안이 적용되도록 한다. 가장 대표적인 데이터 흐름은 ELB에서 EC2로, EC2에서 EBS로, EBS에서 RDS로, RDS에서 S3로의 이동이다. 데이터가 지나가는 모든 요소를 파악해 전송 상태의 데이터 보안 수준을 유지할 수 있으며, 서비스 끝에서 끝까지 이어지는 보안 체계를 완성할 수 있다. 암호화 키 사용 시 AWS KMS^Key Management Service를 이용해 키 생성 및 관리 업무를 수행할 수 있다.

SSL 사용 시 Amazon CloudFront를 통해 HTTPS 방식으로 콘텐츠 데이터를 전송할 수 있다. Amazon CloudFront는 커스텀 도메인 네임 생성 및 관리는 물론 SSL 인증서, SNI^Server Name Indication 기반 커스텀 SSL, (SNI 기반 커스텀 SSL을 지원하지 않는 브라우저를 위한) 전용 IP 커스텀 SSL 기능을 제공한다.

보안 자동화

자동화는 클라우드 보안 팀의 친구와 같은 존재이며 소프트웨어 기반 보안 메커니즘을 이용해 보다 신속하게 보안 기능을 확장하고 보안 비용을 줄일 수 있다. 크고 작은 오류 발생 시 보안 팀에 경고 메시지를 전송하도록 하고, 보안 팀은 경고 메시지 수신 즉시 자동으로 보안 위협에 대응하는 체계를 갖춰야 한다. 또한 보안 관련 이벤트 발생시 자동으로 실행되는 보안 환경을 구성하고 보안 위협 가능성을 항상 확인하기 위한 모니터링 및 로그 리포트 체계를 갖춘다.

보안 유지를 위한 실천 방안으로서 자동화를 구현하는 것은 매우 중요하며, 보안 위험 및 오류를 최소화하는 데 보안 업무 자동화는 많은 도움을 준다. 예를 들어, 가상 머신에 보안 패치를 설치하고 및 버그를 수정한 뒤 이를 보안 실행 이미지^gold image 로 저장하고, 모든 서버 론칭 시 이 이미지를 배포할 수 있다. 자동화된 보안의 실익은 기업 내 모든 VM에 동일한 보안 수준을 즉각적으로 적용할 수 있다는 것이며 수백 대 또는 수천 대의 VM을 관리하는 기업에 특히 유용하다.

보안 위협에 대한 대응

보안 팀은 보안 위협 이벤트에 미리 대비하고 있어야 한다. 보안 위협 이벤트가 발생하기 전 능동적으로 보안 위협 상황을 시뮬레이션해 실제 상황에 대비할 수 있으며, 실제와 같은 해킹 시도 등을 재현해 현 보안 시스템의 피해 가능 내역을 확인할 수 있다. 우리 비즈니스 유닛의 보안 팀은 물론 다른 비즈니스 유닛의 보안 팀과 교류하며 보안 위협 이벤트 및 대응 방법에 대해 학습해야 한다. 이와 같은 노력은 DDoS 공격 등 우리 주위에서 일상적으로 발생하는 각종 보안 위협을 효과적으로 차단하도록 해준다.

보안성 원칙의 베스트 프랙티스

클라우드 보안을 위한 다섯 가지 베스트 프랙티스^{Best Practices}는 IAM, 탐지 제어, 인프라 보호, 데이터 보호, 침해 대응을 위한 주요 서비스와 기능을 활용하는 것이다.

IAM 활용

IAM은 오직 권한이 있는 유저만을 시스템에 접속할 수 있도록 하며, AWS의 계정을 중심으로 한 접근 권한 보호, 세분화된 권한 부여 기능을 제공한다. 보안 팀은 보안의 베스트 프랙티스 구현을 위해 IAM을 사용한다(자세한 내용은 5장을 참조한다).

탐지 제어 서비스 활용

시스템에 대한 침해 시도 또는 위협을 탐지하기 위해 탐지 제어^{Detective Controls} 기능을 활용한다. 탐지 제어의 유형 중 하나는 로그 수집 및 분석이다. 온프레미스에서 로그 분석을 하기 위해서는 로그를 수집하는 에이전트를 서버에 설치한 뒤 에이전트를 분석해야 하지만 클라우드에서는 에이전트의 성능과 무관하게 리소스와 인스턴스의 로그 데이터를 수집할 수 있어 편리하다. 또한 네이티브 API 기반 서비스를 이용해 AWS 클라우드에서 직접 로그를 수집하고 분석할 수 있으며, AWS CloudTrail 로그를 Amazon CloudWatch 로그 또는 다른 엔드포인트에 직접 전송할 수 있다. EC2 인스턴스의 경우 전통적인 기법인 에이전트를 이용해 이벤트 수집 및 전달 업무를 처리할 수 있다.

탐지 제어 기능의 또 다른 활용 방법은 노티피케이션 및 워크플로우와 감사 업무를 통합 관리하는 것이다. 수집된 로그 검색 기능을 통해 비인가 접근 또는 환경 설정 변경, 위해 행위 등 잠재적인 보안 이벤트를 발견할 수 있도록 돕는다. 보안 팀을 위한 베스트 프랙티스는 티켓팅 시스템 등에 있어서 보안 이벤트와 노티피케이션 및 워크플로우를 깊이 통합해 보안 정보 전달, 위험 수준 격상, 보안 위협 이벤트를 관리하는 것이다.

보안 팀의 탐지 제어 기능 구현에 도움을 주는 서비스는 다음과 같다.

- **AWS Config** AWS의 리소스 인벤토리, 환경 설정에 대한 시간 순 기록, 보안 및 거버넌스를 위한 환경 설정 변경 노티피케이션 등의 기능을 제공하는 완전 관리형 서비스로 기존 AWS 리소스의 발견, 모든 환경 설정 내역을 포함한 AWS 리소스 인벤토리 내보내기, 리소스 변경 시점 파악 등의 기능을 제공한다. 보

안 팀은 이와 같은 기능을 이용해 보안 규정 감사, 보안 체계 분석, 리소스 변경 추적, 보안 이슈 해결 등 다양한 업무를 수행할 수 있다.

- **AWS Config rule** (보안 지침으로 권장되는) 리소스 환경 설정 규칙으로 AWS Config에 의해 기록되는 리소스 환경 설정 변경의 적절성을 평가하는 기준이 되며, 평가 결과는 대시보드에서 확인할 수 있다. 보안 팀은 AWS Config rule을 통해 환경 설정과 관련된 모든 규정 및 위험 상황 정보에 접근할 수 있고 시간 흐름에 따른 규정 변화를 파악해 리소스에 대한 어떤 환경 설정 변경 행동이 규정에 위배되는지를 확인할 수 있다.

- **AWS CloudTrail** 사용자의 계정에 대한 AWS API의 호출 기록 및 로그 관리를 위한 서비스로 API 호출을 한 계정 소유자, API 호출 시간, API 호출의 내용, API 호출을 통해 접근한 리소스, API 호출의 발신지와 수신지 등에 대한 정보를 제공한다.

- **Amazon CloudWatch** 시스템 전반에 걸친 리소스 활성화, 애플리케이션 성능, 운영 건전성 등의 성능 지표를 시각화해 제공한다. 보안 팀은 이와같은 인사이트를 이용해 애플리케이션을 좀 더 유연하게 운영할 수 있다. Amazon CloudWatch API 및 AWS SDK를 이용해 애플리케이션에 커스텀 이벤트를 생성해 룰 기반 프로세싱 및 라우팅을 위한 CloudWatch 이벤트로 사용할 수 있다.

- **VPC flow logs** VPC, VPC 서브넷 또는 ENI 접속과 관련된 모든 네트워크 트래픽은 CloudWatch logs에 기록된다.

- **Amazon Inspector** 보안상의 약점, 애플리케이션 및 운영 시스템의 잘못된 환경 설정 등을 프로그래밍 방식으로 찾을 수 있는 도구다. CI/CD 도구와 쉽게 통합해 사용할 수 있고, API를 이용해 자동화할 수 있으며, 조사 보고서 생성 기능을 제공한다.

인프라 보호 기능 활용

인프라 보호 기능은 클라우드 서비스 운영을 위한 전체 인프라를 보호하기 위한 요소로 구성되며, 임의의 접근 및 비인가 접근, 잠재적 침해 행위로부터 시스템과 서비스를 보호한다. 이를 통해 네트워크 및 호스트 레벨 경계를 보호할 수 있다. VPC, 서브넷, 라우팅 테이블, NACL, 게이트웨이, 시큐리티 그룹에 대한 적절한 환경 설정을 통해 네트워크 라우팅은 물론 호스트 레벨의 보안성을 유지할 수 있다.

사용자는 AWS Systems Manager를 이용해 시스템 보안 환경 설정 및 유지 보수 업무를 수행할 수 있다. AWS Systems Manager는 AWS 인프라의 시각화 및 제어 기능을 제공하며, 사용자는 이를 통해 상세한 시스템 환경 설정 내역, 운영 시스템 패치 단계, 소프트웨어 설치 상황, 애플리케이션 환경 설정 내역, 기타 시스템과 관련된 상세 정보를 Systems Manager 대시보드로 확인할 수 있다.

인프라 보호의 마지막 단계는 서비스 레벨의 보안이다. 서비스 엔드포인트에 대한 보안 환경 설정을 통해 서비스 보안 수준을 유지하고, 엔드포인트에 대한 접근을 효과적으로 제어할 수 있다. 사용자는 IAM 정책 정의를 통해 AWS 서비스 엔드포인트에 대한 보안 환경을 설정할 수 있다.

데이터 보호 기능 활용

보안을 위한 데이터 분류의 첫 번째 기준은 민감도^{sensitivity}다. 데이터 타입에 따라 적절한 데이터 분류 방식을 정하고 접근 및 보호 수준을 결정할 수 있다. 적절한 기준에 따라 데이터를 분류한 뒤에는 데이터를 암호화하거나 토큰화할 수 있다. 암호화^{Encryption}는 특정 콘텐츠를 시크릿 키 없이 읽을 수 없도록 변환하는 것이며, 사용자는 시크릿 키를 이용해 복호화된 콘텐츠를 사용할 수 있다. 반면 토큰화^{Tokenization}는 민감한 정보를 토큰으로 대체해 사용한다.

예를 들어, 사용자는 SSN을 나타내는 토큰을 생성할 수 있다. 먼저 암호화된 Amazon RDS 데이터베이스 인스턴스에 룩업 테이블$^{lookup\ table}$을 생성해 여러분의 토큰 스킴을 정의한다. 그다음 토큰을 이용해 대기 상태의 데이터는 물론 전송 상태의 데이터도 보호할 수 있다. 대기 상태의 데이터$^{Data\ at\ rest}$는 일정 기간 동안 (이동하지 않고) 유지되는 데이터로 블록 스토리지, 객체 스토리지, 데이터베이스, 아카이브, 상태가 유지되는 기타 모든 스토리지를 포함한다. 전송 상태의 데이터$^{Data\ in\ transit}$는 하나의 시스템에서 다른 시스템으로 이동하는 데이터로 그림 9-1과 같이 SSL, TLS, HTTPS, VPN/IPsec, SSH 등의 방식으로 데이터를 암호화해 전송할 수 있다.

전송 상태의 데이터에 대한 암호화는 그림 9-2와 같이 볼륨 레벨, 객체 레벨, 데이터베이스 레벨 등 다양한 기법으로 실행할 수 있다. 데이터 보호의 마지막 단계는 백업, 재난 대응 전략, 적절한 복제본 생성이다.

그림 9-1 대기 및 전송 상태에서의 암호화

그림 9-2 대기 상태 데이터의 암호화

침해 대응 기능 활용

클라우드 보안의 마지막 베스트 프랙티스 영역은 침해 대응이다. 침해 행위가 발생하면, 보안 팀은 신속하게 대응해야 한다. 보안 침해가 발생하기 전에 적절한 대응 도구를 준비하고 정기적으로 침해 사고 예방 연습을 수행해 아키텍처가 적기에 침해 내용을 평가하고 신속하게 회복할 수 있도록 한다. AWS Web Application Firewall 및 AWS Shield는 SQL 주입 공격(SQLi), 크로스 사이트 스크립팅(XSS)을 방어하며, 웹사이트 스크래핑, 웹 크롤러, 봇 등의 접근을 차단한다. 아울러 DDoS 공격(HTTP/HTTPS floods) 또한 막을 수 있다.

성능 원칙

성능은 결국 속도에 대한 것이며 성능 효율성을 통해 비즈니스 성과를 향상시키는 것이 목표다. 현대 사회에서 모든 비즈니스는 더욱 빠르게 실행되며 결국 신속성 향상이 비즈니스 성과를 높이는 데 기여할 수 있다. 이번 절에서는 성능 원칙의 개요와 베스트 프랙티스를 알아본다.

성능 원칙을 위한 설계 원칙은 다음과 같다.

- **간단한 조작으로 글로벌화 달성** 기업은 AWS를 이용해서 불과 수 분만에 글로벌 인프라를 준비할 수 있다. 비즈니스 니스에 따라 고가용성 및 고확장성의 아키텍처를 설계할 수 있어야 하고, 재난 복구 상황 시 서로 다른 리전에서 장애 대응 시스템이 가동해야 한다. 이를 위해 멀티 AZ 활용을 고려한다.

- **서버리스 등 신기술 활용** 클라우드의 장점 중 하나는 비즈니스 운영에 사용되는 서버를 기업이 직접 관리할 필요가 없다는 것이다. 클라우드에서는 인프라 관리가 필요 없는 서버리스 아키텍처를 최대한 활용하는 것이 좋다.

- **최신의 고급 기술 활용** 클라우드에서는 최신의 고급 기술을 활용하기 위해 학습하거나 복잡한 과정을 거칠 필요가 없으며 관리형 서비스를 이용하면 된다. 예를 들어, 온프레미스 환경에서 운용 중인 Oracle 데이터베이스를 AWS Aurora로 마이그레이션하는 경우 아마존이 마이그레이션을 위한 모든 과정을 처리하므로 사용자는 Aurora나 DBA에 대한 학습 또는 관리 노력을 줄일 수 있다.

- **다수의 기술 활용** 클라우드로 이전을 검토할 때 하나의 도구만으로 모든 업무를 처리할 수는 없으며 기업의 목표에 따라 최선의도구를 선택해야 한다. 예를 들어, 온프레미스에 관계형 데이터베이스를 실행 중인 경우 클라우드로 이전하기 전 NoSQL 시스템 및 RDS, Redshift 등 다양한 서비스를 통한 업무 부하 감소 수준이 얼마나 되는지 파악해야 한다. 즉, 클라우드로 관계형 데이터베이스를 이전하기 전 시간과 비용을 절감할 수 있는 최선의 기술과 데이터 관리 패턴 먼저 파악하는 것이 좋다.

- **잦은 실험과 혁신 노력** 클라우드를 통해 기업은 다양한 비즈니스 실험을 좀 더 자주 할 수 있고 혁신의 속도를 더욱 높일 수 있다. 클라우드에 신속하게 리소스를 배포하고, 바로 비즈니스 아이디어를 구현해 볼 수 있으며, 인프라 조성까

지 몇 달을 기다릴 필요가 없다. 아이디어가 실패해도 리소스 사용량만큼의 비용만 부담하면 되며 혁신적인 기업가는 즉시 다음 아이디어로 넘어갈 수 있다.

성능 효율성

클라우드에서 성능 효율성은 선택, 검토, 모니터링 3단계로 구성된다.

1단계: 선택

클라우드는 다양한 선택안을 제공하며, 워크로드에 맞는 서비스를 선택하는 것이 무엇보다 중요하다. 적합한 서비스를 선택하기 위해 워크로드에 대해 상세히 알고 나면 올바른 도구를 선택하는 일이 훨씬 쉬워진다. 예를 들어, 애플리케이션이 많은 메모리를 소모한다면 메모리 집약형 EC2 인스턴스를 선택해야 하고, 애플리케이션에 I/O 처리 능력이 중요하다면 EC2 서버와 PIOPS 기반 EBS 볼륨을 선택하는 것이 좋다. 기본적인 실행 환경을 선택했다면 다음과 같이 세부적인 요소를 선택한다.

- **컴퓨트** 애플리케이션을 위한 이상적인 연산 능력 또는 컴퓨팅 수준은 설계 목적, 사용 패턴, 환경 설정 내용을 따른다. AWS에서 컴퓨팅 자원은 인스턴스, 컨테이너, 함수 등 세 가지 형태로 제공된다. 인스턴스는 가상화된 서버(EC2)로서 몇 번의 클릭 또는 API 호출을 통해 여러 가지 설정 내용을 변경할 수 있다. EC2 인스턴스는 (범용, 컴퓨트 집약형, 메모리 집약형, 스토리지 집약형, GPU 최적화형 등) 다양한 타입이 존재하며, 이때도 가장 중요한 일은 여러분의 워크로드를 파악하는 것이다.

  컴퓨팅 자원으로서 컨테이너는 애플리케이션 실행을 위한 OS 가상화 기법 중 하나로 리소스와 격리된 실행 의존 요소^{dependencies}를 제공한다. 마이크로서비스 아키텍처의 워크로드 또한 컨테이너로 처리할 수 있다. 컴퓨팅 자원으로서 함수는 실행 환경을 추상화해 코드로 표현한 것으로 AWS Lambda 함수는 별도의 인스턴스 없이 코드를 실행할 수 있는 서비스다. 클라우드 환경에 적합한 애플리케이션을 구현할 계획이라면 전통적인 애플리케이션 설계 방식을 따르기보다 API Gateway와 Lambda를 이용해 현대적인 개발 맥락을 반영하는 것이 좋다.

- **스토리지** AWS의 스토리지는 다양하며, 사용자는 다양한 스토리지를 경험하며 기업 니즈에 맞는 것을 찾는 것이 좋다. 동일한 애플리케이션에도 다양한 스토리지를 적용해 볼 수 있으며, 사용자는 이 용량에 따른 비용만 부담하면 된다. 이상적인 스토리지 선택을 위해 데이터 접근 방식(블록, 파일, 객체), 데이터 접근 패턴(임의형, 연속형), 데이터 접속 빈도(온라인, 오프라인, 아카이브), 데이터 업데이트 주기(WORM, 동적 갱신), 데이터 요구 처리 성능, 가용성 및 신뢰성 수준 등을 고려해야 한다. 스토리지에 대해서는 9장 후반 '멀티 스토리지 옵션 활용' 절에서 상세히 알아본다.

- **네트워크** 특정 시스템을 위한 최적의 네트워크 솔루션은 지연 시간latency, 요구 처리 성능throughput requirements 등에 따라 달라지며, 사용자의 위치, 온프레미스 리소스의 위치 등 물리적 제약 사항은 최신의 네트워크 엣지 및 리소스 배분 기술로 해소할 수 있다. AWS에서 네트워크는 가상화돼 있으며, 사용자는 다양한 서비스 타입 및 환경 설정을 활용할 수 있고 자신의 니즈에 맞는 네트워크 기법을 선택할 수 있다.

  AWS는 다양한 네트워크 최적화 기법을 제공한다. 예를 들어, EC2 인스턴스와 EBS 볼륨 간의 보다 빠른 네트워킹을 원할 경우 EBS 최적화 인스턴스를 선택하면 AWS는 빠른 네트워킹을 위한 플레이스먼트 그룹placement groups을 제공한다.

  플레이스먼트 그룹은 로직으로 표현한 단일 AZ내 인스턴스 그룹으로 이를 지원하는 인스턴스를 이용해 저지연성의 20Gbps 네트워크를 사용할 수 있다. 플레이스먼트 그룹은 낮은 네트워크 지연, 높은 처리 성능이 필요한 애플리케이션에 적합하다.

  사용자는 데이터 센터 간의 신속한 데이터 전송을 위해 S3, Amazon CloudFront, Direct Connect의 전송 가속 성능을 활용할 수 있으며, Amazon VPC 엔드포인트는 인터넷 게이트웨이 또는 NAT 인스턴스 없이 Amazon S3 등의 리소스에 대한 연결성을 제공한다. Route 53의 저지연 라우팅(LBR)은 글로벌 사용자에 대한 애플리케이션 성능을 높여준다.

- **데이터베이스** 몇 년 전만 하더라도 모든 데이터는 관계형 데이터베이스에 저장하는 것이 기본이었으며, 거의 모든 조직은 온갖 데이터를 다수의 관계형 데이

터베이스에 보관해 왔다. 하지만 이제는 관계형 데이터베이스 외에도 NoSQL, 데이터 웨어하우스 등과 같은 새로운 유형의 데이터베이스가 널리 사용되고 있다.

즉, 데이터 결합 및 합산 등 복잡한 쿼리 연산이 필요한 데이터는 여전히 관계형 데이터베이스에 저장하지만 그 외의 데이터는 다른 유형의 데이터베이스에 저장하는 시대가 된 것이다.

클라우드에서 관계형 데이터베이스에 데이터를 저장하려면 EC2 서버와 RDS를 이용할 수 있고, NoSQL 같은 비관계형 데이터베이스로 DynamoDB를 사용할 수 있으며, 데이터 웨어하우스 서비스로 Redshift를 이용할 수 있다.

하지만 어떤 유형의 데이터베이스를 사용하더라도 색인, 검색, 정보 통합 등은 필요하게 마련이다. 최근 검색 기술은 눈에 띄게 발전을 거듭했으며, Elasticsearch와 Kibana를 이용해 검색 기능을 구현하고 LogStash를 이용해 도큐먼트 및 로그를 집약해 관리할 수 있다.

Elasticsearch는 대규모 도큐먼트에 대한 자동 색인 및 자동 검색 기능을 제공하는 플랫폼이며 Kibana는 간편한 대시보드 생성 및 색인 데이터 분석 솔루션이다. Elasticsearch는 EC2 인스턴스에 배포해서 사용하거나 AWS의 관리형 서비스인 Amazon Elasticsearch 서비스를 바로 사용할 수 있다.

2단계: 검토

워크로드에 맞는 리소스를 선택했다면 다음 단계로 아키텍처를 검토하고 각각의 비즈니스 니즈에 맞춰 아키텍처를 지속적으로 변경한다. 비즈니스 니즈는 언제든 바뀔 수 있으며 인프라는 그에 따라 언제든 바뀌어야 한다. 예를 들어, 모든 공급자를 위한 내부 주문 시스템을 준비중인 비즈니스 유닛의 경우 상황 변화에 따라 모든 성과 지표가 변경되면 아키텍처 중 일부분을 변경해야 한다.

AWS는 지속적인 혁신을 추구하며, 늘 신규 서비스를 론칭하고, 가격을 떨어뜨리며, 새로운 지역, 새로운 엣지 로케이션을 추가해 왔다. AWS의 최신 기술을 활용해 아키텍처에 대한 성능 효율성을 높일 수 있으며 매일 실행해야 하는 검토 사항은 다음과 같다.

- AWS CloudFormation 템플릿 등을 활용해 기업 인프라를 일련의 코드로 정의한다. 이를 통해 소프트웨어 개발 방법을 인프라로 신속하게 확장하고 일상적으로 반복할 수 있다.

- 지속적 통합과 지속적 배포 즉, CI/CD^{Continuous Integration/Continuous Deployment} 파이프라인을 이용해 인프라를 배포한다. 이를 위해 잘 정의된 기술 및 비즈니스 성능 지표를 준비하고 주요 성능 지표를 지속적으로 수집할 수 있는 모니터링 체계를 갖춘다.

- 주기적인 벤치마킹 테스트를 통해 성능을 점검하고 요구 성능 지표에 부합하는지 지속적으로 확인한다. 테스트가 진행되는 동안 일련의 테스트 스크립트를 통해 워크로드를 복제 또는 시뮬레이션해 비즈니스 현장의 상황을 좀 더 생생히 반영하도록 노력한다.

3단계: 모니터링

애플리케이션 및 워크로드 배포 후 지속적인 모니터링을 통해 고객이 불편함을 느끼기 전에 여러분이 미리 문제를 해결할 수 있다. 이상 징후 발생시 즉시 경고 메시지를 받을 수 있도록 하고 경고 메시지를 커스터마이징해 성능 저하 요소에 대한 즉각적인 대응이 가능하도록 한다.

CloudWatch는 모니터링 및 노티피케이션 전송 기능을 제공하며, 인프라 또는 리소스에 성능 문제 발생 시 Amazon Kinesis, Amazon Amazon SQS, AWS Lambda 등을 이용해 적절한 대응 행동을 실행하도록 자동화할 수 있다.

신뢰성 원칙

여기서 신뢰성은 서비스 수준 계약서(SLA) 상의 요구 사항을 준수할 수 있는 아키텍처를 설계하기 위한 신뢰성을 의미하며, 다양한 실패 상황에서 복구를 위한 방법과 비즈니스 유닛이 감당할 수 있는 리소스 고갈 수준 파악, RTO^{Recovery Time Oobjective} 및 RPO^{Recovery Point Objective}[1] 레벨에서의 업무 정상화 방법 등이 포함된다.

---

1 복원 시간 목표(RTO)는 기업 인프라가 셧다운된 뒤 복원을 위해 대기할 수 있는 최대 시간이고, 복원 지점 목표(RTO)는 기업이 존속 상태를 유지할 수 있는 최대 손실 가능 데이터량을 시간으로 표현한 것 – 옮긴이

사용자는 시스템이 처할 수 있는 최악의 상황을 가정해 인프라와 애플리케이션을 구성하는 다양한 요소를 서로 다른 방식으로 조합해 다양한 해법을 도출할 수 있다. 시스템 설계 시 다양한 실패 시나리오에 따라 업무 정상화의 방안을 생각해 볼 수 있지만 이와 관련된 다양한 종속 요소가 존재하므로 구체화까지 많은 시간이 소요된다.

사용자는 이와 같은 요구 사항이 이미 통합적으로 반영된 AWS의 서비스 및 도구를 이용해 문제를 해결할 수 있고 애플리케이션 또는 워크로드와 관련된 모든 업무를 신뢰성을 기반으로 처리할 수 있다. 예를 들어, 사용자는 AWS의 멀티 AZ를 통해 고가용성을 유지할 수 있으며, 애플리케이션을 멀티 AZ 환경에서 실행해 신뢰성 기반 위에 자동화된 고가용성을 확보할 수 있다.

클라우드에서 신뢰성의 원칙을 구현하기 위한 다섯 가지의 세부 원칙이 있다.

- **복원 절차 검증** 여러분이 겪을 수 있는 모든 실패 상황을 시뮬레이션하고, 실패 상황을 어떻게 극복할 수 있는지 검증하되 실패 상황의 시뮬레이션 과정 중 최대한 많은 부분을 자동화하도록 노력한다. 이를 통해 기업의 시스템이 실패 상황을 능동적으로 처리할 수 있으며 서비스 운영의 항상성을 유지할 수 있다.

- **실패 복원의 자동화** 최대한 많은 실패 복원 업무를 자동화한다. 시스템을 능동적으로 모니터링하고, 경고 상황에 즉각적으로 반응하도록 준비한다. 이를 통해 항상 실패 상황에 대비할 수 있다.

- **리소스의 수평적 확장** 수직적 확장 대신 수평적으로 확장함으로써 다수의 서버 활용에 따른 위험 부담을 최소화할 수 있다. 예를 들어, 특정 업무를 한 대의 16 코어 서버에서 처리하는 것보다 (사양이 낮으면서 저렴한) 네 대의 4-코어 서버에서 처리할 수 있다. 그리고 이들 서버를 각기 다른 AZ에 배치함으로써 애플리케이션의 고가용성을 유지할 수 있다.

- **요구 성능 및 용량 구체화** 클라우드 환경에서 리소스 용량은 거의 무한하다고 할 수 있다. 하지만 온프레미스 환경에서는 최대 트래픽 또는 사용량을 고려해 리소스를 미리 프로비저닝 해야 하므로 낭비가 발생할 수 있고, 과거에 예측한 요구 성능은 시간이 지날수록 증가해 결과적으로 성능 저하로 이어지게 된다. 클라우드에서는 적정 용량 계획이라는 개념 자체를 사용할 필요가 없으며, 사용자는 사용량 증가에 대한 경고 발생 시 새로운 리소스를 추가하는 과정만 자

동화하면 된다.

- **시스템 변경 업무의 자동화** 시스템에 대한 모든 변경 업무는 자동화해야 하며, 이를 통해 인적 오류의 발생 가능성을 최소화할 수 있다.

신뢰성 원칙의 베스트 프랙티스

클라우드에서 신뢰성 원칙을 실천하기 위한 베스트 프랙티스는 신뢰의 토대 구축, 변경 대응 관리, 실패 대응 관리 등 세 가지다.

신뢰의 토대 구축

시스템의 아키텍처를 구상하기 전 신뢰의 토대부터 구축^{Lay the Foundation}해야 한다. 이를 위해 우선 비즈니스 목표를 파악한다. 예를 들어, 비즈니스 유닛의 목표가 99.99%의 가용성이라면 실무에서 이를 신뢰성 있게 제공할 수 있는 방안을 찾아야 한다. 애플리케이션 설계 시 높은 수준의 가용성을 구현하려면 비용이 증가하므로 애플리케이션 설계 시점부터 가용성이 비즈니스 유닛의 진정한 목표인지 확인해야 하는 것이다. 표 9-1은 가용성 수준과 그에 따른 다운타임을 나타낸다.

신뢰의 토대 구축 시 데이터 센터에서 클라우드로의 이전을 시작점으로 삼을 수 있다. 데이터 센터에서 클라우드로 매우 큰 규모의 네트워크 대역이 필요한 경우 VPN 대신 Direct Connect로 연결하는 것이 좋으며, 필요에 따라 다수의 Direct Connect 옵션을 이용할 수 있다. 네트워크 용량은 미리 계획해야 하며, 미래의 성장, 다른 시스템과의 통합 등도 고려해야 하고 특히 다음과 같은 내용을 기억해야 한다.

- 리전당 하나 이상의 VPC를 사용할 수 있도록 충분한 IP 주소 공간을 확보한다.
- VPC 내에서 멀티 AZ로 확장하기 위한 멀티 서브넷 공간을 확보한다.
- VPC 내에 여분의 CIDR 블록 공간을 둬 미래의 필요에 대비한다.
- 비즈니스 니즈에 따라 교차 계정 연결^{cross-account connections} 방식을 사용할 수 있다. 즉, 비즈니스 유닛마다 각자의 계정을 지니고, VPC를 통해 서비스를 공유할 수 있게 한다.
- 항상 실패 가능성 및 정상화 방법을 고려한다. Direct Connect를 이용 중인 상황에서 Direct Connect가 셧다운되면 어떻게 해야 할까? 그래서 또 하나의

Direct Connect가 필요하다. 만일 여분의 Direct Connect를 사용할 재무적 여유가 없다면 실패 대응용 VPN을 사용한다.

표 9-1 가용성 vs. 연간 최대 가동 정지 시간

가용성	최대 정지 시간(연간)	애플리케이션 카테고리
99%	3일, 15시간	배치 프로세싱, 데이터 추출, 변환, 로드 잡
99.9%	8시간, 45분	지식 관리, 프로젝트 이력 추적 등 내부 서비스
99.95%	4시간, 22분	온라인 커머스, POS
99.99%	52분	VOD 서비스, 방송 시스템
99.999%	5분	ATM 거래 관리, 통신 시스템

애플리케이션의 가용성 설계 시 고려해야 할 사항은 다음과 같다.

- **장애 격리 지역 활용** AWS는 AZ에 장애 격리를 위한 전용 구조를 제공하며, 이와 같은 장애 격리 AZ는 리전당 두 개 이상 마련돼 있다. 기업의 워크로드 또는 애플리케이션 설계 시 최소 두 개 이상의 AZ를 사용해야 하며 아키텍처에 더 많은 AZ를 포함시킬수록 애플리케이션의 장애 가능성은 낮아진다. 예를 들어, 단 하나의 AZ만 사용한다면 해당 AZ가 셧다운되는 순간 애플리케이션이 정상 작동하지 못할 확률은 100%가 된다. 하지만 두 개의 AZ를 사용하면 이와 같은 확률이 50%로 줄어들게 된다.

- **중복 구현 요소 활용** AWS의 설계 원칙 중 하나는 물리 인프라에서 단일 실패 지점single points of failure을 만들지 않는다는 것이다. AWS의 모든 물리 인프라는 중복 구현 원칙을 따르고 있으므로 애플리케이션을 설계할 때도 이와 같은 중복 구현 요소를 잘 활용해야 한다. 예를 들어, EC2 서버에서 데이터베이스를 호스팅하는 경우 다수의 EBS 볼륨을 활용해 중요 데이터를 보호하고 스토리지 레이어에 RAID 기법을 적용해 고가용성을 유지한다.

- **관리형 서비스 활용** AWS의 관리형 서비스 대부분이 이미 고가용성을 구현하고 있으므로 애플리케이션 구현 시 관리형 서비스를 최대한 많이 적용하는 것이 좋다. 예를 들어, RDS는 멀티 AZ 아키텍처를 제공하며, 데이터베이스를 호스팅하는 특정 AZ가 셧다운되는 경우 RDS는 자동으로 다른 AZ로 연결돼 장애

상황에 대응한다. 또다른 서비스인 Amazon Aurora의 경우 서로 다른 세 개의 AZ에 총 여섯 개의 데이터 사본이 저장된다.

변경 대응 관리

예를 들어, 누군가 의도치 않게 시스템에 잘못된 코드를 입력했을 때 시스템 전체가 내려갈 수 있으며 변경 대응 관리^{Implement Change Management}는 이러한 상황에 대한 대응 방안에 대한 것이다. 온프레미스 환경에서는 이와 같은 업무를 처리하기 위해 변경 제어^{change control}라는 방식을 사용하며, 감사 기법으로 누가, 언제 이와 같은 변경을 만들었는지 수동으로 세심하게 확인한다.

반면 AWS 환경에서는 이와 같은 변경 대응 관리 전 과정을 자동화할 수 있으며 주요 성능 지표에 대한 대응부터 장애 대응 관리에 이르는 전 과정이 포함된다. 시스템에 변경 사항 적용시 다음과 같은 배포 패턴으로 리스크를 최소화할 수 있다.

- **블루 그린 배포**^{Blue-green deployments} 두 개의 배포 스택이 병렬적으로 실행되며, 하나의 스택은 구 버전에서 또다른 스택은 새 버전에서 함께 실행된다. 새 배포 스택에는 약간의 트래픽만을 흘려보내서 실패, 오류 가능성을 파악하고 나머지 트래픽은 구 버전 스택에 보내는 방식이다(새 버전 10%, 구 버전 90% 비중).

  새 버전의 스택에서 실패 상황이 발생하면 10%의 트래픽도 구 버전으로 보낸 뒤 문제를 해결하면 된다. 상황이 개선되면 새 스택으로 트래픽을 점진적으로 보내다가 최종적으로 100%를 처리하도록 한다.

- **카나리아 배포**^{Canary deployment} 고객 중 일부를 새 버전으로 라우팅해 변경 또는 오류 가능성을 검증하는 방식이다. 블루 그린 배포와 유사하며, 새 버전에 문제가 없다고 판단되면 점차 많은 고객 트래픽을 처리하고, 문제가 드러나면 구 버전에서 트래픽을 처리하는 방식이다.

- **기능별 활성화** 고객이 필요 기능으로 인지하지 못하는 기능을 비활성화한 채로 배포하는 방식으로 배포판에 별 문제가 발생하지 않으면 해당 기능을 활성화한다. 배포판에서 문제가 확인된 경우 다음 배포까지 해당 기능을 비활성화한 채로 두면 된다.

장애 대응 관리(Implement Failure Management)

애플리케이션은 모든 스택 레이어에서 실패 상황에 대처할 수 있어야 한다. 이를 위해 모든 레이어를 평가해 특정 스택 또는 특정 컴포넌트 오작동시 애플리케이션에 미치는 영향에 대해 검증하거나 AZ 실패, Direct Connect 실패, EC2 서버 실패, 특정 하드드라이브 실패 상황을 고려할 필요가 있다.

이와 같은 발생 가능 장애 시나리오를 통해 모든 실패 상황에 미리 대비할 수 있으며 이에 맞춰 시나리오별 백업 및 DR, 즉 장애 복구 전략을 수립한다. 정기적으로 백업을 실행하고 백업 파일을 통해 모든 기능이 정상적으로 회복될 수 있는지 확인한다.

DR 시뮬레이션 테스트를 통해 다른 리전에서 인프라를 다시 정상 가동하는 데 얼마만큼의 시간이 소요되는지 확인한다. 사용자는 CloudFormation을 이용해 다른 리전에 지속적으로 데이터를 백업하고 다른 리전에서의 인프라 배포를 자동화할 수 있다.

비용 최적화 원칙

비용 최적화 원칙Cost Optimization Pillar은 미사용 리소스 및 비효율 리소스의 제거를 통해 비용을 절감하기 위한 전략을 담고 있다. AWS는 정기적으로 서비스 사용 요금을 인하해 고객으로 하여금 클라우드에서 다양한 방법으로 비용을 절감할 수 있도록 하고 각 비즈니스 유닛별로 발생 비용을 지속적으로 확인할 수 있게 한다.

클라우드 서비스 활용에 따른 비용을 줄일 수 있는 방법은 여러 가지가 있으며, 이번 절에서 설명하는 비용 최적화 베스트 프랙티스를 통해 온프레미스 환경과의 비용 비교는 물론 애플리케이션 운영 시간 경과에 따라 비용을 감소시킬 수 있는 다양한 방안을 구체적으로 파악할 수 있다.

비용 최적화는 AWS가 제공하는 모든 비용 절감 전략에 따라 실제 기업이 부담하는 비용을 줄일 수 있을 때까지 지속돼야 한다.

비용 최적화를 위한 세부 원칙은 다음과 같다.

- **최적의 소비 모델 선택** 비즈니스 성과를 극대화할 수 있는 소비 모델을 선택한다. 클라우드의 대표적인 소비 모델은 온디맨드on-demand 및 종량제pay-as-you-go 가격 모델이며, 사용자는 이를 통해 사용하지 않는 리소스를 언제든 셧다운할 수 있다. 예를 들어, 개발 팀원 모두가 오후 5시에 퇴근해서 다음날 오전 9시에 출근한다면 그 시간 동안 개발 환경 전체를 셧다운할 수 있다. 또한 상용 워크로드에서도 여러분의 애플리케이션의 연간 트래픽 상황을 파악하고 있다면 비수기에 인스턴스 중 일부를 셧다운해 비용을 절감할 수 있다.

- **관리형 서비스 사용** 관리형 서비스 및 서버리스 서비스를 통해 기업 본연의 비즈니스에 집중할 수 있는 것은 물론 인프라 보유 부담을 줄이고 관련 비용 또한 대폭 절감할 수 있다.

- **전반적인 효율성 측정** 비즈니스의 실제 전달 가치를 통해 비용 효율성을 측정할 수 있으며 이를 통해 장기적인 비용의 절감 또는 증가 추세를 파악할 수 있다.

- **비용 분석** 비즈니스 유닛별 비용 분석 도구를 활용해 시스템 운영과 관련된 비용을 확인하고 이를 사업부 책임자에게 효과적으로 전달할 수 있으며, 사업부 책임자는 클라우드 비용과 투자 성과를 비교해 투자 대비 수익률을 계산할 수 있다.

- **전통적인 데이터 센터 투자 감축** AWS의 다양한 클라우드 서비스는 전통적인 데이터 센터의 소유 및 운영 필요성을 줄여주며, 기업의 IT팀은 AWS의 다양한 클라우드 서비스를 이용해 인프라 관리보다 비즈니스 운영 및 혁신에 매진할 수 있다.

클라우드에서의 비용 최적화 전략은 비용 효율적인 리소스 찾기, 수요와 공급의 일치, 비용 지출 내역 파악, 시간 경에 따른 최적화 등, 네 가지 영역으로 구성된다.

비용 효율적인 리소스 찾기

비용 효율적인 리소스를 찾는 방법은 다양하다. 먼저 최소 리소스를 이용해서 일정 기간 워크로드를 실행해 보고, 스케일업 또는 스케일다운 과정을 거치며 적절한 수준의 리소스를 결정할 수 있다. 최소 리소스 활용 방식은 스케일 다운 과정이 필요 없다는 장점이 있다.

기업의 비즈니스 니즈에 따라 온디맨드 리소스, 스팟 인스턴스, 예약 인스턴스 등 다양한 구매 옵션을 선택할 수 있으며, 비즈니스 니즈에 맞는 엔드 유저와 가까운 지역의 리전을 이용한다. 예를 들어, e-커머스 또는 웹사이트의 경우 타깃 유저 인접 리전 선택을 통해 지연 시간 등 주요 성능 지표 수준을 높일 수 있다.

솔루션 아키텍처 설계의 베스트 프랙티스는 전송 지연을 최소화하면서 데이터 통제권을 높일 수 있는 타깃 유저 인접 리전에 리소스를 배치하는 것이다. 앞서 언급한 바와 같이, 관리형 서비스 및 서버리스 서비스를 통해 불필요한 IT 관리 비용을 절감할 수 있다.

그림 9-3은 AWS의 비용 관리 도구인 Trusted Advisor의 화면이며 사용자는 이를 통해 다양한 AWS 리소스를 확인하고 비용 절감을 위한 다양한 지침을 제공받을 수 있다.

그림 9-3 Trusted Advisor

수요와 공급의 일치

온프레미스 환경에서는 절정 수요^{peak demand}에 대비하기 위해 평균 필요량 이상의 과잉 프로비전을 해야 한다. 애플리케이션에 대한 수요는 고정된 것이기도 하지만 동시에 변동 가능하기 때문이다. 반면 클라우드 환경에서는 수요에 따라 자동으로 리소스를 프로비전 할 수 있다.

예를 들어, 사용자는 Auto Scaling을 이용해 수요에 따라 자동으로 스케일업 또는 스케일다운할 수 있다. 또 소규모의 RDS 인스턴스 클래스로 비즈니스를 시작한 뒤 수요 증가에 맞춰 더 높은 수준의 인스턴스 클래스로 옮겨갈 수 있다. 클라우드에서는 사용자가 딱 필요한 만큼만 리소스를 프로비전할 수 있다.

비용 지출 내역 파악

비즈니스와 관련된 직간접적인 비용을 파악하는 것은 무척 중요하며, 경영자는 이를 통해 더 나은 의사결정을 할 수 있다. 비즈니스 유닛의 운영 비용이 매출액보다 높다면 기업은 인프라에 투자할 이유가 없지만 비즈니스 유닛의 운영 비용이 매출액보다 훨씬 낮다면 기업은 더 많은 비즈니스 기회를 잡기 위해 인프라에 투자를 하게 될 것이다. 따라서 비용 지출 내역 파악 시 데이터 전송 비용 또는 Direct Connect 비용 등 세부적인 비용 요소를 모두 파악하는 것이 중요하다.

시간 경과에 따른 최적화

시간 경과에 따른 최적화를 달성하기 위해 지속적인 측정, 모니터링, 개선 노력이 필요하다. 기업의 사용자와 애플리케이션에 대해 지속적으로 측정하고 모니터링해야 하며 모니터링으로 수집한 데이터는 좀 더 가치 있는 정보로 결합해야 한다. 이렇게 수집된 데이터를 바탕으로 한 갭 분석^{gap analysis}은 기업의 요구 사항과 기업 시스템의 활용률이 얼마나 일치하는지를 보여준다.

예를 들어, 온디맨드 인스턴스 모델로 시작하고 수 개월이 지난 뒤 해당 인스턴스를 거의 매일 가동한다는 사실을 파악했고, 다시 일 년이 지난 뒤에도 그러한 상황이 변함이 없다면 온디맨드 인스턴스 대신 예약 인스턴스를 사용하는 편이 비용 측면에서 훨씬 유리하다.

또 6개월 후 이와 같은 예약 인스턴스가 필요할지 아직 확신할 수 없다면, 전환 예약 인스턴스convertible reserved instance를 선택하는 것도 좋은 방법이다.

AWS 베스트 프랙티스

애플리케이션을 클라우드에 배포할 때 다음과 같은 세 가지 방법을 사용할 수 있다.

- **클라우드로 이전** 일부 애플리케이션은 변화된 환경에 맞춰 수정하거나 변경할 수 없는 경우가 있다. 특히 예전부터 널리 사용되는 애플리케이션 가운데 수정이 매우 어려운 경우가 있다. 이런 경우 (수정 없이) 있는 그대로 클라우드로 이전하는 방식을 사용할 수 있다. 예를 들어, 클라우드에 Oracle ERP를 배포하는 경우 해당 애플리케이션의 아키텍처를 변경하기는 어렵다. 이 경우 AWS의 주요 서비스 중 하나인 VPC와 서브넷으로 기업 전용 클라우드 환경을 조성하고 EC2 인스턴스와 EBS 스토리지를 추가하는 전략이 바람직하다.
- **클라우드 최적화** 애플리케이션의 아키텍처를 변경하는 것이 어렵다면 클라우드에 최적화된 아키텍처로 애플리케이션의 경쟁력을 높일 수 있다. 예를 들어, EC2 서버 대신, 데이터베이스 프로비저닝에 RDS를 이용하거나 노티피케이션 업무에 SNS를 활용하는 방법이다.
- **클라우드 네이티브 아키텍처** 아키텍처 설계의 시작부터 클라우드를 염두에 두고 진행하는 방법으로 모든 AWS 서비스를 활용할 수 있고, 보안성, 확장성, 비용 관리, 신뢰성, 운영 비용 절감 등 모든 부분에서 AWS의 장점을 최대한 이끌어 낼 수 있다.

클라우드에서 아키텍처 구현 시 아키텍트 여러분은 클라우드의 베스트 프랙티스를 반영하도록 해야 한다. 다음 절에서는 클라우드 아키텍처 구현을 위한 베스트 프랙티스를 알아본다.

실패 대응 설계(Design for Failures)

애플리케이션 스택의 모든 레이어에서 실패 상황에 대응할 수 있는 설계를 하는 일은 무척 중요하다. 스토리지 레이어의 경우 RAID 등의 기술을 이용해 데이터 미러링 체계를 구현해야 하며, 데이터베이스 티어의 경우 고가용성을 유지해야 하며, 애플리케이션 티어의 경우 다수의 EC2 인스턴스를 활용해 실패 상황에 대비해야 한다.

예를 들어, 그림 9-4와 같이 EC2 서버에 데이터베이스 및 애플리케이션을 호스팅하는 경우 Elastic IP를 이용해 서버를 연결하고, Route 53를 이용해 최종 사용자가 애플리케이션에 접속할 수 있도록 했는데 여기에 어떤 문제가 있는지 파악했는가?

문제는 바로 모든 애플리케이션 컴포넌트를 하나의 EC2 서버에서 호스팅하고 있다는 것이다. 이 경우 EC2 서버가 다운되면 데이터베이스도, 애플리케이션도 모두 한꺼번에 다운될 수 밖에 없다.

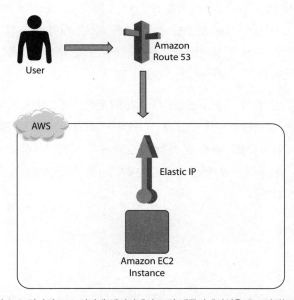

그림 9-4 하나의 EC2 서버에 데이터베이스 및 애플리케이션을 호스팅하는 경우

Amazon.com의 CTO인 베르너 보겔스Werner Vogels는 "항상, 모든 것은 실패할 수 있다 (Everything fails, all the time)."라고 얘기한 바 있다. 즉, 클라우드 아키텍처를 설계할 때는 항상 모든 컴포넌트의 실패 가능성을 염두에 두고 개별 컴포넌트가 실패하더라도 애플리케이션 전체가 실패하지 않도록 해야 한다.

실패를 대비한 설계 시 물리적 하드웨어가 고장나더라도 애플리케이션은 정상 작동하도록 하는 것을 목표로 삼으면 된다. 실무에서는 누구나 권장하는 바람직한 아키텍처를 하루만에 구현할 수 없다는 사실을 우리 모두 잘 알고 있다. 그래서 우리 모두는 (앞서 설명한 바와 같이) 매일 조금씩 아키텍처 설계를 개선해 나가는 노력을 해야 하며 매일 작은 부분을 발전시켜서 결국 바람직한 아키텍처를 구현할 수 있다.

이를 위해 먼저 데이터베이스 티어와 애플리케이션 티어를 분리하는 작업부터 시작한다. 그림 9-5와 같이 웹 티어는 EC2 서버에, 데이터베이스는 RDS에 구현하는 것이다. 여전히 데이터베이스 다운 시 애플리케이션도 함께 다운되는 구조이므로 위험 요소가 남아있긴 하지만 일단은 두 개 티어를 분리하는 것으로 시작하자.

다음 단계에서 장애 대응성 및 중복 구현성 부족 부분에 대한 해결책으로 그림 9-6과 같이 웹 티어에 또 다른 EC2 서버를 추가하고 멀티 AZ 환경에 RDS를 배포해 마스터 인스턴스와 스탠바이 인스턴스를 서로 다른 AZ에 배치한다. 또 EIP는 ELB^{Elastic Load Balancer}로 대체해 두 개의 웹 인스턴스에 대한 로드를 분산하도록 한다. 이제 여러분의 앱도 중복 구현성 및 고가용성을 지니게 됐다.

이번 장애 대응성 및 중복 구현성 구현 사례의 교훈은 단일 실패 지점을 회피하라는 것이다. 모든 것은 실패할 수 있고 실패 시 언제든 이전의 상태로 되돌릴 수 있어야 한다. 실패를 대비한 설계를 통해 물리적 하드웨어가 실패하더라도 애플리케이션은 정상 작동하도록 하는 목표를 달성할 수 있으며 이를 위한 AWS의 도구 및 기술 활용 방법은 다음과 같다.

- 멀티 AZ 활용
- ELB 활용
- EIP 활용
- CloudWatch를 이용한 실시간 모니터링
- CloudWatch 지표에 따른 실시간 경보를 위해 SNS 활용
- 멀티 AZ 환경에 스탠바이 데이터베이스 추가 생성

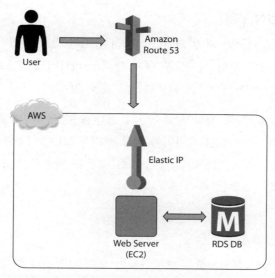

그림 9-5 EC2의 웹 티어 및 RDS의 데이터베이스 티어

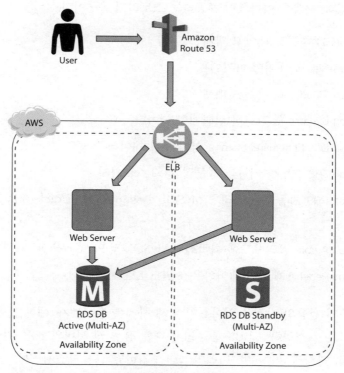

그림 9-6 웹 티어와 데이터베이스 티어 간의 고가용성 구현

모든 레이어에 보안성 구현

이 부분은 앞에서도 언급한 바 있지만 한 번 더 강조할 필요가 있다. 모든 중요 레이어에 대해 전송 상태의 데이터는 물론 대기 상태의 데이터도 암호화해야 한다. 또한 Amazon KMS^{Key Management Service}를 이용해 암호화 키 생성 및 관리 업무를 처리한다.

또한 IAM 유저, 그룹, 정책 생성시 최소한의 권한 부여라는 원칙을 지켜야 한다. 접속자의 신원 인증에 추가 보안 레이어가 필요한 경우 MFA^{MultiFactor Authentication}를 사용한다. 또 시큐리티 그룹을 이용해 EC2에 대한 접근을 제어하고, NACL을 이용해 서브넷 레벨의 트래픽을 제어한다.

다중 스토리지 옵션의 활용

아마존은 다양한 스토리지 옵션을 제공하지만 모든 기업이나 사용 시나리오에 일치하는 것은 아니므로 사용자는 자신에게 맞는 다양한 스토리지 옵션을 조합해서 사용할 필요가 있다. 다음은 아마존이 제공하는 스토리지 옵션이다.

- Amazon S3 대규모 데이터 객체
- Amazon Glacier 데이터 아카이브
- Amazon CloudFront 콘텐츠 배포
- Amazon DynamoDB 간단한 비관계형 데이터
- Amazon EC2 Ephemeral Storage 임시 보관 데이터
- Amazon EBS 스냅샷 기능의 영구적 블록 스토리지
- Amazon RDS 자동화된 관리형 MySQL, PostgreSQL, Oracle, Maria DB, SQL Server
- Amazon Aurora 클라우드에 최적화된 MySQL 및 PostgreSQL
- Amazon Redshift 데이터 웨어하우스 워크로드

다중 스토리지 활용의 장점을 알아보기 위해 사례를 들어보자. 예를 들어 EC2 서버에 웹사이트를 호스팅하고 EBS 볼륨을 추가한 경우 웹 서버의 모든 기능은 EC2에서 실행된다. 여기에 RDS 데이터베이스를 추가하면 그림 9-7과 같은 모습이 된다.

여기서는 데이터 저장을 위해 오직 EBS만 사용하지만 다중 스토리지를 활용하고 클라우드에 최적화된 아키텍처를 구현하려면 몇 가지 할 일이 남아있다.

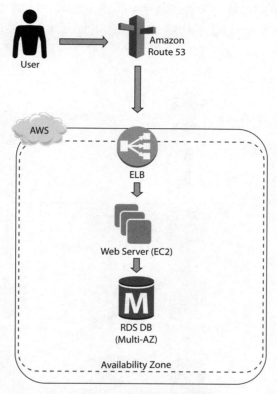

그림 9-7 EC2 및 RDS에서 실행 중인 웹사이트

웹 서버(EC2 서버)에 있는 이미지 파일, 비디오 파일, CSS 파일, JavaScript 파일 등, 정적 객체를 S3로 이동시킨 뒤 CloudFront를 통해 사용자에게 제공할 수 있다. 물론 S3에서 직접 제공하고 CloudFront는 글로벌 캐싱 및 배포만 담당할 수도 있다. 이렇게 하면 웹 서버에만 가해지는 처리 부담을 덜 수 있고 웹 티어 부문의 트래픽 또한 줄일 수 있다.

다음은 DynamoDB와 같은 NoSQL 데이터베이스에 세션 정보 등을 저장하는 것이다. 기존의 방식으로는 EC2 서버에 세션을 저장했겠지만 DynamoDB에 세션 정보를 저장함으로써 EC2 서버의 스케일다운 시에도 세션 정보가 그대로 유지되며, 이와 같은 웹 티어를 세션 등 상태 정보를 저장하지 않는 다는 측면에서 스테이트리스 티어stateless tier라 부른다.

자주 사용되는 데이터베이스 쿼리 결과는 ElastiCache에 저장해 검색 편의성은 높이고 데이터베이스에 가해지는 부담은 줄일 수 있다. 그림 9-8은 다중 스토리지 옵션을 활용하는 방법을 보여준다.

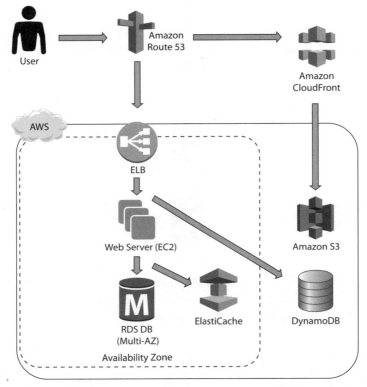

그림 9-8 다중 스토리지 옵션의 활용

클라우드 리소스의 탄력성 구현

탄력성은 클라우드의 특징이자 이점 중 하나이로 절정 수요에 맞춰 하드웨어를 과잉 프로비전해야 했던 온프레미스 시대에는 기대할 수 없었던 속성이다.

AWS 클라우드는 절정 수요에 상관 없이 언제나 사용자가 필요한만큼의 프로비저닝만 할 수 있는 탄력성을 제공하며, 기업은 언제든 수요에 맞춰 리소스를 스케일업 또는 스케일다운할 수 있다. 다음은 탄력성을 제공하는 AWS의 주요 서비스다.

- Auto Scaling 기업의 IT 환경에 EC2 인스턴스를 추가 또는 제거해 인프라를 자동으로 확장할 수 있도록 돕는다.

- Elastic load balancing 멀티 AZ 환경에서 기업의 워크로드를 EC2 인스턴스에 분산 배치할 수 있도록 돕는다.

- DynamoDB 세션 등 사용자의 상태 정보 관리에 유용한 NoSQL 데이터베이스다.

병렬 처리 기법의 활용

AWS는 다양한 유형의 병렬 처리 아키텍처$^{parallel\ architectures}$를 제공하며, 좀 더 빠른 워크로드 처리를 위해 다양한 병렬 처리와 관련된 실험을 할 필요가 있다. SNS와 SQS를 이용하면 메시지 및 노티피케이션을 통해 (상태 정보, 워크플로우, 잡 처리 현황 등에 대해) 서로 소통하며 병렬적으로 워크로드를 처리할 수 있다.

예를 들어, 새 이미지 업로드시 토픽을 통해 메시지를 전파해 컴포넌트별 독립적 처리, SQS 큐를 통한 읽기 등의 방식으로 이미지가 업로드될 때마다 자동으로 썸네일 생성, 이미지 인식 실행, 이미지 메타데이터 저장 등의 업무를 병렬적으로 수행할 수 있다.

- 멀티스레드 및 동시병행 처리 활용 클라우드에 다수의 처리 요청을 전송한 경우 이를 연속적으로 처리하기보다는 병렬적으로 처리되도록 해야 한다. 스레드를 이용해 요청이 동시에 처리되도록 분할했지만 CPU 사이클에서 미처 처리하지 못하고 대기하는 스레드가 있는 경우 스레드 수를 늘려서 워크로드가 병렬적으로 신속하게 처리되도록 한다.

- 맵리듀스 잡 활용 빅데이터 처리를 위한 Amazon EMR은 EC2 인스턴스에서 MapReduce 프레임워크에 포함된 Hadoop을 자동으로 실행하며 이 과정에서 맵^{Map}과 리듀스^{Reduce} 과정을 거친다. 즉, 하나의 프로세싱 잡에 포함된 데이터를 작은 덩어리로 나눠서 ("map" function) 병렬적으로 처리하고, 처리된 데

이터를 축소 및 재결합해 ("reduce" function) 제공한다. Amazon S3는 분석 대상 데이터의 저장 및 분석 결과 데이터의 저장 기능을 맡는다.

예를 들어, 하나의 노드를 이용해 10시간 후에 종료되는 EMR 잡이 있다고 해보자. 해당 노드의 시간당 비용이 $1라고 가정하면 총 $10의 비용이 든다. 반면 병렬처리 방식을 활용해 열 개의 노드를 이용해 같은 분석 업무를 처리하면 시간은 1시간으로 줄어들고 비용은 기존과 동일한 $10를 유지한다.

결국 클라우드에서는 같은 비용이 드는 EMR 잡을 10시간만에 혹은 1시간만에 처리할 수 있는 옵션이 있는 것이며, 이것이 여러분에게 병렬처리 기법의 활용을 권장하는 이유이기도 하다.

- **ELB를 이용한 워크로드 배포** ELB를 이용해 싱글-AZ 또는 멀티-AZ 환경에 있는 EC2 인스턴스에 트래픽을 배분할 수 있다. ELB는 유입되는 애플리케이션 트래픽에 맞춰서 자동으로 요청 처리 용량을 증가 또는 감소시킬 수 있다.

- **Kinesis를 이용한 데이터 동시병행 처리** Kinesis를 이용해 다수의 애플리케이션에서 들어오는 데이터 스트림을 동시병행적으로concurrently 처리할 수 있다. 스트림 데이터 중 일부는 실시간 분석을 위해 Kinesis에서 바로 분석하는 동시에 분석 결과는 S3에 바로 저장할 수 있다.

Lambda는 수천 여 개의 함수를 병렬적으로 처리할 수 있도록 해주며, 이벤트의 발생 빈도에 상관 없이 일관된 성능을 제공한다. 높은 확장성이 요구되는 애플리케이션의 경우 백엔드 서비스에서 Lambda를 활용하는 것을 추천한다.

아울러 S3에 파일을 업로드할 때 멀티파트 업로드multipart upload 및 레인지 겟range get 기능을 활용하는 것도 병렬 처리 기법의 활용에 도움을 준다.

느슨하게 연결된 아키텍처

클라우드 아키텍처 설계 시 각 요소가 독립적으로 작동할 수 있도록 해야 한다. 각 요소를 느슨하게 연결할수록 아키텍처의 확장성을 더욱 높일 수 있다. 모든 컴포넌트는 마치 (각각 고유한 기능을 제공하는) 블랙박스처럼 다루는 것이 좋고 서로 강하게 붙여놓기보다 별개의 서비스로 기능할 수 있도록 설계하는 것이 필요하다.

이후 이들 컴포넌트와 상호작용할 수 있는 공통 인터페이스 또는 공통 API를 이용한다. 예를 들어, 비디오 변환 애플리케이션 서비스를 제공하는 경우 모든 기능을 하나로 묶어서 처리할 수도 있고, 각각의 변환 작업을 여러 부분으로 나눠서 처리할 수 있다. 클라우드 측면에서는 파일 업로드, 비디오 변환, 사용자에 대한 메일 알림 등의 기능을 여러 컴포넌트로 나눠서 처리하는 것이 좋다.

이들 모든 기능을 하나로 묶어서 처리하는 경우 두 번째 과정인 비디오 변환 과정이 실패하면 첫 번째 과정인 이미지 로딩부터 다시 시작해야 하지만, 각 기능별로 나눠서 처리하면 두 번째 과정인 비디오 변환 과정이 실패하면 첫 번째로 다시 돌아갈 필요 없이 두 번째 과정부터 다시 시작하면 되는 것이다.

AWS 리소스의 활용 전략

온프레미스에 익숙한 사용자라면 아마 온프레미스에 존재하는 다양한 제약 사항을 경험했을 것이다. 인프라를 이용하다가 좀 더 많은 CPU 또는 RAM의 필요성을 느꼈을 때 그리고 좀 더 세심한 I/O 시스템이 필요하다고 느꼈을 때, 온프레미스 환경에 이를 즉시 반영하는 것은 거의 불가능한 일이었다. 하지만 AWS에서는 이와 같은 제약 사항을 걱정할 필요가 없으며 모든 작업은 몇 번의 클릭으로 가능해진다.

클라우드에는 신기술이 신속하게 적용되므로 최선의 활용 방법을 탐구하기 위해 새로운 시도를 해 볼 수 있다. 예를 들어, 온프레미스 환경에서는 평소 필요 용량보다 많은 (이를테면, 32코어) 서버를 호스팅해야 하지만 클라우드 환경에서는 32코어 성능을 발휘하기 위해 한 대의 서버가 아닌 8코어 처리 성능을 지닌 네 대의 서버를 사용할 수 있다. 또한 이를 멀티 AZ 환경에 배포해 단일 실패 지점에 대한 리스크도 줄일수 있다. 대표적인 멀티 AZ 활용 시나리오는 다음과 같다.

- **2개의 AZ 활용** 시나리오 네 대의 웹 서버를 2개의 AZ에 각각 배포하고, 둘 중 하나의 AZ가 다운될 확률이 50%인 경우 이 중 하나의 AZ가 다운됐을 때 리소스 상실 가능성은 50% 수준이다.

- **3개의 AZ 활용 시나리오** 3개의 AZ에 웹 서버를 배포한 경우 각 AZ가 다운될 확률은 33.3%이며, 이 중 하나의 AZ가 다운됐을 때 리소스 상실 가능성은 33.3% 수준으로 줄어든다. 4개의 AZ에 웹 서버를 배포한 경우엔 리소스 상실 가능은

25% 수준으로 줄어들고, AZ를 5개로 늘리면 20% 수준으로 줄어든다.

온프레미스 환경에서는 하드웨어 이슈, 즉 메모리 성능이 떨어지거나 디스크 또는 프로세서에 문제가 생긴 경우 직접 문제를 찾고, 해결해야 한다. 하지만 클라우드에서는 문제의 원인을 진단하고 해당 부품을 교체하느라 많은 시간과 노력을 들이는 대신 들어내서 교체하기^{rip-and-replace} 방식을 사용하면 된다. 문제 요소와 연결을 해제하고 새로운 기능 요소를 추가하면 되므로 클라우드에서는 하드웨어 이슈를 해결하기 위해 많은 시간과 노력을 낭비할 필요가 없다.

9장 정리

9장에서는 AWS의 Well-Architected Framework 구현을 위한 다섯 가지 전략을 알아봤다.

운영 원칙에서 운영의 우수성은 비즈니스에 대한 지원 성과를 통해 측정할 수 있으며, 운영 팀의 목표와 비즈니스 SLA가 일치되도록 조율해 운영의 우수성을 인정받을 수 있다. 클라우드에서 운영 우수성을 달성하기 위한 세부 원칙은 운영 업무의 코드화, 문서화, 지속적인 작은 변경, 운영 업무 절차 고도화, 실패 가능성 예측 등이다.

보안 원칙은 클라우드 아키텍처의 모든 측면에서 적절한 보안 수준을 유지하는 것으로 강력한 신분 확인 및 권한 부여의 토대 마련, 추적 기능 활성화, 모든 레이어에 대한 보안 적용, 데이터 보안, 보안 자동화, 보안 위협 이벤트 대응 계획 등으로 세분화할 수 있다.

성능 원칙은 속도 향상을 위한 것으로, 성능 효율성 증대 및 비즈니스에 대한 더 많은 기여 방법을 설명한다. 간단한 글로벌화, 서버리스 등 신기술 활용, 고급 기술 활용 방안 검토, 다양한 기술의 응용, 더 많은 실험 등 세부 원칙이 포함된다.

신뢰성 원칙은 다양한 실패 상황으로부터의 복구 방법을 설명하며, 기업이 감당할 수 있는 실패의 수준, RTO 및 RPO 레벨에서의 업무 정상화 방법 등이 포함된다. 세부 원칙으로는 복구 절차 검증, 실패 복구 자동화, 수평적 확장, 용량 예측 대신 탄력성 활용, 시스템 변경 적용의 자동화 등이 있다.

비용 최적화 원칙은 불필요한 비용 요소 및 비최적화 리소스를 제거해 비용을 절감하기 위한 방법을 설명한다. 세부 원칙으로는 최선의 소비 모델 선택, 관리형 서비스 활용, 전반적인 효율성 측정, 지출 분석, 데이터 센터에 대한 투자 감축 등이 있다.

클라우드 베스트 프랙티스는 다음과 같다.

- 실패를 대비한 설계
- 모든 레이어에 보안성 구현
- 다중 스토리지 옵션 활용
- 탄력성 구현
- 병렬처리 기법 활용
- 느슨하게 연결된 아키텍처

AWS 클라우드는 여러분에게 무한한 가능성을 제공한다.

9장 평가

1. AWS 계정에서 루트 유저 권한에 대한 적절한 보호 방법은 무엇인가? (정답 2개)

    A. 루트 유저를 사용하지 않음

    B. 루트 유저 로그인 시 MFA^{MultiFactor Authentication}를 함께 사용

    C. 중요 작업에서만 제한적으로 루트 유저 사용

    D. 루트 유저 계정을 잠금

2. 다수의 계정 관리를 돕는 AWS 서비스는 무엇인가?

    A. QuickSight

    B. Organization

    C. IAM

    D. IAM roles

3. AWS에서 네트워크 설계를 할 때 고려해야 할 중요 사항은 무엇인가?

    A. IPv4 및 IPv6 IP 주소 사용

    B. 오버랩핑 없는 IP 주소 사용

    C. 온프레미스와 동일한 IP 주소 사용

    D. IPv4 IP 주소는 제한적이므로 다수의 EIP 주소를 예약

4. 다른 리전에 인프라를 프로비저닝하려는 경우 다른 리전에 현재의 인프라를 복제하는 가장 빠른 방법은 무엇인가?

    A. CloudFormation 템플릿 활용

    B. 현재 인프라에 대한 청사진을 만들고 다른 리전과 동일하게 수작업으로 프로비저닝함

    C. CodeDeploy를 이용해 다른 리전에 코드를 배포함

    D. VPC Wizard를 이용해 다른 리전에 인프라를 배포함

5. Amazon Glacier의 설계 및 구현 목적은 무엇인가? (정답 2개)

    A. 능동적 데이터베이스 스토리지

    B. 접근 빈도가 낮은 데이터 스토리지

    C. 데이터 아카이브

    D. 접근 빈도가 높은 데이터 스토리지

    E. 세션 데이터 캐싱

6. VPC 내에서 일래스틱 IP로 연결한 EC2 인스턴스가 정지 및 시작될 때 나타나는 현상은 무엇인가? (정답 2개)

    A. 일래스틱 IP와 EC2 인스턴스의 연결이 끊어짐

    B. EC2 인스턴스 스토어에 저장된 모든 데이터가 소실됨

    C. EBS에 저장된 모든 데이터가 소실됨

    D. ENI가 끊어짐

    E. EC2 인스턴스에 대한 호스트가 변경됨

7. VPC 퍼블릭 서브넷에 인스턴스를 론칭했을 때 인터넷을 통한 접속이 가능하려면 다음 보기 중 무엇을 해야 하는가?

   A. 인스턴스에 일래스틱 IP 부착

   B. 아무 일도 할 필요가 없이 인터넷을 통해 인스턴스에 접속 가능함

   C. NAT 게이트웨어를 론칭해 트래픽을 라우팅함

   D. 라우팅 테이블에 엔트리를 생성한 뒤 VPC 외부에서 유입되는 모든 트래픽을 NAT 인스턴스로 전달함

8. S3에 저장된 데이터의 우발적인 삭제 또는 덮어쓰기를 막기위해 해야 할 일은 무엇인가?

   A. 버킷에 대한 S3 버저닝 기능 활성화

   B. 서명 URL을 통해서만 S3 데이터에 접근할 수 있도록 함

   C. IAM 버킷 정책을 통해 S3 데이터의 삭제를 금지함

   D. S3 리듀스 중복 구현 스토리지 활성화

   E. MFA를 이용해 접근을 제한함

9. 여러분이 만든 애플리케이션의 프론트엔드는 ELB와 다수의 EC2 인스턴스로 구성되며, ELB 환경 설정을 통해 EC2 인스턴스에 대한 헬스 체크를 수행한다. 이때 EC2 인스턴스가 헬스 체크에 통과하지 못한다면, 어떤 일이 발생하는가?

   A. 해당 인스턴스는 ELB에 의해 자동으로 교체된다.

   B. 해당 인스턴스는 ELB에 의해 자동으로 삭제된다.

   C. ELB는 헬스 체크에 통과하지 못한 인스턴스에 대한 트래픽 전송을 중단한다.

   D. 해당 인스턴스는 루트 레벨 분석을 위해 ELB에 의해 격리된다.

10. 사내 임직원에게 비밀유지 교육 비디오를 배포하려 한다. CloudFront를 이용해 S3에 저장된 콘텐츠를 배포할 때 S3에 직접 접속하지 않고도 콘텐츠를 이용할 수 있는 방법은 무엇인가?

    A. CloudFront의 OAI^Origin Access Identity를 생성하고 OAI를 통해 S3 버킷의 객체에 접속함

    B. CloudFront 계정에 "amazon-cf/amazon-cf-sg"라는 이름의 시큐리티 그룹을 생성해 S3 버킷 정책을 정의함

    C. CloudFront에 접속할 수 있는 IAM 유저를 생성해 S3 버킷의 객체에 접속하도록 함

    D. CloudFront 배포 ID 목록을 포함한 S3 버킷 정책을 생성한 뒤 ARN으로 타깃 버킷을 지정함

9장 해답

1. A, B. 루트 유저의 신분 증빙 정보 보호는 매우 중요하며, AWS는 루트 유저 로그인 시 MFA를 함께 사용하고, (기업 보안 금고 등) 물리적 보안 장소에 루트 유저 정보를 MFA와 함께 봉인해 둘 것을 권장한다. IAM은 루트 유저가 아닌 일반 유저 생성 및 권한을 관리하며 리소스에 대한 접근 레벨 또한 지정한다.

2. B. QuickSight는 시각화를 중심으로 한 비즈니스 인텔리전스 서비스고, IAM은 롤, 그룹, 정책 등 계정 관리 서비스다.

3. B. IPv4 또는 IPv6의 사용 여부는 각자의 니즈에 따라 다를 수 있다. 온프레미스와 클라우드에서 동일한 IP 주소를 사용할 수 없으며, 만일 온프레미스와 클라우드 서비스를 통합하게 되면 동일한 IP 주소로 소통할 수 없게 된다. EIP는 지정된 숫자만큼만 할당할 수 있고, 사용하지 않는 여분의 EIP를 할당하면 비용 부담만 늘어나게 된다.

4. A. 손수 아키텍처 설계도를 작성하, 이를 통해 시스템을 정상화하려면 너무 많은 노력이 소요되며, CloudFormation 템플릿으로 간단하게 정상화할 수 있다. CodeDeploy는 코드 배포에, VPC Wizard는 VPC 생성에 사용된다.

5. B, C. Amazon Glacier는 장기 저장 스토리지이자 아카이브 서비스다.

6. A, D. 인스턴스 스토어에 데이터가 있는 경우 데이터가 소실되는 것은 맞지만 질문은 일래스틱 IP에 대한 것이므로 A, D가 정답이다.

7. B. 퍼블릭 서브넷 및 인터넷 게이트웨이에서 생성된 인스턴스는 이미 인터넷과 연결된 퍼블릭 서브넷을 지니고 있으므로 별도의 연결 작업을 할 필요는 없다.

8. A. 삭제 기능을 비활성화하더라도 서명 URL은 문제 해결에 도움이 되지 않는다.

9. C. ELB는 헬스 체크에 실패한 인스턴스에 대한 트래픽 전송을 중단한다.

10. A. CloudFront에서 OAI^Origin Access Identity를 생성하고, OAI를 통해 S3 버킷의 객체에 접속하면 된다.

출제영역표

다음 표는 SAA-C02 출제 범위와 이 책의 장을 함께 나타낸 것이다.

공식 출제 범위	관련 장
출제 영역 1: 견고한 아키텍처의 설계	
1.1 멀티-티어 아키텍처 솔루션 설계	2, 3, 4, 5, 6, 8
1.2 고가용성, 내오류성 아키텍처 설계	1, 2, 3, 4, 5, 6, 8
1.3 AWS 서비스를 이용한 디커플링 메커니즘의 설계	4, 5, 7, 8
1.4 신뢰성 및 견고성을 갖춘 스토리지 선택	2
출제 영역 2: 고성능 아키텍처의 정의	
2.1 워크로드 처리를 위한 탄력성, 확장성을 갖춘 컴퓨트 솔루션 선택	4,6,7
2.2 워크로드 처리를 위한 고성능, 확장성을 갖춘 스토리지 솔루션 선택	2, 8
2.3 워크로드 처리를 위한 고성능 네트워킹 솔루션 선택	3, 4
2.4 워크로드 처리를 위한 고성능 데이터베이스 솔루션 선택	8
출제 영역 3: 애플리케이션 및 아키텍처의 보안 구현 방법	
3.1 AWS 리소스에 대한 안전한 접근 방식 설계	3, 5, 7
3.2 애플리케이션 티어의 보안을 위 설계	3, 4, 5, 7
3.3 상황에 따른 데이터 보안 옵션 선택	3, 5, 8, 9
출제 영역 4: 비용효율적인 아키텍처의 설계	
4.1 비용 효율적인 스토리지 솔루션 선택	2, 9
4.2 비용 효율적인 컴퓨트 및 데이터베이스 서비스의 선택	4, 8, 9
4.3 비용 최적화 네트워크 아키텍처의 설계	3, 9

추가 학습 자료

부록 B는 AWS 공인 솔루션스 아키텍트 - 어소시에이트 시험을 준비하거나, 조직 내에서 AWS 솔루션스 아키텍트로 일하는 사람이 반드시 읽어볼 만한 자료다. 추가 학습 자료는 화이트페이퍼 및 AWS re:Invent 컨퍼런스 영상 순으로 정리했다.

화이트페이퍼

- AWS 클라우드 도입 프레임워크 개요

  https://docs.aws.amazon.com/whitepapers/latest/overview-aws-cloud-adoptionframework/overview-aws-cloud-adoption-framework.pdf

- AWS DDoS 공격 대응 전략

  https://d1.awsstatic.com/whitepapers/Security/DDoS_White_Paper.pdf

- AWS 스토리지 서비스 개요

  https://docs.aws.amazon.com/whitepapers/latest/aws-storage-services-overview/aws-storage-services-overview.pdf#welcome

- AWS 웰 아키텍처 프레임워크

  https://docs.aws.amazon.com/wellarchitected/latest/framework/wellarchitectedframework.pdf

- AWS가 제공하는 다양한 빅데이터 분석 옵션

  https://d1.awsstatic.com/whitepapers/Big_Data_Analytics_Options_on_
  AWS.pdf

- AWS의 내오류성 컴포넌트

  https://docs.aws.amazon.com/whitepapers/latest/fault-tolerant-
  components/fault-tolerant-components.pdf

- 이벤트에 대응한 인프라 확장 및 축소 전략

  https://d1.awsstatic.com/whitepapers/aws-infrastructure-
  eventreadiness.pdf?did=wp_card&trk=wp_card

- AWS가 제공하는 다양한 배포 옵션

  https://d1.awsstatic.com/whitepapers/overview-of-deployment-
  options-onaws.pdf?did=wp_card&trk=wp_card

AWS re:Invent 영상 자료

- 아마존 EC2 개요

  https://www.youtube.com/watch?v=kMMybKqC2Y0

- AWS 아키텍처

  https://www.youtube.com/watch?v=wMsVL5Vg2BU

- AWS 네트워킹 개요

  https://www.youtube.com/watch?v=hiKPPy584Mg

- AWS의 목적별 데이터베이스 구현

  https://www.youtube.com/watch?v=q81TVuV5u28

- AWS 보안 개요

  https://www.youtube.com/watch?v=oam8FDNJhbE

- 아마존 EC2 Auto Scaling을 이용한 간편한 용량 관리

  https://www.youtube.com/watch?v=9BlsFNBnKHc

- 데이터베이스 및 데이터 분석

  https://www.youtube.com/watch?v=sfr4cs-avCQ

- 아마존 EBS 심화 학습

  https://www.youtube.com/watch?v=wsMWANWNoqQ

- 아마존 EFS 심화 학습

  https://www.youtube.com/watch?v=pCbDfTKry-c

- AWS Identity 시작하기

  https://www.youtube.com/watch?v=Zvz-qYYhvMk

- Andy Jassy 키노트 연설 (2019 re:Invent)

  https://www.youtube.com/watch?v=7-31KgImGgU

- BBC의 Cloud Watch 활용 사례 분석

  https://www.youtube.com/watch?v=uuBuc6OAcVY

- 서버리스 아키텍처 패턴 및 베스트 프랙티스

  https://www.youtube.com/watch?v=9IYpGTS7Jy0

- 애플리케이션 배포 속도를 높이기 위한 컨테이너 및 서버리스 기술

  https://www.youtube.com/watch?v=IcXjZMRSCcU

- 아마존 Aurora의 새로운 기능

  https://www.youtube.com/watch?v=QJB1vUlkmWQ

- 아마존 RDS의 새로운 기능

  https://www.youtube.com/watch?v=KhxEQQOiqus

- 아마존 S3 및 Glacier의 새로운 기능

  https://www.youtube.com/watch?v=VUFX8W8bvjo

모의 평가 디지털 콘텐츠

이 책은 130개의 연습 문제를 포함한 TotalTester Online 서비스를 함께 제공한다.

TotalTester Online 서비스

AWS Certified Solutions Architect Associate (SAA-C02) 시험의 모의 평가판을 제 공하며, 연습 모드Practice Mode, 시험 모드Exam Mode, 커스텀 모드Custom Mode로 사용할 수 있다. 연습 모드는 힌트, 책 참조, 정답과 오답 해설, 모의 평가 시 여러분이 답한 내 용 등을 제공한다. 시험 모드는 실제 시험 상황을 그대로 재현한 것으로 실제 시험과 동일한 문항 수, 문제 유형, 시험 시간을 제공한다. 커스텀 모드는 시험 영역 또는 장 별 선택 방식으로 모의 시험 문제를 생성하며, 문항 수, 시험 시간 등 세부 요소 또한 변경할 수 있다.

온라인 모의 평가를 치려면, Total Seminars Training Hub 계정에서 등록 및 활 성화 내용을 따른다. 계정을 등록하면 Total Seminars Training Hub로 이동하며, Training Hub Home 페이지 상단 "Study" 드롭다운 메뉴 또는 "Your Topics"에서 AWS Certified Solutions Architect Assoc All-in-One 2E (SAA-C02) TotalTester 를 선택한다. 그러면, Practice Mode 또는 Exam Mode에서 평가와 관련된 옵션을 선택할 수 있고, 모든 시험은 총 평가 점수 및 영역별 점수를 제공한다.

시스템 요구사항

디지털 콘텐츠는 크롬^{Chrome}, 마이크로소프트 엣지^{Microsoft Edge}, 파이어폭스^{Firefox}, 사파리^{Safari} 등 브라우저의 기존 및 현재 버전을 지원한다. 브라우저의 빈번한 업데이트로 인해 TotalTester Online 또는 Training Hub에서 호스팅하는 콘텐츠에 호환성 문제가 발생할 수 있다. 기존 브라우저로 접속했을 때 서비스 이용에 문제가 발생할 경우 다른 브라우저로 접속하길 권장한다.

Total Seminars Training Hub 계정 생성

온라인 모의 평가 콘텐츠를 이용하기 위해 Total Seminars Training Hub에 계정을 생성한다. 회원 가입은 무료이며 계정을 통해 온라인 콘텐츠 이용 내역을 확인할 수 있다.

개인 정보 보호

McGraw-Hill Education은 개인 정보를 보호하기 위해 모든 노력을 기울이고 있다. 회원 가입 시 Privacy Notice를 통해 개인 정보 이용 내역을 반드시 확인하기 바란다. 아울러 McGraw-Hill Education Privacy Center에서 Corporate Customer Privacy Policy를 확인할 수 있다(mheducation.com 사이트에서 페이지 하단 Privacy 클릭).

싱글 유저 라이센스 계약 조건

이 책에 포함된 디지털 콘텐츠 사용을 위한 온라인 접속은 McGraw-Hill Education License Agreement 계약을 따르며, 디지털 콘텐츠 사용은 라이센스 계약 조건에 동의한 것으로 간주된다.

사이트 접속 다음 단계에 따라 Total Seminars Training Hub 계정을 등록 및 활성화한다.

1. hub.totalsem.com/mheclaim으로 이동한다.

2. Training Hub 등록 및 새 계정 생성을 위해 이메일, 이름, 패스워드를 입력한다(신용카드 번호 등 다른 정보는 요구하지 않음).

   이미 Total Seminars Training Hub에 계정이 있는 경우 Log in을 선택하고 이메일 및 패스워드를 입력한다.

3. 제품키(3z3t-ghx5-qcrc)를 입력한다.

4. Accept the user license terms을 클릭한다.

5. 신규 회원의 경우 Register and Claim 버튼을 클릭하고 새 계정을 생성한다. 기존 회원은 Log in and Claim 버튼을 클릭하고 등록을 완료하면, Training Hub의 모의 평가 디지털 콘텐츠 페이지로 이동한다.

라이센스 기간 Total Seminars Training Hub를 통한 온라인 콘텐츠에 대한 접속 기간은 이 책이 출간된 날로부터 1년 후 만료된다. McGraw-Hill Education 제품 구매 시 접속 코드가 포함되며, 서점을 통한 책 구매 시 해당 서점의 환불 규정을 따른다. 콘텐츠에 대한 저작권은 McGraw-Hill Education에 귀속되고, McGraw-Hill Education이 콘텐츠에 대한 모든 권리를 보유하며, 저작권은 © 2021 by McGraw-Hill Education, LLC다.

콘텐츠 복제 금지 온라인 콘텐츠에 대한 라이센스는 이 책 소유자의 개인적인 목적을 위해서만 부여된다. McGraw Hill의 동의 없이 이 콘텐츠의 재생산, 전송, 변경, 응용 콘텐츠 생산, 전달, 배포, 분책, 판매, 출간, 라이센스 판매 등의 목적으로 사용할 수 없고, 또 다른 서드 파티 콘텐츠로 제작할 수 없다.

축약어와 용어

축약어

ACL   Access control list

ACM   AWS Certificate Manager

AES   Advanced Encryption Standard

ALB   Application load balancer

Amazon SWF   Amazon Simple Workflow Service

AMI   Amazon Machine Image

ASG   Auto Scaling group

AWS   Amazon Web Services

AZ   Availability zone

BGP   Border Gateway Protocol

CAA   Certification authority authorization

CDN   Content delivery network

CIDR   Classless Inter-Domain Routing

CJIS   Criminal justice information services

CLI   Command-line interface

CNAME   Canonical name record

CRR   Cross-regional replication

CSA   Cloud Security Alliance

CSM   Cloud security model

CSV   Comma-separated values

DBMS   Database management system

DDL   Data Definition Language

DDoS   Distributed denial of service

DHCP   Dynamic Host Configuration Protocol

DIACAP   DoD Information Assurance Certification and Accreditation Process

DML   Data Manipulation Language

DMS   Database Migration Service

DoD   Department of Defense

EC2   Elastic Compute Cloud

ECS   EC2 Container Service

EIP   Elastic IP address

EKS   Elastic Kubernetes Service

ELB   Elastic load balancing

ENI   Elastic Network Interface

ERP   Enterprise resource planning

ETL   Extract, transform, and load

FedRAMP   Federal Risk and Authorization Management Program

FERPA   Family Educational Rights and Privacy Act

FIFO   First in, first out

FIPS   Federal Information Processing Standards

FISMA   Federal Information Security Management Act

GPU   Graphics processing unit

HA   High availability

HIPAA   Health Insurance Portability and Accountability Act

HTML   Hypertext Markup Language

HTTP   Hypertext Transfer Protocol

HTTPS   HTTP Secure

HVM   Hardware virtual machine

IaaS   Infrastructure as a Service

IAM   Identity and Access Management

ICMP   Internet Control Message Protocol

IoT   Internet of Things

IP   Internet Protocol

ISAE   International Standard on Assurance Engagements

ISO   International Organization for Standardization

ITAR   International Traffic in Arms Regulations

JDBC   Java Database Connectivity

JSON   JavaScript Object Notation

KMS   Key Management Service

LAMP   stack Linux, Apache, MySQL, and PHP (LAMP) stack

MAC   Media Access Control address

MFA   Multifactor authentication

MPAA   Motion Picture Association of America

MTCS   Multi-Tier Cloud Security

MX   Mail exchange record

NAPTR   Name authority pointer record

NAT   Network Address Translation

NFS   Network File System

NIST   National Institute of Standards and Technology

NLB   Network load balancer

NS   Name server record

ODBC   Open Database Connectivity

OLAP   Online analytical processing

OLTP   Online transaction processing

PaaS   Platform as a Service

PCI   Payment Card Industry

PHP   Hypertext Preprocessor

PIOPS   Provisioned input/output operations per second

PTR   Pointer record

PV   Paravirtual

RDBMS   Relational database management system

RDS   Relational Database Service

REST   Representational State Transfer

RPM   Revolutions per minute

S3   Simple Shared Storage

S3-IA   Simple Shared Storage Infrequent Access

S3-RR   Simple Shared Storage Reduced Redundancy

SaaS   Software as a Service

SAML   Security Assertion Markup Language

SDK   Software development kit

SES   Simple Email Service

SMS   Server Migration Service

SNS   Simple Notification Service

SOA   Start of authority record

SOAP   Simple Object Access Protocol

SOC   Service Organization Control

SPF   Sender policy framework

SQL   Structured Query Language

SQLi   SQL injection

SQS   Simple Queue Service

SSAE   Standards for Attestation Engagements

SSD   Solid-state drive

SSH   Secure Shell

SSL   Secure Sockets Layer

SSO   Single sign-on

STS   Security Token Service

TCP/IP   Transmission Control Protocol (TCP)/Internet Protocol (IP)

TDE   Transparent Database Encryption

TLS   Transport Layer Security

UDP   User Datagram Protocol

VPC   Virtual private cloud

VPG   Virtual private gateway

VPN   Virtual private network

WAF   Web Application Firewall; Well-Architected Framework

webACL   Web access control list

WORM   Write once, read many

XML   Extensible Markup Language

XSS   Cross-site scripting

용어

AAAA   IPv6 주소 레코드

Amazon Athena   표준 SQL을 이용해 Amazon S3의 데이터 분석을 돕는 서버리스 기반의 인터랙티브 쿼리 서비스

Amazon Aurora   클라우드용 관계형 데이터베이스. 오픈소스 RDBMS 엔진인 MySQL 및 PostgreSQL을 지원

Amazon CloudFront   AWS의 글로벌 CDN(Content Delivery Network) 서비스

Amazon CloudSearch   검색 솔루션을 위한 완전 관리형 서비스

Amazon CloudWatch   AWS 클라우드 리소스 모니터링 서비스.

Amazon Cognito   간편하게 사용할 수 있는 웹 및 모바일 앱의 사용자 관리 서비스

Amazon DocumentDB   완전 관리형 도큐먼트 데이터베이스 서비스

Amazon DynamoDB   아마존이 제공하는 NoSQL 데이터베이스

Amazon ElastiCache   클라우드에 데이터 저장 또는 인메모리 캐시 배포용 서비스

Amazon Elasticsearch   AWS에 Elasticsearch 클러스터를 호스팅하기 위한 완전 관리형 서비스

Amazon EMR   클라우드 기반 Hadoop 프레임워크 호스팅 서비스

Amazon Glacier   Amazon의 아카이브 스토리지

Amazon Glue   완전 관리형 ETL(Extract, Transform, Load) 서비스

Amazon GuardDuty   위협 감지 서비스

Amazon Inspector   애플리케이션 내 보안 위험 요인 탐색

Amazon Keyspaces   완전 관리형 Apache Cassandra 호환 데이터베이스 서비스

Amazon Kinesis   실시간 데이터 처리 서비스

Amazon Lex   완전 관리형 챗봇 구현 서비스

Amazon Lightsail   클라우드 기반 VPS(Virtual Private Server) 솔루션

Amazon Macie   데이터 분류 서비스

Amazon MSK   완전 관리형 아파치 카프카(Apache Kafka) 인프라

Amazon Neptune   신속성, 신뢰성을 겸비한 클라우드 기반 그래프 데이터베이스

Amazon Polly   음성 데이터를 텍스트 데이터로 변환하는 완전 관리형 서비스

Amazon QLDB   완전 관리형 렛저(ledger) 데이터베이스

Amazon QuickSight   완전 관리형 비즈니스 분석 서비스

Amazon Rekognition   완전 관리형 이미지 인식 서비스

Amazon SageMaker   완전 관리형 머신러닝 서비스

Amazon VPC Flow Logs   VPC 네트워크 인터페이스로 유입 및 유출되는 IP 트래픽 정보 수집

API Gateway   고확장성의 API 생성, 배포, 유지, 모니터링, 보안을 위한 관리형 서비스

archive   Amazon Glacier의 데이터 저장소

Auto Scaling   EC2 인스턴스의 스케일업 및 스케일다운 자동화 서비스

AWS App Mesh   서비스 간의 모니터링, 제어, 디버깅 내역 및 소통 추적 도구

AWS Backup   AWS 서비스에 대한 자동화된 백업 도구

AWS Batch   수십만 개의 배치 컴퓨팅 잡을 효율적으로 실행하기 위한 서비스

AWS CloudFormation   AWS 리소스 스택 배포 도구

AWS CloudHSM   보안 규정 준수를 위한 하드웨어 기반 키 저장 서비스

AWS CloudTrail   AWS API 호출 기록 서비스

AWS CodeBuild　소스 코드 작성 및 컴파일을 위한 완전 관리형 서비스

AWS CodeCommit　프라이빗 Git 저장소 호스팅 서비스

AWS CodeDeploy　인스턴스에 대한 코드 배포 자동화 서비스

AWS CodePipeline　지속적 통합 및 지속적 배포를 위한 완전 관리형 서비스

AWS Config　환경 설정 변경 내역 추적을 위한 완전 관리형 서비스

AWS Device Farm　모바일 디바이스 테스트 서비스

AWS Elastic Beanstalk　간편성을 겸비한 웹 앱 실행 및 관리 서비스

AWS Global Accelerator　글로벌 사용자를 위한 애플리케이션 성능 및 가용성 증대 도구

AWS Greengrass　AWS 클라우드에서의 IoT 애플리케이션 실행 서비스

AWS Lake Formation　신속하게 설정할 수 있는 데이터레이크 서비스

AWS Lambda　서버 또는 인프라 프로비저닝 없이 코드를 바로 실행할 수 있는 서비스

AWS Marketplace　AWS용 소프트웨어 구매를 위한 온라인 마켓

AWS Mobile Hub　모바일 앱 배포를 위한 서비스

AWS OpsWorks　Chef 및 Puppet 인스턴스 관리를 위한 환경 설정 관리 서비스

AWS Organizations　다수의 AWS 계정을 통합 관리하기 위한 정책 기반 관리 서비스

AWS Outposts　온프레미스 환경에서 AWS 서비스 실행 지원 도구

AWS Personal Health Dashboard　AWS 서비스의 헬스 상태를 개인화된 대시보드에서 제공

AWS Secrets Manager　AWS에서의 보안 관리 도구

AWS Shield　DDoS 공격 방어 도구

AWS Step Functions　AWS의 비주얼 워크플로우 서비스

AWS Systems Manager　AWS 인프라 시각화 및 통제 서비스

AWS Trusted Advisor　AWS 리소스의 환경 설정 최적화를 통한 비용 절감, 성능 및 보안성 증대를 위한 정보 서비스

bucket　Amazon S3에 객체를 저장하는 컨테이너

Direct Connect　AWS와 기업 데이터센터를 전용 프라이빗 네트워크로 연결하는 서비스

Directory Service　클라우드 기반 Microsoft Active Directory의 디렉토리 서비스

DLQ　적절하게 처리되지 못한 메시지(dead-letter queue)를 문제의 원인이 파악될 때까지 격리하는 기법

EC2 Image Builder　머신 이미지의 안전한 빌드 및 관리 지원 도구

EC2-Classic　Amazon EC2의 오리지널 버전

edge location　엔드 유저에서 콘텐츠를 제공하기 위한 네트워크 지점

Elastic Block Storage(EBS)　EC2 인스턴스를 위한 지속형 블록 스토리지

Elastic File System(EFS)　EC2를 위한 공유 파일 시스템

fleet　EC2 서버 집합. 서버 플릿, 서버 함대로도 표현

IG　Internet gateway, VPC와 인터넷이 소통할 수 있도록 돕는 VPC 요소 중 하나

instance   EC2 서버를 인스턴스로 부르기도 함

instance store   EC2 서버의 로컬 스토어

inventory   Glacier 아카이브의 목록

network access control list(NACL)   서브넷 레벨을 위한 방화벽

point of presence(POP)   엣지 로케이션의 다른 말

Redshift   완전 관리형의 페타바이트급 데이터 웨어하우스 서비스

region AWS   데이터 센터가 호스팅되는 글로벌 맵에서의 특정 위치

root user   AWS 계정 소유자

root volume   루트 디바이스에 포함된 인스턴스 부팅용 이미지

Route 53   Domain Name System(DNS) 웹 서비스

route table   트래픽 전송 방향을 결정하는 라우트 데이터로 구성된 테이블

security group   EC2 인스턴스용 방화벽

Serverless Application Repository   서버리스 애플리케이션을 위한 관리형 저장 플랫폼

service level agreement(SLA)   서비스 제공자와 클라이언트 간의 서비스 이행 약관

Snowball/Snowball Edge   기업 고객의 대규모 데이터를 AWS로 이송하기 위한 NAS 디바이스

Snowmobile   엑사바이트급 데이터 전송 서비스

SRV   서비스 로케이터

storage gateway   온-프레미스 스토리지와 AWS 클라우드 스토리지의 통합 지원 서비스

subnet   IP 네트워크의 논리적 분할. VPC에서 퍼블릭 및 프라이빗 서브넷 제공

TXT   텍스트 데이터

vault   Amazon Glacier에서 아카이브가 저장되는 곳

VPN CloudHub   다수의 AWS 하드웨어 VPN 연결 생성 및 관리 서비스

찾아보기

AWS 공인 솔루션스 아키텍트 올인원 - 어소시에이트 2/e

발 행 | 2021년 7월 30일

지은이 | 조이지트 배너지
옮긴이 | 동 준 상

펴낸이 | 권 성 준
편집장 | 황 영 주
편 집 | 이 지 은
디자인 | 송 서 연

에이콘출판주식회사
서울특별시 양천구 국회대로 287 (목동)
전화 02-2653-7600, 팩스 02-2653-0433
www.acornpub.co.kr / editor@acornpub.co.kr

한국어판 © 에이콘출판주식회사, 2021, Printed in Korea.
ISBN 979-11-6175-546-5
http://www.acornpub.co.kr/book/aws-saa-allinone-2e

책값은 뒤표지에 있습니다.